LE GUIDE VERT

Norvège

DÉCOUPAGE GÉOGRAPHIQUE DU GUIDE SUR LA CARTE CI-CONTRE

L'équipe du Guide Vert Michelin, de gauche à droite : Camille Bouvet, Denis Rasse, Natacha Brumard, Amaury de Valroger, Lucie Fontaine, Philippe Orain, Florence Dyan, Catherine Guégan, Hervé Dubois, Julie Duhourcau, Hélène Payelle, Marie-Pierre Renier, Éric Boucher, Véronique Aissani, Marie Simonet, Carole Diascorn, Camille Therville, Marion Capéra, Pascal Grougon, Dominique Auclair.

Édito

Voyager en Norvège, c'est s'immerger dans des paysages éblouissants, faits de fjords, de lacs et de montagnes, et savourer un art de vivre en harmonie avec la nature. C'est explorer des villes vibrantes comme Bergen et Oslo, et randonner dans des décors grandioses, qui se transforment sous la neige ou sous la lumière envoûtante du soleil de minuit.

C'est également un moment privilégié pour rencontrer les femmes et les hommes qui préservent ce patrimoine naturel et culturel et le perpétuent au travers des fêtes, des arts, des traditions, de la gastronomie. Autant d'expériences incontournables ou insolites, de lieux connus ou confidentiels, que nos équipes ont dénichés au cours de leurs innombrables tournées sur le terrain.

Dans cette nouvelle édition du Guide Michelin Voyage et Cultures Norvège, en complément des sites étoilés ★★★, nos auteurs partagent leurs itinéraires, leurs bonnes adresses ainsi que leurs plus beaux souvenirs de voyage. Sans oublier leurs coups de cœur pour des établissements engagés dans une démarche écoresponsable, signalés au fil des pages par le symbole .

Nous sommes convaincus que chaque destination est digne d'intérêt, que l'on s'y attarde, que chaque rencontre mérite que l'on s'y intéresse, que chaque culture a le pouvoir d'enrichir la nôtre.

Afin de redonner du sens au voyage, ralentissons le pas pour nous imprégner en profondeur de la richesse des lieux que nous traversons et des gens que nous croisons. Soyons curieux de tout ce qui se trouve sous nos yeux, en ville ou à la campagne, sur un chemin de traverse, loin de chez nous ou juste au bout de la rue.

Alors, avec ce Guide Michelin Voyage et Cultures, à votre tour de faire le plein de beau, de bon et de rencontres.

Philippe Orain,
Directeur du Guide Michelin Voyage & Cultures

Sommaire

Retrouvez nos carnets d'adresses à la fin de chaque chapitre

COMPRENDRE LA NORVÈGE

minoandriani/Getty Images Plus

agustavop/Getty Images Plus

ORGANISER SON VOYAGE

Nos incontournables

★★★

Oslo

La capitale norvégienne jouit d'un cadre exceptionnel, et s'enorgueillit de musées de premier ordre et d'une architecture novatrice. **Voir p. 32.**

william87/Getty Images Plus

DariuszPa/Getty Images Plus

★★★

Cathédrale de Nidaros

À **Trondheim**★★, ce joyau de l'art gothique d'Europe du Nord, lieu de pèlerinage au Moyen Âge, nous est parvenu parfaitement conservé. **Voir p. 216.**

Petroos/Getty Images Plus

★★★

Bergen

Le quartier de **Bryggen**★★★, ensemble unique de constructions en bois, caractéristiques des villes de la Ligue hanséatique. **Voir p. 128.**

★★★

Archipel des Lofoten

Villages de pêcheurs, montagnes plongeant dans la mer, plages baignées d'eau turquoise... à chaque virage les Lofoten offrent un autre visage. Spectaculaire ! **Voir p. 264.**

sara_winter/Getty Images Plus

Hallestrandsfoto/Getty Images Plus

★★★

Geiranger et le Nordfjord

Ce village de montagne, célèbre pour ses paysages, est un point de départ idéal pour la découverte des **fjords**, en voiture ou à bord d'un ferry.
Voir p. 189.

Nos incontournables

★★★

Cap Nord

Le point le plus septentrional d'Europe, perché en haut d'une falaise de 307 m plongeant dans l'océan. Vous n'avez jamais été aussi prêt du pôle Nord (2100 km)... **Voir p. 332.**

zencreation/Getty Images Plus

★★★

Église d'Heddal

La plus grande église en bois debout de Norvège constitue un témoignage exceptionnel de l'art médiéval et fascine par la beauté de son décor sculpté. **Voir p. 101.**

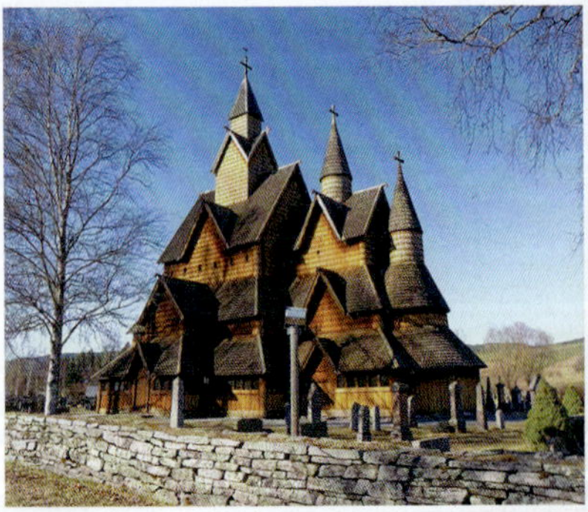

plavicena/Getty Images Plus

kotangens/Getty Images Plus

saiko3p/Getty Images Plus

★★

Route de l'Atlantique

Comme le fil d'un collier de perles, ce ruban de 8 km relie un chapelet d'îlots égrenés entre le continent de l'océan, grâce à ses huit ponts constituant une prouesse d'ingénierie. **Voir p. 182.**

★★★

L'Express côtier

Une croisière mythique pour découvrir les plus beaux paysages de Norvège en quelques jours, de Bergen à la frontière russe. **Voir p. 158.**

Misha Kaminsky/Getty Images Plus

★★★

La route Fv. 17

Plus de 650 km de bonheur littoral – de criques en plages, d'îles en villages, de trajets en ferrys en cols de montagnes –, un émerveillement permanent devant la complexe géographie norvégienne. **Voir p. 241.**

Nos coups de cœur

Cabanes de pêcheurs sur pilotis, Hamnøy, îles Lofoten.
Francesco Ricca Iacomino/Getty Images Plus

TOP 5
Fjords

1. Sognefjord et Nærøyfjord (p. 202 et 206)
2. Geirangerfjord (p. 189)
3. Nordfjord (p. 194)
4. Lysefjord (p. 166)
5. Hardangerfjord (p. 145)

Le Nærøyfjord.
PILIPIPA/Getty Images Plus

❤ **S'éblouir du spectacle majestueux des aurores boréales** qui illuminent la longue nuit hivernale, autour de Tromsø, des îles Lofoten, des îles Vesterålen, ou encore en Laponie. **Voir p. 288, 264, 280 et 316.**

❤ **Se réveiller au bord de l'eau,** après avoir passé la nuit dans un *rorbu*, bercé par le ressac. La plupart de ces cabanes de pêcheur sur pilotis, fréquentes aux Lofoten, ont été réaménagées pour accueillir les voyageurs dans des conditions optimales de confort. Et pourquoi ne pas opter pour une sortie de pêche en mer pour parfaire l'expérience ? **Voir p. 276.**

❤ **Jouer au Viking** lors d'un banquet costumé dans la longue hutte de Borg, après avoir participé à un concours de tir à l'arc, et vogué à bord d'un drakkar sur un lac tout proche. **Voir p. 267.**

❤ **Regarder s'envoler** les meilleurs sauteurs et sauteuses à ski, du haut des formidables tremplins de Lillehammer et d'Oslo Holmenkollen... et partager leurs sensations dans un simulateur. **Voir p. 78 et 56.**

Aurore boréale, Norvège du Nord.
Sjo/Getty Images Plus

Nos coups de cœur

Baleine à bosse, Tromsø.
Sunvincible/Getty Images Plus

❤ **Chiner dans les boutiques vintage** d'Oslo, à la recherche de pièces de mobilier au design scandinave, dont le style minimaliste fait fureur, de vieux vinyles ou d'objets de décoration. **Voir p. 69.**

Marché aux pùces à Oslo.
Ekely/Getty Images Plus

❤ **Tutoyer macareux,** baleines et phoques en liberté, lors d'une sortie en mer, à Andenes, ou regarder dans le fond des yeux loups, lynx, ours bruns, élans, rennes et cerfs au Polar Park, près de Narvik. **Voir p. 286 et 304.**

❤ **Déguster le meilleur de la cuisine norvégienne** traditionnelle : saumon fumé, truite fermentée, agneau séché *(fenalår)* ou en ragoût *(fårikål)*, élan, crème fouettée aux mûres arctiques *(multekrem)*, bières artisanales... Ou tester les étoiles montantes de la gastronomie locale, dans la myriade de restaurants primés de Stavanger. **Voir p. 170.**

Camion à gaufres au bord de l'eau, Oslo.
anouchka/Getty Images Plus

Trollstigen, la route des Trolls.
AlexanderNikiforov/Getty Images Plus

TOP 5
Routes spectaculaires

1. La route E10, qui traverse les Lofoten (p. 264)
2. La route du Littoral Fv. 17 (p. 241)
3. Trollstigen, la route des Trolls (p. 193)
4. La route de l'Atlantique (p. 182)
5. La route du Sognefjellet (p. 210)

❤ **Embarquer à bord d'un ferry** pour découvrir les plus beaux paysages du pays, certains inaccessibles par la terre. Côte découpée, fjords étroits, villages de pêcheurs isolés défilent sous vos yeux, au rythme de la navigation. De multiples excursions permettent d'aller les observer de plus près...
Voir p. 158.

❤ **Parcourir à vélo** le pays pour jouir pleinement du paysage (Suleskarvegen, la côte des fjords, la côte du Helgeland, les Lofoten, la route de l'Atlantique...). Les conditions de sécurité sur route sont satisfaisantes et de nombreuses randonnées en pleine nature sont proposées.
Voir p. 425.

Nos coups de cœur

Sami en costume national.
tanyss/Getty Images Plus

❤ **Sillonner les 18 routes touristiques,** le long des côtes – comme la formidable Fv. 17 –, entre les fjords ou au plus près des sommets, et profiter des incroyables plateformes panoramiques installées le long de ces parcours.
Voir p. 430.

❤ **S'imprégner de la culture des Sames,** l'un des plus importants peuples autochtones d'Europe, aux musées de Tromsø, d'Alta et de Karasjok, ou lors de la fête nationale des Sames (6 février) et la Pâques de Kautokeino. **Voir p. 373.**

Pulls en laine à motifs traditionnels.
oyaboya/Getty Images Plus

TOP 5
Musées

1. Nasjonalmuseet à Oslo (p. 39)
2. Musée Munch à Oslo (p. 45)
3. Musée du Folklore norvégien à Oslo (p. 48)
4. Musées de Bergen, ex-KODE (p. 139)
5. Musée polaire à Tromsø (p. 288)

Musée Rasmus Meyer de Bergen.
L. Vallecillos/age fotostock

❤ **S'isoler dans l'archipel de Vega** qui concentre toutes les beautés de la Norvège littorale, pour profiter en toute discrétion de ses plages et sommets, tout en côtoyant ses habitants, dont le mode de vie au plus près de la nature (et des eiders !) est salué par l'Unesco. **Voir p. 244.**

❤ **S'offrir un pull en laine** à motifs traditionnels (Marius) chez Husfliden, à moins que vous ne préfériez chaussons en laine bouillie, plaids ou écharpes ? **Voir p. 298.**

❤ **Braver le vertige** en haut du rocher de Preikestolen, un à pic de 604 m en surplomb du Lysefjord, sans doute l'un des paysages les plus photographiés de la Norvège et auquel on ne peut accéder qu'à pied. **Voir p. 166.**

❤ **Franchir le cercle polaire,** en croisière ou en ferry, entre Kilboghamn et Jektvik, ou sur la route E 6, qui relie Oslo au cap Nord. Le Grand Nord s'ouvre à vous, un monde avec sa faune et sa flore particulières, sa culture same, son soleil de minuit en été et ses aurores boréales en hiver. Émouvant. **Voir p. 252.**

Le Preikestolen.
Photo Beto/Getty Images Plus

Nos coups de cœur

Randonnée en traîneau à chiens.
brytta/Getty Images Plus

❤ **Suivre l'exemple des Norvégiens,** grands amoureux de la nature et des sports de plein air, et pratiquer le kayak de mer dans les Lofoten, le ski de piste à Trysil, le trekking à Trolltunga et la marche sur glacier à Jotunheimen, l'escalade par une via ferrata à Hardangerfjord, la pêche à Hardangervidda, le traîneau à chiens à Tromsø ou Kirkenes... **Voir p. 410.**

❤ **Oublier la nuit et vivre** à la lumière infinie du soleil de minuit. Au-delà du cercle polaire, par beau temps, la lumière est extraordinaire, particulièrement aux Lofoten et dans les environs de Tromsø. **Voir p. 299.**

❤ **Comparer les édifices traditionnels** aux nouvelles audaces architecturales qui ponctuent l'espace urbain, d'Oslo à Trondheim en passant par Stavanger, Bergen (immeuble Treet) et le lac Mjøsa (Mjøstårnet), qui recèlent les deux plus hauts bâtiments en bois du monde. **Voir p. 141 et 78.**

❤ **S'installer à bord d'un train** de la ligne de Rauma, l'une des plus belles du continent, qui, sur 115 km, frôle les parois rocheuses et serpente entre forêts, montagnes et rivières aux eaux émeraude. **Voir p. 194.**

❤ **Glisser sur la neige,** dans un traîneau tiré par des chiens à la manière des trappeurs, pendant un ou plusieurs jours, au Finnmark ou à Narvik. **Voir p. 321 et 301.**

Quai de Bryggen, à Bergen.
CHUNYIP WONG/Getty Images Plus

TOP 5
Ports et villages

1. Reine (p. 270)
2. Bryggen, à Bergen (p. 128)
3. Nyksund (p. 283)
4. Vieille ville de Røros (p. 233)
5. Undredal (p. 208)

Oslo, quartier de Bjørvika.
alxpin/Getty Images Plus

Nos itinéraires

9 jours Boucle sud : vallées, plateau et littoral

En bref : 1 300 km d'Oslo à Bergen, en passant par la côte sud.

genlockl/Getty Images Plus

Oslo — J-1 & 2

Consultez le tableau « Oslo en 4 jours » (**p. 33**) pour choisir votre programme dans la capitale.

Kongsberg et la vallée du Numedal — J-3 & 4

Empruntez la route d'Oslo à Bergen via Kongsberg (**p. 86**). Faites un crochet par l'église d'Heddal avant de découvrir la vallée du Numedal avec ses belles fermes et ses églises en bois debout via la route 40 (**p. 89**). Nuit à Geilo ou Uvdal. Empruntez la route 7 qui traverse les hautes terres puis l'ancienne route 13 qui mène à la cascade de Skjerve (**p. 144**). Enfin rejoignez Bergen via Voss (**p. 143**) par la route E 16. Nuit à Bergen.

Stavanger.
kharps/Getty Images Plus

Bergen — J-5 & 6

Découvrez le port hanséatique et les musées (**p. 128**). Excursion en bateau dans les fjords. Nuits à Bergen.

La côte sud — J-7 à 9

Gagnez, via la route E 39, Haugesund et Stavanger, « capitale(s) de l'or noir » (**p. 161**). Nuit à Stavanger. Le lendemain, longez la côte par la route 44, découvrez les dunes de Jæren et les paysages volcaniques au nord de Flekkefjord, avant de rejoindre Mandal (**p. 118**). Nuit à Mandal ou Kristiansand (**p. 106**). Le dernier jour, rejoignez Oslo via les stations balnéaires de Lillesand, Grimstad, Arendal, Kragerø.

11 jours La Norvège des fjords

En bref : 1 100 km au départ de Bergen, les plus beaux fjords.

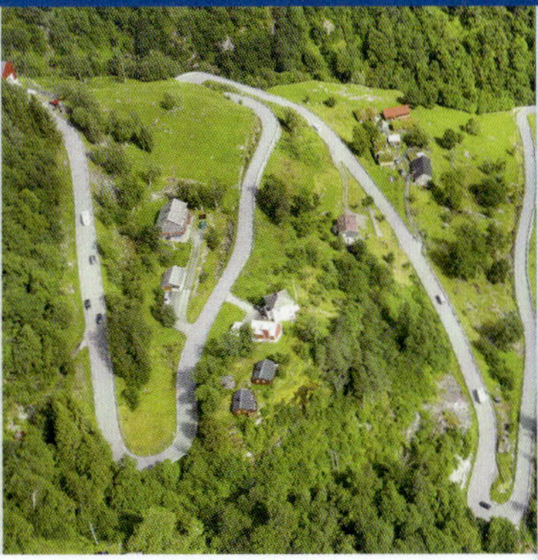

4FR/Getty Images Plus

Bon à savoir : les routes de montagne sont fermées en hiver.

Bergen — J-1

Voir **p. 128**.

Sognefjord — J-2 & 3

Par la route 13, gagnez Vikøyri, point de départ pour visiter le Sognesfjord (**p. 202**). Ferry de Vangsnes à Dragsvik. Nuits à Balestrand.

Nordfjord — J-4 & 5

Gagnez le Nordfjord par la route 5 via Sogndal. Superbes paysages autour du glacier Jostedalsbreen (**p. 204**). Nuits à Stryn ou Loen.

Ålesund — J-6

De fjord en fjord via les routes 15 et E 39 jusqu'à Ålesund (**p. 178**), ville Art nouveau. Nuit sur place.

Geiranger — J-7 & 8

Direction Geiranger via Åndalsnes et la route des Trolls (**p. 193**). Le lendemain, partez à l'assaut du Dalsnibba ou empruntez la route des Aigles. Nuits à Geiranger (**p. 189**).

Sognefjellsveg — J-9

De Geiranger au Lustrafjorden via Lom (E 136) et l'inoubliable route d'altitude 55 (Sognefjellet, **p. 210**). Nuit à Sogndal ou Leikanger.

Urnes et Undredal — J-10

Aller-retour vers l'église en bois debout d'Urnes (**p. 209**) puis route vers Kaupanger (**p. 205**) et Undredal (**p. 208**). Nuit à Flåm (**p. 207**).

Route de Bergen — J-11

Possibilité de prendre le bateau de Flåm à Gudvangen pour admirer l'étroit Nærøyfjord (**p. 206**). Retour vers Voss et Bergen via la route E 16.

Nos itinéraires

14 jours La Norvège arctique

En bref : 1 600 km de Bodø au cap Nord.

M. Narten/picture alliance/age fotostock

Bodø J-1

Visitez le musée de l'Aviation de Bodø et découvrez la presqu'île de Kjerringøy (**p. 251**). Nuit à Bodø.

Lofoten J-2 à 4

De Bodø, prenez le ferry pour Moskenes, sur les îles Lofoten (**p. 264**) : villages de pêcheurs de Henningsvær, Uttakleiv, Reine et Å i Lofoten, Musée viking de Borg, ascension du Møysalen, plages de sable blanc, safaris aux orques, randonnées pédestres ou équestres, pêche en mer, nuits en *rorbuer*... Nombreuses possibilités d'hébergements dans les Lofoten pour les 3 nuits.

Site d'art rupestre d'Alta.
suzyco/Getty Images Plus

Vesterålen J-5 à 7

Des Lofoten (Fiskebøl), prenez le ferry pour Melbu, sur les îles Vesterålen (**p. 280**) : au programme, fjords et villages isolés, île de Bleik et surtout observation des baleines. 2 nuits à Nyksund ou Andenes. Le dernier jour, empruntez depuis Andenes le ferry pour Gryllefjord, sur l'île de Senja. Continuez via la route touristique de Senja sur la côte ouest (**p. 294**), jusqu'à Botnhamn, pour découvrir les paysages splendides de cette « Norvège miniature » et arriver en fin de journée à Tromsø. Nuit à Tromsø.

Tromsø J-8 & 9

Visitez la capitale arctique (**p. 288**) et profitez des nombreuses activités possibles aux environs (ski de fond et raquettes, randonnées à motoneige ou en traîneau à chiens, sorties ornithologiques...). Nuits à Tromsø.

Vers Alta — J-10

Étape de 400 km via la route E 6 vers Alta (**p. 316**). Nuit à Alta.

La Laponie — J-11 & 12

Le premier jour, découvrez Alta et ses environs. Le jour suivant, boucle au cœur de la Laponie norvégienne (**p. 320**) via Kautokeino et Karasjok, les deux pôles culturels sames. Nuits à Alta.

Le cap Nord — J-13 & 14

Depuis Alta, découvrez la région du cap Nord par les routes E 6 et E 69 : Hammerfest (**p. 332**) et les villages côtiers jusqu'à Honningsvåg (**p. 334**). Arrivez au cap du bout du monde et observez les colonies d'oiseaux de la réserve naturelle de Gjesværstappan. Nuits à Honningsvåg.

Conseils : L'été, cet itinéraire s'effectue sans problème ; l'hiver, contemplez les aurores boréales et profitez des activités de glisse. Avec 2 jours de plus, partez de Trondheim (à 705 km au sud de Bodø) avec l'Express côtier (p. 158). Ou bien empruntez la belle route du Littoral Fv. 17, qui débute officiellement à Steinkjer, à 124 km de Trondheim (p. 241), avec une nuit à Brønnøysund ou Sandnessjøen.
Vols retour depuis Honningsvåg, Lakselv ou Alta.

Skieurs dans la station de sport d'hiver de Tryvann, au sommet d'Holmenkollen.
ROMAOSLO/Getty Images Plus

Nos itinéraires

21 jours La grande boucle sud

En bref : 2 100 km dans la région des fjords et Lillehammer.

WoutervandenBroek/Getty Images Plus

La côte sud J-1 & 2

Depuis Oslo, découvrez la côte sud via Kongsberg (**p. 86**) et l'église d'Heddal. Longez la riviera norvégienne et les villages blancs du littoral sur la route E 18. Nuit à Arendal ou Kristiansand. Continuez vers les belles plages de Mandal (**p. 118**) puis, via la route E 39, vers Stavanger. Si vous disposez de plus de temps, privilégiez la route côtière 44, entre paysages volcaniques, longues plages de sable et fermes autour de Jæren. Installez-vous à Stavanger

Stavanger J-3 & 4

Découvrez Stavanger (**p. 161**) et le fjord de Lysebotn (**p. 166**). Le lendemain, excursion au Preikestolen (**p. 166**).

La route côtière J-5

De Stavanger à Bergen (**p. 167**), en s'attardant le long du littoral et des fjords du comté Hordaland. Soirée à Bergen, où vous resterez 3 nuits.

Bergen J-6 & 7

Bergen (**p. 128**), ses musées et son port hanséatique. Possibilité d'excursions en bateau.

Les fjords J-8 à 11

De Bergen à Ålesund via la région des fjords (Sognefjord, Nærøyfjord, Nordfjord, Geirangerfjord...). Multiples itinéraires possibles (**p. 19**).

Ålesund J-12

Ålesund (**p. 178**), la ville Art nouveau. Possibilité d'excursion sur l'île de Runde (**p. 181**). Nuit à Ålesund.

Route de l'Atlantique J-13 & 14

D'Ålesund à Kristiansund via le fjord de Romsdal, Molde et son panorama puis la route de l'Atlantique (**p. 182**). Nuit à Kristiansund. Reprenez la route jusqu'à Trondheim, via

Aure ou Surnadal (**p. 184**). Nuit à Trondheim.

Trondheim J-15 & 16

Trondheim (**p. 216**), et son ambiance estudiantine. Nuits à Trondheim.

Røros J-17

Røros (**p. 233**), ancienne ville minière classée par l'Unesco. Nuit sur place.

Vallées de l'Oppland J-18 à 21

Rejoignez Lillehammer (**p. 74**) à travers les paysages sauvages de l'Hedmark et du Oppland. Résidez dans une ferme de la vallée de Gudbrandsdal (**p. 80**) ou à Lillehammer. Et découvrez le lac Mjøsa, le plus grand de Norvège (**p. 78**). Retour vers Oslo.

Ålesund.
kavram/Getty Images Plus

Parc national, comté d'Oppland.
Chris Willemsen/Getty Images Plus

Nos spots en famille

Historiske Avaldsnes

Festival viking à Avaldsnes.

Tout au long du guide, ce symbole vous aidera à repérer les sites ou activités qui intéresseront les enfants.

▶ **Buller sur la plage à la cannelle.** Plaisirs simples à Mandal, sur la jolie Kanelstranda. Profiter de la finesse du sable, de l'eau transparente, des rochers lisses sur lesquels s'allonger, de l'ombre de la forêt de pins... **Voir p. 119.**

▶ **Vivre comme à l'époque des Vikings.** Découvrez l'histoire et le quotidien des Vikings au Nordvegen Historiesenter, à Avaldsnes, avant de parcourir une reconstitution de ferme d'époque, qu'animent des guides en costume sur la bucolique île de Bukkøy. **Voir p. 168.**

Loup gris au Polar Park.
W. Kaehler/age fotostock

▶ **S'initier aux secrets de l'or noir.** Modernes et interactives, les expositions du musée norvégien du Pétrole inviteront peut-être vos enfants à imaginer un monde... sans pétrole. **Voir p. 164**

▶ **Danser avec les loups.** Mais aussi avec l'ours, le lynx et les rennes, en parcourant le Polar Park, au nord de Narvik, un zoo immense consacré à la faune de la taïga. **Voir p. 304.**

▶ **Voyager dans le temps.** Le musée en plein air de Maihaugen, présentant des édifices du 15e s. à nos jours, évoque un décor de cinéma géant avec ses acteurs costumés qui le font vivre (artisans, personnages historiques...). **Voir p. 76.**

Après la visite, partez à la rencontre des trolls au proche Hunderfossen Adventure Park !

▶ **Rencontrer les baleines à Andenes.** C'est de la petite localité à l'extrémité nord des Vesterålen que partent les embarcations pour observer des cétacés de toutes tailles, mais également des phoques. **Voir p. 280.**

La saison d'observation des baleines va de mai à septembre.

▶ **Grimper à Bergen.** Montez à bord d'un funiculaire (déjà tout un voyage !) pour atteindre le sommet du mont Fløyen, qui domine la ville. Après avoir admiré le panorama, profitez d'un vaste réseau de sentiers qui redescendent en douceur vers le centre. **Voir p. 138**.

Prévoyez votre pique-nique.

▶ **Skier à Holmenkollen.** Des kilomètres de pistes de ski de fond vous attendent au terminus de la ligne 1 du métro d'Oslo. Vous pouvez aussi vous contenter de visiter le musée du Ski ou de frissonner à bord du simulateur de vol... en saut à ski. **Voir p. 56**.

Le simulateur est interdit aux enfants de moins de 6 ans.

▶ **Étudier les glaciers norvégiens.** Tout, vous saurez tout sur les glaciers, le climat, la géologie, la faune et la flore des fjords et des montagnes de Norvège. Le musée des Glaciers du Fjærland est didactique, ludique et enrichissant. Une vraie réussite. **Voir p. 205**.

Après la visite, approchez la langue glaciaire de Bøyabreen, 8 km plus au nord.

▶ **S'abriter à l'Atlanterhavsparken.** Il pleut ? Courez visiter ce beau, vaste et original aquarium thématique situé à Ålesund. Le site, magnifique, vaut à lui seul le détour. Le spectacle offert par la faune des eaux arctiques est saisissant ! **Voir p. 180**.

Le site compte de nombreuses activités de découverte dédiées aux enfants. Prévoyez du temps !

▶ **Décrypter la culture same à Karasjok.** Découvrez, avec vos enfants, les traditions sames – dont le lien fascinant entre l'homme et le renne –, expliquées notamment au Musée national de la culture same et au Sápmi Park. En hiver, glissez à bord de traîneaux tirés par des chiens ou des rennes. **Voir p. 321**.

▶ **Nager à Trondheim.** Vaste et ultra-moderne, le parc aquatique Pirbadet permet de nager, de s'amuser et de se détendre dans des eaux à température ambiante, tout en profitant d'une vue superbe sur le fjord de Trondheim. Plaisir inégalé en hiver quand dehors... il neige ! **Voir p. 231**.

L'Atlanterhavsparken.
VWpics/hemis.fr

Village de pêcheurs dans les îles Lofoten.
izhairguns/Getty Images Plus

DÉCOUVRIR LA NORVÈGE

L'opéra d'Oslo signé par le cabinet d'architecture Snøhetta.
coldsnowstorm/Getty Images Plus

1

Oslo et l'est de la Norvège

CARTE MICHELIN 752 CD10-13 – OPPLAND ET BUSKERUD

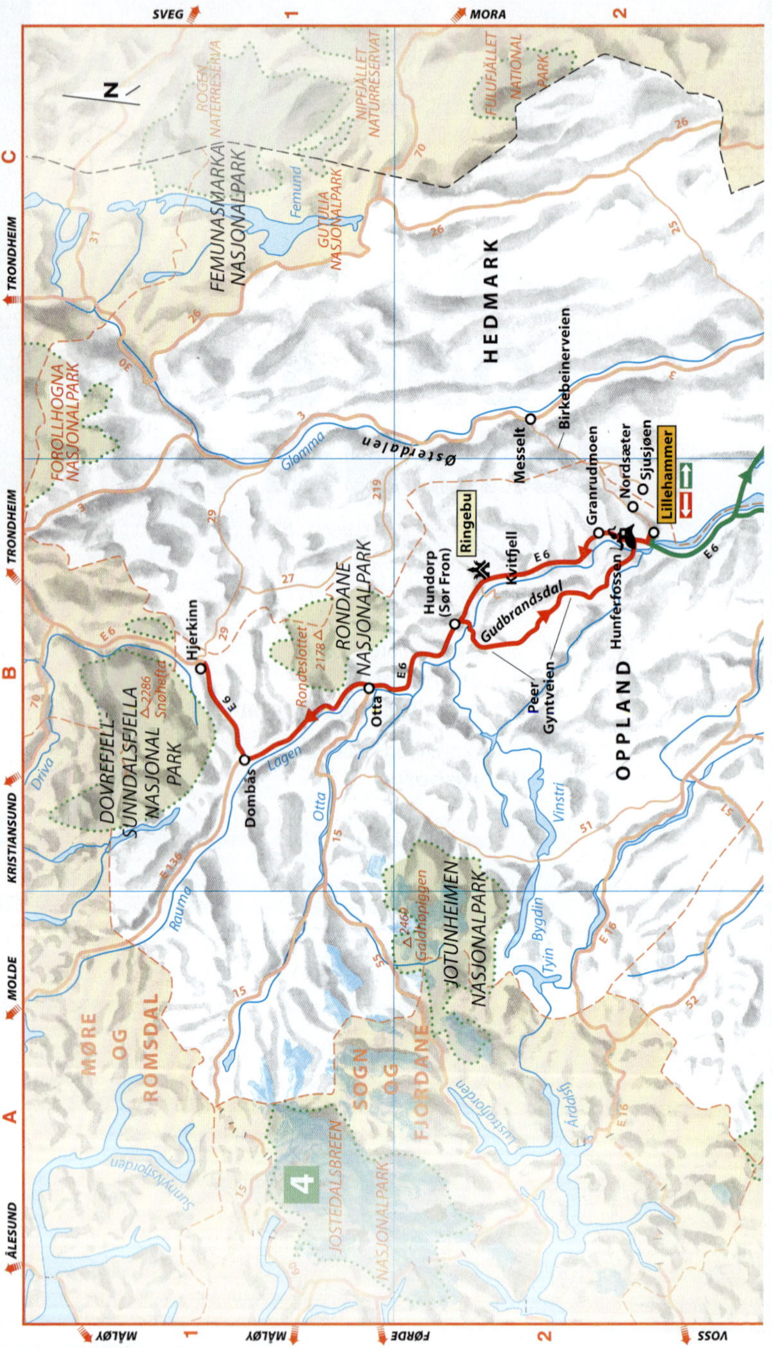
SVEG
MORA
TRONDHEIM
TRONDHEIM
KRISTIANSUND
MOLDE
ÅLESUND
MÅLØY
MÅLØY
FØRDE
VOSS
HEDMARK
OPPLAND
MØRE OG ROMSDAL
SOGN OG FJORDANE
FEMUNASMARKA NASJONALPARK
ROGEN NATERRESERVA
NIPFJÄLLET NATURRESERVAT
FULUFJÄLLET NATIONAL PARK
GUTULIA NASJONALPARK
FOROLLHOGNA NASJONALPARK
DOVREFJELL-SUNNDALSFJELLA NASJONAL PARK
RONDANE NASJONALPARK
JOTUNHEIMEN NASJONALPARK
JOSTEDALSBREEN NASJONALPARK
Femund
Glomma
Østerdalen
Lagen
Otta
Rauma
Driva
Vinstri
Bygdin
Tyin
Lustrafjorden
Årdalsfj.
Sunnylvsfjorden
Gudbrandsdal
Peer Gyntveien
Birkebeinerveien
Hjerkinn
Dombås
Otta
Hundorp (Sør Fron)
Ringebu
Kvitfjell
Hunderfossen
Granrudmoen
Nordsæter
Sjusjøen
Messelt
Lillehammer
Snøhetta 2286
Rondeslottet 2178
Galdhøpiggen 2469
4

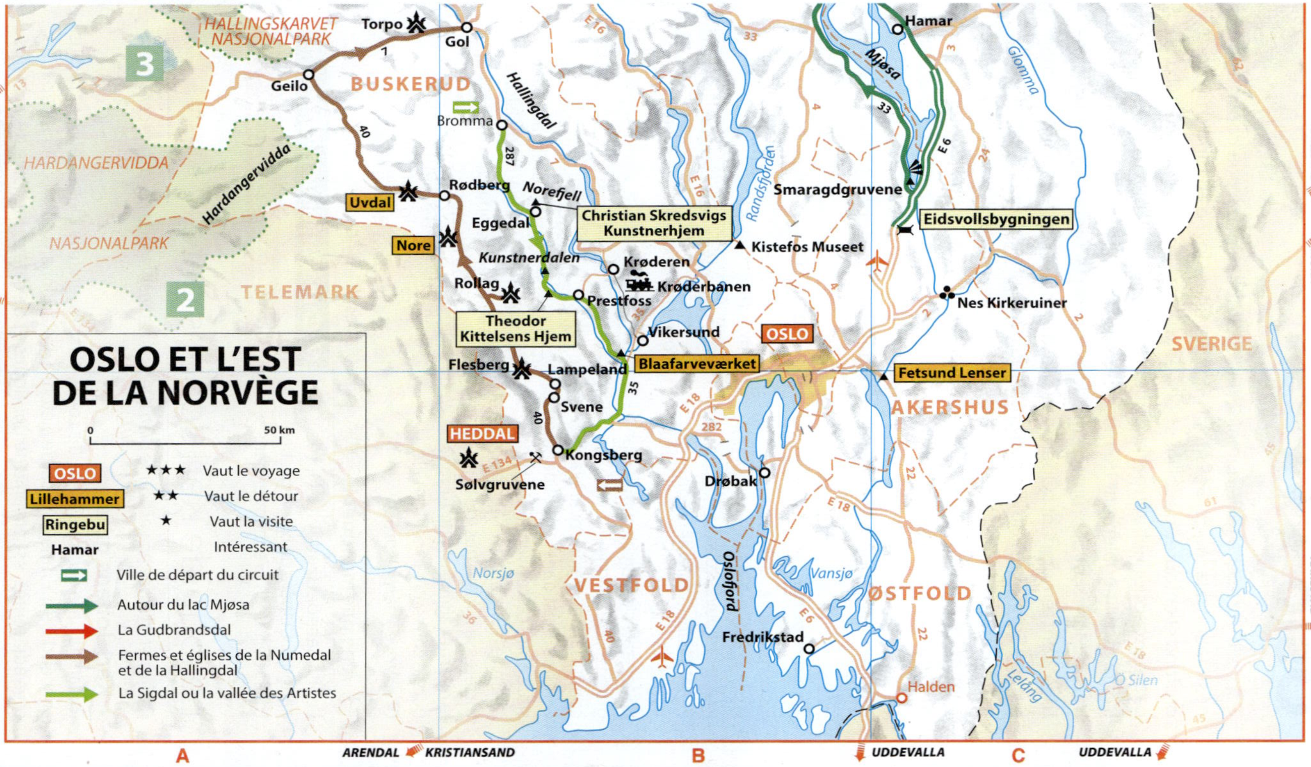
OSLO ET L'EST DE LA NORVÈGE
0
50 km
OSLO
Lillehammer
Ringebu
Hamar
★★★ Vaut le voyage
★★ Vaut le détour
★ Vaut la visite
Intéressant
Ville de départ du circuit
Autour du lac Mjøsa
La Gudbrandsdal
Fermes et églises de la Numedal et de la Hallingdal
La Sigdal ou la vallée des Artistes
HALLINGSKARVET NASJONALPARK
HARDANGERVIDDA NASJONALPARK
Hardangervidda
BUSKERUD
TELEMARK
VESTFOLD
ØSTFOLD
AKERSHUS
SVERIGE
Torpo
Gol
Geilo
Bromma
Hallingdal
Rødberg
Norefjell
Uvdal
Nore
Eggedal
Christian Skredsvigs Kunstnerhjem
Kunstnerdalen
Rollag
Theodor Kittelsens Hjem
Krøderen
Krøderbanen
Prestfoss
Vikersund
Blaafarveværket
Flesberg
Lampeland
Svene
HEDDAL
Kongsberg
Sølvgruvene
Randsfjorden
Kistefos Museet
Smaragdgruvene
Eidsvollsbygningen
Hamar
Mjøsa
Glomma
Nes Kirkeruiner
OSLO
Fetsund Lenser
Drøbak
Oslofjord
Fredrikstad
Vansjø
Norsjø
Halden
Lelång
Silen
E 16
E 18
E 134
E 6
HAUGESUND
KARLSTAD
MORA
ARENDAL
KRISTIANSAND
UDDEVALLA
A
B
C
3
4

Oslo ★★★

Capitale verte et à taille humaine, Oslo s'impose peu à peu comme une destination à la mode. Ses atouts sont connus : lovée au fond d'un fjord profond et entourée de collines boisées où l'on skie en hiver, Oslo jouit d'un cadre exceptionnel, entre mer et montagne. Mais la capitale norvégienne s'enorgueillit également de musées de premier ordre, dont le nouveau musée Munch, et d'un urbanisme doux, porté par une architecture novatrice, dont témoignent l'Opéra national de Norvège et les nouveaux quartiers de Sørenga et Tjuvholmen, mais aussi par un mobilier urbain qui invite à prendre son temps (bancs, tables de pique-nique). L'été, une vibrante animation envahit le centre et les quais, ainsi que le quartier tendance de Grünerløkka. Mais l'atout maître d'Oslo reste sa qualité de vie et son sens de l'accueil, reflets d'une ville ouverte sur le monde, à l'image de ses habitants, prompts à accueillir le monde entier. Oslo change, Oslo bouge !

Se repérer

CARTE P. 30-31 (B3-4) - PLANS P. 34-35 ET P. 54 - PLAN DES TRANSPORTS DANS LE RABAT DE COUVERTURE.

717 710 hab. (agglomération 1 082 575 hab.).

La capitale s'organise autour d'un grand axe rectiligne, Karl Johans gate, conduisant du Palais royal à la gare centrale. C'est dans le petit périmètre situé entre cette avenue et le port, délimité d'un côté par l'ancienne forteresse d'Akershus, de l'autre par le quartier animé d'Aker Brygge, que se concentre le centre-ville.

« Arriver/partir » p. 60.

À ne pas manquer

Les musées de Bygdøy. Le Musée national. L'Opéra de Norvège. Les toiles de Munch. S'échapper dans les îles de l'Oslofjord. L'ambiance bohème de Grünerløkka. La *Havnepromenaden.*

Organiser son temps

Voir le tableau « Oslo en 4 jours » p. suiv.

Avec les enfants

Le Musée historique, les plages et les musées de Bygdøy (drakkars, Kon-Tiki), le musée de la Ville d'Oslo, le musée international d'Art enfantin, le musée du Flottage du bois à Fetsund, les parcs d'attractions Tusenfryd et Oslo Sommerpark, le musée du Ski à Holmenkollen, les plages et les îles...

Carnet pratique p. 60

Nos adresses p. 63

Le long de Karl Johans gate

PLAN P. 34-35

Circuit 1 tracé en vert sur le plan. Départ de l'esplanade de la gare centrale.

★ Karl Johans gate BC2

Reliant la gare centrale au Palais royal, c'est l'avenue la plus célèbre et la plus animée d'Oslo. En majeure partie piétonne, la Karl Johans gate, comme les petites rues adjacentes, est envahie de boutiques et de cafés. Une foule de passants, touristes, musiciens ou vendeurs à la sauvette assure l'animation.

Déjeuner en plein air dans Aker Brygge.
anouchka/Getty Images Plus

Place du Marché (STORTORVET) C2

Un marché aux fleurs éclaire la place principale, Stortorvet, situé devant la cathédrale sur laquelle veille la statue du fondateur de la ville, Christian IV. Au nord se dresse le GlasMagasinet, les « Galeries Lafayette » norvégiennes.

Domkirken (CATHÉDRALE) C2

Construite entre 1694 et 1697 et consacrée « église de Notre-Sauveur », la cathédrale fut considérablement restaurée au 19e s. puis de nouveau en 1950, si bien qu'il ne reste plus rien d'origine à l'intérieur, excepté la **chaire** et le **retable** sculptés à la fin du 17e s. et décorés de motifs de feuilles d'acanthe. Le buffet d'orgue date du 18e s. La voûte tout entière est couverte de fresques peintes entre 1936 et 1950 très colorées et les vitraux sont l'œuvre d'**Emanuel Vigeland**, frère du sculpteur Gustav.

4 jours à Oslo	
Jour 1	Balade dans le centre-ville et Aker Brygge. Visite du centre Nobel de la paix, du Musée national ou du musée Astrup Fearnley.
Jour 2	Emprunter la Havnepromenaden, quai bordé de cafés et d'édifices futuristes, dont l'Opéra national et le musée Munch. Puis, profiter de l'ambiance bohème de Grünerløkka.
Jour 3	Bateau vers la presqu'île de Bygdøy pour visiter l'un des cinq grands musées de ce quartier verdoyant.
Jour 4	Excursion dans les îles du fjord ou bien vers le parc Vigeland et la zone de Holmenkollen (tremplin de saut à ski, sentiers de randonnée, etc.), accessible en métro.

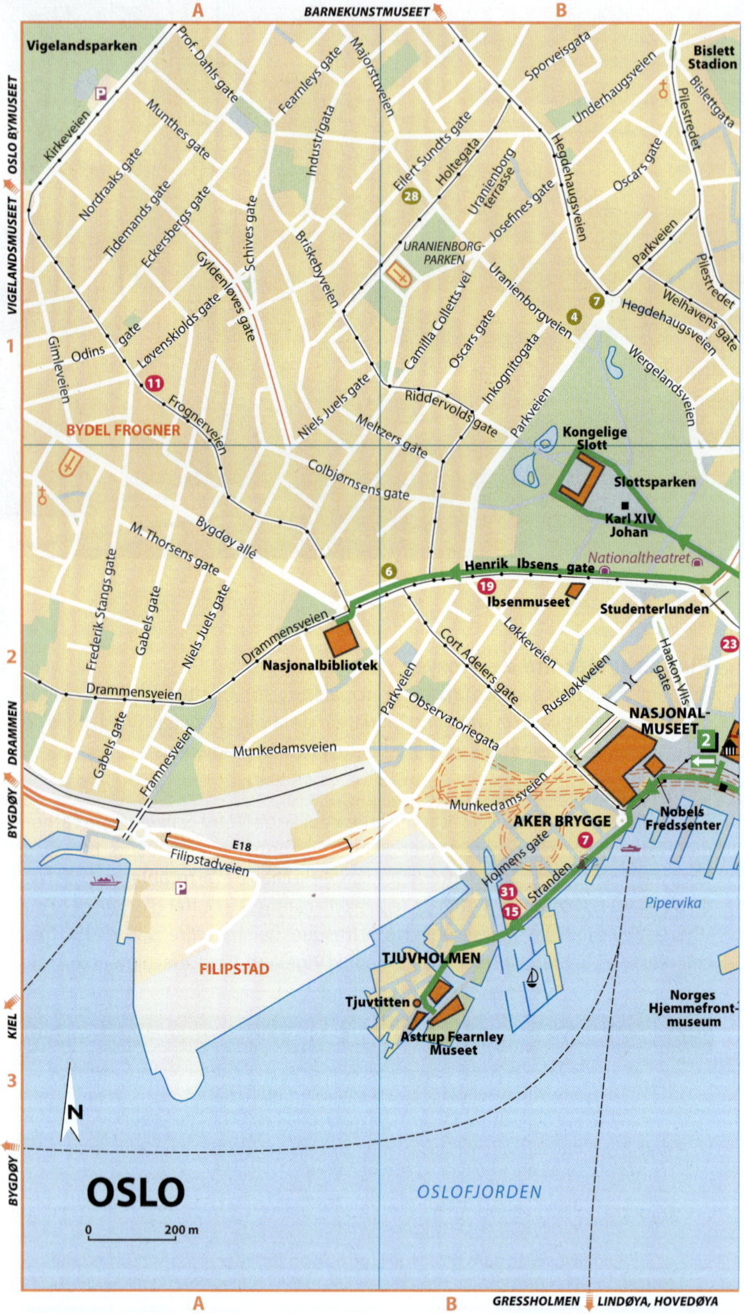

A
B
BARNEKUNSTMUSEET
Vigelandsparken
Bislett Stadion
Prof. Dahls gate
Majorstuveien
Fearnleys gate
Sporveisgata
Underhaugsveien
Bislettgata
Pilestredet
Kirkeveien
Munthes gate
Industrigata
Eilert Sundts gate
Holtegata
Uranienborg terrasse
Hegdehaugsveien
Oscars gate
Nordraaks gate
Tidemands gate
Eckersbergs gate
Schives gate
Josefines gate
URANIENBORG-PARKEN
Parkveien
Briskebyveien
Gyldenløves gate
Løvenskiolds gate
Uranienborgveien
Welhavens gate
Camilla Colletts vei
Oscars gate
Inkognitogata
Wergelandsveien
Gimleveien
Odins gate
Frognerveien
Niels Juels gate
Riddervolds gate
Meltzers gate
Parkveien
Kongelige Slott
BYDEL FROGNER
Colbjørnsens gate
Slottsparken
Karl XIV Johan
Bygdøy allé
M. Thorsens gate
Nationaltheatret
Henrik Ibsens gate
Ibsenmuseet
Studenterlunden
Frederik Stangs gate
Gabels gate
Niels Juels gate
Drammensveien
Nasjonalbibliotek
Løkkeveien
Cort Adelers gate
Haakon VIIs gate
Drammensveien
Parkveien
Observatoriegata
Ruseløkkveien
NASJONAL-MUSEET
Gabels gate
Framnesveien
Munkedamsveien
Munkedamsveien
AKER BRYGGE
Nobels Fredssenter
E18
Filipstadveien
Holmens gate
Stranden
Pipervika
FILIPSTAD
TJUVHOLMEN
Tjuvtitten
Astrup Fearnley Museet
Norges Hjemmefront-museum
N
OSLO
0
200 m
OSLOFJORDEN
OSLO BYMUSEET
VIGELANDSMUSEET
DRAMMEN
BYGDØY
KIEL
BYGDØY
1
2
3
GRESSHOLMEN
LINDØYA, HOVEDØYA

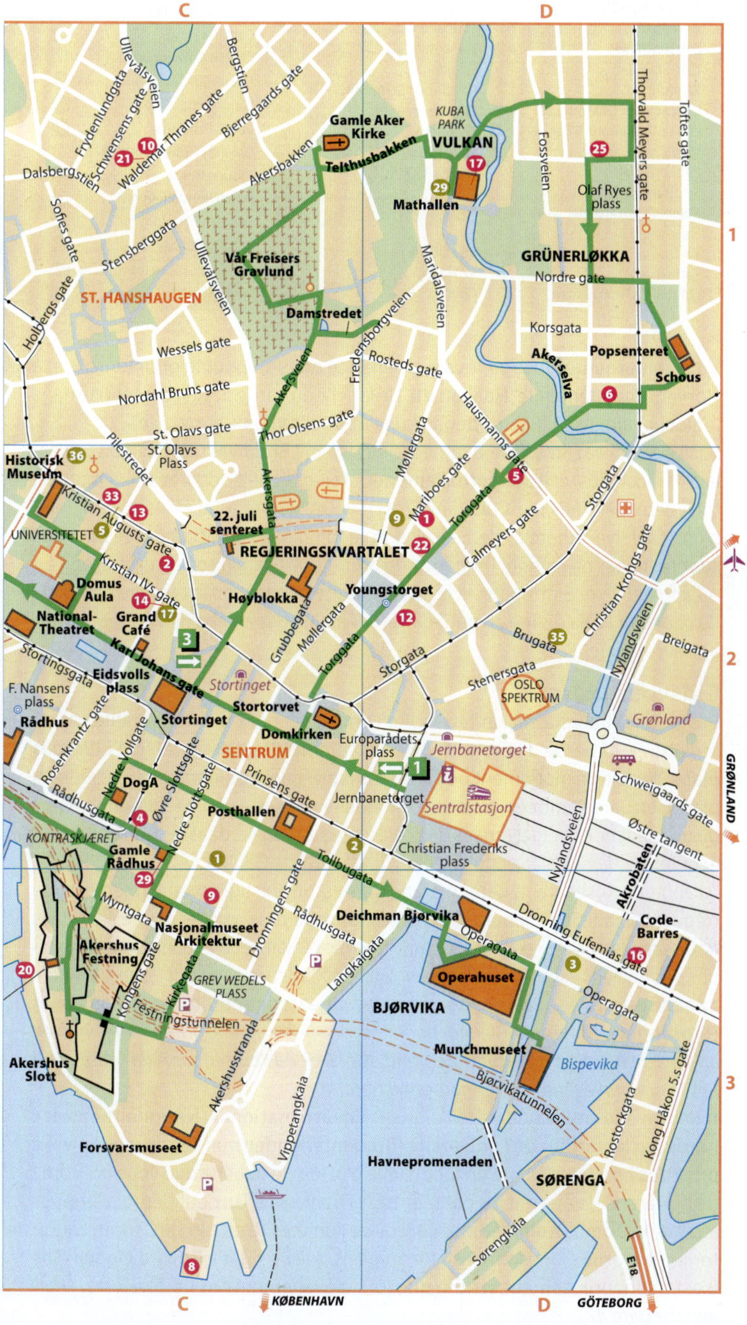
C
D
1
2
3
Gamle Aker Kirke
KUBA PARK
VULKAN
Telthusbakken
Mathallen
GRÜNERLØKKA
Olaf Ryes plass
Vår Freisers Gravlund
Damstredet
ST. HANSHAUGEN
Popsenteret
Schous
Akerselva
Historisk Museum
UNIVERSITETET
22. juli senteret
REGJERINGSKVARTALET
Domus Aula
Høyblokka
Youngstorget
National-Theatret
Grand Café
Karl Johans gate
Eidsvolls plass
Stortinget
Stortorvet
F. Nansens plass
Rådhus
Domkirken
SENTRUM
Europarådets plass
Jernbanetorget
Sentralstasjon
OSLO SPEKTRUM
Grønland
GRØNLAND
DogA
Posthallen
Christian Frederiks plass
KONTRASKJÆRET
Gamle Rådhus
Nasjonalmuseet Arkitektur
Deichman Bjørvika
Akershus Festning
Operahuset
BJØRVIKA
Code-Barres
GREV WEDELS PLASS
Munchmuseet
Bispevika
Akershus Slott
Forsvarsmuseet
Havnepromenaden
SØRENGA
Akrobaten
Bjørvikatunnelen
Festningstunnelen
E18
KØBENHAVN
GÖTEBORG
Ullevålsveien
Bergstien
Frydenlundgata
Schwensens gate
Waldemar Thranes gate
Bjerregaards gate
Akersbakken
Dalsbergstien
Sofies gate
Stensberggata
Holbergs gate
Wessels gate
Nordahl Bruns gate
St. Olavs gate
St. Olavs Plass
Pilestredet
Kristian Augusts gate
Kristian IVs gate
Akersveien
Thor Olsens gate
Akersgata
Fredensborgveien
Rosteds gate
Maridalsveien
Fossveien
Thorvald Meyers gate
Toftes gate
Nordre gate
Korsgata
Hausmanns gate
Møllergata
Mariboes gate
Torggata
Calmeyers gate
Storgata
Christian Krohgs gate
Brugata
Grubbegata
Stenersgata
Breigata
Nylandsveien
Stortingsgata
Rosenkrantz gate
Nedre Vollgate
Øvre Slottsgate
Nedre Slottsgate
Prinsens gate
Rådhusgata
Tollbugata
Schweigaards gate
Østre tangent
Myntgata
Dronningens gate
Kongens gate
Kirkegata
Langkaigata
Operagata
Dronning Eufemias gate
Akershusstranda
Vippetangkaia
Rostockgata
Kong Håkon 5.s gate
Sørengkaia

SE RESTAURER
Arakataka 1
Brasserie Paleo 2
Café Skansen 4
Peloton 5
Delicatessen Grünerløkka ... 6
Louise Restaurant & Bar 7
Vippa 8
Engebret Café 9
Smalhans 10
Kolonihagen Frogner 11
Fiskeriet 12
Katla 13
Kaffistova 14
Lofoten Fiskerestaurant 15
Code 16
Mathallen 17
Frances 19
Solsiden 20
Restaurant Schrøder 21
Oslo Street Food 22
Theatercafeen 23
Villa Paradiso 25
Gamle Rådhus 29
Rorbua 31
Fjord 33

SE LOGER
K7 Hotel 1
Citybox 2
Clarion Hotel Oslo 3
Camillas Hus 4
Clarion Collection Hotel Savoy 5
Sommerro 6
Cochs Pensjonat 7
Comfort Hotel Xpress Youngstorget 9
Hotell Bondeheimen 17
Saga Hotel Oslo 28
Scandic Vulkan 29
Thon Hotel Spectrum 35
Smarthotel 36

Vous remarquerez la loge royale aménagée en 1905 pour le premier roi de la Norvège indépendante, **Haakon VII**. De la salle du garde de nuit aménagée dans le clocher ajouté en 1850 se dégage une très belle **vue★★** sur la ville.
Sur les côtés et à l'arrière de la cathédrale s'alignent **Brannvakten** (d'où l'on surveillait les incendies) et les **Basarhallene**, autrefois marché de denrées alimentaires, tous deux dessinés par Christian Grosch entre 1850 et 1856 et installés le long d'une coursive en hémicycle. Les minuscules boutiques qui occupent ces arcades se sont muées en cafés et magasins de produits artisanaux ou de prêt-à-porter. À l'angle d'Øvre Slottsgate, la grande horloge perchée de la marque nationale de chocolat Freia donne au petit carrefour animé des allures de Times Square... à l'heure locale.

Eidsvolls plass C2

L'avenue débouche sur un terre-plein ombragé, ponctué de fontaines et de sculptures, et bordé d'hôtels, de galeries commerciales et de cafés : l'**Eidsvolls plass**. Y trône un monument peu conventionnel baptisé *Liberté*, sur une idée du plasticien Lars Ramberg : trois authentiques « sanisettes » (en fonctionnement) bleue, blanche et rouge, ornées de notre devise nationale, dans lesquelles on peut écouter *La Marseillaise* et un discours du général de Gaulle !
À l'angle de Rosenkrantzgate, le **Grand Café** est un prestigieux établissement que fréquentait jadis la bohème d'Oslo. N'hésitez pas à vous installer à l'une des tables de ce café dont le mur est décoré d'une fresque où l'on peut reconnaître quelques-uns des anciens clients, comme Henrik Ibsen, Christian Krohg et Edvard Munch.
La place est fermée à l'est par la curieuse façade en forme de rotonde du **Parlement (Stortinget)**, édifié en 1866 *(stortinget.no/en - visite guidée gratuite de 45mn en anglais de fin juin à mi-août : lun.-vend. 10h15 - RV à l'entrée sur Akersgata - voir le site pour un éventuel changement d'horaire)*.
À l'autre extrémité se dresse l'élégant **Théâtre national** (**Nationaltheatret**), bordé par les **jardins de l'université (Studenterlunden)**, un lieu de rendez-vous prisé des habitants. Juste en face, sur le trottoir de gauche que vous prendrez de préférence, s'élèvent les bâtiments de l'université. Un petit détour s'impose au sein du **Domus Aula**, l'édifice central de l'université d'Oslo (UiO) dont l'auditorium est orné d'une immense fresque ensoleillée signée **Edvard Munch**. Elle n'est malheureusement visible que lors d'événements et de concerts. *(Karl Johans gate 47)*.

★ Musée historique (HISTORISK MUSEUM) C2

Frederiks gate 2 - ✆ 22 85 19 00 - www.khm.uio.no (en anglais) - mai-sept. : mar.-dim. 10h-17h (jeu. 18h) ; reste de l'année : mar.-dim. 11h-16h (jeu. 20h) - fermé lun., 1er janv., 1er et 17 mai, 24-26 et 31 déc. - 140 NOK (gratuit Oslo Pass).

Plusieurs sections constituent ce musée ouvert en 1904 et rattaché à l'université. Outre les collections numismatique et ethnographique (les salles consacrées à l'Arctique présentent de façon vivante la civilisation des Sames norvégiens), vous visiterez avec intérêt les salles consacrées aux Vikings, renfermant de superbes trésors d'or et d'argent : les enfants peuvent ici s'initier à la vie et aux travaux de leurs lointains ancêtres. Mais le clou du musée est sans conteste la **galerie d'art médiéval★★★**, qui présente des portails d'églises en bois debout richement sculptés et, surtout, la **voûte peinte de l'église d'Ål**.

Avant de poursuivre votre circuit sur Henrik Ibsens gate, faites une escapade dans la verdure des jardins du Palais royal.

Palais royal (KONGELIGE SLOTT) B2

Slottsplassen 1 - www.kongehuset.no (en anglais) - relève de la garde 13h30 - visites guidées (en anglais) de fin juin à mi-août : tlj 12h, 12h20, 14h, 14h20 et 16h - 220 NOK. Réserv. en ligne recommandée (www.ticketmaster.no).

Fermant l'avenue, ce palais néoclassique achevé en 1849 s'élève sur une éminence du très agréable **parc du château (Slottsparken)**, où les habitants d'Oslo aiment se promener ou effectuer leur jogging matinal. Sur l'avenue, devant le parc, se dresse la statue de Karl XIV Johan, roi de Suède et de Norvège de 1814 à 1844, mieux connu chez nous sous le nom de **Jean-Baptiste Bernadotte**.

Longez le parc par la gauche, sur Drammensveien ou, plus agréablement, en empruntant les allées du parc.

Henrik Ibsens gate B2

En arpentant cette avenue, les amateurs d'architecture s'arrêteront au **n° 48**, un édifice triangulaire aux façades figurant des codes-barres, signé Eero Saarinen (1910-1961), connu également pour son Gateway Arch de St-Louis ou le terminal TWA de l'aéroport JFK de New York. À l'extrémité ouest de la rue se tient la **Bibliothèque nationale (Nasjonalbibliotek,** A2 - *Henrik Ibsens gate 110 - www.nb.no - lun.-vend. 9h-21h, sam.10h-18h - fermé dim. - gratuit*), édifice emblématique (1913) des premières années de l'indépendance, qui présente des expositions de premier intérêt.

★ Musée-théâtre Ibsen (IBSENMUSEET) B2

Henrik Ibsens gate 26 - ✆ 40 02 36 30 - ibsenmt.no (en anglais) - mai-sept. 11h-18h, reste de l'année : sam.-lun. et jeu. 11h-16h - 180 NOK (gratuit Oslo Pass).

C'est ici qu'**Henrik Ibsen** (encadré p. 384) passa les onze dernières années de sa vie et qu'il écrivit ses deux dernières œuvres. En découvrant Ibsen, on cerne un peu mieux la Norvège. Il quitta son pays pauvre et plein d'amertume pour conquérir le monde et rapporta chez lui les impressions de cultures étrangères, enrichissant

Héraldique

Le blason d'Oslo a 700 ans. Il représente Halvard, son saint patron qui, assis sur un trône orné d'un lion à deux têtes, tente de protéger une femme allongée. Les flèches et la meule de pierre racontent son martyre. Il est entouré de la devise : *Unanimiter et Constanter* (Uni et Constant).

1

ainsi sa terre natale. Le nouveau musée, réouvert après rénovation en 2023, considérablement enrichi, s'articule autour de son appartement et son bureau, laissés dans l'état où ils se trouvaient à sa mort. Avec le théâtre inauguré en 2022, il constitue un pôle culturel entièrement consacré à Ibsen, ses écrits et son héritage. Confirmant l'adage local, selon lequel il existe trois principales sources de références en norvégien – la Bible, le folklore et les écrits d'Ibsen –, des citations du dramaturge sont gravées en acier dans le trottoir qui descend du musée vers le centre-ville, le long de la rue Henrik Ibsen et de l'avenue Karl Johans gate, jusqu'au Grand Café.

Le long des quais

PLAN P. 34-35

Circuit 2 tracé en vert sur le plan.

C'est devant l'hôtel de ville, face aux quais d'embarquement des ferrys, que l'on saisit l'environnement naturel de la capitale norvégienne, nichée au fond du **fjord d'Oslo★★**. Au loin, des îles et des presqu'îles boisées émergent de l'eau bleue. Le nouveau Musée national tire un beau trait d'union entre la ville et son fjord ! Sur votre gauche, la forteresse d'Akershus domine le port où sont amarrés quelques voiliers anciens. À droite, l'anse est fermée par les anciens entrepôts d'Aker Brygge, transformés en nouveau quartier d'habitation et de commerces, à l'architecture moderne.

Hôtel de ville (RÅDHUS) BC2

Entrée par Fr. Nansens plass - ☎ 21 80 21 80 - www.oslo.kommune.no/english - ♿ - 9h-16h - gratuit.

Il trône au fond du fjord. Ses deux tours massives de briques sombres servent de point de repère et de but aux navires, telles une double borne annonçant « ici commence Oslo ». La première pierre de cet édifice fut posée en 1931. Il fut inauguré en 1950 pour célébrer le 900e anniversaire de la fondation d'Oslo. Côté ville, une fontaine à deux cygnes et des reliefs mythologiques en bois de pin précèdent l'entrée. La **décoration intérieure** est somptueuse. Les fresques très colorées, réalisées par divers artistes, parmi lesquels Hendrik Sørensen et Per Krohg, retracent les grandes heures de l'histoire de la cité. L'immense **salle des cérémonies** est le cadre chaque année, le 10 décembre, de la remise du **Prix Nobel de la paix**.

Centre Nobel de la paix (NOBELS FREDSSENTER) B2

Rådhusplassen - ☎ 48 30 10 00 - www.nobelpeacecenter.org (en français) - 17 juin-1er sept. : 11h-17h, 2 janv.-16 juin : mar.-dim. 11h-17h (21h merc., ouv. tlj du 25 mars au 1er avr.), reste de l'année : mar.-dim. 11h-17h - 160 NOK (gratuit Oslo Pass).

Installé dans l'ancienne gare de l'Ouest (Vestbanen), et belle source d'inspiration, ce centre est consacré aux récipiendaires du Prix Nobel de la paix.

Un hommage est tout d'abord rendu au chimiste suédois **Alfred Nobel** (1833-1896), l'instigateur de ce prix financé par l'invention de la dynamite qui fit sa fortune. Il récompense « la personnalité ou la communauté ayant le plus ou le mieux contribué au rapprochement des peuples, à la suppression ou à la réduction des armées permanentes, à la réunion et à la propagation des progrès pour la paix ». Des six prix (physique, chimie, littérature, paix, médecine et économie), seul celui de la paix est choisi par un comité nommé par le Parlement norvégien et remis à Oslo. Une **muséographie moderne** et originale met en avant les lauréats et leurs combats, de Frédéric Passy et Henri Dunant – les premiers d'entre eux en 1901 – aux plus récents, comme l'association russe de défense des droits de l'homme Memorial (fondée par Andreï Sakharov en 1989 et interdite en 2021), honorée en 2022 avec l'opposant bélarusse Alès Bialiatski et le Centre pour les libertés civiles ukrainien. À leurs côtés, des femmes, des hommes et des organisations dont certains marquèrent durablement l'histoire (Martin Luther King, Lech Wałęsa, Nelson Mandela). Le « tunnel d'honneur » rend hommage aux derniers lauréats. Une dernière salle invite le visiteur à un voyage à travers la planète qui souffre, un panorama comme une piqûre de rappel qui cible les situations sociales, écologiques et politiques problématiques. L'exposition intitulée « La volonté de changer le monde » retrace la vie d'Alfred Nobel, l'histoire du prix et de son impact. Symboliquement, en été, chaque vendredi à 12h, une colombe porteuse d'une bonne nouvelle est lâchée.

★★★ Musée national (NASJONALMUSEET) B2

Brynjulf Bulls plass 3 - ✆ 21 98 20 00 - www.nasjonalmuseet.no (en anglais) - tlj sf lun. 10h-17h (20h mar.-merc.) - 200 NOK.

Inauguré en juin 2022, le nouveau Musée national dote la capitale norvégienne d'une institution de renommée internationale. Il regroupe en un même lieu les collections de l'ancienne Galerie nationale d'art, du musée d'Art contemporain et du musée des Arts appliqués.Conçu par le **cabinet d'architecture Kleihues + Schuwerk**, c'est un ensemble aux parois gris schiste surmonté d'un rectangle blanc lumineux *(Light Hall)* qui s'illumine, tel un phare, la nuit venue.

Le musée rend compte de l'histoire de l'art, depuis l'Antiquité jusqu'à la période contemporaine, avec des pièces provenant du monde entier, mais la création norvégienne occupe naturellement une place de choix. Suivez l'agenda des importantes expositions temporaires qui y sont organisées.

Le rez-de-chaussée présente un panorama des arts décoratifs, de la mode et du design, qui court du Moyen Âge à nos jours, à travers du mobilier et des objets des époques baroque, Régence, rococo, néoclassique, historiciste (caractérisée ici par le style « dragon » inspiré des Vikings) et Art nouveau, entre autres. On y admire notamment la **tapisserie de Baldishol** (12e-13e s.), des porcelaines chinoises, une exceptionnelle série de verreries norvégiennes (18e s.), des robes somptueuses ou d'emblématiques objets du quotidien...

Le premier étage abrite les Beaux-arts, du 15e s. à nos jours, des natures mortes naturalistes, des toiles de maîtres néerlandais du 17e s. et la **peinture national-romantique**. Ce courant connut son apogée au 19e s., à une époque où l'identité de la Norvège, sous tutelle suédoise, était en pleine construction. Parmi les œuvres notables, un grand paysage de **Johan Christian Dahl** (1788-1857), figure du mouvement, et la *Procession nuptiale sur le Hardangerfjord,* chef-d'œuvre de deux autres peintres célèbres, **Adolph Tidemand** (1814-1857) et **Hans Gude** (1825-1903). Le portrait est à l'honneur avec des toiles du Danois Jens Juel (18e s.) et le célèbre portrait d'Ibsen exécuté par **Erik Werenskiold** (1855-1938).

Une période ancrée dans le réalisme, parfois animée de préoccupations sociales, comme chez **Christian Krohg**, précède un retour au romantisme (néoromantisme), à la fin du 19e s. C'est à cette époque que le nom d'**Edvard Munch** commence à être connu. Le musée en possède de nombreuses pièces, notamment le *Cri, La Danse de la vie, Madonne* et *La Forêt enchantée.* Autre figure du néoromantisme, **Harald Sohlberg**, dont on peut admirer le fameux *Nuit d'hiver à Rondane*. La période voit aussi émerger des peintres expressionnistes et néo-impressionnistes, comme Erichsen, et **Frits Thaulow** (1847-1908), suivis, dans l'entre-deux-guerres, par un

groupe d'élèves de Matisse, tandis que d'autres tendances européennes telles que le symbolisme, le cubisme et l'expressionnisme s'épanouissent.
Le musée possède une remarquable collection de maîtres étrangers des 19e et 20e s. : une *Vue du Jas de Bouffan* de Cézanne, des toiles de Gauguin, Courbet, Degas, Monet (*Bords de Seine* et *Étretat*), Van Gogh (*Autoportrait*), Picasso (*Pauvre ménage* et *Guitare*) et Fernand Léger (*Nature morte*). Il présente également le travail de l'architecte **Sverre Fehn**, des tapisseries de **Hannah Ryggen**, des artistes sames, notamment des gravures de John Savio, des œuvres de la nouvelle garde norvégienne, comme Per Inge Bjørlo, et des créations de l'artiste conceptuel russe
Le dernier niveau de l'édifice, le vaste et lumineux **Light Hall**, est consacré aux expositions temporaires. Les immenses volumes permettent de présenter des œuvres monumentales. De là, profitez de la **terrasse** sur le toit, d'où la vue embrasse la baie et le port.
De retour sur le quai, longez le fjord vers Aker Brygge.

★ Aker Brygge B2

Les anciens chantiers navals, actifs de 1854 à 1982, ont cédé la place dans les années 1980-1990 à un nouveau quartier qui compte parmi les plus animés de la capitale. Il est constitué d'un ensemble d'habitations à l'architecture contemporaine, variant par les matériaux, formes et couleurs. Des quais, des canaux, des placettes, des ponts, une pelouse et même une petite plage rendent la déambulation agréable. Les quais sont entièrement occupés par des terrasses de café (qui ont également investi les ponts des bateaux), envahies au moindre rayon de soleil par la clientèle des immenses galeries commerciales qui occupent les anciens entrepôts superbement restaurés. Des théâtres, des cinémas, des commerces, une bonne trentaine de cafétérias et de restaurants entretiennent l'ambiance jusqu'aux heures avancées de la soirée.
L'ancien îlot-prison de **Tjuvholmen** compte un ponton et une petite plage où il fait bon s'allonger et un petit parc où se tiennent diverses festivités en été. **Tjuvtitten**, une tour d'observation de 90 m de haut, permettait d'avoir un point de vue panoramique sur la ville, malheureusement elle est fermée jusqu'à nouvel ordre. Mais la vedette du lieu est sans conteste le musée Astrup Fearnley, l'une des créations de Renzo Piano.

★★ Musée Astrup Fearnley d'Art contemporain

(ASTRUP FEARNLEY MUSEET) B3

Strandpromenaden 2 - ✆ 22 93 60 60 - www.afmuseet.no (en anglais) - ♿ - mar.-vend. 12h-17h (jeu. 19h), w.-end 11h-17h - 150 NOK (gratuit Oslo Pass).
Cette collection privée d'art contemporain norvégien et international a été constituée par les descendants de l'armateur Thomas Fearnley. Elle s'est installée depuis 2012 dans cet écrin signé **Renzo Piano**, « l'architecte des musées », à qui l'on doit notamment Beaubourg, à Paris. Le triple édifice déploie ses toits comme des voiles de métal et de verre, ou les ailes d'une raie, au ras des eaux de l'Oslofjord. Sobres et lumineuses, les salles d'exposition étonnent. Une partie du musée est consacrée aux expositions temporaires. Furent notamment mis à l'honneur depuis son ouverture Cindy Sherman, Jeff Koons, Damien Hirst. Le bâtiment nord présente par roulement les 1500 œuvres de la collection. Bacon, Murakami, Kuuns, Barney, Liu Wei, Einarsson et bien d'autres s'y côtoient, se confrontent parfois, vous surprennent toujours.
*Repartez en sens inverse en longeant le port, l'hôtel de ville et les embarcadères pour gagner l'autre extrémité de la baie (**Havnepromenaden p. 42**).*

★ Forteresse d'Akershus (AKERSHUS FESTNING) C3

Accès porte principale par Myntgata - 6h-21h (autre entrée par le pont qui enjambe Kongensgate) - ✆ 23 09 39 17 - rens. sur visitoslo.com - entrée gratuite - visites guidées en anglais à 13h tlj en été et le w.-end le reste de l'année 100 NOK.

Des remparts, la **vue sur le port** et le fjord, avec son ballet de ferries et ses énormes paquebots à l'escale, valent le détour.

Situé dans une maison à colombage, le centre d'accueil (Besøkssenteret) propose une exposition sur l'histoire de la forteresse. Utilisée pour les fonctions officielles, celle-ci a aujourd'hui l'allure d'un château Renaissance rénové ayant conservé des traces du fort médiéval d'origine. Ce dernier fut construit vers 1300 par **Haakon Magnusson** sur un promontoire dominant le fjord pour servir de résidence royale et défendre la ville à l'est. La forteresse s'étend sur un vaste terre-plein agrémenté d'espaces arborés, propices à la détente. Elle comprend deux parties, reliées par un pont qui enjambe la rue Kongensgate.

Château (Akershus Slott) – *✆ 23 09 35 53 - mai-août : lun.-sam. 10h-16h, dim. 12h-16h ; reste de l'année : w.-end 12h-17h - 100 NOK (gratuit Oslo Pass).* Le château fut considérablement remanié par le roi **Christian IV** au début du 17e s. : le périmètre de défense fut prolongé, des tours Renaissance élancées furent ajoutées, la cour et les fenêtres agrandies et l'intérieur richement décoré. Après le siège des Suédois au début du 18e s., on renforça de nouveau ses défenses. L'entrée du parc se trouve à l'extrémité de Myntgata ; l'emplacement du donjon massif est visible sur le sol de la cour du château ; deux grandes salles, la salle d'Olav et la salle de Christian IV, occupent le dernier étage des ailes nord et sud ; on peut également visiter les cachots.

La crypte de l'**église abrite** le **mausolée royal** : c'est ici que reposent les deux premiers souverains de la Norvège indépendante (Haakon VII et Olav V) ainsi que leurs épouses. On y a également placé Sigurd Ier (1090-1130) et le crâne d'Haakon V (1289-1301).

★ **Musée de la Résistance norvégienne (Norges Hjemmefrontmuseum)** – *Dans le parc du château - ✆ 23 09 31 38 - www.forsvaretsmuseer.no (en norvégien seult) - mai-août : 10h-17h ; sept.-avr. : 10h-16h - 100 NOK.* Ce musée illustre, grâce à des documents, des photos, des affiches, des modèles et des enregistrements, l'histoire de l'occupation de la Norvège pendant la Seconde Guerre mondiale, le rôle de la Résistance durant les cinq années d'épreuves et sa contribution à la victoire finale, avec l'épisode de la bataille de l'« eau lourde » dans la région de Rjukan, en 1943-1944. Le site du musée est tout à fait approprié puisque Akershus fut le quartier général allemand pendant l'Occupation.

Si l'histoire militaire de la Norvège vous intéresse, rendez-vous au sud de la péninsule où s'élève la forteresse pour visiter le **musée de la Défense nationale (Forsvarsmuseet)** - *✆ 23 09 35 82 - www.forsvaretsmuseer.no - mai-août : 10h-17h ; sept.-avr. : 10h-16h - 100 NOK.* Armes, tableaux, photos et uniformes racontent les combats et les missions des Vikings à nos jours.

En quittant la forteresse par Kirkegata, après avoir admiré, des remparts, la vue sur le port et, au-delà, Aker Brygge, vous atteignez la Bankplassen, une place agréable où les lilas embaument en juin, et le **musée national d'Architecture Nasjonalmuseet Arkitektur,** C3, *Bankplassen 3 - ✆ 21 98 20 00 - www.nasjonalmuseet.no/en/visit/locations/national-museum-architecture - mar.-vend. 11h-17h (jeu. 19h), w.-end 12h-17h - fermé lun. - 60 NOK (gratuit Oslo Pass)* présente des expositions temporaires.

1

En remontant Nedre Slottgate, vous passerez devant **Gamle Rådhus (C2)**. L'ancien hôtel de ville, datant de 1641, est désormais occupé par un restaurant *(Gamle Rådhus p. 64)*.

Prendre à gauche sur Rådhusgata puis à droite sur Nedre Vollgate.

DogA C2

Nedre Vollgate 4 - ☏ 23 29 28 70 - www.doga.no (en anglais).

Longtemps installé dans un ancien transformateur électrique du quartier de Grünerløkka, ce centre qui promeut l'architecture et le design dans un principe d'innovation et de durabilité a déménagé fin 2024 en centre-ville. Expositions temporaires et cycles de conférences en accès libre.

Remonter Nedre Vollgate jusqu'à Tollbugata et prendre à droite.

Au n° 15 s'élève l'énorme **Posthallen (C2)**. Achevée en 1924 dans un style qui hésite entre Art nouveau et Art déco, l'ancienne poste s'organise autour d'une cour intérieure dominée par une tour horloge et abrite désormais des appartements, commerces et cafés.

Poursuivez votre circuit par Tollbugata jusqu'au nouveau quartier de Bjørvika.

★ Bjørvika

PLAN P. 34-35

Suite du circuit 2 tracé en vert sur le plan.

Cette baie, à l'est de la forteresse d'Akershus et au sud de la gare centrale, vit une mue radicale. Le site, naguère occupé par un port de containers, accueille désormais un réseau de rues ouvertes sur la mer. Ici a poussé un ensemble d'immeubles aux formes anguleuses, de tailles variées, nommé **Barcode** (Code-Barres), dû aux architectes locaux Dark Architects et A-Lab, et MVRD (Rotterdam).

Deichman Bjørvika (Bibliothèque Deichman-Bjørvika) – *Vestlys plass 1 - ☏ 23 43 29 00 - www.deichman.no - lun.-vend. 8h-22h, w.-end 10h-18h - restaurant.* Nouveau fleuron de l'architecture avant-gardiste dans la capitale et déjà pôle attractif, à deux pas de l'Opéra, la nouvelle bibliothèque municipale Deichman a été inaugurée en 2020. Conçue pour accueillir deux millions de visiteurs par an, elle fait appel à des technologies novatrices. Elle possède aussi un vaste espace pour enfants avec des installations et des ouvrages en français, idéal pour une pause en famille à l'écart de l'agitation urbaine. Au quatrième étage, l'artiste Katie Paterson a lancé, en 2014, une **Bibliothèque du Futur** *(www.futurelibrary.no)* qui enregistre chaque année, et pendant 100 ans, le manuscrit original d'un auteur.

Havnepromenaden

La Havnepromenaden permet de découvrir le « nouvel Oslo », ses fulgurances architecturales, ses entrepôts réaménagés – cafés, lieux culturels, commerces – et ses zones de détente. Son parcours, jalonné de tours orange évoquant des containers, retrace l'histoire des quartiers traversés, et longe les nouveaux espaces autour de Bjørvika – le musée Munch, l'Opéra, mais aussi les pôles festifs que sont Salt ou Vippa –, contourne les remparts de la forteresse d'Akershus puis emprunte les quais d'Aker Brygge avant de gagner la baie de Bygdøy *via* les quais de Filipstadkaia, eux-mêmes en plein développement (dont la création d'un immense skate park). La ville dispose ainsi d'une promenade piétonne de 9 km le long de la mer !

L'opéra d'Oslo signé par le cabinet d'architecture Snøhetta.
Nanisimova/Getty Images Plus

Margaret Atwood et Karl Ove Knausgård, notamment, se sont prêtés à l'exercice et, en 2024, ce fut le tour de l'écrivain américain arapaho et cheyenne Tommy Orange... Les textes ne seront dévoilés qu'en 2114 !
Son voisin, le formidable **Opéra,** semble flotter sur la baie. Quant au **musée Munch** *(p. 45)*, conçu par l'architecte espagnol Juan Herreros (2021), il annonce les nouveaux quartiers résidentiels de **Sørenga** (restaurants, terrasses, marina, aire de baignade) ou chaque habitant semble avoir son accès à la mer... L'ensemble, situé à deux pas de la gare d'Oslo S, est également relié au quartier de Grønland par les fines silhouettes du pont Nordenga et de la passerelle **Akrobaten** (206 m), jetés au-dessus des voies ferrées qui longent le **Barcode**. À l'ouest, le long du quai **Langkaia**, au bout duquel d'énormes navires de croisière font escale, vous bénéficiez de belles vues sur le quartier. Des saunas flottants *(p. 71)* invitent à la relaxation. Le « village » de Salt *(p. 67)* et les stands de Vippa *(p. 64)* permettent de se cultiver et de se restaurer sans jamais quitter l'eau des yeux.

★★ Opéra national de Norvège (OPERAHUSET) D3

Kirsten Flagstads plass 1 - 21 42 21 21 - www.operaen.no (en anglais) - lun.-sam. 11h-22h, dim. 12h-22h - visite guidée en anglais (50mn) à 13h (dim. 14h) - 150 NOK.
Sydney avait ouvert le bal avec son opéra voilé. D'autres villes ont suivi l'exemple : Amsterdam, Copenhague, Reykjavík et Hambourg. Toutes ces villes d'eau ont choisi d'édifier des temples de la musique pour rayonner et s'affirmer.
Conçu par le cabinet norvégien Snøhetta, le nouvel opéra d'Oslo est un véritable **défi architectural.** En partie situé sous le niveau de la mer, il repose sur 28 km de piliers. Immédiatement adopté par la population, il a obtenu le prix européen d'architecture contemporaine en 2009. Il héberge la compagnie de l'Opéra et le Ballet national.

Oslo, Christiania, Oslo

Oslo, viking et norvégienne

Occupé par la colonie viking, le fond de l'Oslofjord était déjà un port actif lorsque **Harald Hårdråde** fonda officiellement la cité en 1048 sur la rive droite du fjord. Quelques vestiges de cette première ville sont visibles à l'est, au-delà de la gare, dans un petit parc au cœur du quartier dénommé Gamlebyen, la « Vieille Ville ».
Oslo devint capitale de la Norvège à la fin du 13e s. et Haakon V fit édifier la forteresse d'Akershus pour défendre la ville. Cependant, plusieurs facteurs contrarièrent son développement : d'abord, la **Ligue hanséatique**, qui avait conclu des accords commerciaux avec Bergen, et qui contrôlait le commerce de la Baltique, voyait d'un mauvais œil l'émergence d'une possible concurrence ; ensuite, la peste de 1348 décima la moitié de la population ; enfin, à la fin du 14e s., l'**union de Kalmar** scellait l'annexion de la Norvège par le Danemark, Oslo perdant ainsi son statut de capitale.

Christiania la danoise

En 1624, Oslo fut ravagée pour la 13e fois par les flammes. Le souverain danois **Christian IV** décida de faire construire une nouvelle cité, à l'emplacement du centre-ville actuel, et proscrit l'utilisation du bois. De style Renaissance, elle prit le nom de son « refondateur » pour s'appeler **Christiania**. À partir de 1814, début de l'union avec la Suède, la ville se développa : la révolution industrielle vit s'implanter des usines le long du torrent, attirant de nouveaux habitants, tandis que des édifices publics s'élevaient.

Renaissance d'une capitale

En 1905, l'**indépendance** donna un nouvel élan à cette expansion. Vingt ans plus tard, pour le 300e anniversaire de sa fondation, Christiania reprit son nom d'origine, Oslo. Au fil des décennies, elle passa du statut de grosse bourgade provinciale à celui de capitale. Le pétrole l'enrichit et des événements exceptionnels (les JO d'hiver de 1952) ou réguliers – Prix Nobel de la paix, compétitions d'athlétisme – assoient sa notoriété.

Oslo aujourd'hui – Une ville verte et novatrice

La prospérité norvégienne a suscité une véritable frénésie de construction dans la capitale, une des plus dynamiques d'Europe : avec un peu moins de 700 000 habitants, elle a accru sa population de 25 % en quinze ans ! Sa politique d'accueil généreuse à l'égard des immigrants contribue à ce dynamisme et façonne une cité de plus en plus ouverte sur le monde.
La rente pétrolière est utilisée pour doter chaque quartier d'équipements et de services et les friches industrielles se muent en logements ou en galeries. L'urbanisme et le mode de vie sont imaginés afin de respecter autant que possible l'environnement. La mobilité durable devient, un objectif prioritaire : les voitures électriques sont ainsi promues *via* des avantages considérables.
Oslo est donc aujourd'hui une cité moderne, vaste, où la **nature** omniprésente représente plus de la moitié de sa surface totale. Parallèlement, elle peaufine son image et attire l'attention des touristes en se dotant de nouveaux quartiers attractifs (Aker Brygge, Vulkan, Bjørvika) et d'édifices symboliques (Opéra, **musée Munch et Musée national**).

Blanc, lignes sobres et pures, angles aigus, le relief couvert de marbre de Carrare émerge du fjord et étincelle tel un énorme diamant au moindre rayon de soleil. L'Operahuset est un « **édifice paysage** », on peut le gravir, s'y promener, l'utiliser comme plage, piste de ski ou colline panoramique. D'immenses baies vitrées illuminent le **hall**. Une spirale de lamelles de bois dissimule les trois scènes, la construction évoquant une maquette en allumettes. Les toilettes ont même été habillées d'une dentelle de losanges par l'artiste dano-islandais Olafur Eliasson. À quelques encablures, un iceberg de verre flotte, « façon Titanic », comme pour effrayer les énormes navires de croisières qui approcheraient trop le nouveau joyau d'Oslo. Jouant sur les reflets d'un ciel changeant, il s'agit d'une sculpture intitulée *She Lies* (« Elle ment ») réalisée par l'artiste vénitienne Monica Bonvicini, inspirée par un tableau de Caspar David Friedrich, *La Mer de glace*.

★★ Musée Munch (MUNCHMUSEET) D3

Edvard Munchs plass 1 - ✆ 23 49 35 00 - munchmuseet.no (en anglais) - ♿ - dim.-mar. 10h-18h, merc.-sam. 10h-21h - 180 NOK (gratuit Oslo Pass et merc. à partir de 18h) - audioguide en français.

La haute silhouette biseautée du nouveau musée Munch, ouvert à l'été 2021, est le nouveau marqueur du quartier de Bjørvika. Avec pas moins de 28 000 pièces provenant de l'ancien musée situé dans le quartier de Tøyen, il constitue l'un des plus importants musées au monde consacré à un seul artiste. Cela ne semble pas de trop, tant l'œuvre léguée par **Edvard Munch** à la Ville d'Oslo continue de fasciner. Elle comprend trois collections permanentes, réparties en 11 salles. L'occasion pour le visiteur d'appréhender la diversité de l'œuvre de Munch.

La peinture comme un cri

L'enfance d'**Edvard Munch** (1863-1944) fut marquée par une longue maladie, suivie des morts de sa mère et de sa jeune sœur. Inspiré par le courant réaliste français, il s'installa à Paris en 1885, où il commença à travailler sur *L'Enfant malade*, tableau qui attira l'attention de la critique. De retour à Oslo, il fréquenta le milieu anarchiste et voulut peindre le désespoir de l'homme moderne. En 1889, il retourna à Paris, attiré cette fois par l'impressionnisme, puis influencé par le symbolisme. L'exposition de ses créations à Berlin en 1892 fit scandale mais il décida de s'y installer. Il rencontra August Strindberg avec lequel il s'entretint sur Nietzsche qui eut une grande influence sur lui. En 1893, il exposa une partie du cycle de *La Frise de la vie*, qui raconte l'amour, la mort, l'obscurité et l'anxiété. Mais aussi *Le Cri* qui fit de lui le **précurseur du mouvement expressionniste**. Le tableau attire aujourd'hui des millions de visiteurs (et quelques voleurs !) à Oslo et inspira même le masque de *Scream*, célèbre film d'horreur des années 1990 ! En 1896, Munch revint à Paris où il se consacra avec succès à la lithographie. En 1909, il regagna définitivement la Norvège désormais indépendante et réalisa la décoration ensoleillée de l'auditorium de l'université. Son intérêt pour le mouvement socialiste se traduisit par le célèbre *Travailleurs rentrant chez eux* (1913-1915). Durant les dernières années de sa vie, il peignit des paysages sensuels aux couleurs fortes. En 2013, Oslo a fêté les 150 ans de sa naissance lors d'expositions exceptionnelles et divers événements. Le plus insolite ? Un concours national pour reproduire le visage du *Cri*, en algues, capsules, bonbons, tracé sur le sable d'une plage...

Des expositions temporaires mettent en relation cette dernière avec le travail d'autres artistes. Le 4e étage impressionne par la quantité et la qualité des chefs-d'œuvre exposés : **Le Baiser**, **Jeunes filles sur un pont**, **La Danse de la vie**... On y retrouve les grandes thématiques de l'artiste : les extérieurs (*Forêt au printemps*, *Cheval au galop*), les portraits (**Nietzsche**, **Ibsen au Grand Café**), les nus, etc. Un espace entier est dédié au célèbre **Cri**, visible par intermittence (pour le préserver de la lumière), en alternance avec une version imprimée et une autre, dessinée. Mort, peur, mélancolie, jalousie, désespoir... Munch y pose une confrontation intime au plus sombre de l'âme humaine. Avec **Cendres** (une version antérieure est exposée au Musée national), il semble avoir saisi dans un instantané l'évaporation d'une passion amoureuse. Des études présentées en regard des toiles (*La Mélancolie*) éclairent sur son processus créatif.
Munch Monumental, au 6e étage, présente des toiles spectaculaires : **Le Soleil**, *Les Chercheurs*, **La Montagne humaine**.
Enfin, le 7e étage, baignant dans la pénombre, met en scène le cadre de vie de l'artiste à la manière d'un décor de théâtre parsemé d'objets personnels. Les autres étages (3, 9 et 10) accueillent des expositions temporaires.
Ne manquez pas la vue depuis le restaurant au 13e étage, elle est spectaculaire.
Avec la statue **The Mother** (9 m), qui trône depuis 2022 sur la jetée dans le prolongement du musée, l'artiste britannique Tracey Emin a voulu « offrir » à Munch la mère qu'il n'a jamais connue...

★ Autour de l'Akerselva

PLAN P. 34-35

▶ *Circuit* 3 *tracé en vert sur le plan. Départ de Karl Johans gate, au niveau de Stortinget.*
Cette balade, de part et d'autre de la rivière Akerselva, permet de découvrir une Oslo tout aussi authentique mais beaucoup moins connue.
Prenez la rue Akersgata en montée relativement douce.

Regjeringskvartalet C2

Longtemps resté figé dans la torpeur après l'attentat perpétré en 2011 par le terroriste d'extrême droite Anders Behring Breivik, le quartier du pouvoir opère lentement sa mutation. L'ancien siège du gouvernement, le Høyblokka, très endommagé, est toujours en rénovation. À ses pieds se dressait le Y-Block, édifice à l'architecture brutaliste, démoli en 2020 malgré une levée de boucliers. *Les Pêcheurs* et *La Mouette*, deux célèbres « fresques » murales en béton dessinées par Picasso, qui le décoraient, ont été préservées et devraient être installées dans un nouveau bâtiment.
À proximité, le **22. juli senteret** *(Teatergata 10 - ☏ 22 24 22 22 - www.22julisenteret.no (en anglais) - jeu.-dim. 11h-16h - entrée libre)* relate le traumatisme de l'attentat pour la ville et le pays. Devant le centre, une armée de 45 000 figurines est disposée à la manière d'un dallage de gazon. Cette œuvre du Coréen Do Ho Suhn, nommée *Grass Roots Square*, symbolise le pouvoir du peuple.
Vous traversez ensuite Grensen, rue qui marquait la limite extérieure de Christiania lorsque **Christian IV** la fonda. La rue s'élève jusqu'à la cathédrale catholique vouée à saint Olav.
Continuez à monter par Akersveien en passant à droite de l'église St-Olavs. Le paysage change alors radicalement. Une placette annonce à droite Damstredet.

★ Damstredet C1

Cette ruelle au charme suranné est bordée de maisons en bois construites au 19e s., restaurées avec goût et à présent occupées par des artistes.
Revenez à Akersveien et passez l'entrée est du cimetière.

Autour du cimetière (VÅR FREISERS GRAVLUND) C1

Vaste cimetière paysager, empreint de sérénité. C'est autour d'une éminence que reposent les grands noms de la culture norvégienne : **Henrik Ibsen** ainsi que sa femme et inspiratrice Susannah, le romancier Bjørnstjerne Bjørnson, **Edvard Munch** et son maître Christian Krohg, les peintres du mouvement romantique comme Fearnley, ou encore le poète national Henrik Wergeland.
Ressortez par Akersveien et poursuivez vers le nord.

Vieille église d'Aker (GAMLE AKER KIRKE) C1

La plus vieille église d'Oslo a été construite en pierre vers 1100. Vous remarquerez à l'intérieur, très dépouillé, les gros piliers circulaires sur lesquels reposent les voûtes, ainsi qu'une abside romane en cul-de-four. Elle ouvre occasionnellement, pour des concerts.
Prenez sur la droite Telthusbakken. Continuez le long de Damstredet et prenez Møllerveien en forte pente à droite.

★ Telthusbakken CD1

Comme Damstredet, il s'agit d'une ruelle bordée de charmantes maisons de bois dotées de jardinets et de vergers. Là aussi, le lieu est investi par artistes et architectes. Bien qu'au cœur de la capitale, on se croirait à la campagne !
Traversez Maridalsveien.

1

L'Akerselva et Vulkan D1

Les berges de ce torrent dévalant des proches montagnes ont été aménagées en promenade où piétons et cyclistes aiment flâner. Les usines et autres silos ont été transformés en cafés, écoles, logements, galeries, ateliers d'artistes... La rivière a ainsi été rendue à la population et reliée à la ville pour devenir un axe vert et *trendy* très prisé. En contrebas de Maridalsveien s'étend le très attractif pôle de **Vulkan**. Au cœur de cette enfilade d'édifices de briques, de métal et de verre, pour certains très colorés, se trouve le moteur de ce quartier, **Mathallen**, un espace dédié à la diversité culinaire. Restaurants et boutiques gastronomiques se côtoient dans cet ancien entrepôt industriel pour mettre en avant les produits norvégiens et les saveurs du monde. De là, le bouillonnement culturel et festif de **Blå** (*➜ p. 70*) et ses abords propices au *street art* ne sont qu'à quelques pas.
Après avoir traversé le torrent par le pont Cuba Bru, remontez droit devant par Bergverksgate que prolonge Helgesensgate, puis prenez à droite Thorvald Mayers gate. La rue bordée de restaurants mène à **Olaf Ryes plass**, *le cœur de Grünerløkka.*

★ Grünerløkka D1

Au moment de l'essor industriel, tandis que les usines de papier, de bois et de voiles s'étaient installées en bordure de la rivière, ce quartier fut dévolu aux habitations des ouvriers, toutes à peu près identiques, construites à la fin du 19e s. Le quartier, aux façades colorées et aux immeubles souvent dotés de cours intérieures, a aujourd'hui retrouvé une nouvelle jeunesse : des immigrés, souvent pakistanais, y ont ouvert des commerces de proximité, tandis que la jeunesse branchée s'y retrouve, attirée par les terrasses de cafés. Le quartier tendance d'Oslo, avec son cortège de boutiques tendance (alimentation bio, stylistes, design), de galeries et de restaurants représentant à peu près toutes les gastronomies de la planète, s'anime chaque soir d'une ambiance jeune et festive. L'industrie n'a pourtant pas totalement disparu : l'usine Mills (qui produit les fameux tubes de *kaviar* norvégien, sorte de tarama local que vous ne manquerez pas de repérer dans les supermarchés, aux côtés d'autres tubes tout aussi particuliers, *p. 354*) fait encore travailler des habitants du quartier.

Si de nombreux murs à Oslo font honneur à l'art urbain, le quartier de Grünerløkka est particulièrement bien doté en *street art*. Carte interactive et actualisée des emplacements sur le site www.visitoslo.com.

Après avoir, pourquoi pas, fait un détour vers les maisons en bois du microquartier de **Rodeløkka** *(à l'est de Olaf Ryes plass et Sofienbergparken), descendez par la rue commerçante Markveien puis suivez à gauche Korsgata. Au niveau du petit parc, empruntez le passage côté droit de la rue.*

À partir de l'**ancienne brasserie Schous**, dont la tour de brique domine le quartier, on a créé un espace mixte de logements, de commerces (notamment dédiés à la musique) et des espaces de loisirs. Ce bel exemple d'aménagement urbain symbolise à lui seul la transformation de Grünerløkka. On y trouve une microbrasserie (Mikrobryggeri) mais aussi l'original **Popsenteret** (centre de la Pop) où, *via* des expositions interactives, on découvre 100 ans d'histoire musicale norvégienne *(Trondheimsveien 2, bygg T - 22 46 80 20 - www.popsenteret.no (en anglais) - mar.-vend. 10h-16h, w.-end 11h-17h - 170 NOK).*

Franchissez le torrent par le pont d'Ankerbrua qu'ornent des statues mythologiques. Ensuite, dirigez-vous vers l'église, sur la droite, et poursuivez sur Torrgata.

Youngstorget D2

La place s'entoure d'un centre des congrès, d'édifices administratifs et du très vertical siège de l'Arbeiderpartiet (Parti social-démocrate). Ajoutez-y des petits cafés aux noms ensoleillés qui occupent d'inattendues arcades... et vous comprendrez l'animation quasi permanente de l'esplanade que la jeunesse et les partis politiques ont investie. C'est de cette place que partent la plupart des manifestations.

De là, Torrgata devient piétonne et commerçante jusqu'à la cathédrale.

★★★ La presqu'île de Bygdøy PLAN CI-CONTRE

Circuit 4 tracé en vert sur le plan.

La presqu'île de Bygdøy est accessible par le bus n° 30, à Rådhuset.

De fin mars au déb. octobre, privilégiez le ferry : départ du débarcadère n° 3, devant l'hôtel de ville www.boatsightseeing.com - 9h50-16h50 (9h10-17h50 juin-août), ttes les 20mn - AR 104 NOK, AS 67 NOK. Première escale (trajet 10mn) : Dronningen, proche des musées du Folklore, des Bateaux

Bygdøy mérite une visite pour ses six musées, dont chacun illustre un aspect différent de la culture et de l'histoire norvégiennes. Par ailleurs, tout le quartier verdoyant et fleuri invite à la flânerie entre villas imposantes, églises en bois et plages de sable blond (certaines sont réservées aux naturistes).

★★★ Musée du Folklore norvégien (NORSK FOLKEMUSEUM)

Museumsveien 10 - 22 12 37 00 - www.norskfolkemuseum.no (en anglais) - - mai-sept. : 10h-17h ; oct.-avr. : tlj sf lun. 11h-16h - 180 NOK (Oslo Pass gratuit).

Des spectacles ont lieu en été et les temps forts du calendrier norvégien y sont célébrés : nuit de la St-Jean, Pâques, marché de Noël.

Il retrace l'histoire culturelle de la Norvège depuis le Moyen Âge. C'est le plus grand musée du genre dans tout le pays, répartissant ses collections tant à l'intérieur qu'à l'extérieur, et l'un des plus anciens au monde (1894).

La visite commence par la **vieille ville de Gamlebeyen★★**, reconstituée avec des maisons des 17e, 18e, 19e s. ainsi que des boutiques de la première moitié du 20e s. (pharmacie, épicerie avec ses rayonnages) et même une station-service. L'été, artisans et animaux viennent animer ce lieu.

La **section de plein air**, attraction principale, comprend 158 bâtiments illustrant l'architecture rurale en bois de différentes régions de Norvège. Des fermes de la Gudbrandsdal, du Sogn og Fjordane, de l'Østerdal, ou de la Hallingdal montrent les techniques traditionnelles de construction ainsi que leurs variantes régionales. Les ensembles les plus représentatifs sont originaires de la Stesdal, de la Numedal et du Telemark. La partie urbaine expose des bâtiments et des appartements d'Oslo et d'autres cités norvégiennes.

La plus belle pièce du musée est l'**église en bois debout de Gol★★★**, transférée il y a plus d'un siècle de la petite ville de Gol, à 224 km au nord-ouest d'Oslo, et restaurée. Les peintures de l'abside datent du 17e s. ; remarquez la *Cène* au-dessus de l'autel. Enfin, une petite ville est reconstituée, avec ses boutiques (pharmacie, épicerie) et sa station-service. L'été, artisans et animaux viennent animer ce lieu où l'on passerait volontiers une journée entière.

Le reste des collections, exposé dans les grands bâtiments qui se trouvent à l'entrée du musée, comprend une section ethnographique consacrée à la **culture same**, une superbe collection de **costumes traditionnels** et une collection d'**art populaire** qui présente des objets en argent, des meubles sculptés et peints selon la technique de la « peinture à la rose », des instruments de musique, ainsi que des intérieurs du 19e s. reconstitués. La superbe nouvelle exposition **Timescape 1600-1914★★** présente trois siècles d'évolution du mode de vie des classes aisées norvégiennes au contact des influences extérieures. Toiles, mobiliers, objets, vêtements, intérieurs familiaux reconstitués..., le tout présenté dans une savante mise en scène, plantent un tableau vivant et somptueux.

Prenez à droite Langviksveien, qui mène au musée des Bateaux vikings.

Musée des Bateaux vikings (VIKINGSKIPSHUSET)

Huk Aveny 35 - ✆ 22 13 52 80 - www.khm.uio.no (en anglais) et www.vikingtids-museet.no - fermé pour travaux, réouv. prévue en 2027.

Ce musée, ouvert en 1926, méritait un large programme de modernisation pour sécuriser et mieux mettre en scène son riche contenu. Il deviendra, en 2027, le

musée des Temps vikings, trois fois plus vaste et considérablement enrichi *(suivez le projet et son évolution sur le site vikingtidsmuseet.no/english)*.
On y retrouvera, bien sûr, les pièces maîtresses de l'ancien musée, trois bateaux découverts à proximité de l'Oslofjord entre 1867 et 1904, ayant servi à des funérailles rituelles : le **bateau d'Oseberg** ainsi que les **bateaux de Gokstad** et **de Tune**. Les collections comprennent également le contenu de tombes vikings du 9e s. (objets en bois, chariot, traîneaux, personnages...). L'équipement du chef enterré à bord du bateau de Gokstad comportait trois petits bateaux qui, à la surprise des spécialistes, sont, 40 générations plus tard, quasi identiques aux bateaux traditionnels encore en usage dans l'ouest de la Norvège !
Continuez à suivre Langviksveien, puis prenez à gauche Bygdøynesveien qui conduit aux trois autres musées ayant tous un rapport avec la navigation. À mi-chemin entre les deux ensembles de musées, suivez les panneaux jusqu'au Centre sur l'Holocauste, au milieu d'un quartier résidentiel.

HL-Senteret (CENTRE D'ÉTUDES SUR L'HOLOCAUSTE)

Huk Aveny 56 - ☎ 22 84 21 00 - www.hlsenteret.no (en anglais) - de mi-mai à mi-sept. : 10h-18h ; de mi-sept. à mi-mai : 10h-16h - textes en norvégien mais audio-guide en anglais - 120 NOK (gratuit Oslo Pass) - bibliothèque et café.
Le Centre sur l'Holocauste est situé dans Villa Grande, qui fut la résidence de Vidkun Quisling, leader du parti nazi norvégien et chef du gouvernement de collaboration pendant la guerre. Il y vécut jusqu'à son arrestation en mai 1945. Une exposition permanente aborde la politique raciale nazie et, dans un sous-sol (volontairement) sinistre, le destin des juifs norvégiens. Sur les 1536 juifs enregistrés en 1942, 772 furent déportés dont 738 furent tués dans les camps.
Suivez à nouveau Bygdøynesveien.

★★ Musée de la Marine norvégienne (NORSK MARITIMT MUSEUM)

Bygdøynesveien 37 - ☎ 24 11 41 50 - www.marmuseum.no/en - avr.-sept. : 10h-17h ; reste de l'année : tlj sf lun. 11h-16h - 140 NOK (gratuit Oslo Pass).
On comprend toute l'importance de ce musée quand on connaît la place essentielle qu'occupe la mer dans la société norvégienne, qui possède la treizième flotte marchande du monde. Au rez-de-chaussée sont exposées d'anciennes embarcations, dont les caractéristiques varient en fonction de l'époque et du type de pêche pratiquée. Aux murs, la collection de figures de proue semble veiller. Parmi les peintures, une large place est accordée à ceux qui restent à terre, comme dans le tableau de Per Krohg (1889-1965), *Femmes sur le quai*. Le musée possède également une riche collection de répliques de bateaux, dont celle du *Norway*, l'ancien paquebot *France*, présentées dans les rampes d'accès aux étages et dans les salles supérieures.
Au 1er étage, un espace avec baie vitrée offre une vue sans pareille sur le fjord. **At Sea !** se présente comme un voyage dans le temps, du 11e au 20e s., à travers 12 vitrines comme autant de séquences illustrées d'objets, de maquettes et de photos (Vikings, piraterie, traite des esclaves, commerce, blocus, guerre, croisière...). Focus sur la marine à vapeur avec l'exposition **On schedule**, où l'on voit des maquettes de bateau et où l'on compare les intérieurs tout en bois du *Sandnes* (1914) et celui, tout en skaï, du *Balao* (1973).
Le 2e étage ravira les plus jeunes, avec l'espace **Sally Jones**, où ils pourront explorer un bateau, tenir la barre et s'attarder dans un espace avec peluches. Plus didactique mais tout aussi interactive, **Discover the Sea** est une passionnante

(et colorée) découverte de l'océan, avec sous-marin de poche, grotte sous-marine, poulpe géant, simulateur de navigation... et une visualisation de la pollution qui menace, avec une énorme « vague de plastique » très évocatrice.
Au sous-sol trônent une pirogue monoxyle longue de 11 m et vieille de 2200 ans, ainsi qu'une barque du 9e s. provenant de Gokstad. En attendant la réouverture du musée des Bateaux vikings, c'est le seul spécimen de cette époque que vous pourrez admirer à Bygdøy. Derrière les vitres d'un atelier, des artisans s'affairent sur des maquettes... Un film au format panoramique offre un aperçu du magnifique littoral norvégien *(15mn - ttes les 30mn)*.
Ne manquez surtout pas la formidable collection de bateaux traditionnels exposée dans le **Boat Hall Gol★★★**, un bâtiment annexe réouvert en 2022 : *fembøring* du Nord et son gréement – apparenté aux bateaux vikings –, *sekskeiping* du Nordfjord, bateaux fluviaux, bateau same... De vieux films documentaires en noir et blanc donnent vie à l'aventure des hommes sur ces frêles esquifs. À l'extérieur, de vieilles coques en bois sont à flot au Gjøa Harbour, et vous aurez peut-être l'occasion d'admirer le trois-mâts *Svanen*.

★★ Musée du Kon-Tiki (KON-TIKI MUSEET)

Bygdøynesveien 36 - ✆ 23 08 67 67 - www.kon-tiki.no (en français) - mai : 10h-18h ; juin-août : 9h30-18h ; sept.-avr. : 10h-17h - 140 NOK.

Ce musée retrace les voyages de **Thor Heyerdahl** (1914-2002), anthropologue dont le but était de retrouver les itinéraires suivis par les peuples anciens. En 1947, Heyerdahl et ses compagnons quittèrent le Pérou à l'assaut de l'océan Pacifique en direction de la Polynésie sur un radeau en bois de balsa (bois très léger). À rebours des thèses communément admises, il voulait ainsi prouver que les Polynésiens étaient originaires d'Amérique du Sud et non d'Asie. Le radeau, auquel il donna le nom de Kon-Tiki, était une réplique exacte de ceux que fabriquaient les Indiens avant la période inca. Le deuxième bateau exposé, appelé Ra II et construit en papyrus, fut utilisé par Heyerdahl en 1970 pour traverser l'Atlantique de Safi, au Maroc, jusqu'aux Barbades, afin de montrer que les Égyptiens auraient pu traverser l'Atlantique et exercer une influence sur la civilisation des Indiens d'Amérique centrale. Si les théories d'Heyerdahl semblent contestables, il se dégage de ses périples un exaltant parfum d'aventure.

★★ Musée du Fram (FRAMMUSEET)

Bygdøynesveien 39 - ✆ 23 28 29 50 - frammuseum.no (en anglais) - mai-août : 9h30-18h ; sept.-avr. : 10h-17h - 140 NOK (gratuit Oslo Pass).

Posté à côté du Kon-Tiki, le Fram (39 m x 11 m, dont le nom signifie « en avant ») raconte lui-aussi une histoire d'hommes et de mers. Il détonne par son architecture en forme de tente. Le **vaisseau polaire** *Fram* fut construit spécialement pour l'explorateur **Fridtjof Nansen** (1861-1930) suivant une technique innovante lui permettant d'être soulevé (et non écrasé) sous la pression des glaces de la banquise. L'exposition s'enroule sur plusieurs étages de coursives autour du navire lui-même. Vous découvrez les différents explorateurs, les expéditions menées et le quotidien des équipages dans les terres polaires. Photos, instruments de navigation, art et artisanat inuits ponctuent la visite. Les enfants pourront pénétrer dans un igloo, préparer un traîneau à chiens, se divertir dans un simulateur d'expédition polaire et s'émerveiller à la vue d'aurores boréales. Puis vous monterez à bord pour déambuler sur les ponts, dans les cabines et les salles des machines.

Un passage souterrain, consacré aux différentes expéditions qui, entre 1496 et 1906 ont cherché le fameux passage du Nord-Ouest, quête qui s'est souvent achevée en tragédie, relie le *Fram* à une seconde grande salle. Celle-ci est consacrée au *Gjøa*. Dédié à la pêche aux harengs, ce navire de 21 m a permis à Roald Amundsen (1872-1928) d'ouvrir le passage du Nord-Ouest entre 1903 et 1906. Une salle annexe présente un montage audiovisuel consacré à l'exploration du Grand Nord.

À la pointe orientale de Bygdøy, avant l'embarcadère du ferry, l'une des sculptures les plus monumentales de Joseph Grimeland célèbre la mémoire des **3500 marins norvégiens** disparus pendant la Seconde Guerre mondiale en servant sur les navires réquisitionnés de la marine marchande. Les familles et les survivants se sont longtemps battus contre l'État norvégien pour obtenir réparation.

Grønland

PLAN P. 54

Situé juste à l'est de la gare centrale et de l'Akerselva, Grønland est un quartier animé qui bruisse de conversations multilingues. On y longe des boutiques pakistanaises et chinoises, des restaurants érythréens... Les étals de légumes et les musiques entendues çà et là mettent les sens en éveil. Au nord du quartier, le **jardin botanique** *(Botanisque Hage - avr.-sept. : 7h-21h, oct.-mars : 7h-17h)* permet aux élèves des écoles alentour de suivre des cours de biologie à ciel ouvert et à tous de bronzer ou de pique-niquer en été.

Musée d'Histoire naturelle (NATURHISTORISK MUSEUM)

Sars gate 1 - ☏ 22 85 16 30 - 10h-17h - 150 NOK, gratuit avec l'Oslo Pass.

Le musée a récemment fait sa révolution et offre un excellent éclairage, pour les publics de tous âges, sur les problématiques liées à la nature et à l'environnement. Il accueille régulièrement des expositions temporaires. Ses collections de géologie et de zoologie sont désormais présentées autour de six thèmes : l'évolution de la vie, les minéraux, l'histoire de l'océan, l'espace, la Terre et la cave des minéraux. Une petite section est consacrée à la faune du Svalbard.

Un superbe édifice en bois, inauguré en juin 2020, le **Klimahuset**, traite du changement climatique, des enjeux et des solutions existantes, à travers des installations interactives.

Pistes magiques

À Oslo, le sport est roi et certains stades racontent de belles histoires. Le tremplin de saut à ski de **Holmenkollen** est l'un des plus célèbres (et désormais le plus moderne) du monde. Le **stade Frogner** fut le théâtre, dès son inauguration en 1914, de deux records de patinage de vitesse signés Oscar Mathisen... 21 autres records suivront jusqu'en 1940. Le **stade du Bislett** jouit toujours d'une renommée internationale. Ouvert en 1922, il a accueilli les JO d'hiver de 1952, voit jouer le club de football de Skeid (rival du Vålerenga) et, surtout, sert de cadre à une fameuse compétition d'athlétisme depuis 1924. Un grand nombre de records ont été battus sur une piste très rapide... qualifiée de magique par les athlètes.

Au-delà du Palais royal

PLAN P. 34-35

Sur les pentes qui séparent le Palais royal et le parc Frogner s'alignent les belles et calmes rues des **quartiers chics de la capitale**. On peut s'y promener au hasard pour admirer les façades, les jardins fleuris et rêver devant les vitrines de Bygdøy Allé ou de Hegdehaugsveien. Cette vaste zone abrite également deux stades mythiques. Celui de **Bislett (B1)**, achevé en 1924, est réputé pour sa piste magique propice aux records d'athlétisme. Le stade de **Frogner**, inauguré en 1914, fut le théâtre d'exploits sur patins.

★★ Parc Vigeland (VIGELANDSPARKEN) A1

M Majorstuen ; Tram nº 12. Entrée principale dans Kirkeveien.

Conçu selon un plan très structuré, il s'inscrit dans le vaste parc Frogner, situé au nord-ouest du centre-ville et presque entièrement consacré aux sports. C'est l'un des endroits les plus visités d'Oslo. Il a été dessiné par **Gustav Vigeland** (1869-1943), célèbre sculpteur norvégien du 20e s., qui y travailla pendant près de 20 ans, mais qui mourut un an avant son achèvement. Le parc contient 200 sculptures monumentales sur le thème de la destinée de l'homme, de l'enfance à la vie adulte. Passé les imposantes grilles de fer forgé, on est frappé par la puissance des statues massives et réalistes figurant hommes, femmes et enfants, gens ordinaires saisis dans des scènes de la vie quotidienne. Parmi les nombreuses statues qui décorent le large pont d'accès se tient le célèbre **Sinnataggen**, le « bébé coléreux », devenu l'emblème de la ville. Victime d'une tentative de vol à la disqueuse en 2021, il a été replacé après rénovation. Des groupes de statues en bronze allégoriques entourent la fontaine posée au centre d'une esplanade. Au-delà, on atteint le point culminant du parc, le *Monolithe* : ce monticule étagé en terrasses est surmonté d'une colonne centrale entourée de sculptures illustrant des aspects des relations humaines : le combat, l'amour... Sur la colonne, une multitude de formes entrelacées essayant péniblement d'atteindre le sommet symbolise la lutte pour la vie, thème récurrent de l'œuvre, au style bien particulier, de Vigeland.

★ Musée de la Ville d'Oslo (OSLO BYMUSEET) HORS PLAN

Frognerveien 67 (dans le parc, avant le pont, sur la gauche de l'allée centrale) - ✆ 23 28 41 70 - www.oslomuseum.no (en anglais) - ♿ - tlj sf lun. 11h-16h (jeu. 18h) - fermé 1 sem. autour de Noël, 31 déc. et 17 mai - 120 NOK (gratuit Oslo Pass et jeu.), billet couplé avec le musée du Théâtre - visites guidées du manoir Frogner en été : dim. à 13h.

Cet intéressant musée fait revivre l'histoire de la ville à travers les âges, grâce à des documents, des tableaux, des reconstitutions d'intérieurs et de boutiques, et des demeures du 18e s. Quartiers disparus et métiers d'autrefois y sont évoqués avec sensibilité et les enfants seront sans doute amusés par la reconstitution des cuisines, du Moyen Âge à nos jours. Le beau **manoir Frogner** est coiffé d'un élégant clocheton.

Musée Vigeland (VIGELANDSMUSEET) HORS PLAN

Nobels gate 32 (derrière le musée de la Ville ; sortir du parc et traverser) - ✆ 23 49 37 00 - www.vigeland.museum.no (en anglais) - mai-août : mar.-dim. 10h-17h ; sept.-avr. : mar.-dim. 12h-16h - 100 NOK (gratuit Oslo Pass).

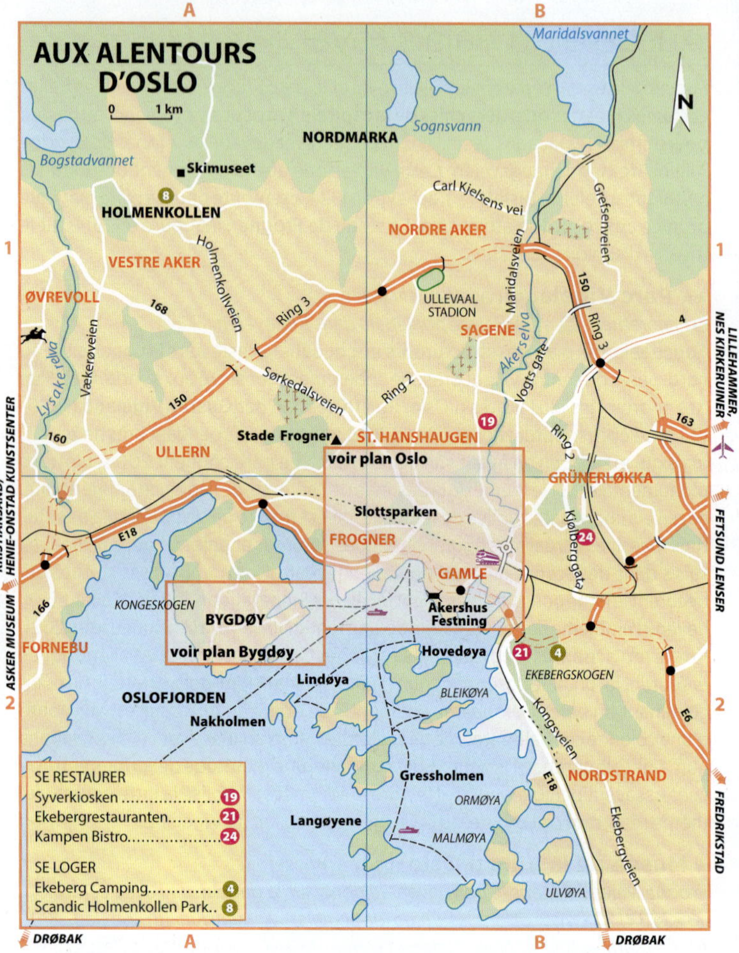

Le musée est aménagé dans l'ancienne maison de l'artiste Gustav Vigeland (1869-1943), que lui fit construire la Ville d'Oslo, et où il vécut et travailla de 1924 à 1943. Il contient presque toutes ses œuvres, ses dessins, ses gravures, ainsi que les esquisses et les moules ayant servi à réaliser les sculptures du parc. Des visites de l'appartement de l'artiste, resté en l'état, sont organisées à certaines dates (*rens. sur le site*).

Musée international d'Art enfantin (BARNEKUNSTMUSEET) HORS PLAN
Frøen (ligne 1). Lille Frøens vei 4 - 47 22 69 17 77 - www.barnekunst.no (en anglais) - horaires variables, voir le site Internet - 75 NOK.
Ce musée original présente des œuvres d'enfants du monde entier. Bonheur, craintes, espoirs, opinions, préoccupations... La collection est amenée à s'étoffer chaque année. Expositions temporaires thématiques.

Aux alentours d'Oslo CARTE CI-CONTRE

★ Nordmarka et Holmenkollen

▶ *À 10 km au nord-ouest du centre-ville. Prendre à Majorstuen le métro (ligne 1 - arrêt Holmenkollen) qui s'élève entre les sapins parsemés et les maisons en bois.*
Cette **vaste zone boisée** est le terrain de jeux favori des Osloïtes. 450 km de sentiers balisés équipés de refuges, pistes de ski de fond et lacs propices au kayak ou au patinage sont accessibles en métro ! Le quartier Holmenkollen, qui sent bon la résine et offre des vues superbes sur l'agglomération, fut même choisi comme cadre des JO d'hiver de 1952 (◉ *encadré p. 52*).

★ **Musée du Ski** (SKIMUSEET) A1
Kongeveien 5 - Holmenkollen - ✆ *91 67 19 47 - www.skiforeningen.no/holmenkollen (en anglais) - mai-sept. : 10h-17h (jeu. 20h) ; oct.-avr. : 10h-16h jeu. 20h) - 190 NOK.*
👥 Le célèbre **tremplin de saut à ski** (◉ *photo p. 405*) est né en 1892 mais fut reconstruit à maintes reprises. L'architecte belge Julien De Smedt a dessiné sa nouvelle silhouette, visible de très loin, pour les championnats du monde de 2011. Il évoque la queue d'un dinosaure géant émergeant au-dessus de la forêt ou, dans un ciel brumeux, une aurore boréale blanche. Le musée illustre l'évolution de la technique du ski depuis la préhistoire : matériel, vêtements et équipements, notamment ceux des expéditions polaires de Nansen et d'**Amundsen**. Dans un ancien atelier, on peut assister à la fabrication des skis suivant une méthode traditionnelle. Le clou de la visite est la montée sur la **plate-forme de lancement** du tremplin, ce qui permet de jouir d'un formidable panorama à 360° sur la ville, son fjord, ses îles et les montagnes boisées, si proches.
Si vous êtes amateur de sensations fortes, et que vous avez le cœur bien accroché, tentez le **Ski Simulator Holmenkollen** *(www.skisimulator.no (en anglais) - 130 NOK)*. En pénétrant dans cet engin mystérieux, vous aurez la sensation de dévaler la piste du tremplin...

★★ Le fjord d'Oslo (OSLOFJORD)

Les îles A2
Au départ des embarcadères, au pied de l'hôtel de ville, on peut facilement accéder en bateau aux îles situées à proximité du port d'Oslo. Si l'affluence est conséquente aux beaux jours, il est toujours possible d'y prendre un grand bol d'air, de marcher et de s'isoler. Sur la plus proche, **Hovedøya**, les ruines romantiques d'une abbaye cistercienne, construite par des moines anglais, se dressent dans un site charmant, qui offre en outre plusieurs points de baignade. Les bateaux desservent d'autres îles, telles **Lindøya**, **Nakholmen** et **Gressholmen**, proches les unes des autres, mais aussi **Langøyene**, située plus au sud, agrémentée de belles plages et d'un camping. Quel que soit votre choix, vous ne serez pas déçu, le trajet en bateau est à lui seul un plaisir.

★ **Drøbak** HORS PLAN
▶ *Accès par bateau express (en 1h30) à partir de l'embarcadère d'Aker Brygge, ou en suivant la route E 18-E 6 qui longe la côte orientale du fjord, puis en tournant à droite à Horgen (40 km). On peut revenir en bus (n° 500) en moins de 1h.*

Métro, rando, dodo

Vous êtes à Oslo en hiver ? Vous vous êtes acclimatés aux conditions saisonnières, aux courtes journées, aux chaleureux musées et cafés, aux saunas flottants ? Il vous reste une expérience à tenter. Que diriez-vous de partir skier... en métro ? Ici, tout le monde fait du sport, les Norvégiens sont hyperactifs, des adeptes du *outdoor* 365 jours par an. Rejoignez-les, ne serait-ce qu'une journée, le long de la ligne 1 du métro. En sortant aux stations **Midtstuen**, **Holmenkollen** (près du formidable tremplin de saut à ski), **Voksenkollen** ou **Frognerseteren**, les usagers équipés ont à leur disposition des centaines de kilomètres de pistes de ski de fond, notamment dans la très vallonnée forêt d'Oslomarka. Certaines sont même éclairées la nuit. Il y en a pour tous les âges et pour tous les niveaux. Une irrésistible expérience à tenter en famille, même si vous n'êtes pas un as de la glisse, même si vous risquez d'être un peu complexés en voyant filer comme l'éclair les Osloborger à l'aise sur des skis comme vous l'êtes à vélo. Puis, épuisés mais revigorés par l'effort et la température, vous reprendrez le métro vers la ville. Métro, rando, dodo.

Tout le matériel peut être loué à l'**Oslo Vinterpark** *(skimore.no/oslo)* où vous pourrez également prendre des cours.

Ce vieux bourg animé sur la rive est du fjord, à 40 km au sud d'Oslo (train direct de la gare centrale), a conservé quelques charmantes maisons de bois datant pour la plupart du 19e s. L'intérieur baroque de l'église de bois peint en blanc, de 1776, est très intéressant. Au début du 20e s., plusieurs artistes, dont **Christian Krohg** et **Frits Thaulow**, vinrent travailler à Drøbak en été ; depuis, la cité reçoit régulièrement la visite d'artistes, ce qui explique l'existence de nombreuses galeries de peinture et d'ateliers d'artisanat.

Maison de Noël (Tregaardens Julehus) – *Havnebakken 6 - ✆ 64 93 41 78 - julehus.no - mars-mai : lun.-vend. 10h-17h, sam. 10h-15h ; juin-nov. : idem + dim. 12h-16h ; 1er-23 déc. : lun.-vend. 10h-19h, sam. 10h-16h, dim. 12h-16h ; 24 déc. 9h-12h ; fêtes de fin d'année : 10h-15h - gratuit.* Dans un cadre féerique à dominante rouge et vert, cette boutique propose toutes sortes de décorations de Noël et de personnages traditionnels.

★ **MiA Follo Museum** – *Belsjøveien 17. Quittez la route 153 au moment où elle amorce sa descente vers Drøbak et suivez les panneaux indicateurs. ✆ 66 93 66 36 - mia.no/follomuseum (en norvégien seult) - mi-juil.-mi-août : mar.-dim. 11h-15h ; reste de l'année : w.-end 11h-15h.* Ce musée de plein air, inauguré en 1968, est situé au milieu des bois, dans un site naturel préservé. Il comprend un relais de poste (Korsegården) de 1730, une ferme de 1812, une maison de paysan de 1700 environ, une école de 1869. Des concerts et diverses activités sont organisés pendant la belle saison. Le musée, qui est également responsable de la préservation du patrimoine côtier de l'Akershus, expose plusieurs bateaux présentant un intérêt historique.

Oscarsborg Festning – *(✆ 46 87 04 00 - www.forsvarsbygg.no [menu Alle Festiningene] - 10h-17h - gratuit).* Ce fort se dresse sur une île du détroit de Drøbak, là où le fjord commence à s'élargir à l'approche d'Oslo. Sa position stratégique valut à la forteresse une renommée soudaine lorsque, en avril 1940, des lance-torpilles (dispositif rarissime à l'époque) coulèrent le croiseur allemand *Blücher,* donnant ainsi à la famille royale et au Gouvernement norvégien le temps de quitter Oslo.

Lever du soleil dans le fjord d'Oslo.
zmeel/Getty Images Plus

1

Sur la rive occidentale HORS PLAN

★★ Centre d'art Henie-Onstad (HENIE-ONSTAD KUNSTSENTER)

À Høvikodden, 12 km au sud-ouest d'Oslo. Bus n° 160 au dép. de Hammersborggata ou train Oslo S à Sandvika, puis bus n° 160. Sonja Henies Vei 31 - 67 80 48 80 - www.hok.no (en anglais) - ♿ - mar.-dim. 11h-17h, jeu. 11h-21h - 160 NOK (gratuit Oslo Pass).

Ce centre d'art moderne occupe un site magnifique sur la rive boisée du fjord. Il fut inauguré en 1968 pour abriter 300 œuvres d'art, dont la danseuse sur glace **Sonja Henie** (1912-1969) et son mari, l'armateur Niels Onstad, avaient fait don à la Norvège. Depuis, la collection s'est élargie pour constituer aujourd'hui le plus important fonds d'**art moderne international** du pays. Les principales tendances du 20e s. sont bien représentées : le cubisme, par Braque, Juan Gris et Picasso ; le surréalisme par Miró et Ernst ; le groupe Cobra par plusieurs œuvres d'Asger Jorn et de Karel Appel ; et les diverses mouvances de l'art abstrait... Une salle est consacrée aux trophées et médailles remportés par Sonja Henie. Selon les vœux des fondateurs, le centre a une vocation pluridisciplinaire, allant de la musique au cinéma, en passant par la danse et le théâtre.

Continuer le long de la E 18 jusqu'à Holmen et tourner à droite vers Hvalstad, puis suivre les panneaux pour l'Asker Museum.

Musée d'Asker (ASKER MUSEUM)

Otto Vallstadsvei 19 - Hvalstad - 66 79 00 11 - www.mia.no/askermuseum - mar.-vend. 11h-15h, dim. 12h-16h - visite guidée des maisons d'artiste mar.-vend. à 13h et dim. à 14h - 100 NOK - entrée libre à l'exposition à Fusdalåven et au hangar.

Le musée abrite la collection léguée par Otto et Tilla Valstad, comprenant leur domaine ainsi que plusieurs bâtiments qu'ils y avaient fait transporter et reconstruire afin de les préserver (un *stabbur* ou réserve traditionnelle, trois maisons d'habitation, une forge et une chapelle). Les tableaux et dessins rassemblés par les Valstad ainsi que les œuvres d'Otto, qui était lui-même peintre, sont exposés dans une galerie édifiée à cet effet. D'autres artistes s'installèrent dans ce coin, qui fut alors surnommé « vallée des Artistes ».

Sites de la vallée de la Glomma CARTE P. 30-31

★★ Musée du Flottage du bois (FETSUND LENSER) C4

Lundveien 3 - Fetsund - ✆ 63 88 75 50 - www.mia.no/fetsundlenser/en - ♿ - juin-août : 11h-16h ; mai et 1er-8 sept. : w.-end 11h-16h - espaces extérieurs ouverts tlj - 90 NOK. Quittez Oslo à l'ouest par la route E 6 en suivant la direction Lillestrøm-Trondheim. À Lillestrøm, prenez à droite la route 22 vers Fetsund. En train, d'Oslo S, ligne L14 dir. Kongsvinger, arrêt Nerdrum puis 10mn à pied.

La cafétéria rustique sert de délicieux petits plats locaux.

Ce musée de plein air original fut aménagé afin de préserver le barrage flottant utilisé pour rassembler et trier les troncs d'arbres descendant la Glomma, jusqu'à ce que cette activité ne cesse définitivement en 1985. Il comprend 2,5 km de chemins flottants, une forge, une exposition présentant une maquette du site, des outils utilisés par les employés pour manœuvrer les troncs, les diriger vers un endroit donné et les empêcher de s'amonceler, des estampilles, marques distinctives des différents propriétaires, qui indiquaient en outre où le bois devait être expédié. On y trouve également un **centre d'information sur la nature** relié au musée par un sentier de découverte qui se déploie à la fois sur la rive et sur l'eau. La Glomma se jette dans le lac Øyeren, un peu en aval de Fetsund Lenser, formant l'estuaire intérieur le plus vaste de Norvège.

Ruines de l'église de Nes (NES KIRKERUINER) C3

Prenez la direction de Arnes puis la route 177. À Vormsund, suivez la route 2 à droite. Les ruines de l'église de Nes sont signalées sur la droite. Accès libre.

Il s'agit des ruines d'une église construite vers 1100 en pierre de la région du lac Mjøsa. L'édifice fut détruit par un incendie en 1567, puis reconstruit et agrandi pour être de nouveau frappé par la foudre en 1854. Il resta ensuite à l'état de ruine, mais les murs en pierre furent restaurés en 1958. On donne maintenant des concerts dans ce site magnifique, accessible tout au long de l'année : le parc entourant l'église surplombe le confluent de la Vorma qui descend de la Gudbrandsdal, et de la Glomma qui arrive de l'Østerdal, deux des plus puissantes rivières de la Norvège. Des tables sont à la disposition des visiteurs qui désirent pique-niquer et profiter de la **vue magnifique★★**.

Au-delà, en poursuivant sur la route 177, possibilité de rejoindre Eidsvoll et les rives du lac Mjøsa (p. 76).

Fredrikstad B4

À 95 km au sud-est. Quitter Oslo par l'E 6. Au-delà de Moss et Rygge, à hauteur de Räden (sortie 11), prendre sur la droite la route 110 sur 18 km vers Fredrikstad. En train, au départ d'Oslo S, ttes les h. Compter env. 1h10.

Kirkegaten 31b - ✆ 69 30 46 00 - visitfredrikstadhvaler.com.

Posée à l'embouchure de la Glomma, le plus grand fleuve norvégien, la ville natale de Roald Amundsen, a été fondée en 1567 par le roi du Danemark Frédéric II. C'est une des rares cités fortifiées de Scandinavie, et celle qui a su le mieux préserver ses remparts et son centre ancien.

De la gare, suivre Jernbaneveien jusqu'à la rivière (200 m environ). Parking sur la rive et navette gratuite en bateau (Gamlebyfergen Cicignon-Gamlebyen), ttes les 15mn.

Vieille ville (Gamlebyen) – Elle est d'un côté protégée par le fleuve, des trois autres par des remparts « en étoile » et de douves percés de belles portes de brique. Sillonnée de rues rectilignes grossièrement pavées, elle abrite un ensemble de maisons de bois aux façades colorées d'une remarquable unité architecturale, datant pour la plupart du 18e s. Quelques cafés et galeries d'art et d'artisanat viennent égayer l'ensemble qui converge vers la vaste place Kongens Torv, cadre d'une brocante très courue chaque samedi en été. Avant de regagner Oslo, on pourra visiter le **musée de Fredrikstad** *(Tøihusgaten 41 - ✆ 69 11 56 50 - www.ostfoldmuseene.no (en norvégien seult) - de juin à 1er sept. : 11h-16h, jeu. 17h-20h ; reste de l'année : se rens. - 90 NOK)* consacré à l'histoire militaire locale qui présente d'intéressantes maquettes de la citadelle, ainsi que des expositions temporaires.

Halden C4

À 38 km au sud-est de Fredrikstad par l'E6. En train, comptez 30mn.

Kongens Brygge 4 - destinasjonhalden.no.

Cette charmante petite ville vallonnée se love dans la courbe du profond Iddefjord marquant la frontière entre la Norvège et la Suède. Une tranquille marina baigne le petit centre-ville coloré où il fait bon flâner. Le regard est attiré vers la **citadelle de Fredriksten (Fredriksten Festning)** qui domine l'ensemble. Rares sont les Norvégiens qui ne l'ont pas visitée tant le site est porteur de symboles et d'événements historiques. Le musée *(été : mar.-dim. 11h-16h - 100 NOK)* raconte sa construction en 1661, ses multiples extensions et, surtout, son invincibilité malgré les assauts suédois répétés au fil des siècles. Aujourd'hui, la forteresse accueille de multiples événements estivaux (festivals, concerts) et offre de belles vues sur la région depuis ses remparts et jardins *(accès libre)*.

1

Carnet pratique

S'informer

Oslo Visitor Centre (Visit Oslo) – *Jernbanetorget 1 - Østbanehallen (l'ancienne gare centrale, accolée à la nouvelle) - ✆ 23 10 62 00 - www.visitoslo.com.* Toutes les informations sur Oslo ; vente de titres de transport et du *Oslo Pass* pour les musées (*ci-dessous*). Glissez dans votre poche un exemplaire du **Oslo Guide** en français (également téléchargeable). Très complet, le site Internet donne des informations en français et la possibilité de trouver des hébergements à meilleur marché et des informations générales : adresses utiles, rubriques enfants, hôtels et restaurants...

Use-it – *UngInfo, Møllergata 3 - ✆ 24 14 98 20 - use-it.no.* Documentation, réservations, consigne à bagages. Bourré d'infos pratiques et sur la vie nocturne, le plan *use it* est un must. Plan thématique de la ville en version papier ou à télécharger. Pour l'actualité culturelle, consultez également le magazine gratuit *U.F.O. (osloartguide.no).*

DNT Oslo Tour Information – *Storgata 3 - ✆ 22 82 28 00 - english.dnt.no.* Le centre d'information de l'Association norvégienne de trekking pour le sud de la Norvège, dont Oslo.

Ruter's Customer Centre – *ruter.no* - Points d'information sur les transports publics à l'entrée de la gare centrale, à la station Nationaltheatret et à l'aéroport.

Oslo Pass

Il permet l'accès gratuit à 30 musées, aux transports en commun (y compris le ferry pour Bygdøy) et à diverses attractions (visites guidées, piscines). Il est en vente – version papier ou numérique – à l'office du tourisme *(ou sur www.visitoslo.com et via l'app. Oslo Pass)*, dans les bureaux Ruter et certains hôtels. Tarifs – *24h : 520 NOK ; 48h : 760 NOK ; 72h : 895 NOK.*

Arriver/partir

Aéroport Oslo-Gardermoen (OSL)

À 47 km au nord-est de la ville - ✆ 64 81 00 00 - avinor.no. Pour rejoindre le centre-ville, des **trains locaux de la Vy** (Lokal-tog - *www.vy.no*) relient ttes les 20 à 40mn l'aéroport à la gare centrale *(à partir de 124 NOK)* entre 5h et minuit env. *(en 23mn)*. Pour aller d'Oslo S à l'aéroport, il faut prendre un train en direction d'Eidsvoll ou Lillehammer.

Conservez votre billet, sa durée de validité est de 2h30.

Très confortable mais presque deux fois plus cher, sans être plus rapide, le **Flytoget Airport Express train** *(flytoget.no - 240 NOK)* dessert la gare centrale, puis le Théâtre national, de 4h20 à minuit env. *(ttes les 10-20mn)*.

Autre option, les cars **Flybussen** rejoignent la gare routière centrale en 50mn environ. *À l'extérieur du terminal, niveau arrivées - www.flybussen.no - 239 NOK/pers. - ttes les 20mn.*

Aéroport de Sandefjord Torp (TRF)

À 110 km au sud-ouest - ✆ 33 42 70 00 - www.torp.no. Il est desservi principalement par les compagnies low cost. Pour rejoindre le centre-ville, navette pour la gare de Torp (en 4mn), puis train Vy (ligne de Vestfold) pour la gare centrale, de 8h à 23h (sam. de 5h à 22h). Durée 1h45 à 2h *(379 NOK)*. Un service de bus

(**Torp-Ekspressen** –*torpekspressen.no)* relie Oslo en 1h45 *(à partir de 341 NOK).*

Gare centrale Oslo S

Oslo Sentralstasjon (ou Oslo S) – *✆ 61 05 19 10 ou 477 70 098 - www.vy.no et oslo-s.no - 3h45-1h30.* Vaste nœud de communications des réseaux locaux et nationaux. Poste, change, consigne *(29/39 pour 1h, 129/189 NOK/24h)*, restaurants et commerces.

Gare routière (Bussterminal)

Schweigårdsgate - ✆ 23 00 24 00 - oslobussterminal.no. À 300 m de la gare ferroviaire à laquelle elle est reliée par des passerelles. Départs vers tout le pays.

En voiture

Pour entrer en voiture dans le centre d'Oslo, il faut acquitter des **péages urbains** qui varient selon le type de voiture et l'heure *(liste complète des tarifs sur fjellinjen.no/private/prices).* Le paiement se fait *via* des portes automatisées qui photographient votre plaque d'immatriculation. C'est automatiquement reporté sur la facture de votre voiture de location (toutes équipées d'AutoPASS Tag). S'il s'agit de votre propre véhicule, enregistrez-le *via* le site autopass.no avant d'arriver en Norvège (*Voiture* dans *Organiser son voyage, p. 435*).

L'**E 18** est la voie la plus pratique pour accéder au centre-ville qu'elle traverse d'est en ouest. Sorties *Sentrum* ou *Sentrum Ø.*

Se garer

Préférez les transports en commun et laissez la voiture dans les parkings (*env. 300 NOK/24h*) à visualiser sur visitoslo.com/en/transport/by-car/parking-garages. Sinon, il existe un vaste parking gratuit à Sognsvann, au nord de la ville, près de la station de métro du même nom *(à 20mn du centre-ville).*

Se déplacer

VOIR LE PLAN DES TRANSPORTS DANS LE RABAT DE COUVERTURE.

Oslo est facile à visiter à pied. La capitale dispose d'un bon réseau de transports en commun. **Ruter** est le système commun de billets et de tarification pour les bus, les tramways, les métros et les ferrys (sauf le ferry de Bygdøy).

Transports en commun

Ruter *(ruter.no)* gère l'ensemble des transports en commun à Oslo : métro, tramway, bus et bateaux. Les 5 lignes de **métro** (T-bane) ont un trajet commun entre les stations Tøyen Munch-museet et Majorstuen, *via* la gare (Jernbanetorget Oslo S), le Parlement (Stortinget) et le Théâtre national.

Le **tramway** est un moyen commode de gagner le centre-ville, notamment en fin de soirée. Les lignes convergent vers la gare et le port.

Quant aux **bus**, cinquante lignes parcourent la ville.

Infos – Kundesenter - *Pl. de la gare centrale (Jernbanetorget) - ruter.no/en - 9h-20h, sam. 9h-18h, dim. 10h-16h.* Bureau de renseignements sur tout le réseau.

Tarifs – Ticket à l'unité tramway, bus, métro, ferries et trains Vy (sur les trajets urbains), valables 1h en zone 1 (qui couvre le centre-ville) : 42 NOK *(+ 20 NOK à bord, en cash uniquement - bus et ferries seult.).* Pour les billets valables 1 journée ou plus, il faut acquérir une Travelcard (*50 NOK*) rechargeable *(ticket unité/24h/7 j. : 42/127/352 NOK).* Tous peuvent être achetés aux centres Ruter, aux bornes automatiques et dans les enseignes Narvesen et 7-Eleven notamment.

1

Sachez que l'Oslo Pass (*p. 59*) pour les musées donne droit à la gratuité dans tous les transports. Enfin, l'application **Ruter app** permet de payer son ticket avec son smartphone tout en planifiant son trajet.

Les transports sont gratuits pour les enfants de moins de 6 ans. Fortes réductions pour les enfants âgés de 6 à 16 ans.

À vélo

Oslo City Bike/Oslobysykkel – *www.oslobysykkel.no/en.* D'avr. à nov. *(6h-0h)*, la municipalité propose, dans 264 stations, des vélos (bleus) en location (*1h : 25 NOK ; 72h : 119 NOK ; 30 jours : 169 NOK saison : 589 NOK*). Il est indispensable de disposer d'un smartphone.

Taxi

Tarifs extrêmement élevés.

Oslo Taxi – *0 23 23 - oslotaxi.no.*

Norges Taxi – *08 000 - norgestaxi.no.*

Adresses utiles

Service médical d'urgence – (Legavakten) – *Storgata 40 - 116 117.*

Pharmacie – *en face de la gare centrale, Jernbanetorget - 24h/24.*

Objets trouvés – *22 66 90 50 (police), 61 05 19 91 (gare centrale).*

Ambassades et consulats – *p. 420.*

Agenda

Tout l'agenda de la capitale est référencé sur *www.visitoslo.com/fr/agenda.*

What's on Oslo – *whatsonoslo.no.* Publication mensuelle en anglais, disponible à la réception des hôtels et à l'office de tourisme : agenda culturel et liste de restaurants.

U.F.O. – *osloartguide.no.* Magazine gratuit d'actualités culturelles.

Mois par mois

Holmenkollen FIS World Cup Nordic – *www.fis-ski.com.* En mars, les meilleurs spécialistes de ski nordique et de saut à ski s'affrontent sur le magnifique site d'Holmenkollen.

Holmenkollen Ski Festival – *holmenkollenskifestival.no.* Déb. mars, fête populaire autour du ski.

Fête nationale – Le 17 mai, Karl Johans gate se pare des trois couleurs norvégiennes.

Oslo Pride – *oslopride.no.* Fin juin, manifestations culturelles (cinéma, spectacles) et défilés autour de la communauté LGBTQIA + norvégienne.

Tons of Rock – *tonsofrock.no.* Fin juin, festival métal dans les parcs d' Ekebergsletta.

Festival de jazz – *oslojazz.no.* En juil. ou août, un festival de renommée internationale.

Øyafestivalen – *oyafestivalen.no/en.* En août, le plus important festival pop-rock d'Oslo.

Festival de musique de chambre – *oslokammermusikkfestival.no.* En août, concerts et manifestations variées. Certaines salles sont ouvertes au public uniquement à cette occasion.

Festival Mela – *www.mela.no.* Mi-août, sur la place de l'hôtel de ville, un festival gratuit autour des cultures du monde.

Ultima Oslo – *ultima.no.* Dix jours de musique contemporaine à travers la ville.

Marathon d'Oslo – *oslomaraton.no.* En septembre.

Nuit de la culture – *oslokulturnatt.no.* Mi-sept., 300 arrangements et concerts gratuits.

Remise du Prix Nobel de la paix – Début déc. à l'hôtel de ville. Concert et descente aux flambeaux.

Nos adresses

VOIR PLAN P. 34-35

Restauration

Pensez aussi aux cafés où l'on peut se restaurer à moindre coût, midi et soir. Petite pause p. 66.

Centre-ville

Premier prix

14 **Kaffistova** – C2 - *Kristian IVs gate 2 - 23 21 41 10 - fermé dim. soir - plats 235/415 NOK.* Ce café ouvert en 1901 est une option pratique pour déjeuner à un prix raisonnable dans le centre. Au menu, les classiques de la cuisine norvégienne : boulettes de viande, poissons frais ou fumés, agrémentés de salades. Grand choix de desserts. Self service.

5 **Peloton** – D2 - *Torggata 35 - 40 94 07 83 - www.pelotonbar.no - fermé lun. à midi - plats 205/245 NOK.* Ce grand bar-restaurant ravira les mordus de vélo avec sa collection de cycles, maillots et casquettes accrochés aux murs et ses retransmissions du Tour de France. Le reste du temps y règne une ambiance décontractée, à la berlinoise. On vient s'y repaître de salades ou de pizzas.

22 **Oslo Street Food** – D2- *Torggata 16 - 09 93 16 810 - www.oslo-streetfood.no - lun.-merc. 11h-23h, jeu.-sam. 11h-3h, dim. 12h-22h (les kiosques ferment à 22h en sem.).* Probablement l'un des meilleurs *food court* d'Oslo. Seize stands y proposent autant de cuisines différentes, traditionnelles ou innovantes. Le week-end, après leur fermeture, le lieu se transforme en club pour prolonger la nuit.

Budget moyen

12 **Fiskeriet** – D2 - *Youngstorget 2B - 22 42 45 40 - www.fiskeriet.net - fermé dim. midi - plats 229/389 NOK.* Cette poissonnerie bien connue des habitants du centre d'Oslo propose d'excellents *fish and chips*, des soupes ou un plat « pêche du jour », à déguster en terrasse ou à emporter.

Pour se faire plaisir

33 **Fjord** – C2 - *Kristian Augusts gate 11 - 22 98 21 50 - www.restaurantfjord.no - 17h-23h30 - fermé à midi et dim.-lun. - menus 695/995 NOK (3-5 plats).* Un restaurant élégant au cadre contemporain. Spécialités de produits de la mer dans un menu qui change chaque semaine.

19 **Frances** – B2 - *Henrik Ibsens gate 48 - 48 84 37 86 - www.frances.no - fermé dim. - menu 595 NOK.* Installé dans l'ancien bâtiment de l'ambassade des États-Unis à Oslo, ce café, bar à vin et restaurant propose une sélection de plats à partager d'inspiration orientale et méditerranéenne. Une explosion de saveurs ! Comme ce chou-fleur confit accompagné d'un trio coloré de coulis de tomates, de crème de cajou et d'huile de coriandre...

23 **Theatercafeen** – B2 - *Stortingsgaten 24-26 - 22 82 40 50 - www.theatercafeen.no - fermé dim. à midi - plats 285/565.* N'hésitez pas à franchir la porte de ce lieu prestigieux pour son très bon rapport qualité/service/décor/prix. Depuis 110 ans, cette brasserie accueille une clientèle aisée dans un cadre animé et élégant. Le soir, dîners raffinés accompagnés de concerts de musique classique. Des portraits de célébrités locales ornent les murs. Menus saisonniers.

1 **Arakataka** – D2 - *Mariboes gate 7 - 94 16 53 91 - www.arakataka.no - fermé à midi et dim.- menus 725/925 NOK (4 ou 6 plats).* Voici une adresse au décor en boiserie particulièrement raffiné, nichée dans une rue tranquille.

Son food-bar propose des tapas « à la norvégienne », savoureuses et sophistiquées, à base de fromage, de fruits de mer, de poisson, de viande séchée et de légumes. Tout est préparé sous vos yeux. Une valeur sûre !

Une folie

13 **Katla** – C2 - *Universitetsgata 12 - ✆ 22 69 50 00 - katlaoslo.no - fermé à midi de mar. à vend. et dim.-lun. - menu complet 1100 NOK, menu de saison 795 NOK (5 plats).* Les produits locaux sont ici préparés selon des influences asiatiques et sud-américaines et servis dans une salle tout en élégance et simplicité. Bon voyage !

Le long des quais

Premier prix

8 **Vippa** – C3 - *Akershusstranda 25 - ✆ 917 28 043 - www.vippa.no - fermé dim. soir-mar. - plats 115/250 NOK.* Cet ancien hangar au bout des quais attire une foule animée. Des stands y proposent des cuisines de tous les horizons (mexicain, indien, thaï, syrien...), à déguster sur de grandes tablées. Terrasse sur les quais. On peut se contenter d'y boire un verre.

Budget moyen

4 **Café Skansen** – C2 - *Rådhusgata 32 - ✆ 24 20 13 11 - www.cafeskansen.no - mar.-sam. 12h-22h, fermé dim. - plat du jour 149 NOK, plats 225/395 NOK.* Face à la forteresse d'Akershus, une maison jaune, à l'intérieur façon bistro ; large terrasse ombragée pour regarder le flot de passants. Parmi les spécialités : les moules.

20 **Solsiden** – C3 - *Akershusstranda 13 skur 34 - sur les quais, au pied d'Akershus Slott - ✆ 22 33 36 30 - www.solsiden.no - déb. mai-mi-sept. fermé à midi et dim.- plats 355/385 NOK.* Les habitants de la capitale se pressent « côté soleil », qui propose des produits de la mer exceptionnels. Aménagé dans un ancien entrepôt, ce lieu design propose plateaux de fruits de mer et poissons fraîchement pêchés. Belle carte de vins. Un coup de cœur !

Pour se faire plaisir

9 **Engebret Café** – C3 - *Bankplassen 1 - face au musée d'Art contemporain - ✆ 22 82 25 25 - www.engebret-cafe.no - fermé sam. à midi et dim. - plats 350/475 NOK.* Une véritable institution fondée en 1862 qui a su préserver l'atmosphère d'antan : plafond en bois sculpté, mobilier ancien... Si l'on y vient surtout pour le cadre, les mets traditionnels servis ne déméritent pas.

29 **Gamle Rådhus** – C3 - *Nedre Slottsgate 1 - ✆ 22 42 01 07 - www.gamleraadhus.no - mar.-sam. 17h-23h, fermé lun.et sam. à midi et dim. - plat du jour 250 NOK, plats 350/625 NOK.* Ce restaurant élégant est installé dans l'ancien hôtel de ville, daté de 1641. Dans un cadre d'époque, on déguste une cuisine norvégienne traditionnelle.

16 **Code** – D3 - *Dronning Eufemias gate 18 - ✆ 922 22 700 - www.coderestaurant.no - fermé dim. - plats 465/595 NOK, menus 795/995 NOK (3-5 plats).* Installée dans un immeuble du Barcode, cette brasserie moderne propose une séduisante carte de classiques de bistrot influencés par les saisons. Les assiettes à partager sont très prisées, le menu du soir offre un bon rapport qualité-prix.

À Aker Brygge

Premier prix

31 **Rorbua** – B3 - *Stranden 71 - ✆ 48 22 38 49 - www.rorbua.as - fermé à midi sf sam.- plats 249/599 NOK.* Rien d'un *rorbu* vu de l'extérieur, mais l'intérieur, tout en bois, rappelle ces séchoirs à poissons des îles Lofoten. Au menu, spécialités du Nord : élan, renne... et « bouillabaisse » au crabe royal.

Budget moyen

7 Louise Restaurant & Bar – B2 - *Stranden 3 - ✆ 22 83 00 60 - www.restaurantlouise.no - fermé à midi sf sam. et dim.-lun. - plats 198/475 NOK.* Un des plus anciens restaurants d'Aker Brygge. Le décor marin constitue un véritable petit musée. En salle ou en terrasse, on sert de copieux repas qui font la part belle aux poissons et aux crustacés.

Pour se faire plaisir

15 Lofoten Fiskerestaurant – B3 - *Stranden 75 - ✆ 22 83 08 08 - www.lofoten-fiskerestaurant.no - fermé dim. sept-déb. mai - menu déj. 430/530 NOK (2 ou 3 plats), menu dîner 790/890 NOK (3 ou 4 plats).* Cet immense restaurant sert des poissons et crustacés très frais, à l'image des homards conservés, à l'entrée, dans un aquarium. Service soigné et grande terrasse avec vue imprenable sur le port.

À Grünerløkka et au nord du centre-ville

Premier prix

19 Syverkiosken – CARTE P. 54 B1 - *Maridalsveien 45B - ✆ 94 85 90 91 - tlj, service continu.* Le hot-dog est une passion norvégienne. Ceux servis dans ce kiosque, traditionnels et généreux, sont sans nul doute parmi les meilleurs de la capitale.

6 Delicatessen Grünerløkka – D1 - *Søndre gate 8 - ✆ 22 46 72 00 - delicatessen.no - tlj, service continu.* Un petit coin d'Espagne à Oslo, branché et décontracté où l'on sert des tapas (chorizo, manchego...).

25 Villa Paradiso – D1 - *Olaf Ryes plass 8 - ✆ 22 35 40 60 - www.villaparadiso.no - tlj, service continu - plats 195/340 NOK.* Le décor de brasserie cosy et la terrasse avec vue imprenable sur la place principale du quartier ne sont pas les seuls atouts du lieu. Vous allez adorer ces excellentes pizzas !

17 Mathallen – D1 - *Vulkan 5 - ✆ 40 00 12 09 - www.mathallenoslo.no - fermé dim. soir-lun.* L'un des premiers *food courts* d'Oslo au succès jamais démenti. Riche choix de spécialités d'ici... et surtout d'ailleurs.

21 Restaurant Schrøder – C1 - *Waldemar Thranes gate 8 - ✆ 22 60 51 83 - www.restaurant-schrøder.no - 15h-22h - plats 199/249 NOK.* Harry Hole, le héros du célèbre écrivain de polars Jo Nesbø, y a son rond de serviette. Le décor ne donne pas dans le glamour, mais on y apprécie l'atmosphère calme et désuète. Le lieu parfait pour déguster une cuisine norvégienne sans chichi (boulettes ou côtelettes de bœuf, viande de renne...).

Budget moyen

10 Smalhans – C1 - *Ullevålsveien 43 - ✆ 22 69 60 00 - www.smalhans.no - tlj, service continu - brunch 450 NOK, plat du jour 225 NOK, menus dîner 675/825 NOK.* Cet agréable café de quartier, au décor urbain et à l'atmosphère conviviale, propose une jolie sélection de plats à base de produits frais et de grande qualité. Brunch ou menu simple et léger le midi, excellents plats du jour à partager en début de soirée, et menu fixe de haute volée pour dîner. Une belle adresse.

The Little Pickle – HORS PLAN - *Jens Bjelkes gate 9a - ✆ 41 22 28 39 - www.thelittlepickle.no - merc.-sam. 17-22h, dim. 14h-19h) - plats 280/310 NOK, menu pour deux 790 NOK.* Le décor tendance et dépouillé (brique et parquet) est à l'image de la carte, qui met l'accent (anglais !) sur des produits locaux et des légumes variés. Sur le papier, c'est monastique, mais au palais, c'est un régal. Une vraie cuisine de saveurs, servie dans un cadre doux et tamisé.

1

Au-delà du Palais royal

Budget moyen

11 **Kolonihagen Frogner** – A2 - *Frognerveien 33 - ☎ 99 31 68 10 - kolonihagenfrogner.no - fermé à midi mar.-vend. et sam. soir-lun. - brunch 525 NOK, menu dîner 795/895 NOK (4 ou 5 plats).* Joli bar à vin contemporain, où déguster des plats colorés, inventifs et bio ! En été, on apprécie particulièrement la cour intérieure pavée et fleurie.

À Ekeberg et Kampen

Budget moyen

24 **Kampen Bistro** – CARTE P. 54 B2 - *Bøgata 21 - M Tøyen (puis 500 m à pied) - ☎ 22 19 77 08 - www.kampenbistro.no - fermé dim. en hiver, à midi et lun. - plats 129/299 NOK.* Ce charmant restaurant vaut pour ses petites salles conviviales et joliment rétro, le menu de saveurs locales qui change tous les jours et ses concerts occasionnels. Une adresse attachante.

Pour se faire plaisir

21 **Ekebergrestauranten** – CARTE P. 54 B2 - *Kongsveien 15 - Tram 18, dir. Ljabru, arrêt Sjømannskolen (suivre le sentier à gauche dans le sens de la montée) - ☎ 23 24 23 00 - www.ekebergrestauranten.com - tlj, service continu - plats 325/465 NOK, menus dîner 745/995 NOK (3 ou 5 plats).* Une perle, autant pour sa situation que pour son architecture. Au bout d'un petit chemin à travers un bois, ce restaurant, dessiné par Lars Backer et ouvert en 1929, est le plus ancien bâtiment de style fonctionnaliste conservé en Norvège.

Petite pause

Tous les musées proposent une cafétéria. Les magasins 7-Eleven et Narvesen sont ouverts tard dans la nuit et l'on peut toujours y trouver de quoi grignoter.

Centre-ville

Bohemen – C2 - *Arbeidergata 2 - ☎ 22 41 62 66 - www.bohemen.no - 14h-0h, vend. 14h-1h, sam. 13h-1h, dim. 13h30-0h (ou plus tard, selon les retransmissions des matchs).* Incontournable pour les amateurs de foot qui se sentiront chez eux dans ce pub très central dont le moindre centimètre carré est rempli de trophées. Afin de ne pas commettre d'impair, sachez que Bohemen est l'antre des supporters de Vålerenga Oslo.

Fuglen Oslo Sentrum – C2 - *Universitetsgaten 2 - ☎ 22 20 08 80 - www.fuglen.no - lun.-mar. 7h30-20h, merc.-jeu. 7h30-0h, vend. 7h30-1h, sam. 9h-1h, dim. 9h-20h.* L'Oiseau est une enseigne bien connue des habitants d'Oslo (et des Japonais depuis que la marque a ouvert plusieurs adresses au Japon). On y sert un excellent café depuis 1963. Le soir, en été, sur les trottoirs, les cocktails et les bières norvégiennes de qualité prennent le relais. Le décor vintage (design scandinave) est en grande partie proposé à la vente. Le soir, en été, à l'extérieur, cocktails et bières norvégiennes prennent le relais.

Pascal – B2 - *Henrik Ibsens gate 36 - ☎ 22 55 00 20 - www.pascal.no - 10h-17h, dim. 12h-17h.* Le prénom du Français Pascal Dupuy est synonyme à Oslo d'excellentes pâtisseries et autres douceurs. À déguster avec un café.

A.C. Perch's Theandel – C3 - *Kirkegata 5 - ☎ 96 09 78 09 - www.perchstearoom.dk - lun.-vend. 10h-17h30, sam. 10h-17h - fermé dim.* La branche osloïte de cet établissement danois propose une excellente sélection de thés dans un décor boisé tout en raffinement. On y sert également des scones et des pâtisseries.

Røør – C2 - *Rozenkrantz gate 4 - www.roor.no - dim.-jeu. 15h-1h,* *vend.-sam. 13h-3h.* Rendez-vous des amateurs de bières ! Les 70 bières au fût proposées par roulement vous permettront d'avoir un bel aperçu des productions norvégiennes. Cadre contemporain très agréable et longues tables de jeux de palets pour se distraire.

Torggata Botaniske – D2 - *Torggata 17B - Instagram torggatabotaniske - dim.-jeu. 17h-1h, vend.-sam. 14h-3h.* On aime le décor de ce lieu, avec ses plantes qui descendent du plafond et le long des murs. Les cocktails, avec ou sans alcool, sont à l'avenant, végétalisés !

Teddy Soft Bar – D2 - *Brugata 3A - ✆ 22 17 36 00 - FB - 14h-1h (vend.-sam. 3h, dim. 21h).* Un bar de fidèles comme on les aime, authentique et chaleureux. L'ambiance est plutôt rock avec jukebox et performances musicales.

À Bjørvika

Salt – D3 - *Langkaia 1 - www.salted.no - lun.-jeu. 11h-23h, vend.-sam. 11h-0h, dim. 11h-22h.* Posé sur les quais de la baie de Bjørvika, en face de l'Opéra, ce « village » comprend plusieurs structures inspirées des séchoirs à morue. Les diverses constructions abritent un café, des stands de *street food*, un gigantesque sauna ainsi que des installations artistiques d'avant-garde. À ne pas manquer, été (vastes terrasses) comme hiver !

☺ De l'autre côté de la baie, sur les quais des nouveaux quartiers entourant le musée Munch ou la partie orientale de Bjørvika, vous trouverez de nombreux cafés et restaurants aux larges terrasses ouvertes sur l'eau.

Autour du Palais royal

Pascal – B2 - *Henrik Ibsen gate 36 - ✆ 22 55 00 20 - www.pascal.no - lun.-vend. 9h-17h30, sam. 10h-17h30, dim., 11h-17h30.* Le Français Pascal Dupuy à ouvert son premier konditori en 1995. Depuis, son prénom est devenu une marque très établie à Oslo, avec plusieurs adresses. Excellentes pâtisseries, et cuisine gastronomique le soir.

Oslo Mikrobryggeri – B1 - *Bogstadveien 6 - entrée par rue Holtegata - ✆ 22 56 97 76 - www.omb.no - dim.-jeu. 15h-0h30, vend. 15h-2h30, sam. 13h-2h30.* Une brasserie qui fabrique sa propre bière dans un coin du local. Les cuves trônent derrière une vitrine. Pas de carte, juste de quoi picorer...

Litteraturhuset – B1 - *Wergelandsveien 29 - ✆ 22 95 55 30 - www.litteraturhuset.no - lun.-sam. 10h-23h, dim. 12h-17h.* Le décor, soigné, est celui d'une librairie accompagnant un centre culturel aménagé dans une élégante demeure. Au menu (outre les discussions littéraires), des salades et des plats légers.

À Grünerløkka

Godt Brød – D1 - *Thorvald Meyers gate 49 - ✆ 23 22 90 40 - www.godtbrod.no - dim.-lun. 8h-18h, mar.-merc. 6h30-19h, jeu.-sam. 8h-18h.* Depuis 1995, cette boulangerie régale les habitants de Grünerløkka avec ses pains et viennoiseries bios (délicieuses brioches roulées à la cannelle). À déguster, ainsi que sandwichs, jus de fruits ou café, dans un parc voisin, ou sur place (salle conviviale, cour intérieure pavée).

Tim Wendelboe – D1 - *Grüners gate 1 - ✆ 94 43 16 27 - timwendelboe.no - 8h30-18h, w.-end 11h-17h.* Ce microtorréfacteur s'est rapidement fait un nom au sein de l'exigeante communauté d'amateurs de café de la capitale. Bar à expresso au décor minimaliste... pour mieux se concentrer sur l'excellente qualité des cafés servis. Vente de café en grain ou moulu.

Schouskjelleren Mikrobryggeri – D1 - *Trondheimsveien 2 - ✆ 21 38 39 30 - www.schouskjelleren.no - dim.-mar. 16h-0h, merc.-jeu. 16h-1h, vend.-sam. 15h-2h.* Installée dans le complexe culturel de Schous, cette brasserie locale bicentenaire est dotée d'une terrasse bondée aux beaux jours.

À Grønland

Kaffebrenneriet – HORS PLAN - *Grønlandsleiret 32 et nombreuses boutiques à Oslo, dont Thorvald Meyers gate 55 et Olaf Ryes plass, à Grünerløkka - ✆ 95 26 26 84 - kaffebrenneriet.no - 7h-18h, w.-end 9h-18h.* Cette petite chaîne locale de cafés a pris ses quartiers dans une ancienne caserne de pompiers de la très cosmopolite Grønland. Décor de briques et de bois.

Oslo Mekaniske Verksted – HORS PLAN - *Tøyenbekken 34 - ✆ 45 23 75 34 - www.oslomekaniskeverksted.no - dim.-mar. 15h-0h30, merc.-sam. 15h-2h.* Derrière ce nom à rallonge difficile à prononcer se cache l'ancienne vocation de cet endroit pas comme les autres : une usine de machines-outils. La brique domine, tandis que la cheminée, les canapés profonds et les bibliothèques apportent de la chaleur. La terrasse et ses jardinières invitent à s'attarder les longues soirées d'été. Les gens du quartier, un public très varié, s'y pressent. On apprécie le coût modéré de la bière, à accompagner de snacks achetés dans les restaurants voisins. Un lieu convivial, sans prétention, et où l'on fait la fête le vendredi soir. Attention : les personnes de moins de 23 ans ne sont pas admises. L'Oslo Mekaniske Verksted n'est pas seulement devenu l'adresse incontournable du quartier. Il a réussi à inscrire cette zone un peu excentrée sur la carte des lieux de sorties de la capitale.

À Aker Brygge

Paradis – B3 - *Tjuvholmen allé 6 - ✆ 22 83 83 00 - www.iskrembar.no - lun.-jeu. 11h-22h, vend.-sam. 11h-23h, dim. 11h-21h.* Un excellent glacier, installé au bord de l'eau, dans le quartier chic et moderne de Tjuvholmen. Parfums classiques et d'autres plus originaux. La maison possède d'autres adresses : Vulkan 5, Karl Johans gate 13, Torggata 35, Operagata 51 (près du musée Munch), Sørengkaia 161 et Sørengkaia 161.

Shopping

☺ Pour des achats de dernière minute, pensez au supermarché Joker Oslo S de la gare centrale 5h-0h (6h dim.).

Rues commerçantes

Karl Johans gate et ses abords regorgent de boutiques en tout genre. Vous y trouverez de grands centres commerciaux, tel **Paleet**, des disquaires, des boutiques de mode et de souvenirs. Le week-end, une foule impressionnante de jeunes s'y presse.

Majorstua/Frogner – Ces « beaux quartiers » s'étendent du Palais royal au parc Vigeland. D'élégantes maisons anciennes y côtoient des boutiques haut de gamme. On y trouve des vêtements de marque et des meubles de designers.

Aker Brygge – Les anciens entrepôts ont été transformés en centre commercial où s'alignent les enseignes internationales.

Grünerløkka – L'ancien quartier ouvrier est investi aujourd'hui par de jeunes créateurs qui ont ouvert des magasins branchés de bijoux, de musique, de produits bio ou de céramiques. **Marché** fermier le samedi en été, et bric-à-brac le dimanche après-midi, au parc Birkelunden.

Grønland – Quartier vivant et populaire, situé derrière la gare, où se sont installés de nombreux marchands de produits exotiques. Vous pourrez également y dénicher des tissus à bon marché. Les rues Grønland et Smalgangen sont particulièrement animées.

Gastronomie

On trouvera une bonne sélection de produits norvégiens au Mathallen (*p. 47 et 65*).

Fenaknoken – C2 - *Akershusstranda 23 - 22 42 34 57 - www.fenaknoken.no - fermé dim.* Pains, fromages et charcuterie de renne, confitures... À mettre dans vos bagages pour déguster au retour entre amis.

Design

Pur Norsk – B1 - *Industrigata 36 - 22 46 40 45 - www.purnorsk.no - fermé dim.-lun.* Design 100 % norvégien dans une caverne d'Ali Baba unanimement saluée.

Paleet – C2 - *Karl Johans gate 37 - 23 08 08 11 - www.paleet.no - fermé dim.* Ce temple du design et de la mode regroupe une quarantaine d'enseignes.

Fjällräven Brand Center Oslo – C2 - *Karl Johans gate 19 - 90 89 32 30 - www.fjallraven.com - fermé dim.* On ne présente plus la marque suédoise au logo en forme de renard, spécialisée dans les sacs et l'équipement pour la randonnée.

Små spor – D1 - *Markveien 32A - smaspor.no.* Cette boutique de jouets en bois propose un choix de pièces limité, mais elles sont aussi belles que pédagogiques.

Grands magasins

Glas Magasinet – C2 - *Stortorvet 9 - 23 08 08 10 - www.glasmagasinet.no - fermé dim.* Une institution de la capitale !

Prêt-à-porter

Velouria Vintage – D1 - *Thorvald Meyers gate 34 - 90 97 51 91 - www.velouriavintage.no - ouv. tlj.* Velouria est un tube des Pixies et un personnage de jeu vidéo. Mais, à Oslo, c'est aussi une boutique vintage inspirée. Chic, strict, fun ou décalé, des 60's aux 90's, le choix est vaste et de qualité.

Livid – C2 - *Prinsens gate 3B - 92 29 41 76 - www.lividjeans.com - fermé dim.* Cette marque adapte les lignes scandinaves aux techniques de fabrication japonaises pour créer une mode décontractée et élégante : jeans, vêtements, chaussures et accessoires.

T-Michael and Norwegian Rain – D3 - *Operagata 75C - 47 14 60 88 - norwegianrain.com - fermé dim.* Les créateurs, originaires de la pluvieuse Bergen, ont imaginé des vêtements « techniques », confortables, élégants et modernes. Ils ont récemment ouvert une boutique à Paris.

Souvenirs et artisanat

Pensez aux boutiques des musées !

Den Norske Husfliden – C2 - *Stortorvet 9 - 22 42 10 75 - www.heimenhusfliden.no - 10h-19h, sam. 10h-18h - fermé dim.* Artisanat d'art, vêtements traditionnels et folkloriques, etc.

En soirée

L'entrée en discothèque est réservée aux plus de 25 ans. Programmation dans *What's on Oslo* et sur *www.visitoslo.com/fr*.

Les longues nuits d'été sont très animées à Oslo. Chaque quartier a son ambiance.

Dans le centre abondent les discothèques, pubs et salles de concerts, de la petite salle alternative au vaste Spektrum. En déambulant aux abords de **Karl Johans gate**, vous trouverez à coup sûr un lieu où faire la fête.

Pour côtoyer l'avant-garde d'Oslo, rejoignez plutôt **Grünerløkka**.

Ses rues accueillent une population festive qui se retrouve dans des cafés branchés.

Parkteatret Scene – *Plass 11 - Olaf Reyes plass 11 - ☏ 22 35 63 00 - www.parkteatret.no.* Cet ancien cinéma devenu salle de concert vaut pour sa programmation musicale variée.

Revolver - *Møllergata 32 - ☏ 22 20 22 32 - www.revolveroslo.no - 16-3h30 (mar.-jeu. et dim. 18h-3h30, lun. 20h-3h30) 15h-3h (dim.-lun. 20h-3h).* Cette salle de concert est l'une des scènes prisées d'Oslo. Le lieu fait bar dans l'après-midi.

Blå – *Brenneriveien 9 - www.blaaoslo.no.* Un complexe artistique aussi dynamique que coloré ! L'ancienne usine textile qui l'abrite au bord de la rivière Akerselva, a été couverte de graffitis et transformée en café (belle terrasse au bord de l'eau), salle de concert et galerie d'art. Tous les genres musicaux sont représentés (du jazz au rock en passant par l'électro) et produits par des artistes locaux et internationaux souvent renommés. Un endroit unique dont l'ambiance décalée a fait la réputation bien au-delà du fjord d'Oslo.

Aker Brygge, enfin, longe le port et abrite restaurants et cafés qui ont aménagé leur terrasse au bord de l'eau, voire sur le pont des bateaux.

Opéra de Norvège – *Kirsten Flagstads plass 1 - ☏ 21 42 21 21 - www.operaen.no.* Ses 3 salles – et même son toit – accueillent une riche programmation : opéra, ballets, théâtre.

Visites

À pied

Les agences proposant des visites guidées généralistes ou thématiques (nature, architecture, sport) sont recensées sur le site de l'office du tourisme : **Oslo Walks** *(www.citywalks.no)*, **Oslo Guidebureau** *(www.osloguide.no)*. Comptez 150/250 NOK pour 1h30 à 2h de visite.

En bus

Stromma – *www.stromma.com - mars-déc. : dép. Karl Johan/ Théâtre National- 9 arrêts - 10h-16h - parcours en bus avec audioguide - 475 NOK/24h.* Des autobus hop on hop off avec un toit ouvrant sillonnent le centre-ville à la découverte des sites historiques.

En bateau

Båtservice sightseeing – *Rådhusbrygge 3 - ☏ 22 82 32 12 ou 23 35 68 90 - www.nyc.no.* Toute l'année, croisière sur le fjord et formules avec visites guidées, croisière nocturne, jazz...

En kayak

Mad Goats Kajakkskole – *☏ 40 08 04 40 - madgoats.no.* Circuit accompagné dans le fjord au départ de l'Opéra *(2h, 899 NOK)*, ou descente de la rivière Akerselva de Vulkan à l'Opéra *(1h30, 999 NOK)*.

À vélo

Viking Biking organise des circuits à travers la ville, mais aussi en pleine nature (forêt, fjord, plages) - *avr.-nov. - vikingbikingoslo.com - 480 NOK (réduction avec Oslo Pass).*

Les tours de la compagnie **alternativOSLO** *(www.alternativoslo.com)* s'éloignent des sentiers battus pour se rapprocher des habitants. Guides francophones.

Activités

Ski et randonnées

Randonnées à ski en hiver, à bicyclette en été, à pied dans les îles et reliefs boisés qui entourent la capitale... diverses agences *(liste à l'office de tourisme)* proposent ces prestations. Mais on peut bien sûr se débrouiller seul, tant la documentation fournie est précise et bien faite – voyez notamment le bureau de l'antenne locale du DNT (*S'informer p. 60*).

À 20mn du centre, les 90 km de pistes de l'**Oslo Vinterpark** sont ouvertes de décembre à Pâques, et éclairées jusqu'à 22h. Plusieurs sont aménagées pour les snowboarders. Les skieurs de fond parcourent les 2700 km de chemins qui sillonnent la forêt d'Oslo (*encadré p. 57*).

Baignade

Les habitants profitent en été de l'omniprésence de l'eau dans la capitale (température moyenne à 18-20 °C). Cela peut être en plein centre-ville, au pied du musée Munch ou au bout d'Aker Brygge. Les plages périurbaines de la côte est du fjord (**Ingierstrand**, **Hvervenbukta**, **Katten** et **Fiskvollbukta**) sont particulièrement prisées. Tout comme celles – bondées en fin de semaine – des îles du fjord :

Langøyene – *Accès en bateau par la ligne de ferry B2 depuis City Hall Pier, qui circule tout l'été.* Cadre exceptionnel, camping et aires de jeux, section naturiste dans les rochers.

Hovedøya – *Accès en bateau par la ligne de ferry no. B1.* Près des ruines d'un cloître, plages, rochers plats, criques...

Sauna

De nombreux saunas flottants et *hot tub* ont été installés sur les quais de Bjørvika et d'Aker Brygge. Informations sur *oslobadstuforening.no* et *www.salted.no/sauna, koknorge.no.*

Excursions

Les environs de la capitale se prêtent à de multiples escapades. L'office de tourisme dispense des conseils avisés et une documentation très bien faite.

Norway in a Nutshell – *www.norwaynutshell.com.* L'agence propose des excursions de 1 à 3 jours en train, bus et/ou ferry à Bergen, Sognefjord, Hardangerfjord...

Avec les enfants

Tusenfryd – *Høyungsletta 19 - 1407 Vinterbro - à 20 km au sud d'Oslo - www.tusenfryd.no - ouv. de mai à oct. - de 0 à 589 NOK... selon la taille.* Un grand parc d'attractions avec montagnes russes, manèges et parc aquatique.

Oslo Sommerpark/Skimore – *Tryvannsveien 64 - à 13 km au nord d'Oslo : metro ligne 1 jusqu'à Voksenkollen Station, puis 12mn de marche - skimore.no - de 195 à 395 NOK selon la taille.* Accrobranche, saut à l'élastique, tyrolienne, escalade... Location de vélos.

Hébergement

Juin, août et septembre sont les mois les plus chargés. N'hésitez pas à vous rendre à l'**office de tourisme** qui vous orientera vers les chambres disponibles selon votre budget. Consultez les sites Internet des chaînes hôtelières pour profiter, bien à l'avance ou en dernière minute (le jour même), de tarifs promotionnels.

Autour de Karl Johans gate

Premier prix

9 **Comfort Hotel Xpress Youngstorget** – D2 - *Møllergata 26 - 22 03 11 00 - www.nordicchoicehotels.no - - 172 ch. 919/2130 NOK.* Un service et une déco volontairement minimalistes (pas de petit-déjeuner), mais de qualité pour assurer des tarifs doux.

1

2 **Citybox** – C2 - *Prinsens gate 6 - ✆ 21 42 04 80 - citybox.no - ♿ - 47 ch. 959/1225 NOK -* ✕. La réception ? Des bornes automatiques. Les chambres ? Petites mais modernes et bien conçues. L'absence de télévision dans les chambres (il y en a une dans le lobby) et de petit-déjeuner permet d'offrir des tarifs bas. Une adresse fonctionnelle et bon marché en plein centre-ville.

1 **K7 Oslo** – C2 - *Kongens gate 7 - ✆ 23 10 08 00 - k7hotel.com - 68 ch. à partir de 1494 NOK - ☕ 145 NOK, lit en dortoir 635 NOK.* Central, pratique, élégant et impeccable, cet hôtel récent offre un bon rapport qualité prix. On y trouve aussi bien des chambres doubles que des dortoirs. Cuisine à la disposition des clients.

Budget moyen

36 **Smarthotel** – C1 - *St Olavs gate 26 - ✆ 415 36 500 - www.smarthotel.no - ♿ - 257 ch. 1375/2 690 NOK ☕* Hôtel design confortable et bien situé, où tout se fait par carte de crédit. Chambres minuscules, mais bien conçues, et buffet copieux le matin.

17 **Hotell Bondeheimen** – C2 - *Kristian IVs gate 2 - ✆ 23 21 41 00 - www.bondeheimen.com - ♿ - 145 ch. 1496/2 346 NOK ☕ - ✕.* Voici sans doute la meilleure option dans cette catégorie. Ce bâtiment historique (1913), rénové en 2020, présente un décor moderne typiquement scandinave et jouit d'une situation très centrale. Préférez une chambre à l'arrière, pour plus de calme...

35 **Thon Hotel Spectrum** – D2 - *Brugata 7 - ✆ 23 36 27 00 - www.thonhotels.no - ♿ - 187 ch. à partir de 1445 NOK ☕ - ✕.* Grand hôtel de chaîne, moderne, confortable proche de la gare et à équidistance du centre et de Grünerløkka.

Pour se faire plaisir

5 **Clarion Collection Hotel Savoy** – C2 - *Universitetsgata 11 - ✆ 23 35 42 00 - www.clarionhotel.com - 93 ch. 1939/2199 NOK ☕ -* ✕. Tout près de l'université. Cette grande demeure ancienne, peinte en rose, abrite un hôtel de standing à la fois sobre et accueillant, décoré dans le style ancien.

Une folie

6 **Sommerro** – B2 - *Sommerrogata 1 - ✆ 21 40 49 00 - www.sommerrohouse.com - 231 ch. 2 300/3 200 NOK ☕ - ✕.* Dernier-né (2022) des palaces de la capitale, cet établissement Art déco fait revivre une enseigne mythique des années 1930 avec un décor vintage éblouissant. Très belles prestations : piscine sur le toit, restaurants haut de gamme, salon de thé, bar... L'annexe adjacente Villa Inkognito (11 ch.) occupe un bel édifice et hausse d'un cran le niveau de confort. Offrez-vous un moment de détente au splendide spa de l'hôtel, le Vestkantbadet.

Au-delà du Palais royal

Premier prix

7 **Cochs Pensjonat** – B1 - *Parkveien 25 - ✆ 23 33 24 00 - www.cochspensjonat.no - ♿ - 90 ch. 1400 NOK.* Une bonne adresse, chaleureuse et conviviale, donnant (presque) sur le parc du Palais royal. Les tarifs des chambres, impeccables, varient selon l'équipement (avec ou sans salle de bains).

Pour se faire plaisir

28 **Saga Hotel Oslo** – B1 - *Eilert Sundts gate 39 - ✆ 22 55 44 90 - www.sagahoteloslo.no - 47 ch. 2113/3 020 NOK ☕ - ✕.* Calme et confort assurés dans cet hôtel aux tons chauds et situé dans un agréable quartier résidentiel (à 15mn à pied du centre).

Une folie

4 **Camillas Hus** – B1 -
*Parkveien 31 - ☏ 94 85 60 15 -
camillashusenglish.squarespace.
com - 7 ch. 2150/3500 NOK ☕*
Postée aux abords de Slottspark,
cette belle demeure en bois de 1845
jouit d'un cadre très agréable, dans
un quartier calme. Décor classique
(boiseries, tapisseries) et soigné.
Excellent petit-déjeuner.

À Grünerløkka – Vulkan

Pour se faire plaisir

29 **Scandic Vulkan** – D1 -
*Maridalsveien 13 - ☏ 21 05 71 00 -
www.scandichotels.no - ♿ - 149 ch.
à partir de 2060 NOK ☕ - ✗.*
Cet établissement est une belle
démonstration d'esthétique
norvégienne : une déco façon
loft, des couleurs stimulantes ou
reposantes, des équipements bien
pensés, un design remarquable.

À Bjørvika

Pour se faire plaisir

3 **Clarion Hotel Oslo** – D3 -
*Dronning Eufemias gate 15 - ☏ 2195
97 50 - nordicchoicehotels.com -*
♿ - *255 ch. à partir de
2199 NOK ☕ - ✗.* Vaste, moderne
et parfaitement intégré au Barcode,
cet établissement très récent
et confortable offre diverses
catégories de chambres, le tout
à égale distance d'Oslo S et de
l'Opéra. Salle de gym. Trottinettes
électriques en location.

Aux alentours d'Oslo

Premier prix

4 **Ekeberg Camping** – CARTE
P. 54 B2 - *Ekebergveien 65 -
☏ 22 19 85 68 - 600 empl.
545/757 NOK.* À 3 km au sud-est,
c'est le plus proche du centre.
Bons équipements et belle vue sur
Oslo.

Pour se faire plaisir

8 **Scandic Holmenkollen Park** –
CARTE P. 54 A1 - *Kongeveien 26 -
☏ 22 92 20 00 - www.
scandichotels.com - ♿ Spa - 376 ch.
1785/2569 NOK ☕ - ✗.* Près du
tremplin de ski, ce grand manoir,
édifié en 1894, a des allures de
château de conte de fées. Vue
admirable sur la ville et le fjord.

Lillehammer ★★
et les vallées de l'Oppland

Les jeux Olympiques d'hiver de 1994 ont rendu célèbre cette agréable petite ville étagée sur une pente qui domine le lac Mjøsa, à l'entrée de la superbe Gudbrandsdal. Que l'on soit ou non amateur de sports d'hiver (et d'été...), il fait bon séjourner dans cette cité qui a su concilier tradition, en conservant nombre de maisons de bois, et modernité, animée de surcroît par une intense vie nocturne.

Se repérer

CARTE P. 30-31 (B2) – PLAN P. 77.
28 768 habitants – Oppland.
Sur la rive orientale du lac Mjøsa, Lillehammer est à 160 km au nord d'Oslo par la route E 6. Un pont lancé sur le lac puis un tunnel permettent de gagner le centre par Kirkegata (rue névralgique du centre-ville).

À ne pas manquer

Le musée des Beaux-Arts, Maihaugen et une balade dans la Gudbrandsdal.

Organiser son temps

Lillehammer mérite une journée de visite.

Avec les enfants

Le musée norvégien des Véhicules historiques, Maihaugen, le musée du Chemin de fer d'Hamar et le parc de loisirs de Hunderfossen.

Carnet pratique p. 83

Nos adresses p. 83

Le cœur de la ville

PLAN P. 77

Lillehammer est une ville assez étendue mais qui se découvre à pied ; ses rues, souvent en pente, vous mènent d'une jolie gare en briques (fin 19e s. et extension en verre réussie) en musées, et de cafés accueillants en sites olympiques.

Dominant une vaste place, la grande église de brique **Ste-Marie (Mariakirken,** A2**)** veillant sur son cimetière et l'agréable **Søndre Park (**A2**)** qui le prolonge au-delà de Kirkegata constituent un excellent point de départ pour une découverte pédestre du centre de la cité.

Par Kirkegata à gauche, vous contournerez un bâtiment néoclassique abritant la **maison de la culture (Kulturhuset Banken,** A2**)**, lieu d'expositions et de concerts, mais aussi café servant de point de ralliement à la jeunesse locale, afin d'emprunter Bankgata, qui monte vers l'axe de la cité : Storgata.

Storgata – B2-A1 Rue rectiligne et piétonne, elle est bordée de nombreuses boutiques de tous ordres (dont de nombreuses enseignes de vêtements *outdoor*), de cafés et de restaurants. Devant la mairie, sur une petite place, vous rendrez hommage à la statue de la gloire de la ville, **Sigrid Undset** (*encadré p. 76*).

Mais ce sont surtout les maisons basses, pour la plupart en bois, surmontées d'un pignon triangulaire, qui confèrent son unité et son charme à cette rue : la demeure du n° 68, juste après l'étroit passage de **Torggutua** (sur la gauche), est sans doute la plus caractéristique.

Empruntez le passage jusqu'à la place centrale (Stortorget).

Terrasse de café dans le centre-ville de Lillehammer.
TasfotoNL/Getty Images Plus

1

★★ Musée des Beaux-Arts (KUNSTMUSEUM) A1

Stortorget 2 - ✆ 61 28 89 00 - lillehammerartmuseum.com (en anglais) - juin-août : 10h-17h ; reste de l'année : mar.-dim. 11h-16h - 150 NOK.

Il est situé sur la place centrale où trône la statue d'Anders Sandvig, le fondateur du musée Maihaugen (*p. 76*), dans un bâtiment à la façade sinueuse, de verre et de bois, inauguré à l'occasion des jeux Olympiques d'hiver de 1994. Ces vastes salles présentent (outre des expositions temporaires d'art contemporain) un remarquable panorama de la peinture norvégienne.

De l'époque du romantisme aux recherches des premières décennies du 20e s. on retiendra les paysages de fjords de Johan Eckersberg (1822-1870) ou de Lars Hertervig (1830-1902), les portraits d'Olav Rose (1850-1920), les œuvres de Johan Christian Dahl (1788-1857) ou de Christian Krohg (1852-1925) qui défend un réalisme sans concession. On voit ensuite apparaître la version norvégienne des

Lilyhammer...

Frank Tagliano, figure de la mafia italienne de New York, a été contraint de « parler ». Lorsqu'il annonce aux responsables du service de protection des témoins qu'il désire être exilé à Lillehammer, personne ne le prend au sérieux. Pourtant, Frank finit par débarquer en plein hiver en Norvège... Tel est le fil rouge du premier épisode de l'**hilarante série américano-norvégienne** *Lilyhammer*, qui, de 2012 à 2014, a raconté la vie d'un mafieux taciturne, (pas si) repenti mais au sang chaud, parmi la population locale dont les mœurs sont croquées à merveille. À voir ou revoir !

grands courants européens ainsi qu'un portrait d'Edvard Munch. Une trentaine de toiles de **Jakob Weidemann** (1923-2001), l'un des artistes majeurs du 20e s. norvégien, annoncent la section consacrée à l'art contemporain.
Revenez à Storgata par le passage et reprenez la rue piétonne jusqu'à l'approche du torrent qui dévale la pente pour se jeter dans le lac en contrebas.

Elvegata A1

La ruelle pavée s'enfonce dans un ancien quartier industriel, hérissé de cheminées d'usines. Ce micro-quartier a été réhabilité et reconverti puisque boutiques (exposant notamment les créations de la verrerie d'art locale), micro-brasseries, cafés et restaurants branchés ont investi les anciens ateliers. Une passerelle permet de traverser la **Mesna** : sur les deux rives, les cafés ont installé au-dessus des flots d'agréables terrasses sur pilotis.

Sur les hauteurs

PLAN CI-CONTRE

Accès depuis l'église en remontant le long du Søndre Park puis en suivant le fléchage jusqu'à la route (Sigrid Undsets veg) qui s'élève en lacet au-dessus de la ville.

★★ Maihaugen : les collections Sandvig B2

61 28 89 00 - maihaugen.no (en anglais) - juin-août : 10h-17h ; reste de l'année : se rens. - 165 NOK (de mi-août à mi-juin)/215 NOK (de mi-juin à mi-août), billet couplé avec le Musée olympique norvégien et le Musée postal norvégien (ouv. seult en été).
Maihaugen est l'un des plus beaux **musées de plein air** de Norvège, en raison d'abord de sa situation sur le versant de la montagne qui domine le centre de Lillehammer, mais également par le nombre impressionnant de bâtiments de bois qu'il regroupe sur un terrain boisé d'une superficie de 369 ha. Depuis leur inauguration en 1904, les **collections Sandvig** se sont accrues, plaçant le musée parmi les plus grands du genre en Europe.
Près de 150 maisons de la Gudbrandsdal, datant des 18e et 19e s., ont été reconstruites pour illustrer la grande diversité architecturale de la région ; on a soigneusement recréé une commune rurale dans un paysage de lacs et de cours d'eau. Une **église en bois debout** a été transportée de **Lom** et reconstruite telle qu'elle était

Sigrid Undset, prix Nobel de Lillehammer

La romancière, née en 1882, reçut en 1928 le prix Nobel de littérature pour ses romans dont l'action se déroule dans la Norvège médiévale.
À 25 ans, elle publia son premier roman, histoire ayant pour cadre Oslo (alors Christiania). Jusqu'en 1919, elle décrivit avec beaucoup de réalisme la vie quotidienne des gens ordinaires. Après son divorce (1919), elle s'installa à Lillehammer et entama son premier roman historique, *Kristin Lavransdatter*, généralement considéré comme son chef-d'œuvre ; il fut suivi d'*Olav Audunssøn*. Ces deux volumineux ouvrages lui apportèrent la gloire et le fameux prix. En 1940, elle se réfugia aux États-Unis et revint en Norvège en 1945 ; elle cessa complètement d'écrire jusqu'à sa mort en 1949.
Bjerkebæk, le domicile de la romancière, a été transformé en musée et centre culturel : *Sigrid Undsets veg 16E - eng.bjerkebek.no - 21 mai-16 juin et 19 au 31 août : 11h-16h ; 17 juin- 18 août : 10h-17h ; sept. : w.-end 12h-18h - 150 NOK.*

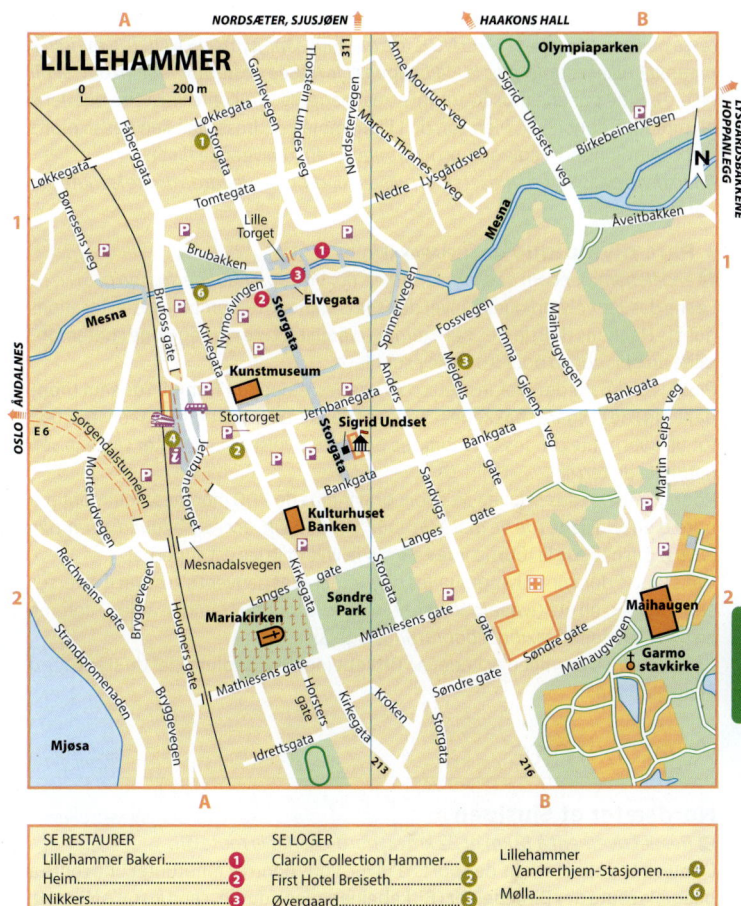

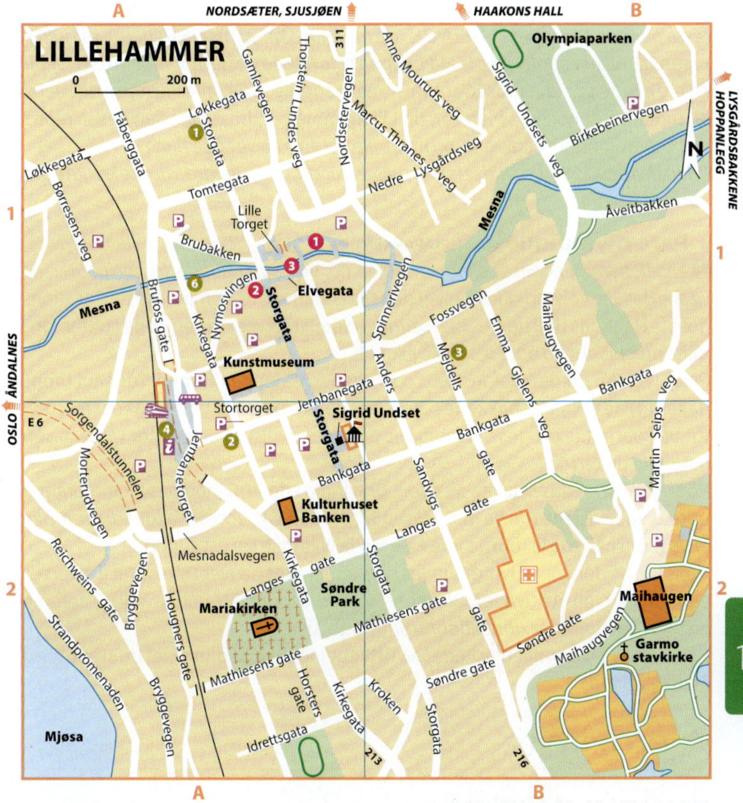

SE RESTAURER	SE LOGER	
Lillehammer Bakeri 1	Clarion Collection Hammer 1	Lillehammer Vandrerhjem-Stasjonen 4
Heim 2	First Hotel Breiseth 2	Mølla 6
Nikkers 3	Øvergaard 3	

au 18e s., les 27 bâtiments d'une grande ferme ont été remontés à Maihaugen en respectant leur disposition d'origine. L'ensemble est remarquablement entretenu. Un village, avec sa gare, ses boutiques et sa poste *(petit musée)*, est composé essentiellement de bâtiments originaires de Lillehammer. Il offre un beau panorama des constructions norvégiennes du 20e s. Maihaugen est aussi un musée vivant : l'été, des personnes et des animaux occupent la ferme Øygarden et des artisans s'affairent dans les ateliers.

Aménagé au sein d'un édifice moderne – qui comprend la boutique, le café et la billetterie – le **musée intérieur** rassemble une superbe collection ethnographique : ateliers d'artisans de tous corps de métiers, de l'horloger au typographe en passant par le maître verrier. L'art populaire de la Gudbrandsdal est représenté par des meubles peints et sculptés, des tapisseries et de superbes traîneaux... Une exposition relate le quotidien des Norvégiens de l'ère glaciaire à nos jours. Dans le même bâtiment, on visitera le **Musée olympique norvégien (Norges Olympiske Museum)** – *✆ 61 28 89 00 - eng.ol.museum.no - juin-août : 10h-17h ;*

reste de l'année : se rens. - 65 NOK (de mi-août à mi-juin)/215 NOK (de mi-juin à mi-août), billet couplé avec le Maihaugen et le Musée postal norvégien (ouv. seult en été). Aidé par une muséographie très moderne, il raconte l'histoire des Jeux olympiques dont ceux, bien sûr, de Lillehammer, et dresse le bilan des exploits des champions norvégiens aux divers Jeux, tant d'hiver que d'été.
Poursuivre dans Sigrid Undsets veg puis au rond-point prendre à droite la route 311. Parking payant.

★ Parc olympique (OLYMPIAPARKEN) B1

en.lillehammer.com et olympiaparken.no. Voir aussi Hunderfossen p. 81.
Le site des Jeux olympiques d'hiver de 1994 comprend de nombreuses installations dont le **Haakons Hall** un très bel exemple d'architecture norvégienne contemporaine en bois conçu pour le hockey sur glace.
Plus à l'est, à flanc de relief, les deux courbes des rampes du **Tremplin de saut (hoppanlegg) de Lysgårdsbakkene** se fondent dans le paysage boisé. Sa construction fut une véritable prouesse technique pour apprivoiser et exploiter l'inclinaison naturelle du terrain.
Pour grimper, vous pouvez au choix gravir plus de 900 marches... ou monter à bord d'un télésiège *(de fin mai à fin août : AR 65 NOK, accès à la tour du tremplin inclus).* Du haut de la tour, la **vue★★★** sur la ville et le lac est superbe.
Dans tout le domaine olympique, les plus téméraires peuvent s'essayer à diverses expériences, en été (*wheelbob*, montée dans la tour du tremplin à ski...) comme en hiver (skeleton, *taxibob*, *bobrafting*, luge, ski...)
La route 311 permet d'accéder au **Birkebeiner Ski Stadium**, fief du ski de fond et du biathlon.

À proximité

CARTE P. 30-31

Nordsæter et Sjusjøen B2

Respectivement à 12 km et 22 km au nord-est par la route 311.
Depuis ces deux stations de sports d'hiver, vous pourrez emprunter une route à péage, la **route des Birkebeiner (Birkebeinerveien)**, qui descend jusqu'à **Messelt**, dans l'Østerdal, en traversant une magnifique région montagneuse parsemée de fermes traditionnelles. C'est l'une des régions d'Europe du Nord les mieux adaptées au ski de fond.

Autour du lac Mjøsa

CARTE P. 30-31

Circuit de 249 km tracé en vert sur la carte.
Situé au cœur d'une **riche région agricole**, le plus grand lac de Norvège est bordé, sur sa rive orientale, par la route E 6 ; **Eidsvoll**, à son extrémité méridionale, n'est qu'à 70 km d'Oslo. En 1856, un bateau à vapeur, le *Skibladner*, assurait un service régulier sur toute la longueur du lac et, vers 1880, quelque 40 bateaux y naviguaient. Seul le *Skibladner*, qui a conservé son aspect d'autrefois, assure aujourd'hui le service, notamment entre Lillehammer et Hamar *(rens. à l'office du tourisme de Hamar et sur skibladner.no)*. Autre prouesse plus contemporaine, la rive occidentale du lac abrite ce qui fut brièvement le plus haut bâtiment de bois au monde : le **Mjøstårnet** a été inauguré en 2019 dans la municipalité de Brumunddal, entre Lillehammer et Hamar. Le bâtiment, qui culmine à 85 m, abrite un hôtel, des bureaux et des logements.

Hamar C3

Strandgata 45- ✆ 40 03 60 36 - visitmjosa.com (en anglais) - lun.-vend. 10h-16h. Sur la rive orientale du lac, le centre de cette agréable cité de 32 000 habitants accueillit les épreuves de patinage des Jeux d'hiver de 1994 dans **Olympia Hall (Vikingskipet)**, vaste structure de béton en forme de vaisseau viking. Les mélomanes pourront aussi s'y arrêter pour visiter, sur la place de l'église, le **musée** installé dans la maison natale de **Kirsten Flagstad** (1895-1962), la plus vieille maison de bois de la ville. La cantatrice fut en son temps réputée comme la meilleure interprète de Wagner.

Gagnez les rives du lac et suivez (en voiture) le fléchage « Museet ».

Domkirkeodden – *Strandveien 100 - ✆ 62 54 27 00 - domkirkeodden.no (en anglais)* - *28 mai - 17 juin et 13 août - 1er sept. : tlj sf lun. 11h-16h ; 18 juin-12 août : tlj 10h-17h - fermé reste de l'année - 150 NOK - parking payant.* En bordure du lac, dans un quartier résidentiel aux belles maisons nichées parmi les pins, ce musée ethnographique installé dans d'anciennes fermes fait revivre les traditions rurales de la région. Le clou en est incontestablement la saisissante **structure de verre★** qui protège aujourd'hui les ruines de l'ancienne cathédrale.

Musée du Chemin de fer (Jernbanemuseet) – *Strandveien 161 (500 m plus loin, fléchage) - ✆ 40 44 88 80 - jernbanemuseet.no (en norvégien) - ♿ - juil.- 18 août : 10h-16h ; 19 au 31 août : 11h-15 ; reste de l'année : se rens. - fermé 1er janv., Pâques, 1er et 17 mai et 23-31 déc. - 140 NOK en été ; 120 NOK en hiver.* Cet intéressant musée retrace les débuts du chemin de fer en Norvège. Aux beaux jours, un petit train à vapeur fait le tour du parc, dans lequel ont été remontées quelques adorables gares rurales en bois.

Reprenez la route E 6 vers Oslo jusqu'au sud du lac et sortez dans la direction d'Eidsvoll Verk, puis suivez les panneaux indiquant « Eidsvollbygningen ».

★ Eidsvoll 1814 (EIDSVOLLSBYGNINGEN) C3

70 km au sud d'Hamar par la E 6 - ✆ 63 92 22 10 - eidsvoll1814.no (en anglais) - mai-août : 10h-16h ; sept.-avr. : mar.-vend. 11h-15h, w.-end 11h-16h - 140 NOK.

Ce que les Norvégiens appellent l'« édifice d'Eidsvoll » était la résidence de Carsten Anker, industriel qui avait acheté l'aciérie d'Eidsvoll Verk et fait agrandir la maison d'habitation où il vécut de 1811 à 1823. Cette maison fait partie du patrimoine national des Norvégiens depuis 1814, lorsqu'ils décidèrent de se donner une Constitution après le traité de Kiel ratifiant la cession de la Norvège, alors possession danoise, à la Suède. Des négociations eurent lieu entre une poignée de patriotes et Christian Frederik, héritier du trône de Danemark, gagné à leur cause. La Constitution fut rédigée puis signée le 17 mai (aujourd'hui fête nationale de la Norvège) par une Assemblée nationale composée de 112 membres réunis dans la salle de bal où l'on peut encore voir les bancs sur lesquels ils s'asseyaient. Les appartements de Christian Frederik ont été meublés et décorés à l'identique, et l'on peut visiter également les pièces utilisées par le maître de maison et sa famille *(le café et la boutique se trouvent dans un bâtiment séparé sur le côté de l'édifice principal).*

Reprenez la route E 6 et continuez jusqu'à Minnesund, puis tournez à gauche sur la route 33 (dir. Gjøvik) qui suit la côte occidentale du lac Mjøsa ; après 3 km, descendez sur les rives par un chemin au panneau indiquant « Smaragdgruvene, Byrud Gård ».

Mine d'émeraudes (SMARAGDGRUVENE) de Byrud Gård C3

Minnesund - ✆ 91 78 64 68 - smaragdgruvene.no (en norvégien seult) - de mi-avr. à fin sept. : 10h-17h - 120 NOK.

Au pays des trolls : l'Oppland et le Hedmark

Située au nord d'Oslo, cette vaste région montagneuse recouvre à peu près le triangle formé par Eidsvoll à l'extrémité sud du lac Mjøsa, Geiranger au nord-ouest et Røros au nord-est. Selon la légende, la région est le lieu de prédilection des **trolls**, ces êtres surnaturels qui vivent dans les forêts et les montagnes et ne se montrent que le soir ou la nuit. Ils ressemblent à des êtres humains, bien que certains d'entre eux soient gigantesques et d'autres au contraire très petits ; ils ont tous le nez très long, sont plutôt vilains, et tout Norvégien sait qu'il est prudent d'être en bons termes avec eux, car leur colère est effrayante !

Les provinces d'Oppland et de Hedmark, dont les vastes paysages comptent parmi les plus beaux de la Norvège intérieure, ont une superficie totale de 55 000 km². Coupant la région en deux du nord-ouest au sud-est, la plus longue et la plus large vallée de Norvège, la **Gudbrandsdal**, est encadrée par les massifs du **Jotunheimen** *(p. 210)*, du **Rondane** et du **Dovrefjell**, les plus hautes montagnes du pays. À l'est, le long de l'Østerdal, coule la **Glomma**, le plus long fleuve de Norvège, tandis qu'au sud de Lillehammer se trouve le **lac Mjøsa**, le plus grand du pays. Légèrement à l'écart, à l'est, le **lac Femund** *(p. 238)* occupe le centre du **Femundsmarka**, vaste région sauvage. L'Oppland et le Hedmark sont en grande partie couverts de forêts denses ; plusieurs parcs nationaux s'étendent dans les montagnes et le Femundsmarka.

L'ancienne mine d'émeraudes, exploitée entre 1899 et 1909, est située sur les bords du lac, à environ 2 km de la ferme : une allée en sous-bois *(parking à mi-chemin)* y conduit et vous pourrez pénétrer dans la mine désaffectée afin d'observer les différentes strates rocheuses. Les rives du lac sont couvertes, sur une distance d'environ 100 m, d'une épaisse couche de roche concassée, déposée lorsque la mine était en activité, et sachez que, si vous mettez la main sur un éclat d'émeraude, il sera à vous ! Mais ce que vous apprécierez surtout, c'est la tranquillité des lieux, la beauté de la vue sur le lac et la promenade le long du chemin forestier. Le *stabbur* (ancienne réserve à provisions) de la ferme abrite une collection de minéraux originaires de différentes parties de la Norvège, ainsi que des objets artisanaux que l'on peut acheter.

Au nord de la mine, la route en corniche procure de belles **vues★** sur le lac.

Longez la rive ouest du lac et rejoignez, par Gjøvik, la E 6 pour rentrer à Lillehammer.

★★ La Gudbrandsdal

CARTE P. 30-31

Circuit de 214 km entre Lillehammer et Hjerkinn tracé en rouge sur la carte. Suivez la E 6 depuis Lillehammer, direction Trondheim.

La Lågen coule au fond de la plus longue vallée de Norvège depuis Bjorli au nord jusqu'à Lillehammer au sud, sur une distance de 203 km. La Gudbrandsdal creuse un profond sillon au cœur de cette région montagneuse, ouvrant ainsi une voie d'accès vers le nord, entre Oslo et Trondheim. Aux chemins commerçants, qui façonnèrent la vallée pendant des siècles, ont succédé aujourd'hui la route et le rail. Malgré ce trafic, la belle région demeure avant tout rurale.

Granrudmoen/Hunderfossen B2

À 13 km au nord de Lillehammer. Cette localité s'est découvert une vocation hôtelière et touristique avec la création du parc de loisirs de Hunderfossen.

Parc de loisirs de Hunderfossen (Hunderfossen Lekeland) – *61 27 55 30 - hunderfossen.no (en anglais) - de mi-juin à mi-août : 10h-17h - reste de l'année se renseigner - fermé déb. oct.-fin mai - en haute saison : 559 NOK.* Ce parc très fréquenté aux beaux jours combine l'illustration des contes du folklore norvégien et les attractions à vocation éducative. On y trouve aussi bien des sections sur l'énergie, le pétrole et le gaz qu'une école de conduite pour enfants et une grotte des fées, dont l'entrée est gardée par un troll géant.

Vous pourrez, à proximité, vivre des sensations (très) fortes en dévalant, hiver comme été (bob à roulettes), à plus de 100 km/h, la **piste olympique de bobsleigh et de luge (Lillehammer Olympiske Bob-og Akedane)**, seule piste scandinave à être refroidie artificiellement *(Hunderfossveien 680 - 61 05 42 00 - olympiaparken.no - 1275 NOK).*

Quittez la E 6 sur la droite en suivant la direction Stavkirke par une route en lacets.

★ Église en bois debout de Ringebu B2

61 28 43 50 - de déb. juin à mi-août : 9h-17h - 90 NOK. Du 13e s. mais remaniée vers 1630, cette église est placée sur le **Pilegrimsleden (voie des pèlerins)**, chemin conduisant jadis les pèlerins d'Oslo à Nidaros (Trondheim). Son aspect extérieur, très sobre bien que coloré, contraste avec la décoration baroque foisonnante de l'intérieur, dont les éléments essentiels sont un retable et une chaire magnifiques, ainsi qu'un orgue et des piliers peints de couleurs vives.

Depuis le village, une route partant vers le sud sur la rive droite de la rivière conduit à la station de sports d'hiver de **Kvitfjell** *(kvitfjell.no/en).*

Au carrefour, continuez sur la route E 6.

Sør Fron B2

Bâtie en 1792, l'église octogonale de ce village est représentative de l'œuvre du maître bâtisseur, **Svend Halvorsen Aspaas** (1736-1816), qui édifia nombre d'églises dans le style baroque.

Détours (conseillés) – De Sør Fron, une route touristique de 57 km *(payante pour les voitures, gratuite pour les vélos - peergyntvegen.no)* pourra vous ramener aux environs de Lillehammer au sud : il s'agit de la **route de Peer Gynt (Peer Gyntveien)**, baptisée du nom du héros du drame d'Ibsen, dont l'action se passe en partie dans cette région. La route étroite (et peu, voire pas du tout, praticable l'hiver !) dévoile des vues superbes sur les massifs du Jotunheimen et du Rondane. Toujours de Sør Fron, la route 27, appelée « **Rondane** » *(nasjonaleturistveger.no/en/routes/rondane),* et qui fait partie des 18 routes nationales touristiques *(p. 430),* part vers le nord-est et traverse de beaux paysages de montagnes tout en vous permettant d'approcher des sites patrimoniaux intéressants, comme les mines de Folldal *(folldalgruver.no)*, l'église de Sollia...

Otta et le parc national de Rondane B1

Ola Dahls gate 1 - 61 24 14 44 - nasjonalparkriket.no (en anglais).

Ce village possède lui aussi une église octogonale agréablement juchée sur une éminence dominant la vallée. Sans grand charme, la localité sert de base aux kayakistes prêts à affronter les rapides de la Sjoa et aux randonneurs qui partent

1

à l'exploration du massif et du **Parc national de Rondane** *(nasjonalparkriket.no et rondane-dovre.no).* Premier parc national norvégien (1962), il est composé d'une imposante chaîne de montagnes qui culminent à plus de 2000 m, d'où émergent des plateaux aussi austères que beaux. Les rennes parcourent ces étendues rocheuses que colorent lichens et bruyères, rivières et cascades. Des sentiers balisés *(site Internet du parc et dnt.no)* les sillonnent jusqu'aux sommets. Les collines de la partie « basse » du parc sont couvertes de prairies et de forêts – des paysages bucoliques aux fortes traditions rurales.

Dombås B1

Ce bourg, serré autour de son église au clocher curieusement effilé (et d'un centre commercial où abondent les magasins de souvenirs), est la capitale touristique de la Dovre. Dombås est par ailleurs un nœud ferroviaire où se rencontrent les lignes Oslo-Trondheim et Oslo-Åndalsnes Le voyage en train entre Dombås et Åndalsnes est considéré comme l'un des plus beaux du continent (**Rauma Railway★★** *p. 194*).

Dans cette région montagneuse quasi désertique de **toundra**, les lichens vert pâle sont les seuls végétaux à émerger du permafrost, sol gelé en permanence. Sur les montagnes environnantes errent des hardes de rennes sauvages, qui font les beaux jours des chasseurs (en saison), ainsi que de **bœufs musqués** : ces derniers descendent de couples importés quelques années après la fin de la guerre *(dovre.kommune.no, en norvégien seult).*

Dès la sortie du bourg, la route E 6 s'élève sensiblement : vous apercevrez peut-être alors un troupeau de rennes en quête de pâture sur les vastes étendues gelées ? Quoi qu'il en soit, faites très attention : ces braves bêtes ont une fâcheuse tendance à traverser la route sans se soucier de la circulation...

Hjerkinn B1

Posé au sommet d'un col dans un paysage désolé, le village constitue la porte d'entrée du parc national du Dovrefjell. Un sentier d'1,5 km vous mènera au point d'observation du **Norwegian Wild Reindeer Centre Pavilion**. Le magnifique bâtiment réalisé par l'agence Snøhetta (Opéra d'Oslo) est l'une des œuvres emblématiques de l'architecture contemporaine norvégienne *(24h/24 de juin à déb. oct. - gratuit).*

Au-delà, vous aurez le choix entre poursuivre sur la route E 6 en direction de Trondheim (p. 216) ou obliquer à droite par la route 29 qui permet, à terme, de gagner Røros (p. 233) en traversant la région minière de la Folldalen.

Carnet pratique

S'informer

Office du tourisme – *Jernbanetorget 2 (place de la Gare) - en.lillehammer.com.*

Arriver/partir

Gares ferroviaire et routière – Se trouvent en un même lieu : Skysstasjon *(Brufoss gate)*. Lillehammer est sur la ligne **ferroviaire** Oslo S-Trondheim. Comptez 40mn de Hamar, un peu plus de 2h à partir de la capitale, 1h40 de l'aéroport d'Oslo-Gardermoen et environ 4h30 de Trondheim.
En **bus**, liaisons pour Hamar *(1h)*, Stryn *(6h)*, Lom *(3h30)*, Ålesund *(6h)* ou Oslo *(3h)*.

Agenda

Inga Låmi – En mars. 8 000 participantes prennent chaque année le départ de la plus importante compétition de ski de fond féminin.
Course des Birkebeiner – En mars. La course de 56 km, entre Lillehammer et Rena, rassemble les fondeurs soucieux de perpétuer la célèbre légende *(birkebeiner.no)*.
Festival de littérature norvégienne (Sigrid Undset Dagene) – Fin mai. Le plus grand événement littéraire du pays, organisé en l'honneur de l'écrivain Sigrid Undset, à Lillehammer *(encadré p. 76). litteraturfestival.no/en.*
Hamar ølfestival - *début juin à Hamar.* Festival de la bière artisanale.
Festival Médiéval - *fin juin à Hamar - middelalderfestival.no.*
Peer Gynt Festival - *Début août.* Un festival culturel (théâtre, concerts) qui célèbre la pièce d'Ibsen. La représentation se tient dans un cadre magnifique, à Gålå. *peergynt.no (en anglais).*
DølaJazz/Lillehammer Jazz Festivall - *Octobre - dolajazz.no.*

1

Nos adresses

VOIR LE PLAN P. 77.

Restauration

Premier prix

1 Lillehammer Bakeri – A1 - *Mesnakvartalet 15- 94 06 32 82 - lillehammerbakeri.no - fermé le soir et dim. - sandwichs et salades 119/155 NOK.* Au cœur d'Elvegata, cette boulangerie-pâtisserie-épicerie propose des produits de qualité et une jolie salle où déguster salades, sandwichs et viennoiseries.
Pensez aussi à la cafétéria du **Stasjonen** (*Hébergement*) dans la gare pour des plats sans prétention mais copieux et bons.

2 Heim – A1 - *Storgata 84- 61 10 00 82 - heim.no - fermé dim. à midi - plats 199/419 NOK.* Heim gastropub séduit avec ses burgers bons et généreux. La salle est chaleureuse et la terrasse bienvenue en été. C'est une affaire qui roule et qui s'exporte dans d'autres villes (dont Hamar).

Budget moyen

3 Nikkers – A1 - *Elvegaten 18 - 61 24 74 30 - nikkers.no - fermé dim. - plats 279/565 NOK.* Deux établissements en un. Un restaurant au décor boisé, prolongé d'une terrasse donnant sur la rivière. Côté menu, pas de surprise mais les préparations sont bien faites et en portions généreuses. Nikkers, c'est aussi un pub où suivre les matchs de foot et de hockey, avant de danser.

À Hamar

Budget moyen

Stortorvet Gjestgiveri – *Kirkebakken 3 - ✆ 90 04 33 84 - madriku.com - fermé à midi et dim. - plats 375/429 NOK.* Poisson ou viande au menu de ce restaurant dont le décor classique et élégant a quelque chose de réconfortant.
Voir aussi l'antenne locale de **Heim** *(Torggata 41 - ✆ 62 80 94 20 - heim.no - ☛ Restauration).*

Petite pause

Dans son décor design baigné de lumière, le café du **musée des Beaux-Arts** accueille la jeunesse branchée. Pensez aux belles préparations de la **Lillehammer Bakeri** (☛ *Restauration*). Pour une pause sucrée, pensez à **Det Lille Pannekakehuset** *(Storgata 46 - detlillepannekakehuset.no - lun.-vend. 10h-18h, sam. 17h)* où des armées de mini-pancakes sont servies avec de généreuses garnitures.
Sur la route, le **Dovregubben Hall** (*Trondheimsvegen 2100, entre Dombås et Hjerkinn - dovregubben.com - tlj 10h-20h)* offre l'occasion d'une halte agréable pour déguster une gaufre.

Prendre un verre

Lillehammer Bryggeri – *Elvegata 19 - ✆ 95 01 91 08 - lillehammermikrobryggeri.no - jeu. 17h-23h, vend. 17h-1h, sam. 13h-1h.* Un pub chaleureux où se restaurer, socialiser et déguster la bière produite sur place depuis des décennies.

Shopping

Vous ferez de belles affaires dans les nombreux *outlet* d'équipements de loisirs en plein air (vêtements, chaussures, sacs) qui colonisent Storgata.

Verre et design – dans la boutique du **musée des Beaux-Arts**.

Activités

Avec la variété de ses paysages et la richesse de son environnement, la région est une destination propice à des activités de plein air, tant en été qu'en hiver. La **descente** (kayak, rafting...) des nombreuses rivières qui dévalent les versants des montagnes, et plus particulièrement la **Sjoa**, au sud d'Otta, dont les rapides sont connus sous le nom de « machine à laver », est une expérience mémorable *(sjoarafting.no ou raftingsjoa.no).*

Nordseter Fjellpark – *Nordsetervegen 1363 - Nordsæter - ✆ 99 43 70 00 - nordseter.no.* Trekking estival et hivernal dans le Fjellpark, randonnées à vélo ou en canoë, rafting, ski, bobsleigh... Location de cottages.

Discover Norway – *✆ 91 72 52 00 - discover-norway.no.* Randonnées à vélo ou à pied dans le parc national Langsua et virées en canoë.

Randonnées

Impossible de passer en revue les innombrables options autour de Lillehammer et du lac Mjøsa. Des centaines de kilomètres de chemins balisés (et équipés de refuges) sillonnent les plus vastes et denses forêts norvégiennes – particulièrement belles en automne. Certains suivent d'anciens chemins de pèlerins. Torrents, reliefs comme points de vue, lacs où s'attarder sont au programme. Les offices de tourisme fournissent des cartes et une liste d'agences proposant des treks ou les services de guides.

Dans la Gudbrandsdal – Le choix d'excursions et de randonnées organisées est vaste : safaris au bœuf musqué, à l'élan et au renne, pêche, balades à cheval sur les pistes de montagne, dégustation de fromage, découverte de la flore et de la faune (lillehammer.com ou www.discover-norway.no/english).

Ski de piste, ski de fond

La région est sillonnée du nord au sud par plus de 250 km de **pistes** balisées et dotées de plusieurs complexes convenant aux loisirs familiaux, ainsi que de nombreuses stations telles que Lillehammer et **Beitostølen**, au pied du Jotunheimen.
Les stations de Sjusjøen et Nordsetter proposent 300 km de pistes de **ski de fond** à double voie. Des cartes de ski de randonnée sont en vente dans les stations. Les magasins d'équipements sportifs proposent des leçons de ski et la location d'équipement.

Hébergement

On trouvera des campings et des hôtels à travers toute la région. Pensez aux hébergements à la ferme – une expérience inoubliable *(hanen.no)*. Auberges de jeunesse à Lillehammer *(voir plus bas)*, Otta et Dombås *(hihostels.no)*. Hôtels de chaîne (Scandic, Clarion) à Hamar.

Premier prix

3 **Øvergaard** – B1 - *Jernbanegata 24 - 92 22 28 93 - oevergaard.no - 10 ch. 995 NOK - 130 NOK.* Un B & B bien placé, simple et chaleureux.

Budget moyen

4 **Lillehammer Vandrerhjem Stasjonen** – A2 - *Jernebanetorget 2-4 - gare ferroviaire - 61 26 00 24 - stasjonen.no - - 28 ch. 1245/1645 NOK - lit 450/495 NOK -* . Au sein de la gare, choix des lits en dortoir et des chambres avec salle de bains, dans une auberge de jeunesse très moderne et parfaitement équipée. Café-restaurant d'un bon rapport qualité-prix.

Pour se faire plaisir

2 **First Hotel Breiseth** – A2 - *Jernbanegata 1-5 - autre accès par Sorgata - 95 97 94 34 - firsthotels.com - - 89 ch. 1790/3180 NOK* . Au début du 20e s., une colonie d'artistes aimait à passer les beaux jours dans cet hôtel : leurs toiles servaient à payer la pension. Telle est la légende de cet établissement somme toute... sans surprise.

1 **Clarion Collection Hammer** – A1 - *Storgata 108 - 61 26 73 73 - nordicchoicehotels.no - 142 ch. à partir de 2 190 NOK* - . Central et très confortable. Une bonne adresse.

6 **Aksjemøllen by Classic Norway Hotels** – A1 - *Elvegaten 12 - accès par Kirkegata - 61 05 70 80 - aksjemollen.no - - 58 ch. 1980/2 887 NOK* - . Cet hôtel s'est installé dans un ancien silo à grain désaffecté en 1991 après 130 ans de service. Les chambres, confortables, sont aménagées avec goût. Bar panoramique au sommet du silo.

À Sør-Fron

Pour se faire plaisir

Sygard Grytting – *Kongsvegen 999 - 99 51 69 45 - grytting.com - de mi-mai à mi-sept. : 5 dortoirs 500 NOK et 12 ch. 3 340 NOK* . Les différents bâtiments d'une ferme du 18e s., tenue dit-on par la même famille depuis sept siècles, vous offrent trois niveaux de confort : un lit en dortoir rustique de pèlerins, une chambre romantique et confortable ou un lodge *(slt hors-saison)*. Un beau voyage dans le temps.

1

Kongsberg

Située au cœur d'une région montagneuse, Kongsberg (la « montagne du roi ») fut dès le 16e s. un important centre minier (argent). C'était à la fin du 18e s. la plus grande ville du pays. Si l'extraction a cessé, on y frappe encore les couronnes norvégiennes. La petite cité industrielle s'étale sur les deux rives de la Lågen qui descend la Numedal vers le sud. Le pont orné de statues, qui relie la vieille ville endormie et les nouveaux quartiers, franchit la rivière qui rebondit en cascade par-dessus un barrage, dans un cadre tranquille dominé par la tour massive de l'église. La cité offre de nombreuses possibilités d'excursions, de pratique du ski, du golf, de pêche à la truite dans la rivière et les lacs de montagne. Au nord de la ville, on parcourt des vallées tantôt rurales tantôt sauvages, où les belles fermes côtoient les églises de bois et les demeures d'artistes.

Se repérer

CARTE P. 30-31 (B4).

28 848 habitants – Buskerud.
Kongsberg est située à 80 km à l'ouest d'Oslo. Il y a deux centres à Kongsberg : la ville moderne en occupe le centre oriental (Vest) ; les principaux points d'intérêt se trouvent de l'autre côté de la rivière, dans la vieille ville.

À ne pas manquer

L'église de Kongsberg, les mines d'argent, le festival de jazz et les balades dans les vallées environnantes.

Carnet pratique p. 94

Nos adresses p. 94

Se promener

À partir de la ville moderne, franchir le pont neuf (Nybrua) lancé sur les eaux tumultueuses de la rivière, et sur la route 40, prendre Myntgata en face, puis la première rue à gauche.

★ Église

45 42 50 78 - de fin juin à mi-août : merc.-jeu. 11h-15h ; reste de l'année : merc. et dim. 11h-12h - fermé j. fériés - entrée libre.

Elle a été construite pour être la plus grande de Norvège et remplacer l'édifice antérieur qui était devenu trop exigu après l'expansion rapide de la ville. Le projet fut financé par les bénéfices des mines d'argent, dont la prospérité se reflète encore aujourd'hui dans le quartier alentour. L'église fut achevée en 1761 ; immédiatement au-dessus est dessiné l'emblème de la mine, comme c'est aussi le cas sur l'église d'une autre ville minière, Røros.

Bien que l'église ait été construite en forme de croix, la tour fut placée sur un des bras du transept et l'intérieur fut décoré avec faste, dans le goût baroque, comme si l'édifice était rectangulaire. L'autel se dresse au milieu de l'un des longs bras, la chaire et l'orgue étant placés immédiatement au-dessus. Sur le mur opposé se trouvent la loge royale et des loges plus petites réservées aux hauts fonctionnaires

Paysage de la Numedal.
majaiva/Getty Images Plus

des mines. Les bancs disposés en bas et dans les galeries étaient destinés aux autres paroissiens selon leur rang social. Le décor est de toute beauté, et vous admirerez les trois énormes **lustres** réalisés par des artisans norvégiens, ainsi que plusieurs objets en argent de grande valeur, parmi lesquels un coffret et un pichet à vin provenant de l'église précédente.

Les deux cloches de la tour furent fondues au Danemark ; il fallait les efforts de six hommes pour faire sonner la grosse cloche que l'on entendait dans toute la ville !

Revenez à Myntgata et prenez sur la droite Hyttegata. C'est ici, au n° 3, qu'un imposant édifice, ancien quartier général de la Compagnie des mines d'argent, abrite les cinq musées de la ville.

Les musées de Kongsberg

Hyttegata 3 - ✆ 91913200 - norskbergverksmuseum.no - de mi-mai à mi-août : tlj 11h-17h ; mi-août à déb. sept : tlj 12h-16h ; reste de l'année : mar.-dim. 12h-16h - fermé pendant les fêtes de Pâques et du 22 déc. au 1er janv. - 150 NOK.

★ **Musée des Mines de Norvège (Norsk Bergverksmuseum)** – Il retrace l'histoire des mines d'argent de Kongsberg pendant leurs trois siècles d'existence grâce à des maquettes illustrant l'accès aux mines et les conditions de travail des mineurs, les méthodes d'extraction du minerai d'argent, etc. Une des pièces uniques du musée est une maquette du 18e s. en parfait état de fonctionnement qui montre le procédé d'extraction et de fusion du minerai. L'ancienne fonderie est située au sous-sol du musée. Le lieu abrite en outre une collection unique de minerais et de spécimens rares d'argent pur aux formes étranges, découverts à différentes époques.

Une ville de ski

Kongsberg devint célèbre grâce à ses champions de ski qui gagnèrent un nombre impressionnant de médailles olympiques et de championnats du monde durant les années 1930 et 1940. Leurs exploits sont relatés au musée du Ski de la ville, tandis que son complexe de ski très moderne tente de perpétuer la tradition avec ses 12 km de pistes.

Musée royal de la Monnaie (Den Kongelige Mynts Museum) – Il accueille une collection de monnaies frappées à Kongsberg après que l'hôtel de la Monnaie a été transféré dans la ville en 1686.

Musée du Ski (Skimuseum) – Fondé par les champions du monde et médaillés d'or olympiques Birger Ruud et Petter Hugsted, il contient une collection de skis et d'équipements anciens, ainsi que des coupes et des médailles gagnées par les skieurs de la ville. Un espace comporte une partie de l'équipement et des objets utilisés par Erling Kagge et Børge Ousland lors de leurs expéditions au pôle Nord et au pôle Sud et une exposition est consacrée au ski alpin en Norvège. Le musée renferme également une bibliothèque qui protège des archives importantes concernant les événements du ski international.

Musée de la Manufacture d'armes de Kongsberg (Våpenfabrikks museum) – Ce quatrième musée retrace l'histoire industrielle de la ville depuis 1814, de l'armement à l'aéronautique et présente la construction de plates-formes pétrolières.

À proximité

CARTE P. 30-31

★ Mine d'argent de Kongsberg, à Saggrenda B4

À 8 km au sud-ouest par la route 11, puis à gauche par la E 134 vers Notoden.

Mine d'argent (Sølvgruvene) – *Malmveien 11, Saggrenda - 91 91 32 00 - norskbergverksmuseum.no (en anglais) - visite guidée tlj de mi-mai à fin août : 2 départs/j. (4 départs juil.-déb. août) ; sept. : w.-end 12h et 14h - 350 NOK.* La visite guidée commence par un trajet dans un train miniature qui s'enfonce au cœur de la montagne sur 2,3 km jusqu'à la plus importante des mines de Kongsberg.

Le train s'arrête à 342 m de profondeur, à l'entrée de la **mine du Roi (Kongens Gruve)** abritant les principaux compresseurs qui alimentaient les foreuses et autres équipements situés à plusieurs kilomètres de distance. La mine du Roi se trouvait à 1 070 m de profondeur, soit 500 m au-dessous du niveau de la mer. Le puits principal est assez large pour que deux ascenseurs opèrent de front, chacun pouvant descendre quatre ou cinq mineurs aux différents niveaux. On assiste alors à une démonstration de la *Fahrkunst*, première machine capable de monter et descendre les hommes dans la mine ; allemande de conception, elle fut installée ici vers 1880. Enfin, on découvre la salle de repos où les mineurs effectuaient leur pause déjeuner. La température baisse jusqu'à 6 °C dans les mines, pensez à emporter des vêtements chauds.

★★★ Église en bois debout d'Heddal B4

À 38 km au sud-ouest par la route 11, puis à gauche par la E 134 jusqu'à Notoden.

p. 101.

★★ Fermes et églises de la Numedal et de la Hallingdal

CARTE P. 30-31

Circuit de 216 km tracé en brun sur la carte. Quitter Kongsberg par la route 40 en direction de Geilo.

Voir les offices du tourisme de Geilo et Gol sous les localités.

La région montagneuse du sud de la Norvège est caractérisée par une forêt dense, qui, au-dessus d'une certaine altitude, cède la place à la lande, et des vallées profondes occupées par des rivières au débit puissant. Les versants raides sont recouverts d'une herbe grasse jusqu'au niveau de la forêt et dans cette région agricole s'élèvent de nombreux bâtiments ruraux en bois. La Numedal est sans aucun doute la plus caractéristique et la plus pittoresque de ces vallées, avec ses belles fermes anciennes souvent construites sur des hauteurs et ses églises en bois debout uniques.

La route suit la vallée de la Numedalslågen dans un paysage qui, pour peu que le soleil soit de la partie, sait se montrer riant. Quelques villages accueillants (**Svene**, où l'on traverse la rivière, **Lampeland**) viennent poser les notes colorées de leurs maisons de bois fraîchement repeintes.

Flesberg B3-4

En été tlj 12h-17h (reste de l'anné se rens.) - 35 NOK. Sur la gauche de la route, à l'entrée du village, l'**église en bois debout (Stavkirke)** a été élevée au 12e s. mais largement remaniée en 1735. Quelques vestiges du sanctuaire d'origine peuvent être vus à l'intérieur, à l'abside. Tout simple, le bâtiment actuel, de plan cruciforme, avec son petit clocher à motifs peints en bleu sur fond blanc, est charmant.

Rollag B3

Quittez la route sur la droite en suivant le panneau « Stavkirke », puis prenez à gauche à l'entrée du village et suivez sur 6 km environ une agréable petite route qui serpente à flanc de coteau, parmi *stabbur* et fermes traditionnelles au toit herbu (vous remarquerez les rampes d'accès permettant d'entreposer les récoltes directement à l'étage).

Dans un cadre serein dominant la rivière, la petite **église en bois debout** de Rollag veille sur son cimetière. D'origine médiévale, elle a été agrandie au 17e s., date à laquelle les fresques ont été réalisées. On peut en apercevoir un exemple charmant sous l'auvent situé sur la gauche de l'édifice, qui accueille parfois des concerts.

Poursuivez sur cette petite route jusqu'à Veggli (6 km), où l'on retrouve la route 40.

Nore AB3

Lorsque vous apercevez l'église moderne du village, prenez à gauche sur 500 m.

★★ **Église en bois debout de Nore** (Nore Stavkirke) – *✆ 90 93 81 98 - stavechurch.com - de mi-juin à mi-août : 10h-18h - 90 NOK.* Lorsqu'elle fut agrandie en 1683, les architectes utilisèrent à nouveau des panneaux, peints en 1656, mais ne s'attachèrent pas à faire coïncider les motifs entre eux. Les rébus, visibles sur les panneaux des murs nord et sud sous la galerie, sont des copies d'une bible illustrée imprimée à Copenhague en 1710. Le pilier central est couvert d'inscriptions runiques. À l'extérieur, au-dessus du bras droit du transept, remarquez la délicate frise sculptée dans le bois.

Continuez sur la route 40, au-delà de Rødberg et jusqu'à Uvdal.

1

Uvdal A3

Sur la droite de la route, suivez le panneau « Stavkirke » et garez la voiture devant l'entrée du **musée de plein air d'Uvdal** (Uvdal Bydgetun). De beaux bâtiments de fermes anciens (dont l'un abrite un café) constituent ce musée installé sur les pentes de la vallée sur laquelle la **vue★** est très belle.

★★ **Église en bois debout d'Uvdal** (Uvdal Stavkirke) – *✆ 90 93 81 98 - stavechurch.com - juin-août : tlj 10h-18h - 100 NOK.* Comme celle de Nore, elle a été construite à la fin du 12ᵉ s. autour d'un pilier central soutenant la structure tout entière, puis remaniée au 17ᵉ s. et décorée par le même artiste. Ici, les peintures les plus anciennes datent de 1656 et créent une illusion de vitraux encadrés de motifs de fleurs et de fruits de couleur ocre et anthracite, tandis que d'autres peintures, dont l'une représente Adam et Ève dans un style naïf, datent de 1720. La chaire est décorée de scènes figurant quatre apôtres accompagnés chacun d'un animal, mais pas celui avec lequel ils sont généralement associés : on voit par exemple saint Matthieu accompagné d'un bouc ! Remarquez également les visages sculptés sur les arcs surplombant le chœur.

La route permet de gagner le village dont l'église est un pastiche des églises en bois debout médiévales : celle-ci a été élevée à la fin du 19ᵉ s.

Dès la sortie d'Uvdal, la route monte sévèrement : assurez-vous qu'elle soit ouverte avant d'entreprendre l'expédition, car elle peut être enneigée jusqu'à une période avancée du printemps. Apercevoir des skieurs sur les pistes alors que, plus bas, les promeneurs ont chaud est un spectacle toujours étonnant !

Poursuivez par la route 40 jusqu'à Geilo.

La Hallingdal AB3

Geilo – ⓘ *Vesleslåttvegen 13 (près de la gare) - geilo.com - ✆ 32 09 59 00.* Carrefour de la route 40 et de la route 7 (l'axe Oslo-Bergen), Geilo est une station de montagne où se regroupent hôtels, restaurants et nombre de boutiques d'articles de sport ; la bourgade est le point de départ idéal de nombreuses randonnées, notamment vers les plateaux d'altitude reculés du **Hardangervidda** (au sud-ouest – *p. 102*) et **du parc national de Hallingskarvet** (au nord-ouest).

Suivez la route 7 vers l'est (dir. Oslo).

Église en bois debout de Torpo (Torpo Stavkirke) – *✆ 90 93 81 98 - juin-août : tlj 10h-18h - 90 NOK.* Construite au milieu du 12ᵉ s., c'est l'une des plus anciennes encore visibles aujourd'hui. Le chœur, l'abside et la galerie extérieure ont été démolis au 19ᵉ s. : il ne subsiste plus que la nef et les bas-côtés. Les **portails ouest et sud** sont magnifiquement décorés de motifs sculptés représentant des animaux entrelacés. La **voûte** est remarquable : reposant sur des chapiteaux sculptés, elle

Une vallée qui inspira les plus grands

Les Norvégiens l'appellent **Kunstnerdalen**, « la vallée des Artistes », en raison du grand nombre de peintres célèbres, tels que Munch, Thaulow, Krohg, Kittelsen, Skredsvig, Tidemand et Gude, qui, après avoir voyagé de par le monde, découvrirent la vallée vers la fin du 19ᵉ s. et le début du 20ᵉ s. Ils puisèrent alors leur inspiration dans la sérénité émanant de ses paysages. Leur imagination comme leur sensibilité furent sollicitées par cette nature sauvage, empreinte de mystère lorsque la brume s'étend sur les forêts bordant les eaux paisibles du lac Soneren. Deux d'entre eux, **Theodor Kittelsen** et **Christian Skredsvig**, s'installèrent dans la vallée.

L'église en bois de Nore.
The World Traveller/Getty Images Plus

est recouverte de peintures de 1260 représentant le Christ avec six apôtres de chaque côté, ainsi que des scènes de la vie de sainte Marguerite.

Gol – *Sentrumsvegen 106 - visitgol.com ou golinfo.no - 32 02 97 00.* Ce lieu de séjour animé, été comme hiver, occupe une position centrale à proximité relative des fjords de Sogn (Sognefjord) et de Hardanger (Hardangerfjord). La vieille église en bois debout qui faisait l'orgueil du village est aujourd'hui un des fleurons du superbe musée norvégien du Folklore (Norsk Folkemuseum) d'Oslo...

Parmi les nombreuses excursions proposées par l'office de tourisme, la visite des fermes de montagne est l'une des plus intéressantes.

Continuez sur la route 7 en suivant la direction d'Henefoss et Oslo, puis, après 32 km, prenez à hauteur de Bromma la route 287 sur la droite.

★★ La Sigdal ou la vallée des Artistes

CARTE P. 30-31

Circuit de 120 km de Bromma à Kongsberg, tracé en vert clair sur la carte.

L'authenticité de la Sigdal est encore de nos jours le principal atout de ce terroir où les activités rurales traditionnelles ont encouragé le développement d'une riche culture folklorique célébrée par les artistes qui se sentaient là chez eux, et aujourd'hui préservée par les musées.

La route 287 longe le versant ensoleillé de la chaîne de **Norefjell**, prisée depuis longtemps pour le ski alpin et de fond et, de nos jours, de plus en plus appréciée pendant la saison estivale. Elle permet en effet de faire des randonnées à pied, à vélo ou à cheval et la région se prête admirablement à la pêche (l'équipement

L'amour du rail

Si vous vous trouvez dans la région de Kongsberg durant le week-end, faites le détour de **Prestfoss** à **Krøderen** *(à 15 km au nord-est de Kongsberg par une route secondaire)*, où vous attend le **Krøderbanen** ; la locomotive à vapeur et ses wagons de bois vous feront faire un trajet de 26 km jusqu'à **Vikersund** sur les bords du Tyrifjord, sur un tronçon abandonné de la ligne Oslo-Bergen. Le service est assuré par des bénévoles enthousiastes. L'ancienne station de Krøderen, du 19e s., comprend la gare de passagers et un bâtiment pour le fret, qui abrite une exposition sur l'histoire de cette ligne de chemin de fer et du service de ferry sur le lac Krøderen.
De fin juin à fin août, dim. seult - njk.no/kroderbanen (en norvégien seult) - 220 NOK AS, 330 NOK AR.

peut être loué). Plusieurs auberges et hôtels blottis au cœur même de la montagne réservent donc à leurs hôtes un séjour convivial.

Eggedal B3

Une pause à l'auberge du village, **Eggedal Borgerstue**, sera certainement la bienvenue. Le cadre de cette élégante demeure à la façade coiffée d'un fronton triangulaire est parfaitement authentique, décoré selon la technique de la « peinture à la rose », caractéristique du sud de la Norvège. Quant à la cuisine, elle est également du terroir (*p. 94*).
Suivez une route secondaire en direction de Tempelseter sur une distance de 2,5 km, puis prenez à gauche une piste jusqu'à la maison du peintre Christian Skredsvig (1,5 km).

★ Maison de Christian Skredsvig

(CHRISTIAN SKREDSVIGS KUNSTNERHJEM) B3

Hagan - Eggedal - 95 11 49 30 - buskerudmuseet.com/hagan (en norvégien seult) - de déb. à mi- juin : visite guidée sur RV ; de mi-juin à mi-août : tlj 11h-17h ; de mi-août au déb. oct. : w.-end 12h-16h - visite guidée proposée également en été - galerie : 120 NOK ; billet combiné galerie et maison : 200 NOK.

Le peintre vécut dans cette maison, qui se dresse sur une hauteur dominant toute la vallée, de 1894 à sa mort, en 1924. Le mobilier et les tableaux (collection impressionnante de 150 œuvres du maître de maison et de ses amis) sont restés tels qu'ils étaient de son vivant. Cet artiste voyageur, qui avait étudié à Copenhague, à Munich et à Paris, trouva l'inspiration de ses tableaux champêtres et animaliers dans les paysages de la région de Sigdal.
Continuez par la route 287 qui longe la rive occidentale du lac Soneren. Sur le côté droit de la route, laissez la voiture au parking réservé aux visiteurs de Lauvlia. De là, un sentier conduit à la maison de Theodor Kittelsen.

★ Maison de Theodor Kittelsen (THEODOR KITTELSENS HJEM) B3

Lauvlia - Prestfoss - 95 11 49 45 - buskerudmuseet.com/lauvlia (en norvégien seult) - juin : visite guidée sur RV ; de juil. à mi-août : tlj 11h-17h ; mi-août - déb. sept. : w.-end 12h-16h - 130 NOK.

L'artiste s'installa sur les bords du lac Soneren avec sa nombreuse famille en 1899 et décora lui-même la maison de motifs peints et sculptés. Les environs, tout particulièrement le mont Andersnatten qui domine le lac à quelques kilomètres au nord, inspirèrent à ce poète de la nature plusieurs de ses paysages les

plus célèbres : son imagination débordante transformait les formes et les ombres étranges en trolls, en animaux et en personnages féeriques.
Suivez la route 287 jusqu'à Blaafarveværket (26 km).

★★ Blaafarveværket B3

✆ 32 77 88 00 - blaa.no (en anglais) - de fin juin à mi-août : 11h-17h ; de mi-mai au fin juin et de mi-août à fin sept. : mar.-dim. 11h-17h - expositions 80/189 NOK, billet combiné 3 expositions 259 NOK, accès libre au parc.

Cet ancien complexe industriel construit à proximité des mines de cobalt, exploitées de la fin du 18e s. à la fin du 19e s., faillit être détruit en 1968. Depuis cette date, une fondation privée s'est chargée de restaurer plusieurs bâtiments disséminés sur une distance de 8 km et de les transformer en un musée culturel, consacré à l'histoire technique et sociale de l'exploitation du cobalt et aux rapports que Blaafarveværket entretenait avec le monde des artistes.

La **verrerie** (Glasshytten) transformait le cobalt concassé en pigment bleu, un processus complexe qui est ici expliqué en détail ; à son apogée vers 1830, l'usine produisait 80 % du pigment utilisé dans les manufactures de verre et de porcelaine mondiales. La production nécessitait une main-d'œuvre de 2 000 ouvriers. Un grand nombre de bâtiments furent érigés ; certains ont pu être préservés, comme des **logements ouvriers**, une **école**, une **épicerie** et la **maison du directeur (Nyfossum)**. À proximité se trouve la puissante **chute d'eau (Haugfoss)** qui produisait l'énergie nécessaire au concassage du minerai transporté des **mines** dans des charrettes tirées par des chevaux. L'extraction du minerai de cobalt se faisait dans des mines à ciel ouvert et dans des galeries souterraines.

Les liens de Blaafarveværket avec le milieu artistique remontent à 1883, date de la première académie de plein air qui réunit des artistes norvégiens dans la maison de l'entrepreneur. Parmi les peintres présents, **Edvard Munch** et **Frits Thaulow** (son tableau de la chute de Haugfoss est exposé au musée des Beaux-Arts d'Oslo). Une exposition d'art norvégien ou nordique est organisée chaque année dans une galerie située près de la verrerie, et une exposition permanente d'œuvres de **Theodor Kittelsen** est ouverte à la visite sur le site des mines de cobalt.

Des tables de pique-nique sont installées dans le parc. Divers établissements servent des plats chauds et froids.
Une fois arrivé à Åmot, rejoignez Kongsberg par la route 35, puis la E 134.

1

Kistefos - art contemporain et nature grandiose

Inauguré en 2019, ce vaste complexe culturel a pour mission de préserver le patrimoine industriel de la région et de présenter le meilleur de l'art contemporain norvégien et international. Aménagé dans un méandre de la rivière Randselva, il compte un musée de l'Industrie et des galeries d'art qui exploitent les espaces d'une ancienne usine de pâte à papier (1885). La forêt et les berges de la rivière servent de cadre enchanteur à des dizaines de sculptures signées par Fernando Botero, Ólafur Elíasson, Yayoi Kusama, Anish Kapoor et bien d'autres. Clou du spectacle, **The Twist**, un incroyable pont-galerie-sculpture qui s'enroule et enjambe la rivière. La brève traversée est inoubliable.

Kistefos Museet – *Samsmoveien 41, Jevnaker (à 90 km au nord de Kongsberg par la route 350 et 65 km d'Oslo par l'E16) - mai-juin et sept. : mar.-vend. 11h-17h, w.-end 10h-17h ; juil.-août et 1re quinz. d'oct. : tlj 10h-17h, parc tte l'année - 195 NOK (parc seul 100 NOK).*

Carnet pratique

Arriver/partir

En train

Kongsberg est desservie par la ligne Oslo-Kristiansand-Stavanger. La ville est à environ 1h15 d'Oslo S, 2h10 d'Oslo-Gardermoen et à un peu plus de 3h de Kristiansand. La station de ski de **Geilo** se situe quant à elle sur la ligne reliant Oslo à Bergen *(en 3h)*.

Agenda

Festival de jazz de Kongsberg – Début juillet. Incontournable du jazz en Norvège. *kongsbergjazz.no.*

Nos adresses

Restauration

À Kongsberg

Budget moyen

Meeat Gastropub – *Storgata 4 - ✆ 32 72 44 00 - meeat.no - à partir de 15h (14h le w.-end) - plats 185/439 NOK.* Ce néo-bistrot propose d'excellentes viandes et burgers. L'été, la terrasse accueillante donne sur l'activité de la nouvelle ville tandis qu'en hiver on se réfugie dans des intérieurs cosy. Ambiance agréable et portions copieuses.

Christians Kjeller et **Opsahlgården** dans *Petite Pause*.

À Eggedal

Premier prix

Eggedal Borgerstue – *✆ 32 71 46 18 - eggedal-borgerstue.no - tlj, service continu - plats 169/350 NOK, pizza 169/269 NOK.* Poisson d'eau douce et saumon sont presque toujours au menu de cette auberge qui cultive l'authenticité (boulettes de viande, assortiment « des montagnes »), tout en collant à son époque en proposant pizzas et burgers bien faits. Ambiance chaleureuse et chambres sur place… pour digérer.

Petite pause

Christians Kjeller – *Kirkegata 10 - ✆ 32 76 45 00 - opsahlgarden.no - mar.-vend. 16h-22h, sam. 17h-23h - fermé dim.-lun..* Cet établissement est une institution de Kongsberg, notamment réputée pour ses concerts de blues chaque samedi et sa scène dans l'arrière-cour qui devient le QG des festivaliers pendant le célèbre festival de jazz. On y boit de la bière maison, produite par la brasserie locale, et on peut également s'y restaurer (menu bistro). **Opsahlgården**, le restaurant voisin qui appartient aux mêmes propriétaires, propose une cuisine plus recherchée et plus onéreuse *(plats 179/327 NOK)*.

Activités

Les stations de ski décrites ci-dessous, Geilo en particulier, proposent également nombre d'activités estivales.

Centre de ski de Kongsberg – *skimore.no/kongsberg.* Situé sur les pentes du Knutefjellet, à quelques kilomètres à l'ouest de la ville, et disposant de 10 km de pistes et de 4 remontées mécaniques.

Uvdal Alpinsenter – Dix pistes représentant 21 km pour un dénivelé de 620 m, mais pas de remontées mécaniques en dehors du télésiège conduisant du village au sommet des pistes.

Geilo – *geilo.com et skigeilo. no.* 39 km de pistes de ski alpin, 555 km de ski de fond, sans parler d'un domaine de 40 km livré aux patineurs. Ici, la saison peut durer jusqu'à la fin avril. Geilo est également prisée des amateurs de **VTT**. Novices ou cyclistes endurcis y profitent de nombreuses pistes en montagne, mais aussi d'un *bike park*. Prenez le télésiège avec votre vélo, accédez aux sentiers balisés ou dévalez le relief le long de l'une des 3 pistes sinueuses et sécurisées (sortes de « toboggan » classés selon la difficulté). Location de VTT au Geilo Summer Park ou à Geilo Aktiv *(geilo-aktiv.com)*.

Ål Skisenter – *aalski.no.* Pistes de ski alpin et près de 400 km de pistes de ski nordique.

Kongsberg Golf – *kongsberg-golfbane.no.* Un parcours de 18 trous et un autre de 6 trous.

Hébergement

☺ Les nombreux campings de la Numedal proposent des chalets à la location, souvent dotés de tout le confort.

À Kongsberg

Premier prix

Kongsberg Vandrerhjem – *Hasbergs vei 5 -* ☏ *32 73 20 24 - kongsberg-vandrerhjem.no -* ♿ *- 25 ch. à partir de 1350 NOK.* Une belle auberge de jeunesse aménagée dans une grande maison en bois, très bien équipée et ouverte toute l'année.

Pour se faire plaisir

Quality Hotel Grand – *Christian Augustsgate 2 -* ☏ *32 77 28 00 - strawberry.no -* ♿ *- 176 ch. 1790/2 490 NOK* ☖ *-* ✗ Un immeuble peu attrayant mais une institution locale dans l'une des deux rues principales de la ville moderne (face à la gare).

☾ Voir aussi le très confortable **Clarion Collection Hotel Kongsberg** *(Sildetomta 2 - strawberry.no).*

À Lampeland

Budget moyen

Lampeland Hotel – *À 20 km sur la route 40 -* ☏ *32 76 09 00 - lampeland.no - 51 ch. 1690 NOK* ☖ *-* ✗ Une adresse chaleureuse que cet établissement situé en bordure de la route 40 ! Idéal pour une pause dans la Numedal.

À Uvdal

Premier prix

Camping d'Uvdal Resort – ☏ *99 22 82 10 - campuvdal.com - 46 empl. 390 NOK et 18 chalets à partir de 1190 NOK.* Situé au bord de l'eau, il dispose de tout le confort nécessaire.

À Geilo

La localité compte un vaste choix d'hébergements, allant du lodge de montagne historique *(geilomountainlodge.no)* au ressort typique des stations de montagne *(vestlia.no).*

Budget moyen

Geilo Vandrerhjem – *Lienvegen 139 - À 2 km à l'est sur la rte 7 -* ☏ *32 08 70 60 - oenturist. no - cabanes à partir de 550 NOK et appart. à partir de 1700 NOK.* Un camping, des hytter, des appartements... une large palette d'hébergements tout au long de l'année. Café (pdt l'été).

LE SUD DE LA NORVÈGE
HEDDAL
Plage d'Orrestranda
Flekkefjord
Kristiansand
★★★ Vaut le voyage
★★ Vaut le détour
★ Vaut la visite
Intéressant
Ville de départ du circuit
Le Telemark
La côte méridionale, de Kristiansand à Kragerø
La Setesdal, de Kristiansand à Rygnestad
La vallée de la Sira
Route 44, de Flekkefjord à Stavanger
0
50 km
OSLO
DRAMMEN
LARVIK
BUSKERUD
TELEMARK
AUST-AGDER
VEST-AGDER
ROGALAND
HARDANGERVIDDA NASJONALPARK
Hardangervidda
SKAGERRAK
NORDSJØEN
Rjukan
Gaustatoppen
Telemark
Seljord
Morgedal
Kviteseid
Vrangfoss
Skien
Norsjø
Telemarkskanalen
Bandak
Eidsborg
Dalen
Vråvatn
Fyresvatn
Nisser
Kragerø
Arendal
Grimstad
Lillesand
Nidelva
Kristiansand
Kristiansand Dyrepark
Kanonmuseum
Setesdals Mineralparken
Evje
Grendi
Hornnes
Araksfjord
Byglandsfjord
Frøysnes
Otra
Helle
Rysstad
Hallandsfoss
Valle
Rygnestad
Hægeland
Mandal
Vigeland
Plages de Sjøsanden et de Kanelstranda
Lindesnes
Lyngdal
Kvinesdal
Fedafjord
Feda
Île de Hidra
Tonstad
Sira
Kvina
Sirdalsvatn
Lysebotn
Lysefjorden
Stornes
Jøssingfjord
Egersund
Littoral de Jæren
Stavanger
Hellestø

2

Le sud de la Norvège

CARTE MICHELIN 752 C12-14/B14 – VEST-AGDER, TELEMARK

Le massif du Telemark ★

Région montagneuse située au cœur de la Norvège méridionale, le Telemark est célèbre dans le monde entier pour être le pays natal du ski. Des cimes enneigées, des forêts denses, des vallées profondes et des lacs, mais aussi une côte bordée d'îles et ensoleillée forment les paysages de cette région riche en contrastes. Si, malgré ses ressources (sylviculture, hydroélectricité), la région tend à se dépeupler, elle a conservé certaines traditions, son dialecte, ses costumes, sa musique folklorique et sa danse, ainsi que ses robustes maisons en bois et son artisanat qui s'exerce dans le travail de l'argent, la sculpture sur bois et le tissage.

Se repérer

CARTE P. 96 (BC1).
Cette vaste région s'étend à l'ouest d'Oslo, du littoral méridional au vaste plateau de Hardangervidda au nord. De la capitale, par les routes E 18 (jusqu'à Drammen) puis E 134 (dir. Haugesund), on pénètre rapidement au cœur du Telemark depuis Skien, la ville principale.

À ne pas manquer

L'église en bois debout de Heddal. Se perdre dans les innombrables vallées de cette Norvège « buissonnière ». Une croisière sur le canal du Telemark.

Carnet pratique p. 104

Nos adresses p. 104

★ Le Telemark

CARTE P. 96

Circuit de 200 km environ, de Skien à Dalen, tracé en vert sur la carte. De Kongsberg, on gagne Notodden, puis Skien, par la route 36. Bien que la route ne suive pas toujours le canal de près jusqu'à Dalen, le trajet en voiture est très intéressant, car les paysages changent continuellement.

Skien C1

Henrik Ibsensgate 2 - 35 90 55 20 - visittelemark.com (en anglais).
Principale agglomération du Telemark (56 619 hab.), Skien est citée depuis le 10e s. Elle s'est enrichie en devenant au 17e s. (début de la flottaison du bois) un port d'exportation de bois. C'est aussi la ville natale d'**Henrik Ibsen** (*encadré p. 384*). Sa maison d'enfance, **Nordre Venstøp**, située à Gjerpen, au nord de Skien, accueille aujourd'hui le **Henrik Ibsen Museum** (*Venstøphøgda 74 - 35 54 45 00 - telemarkmuseum.no (en anglais) - mai-août : mar.-dim. 11h-17h - 100 NOK*). C'est là que le jeune Ibsen fit ses premières armes comme dramaturge et metteur en scène d'un théâtre de marionnettes qu'il avait lui-même fabriqué. Par ailleurs, les combles de Venstøp forment le « grenier sombre » dont il parle dans sa célèbre pièce *Le Canard sauvage*.

★ **Parc et domaine de Brekke (Brekke Museum, Brekkeparken)** – *Øvregate 41 - 35 54 45 00 - telemarkmuseum.no (en anglais) - musée : mai-août, tlj sf lun. 11h-16h ; parc : mai-août, tlj 10h-19h - musée : 100 NOK, entrée libre au parc (accès*

Paysage du Telemark.
JonNPoulsen/Getty Images Plus

de Øvregate 32b). Le musée est aménagé dans un ancien manoir datant du début du 19e s. (dont on visite les splendides intérieurs) situé au milieu d'un parc, **Brekkeparken**, réputé pour ses parterres de tulipes. Répartis dans le parc, des bâtiments et fermes typiques offrent un beau panorama de l'architecture du Telemark.
Quittez Skien par la route 36 vers le nord et, à Ulefoss, prenez sur la gauche la route 359.

2

Vrangfoss C1

Entre Ulefoss et Lunde, l'**écluse (Sluser) de Vrangfoss** est la plus intéressante de l'ensemble du parcours du canal du Telemark (*encadré p. 100)*. Elle compte cinq vannes pour une dénivellation de 23 m.
Revenez à la route 359 et continuez sur la route 36.

Seljord C1

Cette petite ville industrielle s'étend à l'extrémité est du lac du même nom, qui serait le territoire de prédilection de Selma, une version locale du monstre du Loch Ness... Publicité à peu de frais ? Un mystère de plus dans une zone, paraît-il, prisée des elfes ? À vous d'en juger. La jolie petite **église romane** St-Olav (12e s.), une **grande foire agricole** (Dyrsku'n) et le principal festival de musique country du pays font la notoriété du lieu.
À partir de **Seljord**, la route *(E 134 dir. Kviteseid)* serpente le long de versants abrupts couverts de forêts ; les balcons des fermes peintes en blanc sont garnis de jardinières de fleurs et il y a presque toujours un *stabbur* à proximité.
Un pont suspendu enjambe le lac. Au fil des lacets de la route, on profite de belles vues sur les paysages alentour.
Peu avant Kviteseid, à Brunkeberg, suivez sur la droite la route E 134.

Morgedal C1

À 7 km. C'est de Morgedal qu'arriva en 1994 la flamme des Jeux olympiques d'hiver de Lillehammer. Elle avait été allumée dans la maison où naquit en 1825 **Sondre Norheim**, premier champion de ski norvégien, dont la statue se dresse sur la place du village (*encadré ci-contre).*

L'Aventure du ski norvégien (Norsk Skieventyr) – *35 06 90 80 - visittelemark.com/vest-telemark-museum - de mai à mi-sept. : 10h-17h - 120 NOK.* Ce centre est consacré à l'histoire du ski : il comprend une reconstitution du chalet et de l'atelier du célèbre Sondre Norheim et présente des films informatifs et spectaculaires.

Revenez à Brunkeberg et suivez la route 41.

Kviteseid C1

Comme Seljord, cette petite ville est posée sur les rives d'un lac dans un cadre charmant. Son petit **musée en plein air** *(Kviteseid bygdetun - rte 41 à 6 km au sud du village - mi-juin à mi-août : mar.-dim. 11h-17h - 100 NOK)* compte une belle collection de constructions typiques de la région (ferme du 17e s., entrepôt du 14e s...) dans un bel environnement.

Poursuivez jusqu'à Vrådal et prenez sur la droite la route 38.

La route longe le **lac Vråvatn**, puis pénètre dans les montagnes pour redescendre ensuite en dévoilant des vues pittoresques sur **Dalen** et son lac.

Dalen B1

Hotellvegen 16 - 35 07 56 56 - visittelemark.com/dalen.

Lovée à l'extrémité ouest d'un lac occupant une étroite vallée glaciaire, et cernée par des montagnes majestueuses, Dalen charme avant tout par la beauté de son site. Les têtes couronnées fréquentaient les lieux (et notamment son fameux hôtel, *Dalen Hotel p. 105*) de la fin du 19e s. aux années 1930. On s'y rend aujourd'hui pour profiter du beau trajet en bateau de/vers Skien le long du **Telemarkskanalen** (*encadré ci-dessous et Excursion p. 104).*

Eidsborg B1

À 5 km au nord de Dalen sur la route 45.

Vest-Telemark Museum – *35 06 90 90 - visittelemark.com/vest-telemark-museum - de mai à mi-sept. : 10h-17h - 140 NOK.* Ce musée moderne raconte l'histoire de cette belle région rurale à travers du mobilier, des costumes, des

Le canal du Telemark

Inauguré en 1892 après cinq ans de travaux, le **canal du Telemark (Telemarkskanalen)**, long de 110 km, relie Skien sur la côte sud à Dalen, au cœur du Telemark. Avant d'être une attraction touristique, le canal fut un axe économique majeur, utilisé pour le transport d'animaux, de bois, de diverses marchandises et, bien sûr, de personnes. Il comporte 18 écluses, toutes construites en pierre et commandées manuellement, qui permettent de passer du niveau de la mer à une altitude de 72 m. À Ulefoss, le canal se divise en deux bras, le plus court prenant la direction du nord vers Notodden, le plus long virant vers l'ouest et aboutissant à Dalen au pied de l'immense plateau du **Hardangervidda**.

Voir Excursion p. 104.

L'invention du télémark

Modifiant la forme traditionnelle des skis et des fixations, **Sondre Norheim** essaya de nouvelles techniques qui furent, plus tard, universellement adoptées : en 1868, il fit à Oslo une démonstration des nouvelles possibilités offertes par son équipement révolutionnaire : le virage *télémark*, permettant de changer de direction et de s'arrêter court, et l'atterrissage *télémark*, utilisé en saut afin d'amortir le choc. Le père du ski moderne émigra aux États-Unis en 1884 et contribua à promouvoir le ski en tant que discipline sportive dans son pays d'adoption.

outils et l'activité minière. Il comprend deux vieilles fermes et leurs dépendances ; sur l'une d'entre elles, on peut voir une inscription runique datant d'environ 1300. Une trentaine de maisons traditionnelles composent la partie en plein air. En vedette, un rare grenier en bois du 12e s. Et, charmante avec ses murs en écaille, l'**église en bois debout** (Stavkirke) d'Eidsborg édifiée au début au 13e s. Au cours d'une restauration en 1927, on découvrit à l'intérieur des fresques du 17e s.

Excursions au nord du Telemark CARTE P. 96

★★★ Église d'Heddal (HEDDAL STAVKIRKE) C1

De Kongsberg (39 km) : par la route 11 au sud puis la E 134 jusqu'à Notodden, puis poursuivre en direction de Seljord, sur 5 km. De Seljord (49 km) : par la route E 134 à l'ouest dir. Notodden.

922 04 435 - heddalstavkirke.no (en anglais) - de mi-mai au mi-sept. 10h-16h (17h de fin juin au mi-août) - 100 NOK.

Heddal, petite commune rurale, doit sa célébrité à sa splendide église en bois debout, qui est la plus grande de Norvège et l'un des plus beaux exemples de ces édifices médiévaux en bois. Toujours utilisée comme église paroissiale, elle aurait été construite en 1242, selon une inscription runique qui se trouve sous la galerie couverte, et dédiée à la Vierge Marie. Mais on admet généralement que le chœur est plus ancien que le reste d'une centaine d'années et servit probablement de nef à une église antérieure. Heddal fut remaniée plusieurs fois, mais l'édifice a été restauré afin de retrouver son aspect médiéval.

Intérieur – On entre par le portail ouest, le plus richement décoré de motifs d'animaux et de feuillages entrelacés caractéristiques de la décoration du 13e s. La nef est séparée des bas-côtés par des piliers circulaires ornés de sculptures représentant des masques très expressifs et reliés au sommet par des croix de St-André et des poutres horizontales. Le seul mobilier médiéval que l'église ait conservé est un fauteuil en bois, connu sous le nom de « fauteuil de l'évêque », orné de fines sculptures illustrant une légende de la mythologie nordique, ce qui a fait dire qu'il pourrait être antérieur à la christianisation du pays. Le retable date de 1667 et les murs de la nef et du chœur sont couverts de peintures de deux époques différentes, la plus récente étant de la fin du 17e s.

Musée de plein air de Heddal (Heddal Bygdetun) – *nia.no/en/heddal-open-air-museum - visite libre*. À 300 m au sud de l'église, la ferme de Heddal comprend plusieurs bâtiments *(non accessibles au public)* caractéristiques de l'architecture en bois de la région.

Miroir, mon beau miroir...

Vivre à Rjukan, cité encaissée dans une étroite vallée, c'était vivre dans le noir, entre septembre et mars. Or voilà que le soleil est revenu ! Ce « miracle » est dû à trois immenses miroirs réfléchissants, placés sur la montagne à 450 m au-dessus de la ville. Un système (baptisé héliostat) permet de réorienter les rayons solaires vers les endroits non éclairés... Prendre un bain de soleil à Rjukan ne relève désormais plus de l'utopie.

Rjukan C1

De Kongsberg (87 km) : par la route 37 vers le nord. De Dalen (88 km) : par la route 33 (vers Åmot) puis 37 vers le nord.

Sam Eydesgate 92 - 35 08 05 50 - visitrjukan.com (en anglais).

Située au pied du mont Gausta, dans le nord du **massif du Telemark**, Rjukan s'étire en longueur. Base de randonnées, elle est un bel exemple de cité industrielle en milieu montagnard. Le site du **patrimoine industriel de Rjukan-Notodden,** composé de logements ouvriers, d'usines, de centrales hydroélectriques et de lignes électriques témoignant de l'essor industriel du début du 20e s., a d'ailleurs été classé en 2015 au Patrimoine mondial de l'Unesco. C'est au cours de la Seconde Guerre mondiale que la ville devint brusquement célèbre, lorsqu'elle se trouva au cœur d'une bataille dont l'enjeu était le contrôle de l'eau lourde, élément essentiel dans la fabrication des bombes atomiques.

À la **centrale de Vemork**, on produisait et on stockait de **l'eau lourde** ; les Allemands prévoyaient de l'envoyer en Allemagne par bateau et, dès le mois de mai 1940, en avaient extrait de Norvège une tonne et demie. Dès que les Alliés eurent vent de l'opération, ils décidèrent de saboter la centrale ; le raid eut lieu en février 1943. Ce fut un succès mais, quelques mois plus tard, la centrale produisait à nouveau. Les bombardiers alliés détruisirent alors entièrement l'usine. La production fut bien stoppée, mais les stocks restaient intacts et les Allemands décidèrent de les envoyer en Allemagne. La Résistance, en février 1944, fit sauter le ferry qui transportait l'eau lourde sur le lac Tinnsjø. La bataille dura au total un an et coûta la vie à 30 soldats britanniques et à 40 civils norvégiens.

Musée norvégien des Ouvriers de l'industrie (Norsk Industriarbeider museum) – *35 09 90 00 - nia.no/en/vemork - de mi-juin à mi-août : 10h-18h ; de mi-août à mi-oct. : 12h-18h ; reste de l'année : tlj sf lun. 12h-16h - 200 NOK.* La vieille centrale de Vemork, située à 7 km à l'ouest de Rjukan, abrite aujourd'hui ce musée, consacré à la vie quotidienne des ouvriers et ouvrières, et à l'hydroélectricité. Vous déambulerez parmi les immenses machines aujourd'hui silencieuses. Une expérience (guidée) autour de la « bataille de l'eau lourde » est proposée, enrichie par la récente mise au jour de la salle de stockage souterraine d'eau lourde pendant la Seconde Guerre mondiale.

Entre la ville et le musée, le **Krossobanen** (un **téléphérique**) vous élève à plus de 880 m d'altitude pour admirer les environs. Possibilité de redescendre à pied ou à vélo. *krossobanen.no (en anglais) - de mi-juin à fin août : 9h-20h ; reste de l'année : 10h-16h (vend. 10h-20h, w.-end 10h-18h) -165 NOK AR.*

Le Hardangervidda BC1

Centre d'information du parc national à 22 km de Rjukan par la route 37 vers l'ouest - Skinnarbu - 97 07 43 00 - hardangervidda.com et hardangervidda-nasjonalparksenter.no (en français) - expositions : lun.-vend. 10h-16h - 175 NOK.

Église médiévale d'Heddal.
RPBMedia/Getty Images Plus

Cet immense plateau parsemé de lacs n'est traversé que par la route 7, entre Geilo et Eidfjord, en direction de Bergen, mais l'on s'en approche par le sud *via* la route E 134. Ici, sur ces étendues désertiques et désolées s'étalant à perte de vue et où seuls poussent quelques lichens, rien ne semble pouvoir troubler la nature originelle, dans laquelle s'ébattent paisiblement des troupeaux de rennes... (si ce n'est le mugissement des motoneiges). Fondé en 1981, le **Parc national** de l'Hardangervidda couvre 3 422 km², ce qui en fait le plus vaste du pays.

◉ Voir aussi *Activités p. 104* pour trouver des informations sur les randonnées, à pied en été et à ski de fond en hiver, le long des sentiers (nombreux refuges) du Parc national (à partir de Geilo, ◉ *p. 90*).

Ascension du Gaustatoppen C1

À 13,5 km à l'est de Rjukan en voiture : route E 137 pendant 4 km, puis franchir le pont à droite et continuer 8 km, jusqu'au départ d'un sentier balisé qui permet d'atteindre le sommet en 2h. Le Gaustabanen, un funiculaire creusé dans la montagne, permet de gagner le sommet (gaustabanen.no/en - de mi-fév. à mi-juin : 9h-16h ; de mi-juin à mi-oct. : 9h-17h (19h de déb. juil. à mi-août)- départs ttes les 10mn en été - 360 NOK AS et 495 NOK AR).

Du sommet de cette fascinante montagne, haute de 1 883 m, le panorama époustouflant, couvre (dit-on...) tout le sud de la Norvège par beau temps ! Signe de son importance stratégique pendant la guerre froide, l'Otan y fit installer une station radio, accessible par tout temps grâce à un tunnel creusé à grands frais et équipé d'un train et d'un funiculaire qui parcourt 860 m sous terre. L'existence de cette installation, que les touristes empruntent aujourd'hui, resta secrète jusqu'à l'effondrement de l'URSS, au début des années 1990.

Carnet pratique

S'informer

visittelemark.com (en anglais) - voir également les adresses des offices du tourisme site par site.

Arriver/partir

Si Skien ou Notodden sont accessibles par **train** (vers Oslo, Kongsberg), le reste du Telemark ne l'est que par la **route**.
Des **bus** relient Dalen à Åmot *(à 22 km au nord)*, située sur la route E 134 et desservie par des bus de la ligne Oslo-Haugesund. Rjukan est relié par des bus à Notodden, Kongsberg et Oslo.

Agenda

Festival de musique country de Seljord – Fin juillet à Seljord, le plus grand du genre en Norvège. *countryfestivalen.no.*

Festival de blues de Notodden – Début août. *bluesfest.no.*

Festival folklorique du Telemark – En août à Bø, consacré à la riche musique folk de la région. *telemarkfestivalen.no.*

Dyrsku'n – Cette foire agricole, qui a lieu le second w.-end de sept. à Seljord, existe depuis 1866 et attire 80 000 personnes. *dyrskun.no.*

Nos adresses

Restauration

Les restaurants des hôtels cités p. 105 constituent aussi de bonnes options.

Skien

Parmi les bonnes adresses à Skien, pensez à **Jacob & Gabriel** *(Bruene 1 - jacoboggabriel.no - fermé à midi et dim.-mar. - plats 295/425 NOK)* pour sa cuisine locale modernisée, et **Gamle Skien** *(Langbrygga 5A - - fermé à midi et dim. - plats 259/449 NOK)* pour sa cuisine classique à déguster au bord de l'eau.

Rjukan

La centrale de Vemork et son musée comptent une cafétéria agréable pour se restaurer simplement en profitant d'une vue magnifique.
Sinon, dans le village, voyez le **Konditori Eyde** *(Storgata 21 - tlj sf dim. 9h-16h, sam. 15h)*, pour ses snacks sans surprise mais bienvenus (sandwichs, salades, gâteaux, viennoiseries...). Salle agréable pour rester au chaud.

Activités

Randonnées

Le plateau de **Hardangervidda** est idéal pour les longues randonnées de refuge en refuge, à pied en été et à ski de fond en hiver. Informations sur : *hardangervidda.com* et *dnt.no.*

Excursion

De lacs en écluses sur le Telemarkskanalen – De mi-mai à début oct., un **ferry** relie Dalen et Skien 3 à 4 fois par semaine, en 9h environ *(prix en ligne AS 1315/1410 NOK, selon sais., + 80 NOK si acheté à bord)*. Il suit un canal de 105 km de long achevé en 1892, qui relie plusieurs lacs et emprunte 18 écluses. Des **excursions** en bateau *(demi-journée ou plus)*, plus courtes, sont organisées au départ de Skien ou de

Dalen avec, pour certains, un retour en autocar. ☏ *telemarkcanal.com.*

Hébergement

☺ La région compte un très grand nombre de **campings** disséminés dans toutes les vallées et au bord des lacs. On trouvera une **auberge de jeunesse** à Rauland *(50 km de Rjukan).* Informations : *hihostels.no.*

À Skien

Pour se faire plaisir

Thon Hotel Høyers – *Kongensgate 6-8 - ☏ 35 90 58 00 - thonhotels.com - ♿ - 101 ch. 1885/2190 NOK ☕ - ✗.* Cet hôtel, qui existe depuis la fin du 19e s., est géré par la chaîne Thon. Central et confortable quoique sans surprise.

À Seljord

Budget moyen

Seljord Hotell – *Brøløsvegen 18 - ☏ 35 06 40 00 - seljordhotel. no - 21 ch. 1595/1895 NOK ☕ - ✗.* Ancien relais de poste (1857) et école, cette vaste maison de bois est aujourd'hui un établissement chaleureux et confortable.

À Dalen

Pour se faire plaisir

Dalen B & B – *Aasmund Nordgaards veg 6 - ☏ 35 07 70 80 - dalenbb.com - 14 ch. à partir de 1890 NOK ☕.* Les belles chambres (avec ou sans salle de bains) sont aménagées dans un « chalet » moderne. Accueil sympathique et location de vélos et de canoës.

Une folie

Dalen Hotel – *Hotellvegen 33 - ☏ 35 07 90 00 - dalenhotel.no - fermé de fin oct. à fin avr. - 49 ch. à partir de 3 095 NOK ☕ - ✗.* Ouvert en 1894, ce palace historique a même donné son nom à la rue qui l'accueille. Le bois est omniprésent. Au décor romantique et opulent (abondance de têtes de dragons

et de vitraux) s'ajoute le beau panorama sur le lac. Les chambres, sobres, offrent un confort à l'ancienne. Spa.

À Rjukan

Premier prix

Rjukan Hytte og caravanpark – *Gaustaveien 78 - Miland - ☏ 35 09 63 53 - rjukanhytte.com - 17 cabines à partir de 500/700 NOK selon sais. - ✗.* À 8 km à l'est de Rjukan par la route 37, dans un environnement verdoyant et arboré. Hytter très soignés.

Budget moyen

Rjukan Hytteby – *Brogata 9 - ☏ 35 09 01 22 - rjukan-hytteby.no - cabines à partir de 1400 NOK - ✗ tlj, service continu - plats 139/249 NOK.* Ces douze maisonnettes (construites sur le modèle de maisons ouvrières) offrent un confort moderne et des équipements impeccables. Café-restaurant (cuisine sans surprise) à proximité.

À Notodden

Pour se faire plaisir

Brattrein Hotell – *Brattreins Gate 9 - ☏ 35 01 23 00 - brattrein. no - 35 ch. à partir de 1 600 NOK.* Posé au bord du lac et entouré d'un parc, cet imposant édifice datant de 1924 abrite un hôtel de charme, un peu (trop) rétro mais chaleureux.

2

Kristiansand
et la Riviera ★

Kristiansand est une importante cité portuaire, un centre touristique, industriel et commercial actif et le cœur administratif de la région côtière qui borde le Skagerrak. Riche et dynamique, la cité méridionale investit dans la culture et opère un renouveau urbanistique et artistique enthousiasmant. C'est aussi la porte d'entrée de la Riviera norvégienne : les « villes blanches » qui s'étirent jusqu'à Kragerø constituent d'agréables étapes au charme désuet et à l'histoire maritime passionnante (Lillesand, Grimstad, Arendal). Prisées des plaisanciers et des artistes, elles longent le littoral et sa dentelle d'îlots, à portée de main. On pourra aussi quitter la mer et pénétrer la pittoresque région de la Setesdal.

Se repérer

CARTE P. 96 (B2).
116 986 habitants – Vest-Agder.
Kristiansand se situe à la pointe méridionale de la Norvège, à 235 km de Stavanger par la route E 39 et 330 km d'Oslo par la route E 18. Cette dernière longe la côte et la Riviera jusqu'à Kragerø. La vieille ville se trouve sur la rive droite du fleuve Otra, flanquée au sud par le port et l'île d'**Odderøya.**

À ne pas manquer

L'animation et le renouveau de Kristiansand (Kunstsilo et Kilden). Les villes blanches de la Riviera, de Lillesand à Kragerø. Les musées d'Arendal. La région de la Setesdal.

Avec les enfants

Le parc de loisirs de Kristiansand, une sortie sur les îlots de la Riviera et le parc minéralier de la Setesdal. Train à vapeur du Setesdal.

Carnet pratique p. 114

Nos adresses p. 114

Kristiansand

★ Posebyen (CENTRE-VILLE)

Le damier du quartier ancien de Kristiansand a conservé son cachet, le long de la rivière Otra. Vous prendrez plaisir à flâner parmi ses maisons blanches, dont certaines datent du 17e s., aux encadrements de portes et de fenêtres rehaussés de couleurs vives, aux toits couverts de tuiles et aux rampes en fer forgé qui ajoutent une note enjouée à ce paisible tableau provincial.

Sur la **place du Marché (Torget)** s'élève la **cathédrale**, reconstruite à la fin du 19e s. dans le style néogothique *(en été, lun.-vend. 10h-17h et 11h-14h le reste de l'année, concerts d'orgues mar. à 11h, lors du passage des bateaux de croisière, visites guidées 20 NOK)*. Notez à l'intérieur les vastes peintures murales autour de l'autel, signées Eilif Peterssen (1852-1928).

Le Kilden Teater-og Konserthus, réalisé par ALA Architects en collaboration avec SMS Arkitekter.
Tuomas Uusheimo

Là où le centre-ville rencontre la mer, une agréable promenade longe la marina et permet d'admirer les couchers de soleil. C'est là que se trouvent les vestiges d'une forteresse **(Christiansholm Festning)** datant de 1672. Côté nord, on trouve même une petite plage – Bystranda – prise d'assaut en été, et sur laquelle veille à quelques brasses la statue *The Dreamer.*

Bordant le sud du centre-ville, le micro-quartier entourant le **marché aux poissons** (Fiskebrygga) et divers restaurants fait le lien avec l'île d'Odderøya (*p. 108*), qui étire Kristiansand vers la mer. C'est ici que la cité affirme son dynamisme en édifiant deux formidables édifices à vocation culturelle.

Kilden Teater-og Konserthus

Sjølystveien 2 - 90 58 11 11 - kilden.com (en norvégien seult).
Symbole de l'ambition culturelle et architecturale de la ville, ce théâtre, situé à l'entrée du port, constitue la « réponse » de Kristiansand à l'Opéra d'Oslo et a lancé le renouveau de ce quartier branché. Les parois en bois qui dissimulent les salles ondulent et se prolongent en vagues au-dessus de l'immense baie vitrée du foyer. L'ensemble est particulièrement mis en valeur par son éclairage nocturne.

Kunstsilo

Sjølystveien 8 - 38 07 49 00 - kunstsilo.no - 11h-17h (merc., jeu., vend. 21h) - 190 NOK.
Vue fantastique sur la ville depuis le bar sur le toit *(11h-22h, 2h en fin de semaine).*
Juste à côté du théâtre, ce formidable et ambitieux musée a été inauguré en 2024.

La « quadrature »

La cité fut fondée en 1641 par le roi **Christian IV** de Danemark, à l'embouchure de l'Otra. Conçu par le roi lui-même, son plan rigoureusement géométrique, avec la place du marché au centre, était caractéristique des villes de la Renaissance au 17e s. Le réseau de rues perpendiculaires du centre de la ville valut au quartier le nom, encore utilisé, de **Kvadraturen**. Afin de protéger la ville contre toute attaque venue de la mer, le roi construisit un fort sur la rive, **Christiansholm Festning**, qui a résisté à l'épreuve du temps. Au 20e s., l'industrialisation entraîna une période de prospérité pour la ville qui s'étendit sur la rive gauche de l'Otra.

Il occupe un **imposant silo à grains** (38 m de hauteur), chef-d'œuvre formaliste des architectes Arne Korsmo et Sverre Aaslan (1939) réhabilité par Magnus Wåge. Blanc, lumineux, massif mais élégant... La découverte du hall principal est une expérience en soi : volumes, béton, jeux de lumière naturelle... De vastes espaces d'expositions accueillent les collections permanentes – dont la riche collection Tangen – qui constituent l'un des plus beaux panoramas sur l'**art nordique** au monde. L'art moderne et contemporain norvégien et international, l'art numérique, mais aussi les liens avec la région – le sud de la Norvège – sont mis en avant. De nombreuses activités (notamment pour les enfants) et des expositions temporaires d'excellente qualité sont proposées. Divers événements, concerts et débats complètent le programme, faisant du Kunstsilo une institution culturelle majeure en Scandinavie.

Odderøya

Poursuivez la balade en faisant le tour de la petite île d'**Odderøya** que surveillent un phare et de multiples fortins : jusqu'en 1992, elle servait de base à l'armée. Aujourd'hui verdoyante, elle abrite une foule d'ateliers d'artistes ouverts à la visite. On s'y promène au calme en profitant des rochers et des vues sur la mer. Le petit **musée du port d'Odderøya** – promis à une vaste rénovation – permet d'approcher quelques embarcations et de profiter d'un petit aquarium *(vestagdermuseet.no)*.
Au nord-ouest de Posebyen, de l'autre côté de la route E 18, **Baneheia** et **Ravnedalen** constituent un vaste parc sillonné de sentiers de promenade et parsemé de lacs. L'été, des concerts en plein air y sont organisés.

À l'écart du centre

Musée d'Histoire naturelle de l'Agder

(NATURMUSEUM OG BOTANISK HAGE UNIVERSITETET I AGDER)

Prendre la route E 18 vers Oslo. Juste après avoir passé le pont, tourner à gauche dans Torbnsdallveien puis à droite dans Gimleveien. ☎ 38 05 86 20 - uia.no/en - de mi-juin à mi-août : 10h-16h ; reste de l'année : mar.-vend. 10h-15h, dim. 12h-16h - fermé 20 déc.- 5 janv. - 100 NOK, accès libre au jardin botanique.

Fondé en 1828, c'est l'un des plus anciens musées d'histoire naturelle de Norvège. Il s'intéresse à la période qui s'est écoulée depuis la dernière glaciation, montrant par exemple comment les glaciers ont façonné les paysages, comment des rochers, venus de la Suède et du Danemark actuels, se trouvèrent emprisonnés dans des icebergs. Vous y découvrirez également la faune caractéristique des différentes périodes climatiques. Un **jardin botanique** est rattaché au musée.

Gimle Gård

Gimleveien 23 (tout près du musée d'Histoire naturelle de l'Agder) - ☎ 38 10 26 80 - vestagdermuseet.no en norvégien seult - de fin juin à mi-août, 12-16h - 120 NOK - visites guidées ttes les heures, de 12h à 16h.
La plus belle demeure de la région, construite en bois vers 1800, renferme une remarquable collection de peintures, meubles et œuvres d'art, accumulée par la même famille durant cinq générations. Elle est entourée d'un coquet jardin anglais. Exposition de photos.

Musée de Kristiansand (KRISTIANSAND MUSEUM)

À l'est de la ville. En quittant Kristiansand par la E 18, après avoir traversé l'Otra et longé le nouveau quartier de Lund, prendre à droite Østre Ringvei puis la première à gauche le long du parc. Vigeveien 22b - ☎ 38 10 26 90 - vestagdermuseet.no (en norvégien seult) - de fin juin à mi-août : 11h-16h ; de mi-août à mi-sept. lun.-vend. 11h-14h ; vac. d'automne : vend.-sam. 11h-14h ; marché de Noël : 1er déc. - 120 NOK.
Émanation d'un « musée éclaté » le **Vest-Agdermuseet** (*musée du Canon ci-dessous, musée de la Ville de Mandal et maison Vigeland, p. 118 et musée de Flekkefjord, p. 121*), il comprend une section de plein air, où ont été reconstituées une ancienne rue de Kristiansand et des fermes caractéristiques du Vest Agder et de la Setesdal. Le bâtiment principal abrite des expositions thématiques.

À proximité

CARTE P. 96

Musée du Canon de Kristiansand (KRISTIANSAND KANONMUSEUM) B2

À 9 km sud de la ville. En quittant Kristiansand par la 456 puis la 457 sur la gauche - ☎ 38 08 50 90 - vestagdermuseet.no/kanonmuseum (en norvégien seult) - de fin juin à mi-août : 11h-18h ; de fin fév. à déb. mai et de mi-sept. à déb. nov. : dim. 11h-15h ; de déb mai à fin juin et de mi-août à mi-sept. : lun.-vend. 11h-15h, w.-end. 11h-18h - 120 NOK.
Ce canon, l'un des plus massifs du monde, fut installé par l'armée allemande en 1940 pour s'assurer le contrôle du trafic entre le Danemark et la Norvège. Plans de défense nazis et collection d'objets militaires au sein de blockhaus.

★ La côte méridionale, de Kristiansand à Kragerø

CARTE P. 96

Circuit de 147 km vers l'est, tracé en rouge sur la carte. De Kristiansand, suivre la route E 18 vers Oslo.
Ce circuit longe la côte sud de la Riviera norvégienne : les stations balnéaires d'une grandeur 19e s. quelque peu surannée se succèdent, riches d'un passé commun lié à la construction navale. Ces « villes blanches » sont notamment connues pour leurs maisons de bois blanc : la peinture blanche, onéreuse, était considérée comme un signe extérieur de richesse. Ces charmantes étapes cachent une histoire bourgeoise et ouvrière qu'Ibsen a su capturer dans ses pièces les plus connues. L'âge d'or de la Riviera s'étend des années 1820 jusqu'à la veille de la Première Guerre mondiale : au début du 20e s., l'industrie entre en crise, refusant la transition vers les bateaux à vapeur. Bientôt, l'émigration vers les États-Unis touche

bourgeoisie et classe ouvrière et vide la région qui s'endort... jusqu'à l'arrivée du tourisme. Aujourd'hui, la haute saison bruisse à nouveau et soutient un dynamisme culturel et artistique toute l'année.

Lillesand B2

Havnegata 10 - ✆ 37 26 15 00 ou 90 52 59 73- lillesand.kommune.no (en norvégien seult) et en.visitsorlandet.com.

Cette « ville blanche » typique a su préserver son cachet ainsi que plusieurs élégantes demeures des 18e et 19e s. Certaines d'entre elles sont désormais protégées, tel l'ancien édifice des douanes.

Lillesand est célèbre pour la profusion de roses et de géraniums qu'elle déploie en saison. La ville dispose d'un port de plaisance moderne, d'où l'on peut faire d'intéressantes excursions en bateau tout au long de **Blindleia**, chenal pittoresque qui serpente à travers les îles situées au large du port.

★ Grimstad C2

Jernbanebrygga 1 - ✆ 37 25 01 68 - en.visitsorlandet.com.

Deux des plus célèbres écrivains norvégiens, **Henrik Ibsen** et **Knut Hamsun**, ont vécu à Grimstad, ville animée par de nombreuses activités culturelles : manifestations théâtrales d'été, Séminaire international Ibsen et Festival du cinéma, sans compter les concerts et les expositions. Également tournée vers les activités de plein air, chaque année en été, la ville est envahie par une foule de vacanciers qui profitent de la mer et des îlots qui parsèment la côte ou se lancent à la découverte des sentiers cyclistes qui sillonnent la région.

Depuis une vingtaine d'années, Grimstad s'enorgueillit de sa **brasserie Nøgne Ø** *(nogne-o.com - visite possible)*, située au nord de la ville, et dont les excellentes bières sont désormais largement distribuées dans tout le pays.

Musée Ibsen (Ibsen-Museet) – *✆ 37 04 04 90 - gbm.no/ibsenmuseet (en anglais) - de fin juin à mi-août visites guidées ttes les heures de 11h à 16h (en anglais à 12h et 15h) - 90 NOK.* Il est installé dans l'ancienne pharmacie où l'écrivain travailla dans sa jeunesse comme apprenti, et où il écrivit sa première pièce, *Catilina*. Une exposition permanente devrait bientôt mettre en lumière le contexte politique, social et émotionnel qui influença les jeunes années du dramaturge.

Musée maritime d'Aust-Agder (Sjøfartsmuseet i Aust-Agder) – *✆ 37 04 04 90 - gbm.no/sjofartsmuseet (en anglais)- de déb. à fin juin : dim. 11h-16h ; de fin juin à mi-août et vac. d'automne 11h-16h - 90 NOK.* Installé sur le site d'un ancien chantier naval en bordure du fjord de Grimstad, ce musée retrace l'histoire maritime de la région et on y découvre l'âge d'or de la construction navale régionale (1845-1914). Prenez le temps d'observer les rives alentour pour identifier les anciens chantiers navals : on en comptait 25 sur le fjord de Grimstad à la fin du 19e s. Spécialisés dans la construction de voiliers, ils fermèrent progressivement face au développement du bateau à vapeur.

★ Arendal C2

Sam Eydes plass 1 (Kultur- og Rådhus) - ✆ 37 00 55 44 - visitsorlandet.com/arendal.

Ce centre administratif et commercial, construit sur un groupe de sept îles entrecoupées de canaux, était autrefois surnommé la « Venise du Nord ». Les canaux ont aujourd'hui été comblés, mais la ville a conservé une partie de son attrait, surtout à proximité du vieux port, **Pollen**, où restaurants et terrasses bordent agréablement les quais. Gardant l'entrée du port, **l'église de la Sainte-Trinité** *(de mi-juin à mi-août : se rens. pour les horaires)* fut reconstruite et agrandie en 1888 pour afficher la suprématie commerciale et industrielle d'Arendal sur Kristiansand et, plus largement, sur le reste de la Norvège. À l'apogée de l'âge d'or maritime, Arendal était en effet la ville la plus riche du pays.

Blotti derrière l'église, le quartier historique de **Tyholmen★** est l'un des mieux conservés de Norvège. Quelques imposantes maisons de bois, pour certaines d'anciennes résidences privées de riches armateurs, témoignent de la vitalité du port de commerce d'Arendal. L'ancien **hôtel de ville** notamment *(Rådhusgaten 10 - de déb. juil. à déb. août : mar., jeu. et dim. 13h-15h30, entrée libre)*, atteste de cette prospérité : construit en 1815 dans le style Empire, ce superbe édifice en bois fut la résidence privée d'une riche famille locale avant d'être transformé en hôtel de ville en 1844. Une visite à la **Klöckers Hus** *(Nedre Tyholmsvei 14 - de déb. avr. à fin déc. : mar. et jeu.-vend. 11h-15h - 50 NOK)*, ancienne demeure bourgeoise transformée en musée, offre un aperçu intéressant sur le mode de vie des marins et des armateurs du temps de la grandeur d'Arendal. Le musée renferme également une impressionnante et touchante collection de bateaux en bouteille.

Il faut quitter le centre-ville pour les hauteurs boisées d'Arendal pour découvrir deux musées passionnants. Inauguré en 2015, **Kuben★** *(Parkveien 16 - ☏ 37 01 79 00 - kubenarendal.no (en anglais) - mar.-vend. 9h-15h ; w.-end 12h-16h - 90 NOK)* est à la fois un centre de recherche, le dépositaire des archives régionales et un formidable musée. L'histoire de la ville y est présentée en plusieurs expositions permanentes de qualité, passant notamment en revue son passé esclavagiste dans le « commerce triangulaire », le scandale des frères Herlofson qui secoua la ville et engendra le premier krach banquier du pays en 1886, ou encore l'histoire ouvrière locale qui vit la fondation du Parti travailliste national. Moderne et interactif, il s'adresse à toute la famille.

Agréablement situé sur les bords du lac Langsæ dans une ancienne usine textile, le centre d'art contemporain **Bomuldsfabriken Kunsthall★** *(Oddenveien 5 - ☏ 37 01 37 69 - bomuldsfabriken.no (en norvégien seult) - mar.-merc. et vend.-dim. 12h-16h, jeu. 12h-18h - entrée libre)* abrite collections permanentes et expositions temporaires d'artistes norvégiens et internationaux. Ne manquez pas la passerelle extérieure qui surplombe les environs.

2

★ Kragerø

ⓘ *Rådhusgata 5 (Rådhus) - ☏ 35 98 62 00 - visittelemark.no/kragero.*

Cette ravissante « ville blanche » est très appréciée des Osloïtes qui aiment sa douceur de vivre, ses ruelles encadrées de jolies maisons blanches et son archipel aux innombrables îlots. En haute saison, la petite station balnéaire se remplit d'une joyeuse ambiance familiale. Le reste de l'année, plus calme, Kragerø maintient son caractère intimiste et un peu bohème.

C'est ici que Munch se réfugia après son internement psychiatrique, en 1909. Il demeura à Kragerø jusqu'en 1916 et y peignit certaines de ses toiles les plus connues, notamment *Soleil* (1911). Au cours de cette période intense, Munch s'inspira des lumières et paysages de Kragerø : l'office du tourisme propose un itinéraire sur les traces de l'artiste *(brochure gratuite avec carte également disponible en ligne)*.

Vous pourrez profiter de ces panoramas en montant au **point de vue Steinmann** qui domine la ville et son archipel *(emprunter les escaliers à côté de la banque*

Sparebanken puis suivre Løkkebakken et Tevannsbakken jusqu'au stade. Le point de vue, à 250 m, est indiqué).

À l'ouest de la ville, le quartier historique de **Barthebrygga** est le plus ancien de Kragerø et rappelle la richesse des armateurs et industriels locaux. Il mène à la marina et la presqu'île de **Gunnarsholmen**, surveillée par un fort.

À l'autre extrémité, les ferries partent du quai Ytre Strandvei pour rejoindre **l'archipel★** et ses 495 îles et îlots, aux possibilités infinies, notamment Skåtøy, la plus grande, et Jomfruland, devenue parc national en 2016.

★ La Setesdal, de Kristiansand à Rygnestad

CARTE P. 96

Circuit de 165 km tracé en gris sur la carte. Quitter Kristiansand vers le nord par la route 9.

Setesdal est le nom donné à la longue vallée de l'Otra qui s'enfonce profondément au cœur d'une région de hauts plateaux et se fraie un chemin vers le sud pour se jeter finalement dans le Skagerrak à Kristiansand. Lorsque les versants sont trop abrupts, les torrents de montagne se transforment en chutes d'eau, tandis que la rivière, tumultueuse dans son cours supérieur, s'élargit tout à coup en formant une série de lacs étroits (appelés ici « fjords », bien qu'il s'agisse de lacs d'eau douce et non de fjords proprement dits), grossis par la fonte des neiges au printemps.

La route 9 longe tour à tour la rive gauche et la rive droite, offrant de belles vues, traversant de petits villages et rencontrant des fermes isolées. Souvent caractéristiques de l'architecture rurale traditionnelle, ces fermes se présentent sous forme de maisons construites en poutres de bois partiellement équarries et de **stabbur**, greniers typiques du sud de la Norvège, montés sur de courts piliers de pierre.

La Setesdal est également une région pittoresque et intéressante à visiter en raison de son folklore varié, représenté en particulier par des costumes richement brodés *(bunader)*, une musique et des danses traditionnelles et un artisanat consacré à la sculpture sur bois et à la bijouterie.

En route vers Hægeland, les amateurs d'architecture contemporaine pourront faire un détour par **Vennesla** *(à 8 km par la route 405 à prendre à Ytre Mosby)*, au bord de la rivière Otra, pour admirer la superbe **bibliothèque** *(Kulturhuset, Venneslamoen 19 - venneslabibliotek.no)*. L'intérieur, modelé par des structures en bois qui se prolongent en rayonnages, évoque un squelette de baleine. Aux environs, voir aussi le train du Setesdalsbanen (*Visites et activités p. 116*).

Hægeland et Hornnes B2

Ces deux villages possèdent chacun une église octogonale en bois datant respectivement de 1830 et 1828.

Parc minéralier de la Setesdal (Setesdals Mineralparken) – *à Hornnes - 37 93 13 10 - mineralparken.no - de fin juin à mi-août : 10h-18h ; de mi-mai à fin juin et de mi-août à déb. sept. : se rens. - 219/325 NOK, selon la sais.)*. Ce centre d'exposition creusé dans le roc est un cadre idéal pour abriter des collections de minéraux provenant de la région comme d'autres parties du monde. Sur place, un « chemin des minéraux », balisé, conduit à plusieurs mines des environs *(rens. à l'office du tourisme d'Evje)*.

Evje B2

Verksvegen 4 - 37 93 23 46 - en.visitsorlandet.com/setesdal.
C'est le principal pôle commercial de la basse Setesdal, riche en minéraux rares. La ferme du 19e s. de Fennefoss *(2 km à l'ouest d'Evje)* abrite une belle collection de minéraux au sein d'un petit musée, le **Evje og Hornnes Geomuseum** *(de mi-juin. à mi-août : lun.-vend. 9h-15h30 - 40 NOK).*

« Fjord » de Bygland (BYGLANDSFJORD) B2

On arrive à ce « fjord » long et tortueux dont l'eau, aux reflets d'argent scintillant au soleil, offre un contraste frappant avec les montagnes sombres qui projettent leur ombre à la surface.

Araksfjord B2

La route change de rive, passant sur une écluse d'où commence le deuxième lac, l'Araksfjord. Sur la rive droite du lac, elle dévoile de belles vues, notamment à **Frøysnes**.

Helle et Rysstad B1

Ces deux villages voisins sont renommés pour leurs bijoux en argent et pour leurs ouvrages en filigrane, technique transmise de génération en génération.
Église d'Hylestad – *À Rysstad, ne se visite pas.* Datant de 1838, c'est l'une des églises octogonales de la Setesdal, toutes édifiées durant la première moitié du 19e s.
Musée de la Setesdal (Setesdalsmuseet) – *À Rysstad - setesdalsmuseet.no - lun.-vend. 10h-15h - 50 NOK.* Il illustre les traditions de la vallée et comprend une ancienne ferme, **Tveitetunet**, comportant plusieurs bâtiments dont les plus vieux remontent au 16e s.
Sur la gauche, la route reliant Brokke à Suleskar, dans la haute Sirdal, a permis de raccourcir le trajet d'Oslo à Stavanger de quelque 100 km. Peu avant l'arrivée à Valle, **Hallandsfoss** est l'une des nombreuses chutes d'eau de la région.

Valle B1

Encadrée de montagnes escarpées, Valle est l'agglomération principale de la haute Setesdal et abrite des boutiques d'artisanat, dont plusieurs bijouteries.

Rygnestad B1

À 12 km au nord de Valle. La vie quotidienne d'autrefois y revit dans une ferme, section de plein air du musée de la Setesdal ; au nombre des bâtiments dignes d'intérêt figure **Rygnestadloftet**, entrepôt bâti il y a 500 ans.

Carnet pratique

S'informer

Office du tourisme – *Rådhusgata 18 - Kristiansand - ✆ 38 07 50 00 - en.visitsorlandet.com/kristiansand.*

Arriver/partir

En avion

Aéroport Kjevik (KRS) – *✆ 67 03 04 00 - avinor.no/en.* Il est situé à 16 km de la ville sur la route E 18. Vols quotidiens pour Bergen, Oslo, Copenhague et Amsterdam. Bus ligne 35 de/vers Kristiansand. Navettes pour Arendal, Grimstad et Lillesand *(akt.no/english/travel-planning/airport-buses et taxi-turvogn.no).*

En train ou en bus

Les gares routière et ferroviaire se situent sur le port, sur Vestre Strandgate.

Trains pour Oslo *(en 4h30)*, Stavanger *(en 3h30)*, Kongsberg *(en 3h30)*.

Bus pour les mêmes destinations (mais moins rapides) et Lillesand *(30mn)*, Arendal *(1h30)*, Mandal *(50mn)* et Flekkefjord *(2h)*.

En bateau

Du port situé juste à l'ouest du centre-ville, des **ferrys** partent plusieurs fois par jour vers Hirtshals au Danemark en 2-3h.

En voiture

L'accès au centre-ville est soumis à péage automatique *(autopass.no/en/autopass - ☛ p. 435).*

Agenda

Palmesus – En juillet sur la plage de Bystranda. Concerts. *palmesus.com.*

Canal Street – En juillet à Arendal. Festival jazz et blues. *canalstreet.no.*

Kogg Regatta - Fin juillet à Kragerø. Une régate annuelle de bateaux traditionnels. Une centaine de participants au départ de Gunnarsholmen.

Ibsen and Hamsun days – En août à Grimstad..*ibsenhamsun.no.*

Punkt Festival – En sept. à Kristiansand, festival de musique expérimentale. *punktfestival.no.*

Nos adresses

Restauration

À Kristiansand

Budget moyen

Smag & Behag - *Dronningens Gate 48a - smag-behag.no/kristiansand - fermé dim.-lun.et à midi sf sam.*

☛ Voir aussi Grimstad, ci-contre.

Bakgården Bar – *Rådhusgata 11 - ✆ 38 02 12 11 - bakgardenbar.no - fermé dim. - plats 189/349 NOK.* Cuisine simple (quelques classiques internationaux) mais de qualité. Au bar, belle collection d'aquavit du pays et longue suggestion de cocktails.

Budget moyen

Bønder i Byen – *Rådhusgata 16 - ✆ 91 14 72 47 - bønderibyen.com - fermé dim. - plats 315/395 NOK (lunch 150 NOK), menu 645 NOK.* Midi ou soir, les meilleurs produits du sud de la Norvège sont ici sublimés et servis dans un cadre contemporain réussi.

Vaertshuset Pieder Ro – *Gravane 10 - près de la halle aux poissons - ✆ 38 10 07 88 - pieder-ro.no - fermé lun. et à midi sf dim. et j. fériés - plats 335/485 NOK.* Un restaurant de poissons d'une qualité irréprochable. Le buffet du midi laisse place, le soir, à une offre plus élaborée. Très fréquenté !

Une folie

Sjøhuset – *Østre Strandgate 12A - sur les quais - ☏ 38 02 62 60 - sjohuset.no - à partir de 15h, fermé dim. - plats 365/490 NOK, menus 900/1050 NOK (5 ou 7 plats).* Un restaurant bien situé, pour déguster des plats norvégiens, français et italiens. Vue agréable.

À Tveit

Une folie

Boen Gård – *Dønnestadveien 341 - ☏ 38 99 18 13 - boengaard.no - menus 1195/1595 NOK - également 18 ch. 2800 NOK.* Des bâtiments restaurés avec amour dans un cadre bucolique magnifique font de la restauration ici une expérience mémorable. Les jardins environnants, les prairies et la rivière fournissent les légumes, les fruits, les herbes et les poissons qui sont utilisés avec tant de respect et d'expertise par la cuisine de formation classique ; le tout complété par une impressionnante cave à vin.

À Grimstad

Budget moyen

Smag & Behag – *Storgaten 14 - ☏ 37 04 09 00 - smag-behag.no - fermé dim.-lun. - menu 795 NOK, plats 205/280 NOK.* Cet établissement gastronomique a parié dès ses débuts sur des ingrédients locaux, et de qualité. On y déguste de très bons plats, simples mais savoureux le midi, plus élaborés et aussi plus onéreux le soir. L'ensemble dans un cadre contemporain, à la fois épuré et chaleureux. Autre adresse à Kristiansand.

Petite pause

À Kristiansand

Les canaux autour de la halle aux poissons **(Fiskebrygga)** sont devenus incontournables pour faire une petite pause autour d'un café, d'un verre de bière ou de vin et pour grignoter feuilletés de fruits de mer ou petits poissons frits. Un nom à retenir dans la halle couverte : **Reinhartsen** qui régale ses clients de célèbres pâtés de poisson depuis 1931. Pour d'excellents cafés et des plaisirs sucrés ou salés, voyez le chaleureux établissement du torrefacteur **Tiara Kaffebrenneri** *(Rådhusgata 4).*

À Grimstad

Café Ibsen – *Løkkestredet 7 - ☏ 37 27 57 63 - cafeibsen.no - mar.-jeu 10h-15h, vend.-sam. 10h-16h.* Ce charmant café situé en face du musée Ibsen, dans une maison historique, est une adresse incontournable de Grimstad. On y déguste de petits plats pour le brunch et le déjeuner ; l'après-midi, on s'y arrête pour le thé accompagné de délicieux gâteaux maison. L'ambiance romantique et rustique des lieux se retrouve dans les quelques chambres du bed & breakfast, à réserver étant donné la popularité des lieux *(1500/2200 NOK).*

Café du musée de l'Horticulture (Norsk Hagebruksmuseum) – *Fjæreveien 35 - gbm.no - de fin juin à mi-août : 11h-16h, juin et sept. : dim. 11h-16h.* C'est une pause légèrement excentrée, en surplomb de Grimstad mais qui est très populaire auprès des familles locales et vaut le détour. On y vient notamment pour ses célèbres gaufres, à déguster sur de grandes tables partagées, dans une ambiance bon enfant.

À Arendal

Tyholmen Kolonial – *Teaterplassen 9A - ☏ 47 39 88 50 - lun.-sam. 10h-16h, dim. 12h-16h.* Cette charmante épicerie bio et locale offre non seulement de quoi se restaurer sur le pouce (excellents sandwichs), mais également de bons gâteaux et cafés, à consommer sur place ou à emporter. En été, profitez des jolies tables installées en terrasse sur le petit square verdoyant de Tyholmen. Une étape sereine et gourmande entre deux visites.

Prendre un verre/En soirée

À Kristiansand

Tollbodgata concentre une grande partie des bars du centre-ville. Testez notamment les bières des micro-brasseries locales **Qvart** et **Christianssand**. Pour un verre de vin « les pieds dans l'eau en regardant le coucher du soleil », direction **Gvino** *(Sjølystveien 74 - gvino.no)*, juste à côté du Kunstsilo.

À Grimstad

Apotekergaarden – *Skolegaten 3 - ✆ 37 04 50 25 - apotekergaarden.no - lun.-vend. à partir de 16h, w.-end à partir de 12h.* Ce bar-brasserie rassemble familles et amis dans les ruelles de Grimstad. Les beaux jours, on s'installe dans le *beer garden* pour déguster une bière locale en écoutant un concert de musique live. Ne manquez pas de goûter la désormais célèbre **Nogne Ø**, brassée à Grimstad. Vous pourrez également vous restaurer d'une pizza ou d'un burger si la faim surgit.

À Arendal

Le quai Langbryggen, sur le vieux port de Pollen, aligne les terrasses et bars pour prendre un verre.

À Kragerø

P. A. Heuchs gate cache quelques pépites aux ambiances hétéroclites, le long des quais pour prendre une bière ou un cocktail sur les pontons, se réfugier dans l'un des pubs ou profiter de concerts *live*.

Visites et activités

Parc de loisirs et zoo de Kristiansand (KRISTIANSAND DYREPARK) – *À 12 km à l'est par la route E 18 en direction d'Oslo. Kardemomme By - ✆ 97 05 97 00 - dyreparken.no - haute sais. : tlj 9h-19h ; basse sais. : tlj 10h-15h - tarifs voir le site.* Ce parc comprend un zoo, un parc à thème dans lequel vous pourrez visiter une ville imaginaire baptisée « Kardemomme », ainsi qu'une base de jeux aquatiques ; diverses activités de plein air et manifestations théâtrales.

En bateau

Un **bateau de croisière** relie Lillesand et Kristiansand en longeant la côte et les multiples îlots *: blindleia.no, de fin juin à mi-août, départ de Lillesand à 10h et retour depuis Kristiansand à 14h, 530 NOK.*

En saison, l'**Østerøy** relie les îles de l'archipel de Grimstad pour des excursions *(✆ 90 91 36 60 - dép. de Torskeholmen à 11h et 15h merc., vend. et dim. - billet à acheter à l'office du tourisme, en ligne ou à bord 175 NOK, avec entrée gratuite au Musée maritime, sur RV).*

Toute l'année, les ferries **Fjordbåtselskap** quittent le quai d'Ystre Strandvei (Kragerø) pour rejoindre les îles de l'archipel Kragerø *(horaires et prix sur fjordbat.no).*

Un **bateau à vapeur propose des excursions le long du fjord de Bygland en été** *(✆ 99 51 82 03 - bjoren.no - merc. et dim. juin-août - durée env. 2h - 300 NOK)* depuis le musée de la Setesdal.

En train à vapeur

L'ancienne voie de chemin de fer qui reliait Kristiansand à la région du Setesdal a fermé en 1962. Aujourd'hui, on peut l'emprunter sur 8 km entre Grovane (près de Vennesla) et Røyknes, à bord de wagons en bois tirés par une locomotive à vapeur entretenue par des passionnés. *Infors sur vestagdermuseet.no/setesdalsbanen - juin à déb. sept. dim. à 11h et 13h30 (sam. à 11h et 13h30 et merc. à 18h en juil.) - 220 NOK.*

À pied

L'office du tourisme de Grimstad propose une visite guidée **sur les traces d'Ibsen** *(de fin juin à fin août, au départ de l'office de tourisme, 280 NOK, durée 60-90mn, se rens. pour les horaires).*
L'office du tourisme de Kragerø offre un **itinéraire Munch** sur les lieux immortalisés par le peintre lors de son séjour *(carte gratuite à retirer à l'office du tourisme ou en ligne).*

Hébergement

Mieux vaut réserver votre hébergement à l'avance pendant la haute saison.

À Kristiansand

Budget moyen

Thon Hotel Parken – *Kirkegata 15 - 38 17 20 40 - thonhotels.com - - 184 ch. 1595/3195 NOK - .* Central et confortable, ce vaste hôtel offre un bon rapport qualité/prix.

Clarion Hotel Ernst – *Rådhusgaten 4 - 38 12 86 00 - strawberry.no - - 199 ch. 1590/2795 NOK - .* Un hôtel de charme au cœur de la ville, avec un grand patio où sont installés un bar et un restaurant.

Pour se faire plaisir

Scandic Kristiansand Bystranda – *Østre Strandgate 74 - 21 61 50 00 - scandichotels.com - - 229 ch. 1699/3299 NOK - .* Un grand hôtel moderne idéalement situé face à la plage de Bystranda dans le parc aquatique d'Aquarama. Chambres confortables et excellent petit-déjeuner.

À Lillesand

Une folie

Hotel Norge – *Strandgaten 3 - 37 27 01 44 - www.hotelnorge.no - 25 ch. à partir de 2490 NOK - .* Hôtel fondé en 1873. Les parties communes conservent un charme d'antan et les chambres, toutes différentes, sont de grand confort.

À Arendal

Budget moyen

Clarion Hotel Tyholmen – *Teaterplassen 2 - 37 07 68 00 - strawberry.no - 96 ch. 1590/2781 NOK* Ce grand hôtel jouit d'une situation privilégiée, ouverte sur le Skagerrak et au calme dans le quartier historique de Tyholmen. Vous y trouverez tout le confort, avec la vue sur la mer en prime.

À Grimstad

Voir **Café Ibsen** dans Petite Pause.

À Kragerø

Pour se faire plaisir

Victoria Hotel – *P.A. Heuchs gate 31 - 35 98 75 25 - victoriahotel.no - 33 ch. à partir de 1965 NOK .* Vous ne raterez pas cet hôtel historique, ouvert en 1880, avec sa jolie façade rose bonbon, où Munch séjourna. Les chambres sont simples mais bien tenues, l'ambiance désuète et l'accueil sympathique. Admirez les photos anciennes qui ornent les murs de la pièce où est servi le petit-déjeuner.

Mandal ★

Mandal est la ville la plus méridionale de Norvège et l'une des plus anciennes de la côte sud : le petit port de Kleven fut fondé au début du 16e s. Posée sur une péninsule, la charmante cité est abritée au fond d'une baie protégée par un groupe d'îles pittoresques, à l'embouchure de la Mandalselva, une rivière célèbre depuis le 17e s. pour la qualité de ses saumons. Plages, rochers, forêt... Mandal invite au farniente et à une exploration plus poussée de ce fabuleux littoral, le long de la route 44.

Se repérer

CARTE P. 96 (B2).

11 330 habitants – Vest-Agder

À 38 km à l'ouest de Kristiansand, Mandal est située sur la route E 39 qui en traverse la périphérie par le biais d'un tunnel. La route 44 quitte Flekkefjord pour rejoindre Stavanger par 155 km de paysages uniques.

À ne pas manquer

Se promener le long des plages et sur les rochers plats de Mandal.

Suivre la route 44 à travers paysages volcaniques du Magma Geopark et plages infinies du littoral.

Carnet pratique p. 123

Nos adresses p. 124

Se promener

Les maisons de bois peintes en blanc et aux façades fleuries, les rues pavées, les terrasses des cafés, le marché à ciel ouvert, les boutiques aux couleurs vives et l'atmosphère détendue contribuent à faire de cette « ville blanche » l'une des plus attrayantes de la côte sud. Le centre est animé tout au long de l'été, surtout en août pendant le célèbre festival des crustacés. S'y promener avant de se rendre à la plage constitue le principal intérêt de Mandal. On pourra néanmoins faire une visite au musée local situé sur le charmant petit port. Mais aussi emprunter la douce courbe du **pont Adolph Tidemands** (2013) vers la **Buen Kulturhus** (2012). Ces deux « gestes architecturaux » prouvent que la cité refuse d'être figée dans son passé !

Musée de la Ville et maison Vigeland

(MANDAL BYMUSEUM OG-VIGELAND HUS)

Store Elvegate 5/6 - ✆ 95 15 55 92 - vestagdermuseet.no (en norvégien seult) - de mi-juin à mi-août 11h-17h - 120 NOK.

Cet agréable petit musée est abrité (tout comme la bibliothèque) dans une belle demeure construite au début du 19e s. pour un marchand prospère. On y verra du mobilier d'époque, une exposition sur la pêche et l'agriculture dans la région et des tableaux du peintre local Amaldus Nielsen (1838-1932). Dans le jardin, notez la statue du puissant et énigmatique chef viking Egil Skallagrimsson, réalisée par le célèbre sculpteur Gustav Vigeland.

Non loin de là *(sur Grensegata)*, on peut visiter la **maison Vigeland** *(Vigeland Hus)*, une maison de bois typique du vieux Mandal, où les frères Vigeland, Gustav le sculpteur (*p. 53*), et Emanuel, le peintre, ont passé leur enfance. La visite guidée permet de mieux comprendre l'environnement qui a fait naître leur vocation artistique *(mêmes conditions de visite que le musée de Mandal)*.

La plage de Sjøsanden.
Trygve Finkelsen/Getty Images Plus

★★ Plages

L'extrémité de la minuscule presqu'île proche du centre est un site protégé agrémenté d'une belle plage orientée vers le sud, connue sous le nom de **Sjøsanden**★★. La courbe gracieuse que décrit cette étendue de sable blond autour d'une petite baie ouverte est soulignée par une rangée de buissons vert foncé couverts au début de l'été de jolies fleurs cramoisies. Vous ne serez pas les seuls à profiter en été de ce que l'on considère comme la plus belle plage du pays. Mais le reste de l'année, ce superbe ruban de sable pourrait bien vous être réservé.

Aux alentours, des chemins parcourent les multiples péninsules et criques du littoral découpé – notamment à **Furulunden**, un petit paradis de pins et de rochers que lèche la mer. On y trouve la jolie plage de **Kanelstranda** ★★ qui, comme son nom l'indique, étire une langue de sable couleur cannelle très photogénique.

À proximité

CARTE P. 96

Vigeland B2

À 11 km à l'ouest par la route E 39.

C'est le village natal de **Gustav Vigeland** (1869-1943), le plus connu des sculpteurs norvégiens, qui conçut à Oslo le parc monumental portant son nom (*p. 53*). La galerie Gustav Vigeland organise en été des expositions.

★ Lindesnes B2

À 38 km par la E 39 jusqu'à Vigeland, puis à gauche la route 460 jusqu'au phare de Lindesnes.

La région de Lindesnes comprend 90 km de côtes aux échancrures profondes qui abritent de minuscules ports et plages de sable ; de nombreuses petites îles et des écueils bordent le rivage. À l'intérieur s'étend une lande, peuplée d'élans.
Phare de Lindesnes (Lindesnes Fyr) – *✆ 38 25 54 20 - lindesnesfyr.no (en anglais) - de fin mars à fin oct. : tlj 10h-17h (20h de fin juin à mi-août) ; de fin oct. à fin mars : tlj 11h-15h - 120 NOK.* Un phare se dresse ici depuis 1655, à la pointe la plus méridionale du pays, à 2 518 km du cap Nord ! L'édifice, rouge et blanc, date de 1916. Un agréable café et un petit musée sur l'histoire du lieu et celle des phares en Europe ont été ajoutés plus récemment. Vous pourrez monter en haut du phare : les panoramas sauvages rappellent la puissance des éléments naturels.

Excursions

CARTE P. 96

Le fjord de Feda (FEDAFJORD) B2

À 72 km. Quitter Mandal par la route E 39 direction Stavanger jusqu'à Feda.
Sur la rive occidentale du Fedafjord, un bras du Listafjord, le charmant village de **Feda** est l'un des mieux préservés de la région ; plusieurs édifices anciens, dont le bureau de poste du 17e s. et l'église de 1802, lui donnent son cachet.
Longez le fjord vers Liknes et Kvinesdal par la route 465.
Après Feda, la route dut être creusée dans la paroi rocheuse afin de suivre de près le fjord, si bien que lorsqu'elle ne passe pas dans un tunnel elle dévoile un paysage austère de falaises couvertes d'arbustes sauvages vert foncé se reflétant dans l'eau vert clair. Vous arrivez à **Kvinesdal,** petite ville située au fond du fjord. Un habitant sur dix de cette localité a émigré aux États-Unis. Chaque année, un Festival de l'émigration célèbre les liens étroits que la ville entretient avec l'Amérique.

★ Flekkefjord B2

À 82 km à l'ouest par la route E 39 en direction de Stavanger.
Elvegaten 1 - ✆ 38 32 80 81 - exploreflekkefjord.com.
Cette pittoresque petite ville côtière occupe une position agréable entre Kristiansand et Stavanger, le long de la côte occidentale ensoleillée connue sous le nom de **« Côte verte »** en raison de ses champs minuscules formant un damier, de ses arbustes vivaces et de ses collines boisées.
Jusqu'à la fin du 19e s., les ports établis sur cette côte entretenaient un commerce régulier avec l'Europe continentale, car les communications étaient plus faciles à assurer par mer que par terre, le terrain montagneux étant un obstacle encore plus redoutable que les sautes d'humeur de la mer du Nord. Flekkefjord était alors l'un des ports les plus actifs, puisqu'il entretenait depuis le Moyen Âge des échanges commerciaux avec le reste de l'Europe. L'exportation de bois de construction et de harengs vers la Hollande assura la prospérité de la ville au début du 19e s., ce qui explique le nom de **Hollenderbyen** (ville des Hollandais)

Moutons en fête

En amont de la Sira (*☛ ci-contre*), si vous découvrez la région au mois de septembre, vous aurez quelques chances d'assister à un événement annuel largement célébré : il s'agit de la **transhumance** de 40 000 moutons redescendant des montagnes où ils ont brouté tout l'été. Leur passage dans les villages est l'occasion de faire la fête dans toute la vallée.

donné aux vieux quartiers. L'intéressant **musée de Flekkefjord (Flekkefjord Vest-Agdermuseet)**, aménagé dans une demeure du 18e s., permet d'imaginer le mode de vie de l'époque *(Dr Kraftsgate 15-17 - ✆ 47 66 94 55 - vestagdermuseet.no - de fin juin à mi-août : lun.-vend. 11h-17h, w.-end 11h-15h - 120 NOK).*

Ces dernières années, Flekkefjord a décidé de tirer parti de sa position exceptionnelle entre deux fjords, le Grisefjord et le Flekkefjord, ainsi que de son patrimoine architectural. Ce lieu de séjour charmant et animé est devenu l'une des plus jolies « villes blanches » qui jalonnent la côte. De nombreuses petites boutiques rehaussent de leurs couleurs vives les rues étroites et tortueuses longées par des maisons blanches, dont l'entrée est souvent soulignée par une rampe en fer forgé ornée de plantes grimpantes. Certains édifices ont fait l'objet d'un décret de conservation, comme l'**hôtel de ville**. L'**église** octogonale, de 1833, est également intéressante. Un autre tableau pittoresque est formé par les maisons en bois sur les rives des fjords avec leurs balcons surplombant les abris à bateaux et les mouillages privés.

Au sud de Flekkefjord, ne manquez pas la charmante **île de Hidra** *(route 469 puis bac)* où, dans une nature splendide, s'étendent deux beaux villages de maisons blanches : Kirkehamm et Rasvåg.

La vallée de la Sira (SIRDAL)

CARTE P. 96

Circuit de 94 km au nord jusqu'à Svartevatn (136 km en poussant jusqu'à Lysebotn), au départ de Flekkefjord, tracé en brun sur la carte.

Quitter Flekkefjord par la route E 39 vers Stavanger et, après 4 km, prendre à droite la route 466 vers Sandvatn. Après 27 km, continuer vers le nord par la route 42 sur la gauche jusqu'à Tonstad.

La route longe le **Sirdalsvatn**, un lac long et étroit qui forme la partie inférieure de la Sira, l'un des plus importants centres de production d'hydroélectricité du pays ; l'une des centrales est située près de **Tonstad,** dans la montagne. La région est sillonnée de sentiers.

De Svartevatn, on peut gagner Stavanger soit en suivant la route 45 vers Sandnes (87 km), soit en continuant vers le nord (seult aux beaux jours).

Par l'itinéraire du nord, on parcourt 12 km avant de virer en direction de l'est à travers les montagnes, où l'on peut parfois apercevoir des troupeaux de rennes sauvages se diriger vers la Setesdal.

À cet endroit, une **route★** secondaire *(fermée en hiver)* prend à gauche et entame une descente vertigineuse de 1000 m de dénivelé sur 20 km jusqu'à **Lysebotn**, blotti au fond du **Lysefjord★★**, et offre une série de **vues** spectaculaires.

En été, un ferry quitte Lysebotn (p. 166) et parcourt sur toute sa longueur le fjord étroit avant de vous déposer à Stavanger.

★ Route 44, de Flekkefjord à Stavanger

CARTE P. 96

Circuit de 155 km tracé en violet foncé sur la carte.

La route 44 quitte Flekkefjord et longe un littoral aux jolies maisons bourgeoises avant de s'enfoncer dans des paysages de lacs mystérieux et de forêts enchantées, qui font progressivement place à d'étonnants chaos rocheux. Entre Flekkefjord et Egersund, elle traverse en effet une géologie tourmentée, qui a nourri les contes

Magma geopark

Ces formations géologiques rares remontent à environ 930 millions d'années, lorsque la roche en fusion ou magma se cristallisa en anorthosite. Cette roche fait toujours l'objet de nombreuses recherches : très rare sur Terre, elle est en revanche commune sur la Lune. La dernière glaciation marqua très largement le paysage entre Flekkefjord et Egersund, polissant la roche volcanique et formant de nombreuses moraines. Le **Magma Geopark Center** est situé à Egersund : vous pourrez y trouver de nombreuses informations géologiques et réserver des randonnées pédestres ou cyclistes avec guide *(☏ 51 22 55 05 - magmageopark.no (en anglais) - lun.-sam. 10h-16h).*

fantastiques des rares villages installés dans la région. Cette zone de roche volcanique, le **Magma Geopark★**, bénéficie aujourd'hui du soutien de l'Unesco *(encadré p. 122).*

La route littorale qui va de Flekkefjord à Stavanger fait partie des 18 routes nationales touristiques *(p. 430).*

À 17,5 km de Flekkefjord, avant de traverser le pont du village d'Äna-Sira, tournez à gauche en épingle et longez la rive sud de la rivière Siraåna. Suivre la route à une voie jusqu'à Stornes.

Stornes B2

Ce minuscule village de pêcheurs est situé dans un paysage exceptionnel, comme seul au monde. Ses quelques maisons de bois semblent bien fragiles dans cette nature sauvage. À côté du parking, vous trouverez le point de départ d'une **randonnée★** *(durée 3h, niveau difficile),* magnifique, jusqu'au sommet des **monts Brufjell**, au panorama à couper le souffle. Le sentier passe par la **plage de Sandvika** et un ensemble de **grottes** impressionnantes, en surplomb de la mer.

Reprenez la route 44 à Äna-Sira et poursuivez sur 10 km, jusqu'à Jøssingfjord.

★ Jøssingfjord B2

Au-delà d'Äna-Sira, la route serpente de plus en plus et grimpe dans des paysages montagneux, faits d'eau et de rocs, avant de déboucher sur le **Jøssingfjord**, en contrebas. Théâtre d'un épisode ayant précipité l'occupation nazie de la Norvège pendant la Seconde Guerre mondiale, l'anse du Jøssingfjord est aujourd'hui le point de départ des exportations d'ilménite, en provenance des mines voisines.

Jøssingfjord Vitenmuseum – *Åna-Sira-veien 665, Hauge i Dalane - ☏ 91 84 70 20 - dalanefolkemuseum.no - en été : tlj 11h-17h, reste de l'année se rens - 120 NOK.* Au fond du fjord, au sein d'un édifice moderne et lumineux, ce musée entend faire le lien entre la nature et son exploitation par les populations locales. Avant tout destinée aux plus jeunes, l'exposition interactive retrace l'histoire du peuplement de l'étroit Jøssingfjord, celle des gens qui y vivent et utilisent ses ressources géologiques si particulières depuis des milliers d'années, jusqu'à l'essor industriel initié au début du 20e s.

Avant de reprendre l'ascension de la route 44, repérez les deux maisons de bois sous l'avancée rocheuse du **Helleren** : naturellement abritées, elles datent du 18e s. et furent abandonnées dans les années 1920, après que les lieux furent reliés par la route. Celle-ci poursuit à travers tunnel et lacets : faites un arrêt au **point de vue** sur le Jøssingfjord aménagé à environ 250 m de la sortie du tunnel.

Au-delà, la route atteint des plateaux volcaniques parsemés de lacs et descend en pente douce jusqu'à Egersund (30 km).

Egersund A2

Jernbaneveien 18 - ☏ 47 48 84 09 - visitegersund.no (en anglais).
La coquette ville d'Egersund se découvre à pied : promenez-vous dans les rues quadrillées et bordées de maisons de bois de sa vieille ville, reconstruite aux deux tiers après un feu ravageur, en 1843. La marina et ses entrepôts historiques témoignent de l'histoire maritime et industrielle de la ville : longtemps tournée vers la pêche au hareng, difficile et devenue moins rentable dans les années 1840, Egersund trouva un nouveau souffle avec la fondation de l'usine de faïence, en 1847, qui fonctionna jusqu'en 1979. On découvre cette histoire au très intéressant (**Egersund Fayancemuseum**) situé dans l'ancienne fabrique *(au 2e étage du centre commercial - Fabrikkgaten 2 - ☏ 51 49 26 40 - dalanefolkemuseum.no (en anglais) - de mi-juin à fin août : 11h-17h ; reste de l'année : merc.-vend. 11h-15h, w.-end. 11h-17h - 70 NOK).*
Reprendre la route 44 vers Stavanger.

★ Littoral de Jæren A1-2

Après Egersund, et jusqu'aux portes de Stavanger, les paysages changent radicalement : on quitte les chaos et les moraines du Magma Geopark pour rejoindre les douces plaines agricoles, les prés salés et les grandes plages du **littoral de Jæren**. Ici, on partage la route avec troupeaux, cyclistes et amateurs de rythme ralenti : n'hésitez pas à quitter la route pour rejoindre les plages de galets ou de sable qui s'étirent à l'infini, gardées par de petits phares. La plus belle est sans doute la plage d'**Orrestranda★★** et ses dunes de sable fin : avec 5 km, il s'agit de la plus longue plage de sable du pays *(quittez la route 44 par la route 507, sur la gauche au-delà de Vigre)*. Le centre d'information Friluftshuset, sur le parking, présente les plages de Jæren et leur écosystème *(en été : tlj sf lun. 11h-16h, janv.-oct. : w.-end 11h-16h).*
Poursuivre sur la route 507 et empruntez la route 510 vers le nord.
La route 510 longe une succession de belles plages de sable fréquentées été comme hiver : encore une fois, n'hésitez pas à quitter la route pour les découvrir. **Hellestø★** est notamment réputée pour son festival de cerfs-volants qui a lieu tous les ans et qui attire les foules.
La route 510 vous ramène progressivement à Sola, l'aéroport de Stavanger.

2

Carnet pratique

S'informer

Office du tourisme – *Buen kulturhus, Havnegata 2 - Mandal - ☏ 38 27 83 00 - visitsorlandet.com*

Arriver/partir

En bus – Plusieurs bus relient quotidiennement Mandal à Kristiansand *(en 50mn)*, Flekkefjord *(1h10)* et Stavanger *(3h30)*.

Agenda

Festival de cerfs-volants – 3 j déb. juin sur la plage d'Hellestø.
Festival de l'émigration américaine – Foyer historique d'émigration aux États-Unis, la ville de Kvinesdal organise ce festival chaque année fin juin - début juil.

Laksefestivalen – Dernier w.-end de juillet à Flekkefjord, festival du saumon. *laksefestivalen.no.*

Skalldyr Festivalen – En août, à Mandal, un festival des fruits de mer. D'immenses tables sont disposées dans la rue piétonne. *skalldyrfestivalen.no.*

Nos adresses

Restauration

À Mandal

Premier prix

Mandalstua – *Store Elvegat 8 - ✆ 94 81 28 44 - merc.-dim. (hors saison vend.-dim.) - plats 150/250 NOK.* Avec son menu gréco-norvégien sans prétention, cette adresse chaleureuse offre un rapport qualité/prix tout à fait correct.

Budget moyen

Hr. Redaktør – *Store Elvegat 23a - ✆ 38 27 15 30 - red.no - fermé dim.-vend. midi - plats 244/389 NOK.* Ce restaurant est installé au rez-de-chaussée de l'immeuble du journal local. D'où le thème de sa décoration évoquant une salle de rédaction à l'ancienne. Au déjeuner, on y sert des assiettes copieuses composées de mets simples et bon marché. Le soir, une carte plus élaborée propose plats en sauce et poissons savoureux.

À Lindesnes

Une folie

Under – *Bålyveien 50 - under.no/en - menu déj. 1200 NOK, dîner 1950 NOK - réserv. indispensable 2-3 mois à l'avance.* Cette incroyable bâtisse, à demi immergée dans la mer, est signée du cabinet d'architectes Snøhetta. Le décor intérieur est lui aussi impressionnant : l'immense baie vitrée de la salle de restaurant donne directement sur le fond marin. Le menu surprise de cet établissement étoilé (guide Michelin 2025) propose des plats créatifs et originaux qui mettent à l'honneur les produits des eaux environnantes et offrent de séduisants contrastes de textures et de saveurs.

À Flekkefjord

Premier prix

Tollboden – *Elvegaten 2 - ✆ 40 84 02 99 - 10h-18h (sam. 9h-19h) - 150 NOK.* Une boulangerie prolongée d'une terrasse où l'on propose d'excellentes pizzas cuites au feu de bois. Bières locales.

À Egersund

Budget moyen

Eigra Kjøkken & Bar – *Storgaten 12 - ✆ 48 99 90 10 - eigra.no - midi et soir, fermé dim. - plats 345/425 NOK, menu 895 NOK (6 plats).* Restaurant élégant du Grand Hotel Egersund : petits plats à partager en mode tapas ou plats plus conséquents, dans le respect d'ingrédients locaux et de qualité. Équipe jeune et dynamique, intérieur et service soignés.

Petite pause

À Mandal

Edgars – *Store Elvegate 24a - ✆ 95 15 84 58 - edgars.no - fermé dim.* Cet agréable café-boulangerie prépare pains et viennoiseries depuis des décennies : le rouleau à la cannelle *(kaneldrøm)* est la spécialité. Idéal pour le petit-déjeuner ou une pause légère : les sandwichs maison sont également excellents. Ambiance cosy.

À Egersund

Mocca Kaffebar – *Storgaten 29 - ✆ 98 66 60 40 - mocca-egersund.no - lun.-merc. 10h-17h, jeu. 10h-18h, vend. 10h-17h, sam. 10h-16h - épicerie fermée lun.-merc.* Ce café est au cœur de la vie sociale d'Egersund. Familial et convivial, on hésite entre l'intérieur intimiste ou les terrasses (à la belle saison, la cour intérieure se remplit vite !). Le café fraîchement torréfié est d'excellente qualité, ainsi que les gâteaux et plats légers, parfaits pour une pause gourmande. À l'épicerie fine, vous pourrez aussi acheter sandwichs et pains.

Les roulés à la cannelle sont vendus le vendredi et le samedi.

Activités

À pied

Mandal est traversée par un bras de mer. Une balade aménagée sur les berges conduit à un parc où vous pourrez vous détendre à l'ombre des grands arbres.

Le **Magma Geopark** (*encadré p. 122*) est parcouru de sentiers de randonnée pédestre : possibilité de réserver un circuit avec guide ou de s'organiser en indépendant sur le site *magmageopark.no (en anglais)*.

Les **plages** de Jæren offrent des kilomètres de dunes de sable fin idéales pour la promenade à pied.

Cyclisme

Les cyclistes s'en donneront à cœur joie sur ce littoral découpé mais souvent plat. Des vélos peuvent être loués aux offices de tourisme de Mandal ou d'Egersund, qui fournissent des plans et circuits possibles.

Hébergement

Le littoral de la région compte plusieurs **phares**, notamment le **Lindesnes Fyr** *(lindesnesfyr.no)*, où l'on peut passer la nuit, certes dans des conditions spartiates, mais dans un cadre formidable.

À Mandal

Premier prix

Sjøsanden Feriesenter – *Sjøsandvei - 1,5 km à l'ouest - ✆ 38 26 10 94 -sjosanden.no - - chalets et ch. ouv. toute l'année - empl. 316/534 NOK, chalets 2 134/2 912 NOK, ch. doubles 1 084/1 479 NOK -* ✕. Un camping très populaire, entre bois et plage. Nombreux équipements : restaurant, épicerie, piscine...

Kjøbmandsgaarden Hotel – *Store Elvegate 57 - ✆ 38 26 12 76 - kjobmandsgaarden.no - 14 ch. 1249/1350 NOK* - ✕. Cette grande demeure à la façade blanche abrite quelques chambres charmantes et décorées avec goût. Le bâtiment est situé dans un quartier calme où vous serez certain de dormir paisiblement. Le restaurant propose une cuisine locale de qualité.

Budget moyen

Mandal Hotel – *Sandskargata 33 - ✆ 38 26 63 33 -mandalhotel.no - 87 ch 1 690/2 290 NOK* - ✕. Situé au bord de l'eau, juste à côté de la Buen Kulturhus, cet hôtel récent vaut pour ses chambres modernes et lumineuses.

À Egersund

Pour se faire plaisir

Grand Hotell – *Johan Feyers gate 3 - ✆ 51 49 60 60 -grand-egersund.no- 101 ch 1 795/2 495 NOK* - ✕. Un édifice historique superbement converti en élégant hôtel moderne et confortable.

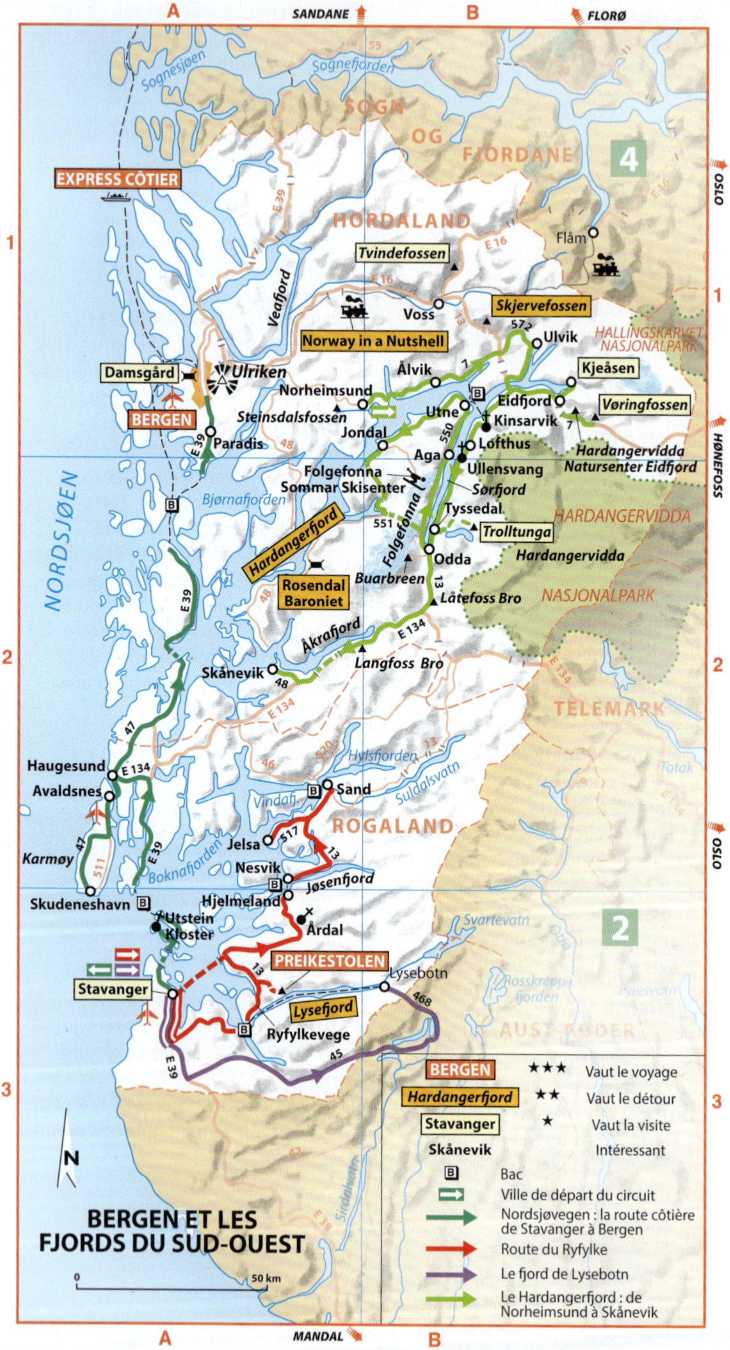

BERGEN ET LES FJORDS DU SUD-OUEST
SANDANE
FLORØ
OSLO
HØNEFOSS
MANDAL
SOGN OG FJORDANE
HORDALAND
ROGALAND
TELEMARK
AUST-AGDER
NORDSJØEN
Sognesjøen
Sognefjorden
EXPRESS CÔTIER
Flåm
Tvindefossen
Voss
Skjervefossen
Norway in a Nutshell
Veafjord
Ulvik
HALLINGSKARVET NASJONALPARK
Kjeåsen
Damsgård
Ulriken
Ålvik
Norheimsund
Eidfjord
Vøringfossen
BERGEN
Steinsdalsfossen
Utne
Kinsarvik
Paradis
Jondal
Lofthus
Aga
Ullensvang
Hardangervidda Natursenter Eidfjord
Folgefonna Sommar Skisenter
Sørfjord
Bjørnafjorden
Tyssedal
HARDANGERVIDDA
Hardangerfjord
Trolltunga
Folgefonna
Odda
Hardangervidda
Rosendal Baroniet
Buarbreen
NASJONALPARK
Låtefoss Bro
Åkrafjord
Langfoss Bro
Skånevik
Hylsfjorden
Suldalsvatn
Totak
Haugesund
Avaldsnes
Sand
Vindafj.
Jelsa
Karmøy
Nesvik
Boknafjorden
Jøsenfjord
Skudeneshavn
Hjelmeland
Utstein Kloster
Årdal
Svartevatn
PREIKESTOLEN
Stavanger
Lysebotn
Rosskreppfjorden
Lysefjord
Ryfylkevege
Sirdalsvatn
N
0
50 km
BERGEN ★★★ Vaut le voyage
Hardangerfjord ★★ Vaut le détour
Stavanger ★ Vaut la visite
Skånevik Intéressant
Bac
Ville de départ du circuit
Nordsjøvegen : la route côtière de Stavanger à Bergen
Route du Ryfylke
Le fjord de Lysebotn
Le Hardangerfjord : de Norheimsund à Skånevik

3

Bergen et les fjords du sud-ouest

CARTE MICHELIN 752 AB12-14 – ROGALAND ET HORDALAND

Bergen ★★★
et le Hardangerfjord ★★

Souvent surnommée « cité de bois » ou « porte d'entrée des fjords », Bergen, deuxième ville du pays, fascine les visiteurs enchantés par son riche passé, son cosmopolitisme et sa grande animation. Occupant une position privilégiée sur la magnifique côte occidentale de la Norvège, à proximité de fabuleux sites naturels, Bergen est protégée à l'ouest par un chapelet d'îles et à l'est par un cirque montagneux et boisé. Un relief marqué, la mer, une végétation dense, de riches musées, une programmation culturelle éclectique, de charmantes ruelles pavées et pentues bordées de maisons en bois et un nombre incalculable d'excursions possibles... Bergen pourrait bien vous retenir plus longtemps que prévu.

Se repérer

CARTE P. 126 (A1) – PLAN P. 136-137.
291940 habitants - Hordaland
Bergen se situe à 465 km à l'ouest d'Oslo ; comptez env. 7h de voiture.
« Arriver/partir » p. 150.

À ne pas manquer

Bryggen et la ville hanséatique ; les ruelles pentues et bordées de maisons de bois ; une (ou plusieurs) excursion(s) vers les fjords alentour ; le quartier des musées ; le funiculaire et la vue depuis le mont Fløyen.

Organiser son temps

Comptez 2-3 jours (attention : les musées sont souvent fermés le lundi), davantage pour profiter des excursions.

Avec les enfants

L'aquarium, le musée norvégien de la Pêche, le musée des Sciences- VilVite et le Vieux-Bergen. D'autres bonnes idées sur : *en.visitbergen.com/ideas-and-inspiration/children-in-bergen* (en anglais).

Carnet pratique p. 150

Nos adresses p. 151

★★★ Bryggen et la ville hanséatique (VÅGEN)

PLAN P. 136-137

Circuit 1 tracé en vert sur le plan.
Vågen est le nom donné au vieux port autour duquel la cité se développa dès le début du 12e s. Tandis que le volume des activités commerciales de Bergen augmentait, la ligne du rivage fut modifiée et le quai fut élargi jusqu'au chenal d'eau profonde afin de permettre aux navires importants d'accoster directement. Aujourd'hui, le port accueille avant tout des bateaux de plaisance et des navires de croisière, si énormes parfois qu'ils obstruent l'horizon. Le port de commerce a quant à lui été relégué de l'autre côté du cap de Nordnes.

Place du Marché (TORGET) B2

Cette place située au bord de l'eau, en plein cœur de la cité, est l'endroit le plus vivant de Bergen. Le **marché aux poissons** quotidien *(lun.-sam. 9h-22h, dim.*

Port de Bryggen.
TT/Getty Images Plus

11h-22h) attire une foule dense, enchantée de flâner parmi les étalages où est présentée une grande variété de poissons frais (ou congelés...), de crustacés (notamment le fameux crabe royal), de harengs et de saumon fumé. Les prix sont assez élevés mais les étals sont vraiment appétissants, et certains proposent sandwichs ou grillades à déguster sur place. Le marché couvert, situé au rdc de l'office du tourisme, est ouvert toute l'année. Torget est aussi le point de départ d'excursions en bateau.

Côté ville, Torget est une place triangulaire dominée par la statue de l'un des fondateurs de la littérature scandinave, **Ludvig Holberg** (1684-1754). Après avoir passé sa jeunesse à Bergen, il s'installa à Copenhague (alors capitale du royaume), et s'y rendit célèbre pour ses comédies écrites en danois, qui en font un héritier de Molière. Encadrée de maisons colorées, la place donne accès à un lacis de ruelles pavées très animées, fermée par l'ancienne Bourse, **Matbørsen**, qui abrite aujourd'hui bars et restaurants. La **salle des fresques (Frescohallen)** réalisées par **Axel Revold** (1887-1962) mérite un coup d'œil.
En faisant face au port, prenez sur la droite le quai de Bryggen.

★★★ Bryggen B1

Connu autrefois sous le nom de Tyskebryggen ou « quai des Allemands », Bryggen formait le cœur de la cité médiévale. Aujourd'hui, il est inscrit au Patrimoine mondial de l'Unesco et constitue un **ensemble unique d'édifices en bois**, caractéristiques des célèbres *kontore* établis dans toute l'Europe du Nord par la Ligue hanséatique.
Les bâtiments de bois, qui servaient à la fois d'habitations, d'entrepôts et d'ateliers, s'alignent en rangées séparées par d'étroits passages, qu'assombrissent des étages

en surplomb. Leurs tailles variées, leur « penchant » à se soutenir les unes les autres, évoquent des dominos. Nombre de ces maisons furent détruites par différents incendies successifs, mais furent patiemment reconstruites à chaque fois. Elles ont été soigneusement restaurées et la plupart, occupées aujourd'hui par des restaurants ou des boutiques de souvenirs, sont peintes en rouge, en ocre ou en blanc. Leurs pignons pointus alignés le long du quai forment un tableau très photogénique avec les montagnes en arrière-plan, surtout lorsqu'un chaud rayon de soleil consent à les illuminer. Il faut prendre le temps de flâner dans les passages, notamment le premier d'entre eux, **Bellgården** : vous pourrez y observer les décrochements multiples, ainsi que les poulies qui servaient à monter les marchandises dans les entrepôts avant de déboucher sur une placette pavée et dégagée.

Visite(s) guidée(s) – *47 97 95 85 - fin mai - fin sept. à 11h et 13h (en anglais) - réserv. en ligne conseillée (bymuseet.no) -300 NOK - la visite de 1h30 comprend l'admission au Schøtstuene et au Bryggens Museum d'où ont lieu les départs.* Proposée en été, cette visite commence par le quartier du négoce le long de Bryggen, se poursuit par Øvrestretet, rue du marché et centre de l'artisanat, et se termine à Holmen, qui marque l'entrée du Vågen et où se dressent aujourd'hui Haakonshallen et la tour de Rosenkrantz, où s'élevait la résidence royale.

★ Schøtstuene et le Musée hanséatique

(DET HANSEATISKE MUSEUM OG SCHØTSTUENE) B1

Øvregaten 50 - 53 00 61 10 - hanseatiskemuseum.museumvest.no - mai-sept. : 10h-17h ; reste de l'année : 11h-15h - 150 NOK.

En attendant sa réouverture *(prévue en 2027)*, un aperçu de l'histoire de la Ligue est retracé dans les salles de l'Assemblée hanséatique, **Schøtstuene** *(ci-dessous).*

Le musée est installé dans l'un des bâtiments de bois les plus anciens puisqu'il fut construit après l'incendie de 1702. Cette **maison de trois étages** rend compte de la vie plutôt spartiate d'un marchand de la Ligue et des personnes qui vivaient sous son toit. L'entrepôt (avec les outils utilisés pour confectionner l'huile de foie de morue ou des pâtés de poisson), le bureau du marchand où l'on gardait livres de comptes et registres concernant le mouvement des navires et les transactions, et plusieurs pièces servant d'ateliers occupaient les étages inférieurs. Le dernier étage servait de dortoir aux employés, pour la plupart de jeunes hommes venant de l'étranger pour apprendre le négoce. Le risque d'incendie interdisait toute forme de chauffage ou d'éclairage et l'on ne faisait même pas la cuisine sur place.

Depuis la place qui longe Bryggestredet à l'arrière des quais de Bryggen, prenez à gauche vers Schøtstuene.

Schøtstuene - À l'époque de la Hanse, ces lieux remplissaient des fonctions variées, d'autant plus centrales qu'ici seulement on avait le droit de faire du feu. La nourriture était préparée dans la cuisine que l'on visite aujourd'hui et servie aux marchands et aux ouvriers dans de vastes réfectoires régis par des règles de vie

Les parapluies de Bergen

Grâce au Gulf Stream, Bergen bénéficie de l'un des climats les plus doux de la côte norvégienne... mais est aussi l'une des villes les plus pluvieuses au monde. Les habitants prenant les choses avec autant de philosophie que d'humour ont choisi comme emblème de leur ville... un parapluie !

Varg Veum ou l'envers du décor

C'est un détective privé et son nom pourrait se traduire par « loup dans le lieu sacré », autrement dit « hors-la-loi ». Désabusé, il exerce sa profession à Bergen et enquête sur les dysfonctionnements d'une société parfois présentée comme un paradis. Le héros très humain créé par **Gunnar Staalesen** s'est imposé sur la scène du polar scandinave (*« Livres, films, séries » p. 440*). La plupart de ses romans ont été traduits et portés à l'écran.

et de bienséance très précises. Les hommes se réunissaient après le travail pour boire de la bière et se réchauffer dans ces bâtiments collectifs, qui étaient ainsi au cœur de la vie sociale. Ils étaient aussi utilisés comme écoles pour les apprentis vivant dans les habitations de bois voisines. Les salles du Schøtstuene suppléent au Musée hanséatique pendant sa longue fermeture et donnent un aperçu de l'histoire de la Ligue au fil d'expositions en constante évolution.
Empruntez Øvregaten sur la gauche et contournez l'église Notre-Dame.

★★ Église Notre-Dame (MARIAKIRKEN) B1

Dreggsallmenningen 15 - ✆ 55 59 71 70 - déb. avr.-fin sept. : lun.-vend. 10h-14h, reste de l'année : mar. et vend. 12h-14h - 90 NOK.
Cette ancienne paroisse des marchands de la Ligue hanséatique, rare exemple norvégien d'architecture romane, est le plus ancien édifice de Bergen, ayant été épargné par les nombreux incendies qui ravagèrent la ville. La nef, flanquée de deux bas-côtés et surmontée d'un triforium, forme avec les deux hautes tours carrées un ensemble imposant. Les quatre portails sont tous médiévaux, mais furent réalisés à des époques différentes, le plus ancien étant celui du bas-côté nord en alignement avec le mur extérieur et surmonté d'un linteau droit. Beaucoup plus travaillé, le portail sud est caractéristique de la fin de l'époque romane.
Les proportions harmonieuses confèrent à l'intérieur un charme particulier rehaussé par un mobilier de qualité. Le beau **triptyque** qui se trouve derrière l'autel fut probablement réalisé à Lübeck à la fin du 15e s. Le chœur abrite aussi 15 statues datant de 1634 et représentant les 12 apôtres accompagnés de Moïse, de saint Jean Baptiste et de saint Paul. La magnifique **chaire**, surmontée d'un dais, fut offerte à l'église par un groupe de marchands en 1676. Ce superbe exemple d'art baroque proviendrait des Pays-Bas. Les nombreux tableaux qui ornent les murs illustrent le style en vogue en Allemagne du Nord aux 17e et 18e s. Vous apercevrez également des traces de fresques du 15e s., notamment sur l'arc du chœur.
Contournez l'arrière du musée de Bryggen pour rejoindre l'entrée.

Musée de Bryggen (BRYGGENS MUSEUM) B1

Dreggsallmenningen 3 - ✆ 55 30 80 30 - bymuseet.no - de fin mai à fin sept. : 10h-17h ; reste de l'année : 11h-15h - fermé 1er-7 janv., 3 avr., 1er et 17 mai, 23-26 et 31 déc. - 160 NOK - visite guidée du quartier : *p. 154.*
Plusieurs bâtiments hanséatiques furent détruits par un incendie en 1955 dans le quartier situé entre Bryggen et Mariakirken. Les archéologues saisirent l'occasion pour procéder à des fouilles sur les lieux du désastre. Elles se poursuivirent pendant quatorze ans et mirent au jour les vestiges du plus ancien ensemble de bâtiments datant du 12e s. ; cette découverte fournit de précieux renseignements sur divers aspects de la vie à Bergen au Moyen Âge. Destiné à abriter les découvertes issues de ces fouilles, ainsi que d'autres objets mis au jour sur d'autres sites

3

après 1970, ce musée, grand bâtiment de béton brut, a été construit autour des vestiges qui constituent la partie centrale des collections.
Considérablement modernisée en 2019 et aidée par de jolies installations interactives, l'exposition illustre les principaux aspects de la vie urbaine vers 1300, lorsque Bergen était la capitale de la Norvège et un centre religieux important qui comptait nombre d'églises et de monastères. Des inscriptions runiques témoignent de l'intensité de la vie intellectuelle médiévale à Bergen. Vous y verrez les restes de cinq bâtiments en bois, très probablement des entrepôts, construits au 12e s. et détruits par un incendie peu de temps après. Ils ont été conservés à leur emplacement d'origine, le long de l'ancien quai, juste au-dessous de Mariakirken.
Retournez sur le quai de Bryggen puis prenez sur la droite.

Forteresse de Bergen (BERGENHUS FESTNING) B1

Fermant le vieux port, la forteresse, toujours en partie domaine militaire, se dresse dans un agréable parc, ménageant depuis les remparts de jolies vues sur Vågen que semble apprécier l'effigie de bronze du roi Haakon VII (1872-1957).
Musée de la Forteresse (Bergenhus FestningMUSEUM) – *Bergenhus 30 - ✆ 98 90 33 51 - 11h-17h - gratuit.* Ce petit musée militaire raconte l'histoire de la forteresse, mais aussi celle de Bergen durant la Seconde Guerre mondiale (occupation, rôle des femmes, résistance...).
★ **Tour de Rosenkrantz (Rosenkrantztårnet)** – *Bergenhus Festning - ✆ 55 30 80 38 - bymuseet.no/en - de mi-mai à mi-sept. : 10h-16h (fermé 17 mai); reste de l'année : se rens. - 150 NOK.* Elle doit son nom à Erik Rosenkrantz, qui fut gouverneur du château de Bergen vers 1560. Conçue à la fois comme ouvrage défensif et comme résidence, elle fut érigée par des maîtres d'œuvre écossais qui incorporèrent à l'ensemble un donjon massif datant de 1270 et un retranchement de 1520, tout en utilisant des pierres provenant d'un ancien monastère cistercien. Côté ville, ce haut édifice offre une façade Renaissance surmontée d'une petite tour octogonale coiffée d'une coupole. La chapelle du roi Magnus Lagabøte (le Législateur), située au deuxième étage du donjon, est particulièrement intéressante ; la chambre du roi qui se trouvait au-dessus fut transformée en élégante salle de réception au 17e s. Du sommet de la tour, beau panorama sur la ville.
Salle de Haakon (Håkonshallen) – *Bergenhus Festning - ✆ 55 30 80 36 - bymuseet.no - de mi-mai à mi-sept : 10h-16h (fermé 17 mai); reste de l'année : voir le site - 120 NOK.* Construite de 1247 à 1261 par le roi Haakon Haakonsson, père de Magnus, comme salle de réception, Håkonshallen fut utilisée pour la première fois à l'occasion du mariage et du couronnement du roi Magnus. Tombée en ruine après que la résidence royale eut cessé d'être habitée au 16e s., elle ne fut restaurée qu'à la fin du 19e s. Les flammes la ravagèrent pendant la Seconde Guerre mondiale à la suite de l'explosion qui ébranla le port et détruisit en partie la tour Rosenkrantz, et seuls ses murs restèrent debout. Une seconde restauration lui permit d'être utilisée à nouveau régulièrement pour des cérémonies et des concerts. Un portail de style gothique tardif inséré dans le mur sud au cours du 15e s. sert aujourd'hui d'entrée royale à cette « grande salle » qui fait 33 m de long, 13 m de large et 17 m de hauteur. Les boiseries et les décorations intérieures sont modernes. Sous la grande salle, l'étage intermédiaire, juste au-dessous, servait de lieu de travail : la voûte en pierre fut ajoutée après coup, afin d'éviter la propagation des flammes au parquet en bois de la grande salle en cas d'incendie. Plus bas, le sous-sol servait au stockage des provisions.
Sortez du parc côté nord (du côté de Skutevik).

Funiculaire de Bergen.
Samott/Fotosearch/age fotostock

Skutevik B1
Au-delà du parc, de nouveaux quais ont été aménagés pour les paquebots. De massifs entrepôts frigorifiques attestent du dynamisme des pêcheurs locaux. Quelques pas sur Skutevistorget permettent d'apercevoir la baie de **Skutevik** que bordent les anciens entrepôts des pêcheurs, maisons de bois colorées posées sur des pilotis au-dessus de l'eau. En poursuivant vers le nord, vous pourrez faire un détour par le musée norvégien de la Pêche (*ci-dessous*), sinon suivez la charmante ruelle en pente de Skuteviksveien, bordée de maisons en bois peintes en blanc. Poursuivez par Steinkjellegarten sans oublier de vous perdre dans les ruelles alentour : pavés, murs blancs, jardins fleuris et placettes cachées sont le terrain de jeu de nombreux chats. Puis descendez vers Øvregaten.

3

★ **Musée norvégien de la Pêche** (NORGES FISKERIMUSEUM) HORS PLAN
Sandviksboder 23 - 53 00 61 60 - fiskerimuseum.museumvest.no (en anglais) - mai-sept : 10h-17h ; reste de l'année : mar.-dim. 11h-15h (merc. 18h de mi-janv. à fin avr.) - fermé de mi-déc. à mi-janv. - 150 NOK, billet combiné avec le Storeblå Aquaculture Visitor Centre - juin-août : navette en bateau Beffen depuis/vers Torget (pass à la journée avec escale à l'Aquarium) - 200 NOK.
Profitez de l'excursion en bateau jusqu'au musée : on slalome entre les immenses paquebots de croisière et les navires des plates-formes pétrolières à bord d'une petite embarcation d'une dizaine de personnes. Impressionnant !
Aménagé dans d'anciens entrepôts de stockage, ce musée passionnant et moderne offre une plongée dans l'industrie de la pêche norvégienne à travers les âges. Pensé pour toute la famille, le musée sensibilise aux enjeux de la surpêche, de l'élevage ou encore de la chasse à la baleine et aux phoques. Le café BOD 24, ouvert sur une jolie marina, offre une agréable pause déjeuner.

Bergen la prospère

L'ancienne capitale de la Norvège

Fondée en 1070 par le roi Olav Kyrre (« le Tranquille »), Bergen fut, avec Trondheim, l'un des deux premiers évêchés norvégiens. De nombreuses églises et monastères en firent un centre ecclésiastique important, privilège qu'elle conserva durant tout le Moyen Âge. Son port naturel et sa position centrale le long de la côte occidentale lui valurent de devenir un centre florissant d'exportation de poisson séché, denrée alors très appréciée en Europe. Bergen fut la capitale de la Norvège jusqu'à la fin du 13e s. et, bien que supplantée par Oslo en 1299, elle continua à prospérer et demeura jusqu'au 19e s. la plus grande ville du royaume.

Un important « kontor » de la Ligue hanséatique

Une association commerciale

Cette association de cités d'Allemagne du Nord tient son nom de la Hanse, corporation médiévale de marchands. En 1241, plusieurs villes allemandes signèrent un traité d'alliance commerciale pour développer le commerce entre l'est et l'ouest de l'Europe du Nord, contrebalançant ainsi l'influence de Venise qui contrôlait les échanges commerciaux en Méditerranée et au Moyen-Orient. Leur influence s'étendit bientôt vers l'est jusqu'en Russie et à l'ouest en Angleterre et en Écosse ; la Ligue installa des comptoirs commerciaux, ou *kontor*, dans toute l'Europe du Nord, de Novgorod (en Russie) à Londres et de Bergen à Bruges, si bien qu'à la fin du Moyen Âge l'association ne comptait pas moins de 100 villes.

Ces *kontor* avaient leurs propres magistrats, leurs tribunaux et leurs systèmes financiers, certains organisaient d'importantes foires internationales, comme Bruges qui, jusqu'à l'enlisement de son port à la fin du 15e s., fut la plaque tournante européenne de l'importation et de l'exportation des marchandises transportées par les navires vénitiens et hanséatiques.
D'importantes réserves d'épices, de soieries, de vins et de fruits en provenance de la Méditerranée, mais aussi du poisson, des métaux, du bois de construction, des textiles et des fourrures d'Europe du Nord étaient stockées dans des entrepôts, en attendant d'être expédiés dans le monde entier. Les financiers italiens faisaient des bénéfices énormes grâce à leurs agences sur place.
À part Bruges, la Ligue hanséatique contrôlait trois autres comptoirs importants, chacun spécialisé dans des produits indispensables à l'économie européenne du Moyen Âge : Novgorod fournissait les fourrures, Londres la laine et les tissus de qualité, et Bergen le bois de construction et le poisson séché provenant essentiellement des îles Lofoten.

Pourquoi Bergen ?

La Ligue hanséatique avait choisi Bergen en raison de la proximité des bancs de poissons des mers nordiques. Le *kontor* de Bergen fonctionna à partir de 1360. La ville se développa rapidement et, à mesure que le commerce de la Baltique prospérait, le pouvoir politique de la Ligue s'accroissait au point d'imposer ses conditions aux souverains norvégiens. Le quartier allemand, situé le long de **Bryggen**, du côté est du port, comptait un grand nombre

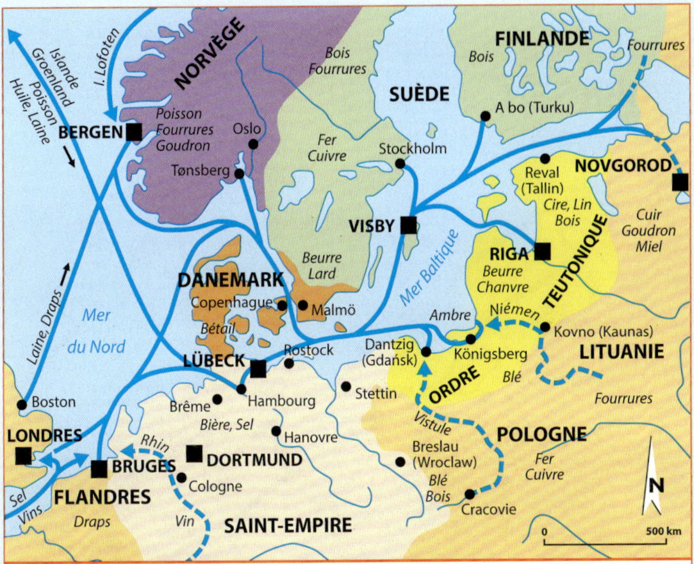

LES PAYS NORDIQUES ET LA HANSE (14e-15e S.)

■ Chefs-lieux et comptoirs hanséatiques
● Villes hanséatiques
Grands courants commerciaux

de maisons de bois à deux ou trois étages, où vivaient et travaillaient ouvriers et marchands. Après la découverte de l'Amérique, l'ouverture de nouveaux itinéraires et de nouveaux marchés amorça le déclin de la Ligue, et le *kontor* de Bergen fut fermé en 1754.

Prospérité et patrimoine : le défi de Bergen

L'essor de l'industrie pétrolière en mer du Nord a lancé un nouveau défi à Bergen : concilier son rôle de métropole industrielle tout en préservant l'ensemble architectural unique inscrit par l'Unesco parmi les hauts lieux du patrimoine culturel mondial. L'édification du Bryggens Museum sur un site archéologique au cœur de la cité témoigne de la prise de conscience du rôle culturel de cette ville universitaire qui a construit le premier théâtre permanent de Norvège en 1850, a fondé son propre journal en 1868 (le *Bergens Tidende*), s'est dotée d'une salle de concerts en 1978 et organise toujours de prestigieux festivals. La cité s'internationalise. On entend parler espagnol et portugais sur le port, chanter en roumain dans les rues tandis que des mariés érythréens se font prendre en photo dans les parcs. Des avions de tout le continent atterrissent sur le tarmac de son aéroport. D'énormes paquebots de croisière, toujours plus nombreux, envahissent son port… au risque de l'asphyxier et de dénaturer Vågen en faisant le choix du tourisme de masse. Bergen se forge une (belle) image et cherche maintenant à attirer les visiteurs toute l'année, au-delà de la haute saison estivale. En effet, elle a beaucoup à offrir en hiver, notamment au moment des festivités de fin d'année. Traditionnelle et familiale, elle se révèle alors intimiste et conviviale à la fois.

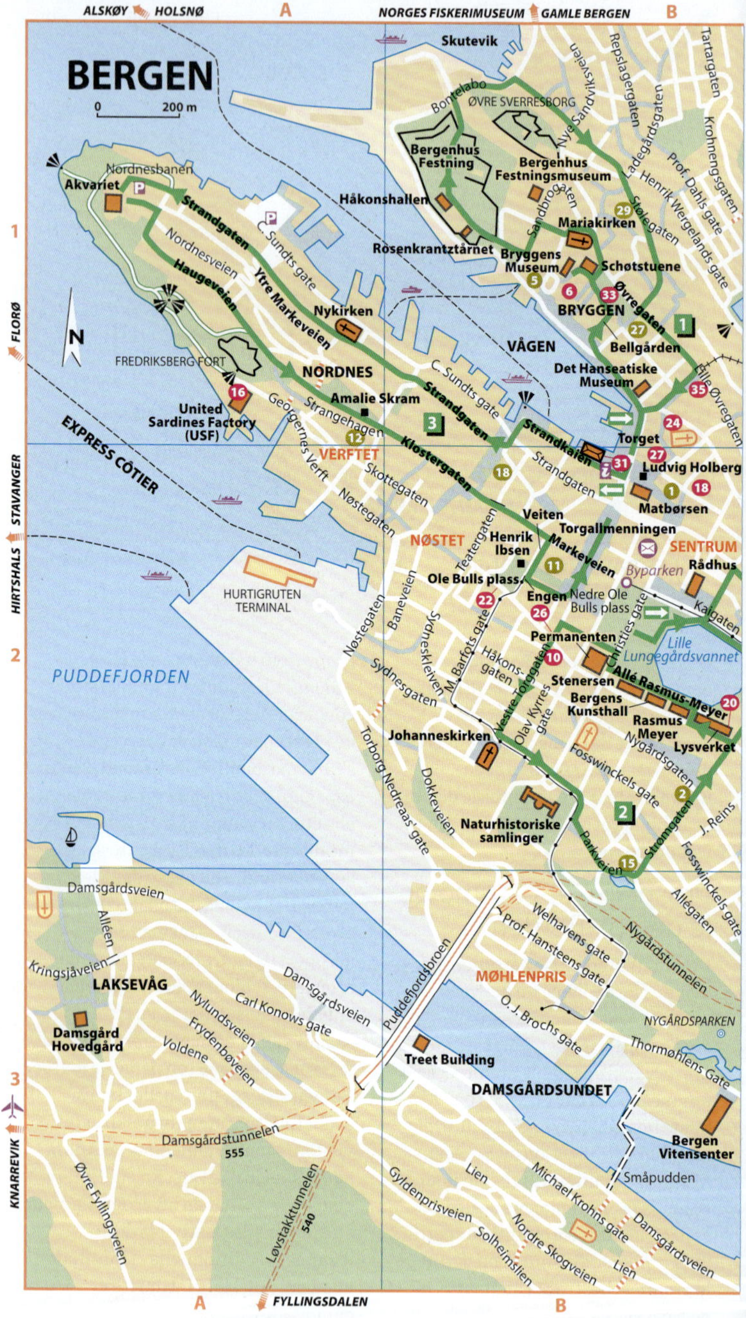
BERGEN
ALSKØY HOLSNØ
NORGES FISKERIMUSEUM GAMLE BERGEN
FLORØ
STAVANGER
HIRTSHALS
KNARREVIK
FYLLINGSDALEN
Skutevik
ØVRE SVERRESBORG
Bergenhus Festning
Bergenhus Festningsmuseum
Håkonshallen
Rosenkrantztårnet
Mariakirken
Bryggens Museum
Schøtstuene
BRYGGEN
VÅGEN
Bellgården
Det Hanseatiske Museum
Torget
Ludvig Holberg
Matbørsen
Akvariet
Nordnesbanen
Strandgaten
Nordnesveien
Haugeveien
Ytre Markeveien
Nykirken
NORDNES
FREDRIKSBERG FORT
United Sardines Factory (USF)
Amalie Skram
VERFTET
Klostergaten
Strandkaien
EXPRESS CÔTIER
HURTIGRUTEN TERMINAL
PUDDEFJORDEN
NØSTET
Henrik Ibsen
Veiten
Torgallmenningen
Markeveien
SENTRUM
Rådhus
Byparken
Ole Bulls plass
Engen
Nedre Ole Bulls plass
Permanenten
Lille Lungegårdsvannet
Stenersen
Bergens Kunsthall
Allé Rasmus-Meyer
Rasmus Meyer
Lysverket
Johanneskirken
Naturhistoriske samlinger
MØHLENPRIS
NYGÅRDSPARKEN
Puddefjordsbroen
LAKSEVÅG
Damsgård Hovedgård
Treet Building
DAMSGÅRDSUNDET
Bergen Vitensenter
Småpudden
Damsgårdstunnelen
555
Løvstakktunnelen
540
Nygårdstunnelen

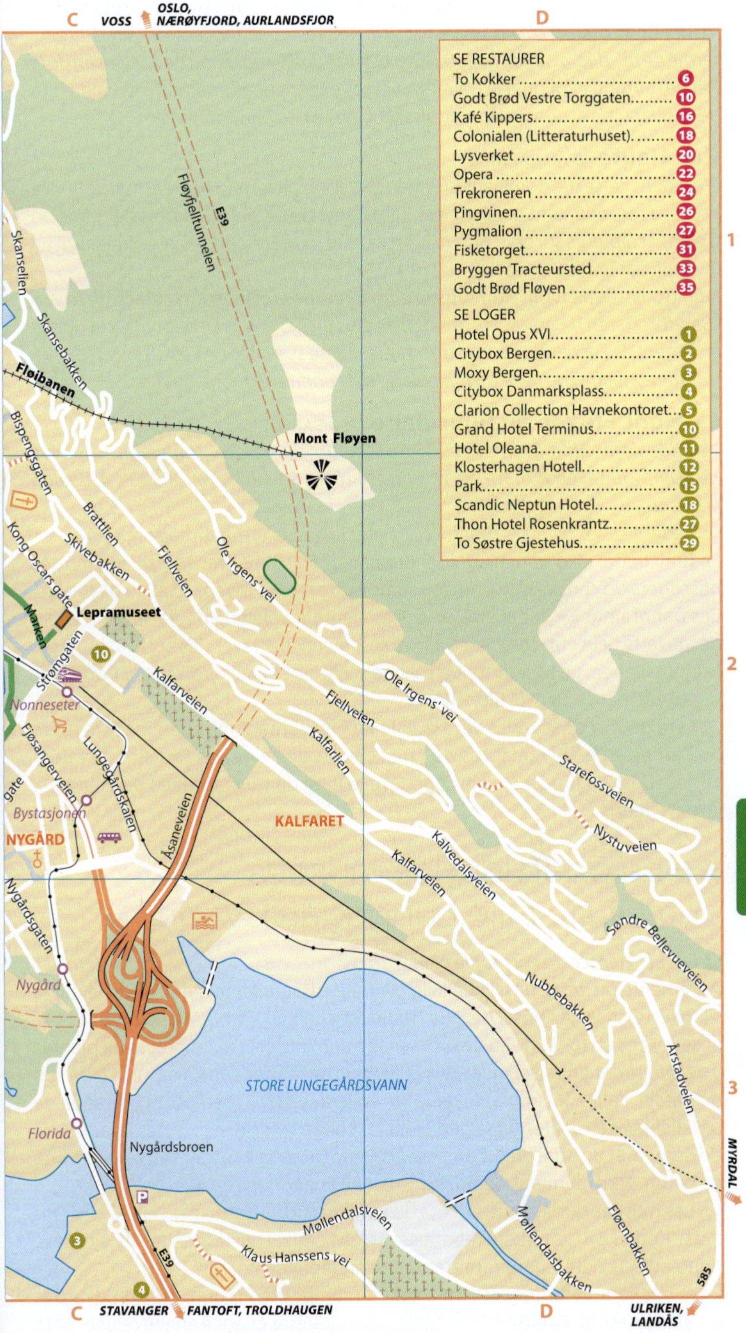
C
VOSS
OSLO,
NÆRØYFJORD, AURLANDSFJOR
D
SE RESTAURER
To Kokker 6
Godt Brød Vestre Torggaten 10
Kafé Kippers 16
Colonialen (Litteraturhuset) 18
Lysverket 20
Opera 22
Trekroneren 24
Pingvinen 26
Pygmalion 27
Fisketorget 31
Bryggen Tracteursted 33
Godt Brød Fløyen 35
SE LOGER
Hotel Opus XVI 1
Citybox Bergen 2
Moxy Bergen 3
Citybox Danmarksplass 4
Clarion Collection Havnekontoret 5
Grand Hotel Terminus 10
Hotel Oleana 11
Klosterhagen Hotell 12
Park 15
Scandic Neptun Hotel 18
Thon Hotel Rosenkrantz 27
To Søstre Gjestehus 29
1
2
3
Fløyfjelltunnelen
E39
Skanselien
Skansebakken
Fløibanen
Mont Fløyen
Bispengsgaten
Brattlien
Skivebakken
Kong Oscars gate
Fjellveien
Ole Irgens' vei
Lepramuseet
Marken
Strømgaten
10
Kalfarveien
Nonneseter
Fjøsangerveien
Lungegårdskaien
Bystasjonen
NYGÅRD
Åsaneveien
KALFARET
Ole Irgens' vei
Fjellveien
Kalfarlien
Starefossveien
Nystuveien
Kalvedalsveien
Kalfarveien
Søndre Bellevueveien
Nubbebakken
Nygårdsgaten
Nygård
STORE LUNGEGÅRDSVANN
Årstadveien
Florida
Nygårdsbroen
P
MYRDAL
Møllendalsveien
Møllendalsbakken
Fløenbakken
Klaus Hanssens vei
3
E39
4
585
C
STAVANGER
FANTOFT, TROLDHAUGEN
D
ULRIKEN,
LANDÅS

3

À quelques pas de là, le **Norwegian Fisheries Museum/Storeblå Aquaculture Visitor Centre** *(storebla.no - mai-sept : 10h-17h ; reste de l'année : mar.-dim. 11h-15h - fermé de mi-déc. à mi-janv. - 150 NOK, billet couplé avec le musée norvégien de la Pêche)* entend expliquer, à travers diverses expériences interactives, l'industrie de l'aquaculture, dont la Norvège est l'un des principaux acteurs.

Rue Haute (ØVREGATEN) B1

C'est dans cette rue dominant Bryggen que se tenait le marché principal de la ville et où se regroupaient cordonniers, fabricants de peignes (en bois de renne ou d'élan), sculpteurs sur bois, orfèvres, tailleurs et fourreurs. Cette rue est aujourd'hui investie par les brocanteurs.
On y trouve également – du côté de la forteresse – la célèbre manufacture **Arven** *(Sandbrogaten 11 - arven.no)* qui, depuis plus de 150 ans, crée des bijoux et objets en argent. De la boutique, vue très intéressante sur l'atelier. Visite possible.
Continuez jusqu'à la gare du funiculaire qui conduit au mont Fløyen.

★★ Mont Fløyen en funiculaire (FLØIBANEN) C2

Vetrlidsalmenning 23A - ✆ 55 33 68 00 - floyen.no/en - funiculaire ttes les 15/30mn - lun.-vend. 7h30-0h, w.-end et j. fériés 8h-0h - 130/180 NOK AR, selon la saison.
Réservez vos billets en ligne pour éviter la queue en haute saison.
Le **funiculaire** (Fløibanen), qui fonctionne depuis 1918, transporte en 8mn ses passagers du centre-ville jusqu'au sommet du mont Fløyen, à 320 m d'altitude. Les **panoramas**★★ sur la ville et les îles alentour valent le déplacement. Cette découverte peut être complétée par une promenade à travers les bois qui couvrent le mont Fløyen, un tour gratuit en canoë sur le lac Skomakerdiket *(juin-août)* ou une petite pause au café Fløistuen.
On peut redescendre vers la ville en empruntant les chemins forestiers de Tippetue : en hiver, après de rares chutes de neige, les familles dévalent ces sentiers en luge. Le trajet s'achève le long de rues bordées de villas aux jardins fleuris.

★★ Le quartier des musées : autour de Lille Lungegårdsvann PLAN P. 136-137

Circuit 2 tracé en vert sur le plan.
Agrémenté du vaste bassin de Lille Lungegårdsvannet, un parc, dominé par la silhouette grise de l'**hôtel de ville** (Rådhus), constitue le poumon vert de la cité et ses allées en font un lieu de promenade dominicale. Les amateurs de plantes y découvriront en saison une belle collection de rhododendrons. Sur le côté sud du bassin, l'**allée Rasmus-Meyer** (alias « rue des Arts ») comporte une série de bâtiments hétéroclites où se déploient les collections du musée des Beaux-Arts de Bergen, et du Kunsthall. La masse brute du Grieghallen, salle de concert toute de béton, verre et métal, complète ce curieux panorama urbain.
Les musées qui suivent, décrits du nord au sud, étaient jusqu'en 2023 nommées Kode 1 à 4. Ils ont été rebaptisés selon l'édifice qui les abrite. S'y ajoute le Centre d'art contemporain, une structure indépendante.
En outre, Kode comprend trois maisons de compositeurs, dont celle d'Edvard et de Nina Grieg, où plus de 400 récitals sont organisés chaque année *(voir p. 143)*.

Permanenten B2

(Ex-KODE 1) Nordahl Brunsgate 9 - ✆ 53 00 97 00 - kodebergen.no (en anglais) - ♿ - de mi-mai à mi-sept. : mar.-vend. 10h-18h, w.-end 10h-16h ; reste de l'année : merc.-vend. 11h-18h, w.-end 11h-16h - 175 NOK pour les quatre musées ex-KODE.

Ouvert en 1896, cet intéressant musée est consacré aux arts décoratifs de la région, des époques les plus anciennes aux dernières tendances du design norvégien : mobilier, bijoux, tapisseries, vêtements, argenterie (celle de Bergen est réputée). Remarquez les créations du joaillier **Tone Vigeland**. Les mélomanes se recueilleront devant le violon d'**Ole Bull**, de 1562 : ce serait le plus ancien au monde ! Une collection d'art chinois et des expositions temporaires complètent l'ensemble.

Stenersen B2

(Ex-KODE 2) Rasmus Meyers allé 3 (conditions de visite - voir Permanenten).

Financier et mécène, Rolf Stenersen (1899-1978) a donné son nom au bâtiment de 1978, consacré à d'intéressantes expositions temporaires. Celles-ci changent régulièrement, environ tous les six mois. Le site abrite également la bibliothèque du KODE.

Kunsthall - Centre d'art contemporain (BERGENS KUNSTHALL) B2

Rasmus Meyers allé 5 - ✆ 94 01 50 50 - kunsthall.no (en anglais) - mar.-dim. 11h-17h (jeu. 11h-20h) - 50 NOK, gratuit le jeu. à partir de 17h.

Situé dans un élégant bâtiment de 1935 dessiné par Ole Landmark, ce musée expose le travail d'artistes contemporains, norvégiens ou étrangers, de réputation internationale : installations, performances et vidéos. Le Kunsthall est également connu pour ses soirées-débats, son club en sous-sol *(les soirs de w.-end)*, sa passionnante librairie et son agréable café Landmark.

★★ Rasmus Meyer B2

(Ex-KODE 3) Rasmus Meyers allé 7 (conditions de visite - voir Permanenten).

C'est ici qu'est la collection permanente de l'ensemble muséal. Superbe collection d'art norvégien, du 18e s. à 1915, ayant appartenu à l'homme d'affaires Rasmus Meyer (1858-1916). À sa mort, ses héritiers respectèrent sa volonté et firent donation de la collection à la ville de Bergen, qui fit construire le musée actuel en 1924. **Edvard Munch** est largement représenté (c'est la troisième collection Munch du monde) *: Jalousie ; Soirée sur l'avenue Karl Johan* où les personnages semblent errer dans Oslo*; Enfants jouant dans la rue* ou encore *La Femme en pleurs* quand, à partir de 1900, Munch s'intéresse à un quotidien plus coloré. On verra aussi un panorama de l'art norvégien de la fin du 19e s. et début du 20e s. : J. C. Dahl, Hans Gude, Christian Krohg, Kitty Kielland, Nikolai Astrup and Erik Werenskiold.

Lysverket B2

(Ex-KODE 4) Rasmus Meyers allé 9 (conditions de visite - voir Permanenten).

Cette section présente des expositions temporaires. On y trouve également un restaurant gastronomique *(voir Nos adresses p. 152)*.

☺ On peut rejoindre la « rive nord » de Lille Lungegårdsvann et faire un détour par Marken, rue piétonne bordée de jolies maisons en bois.

Musée de la Lèpre (LEPRAMUSEET)

Kong Oscarsgate 59 - ✆ 55 30 80 37 -bymuseet.no - de mi-mai à déb.sept. : 11h-15h ; fermé 17 mai et le reste de l'année - 140 NOK.

3

Un peu plus loin, il est installé dans une ancienne léproserie du 18e s. L'émouvante exposition rappelle que la maladie fit 8 000 victimes à Bergen au 19e s. et que c'est Gerhard Armauer Hansen, un enfant du pays, qui en découvrit le bacille.
Revenez sur vos pas jusqu'au Lysverket et prenez la rue Strømgaten. Arrivé au parc Nygårdsparken, empruntez la rue Parkveien sur la droite. Elle traverse un quartier aux airs d'Europe centrale avant de rejoindre le musée de l'université et la collection d'Histoire naturelle.

Collection d'Histoire naturelle (NATURHISTORISKE SAMLINGER) B2

Muséplassen 3 - ✆ 55 58 88 00 ou 55 58 00 00 - universitetsmuseet.no (en anglais) - mar.-sam. 10h-16h, dim. 11h-17h (jardins 6h30-20h, 18h en hiver) - 150 NOK - accès libre aux jardins.
Prolongé par un beau jardin botanique, ce site, présente des collections sublimées par une muséographie et des installations interactives très réussies. Hall des baleines (imposants squelettes), monde des abysses, pollens, géologie... Passionnant !
Descendez Christies gate, bordée de bâtiments universitaires et retrouvez Lille Lungegårdsvann.

La péninsule de Nordnes

PLAN P. 136-137

Circuit 3 tracé en vert sur le plan.
Cette promenade permet de découvrir la ville moderne, installée sur la péninsule abrupte qui sépare le vieux port du port de commerce actuel.

Quai de la Plage (STRANDKAIEN) B2

Bordé de commerces et de hauts immeubles, le quai ménage de belles **vues★★** sur Vågen et Bryggen. D'ici, vous pourrez pasticher un célèbre autoportrait de Munch à Bergen en vous photographiant devant (presque) le même décor (le port, Korskirken). C'est sur le quai que se trouve le terminal des catamarans qui assurent la navette entre Bergen et les fjords alentour. Au bout du quai, remontez à gauche jusqu'à **Strandgaten (AB1)**, artère commerçante de la ville, en partie piétonne, bordée en sa première partie d'immeubles des années 1960 qui rappellent un peu Brest ou Le Havre reconstruits, puis, plus loin, de maisons basses bien plus agréables au regard. Au bout, vous atteignez **Nykirken**, construite sur le site de la première église réalisée après la Réforme. Si vous préférez une alternative plus « boisée », prenez la jolie ruelle parallèle, **Ytre Markeveien** (maisonnettes, pavés irréguliers et bancs accueillants), qui débute à droite, à 30 m au-dessus de l'hôtel Holberg.
Poursuivez jusqu'au bout de la péninsule. Avant de vous rendre à l'aquarium, vous pouvez longer la pointe de Nordnes aménagée en parc. Des baigneurs courageux barbotent ici dans les eaux froides du fjord.

Aquarium (AKVARIET) A1

Nordnesbakken 4 - ✆ 55 55 71 71 - akvariet.no (en anglais) - mai-août : 9h-18h ; sept.-avr. : 10h-18h - 365 NOK - juin-août : navette en bateau depuis/vers Torget (pass à la journée 200 NOK).
Posé dans un parc à la pointe du cap de Nordnes, ce vaste aquarium a pour vedettes des spécimens de la faune marine arctique (phoques, pingouins) ou tropicale (crocodiles).

Revenez vers le centre par **Haugeveien**, puis **Klostergaten** dans le prolongement. Ces deux rues paisibles dominent un **charmant quartier** constitué de maisons basses de bois longeant un lacis de ruelles pavées dévalant vers le nouveau port où l'Express côtier (*p. 158*) se prépare à un long voyage. N'hésitez pas à vous y perdre. Au passage, vous apercevrez la statue d'**Amalie Skram**, écrivaine naturaliste et pionnière de l'émancipation féminine.

En contrebas, au bord du Puddefjorden, une sardinerie du 19ᵉ s., que domine une belle cheminée de brique, s'est muée en **maison de la Culture USF** (*Kulturhuset - usf.no*) – pour United Sardines Factory – est un bel exemple de reconversion d'un bâtiment industriel en lieu culturel : café et restaurant avec ponton, salles de concert, ateliers d'artistes, expositions, studios, cinémathèque...

Par **Markeveien**, puis à droite **Veiten** et **Engen**, on aperçoit le théâtre que surveille la statue d'Henrik Ibsen, qui en fut quelques années le directeur, et qui commande la large **place Ole Bull (Ole Bulls plass - B2)** honorant le célèbre violoniste, natif de Bergen. Au centre, une sculpture contemporaine, due à Asbjørn Andersen, surnommée la « Pierre bleue », sert de principal lieu de rendez-vous aux habitants de la ville.

Sur votre gauche, **Torgallmenningen (B2)**, longue place piétonne où se concentre l'animation des grands magasins et des librairies, ramène à Torget tandis que, sur votre droite, placée au sommet d'une éminence, l'**église St-Jean** (irken), néo-gothique, domine le quartier universitaire.

À l'écart du centre

Damsgårdsundet B3

Au sud du parc de Nygårdsparken et du quartier universitaire.

En contrebas du jardin botanique et du Nygårdspareken, les quartiers ouvriers des deux rives vivent une mutation progressive. Les quais sont peu à peu débarrassés des entrepôts et des usines (repoussés en périphérie) pour laisser place à des immeubles de logements et de bureaux en briques, modernes et lumineux, à l'instar du **Treet Building** (l'« arbre »), le deuxième plus haut bâtiment en bois du monde et de Norvège, avec ses 14 étages et 51 m de hauteur. Pour l'heure, les lieux manquent cruellement d'animation.

Musée des Sciences - VilVite (Bergen Vitensenter) – *Thormøhlensgate 51 - 55 59 45 00 - vilvite.no - de fin juil. à mi-août : tlj 10h-17h ; reste de l'année : se rens. - 115/225 NOK, selon le j. et la saison.* Vous cherchez un moyen d'occuper intelligemment vos enfants (par temps de pluie, par exemple) ? N'hésitez pas et poussez la porte de ce remarquable espace dédié aux sciences et techniques. Petits et grands pourront apprendre en s'amusant : diriger un bateau, présenter la météo...

★ Le Vieux-Bergen (GAMLE BERGEN) HORS PLAN

Nyhavnsveien 4 - à 3 km au nord par la route 585, ou bus nº 3, 4 ou 12, ou ferry touristique Beffen en été - à vélo, compter 10mn, à pied 35mn. - 47 97 95 76 - bymuseet.no - de déb. juil. à mi-août : 10h-16h ; fin mai - fin juin et de mi-août à déb. sept. merc.-dim. : 10h-15h - 160 NOK.

Situé sur la côte, le **Vieux-Bergen** est un musée de plein air qui comprend plus de 40 maisons de bois originaires de Bergen et datant des 18ᵉ et 19ᵉ s. Elles ont été transportées ici et meublées avec du mobilier d'époque, illustrant la vie d'autrefois. On y voit le studio d'un photographe vers 1900, la maison d'une couturière

Un virtuose originaire de Bergen

Né à Bergen, **Edvard Grieg** (1843-1907) quitte sa ville natale à l'âge de 15 ans pour poursuivre pendant quatre ans des études musicales au conservatoire de Leipzig, où il subit l'influence du romantisme allemand. En 1866, Grieg s'installe à Christiania (Oslo). Compositeur, il est aussi enseignant, pianiste et chef d'orchestre. C'est en 1868 que paraît son premier chef-d'œuvre, le *Concerto pour piano* en *la* mineur. Afin de rencontrer d'autres artistes, il séjourne dans les capitales européennes (c'est ainsi qu'en 1869 il rencontre Liszt à Rome), mais c'est au cœur de la nature norvégienne qu'il trouve l'inspiration. Durant les années 1870, Grieg compose la musique de *Peer Gynt* d'après le drame d'Ibsen. Suivent quelques-unes de ses œuvres les plus réussies, comme les *Danses norvégiennes* et la *Holberg Suite*. En 1885, il s'installe avec sa femme Nina à Troldhaugen : il y passera les vingt dernières années de sa vie, alternant composition et tournées, rencontrant un grand succès auprès du public et de ses confrères, comme Ravel ou Bartók.

datant de 1860, la résidence d'été d'un marchand construite en 1798, la maison d'un boulanger, la boutique d'un barbier, etc.

★ Manoir de Damsgård (DAMSGÅRD HOVEDGÅRD) A3

À Laksevåg, 3 km à l'ouest de Bergen par la route 540 - bus n° 6, 10 ou 19 d'Olav Kyrresgate. Alléen 29 - ✆ 55 30 80 30 - bymuseet.no/en - fermé temporairement, réouv. se rens.

Construite vers 1770, cette « maison de campagne » est un très beau manoir rococo en bois. Inspiré par les tendances stylistiques en vogue en Europe, il reste toutefois fidèle à la tradition norvégienne. Acheté par un riche marchand en 1797, il appartint pendant près de deux cents ans à sa famille, qui le vendit à la municipalité de Bergen en 1983. Classé Monument historique, il fut restauré, retrouva son aspect d'origine et fut transformé en musée. Les collections illustrent le mode de vie de la classe dirigeante de Bergen aux 18e et 19e s. Le jardin a également été soigneusement reconstitué, tel qu'il aurait pu être à la fin du 18e s.

À proximité

CARTE P. 126

Paradis A1

À 6 km au sud de Bergen par la E 39 (direction de Stavanger) - tramway ligne 1, arrêts Paradis (en 20mn) ou Fantoft.

Cette banlieue résidentielle de Bergen aligne ses belles maisons de bois en bordure du lac Nordås (Nordåsvatnet).

Église en bois debout de Fantoft (Fantoft Stavkirke) – *Fantoftveien 38 - ✆ 55 28 07 10 - fantoftstavkirke.com (en anglais) - de mi-mai à mi-sept. : 10h30-18h - 80 NOK.*
Construite à l'origine à Fortun (Sognefjord) vers 1150, cette église fut remontée ici en 1883. Après l'incendie criminel qui la ravagea en juin 1992, elle fut reconstruite à l'identique, en utilisant autant que possible le bois qui avait pu être sauvé des flammes.

★★ La « colline des Trolls »/Maison-musée Grieg (Troldhaugen) – *à 2 km. Troldhaugveien 65 - ✆ 53 00 97 00 - kodebergen.no/museene/troldhaugen (en anglais) - Tramway ligne 1, arrêt Hop puis 20mn de marche - ♿ - de mi-mai à mi-sept. : mar.-vend. 10h-18h, w.-end 10h-16h ; reste de l'année : merc.-vend. 11h-18h,* *w.-end 11h-16h - 175 NOK (comprenant l'entrée à tous les musées ex-KODE) - en été : excursions + récital proposés au départ du centre-ville (réserv. sur le site : 250 NOK sans le transport, 550 NOK avec le transport).*

De juin à sept., une navette relie les musées à la maison Grieg.

Située sur une hauteur dominant le lac Nordås, la touchante maison de bois est célèbre car **Edvard Grieg** y passa les vingt dernières années de sa vie, dans un cadre idyllique (*encadré ci-contre*). **Troldhaugen** est le nom que choisit Nina, la femme de Grieg, pour la nouvelle maison du couple. La salle à manger et le salon ont à peine changé depuis le temps où les Grieg y habitaient ; le Steinway, qui leur fut offert en 1892 à l'occasion de leurs noces d'argent, occupe la place d'honneur sous un grand paysage danois. La cabane sur le lac, qu'Edvard Grieg se fit construire dans le jardin afin de s'y réfugier pour composer, abrite sa table de travail et quelques objets personnels, son piano droit et sa chaise à bascule.

Depuis les débuts du Festival de Bergen en 1953, des récitals ont lieu régulièrement à Troldhaugen et, en 1985, un auditorium de 200 places, Troldsalen, fut inauguré. L'architecte a su tirer le meilleur parti de la configuration du terrain pour dissimuler la salle afin de ne pas gâcher le site.

En contrebas de la colline, la **tombe d'Edvard et de Nina Grieg**, creusée dans la falaise, est accessible par une série de marches et un chemin à travers bois.

Ulriken A1

À 6 km à l'est du centre-ville (accès par la navette Ulriken Express ttes les 30mn au départ du centre-ville - Torgallmenningen 1A, 9h-18h - 65 NOK AS).

Ulriksbanen *(télécabine) - 53 64 36 43 - ulriken643.no (en anglais) - mai-sept. : 9h-23h ; oct.-avr. : tlj sf lun. 9h-19h (23h jeu.-sam.) - 395 NOK AR, 230 NOK AS - fermé 23-26 déc., 30 déc.-1er janv. et 2 premières sem. de janv.* Du haut de ce relief de 643 m, le **panorama★★** sur l'agglomération de Bergen, qui s'étend sur des îles et péninsules, est saisissant. Aux alentours, des chemins de randonnée ou de VTT, et bien d'autres activités, plus ou moins physiques, car le restaurant panoramique a aussi ses partisans...

Excursions

CARTE P. 126

Les possibilités d'excursions au départ de Bergen sont innombrables. En bateau vers les îles et les fjords, en bus, en train, ou les trois à la fois dans les alentours.

Voir les « Activités » p. 152, notamment pour l'excursion vers l'île de **Lysøya**, autour de la **villa d'Ole Bull**.

En individuel, il suffit de « viser » la zone concernée, sans oublier de réserver des nuitées en été. Des agences proposent un nombre considérable d'options, promues et vendues à l'office de tourisme.

Voss B1

À 106 km au nord-est. Quitter Bergen par la E 16 (direction Oslo). Nombreux trains (1h) entre les deux villes.

Gare ferroviaire - 40 61 77 00 - visitvoss.no.

L'E 16 suit longuement le **Veafjord**, puis traverse un canyon pittoresque avant d'atteindre Voss, connue comme étant l'une des capitales norvégiennes du ski et des sports extrêmes (*Activités p. 154*), et réputée pour les truites de son lac. Hormis son église gothique construite en 1277, surmontée d'un sympathique clocher de bois, la bourgade de 15 875 habitants est avant tout le cadre d'une étape paisible, en bordure d'un lac, et un point de départ commode pour les excursions vers les fjords de Sogne et de Hardanger.

Aux alentours immédiats de Voss, deux cascades méritent l'attention : sur la route E 16, les **chutes de Tvinde★ (Tvindefossen),** et sur l'ancienne route 13 (ne pas prendre le tunnel), la **cascade de Skjerve★★ (Skjervefossen)**, dont l'eau dévale d'une centaine de mètres de hauteur dans un lac situé en contrebas.

★★ Norway in a Nutshell – La Norvège en miniature AB1

Excursion organisée par Fjord Tours : billets à l'office de tourisme de Bergen ou d'Oslo, et dans toutes les gares ferroviaires de Norvège. Rens. et réserv. sur norway-nutshell.com (en anglais) - transports de 2160 à 2690 NOK/pers., prix variable selon formule, 1 j. ou plus, hébergement en sus.

Abondamment promue et très populaire auprès des touristes du monde entier, cette excursion d'une journée à Nærøyfjord et Aurlandsfjord, le long de fjords magnifiques et à travers une région de montagnes escarpées, permet de découvrir certains des paysages norvégiens les plus spectaculaires. Elle peut également s'effectuer en plusieurs jours en passant la nuit à Flåm ou, plus au calme, à Aurland ou Undredal. On peut aussi bien sûr – ne serait-ce que pour le plaisir de gérer soi-même son temps – choisir de se débrouiller seul, en prenant le risque, tout de même, de manquer de place dans les bus.

En train, de Bergen à Myrdal – Le circuit commence par un trajet en train jusqu'à Voss, puis à travers les montagnes jusqu'à Myrdal.

★★ Le petit train de Flåm (Flåmsbana) – Un autre train dévale une pente de 900 m en 40mn dans la vallée de Flåm pour atteindre l'**Aurlandsfjord**. La construction de la ligne, caractérisée par une des pentes les plus raides du monde, a nécessité des prouesses technologiques, le train étant équipé de cinq jeux de freins indépendants ! Mis à part le frisson garanti, le trajet en train offre des vues à vous couper le souffle, dont une impressionnante chute d'eau *(p. 207)*.

En bateau le long des fjords – À partir de **Flåm**, un village sans charme constitué d'hôtels et de services, le ferry longe les rives d'Aurlandsfjord, s'arrête à Aurland, puis **Undredal★★** *(p. 208)*. Cet adorable village isolé, fait de maisons en bois colorées, est réputé pour son fromage de chèvre. Le ferry pénètre ensuite le « fjord étroit » – **Nærøyfjord★★★** *(p. 206)* – l'un des plus impressionnants de Norvège. Chutes d'eau, fermes isolées, reliefs qui plongent dans les eaux vertes...

Fin de parcours à choix multiples – À Gudvangen, un autocar attend les passagers ; après avoir gravi la côte abrupte jusqu'à Stalheim, il poursuit sa route vers Voss, d'où l'on rentre à Bergen en train. Il est possible de commencer et de terminer cette excursion à Voss. On peut aussi effectuer le trajet d'Oslo à Bergen (où l'inverse) en incluant cette excursion. S'ajoute alors le trajet en train entre Myrdal et Oslo, à travers les formidables paysages d'altitude de l'Hallingskarvet – parfois enneigés en plein été ! Nous vous conseillons, pour pleinement apprécier les paysages, de couper le trajet entre Oslo et Bergen en passant une nuit le long du parcours.

★★ Le Hardangerfjord : de Norheimsund à Skånevik

CARTE P. 126

Circuit de 193 km, tracé en vert clair sur la carte.

Consulter le site hardangerfjord.com/en (en anglais) pour organiser votre excursion. Une grande partie de cet itinéraire emprunte l'une des 18 routes nationales touristiques (p. 430 et nasjonaleturistveger.no/en/routes/hardanger).

Hardangerfjord et le glacier de Folgefonna.
jacquesvandinteren/Getty Images Plus

Cette excursion peut se faire en un ou plusieurs jours, car la région offre une grande variété de paysages et de multiples activités : randonnées en plaine ou en montagne, excursions, croisières sur le fjord, etc. Vous trouverez à vous loger dans les localités du circuit. L'office du tourisme de Bergen propose des excursions à la journée, l'aller se faisant en train et bus jusqu'à Ulvik et Eidfjord, et le retour en bateau le long du fjord *(juin-août : durée 13h - 1851 NOK)*.
Entre Norheimsund et Skånevik, une succession de routes touristiques permet d'apprécier la variété des paysages du **Hardangerfjord**. Facilement accessible à partir de Bergen, ce fjord s'enfonce à l'intérieur des terres, en direction du nord-est, sur une distance de 179 km et se divise en plusieurs bras. Près de la côte, il est large et ouvert et, sur ses berges en pente douce, on peut voir des vergers, des prairies et de coquets villages alors que dans les austères régions montagneuses, il est plus étroit et les paysages, plus sauvages. De nombreuses chutes d'eau jettent une note de fraîcheur sur ce tableau.

Norheimsund AB1

Principale agglomération sur la rive nord du Hardangerfjord, Norheimsund possède un des trois centres norvégiens de restauration des anciens bateaux de bois. Au **Hardanger Fartøyvernsenter** *(fartoyvern.no, en anglais - ✆ 47 47 98 39 - de mi-juin à déb. sept. : 10h-17h ; reste de l'année : se rens. - 120 NOK)*, les visiteurs peuvent observer les spécialistes à l'œuvre. Le centre présente aussi une collection de bateaux et propose des expositions sur la construction et les traditions maritimes de la région du Hardanger. La grande attraction touristique de cette petite ville est la chute de **Steinsdalsfossen** : plusieurs chemins permettent d'explorer les environs ; l'un d'eux conduit sous la chute.

Prenez la route 7 vers Ulvik (72 km).
La route longe le majestueux Hardangerfjord, qui s'élargit considérablement par endroits, atteignant des proportions impressionnantes et permettant de découvrir des panoramas grandioses. En chemin, on rencontre quelques jolis villages aux couleurs vives comme **Ålvik**.

Ulvik B1

Cette station de vacances offre diverses possibilités : le survol des fjords, des glaciers et des chutes d'eau à bord d'un hydravion, ainsi que des excursions en bateau sur l'Ulvikfjord et l'Osafjord. Les alentours sont le paradis des ornithologues, en particulier la région boisée alentour et le marais salant qui s'étend sur les rives du fjord, très intéressant à marée basse. Une cabane d'observation des oiseaux y a été installée.

Eidfjord B1

Cette coquette station offre plusieurs possibilités d'excursions dans un rayon de 20 km.
★ **Kjeåsen** - *À 14 km d'Eidfjord par la route 103 (attention, l'accès est réglementé : de 10h à 17h, montée à l'heure pile et descente à la demie).* Une ferme de montagne typique préservée avec soin est perchée à 600 m au-dessus du fjord dans un admirable décor de style alpin. L'accès se fait par une pittoresque route sinueuse qui passe dans un tunnel de plus de 2 km. À pied, très beau sentier au départ de Sima Powerplant, compter 1h à 1h30 dans chaque sens (montée très raide à n'effectuer que par temps sec).
★ **Vøringfossen** – *À 18 km d'Eidfjord le long de la route principale ; continuer vers l'est jusqu'à Fossli (1 km), puis suivre le chemin qui conduit à la chute (1h AR).* Cette cascade, haute de 182 m, est l'une des chutes d'eau les plus spectaculaires de Norvège.
Hardangervidda Natursenter Eidfjord – *À Øvre Eidfjord, près de Vøringfossen - 53 67 40 00 - hardangerviddanatursenter.no (en anglais) - avr.-oct. : 10h-18h - 180 NOK.* Ce centre fournit des renseignements et propose des activités en rapport avec l'environnement naturel, la culture et la vie en plein air sur le plateau du Hardangervidda (*p. 102*).
Revenez à Eidfjord et reprenez la route 7 qui longe le fjord et devient route 13. Remarquez le **pont d'Hardanger** *qui relie les deux rives de l'Eidfjord. Il s'agit du plus long pont suspendu de Norvège (1380 m). Inauguré en 2013, Il a permis de raccourcir le trajet routier entre Bergen et Oslo.*

Kinsarvik B1

A 29 km d'Eidfjord et 15 km du pont. Postée à l'embouchure de la rivière Kinso, la principale agglomération de la commune d'Ullensvang est également une charmante station de vacances. Son **église** aurait été construite par des maîtres d'œuvre écossais pendant la seconde moitié du 12e s. ; cette hypothèse est tout à fait plausible, puisque l'on sait que Kinsarvik exportait à l'époque du bois de construction vers l'Écosse. Le chœur fut ajouté plus tard, probablement au début du 13e s. À l'intérieur subsistent des traces de fresques médiévales, représentant, entre autres, un curieux *Jugement dernier* où saint Michel tient une balance et pèse les âmes de ceux qui souhaitent entrer au paradis, tandis que des démons armés de crochets font de leur mieux pour l'en empêcher. L'église abrite aussi une chaire peinte par **Peter Reimers** en 1609 et un retable datant de 1695.

Le Sørfjord

Deux routes panoramiques (les routes 13 et 550) longent les rives de ce fjord, l'un des bras du Hardangerfjord. Le fjord est long et étroit, mais la vue est plus dégagée ici qu'à l'Åkrafjord, car le flanc de la montagne, couvert alternativement de buissons sauvages et d'arbres fruitiers, descend en pente douce jusqu'au niveau de l'eau, tandis que les cimes enneigées forment au-dessus une ligne blanche continue.

La rivière Kinso, qui se jette dans le fjord à Kinsarvik, achève sa course en de multiples et superbes chutes d'eau (Nykkjesøyfossen, Søtefossen, Tveitafossen...). Elles peuvent être découvertes à pied. Du parking « Husedalen Valley », comptez 5h AR en longeant la rivière. *alltrails.com/fr/randonnee/norway/vestland/fire-fantastiske-fossar-husedalen.*

Lofthus B1

Lofthus se situe au cœur d'une région où les cultures fruitières prospèrent depuis le 13e s. Grâce à la richesse du sol, aux hivers doux et aux longues heures d'ensoleillement en été, et en dépit d'une latitude de 60° nord, ces cultures fournissent aujourd'hui une grande partie de la production norvégienne. Pendant les deux dernières semaines de mai et la première semaine de juin, les rives du Sørfjord offrent un véritable festival de couleurs.

Un peu plus loin, l'**église gothique d'Ullensvang** fut construite en pierre à la fin du 13e s. et remaniée à la fin du 19e s. Elle contient une chaire datant de la Réforme et un retable de 1699. Dans le parc de l'hôtel Ullensvang, au bord du fjord, se dresse une cabane utilisée par Edvard Grieg lors de son séjour dans la région en 1877-1878 *(demander la clé à la réception de l'hôtel Ullensvang).*

Rive est du Sørfjord B1-2

La route 13 suit la côte est du Sørfjord jusqu'à Odda. Un peu avant Odda, la centrale électrique de **Tyssedal**, construite en 1908, a conservé intacts ses turbines et générateurs, et offre ainsi un aperçu du développement de l'énergie hydroélectrique en Norvège, illustré au sein du musée **Kraftmuseet★** *(Naustbakken 7 - ✆ 53 65 00 50 - kraftmuseet.no (en anglais) - juin-août : 10h-17h, reste de l'année : mar.-vend. 10h-15h - 100 NOK)*. La visite, très pédagogique, est complétée par celle de la centrale hydroélectrique, inattendu et ambitieux palais qui se reflète dans les eaux du fjord depuis 1918.

★★ **Trolltunga** – Depuis Tyssedal, un célèbre sentier (donc très fréquenté), bien que nécessitant un passage sportif par une via ferrata (à n'emprunter que par les amateurs avertis ou avec un guide), mène à ce fameux éperon rocheux (« la langue de troll ») suspendu à plus de 700 m au-dessus d'un lac.

Une autre possibilité, moins dangereuse, consiste à emprunter un sentier très bien balisé et en bon état, mais il faut prévoir une bonne journée de marche AR... ou camper chemin faisant, faute de refuge. Départ soit à partir du parking P1 à Tyssedal *(300 NOK - 38 km AR)*, soit plus haut, du parking P2 à Skjeggedal *(550 NOK, montant du péage compris - si le P2 est complet, se garer au P1 et prendre la navette - 27 km AR).*

À l'est du fjord s'étend le vaste plateau montagneux du **Hardangervidda**, situé à une altitude comprise entre 1000 et 1200 m avec une immense superficie dont une partie est classée Parc national *(p. 102)*. Le plateau est habité par des rennes

3

sauvages que rejoignent en été, sur les riches prairies, des milliers de moutons, de chèvres et de chevaux.

Odda B2

Opheimsgata 31 - 48 07 07 77 - hardangerfjord.com (en anglais).

L'office de tourisme propose de nombreux services pour les randonneurs (douches, lave-linge...).

Ce centre touristique est la principale ville de la région. Si la cité ne renie pas son activité industrielle d'hier et d'aujourd'hui, l'attraction principale est l'excursion au **Buarbreen**, glacier que l'on peut atteindre par une route secondaire qui commence à 2 km au sud d'Odda. Après 6 km, on parvient au bout de la route ; à partir du parking, un chemin bien indiqué conduit au bord du glacier (*1h de marche*). Les promenades sur le glacier même se font sous la conduite de guides locaux.

Le Buarbreen fait partie du **Folgefonna**, troisième glacier norvégien par la taille, couvrant une superficie de presque 210 km².

Des excursions au sommet du Folgefonna (1660 m), incluant une nuit dans un refuge à Holmaskjer, sont organisées à partir de Buar *(rens. sur folgefonni.no et folgefonna.info/en)*.

Au départ d'Odda, une autre excursion mène à **Rosendal**, à 36 km à l'ouest par la route 551 et son tunnel payant, où se trouve la **baronnie de Rosendal**★★ *(Baroniet Rosendal - 53 48 29 99 - baroniet.no/en - visites guidées du manoir ttes les heures en saison de 10h à 17h, et du jardin en juil. de 12h à 15h ; reste de l'année : se rens. - 210 NOK)*. Ce manoir fut édifié pour un noble danois en 1665 dans un site superbe. Les jardins sont agrémentés de belles roseraies. On peut également s'y rendre de Bergen en bateau dans le cadre d'une excursion à la journée *(rodne.no - traversée 2h - AR 684 NOK - sans l'entrée à la baronnie)*.

Rive ouest du Sørfjord

La **route 550**, qui suit la rive occidentale du Sørfjord au départ d'Odda, traverse **Aga**, ancien village agricole comptant environ 40 habitations (aujourd'hui protégées) construites entre le Moyen Âge et le 19e s.

Plus loin, le minuscule hameau d'**Utne**, très longtemps isolé, est installé dans un cadre superbe, à la confluence des trois bras du Hardangerfjord. Outre la petite église en bois, on visitera le petit mais fort intéressant **Musée folklorique du Hardanger (Hardanger Folkemuseum)** – *47 47 98 84 - hardangerogvossmuseum.no (en norvégien seult) - de déb. mai à fin août : tlj 11h-17h ; reste de l'année : lun.-vend. 9h-15h - 120 NOK.* Ce musée de plein air comprend plusieurs bâtiments traditionnels caractéristiques de l'architecture locale, ainsi que des expositions sur le mode de vie dans la région du Hardanger. On y découvre une fierté locale, le *Hardingfele*, un violon à huit ou neuf cordes inventé, dit-on, par Isaac Nilssen Botnen (1669-1759). Il est utilisé dans la musique traditionnelle du sud de la Norvège.

Au-delà d'Utne, la route longe la côte orientale du Hardangerfjord, jusqu'à **Jondal**. De là, il est possible de prendre un ferry pour Tørvikbygd *(fjord1.no)* et gagner Bergen au plus court *(90 km)*, ou bien d'emprunter la route qui conduit au **Folgefonn Sommar Skisenter** *(visitfonna.no)* centre de ski d'été situé sur les bords du glacier.

Revenez à Odda et reprenez la route 13 direction Låtefoss.

Låtefoss B2

À 18 km d'Odda. La route suit maintenant le cours d'une rivière qui serpente à travers une vallée plus large et rebondit sur d'énormes rochers lorsqu'elle se jette dans le Sørfjord. Puis le cours d'eau et la route pénètrent dans un canyon et l'on se trouve soudain face à l'impressionnante **chute d'eau** de Låtefoss. La quantité d'eau, qui jaillit de deux crevasses du flanc de la montagne, est si importante qu'un voile d'embruns brouille en partie la vue. Une fois sortie du canyon, la rivière devient un tumultueux torrent de montagne et traverse une région variée où l'on aperçoit quelques carrés de terre cultivée.

Åkrafjord A2

Littéralement creusée dans la montagne, la route est dominée par des surplombs rocheux impressionnants, alternant avec des tunnels (certains assez longs) et des ponts. Les sommets arrondis couverts de neige qui se profilent au loin forment un agréable contraste avec le fjord de couleur verte. À chaque virage, on découvre des paysages différents où s'inscrivent de minuscules villages dont les maisons peintes de couleurs vives et couvertes de lauzes s'accrochent au rocher, quelques bateaux de pêche amarrés le long des berges et des chutes d'eau étincelant au soleil.
À **Langfoss**, 4 km après Fjæra, une puissante écume blanche, projetée du haut de la montagne à 600 m d'altitude, rebondit plusieurs fois sur la paroi rocheuse.
Continuez sur la route E 134 jusqu'à Håland, puis prenez la route 48 vers Skånevik.

Skånevik A2

Ce port pittoresque est blotti au creux d'une crique du Skånevikfjord, bras du Hardangerfjord. Non loin, de minuscules îles, sur lesquelles poussent quelques arbres, forment un splendide tableau romantique, surtout pendant les longs crépuscules d'été, lorsqu'elles se découpent en ombres chinoises sur fond de montagnes enneigées, éclairées par les reflets argentés des eaux du fjord.

Carnet pratique

S'informer

Office de tourisme – *Strandkaien 3/ Torget* - Bergen - *℘ 55 55 20 00 - en.visitbergen.com.* Informations, réservation d'excursions, achat de la **Bergen Card**. Glissez dans votre poche ou téléchargez l'*Official Guide for Bergen and the Region*.

Pass touristique

Bergen Card – *24/48/72/96h : 380/460/540/620 NOK.* Assez chère mais incontournable, on peut l'acheter à l'office de tourisme, dans la plupart des hôtels et campings et à l'aéroport : accès gratuit à la plupart des curiosités, au funiculaire du Fløyen, aux bus et trams, et tarifs réduits pour quelques parkings et certaines excursions et spectacles.

Arriver/partir

En avion

L'**aéroport** (BGO - *avinor.no*) est situé à Flesland, à 18 km au sud du centre-ville. Vols directs quotidiens pour Stavanger, Kristiansand, Molde, Trondheim, Tromsø, Bodø, Oslo *(au moins un par heure)*... En tout, une vingtaine de vols domestiques et européens.

À l'arrivée, le **Airport Express Bus/ Flybussen** *(flybussen.no)* vous conduit au centre-ville en 30mn – dép. ttes les 15mn, arrêts à la gare routière, Olav Kyrres gate, Torget, Radisson BLU Bryggen (*169 à 199 NOK AS selon le lieu d'arrivée*).

Light train *(skyss.no)*, une liaison en tramway permet de rejoindre le centre en 45mn *(44 NOK)*. Une bonne option pour éviter les embouteillages.

En train et en bus

Gare ferroviaire – *Strømgaten 8 - ℘ 81 50 08 88 - vy.no.* Trains de jour et de nuit pour Oslo *(entre 6h et 7h)* et les gares intermédiaires (Voss, Myrdal, Geilo).

Gare routière – *Strømgaten 8 - ℘ 177.* À côté de la gare ferroviaire, bus pour toute la région ainsi qu'Oslo, Stavanger, Ålesund ou Trondheim. Consigne, centre commercial.

En bateau

Vers les fjords – Du Strandkaien Terminal (près de l'office de tourisme), diverses compagnies affrètent des navettes vers les villages du Sognefjord, du Nordhordland, de l'Hardangerfjord ou du Sunnhordland. Des trajets magnifiques ! Informations : Rødne *(rodne.no)* et Norled *(norled.no)*.

Express côtier – Bergen est le point de départ (ou d'arrivée) des deux compagnies Hurtigruten *(hurtigruten.fr)* et Havila *(havilavoyages.com)*. Le terminal est situé sur Nøste, au port de commerce Jekteviken. *L'Express côtier p. 158.*

De/vers Stavanger – Le terminal de/vers Stavanger est également situé au port de Jekteviken. Départs quotidiens. 5h30 de traversée, opérée par Fjord Line *(fjordline.com/en)*.

En voiture

Pour rejoindre le centre-ville, vous passez un **péage urbain** (Bompenger) *(29/60 NOK selon l'heure d'accès, avec l'AutoPASS si vous êtes dans un véhicule de location ; sinon, avec la carte Visitor's Payment,* *p. 435**)*. Pour se garer, utilisez les parkings couverts (P-Hus). Le plus grand (ByGarasjen, *250 NOK/24h*) se situe à la gare routière. Informations : *bergenparkering.no*.

Se déplacer

Horaires et plans des bus et tramways sont disponibles à

l'office de tourisme et sur *skyss.no/en (44 NOK, ou 60 NOK à bord - enf. 20/30 NOK; 110 NOK pour 24h).* La Bergen Card (*p. 150*) donne l'accès gratuit au réseau de Bergen (sauf Flybussen).

Adresses utiles

Urgences médicales (24h/24) – *Solheimsgaten 9- 55 56 87 00.*

Agenda

Programmation complète sur *en.visitbergen.com.*

Borealis – *borealisfestival.no.* En mars, festival de musique contemporaine.

Festspillene (Festival international de Bergen) – *fib.no.* Fin mai-déb. juin. Théâtre, concerts (classique, jazz) et danse dans la rue et les salles de spectacle de la ville, dans les églises, la salle du Håkonshallen ou la villa Grieg.

Bergen Ølfestival (Festival de la bière) – Fin mai et mi-sept. durant 2 jours. *olfestival.no*

Bergenfest – *bergenfest.no.* En juin, la forteresse accueille des concerts de stars locales et internationales. Concerts (rock, pop, hip-hop).

Tall Ships race – *tallshipsbergen.no.* Bergen accueille régulièrement une escale de cette course qui réunit 100 des plus beaux et plus grands voiliers du monde (1993, 2001, 2008, 2014, 2019... à suivre).

Bergen Matfestival (Festival gastronomique) – En sept. durant 2 jours - *matfest.no.*

BIFF (Bergen International Film Festival) – *biff.no.* Fin sept.

Marché de Noël – À partir de fin nov. Les célébrations de Noël sont à prendre au sérieux à Bergen qui est très fière de son marché et de sa ville miniature en pain d'épices, exposée pour l'occasion.

Nos adresses

VOIR LE PLAN P. 136-137.

Restauration

Premier prix

24 **Trekroneren** – B1 - *Kong Oscars gate 1 - tlj, service continu - hot-dog 85/120 NOK.* Ce stand de hot-dogs est une institution de Bergen : son nom date de l'époque où une saucisse coûtait encore 3 NOK. Ouvert jusqu'à tard dans la nuit, toute la ville s'y retrouve lorsque les restaurants ont fermé leurs cuisines. Les saucisses sont préparées localement à partir d'ingrédients de qualité. Nous vous conseillons d'essayer la saucisse d'agneau *(Lambwurst)* ou de renne *(Reinsdyr).* N'oubliez pas de demander votre verre de limonade maison, inclus dans le prix.

10 **Godt Brød Vestre Torggaten** – B2 - *Vestre Torggaten 2 - 55 56 33 10 - godtbrod.no - fermé le soir - formule déj. 129/289 NOK.* Une chaîne norvégienne très réputée pour la qualité de ses pains bio. Les sandwichs sont à composer soi-même, à partir de viandes ou poissons fumés. À consommer sur place ou à emporter.

35 **Godt Brød Fløyen** – B1 - *Vetrlidsallmenningen 19 - 99 52 82 42 - godtbrod.no - tlj, service continu.* Succursale du précédent située près de la gare du téléphérique.

26 **Pingvinen** – B2 - *Vaskerelven 14 - 55 60 46 46 - pingvinen.no - tlj, service continu - plats 249/399 NOK.* Coup de cœur pour ce bistro sans prétention. Quelques tables et une courte carte qui fait la part belle aux produits locaux.

22 **Opera** – B2 - *Engen 18 - ✆ 55 23 03 15 - cafeopera.org - tlj, service continu - plats 176/238 NOK.* Un lieu très fréquenté par les étudiants qui apprécient ses prix bon marché. L'intérieur, sobrement décoré, est bordé de grandes baies vitrées. On y sert quelques plats et de belles salades copieuses.

27 **Pygmalion** – B2 - *Nedre Korsskirke Allmenning 4 - ✆ 55 32 33 60 - pygmalion.no - tlj, service continu - plats 225/275 NOK.* Un petit restaurant à la décoration rustique qui propose surtout des salades, sandwichs et pâtes à déguster, en « vitrine » ou en terrasse.

16 **Kafé Kippers** – A1 - *Georgernes Verft 12 - dans la maison de la Culture - ✆ 90 47 93 36 - www.kafekippers.no - tlj, service continu (cuisine fermée dim.-lun.) - plats 265/285 NOK.* La maison de la Culture USF est longée par une grande terrasse sur le fjord de Bergen. Vous pourrez apprécier un déjeuner bon marché au café, ou vous installer sur la terrasse du restaurant et déguster d'excellents produits de la mer.

Budget moyen

31 **Fisketorget** – B2 - *Strandkaien 3 - fishme.no ou fjellskaal.no - tlj, service continu - plats 289/545 NOK.* Les étals du marché aux poissons disposent de tables à tréteaux où l'on peut déguster sandwichs, plateaux de fruits de mer, poissons... ou crustacés dont le fameux « crabe royal ». Dans le marché, sous l'office de tourisme, deux poissonneries-restaurants (**Fish Me** et **Fjellskåll**) proposent également la pêche du jour préparée de façon un peu plus élaborée.

33 **Bryggen Tracteursted** – B1 - *Bryggestredet 2 - ✆ 55 33 69 99 - bryggentracteursted.no - fermé à midi et dim.-lun. - plats 315/485 NOK.* Ce restaurant historique, installé dans des bâtiments classés (entre Schøtstuene et Bryggen), propose une cuisine à base de « tapas norvégiennes ».

18 **Colonialen (Litteraturhuset)** – B2 - *Østre Skostredet 5-7 - ✆ 55 90 16 00 - colonialen.no/litteraturhuset - fermé dim. - plats 275/435 NOK.* Avec une carte proposant salades et focaccias au déjeuner, plus soignée en soirée (viandes et poissons excellents), un agréable restaurant au décor scandinave. Accolé à un centre culturel, il attire une clientèle bobo.

Pour se faire plaisir

6 **To Kokker** – B1 - *Enhjørningsgården 29 - ✆ 55 30 69 55 - tokokker.no - fermé à midi et dim.-mar. - plats 395/460 NOK, menus 725/875 NOK (3/5 plats).* Ce restaurant historique est situé dans une allée de Bryggen : on y dîne au cœur de la ville hanséatique, dans une ambiance hors du temps. Les plats traditionnels sont savamment préparés, notamment les produits de la mer et la soupe de poissons maison.

Une folie

20 **Lysverket** – B2 - *Rasmus Meyers allé 9 - ✆ 55 60 31 00 - lysverket.no - fermé à midi sf sam. et dim.-lun. - menu déj. 749 NOK, menu dîner 2 040 NOK.* Le restaurant du Lysverket (l'un des édifices de l'ensemble de musées autrefois appelés KODE) offre une vue panoramique sur le parc Lille Lungegårdsvann. Dans une salle à manger design, on savoure une cuisine délicate, orientée vers le large, et récompensée par une étoile au guide Michelin (2024). Plusieurs menus dégustation le soir. Produits de la pêche locale et des fermes de la région.

Petite pause

BOD 24 Sandviken – HORS PLAN - *Sandviksbodene 24 - ✆ 48 16 22 13 - bod24.no - mar.-dim. 11h-17h.* Cet élégant café est installé dans le musée norvégien de la Pêche, sur la petite marina et les flots. Salades fraîches et tartares de saumon cru mettent le poisson norvégien à l'honneur, à moins d'opter pour de bons gâteaux maison.

Det Lille Kaffekompaniet – B1 - *Nedre Fjellsmauet 2 - ✆ 55 31 67 20 - 10h-18h.* Excellent café et service charmant. Que demander de plus ?

Fløien Kafé – C2 - *Fløyfjellet 1B - ✆ 55 33 68 10 - floienfolke restaurant.no - été : tlj 10h-21h ; reste de l'année : se rens.* Ce bel établissement domine le mont Fløyen depuis les années 1920. Rendu à sa splendeur d'antan, on y vient pour admirer la vue sur Bergen et les environs en sirotant un chocolat chaud ou un verre de bière fraîche, selon la saison. En hiver, les lieux sont fréquentés par les familles qui viennent se réchauffer d'une gaufre tandis qu'en été, on opte plus volontiers pour l'agréable terrasse, face au soleil couchant. Plats chauds et sandwichs également.

Kaffemisjonen – B1 - *Øvre Korskirkeallmenningen 5 - kaffemisjonen.no - lun.-vend. 8h-18h ; w.-end 10h-18h.* Ce petit café tendance est connu pour l'excellence de ses baristas et la qualité de ses espresso. Le tout Bergen s'y presse dans une ambiance moderne et décontractée : on y vient tôt le matin pour se réveiller d'un coup de caféine, le week-end pour le brunch entre amis ou les après-midi de pluie pour lire et rêvasser.

Landmark – B2 - *Rasmus Meyers allé 5 - dans le Kunsthall - ✆ 45 88 90 46 - kunsthall.no - tlj 11h-17h.* Le café du musée Kunsthall est ouvert à tous, agréablement situé sur le lac du Lille Lungegårdsvann. On s'y arrête autant pour déjeuner d'un bon plat du jour, à accompagner d'un vin nature ou d'une bière artisanale, que pour y prendre le café avec une part de gâteau maison. Parfait pour une pause entre deux visites au musée.

Løvetann – A1 - *Klosteret 16 - lovetanncafe.com - dim.-vend. 11h-21h, sam. 10h-21h.* Ce petit café de quartier est situé au coin d'une jolie placette aux maisons de bois, sur la péninsule de Nordnes. Ambiance conviviale et chaleureuse : on aime y prendre une pause déjeuner légère (soupes maison, plats du jour vegan ou végétariens) ou s'y prélasser autour d'un café.

Blom – B2 - *John Lunds plass 1 - kaffemisjonen.no - lun.-vend. 8h-17h, w.-end 11h-16h.* L'équipe de Kaffemisjonen a ouvert cet établissement dans le quartier étudiant, sur la jolie place pavée John Lunds plass. L'été, les tables envahissent agréablement la terrasse ensoleillée. Le café est d'excellente qualité et on peut également se régaler de quelques sandwichs et petits plats légers pour le déjeuner ou de bons gâteaux pour le goûter.

Shopping

Souvenirs – Strandgaten, Torgallmenningen, Marken, Hollendergaten et Bryggen sont bordées de boutiques proposant de l'artisanat norvégien.

Susan Fosse – B1 - *Bellgården 2B - ✆ 48 10 10 95 - susanfosse.com - ouv. tlj 10h-17h30.* Vente directe sur le marché des pulls en coton ou en laine dessinés par cette créatrice de Bergen.

Juhl's Silver Gallery – B1 - *Bryggen 39 - ✆ 55 32 47 40 - juhls.no - 10h-17h, sam. 10h-16h fermé dim.* L'entreprise de Kautokeino

(Laponie) exporte jusqu'à Bergen ses bijoux d'argent.
Voir aussi la manufacture historique Arven p. 138.

Boutique du KODE – B2 - *Nordahl Brunsgate 9.* Dans la section Permanenten du KODE (*p. 139*), nombreux objets de design norvégien (verrerie notamment).

En soirée/Sortir

Le vendredi et le samedi soir, la jeunesse envahit les bars autour de Torget et du quartier étudiant (*Voir aussi Kafé Kippers p. 152*). Dans les pubs, vous pourrez tester les bières des micro-brasseries locales comme **Lysefjorden** et la production de **7 Fjell** (*7fjellbryggeri.com*).

Folk og Røvere – B1 - *Sparebanksgaten 4 - 57 00 14 99 - tlj 11h-2h30.* Un café-bar fréquenté par l'intelligentsia bohème de Bergen : étudiants et artistes se retrouvent ici jusque tard dans la nuit. Ambiance décontractée et conviviale. On opte pour la terrasse aux beaux jours ou pour l'ambiance tamisée et cosy de l'intérieur en hiver.

Hulen – B3 - *Olaf Ryes vei 48 - hulen.no - jeu.-sam. à partir de 21h.* Abrité depuis 1969 dans un ancien abri anti-bombes (une grotte !), ce club et scène de concerts où le rock est dur, indie et/ou métal, est l'un des plus vieux du continent.

Østre – B2 - *Østre Skostredet 3 - ekko.no/ostre - vend.-dim.* L'un des hauts lieux de l'électro (exigeante) en Norvège.

Rick's Café – B2 - *Veiten 3 - 91 67 55 77 - ricks.no - lun.-jeu, 16h-1h, vend. 16h-3h, sam. 12h-3h, dim. 14h-1h.* Il y en a pour tous les goûts, au Rick's : pub, scène, concerts, club. Des alcools forts étant à la carte, la clientèle a généralement plus de 22 ans... âge minimum légal en Norvège pour en consommer dans les lieux publics.

Bryggeriet – *Torget 2 - 40 20 56 95 ou 90 52 50 60 - bryggeriet.biz - mar.-jeu. 16h-21h, vend.-sam. 16h-22h.* En plein centre-ville, au fond du port, ce restaurant abrite une micro-brasserie dont vous pourrez déguster les diverses productions, avec vue sur les cuves et les bateaux.

Magda – B1 - *Kong Oscars gate 5 - magdabar.no - jeu. 18h-0h, vend.-sam. 18h-2h30.* Un bar à cocktails moderne et branché qui propose également quelques pizzas à partager en soirée. Décor contemporain et ambiance festive.

Visites

En bus, en train, à pied, à vélo, en bateau, à Bergen ou dans les fjords alentour, les options de visites, d'excursions et d'activités sont innombrables. Elles sont détaillées à l'office de tourisme.

Visites guidées – Plusieurs compagnies proposent le service de guides : *bergenguideservice.no.* Voyez aussi les visites proposées par les musées de Bryggen (*bymuseet.no et hanseatiskemuseum.museumvest.no*).

Bus Hop on/Hop off City Sightseeing – *city-sightseeing.com - circule en été de 10h à 16h - 485 NOK (enf. 243 NOK), valable 24h.* Bus à étage qui sillonne la ville. Audioguide en français.

Télécabine « Ulriksbanen » – *p. 143.*

Activités

Bergen offre toute une gamme d'activités sportives : pêche, équitation, golf, parapente, tennis, randonnée, etc. Renseignements à l'office de tourisme.

Sports

La région montagneuse qui entoure **Voss** (*à 106 km par l'E 16 vers Oslo ou en train - p. 144*) se prête à la pratique du ski (alpin et fond). Pistes, location, tarifs sur *vossresort.no*.

Voss est également considérée comme la **capitale des sports extrêmes en Norvège**. On leur consacre même un festival : Ekstremsportveko *(ekstremsportveko.com)*. Pour le rafting, le canyoning, les sorties en VTT ou la tyrolienne, voyez Voss Active *(vossactive.no)* et Outdoor Norway *(outdoornorway.com)*. Randonnées guidées et kayak avec Nordic Ventures *(nordicventures. com)*. Pour des sensations fortes « en intérieur » optez pour le simulateur de chute libre de VossVind *(vossvind.no)*.

La petite ville d'**Odda** *(* ☞ *p. 148)* est connue pour ses sentiers de randonnées, notamment vers le superbe rocher de Trolltunga. Trek, via ferrata ou kayak avec Trolltunga Active *(trolltunga-active.com)*.

Excursions en bateau

Croisières de 1h ou 2h autour des îles. Les plus intéressantes :

Fjordtour – *le long du quai devant Torget - fjordtours.com*. Diverses excursions dans les fjords et archipels alentour.

Côte au sud de Bergen – *Munkebryggen - sur la rive occidentale du Vågen.* Circuits d'une demi-journée en bateau. Il est possible de combiner une visite à l'île d'**Osterøy**, située à 15 km au nord-est de Bergen, avec une excursion en bateau sur l'Osterfjord. Pensez aussi à l'île de **Lysøya**, que dessert un petit ferry depuis le Buena Kai à Lysekloster (à 30 km au sud de Bergen par l'E 39). S'y dresse la villa féérique du violoniste Ole Bull. Si cette dernière est fermée pour rénovation, l'île, enchanteresse, permet de belles balades *(* ☞ *kodebergen.no/en)*.

Norway in a Nutshell – ☞ *p. 144.*

Hébergement

😊 Comme ailleurs (voire plus qu'ailleurs), les prix des hôtels à Bergen sont élevés. Essayez de réserver à l'avance ou de faire appel à l'office de tourisme pour louer des chambres chez l'habitant en été.

Budget moyen

② **Citybox Bergen** – B2 - *Nygårdsgaten 31 - ☎ 55 31 25 00 - citybox.no - 120 ch 1079/1709 NOK*. Des chambres basiques mais modernes et très bien conçues. Autre adresse (plus récente) en périphérie :

④ **Citybox Danmarksplass** - C3 - *Solheimsgaten 23D - ☎ 53 01 99 90 - à 10mn. du centre en tram.*

③ **Moxy Bergen** - C3 - *Solheimsgaten 3 - ☎ 90 71 75 23 - marriott.com - 199 ch. 1595/2119 NOK* 🛏 - ✗. Un hôtel ultra-moderne, au décor urbain-marin assez réussi. Vous êtes ici dans un quartier récent et dynamique, les pieds dans l'eau ! Bar-terrasse agréable donnant sur la marina. Le tram qui passe à quelques pas de là vous mène au centre-ville en 8mn.

Pour se faire plaisir

㉙ **To Søstre Gjestehus** – B1 - *Nedre Stølen 4C - ☎ 93 06 60 46 - tosostre. no - 2 apparts. 1900/2900 NOK (au minimum 2 nuits)*. Réservez au plus vite pour profiter de cette remarquable adresse tenue par deux sœurs. Dans une belle maison en bois, blanche parmi les maisons blanches, de belles chambres au confort moderne. Décor très soigné et couleurs douces. Difficile d'en partir...

⑱ **Scandic Neptun Hotel** – B2 - *Valkendorfsgate 8 - ruelle donnant dans Strandgata - ☎ 55 30 68 00 - scandichotels.no - ♿ - 270 ch. 1679/1999 NOK* 🛏 - ✗ Une institution que cet ancien hôtel à matelots reconverti en hôtel confortable. Mais... demandez une

3

chambre rénovée sous peine d'être vivement déçu !

10 **Grand Hotel Terminus** – C2 - *Zander Kaaes gate 6 - ✆ 55 21 25 50 - grandterminus.no - ♿ - 131 ch. 1826/3 090 NOK* ☕ Derrière son élégante façade classée, cet hôtel construit en 1928 près de la gare présente un décor de caractère. Chambres au confort impeccable, mais certaines sont relativement bruyantes cependant.

11 **Hotel Oleana** – B2 - *Øvre Ole Bulls plass 5 - ✆ 55 21 58 73 - hoteloleana.com - ♿ - 97 ch. 2 040/2 840 NOK* ☕ - 🍴. Toutes les chambres de cet établissement sont différentes. Certaines déçoivent par leur taille, mais non par leur confort. La décoration, mi-pop, mi-rococo, ne manque pas d'originalité. Central.

12 **Klosterhagen Hotell** – A1 - *Strangehagen 2 - ✆ 53 00 22 00 - klosterhagenhotell.no - 15 ch. 1495/2 812 NOK* ☕ Dans un quartier calme et charmant, cet établissement abrite de belles chambres, certes peu spacieuses mais confortables et colorées.

27 **Thon Hotel Rosenkrantz** – B1 - *Rozenkrantzgaten 7 - ✆ 55 30 14 00 - thonhotels.com - ♿ - 129 ch. 1905/2 350 NOK* ☕ Parmi les établissements de cette chaîne, celui-ci vaut pour sa situation, à deux pas de Bryggen.

15 **Park** – B2 - *Harald Hårfagres Gata 35 - ✆ 55 54 44 00 - hotelpark.no - 35 ch. 1790/2 390 NOK* ☕ Un hôtel charmant situé dans le centre et à quelques pas d'un parc paisible. Les chambres confortables sont décorées d'un mobilier norvégien élégant, et le personnel se distingue par sa disponibilité.

Une folie

5 **Clarion Collection Havnekontoret** – B1 - *Slottsgaten 1 - ✆ 55 60 11 00 - strawberry.no - ♿ - 113 ch. 2 350/4 990 NOK* ☕ - 🍴. Dans le hall au design très contemporain, un mur témoigne des passages de Sting ou Maradona dans ce luxueux établissement aménagé dans l'ancienne capitainerie du port. Petit-déjeuner bio inoubliable. Salon de thé l'après-midi *(15h-18h)*.

1 **Hotel Opus XVI** – B2 - *Vågsallmenningen 16 - ✆ 53 01 22 00 - opus16.no - ♿ - 65 ch. 1900/5 000 NOK* ☕ - 🍴. Cet établissement de standing a pris ses quartiers dans une ancienne banque (fin du 19e s.) à deux pas du port. Confort moderne et charme de l'ancien. Et multiples références à Edvard Grieg dont les propriétaires sont des descendants.

À Voss

Premier prix

Voss Vandrarheim – *Peter Bondes veg 40 - ✆ 97 59 38 88 - vosshostel.com - 40 ch. : dortoir 410 NOK, ch. double 1550 NOK* ☕ Auberge de jeunesse moderne, bien équipée (on y trouve même un sauna) et au bord de l'eau !

Une folie

Store Ringheim – *Mølstervegen 44- ✆ 95 40 61 35 - storeringheim.no - 15 ch. 2 030/3 350 NOK* ☕ - 🍴. En hauteur et dans un paysage bucolique, une ancienne ferme a été transformée en un très bel hôtel de charme. Bon restaurant. Une belle adresse.

Dans le Hardangerfjord

Budget moyen

Ullensvang Gjesteheim – *Århus - Lofthus - ✆ 53 66 12 36 - ullensvang-gjesteheim.no - de déb. mai à fin sept. - 14 ch. 1450 NOK* ☕ - 🍴. Les chambres sont sans prétention, avec ou sans salle de bains, mais on ne peut qu'apprécier le cadre chaleureux de cette charmante pension entourée d'un jardin et proche d'une cascade. Excellent accueil. Restaurant avec terrasse.

Hardanger Guesthouse – *Eikjeledbakkjen 2 - Ulvik - ✆ 56 52 61 70 - hardangerguesthouse.no - de déb. mai à mi-sept - 18 ch. 1000/2100 NOK* ☕ Une adresse récemment rénovée, au confort correct et très bien tenue. Accueil chaleureux et bon petit-déjeuner.

Pour se faire plaisir

Tyssedal Hotel – *Gamle Oddaveg 3 - Tyssedal - 5 km au nord d'Odda - ✆ 53 64 00 00 - tyssedalhotel.no - 27 ch. 1380/2 763 NOK* ☕ - 🍴. Une adresse originale et pourvue de chambres confortables. De remarquables tableaux (dont un de Christian Krohg) appartenant au groupe industriel local ornent les murs du hall et du restaurant.

Une folie

Hotel Ullensvang – *Ullensvangvegen 865 - Lofthus - ✆ 53 67 00 00 - hotel-ullensvang.no -* 🏊 ♿ *- 168 ch. 2290/3 990 NOK* ☕ - 🍴. L'hôtel, ouvert en 1846 et jadis fréquenté par Edvard Grieg, est aujourd'hui un grand vaisseau moderne, très confortable et pourvu d'impressionnants équipements de détente et de loisirs.

Utne Hotel – *Utne - ✆ 53 66 64 00 - utnehotel.no - de mi-avr. à mi-oct. - 17 ch. 4 396/6 495 NOK en 1/2P* - 🍴. Face à l'embarcadère des ferrys, voici l'un des plus anciens hôtels du pays (1722). Ce titre et le charme de la jolie maison blanche compensent le manque d'originalité des chambres.

Ski de fond à Voss.
DieterMeyrl/Getty Images Plus

3

L'Express côtier ★★★

Hurtigruten (« route rapide »), le service régulier qui assure la liaison Bergen-Kirkenes, a donné son nom au roi des ferrys norvégiens. Il assure l'approvisionnement des régions septentrionales : la moitié de son trajet se situe au nord du cercle polaire, et son arrivée dans les ports est un événement quotidien qui rythme la vie des régions arctiques. Il fonctionne depuis plus de cent ans mais ce monopole a pris fin en 2022, avec l'ouverture de la ligne à la concurrence – en l'occurrence les bateaux de la compagnie Havila. Devenu une attraction touristique majeure, l'Express côtier permet aux visiteurs de contempler, confortablement, depuis la mer, les formidables paysages littoraux norvégiens : archipels, fjords, ports, montagnes...

Carnet pratique p. 160

Les plus beaux paysages de Norvège

Les navires longent la côte et se faufilent entre les îles, devant les plus beaux paysages de Norvège qui défilent à une vitesse de 15 nœuds : Lofoten, cap Nord... Cela permet d'admirer à loisir des spectacles étonnants comme celui des colonies d'oiseaux de l'île de **Runde** *(p. 181)* près d'Ålesund, visibles seulement de la mer. La plupart des escales sont assez longues pour permettre aux passagers de descendre à terre et de visiter le port ; par ailleurs, une quarantaine d'excursions sont organisées tout au long du parcours : randonnées, observation des baleines, promenades en traîneau à chiens, découverte de l'impressionnant glacier Svartisen, etc.

De Bergen à Kirkenes

La première escale importante à partir de Bergen en direction du nord est **Ålesund**★★ *(12h15 de trajet, p. 178)*, surprenante petite cité Art nouveau à

Histoire d'un défi

Au 19e s., le gouvernement décide d'établir une ligne commerciale sûre le long des 2 700 km de côtes dangereuses et déchiquetées qui séparent Bergen de Kirkenes. Richard With et Anders Holte relèvent le défi en cartographiant le littoral. Le premier lance en 1893 le vapeur DS Vesterålen entre Trondheim et Kirkenes, puis au départ de Bergen.
Aujourd'hui, les 14 navires Hurtigruten effectuent les rotations et transportent 500 000 passagers chaque année. Le service d'utilité publique (transport de passagers, ravitaillement, poste), qui a contribué largement à unifier un pays à la géographie compliquée, a également permis de rendre accessibles ses merveilles naturelles aux visiteurs du monde entier. La compagnie propose également des croisières/expéditions vers le Spitzberg, en Alaska, au Groenland et bien d'autres destinations.

contempler du sommet du mont Aksla pour admirer le panorama. L'escale suivante est **Molde** *(2h45 de trajet,* *p. 181)*, mise en valeur par son cadre montagneux pittoresque et réputée pour être la ville des roses malgré sa latitude nordique ; les passagers peuvent soit continuer le voyage en bateau vers **Kristiansund** *(3h30 de trajet,* *p. 183)* en saisissant l'une des rares occasions de naviguer en pleine mer, soit quitter momentanément le navire et se joindre à une excursion le long de la spectaculaire **route de l'Atlantique★★ (Atlanterhavsveien)** pour embarquer de nouveau à Kristiansund (*p. 182)*.

Trondheim★★ *(7h30 de trajet,* *p. 216)* est une autre escale importante, au cours de laquelle vous découvrirez une partie de l'ancienne et dynamique troisième ville de Norvège. L'occasion se présente à nouveau de respirer l'air du large entre Stokksund et Rørvik ; au-delà s'étend la bande étroite qui forme le nord de la Norvège. De Trondheim à Bodø, les paysages sont moins spectaculaires.

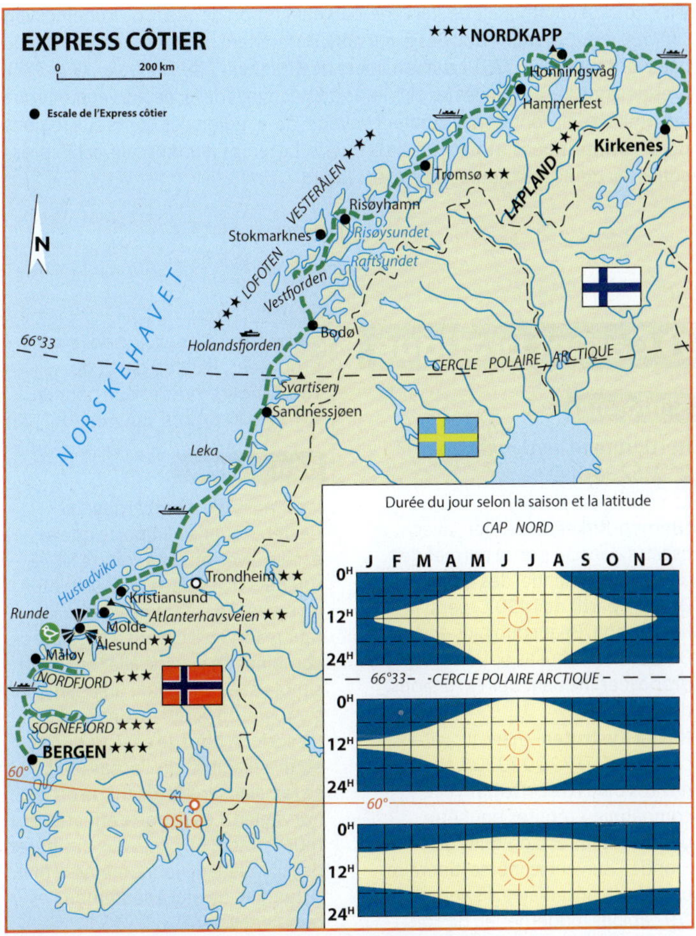

3

Après avoir franchi le **cercle polaire** (vers 4h du matin quand on vient du sud), vous aurez la possibilité de vivre une expérience exceptionnelle en prenant un bateau plus petit qui vous conduira le long du Holandsfjord jusqu'au pied du glacier **Engabreen**, bras du **Svartisen**, puis en rejoignant **Bodø** *(23h30 de trajet, p. 250)* en bateau pour y reprendre l'Express côtier.

Après **Bodø** et la traversée du Vestfjord, on aborde les **îles Lofoten★★★**, à Stamsund *(4h de trajet, p. 267)*. Le navire se faufile entre les îles, glisse dans le très étroit **Trollfjord** et passe par les détroits de Raftsundet et de Risøyrenna, jalonnés de phares; la plus grande partie du trajet se fait de nuit à l'aller, mais, au retour, il est possible d'admirer pendant toute une journée les paysages uniques des îles Vesterålen et Lofoten. Le bateau fait escale à **Stokmarknes** *(5h30 de trajet, p. 283)*, où l'idée de créer l'Express côtier vit le jour : un musée y illustre l'histoire de la ligne. L'escale dans la ville polaire de **Tromsø★★** *(13h de trajet, p. 288)* vous laissera le temps de prendre un téléphérique (Fjellheisen) pour apercevoir le soleil de minuit. Ensuite, le bateau jette l'ancre à **Hammerfest** *(10h45 de trajet, p. 332)*, ville la plus septentrionale de Norvège, puis dans le port de pêche de **Honningsvåg** *(5h15 de trajet, p. 334)*, où des excursions permettent de se rendre au mythique **cap Nord★★★** *(p. 335)*. La ville minière de **Kirkenes** *(18h15 de trajet, p. 327)*, près de laquelle sont situées les plus importantes mines de fer de Norvège, marque le terminus d'un long et passionnant voyage, de la région des fjords aux régions polaires désertiques, aux portes de la Russie. Le temps d'une escale, et l'Express côtier fait demi-tour pour repartir vers le sud.

Carnet pratique

S'informer

Hurtigruten – *hurtigruten.com/fr - 01 82 88 01 41.*
La croisière classique de 12 jours (Bergen-Kirkenes-Bergen, avec escales dans 34 ports) permet de découvrir l'essentiel des fjords. Billets à partir de 1450 €/pers. hors saison. Beaucoup plus en été. De très nombreuses options sont proposées incluant des excursions, des vols, etc.

Havila Kystruten – *havilavoyages.com - (47) 70 00 70 70.* Les navires bleus de cette nouvelle compagnie – réputés pour être parmi les plus écologiques du monde – suivent le même itinéraire deux fois par semaine. Ils comptent 179 cabines modernes au design scandinave. Des excursions sont proposées. Billets à partir de 1600 €/pers. hors saison pour un AR, et 900 €/pers. pour un AS.

Bon à savoir

Il est possible d'embarquer ou de débarquer à n'importe quelle escale, avec ou sans voiture : il y a toujours de la place pour un piéton; en revanche, avec une voiture, il faut réserver. Il est aussi possible de combiner un voyage aller ou retour simple avec un vol (ou un trajet en train) de, ou vers, l'un des ports d'escale. À bord, le confort prime, et on a maintes fois l'occasion de se familiariser avec le mode de vie norvégien. Le voyage s'effectue en toute saison. En juin, vous profiterez de la lumière du jour... même la nuit. Attention, de mai à septembre les tarifs s'envolent!

Stavanger ★
et ses circuits ★★

La quatrième ville de Norvège s'étend sur une presqu'île qui s'avance dans la mer du Nord, le long d'une côte dentelée protégée par un chapelet d'îles. Depuis ses débuts modestes, Stavanger, qui fête ses 900 ans en 2025, a tiré de la mer ses ressources et sa croissance économique. Hier, le hareng puis la sardine l'ont enrichie. Aujourd'hui, le pétrole donne à l'économie locale un nouvel élan qui se reflète dans l'ambiance cosmopolite de la ville, son offre gastronomique et sa vie nocturne électrisée par sa population étudiante. La région alentour regorge de beautés naturelles : en bateau, en voiture ou à pied, partez à la découverte de fjords et d'archipels, de hameaux verdoyants et de montagnes austères.

Se repérer

CARTE P. 126 (AB2-3).
149 048 habitants – Rogaland.
Stavanger est située à 177 km au sud de Bergen, dont la sépare le fjord d'Hardanger.
« Arriver/partir » p. 169.

À ne pas manquer

Le vieux port que domine la vieille ville, le musée norvégien du Pétrole, une excursion au Preikestolen et dans le Lysefjord.

Avec les enfants

Le Musée maritime ; Nordvegen Historiesenter à Avaldsnes.

Carnet pratique p. 169

Nos adresses p. 170

★ La ville des pêcheurs et de l'or noir

Entourant le vieux port, la vieille ville occupe deux promontoires aux ruelles bordées de maisons, pour la plupart en bois. Plus au sud, la cathédrale (Domkirke) est posée en bordure d'un agréable jardin public, doté d'un grand lac, **Breiavatnet**. De l'autre côté de ce lac sont situées les gares routière et ferroviaire, le tout étant enserré par les larges avenues du Stavanger moderne.

Retrouvez le programme des festivités « anniversaire 2025 », rendez-vous sur *stavanger.kommune.no/stavanger2025.*

★★ Cathédrale (DOMKIRKE)

Domkirkeplassen - 10h-16h, horaires variables selon événements religieux - rénovation jusqu'en 2025 (mais visite possible) - 50 NOK.

L'évêque Reinald arriva de Winchester (en Angleterre) avec les reliques de saint Svithun, auquel la **cathédrale**, construite entre 1125 et 1135, fut dédiée. L'édifice roman, en partie détruit par les flammes en 1272, fut reconstruit avec un chœur beaucoup plus grand de style gothique et flanqué à l'est de deux tours carrées, tandis qu'à l'ouest un vaste porche remplaçait la tour d'origine, dotant ainsi la cathédrale d'une façade imposante. À la Réforme, la cathédrale fut dépouillée de tous ses trésors, dont les cloches, plusieurs autels et les reliques de saint Svithun.

3

La restauration, effectuée entre 1938 et 1942, avait pour objet de redonner son caractère médiéval à la cathédrale.

Intérieur – La longueur totale de l'édifice est de 65 m et le chœur seul fait déjà 21,5 m de longueur. En pénétrant à l'intérieur, on est frappé par le contraste entre la simplicité de la nef, avec ses piliers circulaires massifs surmontés de chapiteaux carrés, et l'ornementation délicate du chœur agrémenté de fines colonnes engagées et de corbeaux richement sculptés soutenant l'élégante voûte à nervures. Dans la nef, certains chapiteaux sont ornés de scènes de la Bible illustrées de créatures fabuleuses comme les griffons et les dragons.

La **chaire baroque★**, décorée avec profusion, s'appuie contre la dernière arche de la nef et est soutenue par un Samson puissant. Ce chef-d'œuvre de la sculpture sur bois illustre l'Ancien Testament depuis la Création jusqu'à la Fuite en Égypte. La chaire est surmontée d'un baldaquin célébrant les Victoires du Christ dans une flambée de gloire.

À l'entrée du chœur, on peut voir des fonts baptismaux gothiques recouverts d'une plaque d'argent du 18e s. La lumière, qui pénètre par les hautes fenêtres et inonde le chœur, joue sur les motifs sculptés et les têtes des souverains médiévaux. Côté est du chœur, un vitrail moderne de Victor Sparre datant de 1957 est en cours de restauration suite à un acte de vandalisme. Côté sud, l'élégant portail de l'évêque mérite d'être admiré de l'extérieur et comparé aux deux portails romans plus simples situés sur les flancs nord et sud de la nef.

Traversez Haakon VII gate pour gagner le vieux port.

Vieux port (VÅGEN)

Au fond du vieux port, sur la place (Torget), se tient le **marché aux poissons**. Toujours très animé jusqu'à 16h, il attire une foule de badauds fascinés par les quantités impressionnantes de crevettes et autres crustacés de la mer du Nord exposées sur les étals. On peut s'y restaurer agréablement. Le vieux port est encadré par les quais du Strandkaien à l'ouest et du Skagenkaien à l'est.

Prenez sur la gauche Nedre Strandgate et le quai de Strandkaien. On y trouve une activité constante avec les départs et arrivées de bateaux d'excursion vers les fjords.

Musée de la Marine (SJØFARTSMUSEUM)

Strandkaien 22 - ☎ 51842700 ou 40769679 - stavangermaritimemuseum.no - de mai à mi-sept. : 10h-16h ; de mi-sept à avr. : tlj sf lun. 11h-16h - 140 NOK.

Situé sur le quai, cet intéressant musée illustre l'importance de la mer dans le développement de la ville au cours de deux cents années d'histoire maritime :

Feuille de vigne et *street art*

Les armes de Stavanger, sous leurs formes actuelles, ont été adoptées en 1939. Inspirées d'un blason datant de 1591, elles représentent une branche et trois feuilles de vigne dorées sur fond bleu. Pourquoi avoir choisi ce végétal qui ne pousse pas sous ces latitudes ? Les théories divergent. Des feuilles de chênes devenues vigne ? Une référence religieuse (la vigne comme symbole du Christ) ? Quoi qu'il en soit, Stavanger accueille un **Vinfest** (festival des vins), chaque année, fin mars ou début avril *(www.stavangervinfest.no)*.

Autre symbole, plus contemporain, de Stavanger et qui donne lieu à un festival très suivi : le *street art*, à l'honneur du **Nuart Festival**. Depuis 2001, celui-ci se tient tous les ans, en septembre, et des visites guidées sont organisées toute l'année dans les rues de la ville *(www.nuartfestival.no)*.

Rue colorée de la vieille ville de Stavanger.
Global_Pics/Getty Images Plus

maquettes des bateaux qui fréquentèrent le port au fil des siècles, reconstitutions de boutiques et d'une agence maritime...
Poursuivez sur le quai Strandkaien jusqu'à l'office de tourisme puis montez sur votre gauche par Andasmauet.

★ Vieux Stavanger (GAMLE STAVANGER)

Ce que l'on appelle aujourd'hui le Vieux Stavanger est situé à l'ouest du vieux port (Vågen) et étagé sur un versant en pente raide dominant le quai de la Plage (Strandkaien). C'était à l'origine un quartier ouvrier, construit à la fin du 18ᵉ s. lorsque la sardine était la principale source de richesse de la ville et que les conserveries employaient une importante main-d'œuvre. Environ 170 maisons, datant des 18ᵉ et 19ᵉ s., ont été restaurées et sont désormais protégées. Vous pourrez faire une promenade agréable au sein de ce quartier, le long des rues pavées et étroites, particulièrement fleuries et appréciées des chats, et vous replonger ainsi dans un passé authentique : des plantes grimpantes garnissent généralement le seuil des maisons de bois peintes en blanc, qui sont parfois séparées par de minuscules jardins en terrasses, tandis que des lampadaires désuets complétant ce décor charmant achèvent de donner une touche intemporelle à votre flânerie. Les maisons sont toutes habitées et le quartier, aujourd'hui très prisé, tend peut-être un peu trop à ressembler à un musée.

★ IDDIS - Musée de la Conserve et de l'Imprimerie

(NORSK HERMETIKKMUSEUM OG NORSK GRAFISK MUSEUM)

Øvre Strandgate 88 - ✆ 45 87 38 46 - iddis.no (en anglais) - de mi-avr. à mi-sept. : 10h-16h ; reste de l'année : tlj sf lun. 11h-16h - 140 NOK.

Ce double musée du Vieux Stavanger évoque deux activités étroitement liées qui firent la richesse de la ville. Dans une ancienne conserverie, on présente les différentes étapes du processus de mise en conserve des sardines vers la fin du 19e s. Une exposition fort intéressante, colorée et qui donne envie de collectionner les boîtes de sardines. Car qui dit conserves dit… étiquettes. C'est ainsi que, parallèlement à la conserverie, se développèrent à Stavanger des lignes d'imprimeries spécialisées – une industrie désormais détaillée dans un nouvel édifice. De vieilles presses sont régulièrement réactivées pour les visiteurs.

Vous pourrez acheter des conserves dans la boutique. Mais aussi déguster des sprats (anchois de Norvège) tout juste fumés, participer à un atelier reliure…

★ Stavanger Konserthus

Sandvigå 1 (au bout de Øvre Strandgate) - ✆ 51 53 70 00 ou 92 69 51 04 - stavanger-konserthus.no (en anglais) - visites guidées (réserv. sur le site) 90 NOK.

Le must contemporain de Stavanger, dessiné par le cabinet d'architectes RATIO. Face à la mer et au vieux port, cette immense salle de concerts (1 500 places) tout en transparence témoigne du dynamisme culturel de la ville. Concerts classiques de l'orchestre philharmonique local, mais aussi variétés, pop et rock.

Regagnez Torget (à 700 m en longeant le vieux port) et longez le quai opposé.

Quai de Skagen (SKAGENKAIEN)

Ce quai du port est bordé d'une série d'anciens entrepôts et demeures d'armateurs, aux hautes façades de bois (avec une partie en encorbellement) peintes de couleurs chaudes. Ici l'on conservait le sel et l'on pratiquait le salage des harengs. La plupart de ces bâtiments, de la fin du 18e s., ont été reconvertis en cafés ou en restaurants qui déploient leurs terrasses aux beaux jours et entretiennent une animation jusqu'à des heures avancées.

Avant d'atteindre le Tollboden, palais des douanes qui ferme le Skagenkaien, prenez à droite sur Øvre Holmegade.

Stavanger Sentrum

Derrière Skagen, ce quartier ne manque pas de charme avec ses ruelles et ses maisons de bois. Restaurants, cafés, anciens bars à matelots et autres commerces confèrent aux lieux une ambiance portuaire toujours dynamique aujourd'hui. **Øvre Holmegade,** surnommée « la rue colorée », est bordée de cafés et de maisons peintes de couleurs vives, à l'initiative de l'un des habitants.

En surplomb, l'esplanade de Valbergjet s'organise autour de la **tour Valbergtårnet** où un vigile surveillait nuit et jour les départs éventuels d'incendie. Dans une ville construite en bois, ce poste était essentiel et fut maintenu jusqu'en 1922, lorsque le dernier gardien, Tobias Sandstøl, prit sa retraite. La tour actuelle date de 1853 et l'on peut y monter en saison *(été : 11h-15h - 30 NOK).*

C'est dans ce quartier commerçant où il fait bon se balader que se niche la **maison de la Culture (Sølvberget, Stavanger Kulturhus),** vaste édifice contemporain (1987) comprenant une bibliothèque internationale, une médiathèque, un grand espace dédié aux enfants, ainsi que des salles de cinéma et un restaurant.

Descendre Steinkargata jusqu'au nouveau port puis prendre à gauche sur Østervågkaien.

★★ Musée norvégien du Pétrole (NORSK OLJEMUSEUM)

Kjeringholmen 1A – ✆ 51 93 93 00 - norskolje.museum.no (en anglais) - juin-août : 10h-19h ; sept.-mai : 10h-16h (dim. 18h) - 180 NOK.

Hareng, sardine... et pétrole

Au début du 12e s., Stavanger n'était qu'un village d'agriculteurs et de pêcheurs et un avant-poste commercial le long de la côte, lorsqu'en 1125 l'évêché de St-Svithun fut fondé et la cathédrale construite. Au fur et à mesure que la ville devenait un centre culturel florissant, sa richesse économique, fondée sur la **pêche** au hareng, grandissait. En parallèle, la construction navale prenait un tel essor que, à la fin du 18e s., Stavanger détenait une flotte importante de navires marchands qui faisaient voile vers tous les points du globe, de la Baltique à la Méditerranée et aux Antilles. Lorsque, au 19e s., le hareng se fit rare, il fut remplacé par la sardine et la cité posséda bientôt un nombre impressionnant de conserveries. Aujourd'hui, le **pétrole** de la mer du Nord a donné un nouvel élan à l'économie locale qui s'est impliquée dans toutes les branches de l'industrie pétrolière, de la construction de plates-formes de forage au raffinage et au transport du pétrole brut. Cette activité a encouragé le développement du secteur tertiaire et Stavanger a ainsi acquis une nouvelle dimension internationale.

Les enfants adoreront le **Geo Park,** aménagé par un cabinet d'architectes local. Des éléments de l'industrie pétrolière ont été intelligemment transformés en petit parc d'activités : jeux, skateboard, escalade...
On ressort de ce musée très bien conçu enrichi de connaissances sur l'or noir et son exploitation. Prévoyez 2h pour tout voir ! Le curieux et brillant édifice se dresse depuis 1999 dans le port de Stavanger comme une plate-forme de forage attendant d'être remorquée en pleine mer. Des expositions interactives (écrans, vidéos, maquettes, questionnement permanent) illustrent le développement fulgurant de l'industrie pétrolière norvégienne, expliquent les progrès technologiques et démontrent l'importance capitale du pétrole dans notre société tout en le situant dans le contexte historique de l'énergie en général et de la Norvège en particulier. Des maquettes permettent de se faire une idée des dimensions énormes de la plate-forme *Troll* (sa hauteur dépasse de 100 m celle de la tour Eiffel !). Vous pourrez voir également une cloche à plongeur ainsi que le premier engin sous-marin contrôlé à distance, de conception norvégienne. Les conditions de travail sur une plate-forme de forage sont décrites de façon réaliste, tout comme l'impact du pétrole norvégien sur la société. L'enjeu crucial du réchauffement climatique et les questions éthiques posées au fonds pétrolier norvégien, dépositaire de la richesse nationale découlant des profits pétroliers, sont également débattus ouvertement.

Circuits conseillés

CARTE P. 126

La beauté de la région de Stavanger est due au contraste frappant entre les paysages marins dénudés et austères et, ceux, spectaculaires, des fjords encadrés de montagnes dans lesquelles des rochers impressionnants semblent avoir été taillés avec une hache gigantesque. Le long du littoral, les routes sautent d'île en île et de ferme en hameau alors que le long des fjords, elles donnent presque le vertige.
Les deux premiers circuits peuvent faire partie d'un itinéraire plus long vers les fjords de l'ouest ou être combinés en une excursion d'une journée autour du Preikestolen, avec Stavanger comme point de départ.

3

★★ Route du Ryfylke (RYFYLKEVEGEN) A2-3

Circuit de 160 km et 2 courtes traversées en ferry, tracé en rouge sur la carte p. 126, au nord-est jusqu'à Sand. Prendre la route 44 vers le sud jusqu'à Sandnes, puis tourner à gauche et suivre la route 13 jusqu'à Lauvvik, où la traversée en ferry vers Oanes dure 10mn.

Si vous prévoyez de monter au **Preikestolen** en excursion en voiture à la journée, vous pourrez emprunter, entre Stavanger et Tau, le **tunnel Ryfast**, plus long tunnel routier sous-marin au monde *(14,3 km)*, inauguré en 2020.

Entre Oanes et Sand, puis au-delà vers Sauda et Håra, la **route du Ryfylke (Ryfylkevege)** est une voie touristique longeant les nombreux fjords de la région. Elle fait partie des 18 routes nationales touristiques (*p. 430*).

Environ 12 km après Oanes, une route sur la droite mène au point de départ de l'ascension du Preikestolen où l'on peut garer sa voiture.

★★★ Preikestolen (ROCHER DE LA CHAIRE) A3

2h pour atteindre le plateau, 8 km AR et dénivelé 330 m, randonnée difficile.

Le Preikestolen ou rocher de la Chaire est sans doute le monument naturel le plus célèbre de Norvège. Prisé des photographes, des publicitaires, des artistes et des touristes, ce balcon naturel doit son nom à sa forme, complètement plate, et à sa paroi verticale qui surplombe les eaux du **Lysefjord★★** de 600 m. L'expérience donne le frisson et la **vue★★★** sur le fjord et les îles est prodigieuse.

En été, le site étant très fréquenté, entamez la randonnée tôt le matin pour profiter du Preikestolen en toute quiétude. À l'office du tourisme de Stavanger, vous pourrez choisir entre diverses propositions d'excursions organisées vers ce site incontournable. Si vous êtes sans véhicule, empruntez le bus Preikestolen Express Bus *(gofjords.com - avr.-sept. : AS 310 NOK, AR 476 NOK)* au pied du chemin d'accès. Au besoin, un hébergement de qualité et bon marché est proposé sur place (*Hébergement p. 173*).

Entre Tau et **Hjelmeland**, la route traverse une région montagneuse, offrant de belles vues sur des paysages dénudés et sauvages.

Årdal – Hjelmeland A3

Le joyau de ce petit hameau est sa **vieille église (Årdal Gamle Kyrkje)**, édifiée à partir de 1619 et célèbre pour sa magnifique décoration intérieure.

Au-delà de **Nesvik** (A2) *(traversée en ferry à partir d'Hjelmeland : env. 20 fois par jour en 10mn - norled.no)*, la route longe le **Jøsenfjord** de près, puis se dirige vers le nord-ouest et grimpe tout en s'éloignant du fjord, offrant de belles vues sur cette étroite bande d'eau.

Avant d'atteindre **Sand** (A2), un itinéraire bis consiste à prendre la route 517 sur la gauche : elle convie à un plaisant détour (17 km) par les maisons en bois et l'**église** Renaissance du village côtier de **Jelsa** (A2).

Deux options s'offrent alors à vous : retrouver la route 13 et poursuivre jusqu'à Røldal (75 km) et, plus loin, vers Odda et le Sørfjord (circuit Hardangerfjord p. 145) ; ou prendre à gauche la route 517 et longer le Sandsfjorden sur la rive droite.

Carte et infos sur nasjonaleturistveger.no/en/routes/ryfylke.

★★ Le fjord de Lysebotn (LYSEFJORD) AB3

Circuit de 135 km, tracé en violet sur la carte p. 126, vers l'est par la E 39 jusqu'à Ålgård, puis à gauche par la route 45 jusqu'au lac Svartevatn, et enfin les routes

Preikestolen, le rocher de la Chaire, surplombe le Lysefjord.
Tpopova/Getty Images Plus

secondaires 975 puis 986 jusqu'à Lysebotn. Cette route (Lysevegen) n'est accessible qu'en été. Attention aux virages et à la surchauffe de la voiture en descente. Trajet retour en car-ferry jusqu'à Lauvvik - réserv. kolumbus.no/en - quelques trajets par sem. - places très limitées pour les voitures - réserv. en ligne obligatoire. Pour le trajet en voiture et en ferry, compter une journée.

Des excursions en bateau sont organisées au départ de Stavanger – **Norled** - *norled.no, en anglais - durée 2h30 - mars-nov. - 760 NOK* ; **Rødne Fjord Cruise** - *rodne.no, en anglais - durée 3h - tte l'année - 795 NOK.*

Environ 15 km après Suleskar, situé sur le plateau de la Sirdal, une **route★** spectaculaire, la **Lysevegen** *(fermée en hiver)*, descend en lacet, à travers un paysage minéral très dépaysant, jusqu'à Lysebotn. De ce village, niché au fond du **Lysefjord★★**, l'on découvre des **vues** magnifiques. De là, l'on amorce le retour à bord du car-ferry qui parcourt tout le fjord et passe sous le **Preikestolen★★** (*p. 166*). La vue est tout aussi impressionnante d'en bas que du sommet.

Nordsjøvegen : la route côtière de Stavanger à Bergen A1-3

Circuit de 185 km, tracé en vert foncé sur la carte p. 126, vers le nord et avec deux traversées en ferry. Quitter Stavanger par la route E 39 en direction du nord.

Cette superbe voie côtière prolonge la route 44, qui relie Stavanger à Flekkefjord, vers le sud (*circuit Route 44, p. 121*). Les tunnels remplacent peu à peu certaines des traversées en ferry. Le tronçon de Randaberg à l'île de Rennesøy a nécessité la construction de deux tunnels, dont celui du Byfjord *(env. 6 km)*, qui descend à

3

223 m au-dessous du niveau de la mer, véritable prouesse technique à l'époque de son inauguration en 1992 !
Sur l'île de Mosterøy, tournez à gauche en direction de Utstein Kloster.

Monastère d'Utstein (UTSTEIN KLOSTER) A3

Mosterøyveien 801 - ✆ 51 84 27 00 - utsteinkloster.no - de mi-mai à fin août. : lun.-sam. 10h-16h, dim. 12h-17h ; de déb. mars à mi-mai : dim. 12h-17h ; fermé le reste de l'année - 140 NOK.
C'est l'un des rares vestiges du Moyen Âge en Norvège. Transformé en musée et centre de conférences, il trône dans un paysage aussi reposant que fascinant.
De retour sur la E 39, prenez à gauche, en direction de Mortavika, d'où partent les ferrys pour Arsvågen. Comptez 25mn de traversée (près de 50 rotations par jour - horaires sur fjord1.no/eng). Reprenez la E 39 sur env. 20 km et prenez à gauche la Rv47, puis à nouveau à gauche sur le rond-point après le tunnel de Karmøy.
Le **tunnel de Karmøy** (8,9 km) était le plus long tunnel sous-marin du pays, avant l'ouverture du tunnel Ryfast qui relie Stavanger à Tau sur 14,3 km. Au beau milieu, un embranchement permet de rejoindre directement Haugesund, si vous ne souhaitez pas vous attarder sur l'île de Karmøy (ce qui serait dommage...).

Skudeneshavn A3

De Kopervik, une boucle permet de rejoindre Skudeneshavn par la route 47, qui longe la côte ouest, puis de revenir par la route 511 qui suit la côte est sur le détroit (le Karmsundet). Comptez 50mn pour effectuer cette boucle de 41 km.
Situé à l'extrémité sud de l'île de Karmøy, ce village côtier très pittoresque, l'un des mieux préservés de Norvège, mérite le détour. Il laisse voir des entrepôts au cachet ancien bordant les quais et de charmantes maisons de bois peintes en blanc le long des rues étroites. Comme son nom l'indique (*Karm* signifie « abritant » et *øy* signifie « île »), **Karmøy** sert d'écran contre l'acharnement de la mer ; sa côte est découpée et l'intérieur est une vaste lande vallonnée. Les paysages sont superbes. Vous êtes sérieusement invités à vous attarder dans cette vaste île et à multiplier les détours !

Avaldsnes A2

Nordvegen Historiesenter – *✆ 52 81 24 00 - avaldsnes.info/en/historiesenter - fin avr. à fin sept. : lun.-vend. 10h-16h, w.-end 11h-16h ; reste de l'année : merc. 10h-16h, dim. 11h-17h - fermé les 2 dernières sem. de déc. - 130 NOK, billet couplé avec le village viking 180 NOK.*
Dans un site exceptionnel au bord du fjord et au sein d'un bel édifice moderne, on présente de manière très dynamique le comté de Rogaland sous les Vikings qui, basés à Avaldsnes, contrôlèrent la navigation de la région durant des siècles. De nombreuses tombes et vestiges d'habitations ont été retrouvés dans les environs.
L'**église St-Olav (Olavs Kirke),** belle construction gothique qui n'a presque pas changé depuis son édification en 1250, vient d'être rénovée.
Une jolie promenade vous mène à 500 m de là, sur l'îlot de Bukkøy, où l'on a reconstitué **une ferme et un village vikings** *(Vikinggården - opplevavaldsnes.no - mi-juin mi-août seulement, lun.-vend. 10h-16h30, w.-end 11h-16h30 - billet couplé avec Nordvegen Historiesenter 180 NOK)*. Chaque année, en juin, un festival viking y est organisé *(avaldsnes.info/en/vikingfestival)*.

Haugesund A2

🛈 *Haraldsgata 131 - ☏ 52 01 08 30 - fjordnorway.com/en/destinations/haugesund-haugalandet.*

Ce **port très actif** de 38 292 habitants s'est, tout comme Stavanger, enrichi grâce à la pêche (au hareng) puis au pétrole. Bien que comptant peu d'attraits touristiques, Haugesund est une cité dynamique, très agréable à vivre, tournée vers la mer et animée par deux importants festivals estivaux. On pourra se balader sur le port et dans le petit centre, en profitant d'une atmosphère bien différente de celle des rues saturées de groupes de visiteurs comme à Bergen. Au programme : la jolie église de brique de Vår Frelsers (1901) et une statue inattendue de... Marilyn Monroe, dont le père serait originaire de la région.

En route vers Bergen A3-1

De Haugesund, 140 km, dont une traversée de 40mn en ferry entre Sandvikvåg et Halhjem -pour les horaires et le prix, consultez nesteferje.no.

Pour rejoindre Bergen, le trajet le plus direct consiste à suivre la route E 39, *via* le tunnel de Valevåg, puis Leirvik, jusqu'à Sandvikvåg, à la pointe nord de l'île de Stord. Là, un ferry permet de gagner Halhjem, à 20 km de Bergen. Mais bien des alternatives permettent d'allonger le trajet entre les îles, villages et bras de mer.

🛈 Carnet pratique

S'informer

Office de tourisme – *Strandkaien 61 - Stavanger - ☏ 51 85 92 00 - fjordnorway.com/en/destinations/the-stavanger-region.*

Arriver/partir

En avion

L'aéroport de **Stavanger-Sola** (SVG - *avinor.no/en*) est très bien desservi et se situe à 14 km au sud de la ville. Vols intérieurs (Oslo, Trondheim, Bergen, Ålesund, Narvik, Sandefjord, Kristiansund) et continentaux. Accès au centre-ville avec la navette Flybussen *(flybussen.no - 25mn, 158 NOK en ligne, suppl. à bord).*

L'aéroport de **Haugesund-Karmøy** *(flyhau.no)* se situe à 13 km au sud d'Haugesund. Vols vers Oslo et Bergen. Accès au centre-ville avec le Flybussen *(flybussen.no - 35mn, 158 NOK en ligne, suppl. à bord).*

En bateau

Du **Fiskepirterminalen** *(à l'est du centre-ville)*, diverses compagnies relient Stavanger aux fjords.

Le ferry reliant Hirstals (Danemark) à Bergen fait escale à Stavanger depuis le port de **Risavika** (Risavika utenriksterminal) situé à 17 km au sud de la ville, du côté de l'aéroport. Une navette *(45mn - réserv. en ligne sur kolumbus.no/en)* fait la liaison entre la gare routière de Stavanger et le port aux heures d'escale *(fjordline.com - traversée Stavanger-Bergen 5h30).*

En train et en bus

Gare ferroviaire – *Jernbaneveien - ☏ 177 - vy.no.* Notamment des trains de nuit pour Oslo S *via* Kristiansand *(9h de trajet).*

Gare routière – *Jernbaneveien - ☏ 177 - kolumbus.no.* Bus plusieurs fois par jour pour Bergen *(5h)*, Kristiansand *(4h15)* et Oslo *(9h)*. La compagnie propose également des billets combinés bus-ferry pour le Lysefjord.

En voiture

Via le système AutoPASS *(autopass.no)*, une taxe est prélevée à votre entrée en ville, *p. 435*. Avec l'ouverture du tunnel Ryfast, Stavanger est reliée à la route 13 et au Ryfylke en 14,3 km.

Se garer – L'accès aux voitures dans le centre de la ville est taxé, mieux vaut laisser son véhicule à l'extérieur. Les principaux parkings (payants) en centre-ville se situent près du Fiskepirterminalen et autour d'Olav V Gate.

Agenda

Stavanger Vinfest - Fin mars ou déb. avril, festival du vin et de la gastronomie à Stavanger. *stavangervinfest.no.*

Mai Jazz – En mai, à Stavanger. *maijazz.no.*

Vikingfestivalen – En juin, à Avaldsnes (île de Kramøy). *avaldsnes.info/en/vikingfestival.*

Skudefestivalen – Déb. juillet, à Skudeneshavn, grand festival de culture littorale (bateaux, folklore). *skudefestivalen.no.*

Gladmat – Fin juillet, à Stavanger. Le plus grand festival gastronomique de Scandinavie. *gladmat.no.*

Sildajazz – En août à Haugesund. *sildajazz.no.*

Festival international de musique de chambre – Déb. août, à Stavanger. *kammermusikkfestivalen.no.*

Norwegian Film Festival – En août à Haugesund, présidé à titre honorifique par Liv Ullman (*encadré p. 387*). *filmfestivalen.no.*

Nuart – Déb. sept., certaines années, à Stavanger. Festival international de street art. *nuartfestival.no.*

Nos adresses

Restauration

Stavanger est réputée pour son offre gastronomique de haut niveau. Les prix s'en ressentent : prévoyez un budget restauration plus élevé qu'ailleurs dans le pays.

Premier prix

Sirkus Renaa – *Sølvberggata 2 - 51 55 11 11 - restaurantrenaa.no - fermé le soir dim.-mar. - pizza 180/250 NOK.* Paninis et salades à midi, pizzas traditionnelles, plat du jour, glaces délicieuses... ou selon l'inspiration du chef le soir, le tout à l'orée de la maison de la Culture *(Kulturhus)* et en terrasse sur la sympathique petite place. Une vraie réussite ! Autre adresse, plus moderne et encore plus complète : *Lagårdsveien 61.*

Voir aussi **Lervig Local** dans *Prendre un verre.*

Budget moyen

Fisketorget – *Strandkaien 37 - sur le vieux port - 51 52 73 50 - fisketorget-stavanger.no - fermé dim. - plats 239/399 NOK - menu dégustation 750 NOK.* Savoureuse cuisine de la mer dans la structure de verre abritant le marché aux poissons et aux beaux jours, sur la terrasse attenante.

Casa Gio – *Pedersgata 48 - 92 43 82 27 - casagio.no - fermé à midi sf sam. et lun.-mar. - plats 265/295 NOK.* Ce restaurant intimiste fait partie de la jeune garde qui compte dans le paysage culinaire de Stavanger. Dans un cadre adorable, on déguste des plats d'inspiration italienne concoctés à partir de produits de qualité. Le menu change selon les arrivages, mais la cheffe propose régulièrement des ravioles maison succulentes. Très bonne carte des vins également. N'oubliez pas de réserver...

Pour se faire plaisir

Bølgen & Moi – *Norsk Oljemuseum - à 5mn à pied du centre - ✆ 51 93 93 51 - bolgenogmoi.no - fermé lun. - plats déj. 225/295 NOK - menus dîner 795/1125 NOK.* Le musée du Pétrole offre un décor exceptionnel pour apprécier une cuisine scandinave de haut vol. Les grandes baies vitrées de la salle à manger dévoilent une vue panoramique sur la mer entourant Stavanger. Une excellente adresse.

Une folie

Tango – *Skagen 3 - ✆ 51 50 12 30 - tango-bk.no - fermé à midi sf sam. et dim.-mar. - menu déj. sam. 750 NOK - menu dîner 1750 NOK.* Bar branché à l'étage ; restaurant très élégant et intimiste *(30 couverts)* au rez-de-chaussée où le chef compose chaque jour un nouveau menu. Le soir, menu unique composé de 7 plats, cuisiné avec des produits locaux. Autre atout, la grande variété de vins.

Sabi Omakase – *Pedersgata 38 - ✆ 92 54 37 81 - omakase.no - fermé à midi et dim.-mar. - menu 2 990 NOK.* Installez-vous à l'une des neuf places au comptoir pour profiter d'une expérience unique (étoilée au guide Michelin 2023), fondée sur 18 plats de sushis. D'excellents ingrédients norvégiens sont préparés avec un talent exceptionnel et enrichis de subtiles touches modernes.

K2 – *Pedersgata 69 - ✆ 97 95 61 20 - restaurantk2.no - merc.-sam. 18h-22h - menu 1430 NOK.* Une cuisine, sincère, délicieuse et durable. Étoile verte Michelin.

À Haugesund

Premier prix

Blue Bird Totalen – *Haraldsgata 173 - ✆ 92 92 33 50 - totalen.no - lun.-vend. 8h-17h, sam. 10h30-16h.* Idéal pour les petites faims, ce café moderne et chaleureux propose des expresso de qualité, des brioches savoureuses, des sandwichs richement garnis et des salades colorées.

Pour se faire plaisir

Lothes Mat & Vinhus – *Skippergata 4 - ✆ 52 71 22 01 - lothesmat.no - fermé à midi et dim.-lun. - menu dîner 725 NOK.* Aménagé dans une belle maison datant de 1850, on y sert une cuisine gastronomique à base de produits locaux.

Petite pause

Bøker & Børst – *Øvre Holmegade 32 - ✆ 51 86 04 76 -bokerogborst.no - tlj 10h-2h.* Un café littéraire à l'ambiance vaguement orientale. Accueil chaleureux et le meilleur café de la ville. Petite cour à l'arrière et musique live certains soirs.

FrK Krag Café – *Øvre Strandgate 79 - ✆ 90 64 81 87 - tlj sf dim. 11h-17h.* Ce petit café du Vieux Stavanger est à l'image du quartier : bohème, cosy et familial. Situé juste en face du musée de la Conserve, il plaira aux amateurs de gâteaux et pâtisseries mais peut également satisfaire les amateurs de salé avec quelques options légères pour le midi.

Prendre un verre

Lervig Local – *Alexander Kiellands gate 2A - lervig.no/local - 11h-0h, dim. 13h-20h.* Cet espace industriel, coloré et agréable, est géré par la désormais célèbre brasserie locale Lervig. Un lieu idéal pour tester les classiques comme les dernières productions, à accompagner de burgers *(185 NOK)*.

Cardinal – *Skagen 21 - cardinal.no - 15h-1h30 (vend.-sam. dès 12h).* Un pub au décor surchargé où l'on profitera de centaines de bières différentes et d'une atmosphère aussi joyeuse que chaleureuse.

En soirée

Backstage – *Skagenkaien 8 - ✆ 51 85 95 50 - tlj 20h-3h30.* Cette adresse programme des concerts (rock) tous les soirs.

Cementen – *Strandkaien 24 - cementen.no - tlj 20h-3h.* Ce bar installé dans une ancienne cimenterie offre une vue sur le port et des soirées animés. Concerts occasionnels.

Visites et activités

Un ticket pour un musée du réseau MUST (MUseum STavanger) vous donne accès à tous les musées MUST le même jour *(museumstavanger.no- 140 NOK).*

À pied

Guide Companiet AS – *✆ 51 85 09 20 - guidecompaniet.no.* Cette agence de guides propose des excursions autour des principaux sites historiques de la ville et dans les environs de Stavanger.

Nuart Street Art Tours - *streetarttours.no - juin-oct., au départ de l'office de tourisme - 200 NOK.* 1h30 de visite guidée à travers les rues de Stavanger pour découvrir les perles du Street Art.

Location de vélos

Bysykkelen - *kolumbus.no/reise/sykkel-oversikt/bysykkelen.* Location de vélos électriques. Il faut s'enregistrer sur le site.

Kayak

Fjordexpedition - *fjordexpedition.com.* Agence spécialisée dans les tours guidés en kayak.

En bateau

Au départ du vieux port (quais de Skagenkaien et de Strandkaien) ou du Fiskepirterminalen, plusieurs bateaux proposent des escapades exceptionnelles dans les fjords. Les billets s'achètent au départ des bateaux ou à l'office de tourisme. Environ deux départs tous les matins en été. Pour le tour du Lysefjord *(p. 166)* et autres paysages somptueux - *rodne.no* et *norled.no.*

Plages

De sable ou de galet, elles s'égrainent le long du littoral océanique au sud-ouest de la ville. La plus proche est Solastranden, proche de l'aéroport.

Hébergement

Stavanger, capitale de l'or noir norvégien, est une ville très onéreuse. Pourtant, en été, lorsque les hommes d'affaires font relâche, les touristes peuvent bénéficier de belles promotions.

Premier prix

Stavanger Camping Mosvangen – *Mosvangen 15 - ✆ 51 53 29 71 - stavangercamping.no - ♿ - camping et caravanes 450 NOK et 19 chalets 800 NOK (2 nuits mini).* À 3 km du centre-ville, au bord du lac Mosvatnet, ce camping ouvert toute l'année est bien équipé, notamment d'une piscine.

Pour se faire plaisir

Thon Hotel Maritim – *Kongsgata 32 - ✆ 51 85 05 00 - thonhotels.no - ♿ - 223 ch. à partir de 1895 NOK* ☕ Très central, cet hôtel offre des prestations irréprochables. Derrière la triste façade, les chambres s'avèrent modernes, colorées et chaleureuses.

Clarion Collection Skagen Brygge – *Skagenkaien 28-30 - ✆ 51 85 00 00 - strawberry.no - ♿ - 116 ch. 1986/2 290 NOK.* Cet hôtel, situé sur le quai et offrant de belles vues sur le port, abrite des chambres contemporaines et confortables.

Victoria Hotel – *Skansegata 1 - ✆ 51 86 70 00 - victoria-hotel.no - 107 ch. 1890/3390 NOK* ☕ - ✕. Ce grand bâtiment ancien comprend un restaurant de qualité, un bar, des chambres décorées avec goût. Très cher en dehors de l'été.

Au Preikestolen

Preikestolen Fjellstue/ Basecamp – *Preikestolvegen 521, Jørpeland - ✆ 51 74 20 74 - preikestolenbasecamp.com* - ✕. Camp de base – le terme convient très bien à ce complexe moderne et multiple situé au départ du sentier pour le Preikestolen. Géré par le DNT, il propose un grand choix d'hébergement : dortoirs, camping, *glamping*, cottages, hôtel, bien conçus et confortables. Café, restaurant. Nombreuses activités : kayak, randonnées...

À Skudeneshavn

Budget moyen

Norneshuset Overnatting – *Nordnes 7 - ✆ 90 05 90 07 - norneshuset.no - 4 ch. 1490 NOK* ☕ Une pension doublée d'un ponton ! Les chambres, rétro mais tout confort, sont aménagées dans un entrepôt du 19e s. acheminé de... Lettonie !

À Haugesund

On trouvera dans ce vaste port les hôtels confortables des chaînes Thon, Scandic, Quality et Clarion.

Budget moyen

Banken Hotel – *Strandgata 161 - ✆ 52 70 00 30 - banken-hotel.no - 52 ch. 1290/1600 NOK* ☕ Un solide et historique édifice bancaire (1919) s'est mué en un boutique-hôtel tout confort.

À Nesflaten (rte 13)

Budget moyen

Energihotellet – *Øvre Kilen 1, Nesflaten - ✆ 51 20 05 55 - energihotellet.no* - ✕ - *29 ch. 1690 NOK* ☕ Une étape originale – un hôtel design aménagé dans une ancienne centrale électrique – et tout confort si vous reliez Stavanger à Bergen par la route des montagnes. Architecture moderniste et panoramas superbes. Location de vélos électriques sur place.

Sur les eaux d'un fjord en kayak.
Marek Pelikan/Shutterstock

3

Le Nærøyfjord.
agustavop/Getty Images Plus

4

Les fjords de l'ouest

CARTE MICHELIN 752 B9-12 – MORE OG ROMSDAL ET SOGN OG FJORDANE

LES FJORDS DE L'OUEST
TRONDHEIM
TRONDHEIM
NORSKEHAVET
50 km
0
N
A
B
C
1
2
EXPRESS CÔTIER
Atlanterhavsveien
TROLLSTIGEN
ØRNEVEIEN
GEIRANGER
DALSNIBBA
Train de la Rauma
Ålesund
Runde
Vestkapp
Selje
Refviksanden
Kalvåg
NORDFJORD
Briksdalsbreen
Kjendalsbreen
MØRE OG ROMSDAL
SUNDALEN
DOVREFJELL-SUNNDALSFJELLA NASJONALPARK
BREHEIMEN NASJONALPARK
Kristiansund
Bremsnes
Kvernes
Langøya
Kårvåg
Averøya
Vevang
Bud
Molde
Hjertøya
Åndalsnes
Stigfoss
Gudbrandsjuvet
Valldal
Langfjorden
Storfjorden
Sunnylvsfjorden
Hjørundfjorden
Dombås
Aursjøen
Rauma
Driva
Lågen
Lom
Grotli
Breidalsvatn
Lægersvatna
1476
Stryn
Loen
Lovatn
Bødal
Ramnefjell
Olden
Innvik
Utvik
Byrkjelo
Sandane
Nordfjordeid
Giske
Alnes
Godøy
Ulsteinvik
Herøy
Ervika
Kråkenes
Vågsøy
Måløy
Florø
E39
E6
E136
15
60
61
63
64
70
71
663
664
5

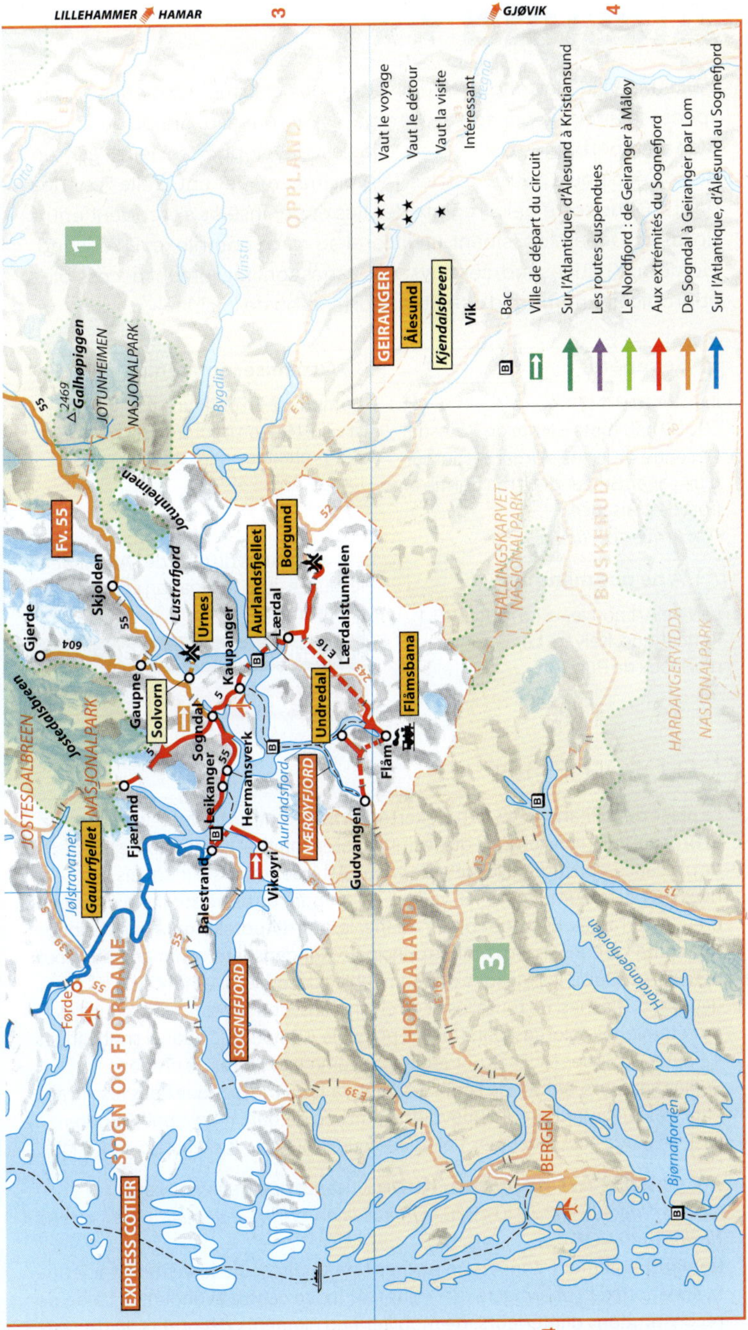
LILLEHAMMER
HAMAR
GJØVIK
HAUGESUND
3
4
A
B
C
1
3
GEIRANGER
Ålesund
Kjendalsbreen
Vik
Vaut le voyage
Vaut le détour
Vaut la visite
Intéressant
Bac
Ville de départ du circuit
Sur l'Atlantique, d'Ålesund à Kristiansund
Les routes suspendues
Le Nordfjord : de Geiranger à Måløy
Aux extrémités du Sognefjord
De Sogndal à Geiranger par Lom
Sur l'Atlantique, d'Ålesund au Sognefjord
OPPLAND
JOTUNHEIMEN NASJONALPARK
Galhøpiggen
2469
Jotunheimen
Bygdin
Vinstri
Otta
Begna
Fv. 55
Skjolden
Gjerde
Gaupne
Solvorn
Urnes
Lustrafjord
Jostedalsbreen
JOSTEDALSBREEN NASJONALPARK
Fjærland
Sogndal
Kaupanger
Aurlandsfjellet
Borgund
Lærdal
Lærdalstunnelen
Leikanger
Hermansverk
Balestrand
Vikøyri
Aurlandsfjord
NÆRØYFJORD
Undredal
Flåmsbana
Flåm
Gudvangen
HALLINGSKARVET NASJONALPARK
BUSKERUD
HARDANGERVIDDA NASJONALPARK
Gaularfjellet
Jølstravatnet
Førde
SOGN OG FJORDANE
SOGNEFJORD
EXPRESS CÔTIER
HORDALAND
Hardangerfjorden
BERGEN
Bjørnafjorden
E 16
E 39
55
5
604
52
243
13

Ålesund ★★

Voici une ville inattendue et qui saura vous charmer tant par son site spectaculaire que par son architecture Art nouveau. Située au centre d'un archipel baigné par l'Océan, elle s'est développée sur les rives d'un détroit et a peu à peu investi les îles voisines, reliées entre elles par des ponts. Dans cette belle région, des îles et péninsules s'étendent entre fjords et Océan, dessinant un littoral au tracé complexe. D'Ålesund, Molde ou Kristiansund, ces paysages variés sont facilement accessibles et propices à nombre d'activités sportives ou de loisirs.

Se repérer

CARTE P. 176-177 (B1).
58 509 habitants – More og Romsdal
Le centre de la cité s'organise autour d'un canal, Brosundet, transformé en port de plaisance.
« Arriver/partir » p. 185.

À ne pas manquer

La ville Art nouveau. La route de l'Atlantique. Kalvåg. Les colonies d'oiseaux de Runde.

Organiser son temps

Comptez 2-3h pour une flânerie dans la ville. Mais on peut trouver bien des prétextes pour s'attarder plus longtemps.

Avec les enfants

Les aquariums du parc de l'Atlantique, le musée de la Navigation et de l'Artisanat.

Carnet pratique p. 185

Nos adresses p. 186

Se promener

La **place de la Pharmacie★ (Apotekertorget),** où trône un fier matelot en bronze, et **Brosundet★**, l'ancien port de pêche, canal encombré de bateaux de pêche ou de plaisance, constituent le cœur de la cité. Attardez-vous sur les quais des deux rives du port pour admirer les voiliers ou prendre un verre sur l'une des nombreuses terrasses. Et prenez plaisir à flâner le long d'**Apotekergata** que prolonge **Kirkegata**, ou dans la rue piétonne principale, **Kongensgate**, commerçante. Vous détaillerez à loisir les façades des immeubles décorées avec fantaisie de frises fleuries, de flèches, de tourelles et de clochetons, de sculptures, de moulures et de céramiques colorées, dans le plus pur style Art nouveau auquel sont venues s'ajouter quelques touches norvégiennes comme des têtes de dragons.
Sur les hauteurs, autour de l'**église** datant de 1909 (ne manquez pas les vitraux et la fresque intérieure de Enevold Thømt) ou du parc municipal (Byprken) à l'est, on longe aussi quelques belles demeures, ainsi sur Kirkegata ou Parkgata.

★ Centre d'Art nouveau/Kube (JUGENDSTILSENTERET OG KUBE)

Apotekergata 16 - ✆ 70 10 49 70 - vitimusea.no/en - mar.-vend. 11h-17h - w.-end 11h-16h - 120 NOK.

Remarquablement conservée et méritant à elle seule la visite, l'ancienne Svaneapoteket (pharmacie du cygne) abrite ce centre évoquant, à l'aide de reconstitutions d'intérieurs, de mobilier et d'éléments décoratifs, la frénésie

Ålesund.
RudyBalasko/Getty Images Plus

créatrice de l'Art nouveau. Un film intéressant décrit les raisons de l'arrivée de l'Art nouveau à Ålesund, ainsi que les autres cités emblématiques de ce courant (Bruxelles, Helsinki, Glasgow, Rīga...). Une capsule multimédia vous fait revivre l'incendie de 1904 et la reconstruction de la ville façon « machine à remonter le temps ». Belle boutique et café sur place.
Un tunnel relie le Centre à son voisin, le **musée d'Art (Kunstmuseet) KUBE** (que l'on peut visiter indépendamment). Aménagé au sein de l'ancien siège d'une banque, il sert de cadre à des expositions d'art contemporain et de design.
Au-delà de l'hôtel Thon, sur **Molovegen** qui prolonge Apotekergata, quelques entrepôts en bois et des ateliers au bord de l'eau sont les rares et derniers témoins d'Ålesund avant l'incendie de 1904. On y trouvera une verrerie, un magasin d'antiquités, un café-concert *(teaterfabrikken.no)* et un joli petit **musée de la Pêche** (**Fiskeri Museum** - *Molovegen 10 - ✆ 70 23 90 00 - vitimusea.no/en - de fin juin à mi-août : 11h-17h [16h le w.-end]; reste de l'année : w.-end 11h-16h - 80 NOK*) aménagé dans un entrepôt de 1861. Du musée, qui comprend également d'anciennes embarcations et une fabrique de tonneaux, on atteint le bout de la **jetée** qui garde l'entrée du port; le meilleur endroit pour observer le ballet des bateaux et regarder le soleil se coucher (ou pas...).

4

★ Musée d'Ålesund (ÅLESUNDS MUSEUM)

Rasmus Rønnebergs gate 16 (accès par des marches à partir de Korsegata, à côté de la poste) - ✆ 90 57 12 60 - aalesunds.museum.no - juin-sept. : 11h-15h (w.-end 12h) - 80 NOK. Installé dans une maison jaune dominant la cité, ce musée rétro et émouvant évoque le passé de la ville : son développement, l'occupation allemande et la vie quotidienne des habitants (reconstitution de boutiques et d'intérieurs, notamment un terrifiant cabinet de dentiste, maquettes de navires...).

Une ville nouvelle

Le samedi 23 janvier 1904, après une tempête d'une rare violence, Ålesund fut ravagée par les flammes ; le centre de la cité fut presque entièrement détruit et 10 000 personnes se retrouvèrent sans abri du jour au lendemain. De nombreux pays envoyèrent des secours, l'empereur Guillaume II se montrant particulièrement généreux (ce qui explique sans doute l'allure germanique de la cité). La ville fut reconstruite en trois ans dans le style en vogue, l'**Art nouveau.** Il reste quelque 350 bâtiments de cette époque, une concentration unique donnant à la ville d'aujourd'hui son cachet inimitable.

Le long de Brosundet, **Skansegata**, qui accueille le matin un marché aux poissons, mène au petit terminal des navettes rapides vers les îles, puis au **Skansekaia** où accoste chaque jour l'Express côtier.

Mont Aksla

À l'est, Parkgata et Parkveien, dans un beau quartier résidentiel, permettent d'atteindre un parc **(Byparken).** De là, un escalier de 418 marches grimpe en zig-zaguant jusqu'au sommet d'où l'on bénéficie d'une **vue fantastique★★** sur la ville et les différentes îles. Une étape obligatoire de votre séjour à Ålesund !

À proximité

CARTE P. 176-177

★ Musée de la Navigation et de l'Artisanat (SUNNMØRE MUSEUM)

Museumsvegen 12 (à l'entrée est de la ville par la E 136) - 70 23 90 00 - vitimusea.no/en - mai-sept. : 10h-17h ; reste de l'année : mar.-vend. 11h-17h, w.-end 12h-16h - fermé 1er janv., 24-26 et 31 déc. - 120 NOK - accès : bus 601 dir. Moa.

Dans un superbe cadre, ce très beau musée en plein air raconte la région à travers cinquante maisons et de nombreux bateaux présentés. L'artisanat, le quotidien, l'habitat... on apprend beaucoup tout en s'offrant une belle balade. Le tout proche *(6mn à pied)* **musée médiéval (Middelaldermuseet)** complète la visite *(Borgundgavlen 21 - de fin juin à mi-août : 11h-17h (12h-16h le w.-end), même ticket)*. Sur le site même de fouilles effectuées depuis plusieurs décennies, vous découvrirez l'histoire d'une communauté de marchands installée ici au Moyen-Âge.

Parc de l'Atlantique (ATLANTERHAVSPARKEN)

À Tueneset, à 3 km à l'ouest du centre-ville. 70 10 70 60 - atlanterhavsparken.no - - juin-août : 9h-17h ; reste de l'année : se rens. - fermé 1er janv., 17 mai, 23-26 et 31 déc. - 250 NOK - accès : bus 1 (en été : bus « Aquarium bus »).

Aménagé dans un site magnifique, ce parc abrite de grands aquariums marins thématiques construits dans la roche bordant la côte. On y découvre – des heures durant tant le complexe est vaste et bien conçu – la faune marine de la région. Des sentiers de promenade au bord du littoral permettent de prolonger la visite.

Île de Giske B1

À 14 km à l'ouest par la route 658 (péage).

Cette île, dont serait originaire le chef viking **Rollon**, qui fut le premier duc de Normandie (911-933) et l'ancêtre de Guillaume le Conquérant, est reliée à Ålesund et à la côte par des ponts et des tunnels.

Église - *✆ 70 18 09 90 ou 90 59 70 55 - de fin juin à fin août : 10h-17h, dim. (13h-17h) - 100 NOK.* Cette charmante église romane en marbre fut restaurée au 18e s., la chaire et le retable datant de cette époque.
Au-delà, à la pointe de l'île de **Godøy**, le phare d'Alnes, bâti en 1876 *(✆ 90 85 44 49 - alnesfyr.no - centre d'expérience, galerie et café tlj sf lun. 11h-17h (18h jeu.) ; visite de phare ttes les h de 12h à 15h - 80 NOK)* reçoit de plein fouet les bourrasques de l'Atlantique, que l'on contemple de la tour ou derrière la grande baie vitrée du restaurant. **Alnes** est un pittoresque village de pêcheurs et le littoral de l'île propice à de belles balades.

★ Île de Runde A1-2

à 80 km d'Ålesund, avec passage de ferry vers Hareid. Ou excursions à la journée organisées au départ des quais de Skateflukaia à Ålesund (informations à l'office de tourisme - ✆ 70 30 98 00 - tte l'année, lun.-vend. jusqu'à 3 dép./j en été - 458 NOK).
Plus éloignée de la côte, Runde est une **réserve ornithologique** renommée. Plus de 1,5 million d'oiseaux de 40 espèces nichent sur les falaises entre mars et août. Les macareux ont la vedette. Sur place, des chemins de randonnées, tous aussi spectaculaires les uns que les autres, permettent de sillonner l'île. Le **Centre environnemental** *(Runde Miljøsenter - runde.no et opplevrunde.no - juin-août : 11h-19h ; reste de l'année : se rens. - 150 NOK)* permet d'en savoir plus sur l'avifaune locale et l'histoire de l'île où l'on a retrouvé un grand nombre de monnaies anciennes. Il organise aussi des sorties d'observation des oiseaux en mer ou sur terre. On peut également y passer la nuit.

Sur l'Atlantique, d'Ålesund à Kristiansund

CARTE P. 176-177

Circuit de 150 km tracé en vert sur la carte. Quitter Ålesund par la E 136/E 39 vers Trondheim. Après 65 km, prendre à Furneset le ferry traversant le fjord de Romsdal (Romsdalsfjorden) jusqu'à Molde.

Molde B1

Depuis le passage des bombardiers allemands, il ne reste rien des belles ruelles aux maisons de bois que montrent les photos en noir et blanc. Aujourd'hui, Molde est une cité commerçante moderne, réputée pour ses roses, ses sodas *Brus* (créés par Oskar Sylte il y a plus de 80 ans) et son **site formidable**. Voici une **ville-tribune** où tous les habitants, ou presque, bénéficient d'une vue superbe sur le Moldefjorden, ses îles, quelques-uns des 222 sommets qui occupent l'horizon, pics pointus et enneigés, les collines verdoyantes et sur le ballet des voiliers, des ferrys effilés et de l'Express côtier. On admire l'ensemble sans se lasser, depuis les quais aménagés en agréable promenade.
C'est au bout de la longue Storgata, bordée de commerces, que se trouve la zone hôtelière dans un quartier à l'architecture parfois osée : dressé comme une voile au-dessus du fjord, l'**hôtel Scandic Seilet** en est un bel exemple. Son voisin, le **stade Aker**, où joue le Molde FK (5 fois champion de Norvège, notamment sous la direction d'Ole Gunnar Solskjær), rendrait jaloux bien des clubs français ou belges. Molde s'est également dotée de **Plassen**, un théâtre et centre culturel, qui accueille son célèbre festival de jazz, dont le toit offre de belles vues.

Sur les hauteurs de la cité, parmi les jolies villas cernées de jardins, le **musée en plein air du Romsdal★** (**Romsdalmuseet -** *Per Amdamsvei 4 - ✆ 71 20 24 60 - de mi-juin à fin août : 11h-17h ; reste de l'année : mar.-vend. 11h-16h, w.-end 12h-16h - www.romsdalsmuseet.no - 160 NOK*), que l'on parcoure comme un village, regroupe depuis 1912 une cinquantaine de maisons anciennes. **Krona**, le musée attenant, logé dans un remarquable édifice moderne (2016) effilé et habillé de bois clair, offre une plongée dans le folklore et l'histoire de la région. La fabrication des *bunad* (costumes traditionnels) n'aura plus aucun secret pour vous.

D'un embarcadère situé sur la place du marché (Torget), décorée d'une statue de cueilleuse de roses, des navettes mènent en été sur la longiligne île de **Hjertøya**, qui abrite un **musée de la Pêche (Fiskerimuseet -** *✆ 71 20 24 60 -* **de fin juin à mi-août :** *se rens. pour les horaires - 160 NOK*). On pourra par ailleurs profiter d'un bel environnement de rochers, forêt et plages pour d'agréables balades, voire d'une fraîche baignade.

Quittez Molde en suivant la route 64 dir. Eide. Après le tunnel payant (qu'il est possible de contourner), suivez à gauche la direction de Bud (route 664).

Bud B1

Ce petit **village de pêcheurs** était, aux 16e-17e s., un comptoir maritime majeur. Aujourd'hui, il disperse ses maisons colorées face à l'Atlantique. Le port est dominé par d'imposants séchoirs à poissons juchés sur un toit. Quelques *rorbuer* abritent les touristes et un sympathique restaurant (*➲ p. 187*) invite à une halte. La côte et ses immenses rochers peuvent être approchés et parcourus le long de jolis **sentiers** qui zigzaguent dans la lande (suivre les panneaux indiquant « Kyststien »). Surplombant l'ensemble, un **fort**, construit par les nazis pour garder l'entrée des fjords, a été transformé en musée (*✆ 91 51 05 26 - de fin juin à mi-août 11h-15h - 160 NOK*).

Poursuivez la route littorale en direction de Kristiansund.

★★ La route de l'Atlantique (ATLANTERHAVSVEIEN) BC1

▶ *De Bud à Kristiansund (64 km), comprenant la spectaculaire portion Fv. 64 - Infos sur : nasjonaleturistveger.no/en/routes/atlanterhavsvegen.*

Cette formidable route littorale – l'une des 18 routes nationales touristiques (*➲ p. 430*) – offre de superbes points de vue sur la mer et la géographie fascinante de la région. Les invitations à faire des haltes sont multiples : panoramas, promenades aménagées, rochers plats où pique-niquer... Son apogée ? Une portion de 9 km entre **Vevang** et **Kårvåg**, construite en utilisant un **chapelet d'îles** comme points d'appui, franchit les bras de mer sur huit ponts (dont l'un dessine une sorte d'ellipse dans l'espace qui donne l'illusion de s'envoler). Le résultat est absolument étonnant : les îles plates et dénudées, les récifs et la mer toujours présente, souvent houleuse et charriant de gros rouleaux, s'allient pour créer un grandiose spectacle maritime au sein duquel l'automobiliste semble s'être aventuré par intrusion ; profitez alors des quelques points d'arrêt pour gonfler vos poumons de cet air chargé d'iode et d'embruns.

Un dernier pont et vous voilà sur l'île d'**Averøya**. Dans ce paysage de prairies, de landes et d'étangs, chaque hameau, chaque petite route qui part vers la côte découpée ou vers l'intérieur des terres invite à un détour. Si vous en avez le temps, n'hésitez pas, vous ne serez pas déçus. Les pensions, campings (et restaurants), d'où l'on peut naviguer, pêcher et marcher, ne manquent pas jusqu'à Kristiansund et permettent de passer la nuit dans cette belle région. Faites un petit détour par la petite île de **Langøya**, au nord, connue pour son *klipfisk* (morue séchée). Puis à **Kvernes**, où se dresse une minuscule église en bois debout élevée à partir du 13e s. (**Kvernes Stavkirke** - *de déb. juin à déb. sept. : 11h-17h - 100 NOK*).

La route 64 traverse Averøya jusqu'au tunnel long de 7 km qui plonge profondément sous terre pour remonter à Kristiansund.

Les cyclistes ont le choix entre un taxi (réserver au ✆ 71 67 22 22) ou le bus qui relie Averøya à Kristiansund (2 emplacements vélos par bus - 6 à 12/j. - 20mn - 46 NOK/pers. et 23 NOK par vélo - ✆ 71 28 01 00 - frammr.no).

Kristiansund C1

S'il est en Norvège une **cité maritime**, c'est bien Kristiansund (25 000 habitants) ! Reconstruite après la Seconde Guerre mondiale, enrichie jusque dans les années 1950 par la morue, cette agréable étape sur la route de l'Atlantique est constituée de **quatre quartiers juchés sur trois îles** (que relient d'audacieux ponts) encerclant le port.

Kirkelandet, le centre-ville, est bâti en amphithéâtre sur une pente dévalant vers le port. Un quartier résidentiel, tout en haut, avec de belles maisons de bois, une curieuse église moderne et deux rues piétonnes bordées de commerces. La promenade que constitue le quai principal autour de Torget est animée par quelques restaurants et poissonneries, la gare routière et maritime et le va-et-vient des bateaux de toutes tailles (voiliers, kayaks, chalutiers, Express côtier).

Innlandet, au sud, compte, le long de Skippergata, les plus anciennes maisons de Kristiansund, regroupées sous le nom de Gamlebyen (« vieille ville »). Ne manquez pas, par exemple, l'ancien café Dødedalen et la propriété de Lossius (1780) dont le jardin s'achève par un ponton.

Gomalandet, à l'est du centre-ville, vaut pour son intéressant **musée norvégien de la Morue** (**Norsk Klippfiskmuseum** - *Milnbrygga - ✆ 99 62 62 02 - nordmore.museum.no, en norvégien - de fin juin à fin août : 12h-17h - 120 NOK*). Aménagé dans un bel entrepôt blanc en bois, le Milnbrygga, il vous apprendra tout sur l'animal, sa pêche, son commerce et son utilisation. Une visite intéressante à compléter par la dégustation d'une *bacalao* façon Kristiansund sur le port.

Quant au quartier **Nordlandet**, il est dominé par une photogénique église au clocher trapu.

☺ Un petit bac, le Sundbåt, fait la navette depuis 1876 entre les quatre quartiers *(horaires sur sundbaten.no - gratuit)*.

Parmi les excursions possibles, retenez celle vers l'îlot de **Grip**. À 15 km au large, quelques maisons de bois de l'ancien village de pêcheurs se serrent sur un espace minuscule autour de **Grip Stavkirke,** une église en bois debout fondée en 1470. Avec sa nef de 12 m de long, elle est l'une des plus petites églises de Norvège. En été, un bateau part de Torget *(gripruta.no (en anglais) - 590 NOK)*.

Rejoindre Trondheim

Les deux itinéraires suivants sont des alternatives à la très directe route E 39. Quelle que soit l'option choisie, les possibilités d'hébergement – et de bien d'autres détours – ne manquent pas.

★★ **Option littorale via Aure** – *211 km. Quittez la ville en direction de l'aéroport et prenez le ferry de Seivika à Tømmervåg (fjord1.no/eng).* La route 680 slalome entre les îles et les fjords, à travers prairies et forêts. Une géographie complexe pour une grande variété de beaux paysages. On aura envie de s'attarder, de pousser jusqu'aux îles de Smøla ou Hitra.

Après Aure, à Vean, laissez momentanément la route 680 sur la gauche et longez le fjord sur la droite. La route s'élève et offre un panorama superbe sur le **Årvågsfjord**, étroit, où les reliefs boisés plongent dans les eaux métalliques. Toundra, petits lacs cernés de terres spongieuses vous accompagnent jusqu'à la route 680 qui se poursuit jusqu'à **Kyrksæterøra**. *De là, suivez la route 714 dir. Orkanger, puis la E 39 vers Trondheim.*

Option rurale via Surnadal – *215 km. Quittez Kristiansund par la route 70 qui rejoint la route E 39 que vous suivez. 7 km après le passage en ferry (fjord1.no/eng), prenez la route 65 à droite.* La route serpente entre les îlots et bras de fjords. Elle s'élève soudain pour longer des lacs et traverser des forêts jadis peuplées d'ours. On découvre bientôt un beau panorama sur le **Surnadalsfjord**.

À Surnadal, suivez la route 65 dir. Rindal. La route suit la large rivière Surna, bien connue des pêcheurs. Forêts et prairies accueillent çà et là des campings au milieu de paysages typiques de la Norvège rurale. **Rindal**, village moderne qui vit de l'industrie du bois, vaut pour son original hôtel à l'ancienne *(sagatrollheimenhotel. no/en).*

La route 65 rejoint Orkanger d'où une trentaine de kilomètres d'autoroute mènent à Trondheim.

★ Sur l'Atlantique, d'Ålesund au Sognefjord

CARTE P. 176-177

Circuit de 550 km tracé en bleu sur la carte. Comptez 3 jours minimum.

La **partie littorale de la région des fjords de l'ouest** est souvent négligée au profit des itinéraires intérieurs. Si vous êtes amateurs de paysages côtiers, consacrez-lui quelques jours, vous ne serez pas déçu ! Le long de cet itinéraire, les hébergements de tous types ne manquent pas.

Pour les horaires de ferries : *fjord1.no*

Au départ d'Ålesund, *via* l'E 39, la route 61 et le ferry pour Hareid, vous rejoignez le paradis des oiseaux qu'est l'île de **Runde** ★ *(p. 181)*. Sur le trajet, la dynamique petite ville d'**Ulsteinvik** et d'innombrables îlots invitent à faire étape. Pensez au joli site du musée côtier de **Herøy** (**Herøy Kystmuseum** - *48 04 63 38 - juin - fin sept. w.-end 11h-17h (tlj 11h-17h de fin juin à mi-août) - 100 NOK).*

La route 61 sillonne les paysages de l'île de Gurskøya et vous conduit à l'embarcadère du ferry entre Årvika et Koparnes. La traversée est superbe. Poursuivez sur la rte 61 (ou contournez toute la péninsule si vous avez le temps), elle vous mène de villages ruraux en panoramas sur les fjords, de départs de sentiers vers les lacs d'altitude en détours inattendus. Et ce jusqu'à **Selje** ★ *(rte 618)*, une attachante localité dont les maisons colorées se lovent autour d'une plage de sable blanc. De là, un bateau *(fjordguidingselje.no - 2/j.)* vous attend pour rejoindre l'**île de Selja** où se dressent les ruines d'un monastère du 12e s. Autre option, partir à la découverte en voiture et à pied des merveilles de la péninsule menant au **Vestkapp**★. Au programme : randonnées au-dessus des flots, plages superbes et isolées (Hoddevik pour les surfeurs, Ervik...), panoramas époustouflants, sensation de plénitude.

De Selje, rejoignez **Måløy** *(p. 198)*, et la plage inoubliable de **Refviksanden**★★ *(p. 197).*

De Måløy, un ferry serpente entre les rochers pour rejoindre la rte 616 sur l'île de **Bremangerlandet** où vous suivrez la direction de Kalvåg. Bremangerlandet et sa voisine **Frøya** contiennent toute la beauté du littoral norvégien. Criques profondes, reliefs photogéniques, vallées rurales, maisons colorées, lande rocheuse… Au bout de la route, le village de **Kalvåg★**, tout en couleurs, est une halte enchanteresse *(pensez à l'hôtel-restaurant Knutholmen ! -* *p. 187**)*.

Revenez vers l'embarcadère et, de là, suivez la direction de **Florø** *(routes 616 et 614 - Strandgata 30)*, le long de paysages variés, tantôt haute montagne, tantôt bord de fjords. Florø, en bout de péninsule, étape de l'Express côtier et petite ville (9 000 habitants) enrichie par la pêche aux harengs, saura vous charmer avec sa rue principale *(Strandgata)* bordée de maisons de bois colorées et ses bières artisanales.

Faites un détour par le musée local *(Kystmuseet i Sogn og Fjordane - misf.no/kystmuseet - 120 NOK)* qui, les pieds dans l'eau, raconte les liens entre la cité et l'océan. Et, si l'envie vous prend de vous attarder, partez à la découverte des îles alentour.

La route 5, qui s'éloigne de la côte, vous conduit ensuite vers **Førde**, ville sans charme qui s'anime toutefois en juillet le temps d'un formidable festival de *world music (fordefestivalen.no)*. De là, pour rejoindre le Sognefjord, optez pour la **route nationale touristique Gaularfjellet★★** *(nasjonaleturistveger.no/en)* qui débute à l'est de Førde par l'E 39 *(suivre immédiatement la rte Fv. 13)*. Se présentent alors à vous de superbes paysages de montagnes. Lacs, vallées, panoramas, routes ondulantes… Avec, comme point d'orgue, au lieu-dit **Utsikten**, une **plate-forme d'observation en équilibre**, suspendue, qui offre une vue à couper le souffle.

La Fv. 13 rejoint ensuite le Sognefjord à **Balestrand** *(**p. 203**)*.

Carnet pratique

S'informer

Office du tourisme – *Skateflukaia - Ålesund - 70 30 98 00 - fjordnorway.com.*

Arriver/partir

En avion

De/vers Ålesund – De l'aéroport de Vigra *(67 03 21 21 - avinor.no - relié à la ville par le Vyflybussen FB65 en 120mn - 119 NOK)*, liaisons quotidiennes avec Oslo, Trondheim, Bergen, Amsterdam et Copenhague.

De/vers Molde et Kristiansund – Vols vers Oslo, Bergen et Trondheim.

De/vers Florø – Vols vers Oslo et Bergen avec DAT et Widerøe.

En bateau

Express côtier – L'Hurtigruten *(hurtigruten.fr)* et Havila *(havilavoyages.com)* font escale à Skansekaia et permettent une courte balade en ville. Escales également à Florø, Molde et Kristiansund.

Hurtigbåt – Beau trajet en catamaran entre Kristiansund et Trondheim *(2 à 3/j. en 3h30 - atb.no)*. De Selje, Måløy et Florø, **catamaran express** vers Bergen *(1 à 2/j. - norled.no)*.

En bus

De/vers Ålesund – De la gare routière en centre-ville *(Rutebilstasjon - Keiser Wilhemsgate 6)*, bus pour Oslo, Trondheim *(7h30)*, Bergen *(9h)*, Molde *(2h30)*, Geiranger *(3h30)*, Stryn *(3h15)* et Åndalsnes *(2h - relié au réseau ferré national)*.

De/vers Molde – Liaisons pour Åndalsnes, Kristiansund, Ålesund.

De/vers Kristiansund – Terminus sur Nordmøskaia. Liaisons vers Molde *(correspondance pour Ålesund)*, Trondheim, Oslo, Oppdal, Sunndalsøra.

Pour un trajet planifié Ålesund, Geiranger, Åndalsnes, voir Geirangerfjord in a Nutshell p. 201.

En voiture

L'accès au centre-ville d'Ålesund est soumis à péage automatique *(autopass.no/en/autopass* *p. 435)*. Pour se garer, jouez la sécurité avec le parking souterrain du centre commercial de Rådhuset.

Se déplacer

Informations sur les transports régionaux : *entur.no.*

Agenda

Festival d'opéra – Début février à Kristiansund. *oik.no.*

Tahiti Festivalen – Festival musical à Kristiansund fin juin.

Molde Jazz – Festival international de jazz (le plus vieux d'Europe) en juillet à Molde. *moldejazz.no.*

Båtfestival – Festival des bateaux (et de la musique) à Ålesund en juillet.

Førde Festivalen – Festival de *world music* à Førde en juil. *fordefestivalen.no*

Jugendfest – Festival musical à Ålesund mi-août.

Nos adresses

Restauration/Pause

À Ålesund

Premier prix

Molo Brew – *Keiser Wilhelms gate 2 - 40 43 68 83 - molobrew.no - fermé lun. et à midi sf w.-end - burgers 175/195 NOK.* Située sur le quai des navires de croisières, cette micro-brasserie propose une vingtaine d'excellentes bières à accompagner de burgers. Terrasses, vaste salle au décor industriel et tables de jeux.

Racoon Coffee – *Kongens gate 6 - 96 91 95 88 - racooncoffee.no - fermé le soir - wrap 109 NOK.* Un lieu sympathique idéal pour une pause gourmande : excellents cafés, viennoiseries, salades, wraps...

Budget moyen

XL Diner – *Skaregata 1B - 70 12 42 53 - xldiner.no - fermé à midi et lun. - plats 379/529 NOK.* Restaurant de fruits de mer (avec vue sur le port), réputé notamment pour ses préparations à base de cabillaud.

Pour se faire plaisir

Apotekergata No.5 – *Apotekergata 5 - 70 11 45 00 - apotekergata5.no - tlj, service continu - plats 425/550 NOK, menu 950 NOK.* Situation incomparable (terrasse sur l'eau) et cuisine raffinée. Dispose également d'une boutique pour les petites faims.

À Molde

Premier prix

Testez les beaux sandwichs, *sveler* et viennoiseries de **Konditori Kneippen** *(Torget 1 - lun.-vend. 9h-20h, sam. 9h-18h)*, un lieu aussi simple que chaleureux.

Budget moyen

Glass – *Torget - 90 41 30 89 - glassmolde.no - fermé à midi sf sam. et lun. - plats 350/465 NOK,* *pizzas 270 NOK.* Très bon restaurant italien. Salle chaleureuse ou terrasse face à la mer.

À Bud

Budget moyen

Bryggjen – *Vikavegen 143 - ☎ 71 26 11 11 - bryggjen.no - fermé le soir et lun.-merc. et vend., ouv. tlj de mi-juin à mi-août - plats env. 350 NOK.* Dans une salle lumineuse et ouverte sur la mer, vous profitez d'un buffet simple et de qualité regroupant quelques classiques régionaux : boulettes de poisson, *klipfisk*, desserts généreux. Accueil impeccable.

À Kristiansund

Budget moyen

Sjøstjerna – *Skolegata 8 - ☎ 48 20 23 74 - sjostjerna.no - fermé lun.et à midi sf w.-end - plats 295/370 NOK.* Sympathique adresse, un peu rétro, spécialisée dans les plats de poissons.

Pour se faire plaisir

Bryggekanten – *Storkaia 1 - ☎ 71 67 61 60 - www.fireb.no - 18h-22h - restaurant fermé dim.-lun.et à midi, brasserie fermée dim. - plats 235/445 NOK, menus 755/1175 NOK.* Sur un ponton au bord de l'eau, une brasserie courue à la carte bien faite, simple à midi, plus élaborée en soirée.

À Kalvåg

Budget moyen

Knutholmen – *Holmen 19- ☎ 57 79 69 00 - knutholmen.no - fermé à midi lun.-sam. et dim. soir - plats 300/350 NOK, le sam. menu « festin de la mer » 925 NOK.* Une salle moderne et chaleureuse, un immense ponton-terrasse sur le port et, dans l'assiette, la pêche du jour remarquablement préparée. Que demander de plus ?

À Florø

Les adresses se concentrent sur 50 m, le long de la charmante rue Strandgata. *Fish & chips* à emporter au comptoir du **To Kokker** *(9h-23h, dim. 12h-23h)* ; bière, pizza et plats en sauce sur le port au pub **Hjørnevikbua** *(mar.-sam. 17h-2h)* ; petites préparations colorées au **Vesle Kinn** *(merc.-jeu. 18h-23h, vend. 16h-0h, dim. 18h-0h)*, qui accompagnent à merveille les remarquables bières de la micro-brasserie *(kinn.no)*.

Activités

Les options ne manquent pas dans la région : nautisme et pêche, ornithologie, VTT, alpinisme, kayak, excursions en bateau (Runde, les fjords) ou en bus (Geiranger, par exemple), randonnée le long des fjords ou dans les îles et ski en hiver. Les offices du tourisme ou le site **fjordnorway.com** offrent la possibilité de réserver des excursions sur place ou en ligne, *via* d'innombrables agences spécialisées.

Voir aussi Geirangerfjord in a Nutshell p. 201.

Hébergement

Les adresses qui suivent concernent les villes principales de la région. Il existe de nombreuses autres options dans les villages qui se trouvent le long des fjords et du littoral ou dans les îles : hôtels, pensions, campings, etc.

À Ålesund

Budget moyen

Thon Hotel – *Molovegen 6 - ☎ 70 10 20 80 - thonhotels.com - ♿ - 175 ch. 1642/2 460 NOK ☕ - ✕.* Un hôtel moderne et tout confort.

Pour se faire plaisir

Hotel Brosundet – *Apotekergata 1-5 - ☎ 70 10 33 00 - brosundet.no - ♿ - 131 ch. 1800/3 400 NOK ☕ - ✕.* Ce remarquable hôtel a investi une demeure Art nouveau construite

4

en 1905 au cœur de la ville. Le prestigieux cabinet d'architecte norvégien Snøhetta signe la décoration. Superbe.

Une folie

Storfjord Hotel – *Øvre Glomset - Skodje - ✆ 70 27 49 22 - storfjordhotel.com - ♿ - 30 ch. - 3 290/6 890 NOK ☕ - ✕.* À 30 km à l'est d'Ålesund, la retraite chic par excellence. Une nature superbe et une décoration qui fait la part belle au bois doux et chaleureux.

À Molde

Premier prix

Molde Vandrerhjem – *Raumavn 2-4 - ✆ 71 25 94 70 - ♿ - 33 ch. 1190/1410 NOK ☕.* Dans cette auberge de jeunesse située à 2 km à l'ouest du centre-ville, on jouit de belles vues sur le fjord.

Budget moyen

Thon Hotel Moldefjord – *Storgata 8 - ✆ 71 20 35 00 - thonhotels.com - ♿ - 74 ch. 1695/1975 NOK ☕ - ✕.* Sur le quai de l'Express côtier, l'hôtel compte des chambres de tailles variées, colorées et tout confort.

Pour se faire plaisir

Molde Fjordstuer – *Julsundveien 6 - ✆ 71 20 10 60 - classicnorway.no - ♿ - 60 ch. 1815/2 720 NOK ☕ - ✕ fermé dim.* Donnant directement sur le port, cet hôtel très agréable offre de belles vues sur le fjord.

Sur la route de l'Atlantique

Pêche en mer, voile, balades en bateau... et restaurant de poissons pour se remettre de ses émotions, au milieu de nulle part !

Premier prix

Skjerneset – *Ekkilsøy - ✆ 91 69 34 80 - mai-nov. : cabines 800/1200 NOK.* Camping, studios et hytter basiques mais très bien situés.

Une folie

Håholmen Havstuer – *Håholmen 1, Averøy - Kårvåg - ✆ 71 51 72 50 - classicnorway.com - ♿ - de mi-mai à mi-sept. - 47 ch. 2 635/3 615 NOK ☕ - ✕.* Une option confortable pour se loger sur la route de l'Atlantique.

Voir aussi les chambres et *rorbu* proposés à **Bud** (☛ *p. 182*).

À Kristiansund

Budget moyen

Thon Hotel – *Fiskergata 12 - ✆ 71 57 30 00 - thonhotels.com - ♿ - 97 ch. 1295/1695 NOK ☕ - ✕.* Une belle adresse ! Dans un bâtiment portuaire réhabilité d'Innlandet, des chambres modernes décorées sobrement mais avec goût. Vues sur le port et excellent petit-déjeuner sur le ponton aux beaux jours.

À Kalvåg

Pour se faire plaisir

Knutholmen – *Holmen 19- ✆ 57 79 69 00 - knutholmen.no - ♿ - à partir de 1701 NOK (2 nuits mini).* Appartements, chambres, *rorbu*, maison... l'enseigne propose nombre d'options à travers le village, toutes aussi confortables qu'élégantes. (☛ *voir aussi Restauration, p. 187*). Nombreuses activités possibles alentour.

À Florø

Pour se faire plaisir

Quality Hotel – *Hamnegata 11 - ✆ 57 75 75 75 - strawberry.no - ♿ - 79 ch. à partir de 1890 NOK ☕ - ✕.* Cet élégant hôtel « les pieds dans l'eau », aux façades couvertes de bardage jaune, est composé d'une partie ancienne, auparavant utilisée comme saloir à harengs, et d'une extension moderne. Il propose des chambres standards déclinées sur un thème maritime.

Geiranger ★★★
et le Nordfjord ★★★

Ce petit village touristique porte l'un des noms les plus célèbres de Norvège, et pour cause : il est niché au cœur d'une région fameuse pour ses paysages, sans doute les plus beaux et les plus impressionnants du pays. Le fjord étroit, qui change au fil des heures et au gré des saisons, invite à une contemplation fascinée. Des routes sinueuses vous mènent à ses eaux vertes ou à des lacs d'altitude gelés. En suivant son voisin le Nordfjord en direction de l'Océan, des paysages variés défilent et ne lassent pas de surprendre : villages bucoliques, glaciers imposants, reliefs aux formes multiples. Les randonneurs et les sportifs en ont fait leur royaume. La route file jusqu'au port de Måløy et l'île de Vågsøy où une plage de sable blanc inattendue dessine le fond d'une baie.

Se repérer

CARTE P. 176-177 (AB2).
215 habitants – Møre og Romsdal
Geiranger est relié au « reste du monde » par la route 63.
« Arriver/partir » p. 199.

À ne pas manquer

Une balade en bateau sur le Geirangerfjord. Trollstigen.
Suivre les rives du Nordfjord. La plage de Refviksanden.

Avec les enfants

Le Centre norvégien du fjord et les promenades à poney.

Carnet pratique p. 199

Nos adresses p. 200

Se promener à Geiranger

Entouré de hautes montagnes dont les sommets atteignent près de 1600 m, **Geiranger** est blotti au fond du Geirangerfjord, lui-même bras annexe du Storfjord et inscrit au Patrimoine mondial de l'Unesco. Les nuages défilent entre les reliefs en suivant ses courbes, tout comme les paquebots qui arrivent tôt le matin. Les cascades et les rayons du soleil dessinent ensemble des arcs-en-ciel. Au crépuscule, les neiges éternelles se teintent de rose. Un paysage aussi superbe que changeant... Malgré ses atouts touristiques exceptionnels, qui provoquent un certain encombrement en été *(juin-août)*, le village a conservé son atmosphère champêtre caractérisée par son vigoureux torrent, qui dévale la pente abrupte des rives du fjord, et par sa petite **église** octogonale en bois.

Les hôtels et autres formes d'hébergement sont dispersés tout autour mais rien ne vient gâcher la beauté sauvage du site. Bien que Geiranger attire les touristes depuis plus de cent ans et que les navires de croisière y mouillent depuis 1869, il n'a jamais été envisagé de construire un véritable port sophistiqué. Ainsi, les bateaux se contentent-ils de jeter l'ancre à 100 m de la rive et leurs imposantes silhouettes blanches se détachent étrangement sur les reflets bleu-vert du fjord serti dans un cadre montagneux.

★ Centre norvégien du fjord (NORSK FJORDSENTER)

70 26 38 10 - fjordsenter.com (en anglais) - mai-sept : 9h-18h ; reste de l'année : tlj 10h-16h - 145 NOK.

Près d'un des virages surplombant le fjord, un discret mais vaste et superbe édifice abrite une exposition fort intéressante. Entre les murs de béton, de bois et de verre, on détaille le fjord sous toutes ses coutures : géologie, formation, eau, faune, flore, peuplement et économie. La présentation est variée et dynamique. On se promène au milieu de reconstitutions d'habitat ancestral. On tremble devant la simulation d'une avalanche et de ses effets (risque de mini-tsunami). On tangue lors d'une balade en bateau sur les eaux du fjord. Une vraie réussite !

Du centre-ville au Centre norvégien du fjord, un escalier (327 marches) longeant le Storfossen, au milieu de la forêt, permet d'admirer au plus près la **cascade** et les flots bouillonnants du torrent.

★★★ Croisière sur le fjord

Croisières de 1h ou 1h30 pour 530/580 NOK à bord d'un sightseeing boat *(geirangerfjord.no/english). Ceux qui prendront le ferry vers Hellesylt (fjordtours.com, à partir de 365 NOK) bénéficieront sensiblement de la même vue.*

Ce bras du Storfjord qui serpente vers l'intérieur à partir d'Ålesund s'étire sur une distance de 16 km entre Hellesylt et Geiranger, qu'un ferry relie à intervalles réguliers. Geiranger est situé à 100 km de la mer et il est difficile de croire, si l'on ignore tout de la formation des fjords, qu'un paquebot comme le *Queen Elizabeth* puisse en toute sécurité s'introduire si loin à l'intérieur des terres ! Une époque bientôt révolue puisque, dès 2026, les navires géants seront interdits – seuls les bateaux « zéro émission » pourront parcourir le site.

On ne peut apprécier toute la splendeur du fjord que d'un bateau, car il est entièrement encadré par des parois rocheuses aux sommets couronnés de neige perpétuelle. En plus des options présentées en introductions, diverses excursions sont proposées à partir de Geiranger *(voir les annonces sur les pontons ou à l'office de tourisme)* à bord de bateaux assez petits pour pouvoir s'approcher des rives du fjord et donner aux passagers les meilleurs points de vue possibles.

Le fjord décrit une courbe gracieuse en forme de S entre deux murs presque verticaux de roche gris foncé en partie recouverts d'une végétation sauvage. Tandis que le bateau fend l'eau, les paysages se font de plus en plus sublimes. De toutes parts, l'eau ruisselle le long de la paroi rocheuse qui scintille au soleil, formant de magnifiques cascades, telles les célèbres **Sept Sœurs (Sju Søstre,** *p. 247*), qui tombent d'une grande hauteur avec un bruit assourdissant, tandis

Naissance d'un fjord

Au cours de la dernière glaciation, la Norvège était entièrement recouverte d'un manteau de glace, relativement mince en bordure des côtes, mais beaucoup plus épais à l'intérieur. Le poids et l'action des glaciers provoquèrent l'élargissement et le rabotement des vallées existantes, que la mer envahit lors de la fonte des glaciers, formant ainsi les fjords. Leur profondeur, modeste sur la côte, peut atteindre 1300 m à l'intérieur des terres. Le fjord de Geiranger se situe dans les normes et atteint 360 m de profondeur à certains endroits et les montagnes à pic qui l'entourent s'élèvent jusqu'à 1600 m.

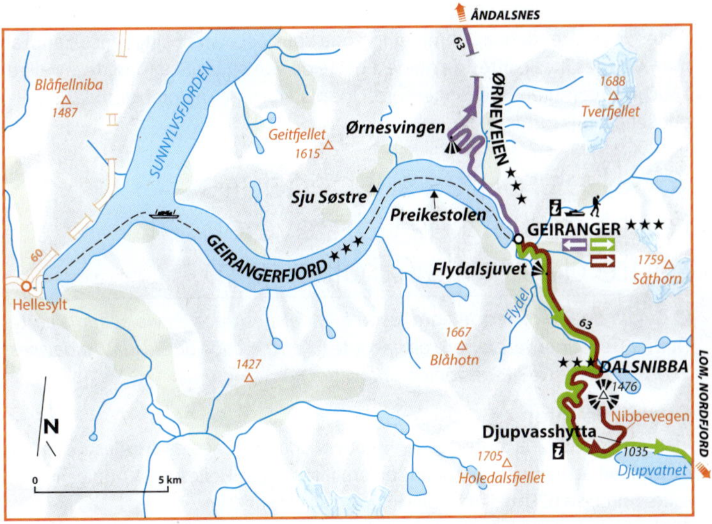

que d'autres donnent l'impression de descendre du sommet de la montagne en flottant comme un voile blanc et en étincelant au soleil avec des reflets d'arc-en-ciel. De temps en temps, de puissants surplombs de roche nue projettent sur l'eau leur ombre impressionnante. On aperçoit à mi-pente, des rebords étroits auxquels s'accrochent de maigres carrés d'herbe et des bâtiments de ferme abandonnés parfois restaurés : naguère, ces lopins de terre étaient cultivés bien qu'ils ne soient souvent accessibles qu'à partir du fjord, ce qui nécessitait une certaine compétence en matière d'escalade !

★★★ À l'assaut du Dalsnibba

CARTE CI-DESSUS

Circuit de 21 km vers le sud tracé en pourpre sur la carte. Quitter Geiranger par la route 63 (dir. Lom) - dalsnibba.no/en.

En été, des bus d'excursions relient Geiranger à Dalsnibba *(geirangerfjord.no)*.
La route monte en lacet du niveau de la mer à 1 500 m d'altitude sur une distance de 15 km, dévoilant au passage de somptueux panoramas... Au retour le paysage sera plus impressionnant encore, car vous verrez le fjord s'agrandir à chaque lacet, ainsi que Geiranger, blotti au creux des montagnes dans un cadre sauvage.

Flydalsjuvet

De cet endroit, on embrasse une merveilleuse **vue★★★** sur les gorges du Flydal et, au-delà, sur le village et le fjord.

Djupvasshytta

Ici la route atteint 1038 m d'altitude ; comme beaucoup de lacs de montagne dans la région, le **Djupvatnet** est souvent gelé, même en plein été.
À côté du café, la route dite « Nibbevegen » commence son ascension vers le **Dalsnibba** (1476 m) - *péage 330 NOK, moto 170 NOK (achat en ligne sur dalsnibba.no)*. Elle n'est pas très large, les virages y sont très prononcés ; des sensations

4

fortes vous attendent au sommet lorsque vous découvrez l'immense **panorama★★★** : des pics coiffés de neige à perte de vue et, tout au fond de la vallée, 1500 m en contrebas, Geirangerfjord. Une plateforme en aplomb du vide garantit des sensations fortes !

★★★ Les routes suspendues : route des aigles (Ørneveien) et route des trolls (Trollstigen)

CARTE P. 176-177 B1-2

Circuit de 86 km vers le nord jusqu'à Åndalsnes tracé en violet sur la carte. Quitter Geiranger vers le nord par la route 63 en direction de Eidsdal/Åndalsnes. Informations sur le site nasjonaleturistveger.no.

★★★ Ørneveien B2

Inaugurée en 1952, la **route des Aigles** ouvrit une voie d'accès vers Ålesund, qu'on ne pouvait atteindre auparavant qu'en passant par Hellesylt et Åndalsnes. La route grimpe à 620 m d'altitude sur une distance de 8 km.

À la hauteur du dernier virage en épingle, connu sous le nom d'**Ørnesvingen** (virage de l'Aigle), s'offre une **vue★★★** extraordinaire du Geirangerfjord qui embrasse l'une de ses deux courbes harmonieuses et s'étend à la fois vers Geiranger et vers Hellesylt. Une plateforme quasi suspendue vous rapproche du vide.

Du sentier qui part du virage de l'Aigle, une courte balade vous permettra d'admirer tout à votre aise (et à l'écart de la foule) ce paysage somptueux.

Au-delà d'un portail en bois, un chemin conduit à l'extrémité du promontoire.

De là, la **vue★★★** est encore plus grandiose car elle révèle les **Sept Sœurs (Sju Søstre,** *p. 247***)** déroulant leur voile blanc sur la sombre paroi rocheuse jusque dans les eaux vert foncé.

À Eidsdal, prenez le ferry qui traverse le Storfjord en 15mn (fjord1.no/eng). De l'autre côté, à Linge, poursuivez sur la route 63 (à droite) en direction d'Åndalsnes.

On traverse alors une fertile vallée, la **Valldal**, dont la sérénité offre un contraste sensible avec les paysages sauvages rencontrés jusque-là ; les cultures fruitières (pommes, fraises) sont la principale ressource de cette vallée ensoleillée. Le village qui s'étend autour d'une jolie église du 18e s. **(Stordal gamle kirke)** est une étape agréable pour passer la nuit, faire des provisions ou parcourir le fjord en kayak.

Gudbrandsjuvet B2

À 13 km de Valldal, le pont Gudbrandsbru offre une vue sur les torrents d'eau écumeuse qui se précipitent en grondant à travers la gorge très étroite de **Gudbrandsjuvet**. Une plate-forme d'observation permet de profiter de beaux panoramas. Café sur place pendant la saison estivale.

Sauvage et indomptée

La beauté sereine de ces paysages spectaculaires ne doit pas faire oublier que c'est toujours avec prudence et humilité que l'homme doit aborder la nature. En témoignent ici deux catastrophes, survenues en 1905 et en 1936, lorsque des avalanches de rochers dévalant les pentes du mont Ramnefjell ont englouti deux villages et leurs habitants, faisant respectivement 61 et 74 morts.

On vous emmène en suspension au-dessus d'Åndalsnes

En période estivale, il n'est pas rare qu'un (ou plusieurs !) paquebot amarré dans le port gâche la vue sur le fjord de Romsdal. Il est alors temps de prendre de la hauteur pour profiter pleinement de la formidable géographie du lieu. Trois options s'offrent à vous : monter en téléphérique vers le sommet, adopter la marche vers la superbe plate-forme « en équilibre » du **Rampestreken**, ou succomber à l'attraction d'un édifice-mur-d'escalade planté sur le quai, définitivement la solution la plus aventureuse... Osez ainsi l'expérience de la **Romsdalsstigen Via Ferrata** ! Cette activité, réservée aux plus de 12 ans (ou plus de 40 kg), est adaptée aux débutants, mais il est fortement conseillé de faire appel à un guide pour emprunter ce cheminement tout en câbles, cordes et passerelles de bois accroché aux parois. La récompense est à la hauteur de l'effort : un panorama époustouflant sur le fjord et les montagnes, mais aussi la satisfaction de faire corps avec le relief, de sentir le vent tout autour de soi. Et, de tout là-haut, ce paquebot paraît bien petit...

Romsdalsstigen Via Ferrata, *avec le Norsk Tindesenter - réservation d'une session avec un guide sur tindesenteret.no/en/activity/viaferrata.*

★★★ Trollstigen B2

Comptez entre 1h et 3h pour faire cette balade, en fonction de l'affluence et de la météo.

Inaugurée en 1936, « l'échelle du troll » est une route ouverte de mai à octobre (*nasjonaleturistveger.no, et p. 430*) qui traverse l'une des régions les plus désertiques du pays. Lorsque l'on atteint le col, la route passe entre plusieurs sommets qui culminent entre 1500 m et 1800 m, le plus élevé étant **Trolltinden** (2 018 m), à l'est. Sur les pentes raides et nues s'effritent de nombreuses roches. La neige s'y installe tout au long de l'année ou presque.

Juste avant que la route ne plonge dans la vallée profonde de l'autre versant, un centre touristique *(café, boutique, toilettes, parking)*, tout en béton, verre et acier, a été aménagé au-dessus du torrent. Un sentier bétonné conduit à deux plates-formes spectaculaires qui dominent la cascade et offrent une **vue★★★** exceptionnelle sur la route en lacets en contrebas, la vallée et les sommets. De là, la route qui descend vers Åndalsnes ressemble à une éraflure, une cicatrice à la surface de la paroi rocheuse. Deux sentiers fléchés plus traditionnels vous permettent de prendre de la hauteur *(1,1 ou 5,2 km)*.

Lors de la descente (conduite prudente impérative), on s'approche de deux chutes d'eau impressionnantes ; un pont enjambe la **Stigfoss**, qui tombe d'une hauteur d'environ 180 m. En bas, d'une aire de parking, levez les yeux vers les parois, les cascades et la route parcourue, où se croisent prudemment les (parfois très nombreux) véhicules.

Åndalsnes B1

à côté de la gare - 71 22 33 00 - fjordnorway.com et romsdalen.no.

La cité-carrefour est située à l'embouchure de la Rauma qui se jette dans le Romsdalsfjord. Par sa position sur les rives d'un fjord et au début d'une route aux paysages inoubliables, Åndalsnes est devenu un centre touristique animé, spécialisé dans l'alpinisme et l'escalade. Le *must* ? Le **Trollveggen**, la plus haute paroi d'Europe (1100 m) qui fait rêver tous les adeptes d'escalade.

4

Entre la gare et le quai où stationnent parfois d'immenses navires de croisière, un surprenant édifice évoquant un mur d'escalade abrite le **Norsk Tindesenter** *(tindesenteret.no - 155 NOK)* Le lieu est dédié aux sports de montagne et relate l'histoire de l'alpinisme dans la région. De nombreuses activités y sont proposées *(escalade, via ferrata... ☞ encadré p. 193)*.

Les hébergements ne manquent pas à Åndalsnes et accueillent (en été surtout) nombre de touristes attirés par les festivals organisés et les sports extrêmes.

Nesaksla ★ – Un sentier (fléché depuis la gare) part à l'assaut des reliefs qui se dressent à l'est de la ville ; parfois raide mais très bien aménagé, comptez 1h20. Vous parvenez à **Rampestreken**, un belvédère à 537 m d'altitude : une passerelle métallique qui vous donne l'impression de voler au-dessus de la ville, de la rivière Rauma couleur émeraude et du fjord. De là, le sentier se poursuit jusqu'au sommet du Nesaksla *(708 m - 20mn de marche suppl.)* pour une vue à 360°. Pour profiter de la même vue ou effectuer l'un des trajets (aller ou retour) confortablement assis, vous pouvez opter pour la **télécabine Romsdalsgondolen** *(romsdalen.no/romsdalsgondolen - de fin juin à mi-août 10h-23h, reste de l'année : voir le site - AS 300 NOK, AR 440 NOK)*, inaugurée en 2021, et qui permet un voyage vertical et panoramique spectaculaire entre le port et le sommet.

★★ **Le train de la Rauma** - Åndalsnes est le terminus (ou point de départ) de **l'une des plus jolies voies de chemin de fer d'Europe**. Tracée en 1924, elle suit l'enchanteresse vallée de la Rauma (décor bien connu des amateurs de la saga *Harry Potter*), frôle des parois rocheuses spectaculaires, longe des forêts profondes, enjambe des dizaines de ponts pour atteindre, après 114 km et 1h30 de trajet, la petite ville de Dombås, à 660 m d'altitude, étape de la ligne Oslo-Trondheim *(tickets et informations sur sj.no et entur.no)*.

★★★ Le Nordfjord : de Geiranger à Måløy

CARTE P. 176-177 AB2

Circuit de 206 km tracé en vert clair sur la carte.

Quitter Geiranger par la route 63 au sud, puis, après 20 km, prendre sur la droite la route 15 qui longe le lac de Stryn.

Avis aux claustrophobes : quelques tunnels à prévoir ! La route 258 (☞ encadré ci-dessous) permet un détour fortement conseillé.

Le Nordfjord, l'un des plus beaux de Norvège, s'enfonce de plus de 100 km à l'intérieur des terres, ne s'arrêtant qu'au pied du plus grand glacier de Norvège,

Gamle Strynefjellsvegen

Ceux qui ont le temps (et préfèrent éviter les tunnels) pourront pousser jusqu'à Grotli et prendre à droite la spectaculaire **route 258**, une prouesse technique percée « à la main » à la fin du 19e s. et qui rejoint la route 15 au-delà des tunnels, à travers des paysages d'altitude tantôt colorés, tantôt monotones. Nommée **Gamle Strynefjellsvegen**★★, elle fait partie des 18 routes nationales touristiques *(☞ p. 430 - ouverte de juin à octobre - ne convient pas aux gros véhicules)*. S'y trouve la station de ski de Strynefjellet Sommarski *(☞ p. 201)*. En fin de parcours, une plate-forme panoramique vous permet de toucher le flot puissant de la cascade **Videfossen**.

Le Nordfjord.
Leonid Andronov/Getty Images Plus

le **Jostedalsbreen** *(p. 204)*. De Stryn à Måløy, vous découvrirez en parcourant l'itinéraire ci-dessous une étonnante variété de paysages : versants abrupts, cimes enneigées, promontoires rocheux se reflétant dans les eaux, prairies verdoyantes descendant en pente douce jusqu'au bord de l'eau, rives parsemées de minuscules villages, îles austères battues par les vents… À la sortie des tunnels, **vue★★** superbe sur le Strynsvatnet où plongent des reliefs aux pentes décidées. Au bord du lac, le **Jostedalsbreen Nasjonalparksenter** présente une exposition sur les glaciers (films, photos). On y trouvera des informations sur les randonnées à faire aux alentours *(48 00 29 97 - visitjostedalsbreen.no - mai, du 14 au 31 août et sept. 10h-16h ; juin 10h-17h, de déb. juil. à mi-août 10h-18h - 120 NOK)*.

Stryn B2

Perhusvegen 24 - 57 87 40 40 - nordfjord.no (en anglais).

La bourgade, sans grand charme mais concentrant de nombreux services, s'étage sur la rive du Nordfjord, à plus de 100 km de l'Océan. On trouvera ici plusieurs possibilités d'hébergements et quelques restaurants.

Pour longer le fjord sans « coller » à l'itinéraire qui suit, ou bien le compléter, vous pouvez également relier Stryn à Lote puis Nordfjordeid *(p. 197)* en longeant la rive nord du Nordfjordeid par la **route 613★**. Surplombant par endroits le fjord, elle offre de superbes panoramas.

Prenez sur la gauche la route 60 en direction de Loen.

Loen B2

Cette agréable petite station, dotée d'hôtels, de chalets et de campings, offre de nombreuses possibilités d'activités de plein air dans un site magnifique.

4

Randonnées, escalade, tyrolienne, raquettes, ski, vélo, kayak sont proposés en toutes saisons par **Loen Active** *(loenskylift.com)*, dont l'agence fait quasiment office de centre du village! Le must, une via ferrata spectaculaire et panoramique comprenant le plus long pont de via ferrata d'Europe. Plus reposant, un voyage vertical à bord de l'impressionnante **télécabine** *(horaires saisonniers sur loenskylift.com - AS 350 NOK, AR 475 NOK)* qui part à l'assaut du **mont Hoven** (1011 m) pour offrir d'inoubliables panoramas; des sentiers de randonnée (et un restaurant!) vous attendent au sommet.

★ Détour par le glacier de Kjenndal (KJENDALSBREEN) B2

La route qui longe la rive du **lac de Lovatn** (et ses eaux turquoise hypnotisantes) en remontant la vallée de la Lo ne manque pas d'impressionner : plus qu'étroite par endroits, elle est surplombée d'à-pics rocheux déchiquetés qui peuvent paraître menaçants, et qui le sont : outre les deux accidents mortels de 1905 et de 1936 (*encadré p. 192*), on compte déjà trois glissements de terrain depuis le début du 21e s. près du hameau de **Bødal**. Chaque effondrement partiel de **Ramnefjell (« la montagne du Corbeau »)** entraîne la formation d'une vague énorme qui, un jour, souleva le bateau vapeur du lac et le transporta à 400 m de là sur le flanc de la montagne!

La route fait étape à un relais de montagne, Kjenndalstova *(kjenndalstova.no - restaurant, location de vélos et kayaks...)*. Il reste ensuite 5 km jusqu'au point de vue sur le glacier.

Revenez sur la route 60.

Olden B2

Au fond d'une magnifique vallée, c'est un lieu de séjour agréable présentant un large choix de promenades et d'excursions.

Vieille église d'Olden – Elle fut construite en 1759 en forme de croix grecque. À l'intérieur, remarquez les vieux bancs, dont chaque rangée est fermée par une porte sculptée surmontée d'un porte-chapeau, ainsi que le retable de 1772.

★★ Glacier de Briksdal (BRIKSDALSBREEN) B2

23 km vers le sud jusqu'au parking où se trouve un relais de montagne, Briksdalsbre Fjellstove (cafétéria et boutique des souvenirs), puis à pied ou en carriole.

La remontée de la **vallée d'Olden** est magnifique. Le torrent qui descend du glacier s'élargit pour former trois lacs successifs encadrés de versants montagneux en pente raide, avec en toile de fond la masse blanche du glacier. Les sédiments que charrient les rivières nourries par les glaciers donnent à l'eau des lacs et des fjords norvégiens sa couleur verte caractéristique en été.

4 km. Le trajet peut se faire à pied *(marche facile)* ou en carriole *(Troll-cars - oldedalenskysslag.com - AR 280 NOK)*. La piste s'arrête avant d'atteindre **Briksdalsbreen**. Un chemin étroit se faufile alors entre d'énormes rochers jusqu'au pied du glacier qui descend de 1700 m

De fjord à fjord

Parmi les options permettant de relier les fjords de la région, des routes nationales touristiques font (partiellement) la jonction entre le Geiranger au Sognefjord (**Sognefjellet★★★** - *p. 210*) et le Nordfjord au Sognefjord (**Gaularfjellet★★** - *p. 185*). *p. 430, nasjonaleturistveger.no.*

On vous emmène camper à Refviksanden

Petit mode d'emploi pour se réveiller au bord d'une plage de sable blanc : s'arrêter au supermarché Kiwi, sur le port attachant de Måløy, et acheter de quoi se sustenter pour quelques jours, prendre la route sur 10 km puis descendre vers une prairie entre lac et mer, où se trouve un camping. Celui-ci est basique, venteux, mais suffisamment étendu pour qu'il soit possible de trouver un petit emplacement isolé où planter la tente. Le lendemain matin, vous n'en croirez pas vos yeux : une plage immense de sable blanc et fin, une mer couleur lagon, on dirait (presque) les Bahamas... Le programme des jours suivants est très simple : profiter au maximum de ce site idyllique. Marcher sur le sable, jouer au volley (un filet vous attend), faire des châteaux, observer les oiseaux, partager un pique-nique avec vos voisins espagnols ou norvégiens, se baigner... Vos enfants auront ici pied sur plusieurs dizaines de mètres. Quelques vagues ? Laissez-vous tenter par le surf ou le paddle. Côté terre, au-dessus de rares maisons rouges, se dresse le relief de Kjerringa. Un dénivelé de 459 m qui s'avale sans trop de difficultés pour surplomber votre nouveau domaine, la baie de Refvik, que vous aurez bien du mal à quitter...

Camping Refviksanden - *refvikbygda.no - voir aussi p. 198.*

d'altitude à seulement 346 m. La vue de cette masse de glace, entaillée de larges crevasses et glissant entre deux murs de roche sombre telle une coulée de lave blanche, coupe littéralement le souffle. Malheureusement, ce paysage est en danger, le réchauffement climatique entraînant la fonte des glaces et le recul rapide du glacier.

De retour à Olden, vous pourrez poursuivre sur la route 60, qui suit la rive méridionale du fjord, traverse les villages d'**Innvik** et d'**Utvik** puis oblique vers l'intérieur des terres jusqu'à la bourgade de **Byrkjelo**, où l'on retrouve l'E 39 que l'on prend sur la gauche (direction Ålesund-Trondheim) vers Sandane.

Si vous devez rejoindre le Sognefjord, la route E 39 puis E 5 vers Sogndal est l'option la plus rapide (1h20 à travers de beaux paysages).

Sandane B2

Ce beau village étage ses maisons colorées tout au fond du Gloppenfjord.

Musée folklorique du Nordfjord (Nordfjord Folkemuseum) – *48 06 32 34 - misf.no - de mi-juin à fin août : 11h-17h, reste de l'année : mar.-vend. 11h-16h - 120 NOK.* Ce musée de plein air comprend 44 bâtiments anciens ; on peut voir, entre autres, une curieuse habitation d'une seule pièce avec un foyer central et un trou dans la toiture en guise de cheminée.

Église de Gjemmestad – Toute rouge, cette église datant de 1692 se dresse sur la rive du fjord, à 5 km de Sandane, le long de la route 615.

Poursuivez sur l'E 39. Traversée du fjord en ferry entre Anda et Lote (10mn - fjord1.no).

Nordfjordeid A2

Eidsgata 10 - 57 86 46 00 - nordfjord.no (en anglais).

Situé sur la rive nord, à mi-chemin entre la côte et le fond du fjord, voici le chef-lieu du Nordfjord. On trouvera ici tous les services souhaités (hébergements, restaurants, commerces), notamment le long de la rue semi-piétonne d'Eidsgata,

bordée de quelques jolies maisons blanches qui abritent, entre autres, le café-boutique Didriks *(n° 30)* et la minuscule boulangerie voisine *(Eid Minibakeriet)*.
Aux abords de la ville, le renommé **Centre norvégien du fjordhest** (**Norsk Fjordhestsenter** – Myroldhaug - *✆ 57864800 - norsk-fjordhestsenter.no)* est consacré au fameux petit cheval des fjords (des randonnées sont proposées, *p. 201*) : le *fjordhest*, ou *fjording*, est un pur-sang originaire des fjords de la Norvège occidentale, parfaitement adapté au terrain montagneux ; son poil est blond et sa nature placide le fait aimer des visiteurs et des enfants.
Dès lors, vous emprunterez la route 15 qui longe la rive nord du fjord, dévoilant des paysages grandioses ou plus riants jusqu'à Eldevika. Là, vous prendrez la route 617 vous permettant de gagner Måløy sur l'île de Vågsøy qui contrôle l'entrée du fjord par un curieux **pont en forme de S**, long de 1224 m (celui-ci, dit-on, « chante » un *do* lorsque le vent souffle dans une certaine direction).

Måløy et l'île de Vågsøy A2

Gate 1, 90 - ✆ 46902095 - nordfjord.no (voir aussi exploremaloy.com).
Escale de l'Express côtier, ce port ferme le fjord. Les maisons étagées sur le flanc d'un relief dévalent vers les quais.
Gate 1, la rue principale parallèle au port, concentre les commerces et les compagnies de pêche, les magasins de matériel de pêche, les voitures des pêcheurs... On l'aura compris, dans cette bourgade venteuse où les goélands règnent en maîtres, on vit de la pêche ! L'activité colonise même les murs grâce à de belles fresques façon *street art*.
On pourra se restaurer de *fish & chips* sur le port ou fréquenter le sympathique café-restaurant Krafstasjonen où le poisson et les moules ont la vedette. Sachez enfin que Måløy accueille chaque année, en août, un attachant festival consacré à Elvis *(elvisfestivalen.no)*. Et, moins réjouissant, que la ville compte sans doute le plus grand nombre de panneaux « parking payant » par habitant : une obsession et une pression qu'il vaut mieux ne pas ignorer !
Du centre-ville, suivez la direction de Raudarberg puis Refviksanden.
Refviksanden★★, une superbe plage de sable blanc, dessine le fond d'une baie verdoyante où quelques maisons colorées s'éparpillent entre la mer et un lac. C'est l'une des rares zones planes des environs... d'où la présence d'un petit terrain de foot du FK Tornado, le club de Måløy. On trouvera ici un camping basique (*encadré p. 197*).
Poursuivez la route en direction de Kråkenes Fyr.
La route s'élève considérablement et offre une belle vue sur Refviksanden. Après 5 km, à Kvalheim, **panorama★** époustouflant sur l'Océan et les reliefs en lutte permanente, les pentes herbeuses où paissent des moutons, quelques maisons rouges, l'entrée du fjord... Un véritable tableau !
Passé un champ d'éoliennes (qui ont fort à faire), la route devenue piste atteint le **phare de Kråkenes** isolé entre les rochers. Sachez que l'on peut y passer la nuit, sur réservation *(krakenesfyr.no)*. Isolement garanti !
De Måløy, vous pouvez longer la côte vers Ålesund ou le Sognefjord (*D'Ålesund au Sognefjord par la côte, p. 184*) et découvrir, à proximité du Nordfjord, les jolis villages de Selje et Kalvåg.

Carnet pratique

S'informer

Office du tourisme – *Geirangervegen 2 - ✆ 70 26 30 07 - fjordnorway.com/geiranger.*

Arriver/partir

En avion

Les aéroports d'Ålesund (*122 km*) et de Molde (*112 km,* *p. 181*) sont les plus proches de Geiranger. Par ailleurs, la compagnie Widerøe (*wideroe.no*) relie le village de Sandane (Nordfjord - *145 km*) à Oslo et Sogdnal et Førde à Oslo.

En bateau

Un **ferry** relie Geiranger à Hellesylt *(fjordtours.com) - 3 à 8 dép./j. avr.-oct. - durée 1h05 - 365 NOK)*. Des excursions partent d'Ålesund et desservent Geiranger *(geirangerfjord.no - durée 3h30 - à partir de 880 NOK AS, 1760 NOK AR)*.

De Måløy, **catamaran express** vers Bergen *(1 à 2/j. durée 4h40 - norled.no)*.

Les **Express côtiers** Hurtigruten *(hurtigruten.fr)* et Havila *(havilavoyages.com)* allant vers le nord desservent Måløy toute l'année et, de juin à août, s'enfonce dans le fjord jusqu'à Geiranger.

En bus et en train

Geiranger – Bus régulier de/vers Ålesund *(2 à 5/j. en 3h40)*, Åndalsnes et Langvatn *(correspondance pour Oslo)*.
L'Unesco Fjord Bus Tour permet de rejoindre Sogndal (*p. 204*) via Stryn et Loen.

Åndalsnes – Liaisons en bus vers Molde, Geiranger et Ålesund. Trains vers Dombås (*train de Rauma p. 194*) puis correspondance vers Oslo, Lillehammer et Trondheim.

Nordfjord – Bus réguliers entre Stryn et Langvatn, Lom et Bergen. Bus locaux entre Stryn, Loen et Olden. De Måløy, bus pour Oslo ou Otta.
Consultez *entur.no* pour les horaires.

Se déplacer

En voiture électrique

eMobility – *Gjørvahaugen 35 - ✆ 45 50 02 22 - emob.no/en.* Pour explorer les environs de Geiranger de façon autonome et silencieuse, louez une Twizy (2 places). Circuits préenregistrés dans le GPS.
Voir aussi Geirangerfjord in a Nutshell p. 201.

Agenda

Måløy Dagene – Fin juin à Måløy, grande fête populaire (concerts, concours).
Malakoff Rockefestival – En juil. à Nordfjordeid, festival rock. *malakoff.no.*
Norsk Fjellfestival – Mi-juil. à Åndalsnes, immense festival autour des loisirs et du folklore. *norskfjellfestival.no.*
Raumarock – Début août à Åndalsnes, festival rock et punk. *raumarock.com.*
Måløy Elvis Festival – 3 jours en août consacrés au King à Måløy. *elvisfestivalen.no*
Gloppen Musikkfest – Fin août-déb. sept. à Sandane, festival de musique classique. *gloppenmusikkfest.no.*

Nos adresses

Hébergement/restauration

À Geiranger

Les options ne manquent pas, pour tous les budgets. L'office de tourisme pourra, en haute saison, vous orienter vers les chambres disponibles.

Premier prix

Camping Feriesenter – *Ørnevegen 180 - À 2 km au nord de Geiranger sur la route 63 - ✆ 90 10 75 27 - geirangerfjorden.net - 42 empl. tentes 320 NOK et 17 hytter 1332/1980 NOK.* Une adresse calme, dans un cadre superbe au bord du fjord.

Brasserie Posten – *Geirangervegen 4 - ✆ 70 26 13 06 - brasserieposten.no - en été : tlj, service continu ; reste de l'année : se rens. - plats 285/345 NOK, pizza 228 NOK.* Une agréable étape au cœur du village avec vue sur le fjord, pour se restaurer de préparations simples (burgers, truite aux herbes, pizzas...) à base de bons produits.

Budget moyen

Westerås Gard – *sur les hauteurs par la route 63 dir. Dalsnibba - ✆ 92 64 95 37 - ouv. mai-sept. : hytter et appart. 1545/2 095 NOK (3 nuits mini)* - ✕. Une jolie ferme sur les hauteurs (a 4 km de Geiranger) pour chambre avec vue dans un environnement agréable. Très bon restaurant traditionnel *(plats 350/450 NOK).*

Une folie

Grande Fjord Hotel – *À 2 km au nord de Geiranger sur la route 63 - ✆ 70 26 94 90 - grandefjordhotel.com - mai-sept. - 46 ch. 2 990/4 350 NOK* ☕ - ✕. Une adresse sans originalité... mais la vue offerte depuis les chambres est superbe. Bon petit-déjeuner « panoramique ». Activités possibles aux alentours (pêche, canoë-kayak...).

Voyez aussi les hôtels **Union** *(hotelunion.no)* et **Utsikten** *(classicnorway.com).*

Au nord de Geiranger

Premier prix

Sødahlhuset – *Gamle Romsdalsvegen 8 - Åndalsnes - ✆ 40 06 64 01 - sodahlhuset.no- été : tlj, service continu - pizza 220/235 NOK.* Café-épicerie coloré et accueillant où vous profiterez de salades, burgers, cafés ou pâtisseries, tous aussi bons les uns que les autres !

Une folie

Hotel Aak – *Romsdalsvegen, sur l'E 136, à 4 km au sud d'Åndalsnes - ✆ 71 22 17 00 - hotelaak.no - 16 ch. à partir de 2 800 NOK* ☕ - ✕. Charmant hôtel chargé d'histoire. Chambres décorées avec goût, accueil et petit-déjeuner inoubliable. Une très belle adresse.

Le long du Nordfjord

Premier prix

On trouvera plusieurs options économiques, notamment à **Stryn** et **Loen** (camping et auberge de jeunesse en été).

Budget moyen

Stryn Vertshus – *Tonningsgata 19- Stryn - ✆ 57 87 05 30 - strynvertshus.no - 5 ch. 1490/2 700 NOK* ☕ - ✕. Une affaire qui marche. Le vaste café-restaurant attire les touristes avec son menu éclectique. À l'étage, des chambres douillettes mais petites et bruyantes en été.

Pour se faire plaisir

Hotel Nordfjord – *Sandplassen 1 - Nordfjordeid - ✆ 57 86 33 33 - nordfjord-hotell.no - ♿ - 54 ch. 2 090/2 690 NOK* ☕ - ✕. Un hôtel confortable mais sans surprise, bien situé sur le petit port industriel.

Une folie

Alexandra – *Lodalsvegen 22, 6789 Loen - 57 87 50 00 - alexandra.no - 343 ch. 4280/4880 NOK* - . Un hôtel de bon standing établi au bord du fjord depuis 1884, doté d'un Spa et d'une salle de sport.

À Måløy

Il est possible de loger au sein d'un phare, tarifs pour 3 nuits au minimum et pour 4 pers. Se renseigner *sur krakenesfyr.com.*

Premier prix

Camping Refviksanden – *Refviksanden - Måløy - 48 88 29 99 - refvikbygda.no - empl. 150/300 NOK - parking pour la plage 50 NOK.* Basique mais situé au bord d'une superbe plage de sable blanc.

Budget moyen

Thon Hotel Måløy – *Gate 1, 45 - Måløy - 57 84 94 00 - thonhotels.com - 54 ch. 2045 NOK* . Hôtel confortable mais sans charme. Sa situation centrale est idéale.

Pour se faire plaisir

Kraftstasjonen Restaurant – *Gate 1 - Måløy - 92 22 02 42 - merc.-sam. 17h-23h, dim. 17h-1h - plats 250/350 NOK.* Petite restauration au déjeuner (sandwichs, viennoiseries, salades, glaces) et carte le soir (excellents poissons), dans une agréable salle moderne. Sur les quais voisins, les amateurs pourront avaler un *fish & chips* en terrasse, ou opter pour un menu dans l'air du temps, un cocktail ou une bière au **Havfruen i Måløy** *(havfruenmaloy.no).*

Excursions

Geirangerfjord in a Nutshell

Sur le modèle de Norway in a Nutshell (*p. 144*), il est désormais proposé un itinéraire ou circuit (à vous de planifier) bus/bateau autour du Geiranger, d'Ålesund et le long de Trollstigen. À partir de 1900 NOK. *fjordtours.com.*

Activités

Voir également **Åndalsnes** *(p. 193)*, royaume de l'escalade, et **Loen** *(p. 195)* pour ses nombreuses activités proposées dans les montagnes et sur le fjord.

Randonnées en montagne

Randonnées - Les environs de **Geiranger**, d'Åndalsnes ou de Loen offrent de nombreuses possibilités de randonnées de tous niveaux. Les sentiers sont bien balisés. L'office de tourisme de Geiranger fournit des cartes (à télécharger gratuitement) décrivant une vingtaine de randonnées aux alentours. Idéal pour choisir avant de se lancer !

Randonnées sur glacier - Des excursions de 2h à plusieurs jours sont organisées *(briksdalsbre.no)* sur le glacier Tystigbreen Glacier (Mont Strynefjellet).

Centre de ski d'été de Stryn – *Strynefjellet Sommarski - à Strynefjellet à 43 km au sud de Geiranger par la route 63, puis par la route 15 à gauche et, enfin, à Videsæter, par la route 258 - strynsommerski.com.* Ski alpin ou ski de fond sur le plateau.

Équitation/Norsk Fjordhestsenter – *Myroldhaug - Nordfjordeid - norsk-fjordhestsenter.no.* Il abrite une quarantaine de poneys de fjord et organise des concours hippiques. Il propose également des balades à dos de poney, de 1h à 1 journée.

4

Le Sognefjord ★★★

Le Sognefjord (et ses multiples bras) est le plus long (205 km) des fjords norvégiens et sans aucun doute l'un des plus impressionnants. Tour à tour grandioses, énigmatiques, sauvages, austères, lumineux et colorés, ses paysages apparaissent dans toute leur splendeur à la fin du printemps, lorsque les arbres fruitiers en fleurs sur fond de montagnes enneigées composent un tableau idyllique. Quelques villages s'étendent sur des rivages où de belles églises en bois debout pointent leur flèche et leurs dragons vers des ciels changeants. Bienvenue sur le terrain de jeux préféré des Norvégiens, qui s'y pressent été comme hiver pour profiter de ses beautés aussi stimulantes qu'apaisantes.

Se repérer

CARTE P. 176-177 (AB3).

Sogn og Fjordane

C'est à Vikøyri (66 km au nord de **Voss** par la route 13), sur la rive sud du fjord, à son milieu, que commence la découverte. Quand cette route est coupée (jusqu'en avril), prendre la route E 16 qui, après quelques longs tunnels (dont un de 26 km !), vous conduira à Lærdal, sur la rive méridionale du fjord.

« Arriver/partir » p. 211.

À ne pas manquer

L'église d'Urnes. Le village d'Undredal. Naviguer dans l'étroit et formidable Nærøyfjord. La route 55 de Skjolden à Lom.

Organiser son temps

Consacrez 3 à 4 jours à l'exploration du fjord.

Avec les enfants

Le Musée des glaciers norvégiens à Færland ; le Musée folklorique régional à Kaupanger.

Carnet pratique p. 211

Nos adresses p. 212

Belvédère de Stegastein.
Jon Arnold Images/hemis.fr

Aux extrémités du Sognefjord

CARTE P. 176-177

Circuit de 208 km tracé en rouge sur la carte.
De Voss, en direction du nord, la route E 16 devient la **route 13** au bout d'une vingtaine de kilomètres. Elle franchit le Vikafjellet (986 m), traverse un beau plateau parcouru de troupeaux de moutons, slalome entre des lacs et de rares constructions, puis entame une belle descente vers le fjord qui brille tout en bas.

Vikøyri B3

Au sein du Kristianhus Båt- og Motormuseum, sur le fjord - fjordnorway.com/en/destinations/sognefjord et sylvringen.no - exposition sur les moteurs de bateaux.
Ce petit village au bord du fjord porte un nom bref mais juste : « baie ». C'est en effet l'anse parfaitement dessinée au fond de laquelle il se love qui en fait une étape plaisante. On y trouvera deux campings, quelques cafés, deux jolies églises... et un vieux fromage (le *gamalost*) aussi étonnant que puissant.
L'église **Hove Steinkyrkje** *(✆ 41 50 35 16 - de fin juin à mi-août : 11h-16h - 90 NOK)*, plus vieil édifice en pierre de la région, date de 1170. On y admirera de remarquables peintures. L'**église en bois debout de Hopperstad★** *(✆ 41 50 35 16 - stavechurch.com - de mi-mai à mi-sept. : 10h-17h - 110 NOK)* fut construite quelques décennies auparavant, en 1130 environ, ce qui en fait l'une des plus anciennes du genre. Outre ses toitures multiples, on y admire un beau retable gothique à baldaquin. Le déclin de la population de la région explique leur abandon progressif avant qu'au 19e s., en pleine période romantique, on n'entame leur remarquable restauration.
Traversez le fjord par le ferry à Vangsnes, à 12 km au nord de Vikøyri par la route 13.

Balestrand B3

Holmen 3 - ✆ 94 87 75 01 - balestrandadventure.no et visitbalestrand.com.
Le village occupe un **site★★** superbe au confluent du Sognefjord et du fjord de Fjærland. L'hôtel Kviknes (*p. 212*), de « style suisse », s'élève sur le rivage depuis 1877. Ce grand vaisseau blanc est le symbole et le moteur de l'activité touristique de la petite cité. Depuis l'époque durant laquelle Johan Christian Dahl ou le Kaiser Guillaume II venaient s'y ressourcer, les établissements hôteliers se sont multipliés et les visiteurs ne se contentent plus de contempler les eaux du

Le fleuron des fjords norvégiens

Le fjord pénètre à l'intérieur des terres d'est en ouest avant de s'étendre presque jusqu'à la plus élevée des chaînes montagneuses de Norvège, le massif du **Jotunheim**, et jusqu'au plus grand glacier norvégien, le **Jostedalsbreen**. Un de ses bras, le **Bøyabreen**, visible de la route empruntant le Fjærlandstunnelen, mérite plus qu'un coup d'œil… À peu près à mi-chemin, près d'Høyanger, le fjord atteint sa profondeur maximale, 1308 m. Entre la côte et Balestrand, il est assez large et offre de vastes panoramas, puis se resserre ensuite, certains de ses bras devenant particulièrement étroits. Cet arrière-pays est la partie la plus attrayante, car le fjord s'y dévoile sous tous ses aspects !

fjord mais sillonnent à pied les forêts et les pentes rocheuses en bateau ou par la route. Balestrand est à ce titre une étape pratique et agréable où, le soir venu, il fait bon flâner entre les quelques villas fleuries et sur le quai. Voyez aussi la jolie **église** anglicane St-Olav, en bois peint et construite en 1897 par un amoureux malheureux : le propriétaire de l'hôtel Kviknes.

Musée norvégien du Tourisme et du Voyage (**Norsk Reiselivsmuseum** - *47 45 30 53 - misf.no/norsk-reiselivsmuseum - de fin juin à mi-août : 10h30-16h30 ; reste de l'année : se rens. - 120 NOK)* – Situé dans un bel édifice de granit et de verre, ce musée original et bien conçu raconte l'histoire du tourisme depuis 1800 en Norvège, dont Balestrand est un acteur phare. L'intéressante visite permet notamment de comprendre l'impact, au fil des décennies, de cette industrie sur la région des fjords.

Autre attraction du village, sa production de pommes et donc… de cidre ! Découvrez-la lors des dégustations et visites guidées à la **Ciderhuset** *(ciderhuset.no).*

De Balestrand, vous pouvez rejoindre l'itinéraire côtier reliant le Sognefjord au Nordfjord et Ålesund *(D'Ålesund au Sognefjord par la côte p. 184).*

Prenez le ferry pour Hella et suivez la route 55.

Leikanger B3

Le village s'étage paisiblement en bordure du fjord, sur un versant assez ensoleillé et arrosé pour permettre, depuis le Moyen Âge, la culture des arbres fruitiers. Dans le prolongement des vergers, **Hermansverk** propose aux visiteurs un centre commerçant animé.

Sogndal B3

Bryggjegota 6/Dampskipskaien - 99 23 15 00 - fjordnorway.com/no/destinasjoner/sognefjord et sognefjord.no.

Petit centre régional à la croisée des routes 55 et 5, et terminal de l'*express boat* en provenance de Bergen, Sogndal dispose de tous les services (camping, auberge de jeunesse, hôtels, un vaste centre commercial, quelques restaurants, un joli stade). Au bord du fjord, les constructions de styles variés composent un ensemble sans charme mais agréable le temps d'une étape.

Détour au pied des glaciers – Fjærland B3

De Sogndal, suivre la route 5 (dir. Skei) jusqu'à Fjærland à 37 km. De là, il est possible de poursuivre vers Skei, Stryn, le Nordfjord et Geiranger.

fjaerland.org.

Mundal, la commune principale du Fjærland connaît une certaine notoriété grâce à son statut de *bokbyen (bokbyen.no)*, « village du livre ». Une douzaine de bouquinistes s'y sont en effet installés et des librairies en plein air étalent leurs rayons chargés d'ouvrages sur plus de 3 km. Jusqu'en 1987, la ville n'était reliée au reste du monde que par le ferry qui parcourt le Fjærlandfjord à partir de Balestrand ou de Hella. Aujourd'hui, deux tunnels permettent de relier le village à Sogndal au sud (le Frudalstunnelen) et à Skei au nord : le Fjærlandstunnelen, creusé sous le glacier de la **Jostedal**. La route entre montagnes et glaciers est superbe.

★ **Musée des Glaciers norvégiens (Norsk Bremuseum)** – *Sur la gauche de la route. 57 69 32 88 - bre.museum.no - juin-août. : 9h-19h ; avr.-mai et sept.-oct. : 10h-16h - 160 NOK.* Il est installé dans un bâtiment en forme de pyramide, dessiné par l'architecte **Sverre Fehn** (1924-2009), lauréat en 1997 du prestigieux prix Pritzker, le « Nobel des architectes », également auteur, entre autres, du musée de plein air Domkirkeodden à Hamar (*p. 79*), et adepte d'un style qualifié de « modernisme poétique ». Le musée expose de façon didactique et ludique, à l'aide d'une présentation audiovisuelle et d'un film projeté sur un écran semi-circulaire, la formation et l'évolution des glaciers et des fjords. Des randonnées accompagnées (adaptées à plusieurs niveaux) permettent de découvrir les glaciers les plus proches... On pourra tester les connaissances fraîchement acquises en approchant le glacier **Supphellebreen** par une petite route qui, de la route 5, part sur la droite.

De retour à Sogndal, suivez la route 5 vers le sud direction Kaupanger.

Kaupanger B3

La localité, assez étendue, compte quelques musées et une poignée de maisons de bois peintes en rouge groupées autour du port.

Musée folklorique régional (De Heibergske Samlinger Sogn Folkemuseum) – *Env. 8 km avant le village, sur la gauche de la route. 57 67 82 06 - misf.no/en/heiberg-sogn-museum - juin-août : 10h-17h ; reste de l'année : se rens. - fermé mi-déc.-janv. - 120 NOK.* Ce musée, en grande partie en plein air, présente l'architecture et

Le peintre des fjords

Les toiles de **Nikolai Astrup** (1880-1928) mettent admirablement en lumière les paysages et les traditions de la région des fjords (*musée Lysverket [ex-KODE 4] de Bergen p. 139*). Né non loin de l'embouchure du Nordfjord, il passa son enfance dans le Jølster (environs de Skei) où son père était pasteur. Il entame au début du 20e s. un long voyage d'étude à travers l'Europe jusqu'à Paris où il devient l'élève de Krohg. Il y fréquente Gauguin et Hokusai dont les estampes l'influenceront durablement. De retour sur la terre de son enfance, il s'installe sur la rive du Jølstravatn. Ses paysages et ses portraits, d'influences expressionnistes et naïves, ses représentations détaillées des habitudes locales connaissent un franc succès dans les galeries de la capitale du pays nouvellement indépendant. Tantôt gaies et colorées, tantôt sombres et inquiétantes, ses toiles collent aux saisons et au climat si particuliers de l'ouest norvégien. Il meurt d'une pneumonie à 47 ans, avec le statut de « dernier peintre romantique norvégien ».

Astruptunet – *À 45 km de Fjærland par les routes 5 et E 39 - Sandalstrand, Vassenden - 47 47 65 81 - misf.no/astruptunet - de mi-juin à mi-août : 10h-17h ; de mi-mai à mi-juin et de mi-août à mi-sept. : vend.-dim. 11h-16h - 140 NOK.* La maison-atelier où Astrup vécut ses dernières années.

4

Le plus étroit des fjords

Bras de l'Aurlandsfjord, le **Nærøyfjord★★★** (inscrit au Patrimoine mondial de l'Unesco) est le fjord le plus étroit de Norvège : encadré par des montagnes culminant à 1800 m d'altitude, il n'est large en certains endroits que de 250 m ! Du bateau, on regarde d'immenses cascades tomber des reliefs verticaux, dessiner des arcs-en-ciel ou s'évaporer. De petites fermes parfois haut perchées témoignent d'un style de vie séculaire très particulier.
Les moutons, minuscules points blancs, affrontent les pentes sans crainte. Et les oiseaux planent en se reflétant dans les eaux vertes. Superbe !
Des ferrys relient **Kaupanger** *(fjordtours.com - durée 2h30)* **ou Flåm** et **Gudvangen** au fond du Nærøyfjord ; un autre ferry rejoint Aurland et, de là, une route touristique conduit en 45 km à Erdal, offrant des vues mémorables sur l'Aurlandsfjord, également au programme des excursions *Norway in a Nutshell* *(p. 144)*.
La manière sans doute la plus agréable d'en apprécier la sereine beauté est de le parcourir à bord d'un kayak *(1 295 NOK/pers. - fjordtours.com)*.

la vie rurale de la région du Moyen Âge à nos jours. Les reconstitutions sont remarquables et le quotidien des habitants (artisanat, religion, croyances, économie...) est largement abordé. Une balade enrichissante que l'on prolongerait volontiers !
★ **Église en bois debout** – *91 35 74 49 - stavechurch.com - de mi-juin à mi-août : 10h-17h - 110 NOK.* Un peu plus loin, une route à droite permet d'accéder au petit port et au minuscule village situés en contrebas : vous y verrez cette belle église construite en 1140 et remaniée au 17e s.
Musée du Fjord de Sogn (Sogn Fjordmuseum) – *Sur le port de Kaupanger - misf.no/en/sogn-fjord-museum- de mi-juin à mi-août : merc.-dim. 11h-16h - 50 NOK.* Intéressant, il évoque la navigation et la pêche sur le fjord à travers diverses embarcations anciennes.
Poursuivez sur la route 55, après le ferry conduisant de Manheller à Foldnes.

Lærdal B3

Ce village abrite un bel ensemble de maisons anciennes **(Gamle Lærdalsøyri)**.
Après quelques kilomètres, au carrefour avec la route E 16, prenez à gauche pour effectuer un aller-retour vers l'église de Borgund (à 25 km - située à 2 km à l'écart de l'E 16 - bien indiquée).

★★ Église en bois debout de Borgund (BORGUND STAVKIRKE) B3

45 73 89 72 - stavechurch.com (en anglais) - de mi-avr. à mi-oct. : 9h30-17h - 130 NOK.
Située le long d'une ancienne voie qui reliait l'est et l'ouest du pays, elle est l'une des plus belles du pays. Datant du 12e s. et remarquablement conservée, elle se caractérise par les impressionnantes (et très photogéniques) têtes de dragons qui menacent depuis son toit. À l'intérieur, mobilier du 17e s. et belles portes sculptées d'animaux.
Reprenez la route E 16 en sens inverse et suivez la direction de Flåm (ou Bergen).
La route franchit le **Lærdalstunnelen** *(24,5 km - gratuit)*, inauguré en 2000 et qui reste le plus long tunnel routier du monde. Ce voyage sous terre est assez particulier. On y traverse trois « cavernes » artificielles éclairées d'une lumière bleutée. On passe sous d'énormes ventilateurs qui évoquent des moteurs d'avion.

L'église en bois debout de Borgund date du 12e s.
jaanalisette/Getty Images Plus

Les claustrophobes penseront à autre chose ou emprunteront « l'antique » route de 45 km qui part à l'ouest de Lærdal. L'itinéraire (**rte Fv. 243**) est d'ailleurs vivement conseillé ! Car si le tunnel est en soi une curiosité, cette route l'est plus encore. Nommée **Aurlandsfjellet★★**, il s'agit de l'une des 18 routes nationales touristiques (*p. 430*). Ouverte de juin à octobre, elle traverse des paysages tantôt austères, tantôt grandioses, jamais loin de la couverture neigeuse. Elle se termine en apothéose : panorama formidable sur l'Aurlandfjord depuis la plateforme futuriste de **Stegastein**, puis descente vertigineuse vers le calme et photogénique village d'**Aurland**.

Flåm B4

Gare ferroviaire - 57 63 14 00 - norwaysbest.com.
À la sortie du tunnel, accès par une voie en lacets serrés.
En bordure de l'Aurlandsfjord, davantage station touristique que véritable village, Flåm se compose d'hôtels, de restaurants et de boutiques de souvenirs groupés autour de la gare du *Flåmsbana*. De nombreux bateaux et ferries y attendent les touristes qui transitent ici entre les fjords et le *Flåmsbana*. La plupart des établissements louent des vélos pour parcourir les alentours ou redescendre de Myrdal. On pourra également glisser sur les eaux du fjord en kayak (*seakayaknorway.com*).
★★ **Petit train de Flåm (Flåmsbana)** – *Rens. et horaires : norwaysbest.com - 4 à 10/j. selon la saison - 630 NOK AR.* Ce train à adhérence roue-rail, très touristique, conduit en 46mn ses passagers à Myrdal, 866 m plus haut avec des dénivelés à 55 %. Les **paysages** que vous découvrez lors de la montée sont admirables : cascades, perspectives sur le fjord, prairies ! (*« Norway in a Nutshell » p. 144*).

Rien ne vous empêche de redescendre à vélo *(transport par train avec supplément)* ou à pied *(compter 5h)*, ou de continuer en train jusqu'à Bergen *via* Voss *(vy.no/en)*.

Musée – *57 63 23 10 - 13h-15h - gratuit.* Il permet d'apprécier l'histoire de la construction de l'une des lignes les plus raides au monde.

★★ **Rallarvegen** – Une ancienne route, tracée pour permettre aux (courageux) ouvriers de construire la voie ferrée de Flåmsbana, a été convertie en une exceptionnelle voie cyclable. Totalisant 83 km, elle peut être parcourue en une journée ou empruntée partiellement sur l'un des divers tronçons. Elle débute sur le superbe plateau montagneux de Hardangervidda (à la gare de Haugastøl, sur la ligne Oslo-Bergen) et rejoint Flåm, tout en bas, en traversant de somptueux paysages. Un service de location de vélos est proposé à Haugastøl, Finse et Myrdal. Vous pouvez rendre le vélo à Flåm. Diverses agences proposent l'excursion.

Reprenez la route E 16 qui s'enfonce dans un tunnel (5 km) ! Dès la sortie, engagez-vous sur une route étroite à droite (espaces de croisement aménagés).

★★ Undredal B3

Ce minuscule hameau est posé en bordure du fjord d'Aurland, dont les eaux sont ici d'un étonnant vert soutenu. Une petite **église en bois debout** de 1147, quelques fermes spécialisées dans la production de fromage de chèvre, des pontons où sont amarrées des barques, un café-épicerie et, en face, très près, la paroi verticale de l'autre rive : voici un endroit serein, longtemps inaccessible autrement qu'en bateau, propre à s'isoler du monde afin de parcourir les sentiers à la recherche de quelque orchidée sauvage, ou d'une ferme abandonnée... ou à contempler les eaux calmes où, de temps à autre, un phoque daigne se montrer.

D'Undredal, retour vers la route E 16 qui mène à Gudvangen (20 km).

Gudvangen B3

Niché au fond du Nærøyfjord, Gudvangen a accueilli, chaque été pendant 20 ans, **Viking Valley**, une foire animée par des villageois en costume. Ce grand marché a été pérennisé en un village, baptisé Njardarheimr *(uk.vikingvalley.no - avr.-oct. : 10h-18h ; reste de l'année : 10h30-14h - 235 NOK)*, où vous pourrez vous entraîner au lancer de hache et expérimenter une cuisine ancestrale.

La route E 16 continue vers Voss (45 km) et Bergen (150 km).

Un refuge, des architectes

En Norvège, les refuges pour randonneurs sont parmi les plus beaux du monde. Ainsi, celui de **Tungestølen**, auquel on accède après 38 km d'un mélange de route et de piste (Fv. 337) au départ de la route 55, peu après la ville de Solvorn. Pour remplacer un refuge centenaire détruit par une tempête, on a fait appel, en 2019, au célèbre cabinet d'architectes Snøhetta (*p. 381*). Les cinq bâtiments en bois massif et aux façades obliques affrontent les vents. Confortables, fonctionnels, ils se dressent dans un paysage magnifique. De là, les sentiers partent vers les hauteurs et les glaciers. Un lieu unique !

Refuge Tungestølen - *informations et réservations sur le site tungestolen.dnt.no.*

Un nageur dans les fjords

Le sportif britannique **Lewis Gordon Pugh** (1969) a choisi la nage en eaux extrêmes pour mener un combat contre l'impact du réchauffement climatique sur les océans. Il s'est ainsi lancé en 2004 à l'assaut des 204 km du plus long bras du Sognefjord, qu'il a parcourus en 21 jours. En 2007, il a nagé 1 km dans les eaux à 1,7 °C du pôle Nord, vêtu d'un simple maillot de bain, respectant en cela les règles de la Fédération britannique de natation.

De Sogndal à Geiranger par Lom

CARTE P. 176-177

Circuit de 236 km tracé en orange sur la carte. Quitter Sogndal par la route 55 en direction de Lom.

Fjord de Luster (LUSTRAFJORD) B3

La route 55 longe le Lustrafjord, autre bras du Sognefjord, qui se poursuit jusqu'à **Skjolden**, à 51 km. Mais juste avant Hafslo, une route secondaire, à droite, conduit au joli hameau de **Solvorn★**. Maisons blanches, vergers, pontons à bateau... Un vrai décor de carte postale. Vous n'aurez qu'une envie : vous y attarder !

Un service de ferry traverse le fjord en direction d'Urnes *(lustrabaatane.no - en saison : ttes les h de 10h à 16h50, 10h30-18h en sens inverse - 15mn - 45 NOK)*.

Si vous êtes en voiture, et que vous n'envisagez pas de continuer au-delà d'Urnes, laissez votre véhicule sur le parking. Une fois à **Ornes**, une route grimpe *(15mn à pied)* vers l'église à travers les pommiers, cerisiers et fraisiers... Une bonne odeur de foin vous accompagne en été.

★★ **Église en bois debout d'Urnes** – *✆ 41 39 48 21 - stavechurch.com - mai-sept. : 10h30-17h45 - 130 NOK.* C'est la plus ancienne et la plus richement décorée de Norvège, construite vers le milieu du 12e s. et inscrite par l'Unesco sur la liste du Patrimoine mondial. Son portail, orné de dragons et de serpents sculptés, est particulièrement remarquable. À l'intérieur, les colonnes et les chapiteaux sont richement décorés de sculptures représentant des animaux, des formes humaines, des dragons et des centaures. Un beau retable baroque représente la Crucifixion. Vue superbe depuis le petit cimetière qui l'entoure.

Revenez à Solvorn et retrouvez la route 55.

Plus loin, à **Gaupne**, on visitera, au cœur d'un beau paysage, la **vieille église de Gaupne (Gaupne Gamle kirke)** construite en bois entre 1647 et 1652 avec des éléments empruntés à un édifice précédent, notamment des fresques du 12e s. *(visite de groupe sur réserv., 15 pers. mini - ✆ 57 67 88 40)*.

De là, la route 604, à gauche, conduit à **Gjerde** *(30 km)*, au pied du Jostedal, le plus grand glacier d'Europe continentale, protégé par le parc national homonyme. Le **centre des Glaciers** (**Breheimsenteret** - *✆ 57 68 32 50 - jostedal.com - du 1er mai à mi-juin et de mi-août à fin sept. : 10h-17h ; de mi-juin à mi-août : 9h-19h ; 1er-6 oct. : 10h-15h - 95 NOK*) présente une foule d'informations et organise des visites guidées du glacier à pied, en famille et même en kayak *(icetroll.com)* et du parc national qui l'entoure.

Pour en savoir plus sur l'impact du recul du glacier de Jostedalsbreen : *jostice.no (en anglais)*.

Revenez sur la route 55.

4

Vous pouvez prolonger le plaisir à **Luster** avec sa petite église en pierre datant du 12e s. De style gothique, elle renferme de belles fresques du 15e s.

★★★ Fv. 55 (Sognefjellet) BC2-3

Route généralement ouverte de mi-juin à mi-sept. Hors saison, prendre le bateau ou faire le tour.

La portion de la route 55 entre Skjolden (au fond du Lustrafjorden) et Lom, à 85 km, est l'une des plus belles du pays et fait partie des 18 routes nationales touristiques *(nasjonaleturistveger.no, p. 430).* Également appelée **Sognefjellsveg**, elle monte en lacet depuis l'extrémité de l'ultime bras du Sognefjord. On quitte ici le monde des fjords pour celui des montagnes. La route franchit bientôt le plus haut col de Norvège (1440 m). Là-haut vous attendent des paysages de steppes, de hauts plateaux, des lacs gelés même en été (parfois), des murs de neige le long de la route et de formidables panoramas sur les sommets en noir et blanc. Au point le plus haut, à 1400 m d'altitude, le Sognefjellshytta *(Nos adresses p. 212)* permet de passer la nuit ou de se restaurer au cœur des montagnes.

Les bus entre Sogndal et Otta (*via* Lom) empruntent cette route en été.

Lom C2

Bergomsvegen 17 - 61212990 - visitjotunheimen.no (en anglais).

Cette petite station occupe une position stratégique au croisement des routes 55 et 15, dans le triangle Lillehammer-Geiranger-Sognefjord... On peut difficilement l'éviter ! On y trouvera donc tous les services et commerces souhaités, un office de tourisme en été, des hôtels, un camping et quelques bonnes adresses où se restaurer.

Vous y visiterez une belle et imposante **église en bois debout★** du pays *(de mi-juin à mi-août : tlj 10h-19h ; déb. juin et de mi-août à fin sept. : 10h-16h - 100 NOK).* Protégée par un dragon (au sommet du toit), elle a passé les siècles, depuis 1150, en regardant couler la rivière Otta en contrebas. Plusieurs modifications y ont été apportées, notamment la flèche au 17e s. On notera à l'intérieur la belle galerie supportée par une vingtaine de colonnes de pin et les riches sculptures polychromes propres à la région.

À voir également le **musée national de la Montagne (Norsk Fjellmuseum)** qui décrit les rapports qu'entretient l'homme et le milieu montagnard *(61211600 - norskfjellsenter.no (en anglais) - de fin juin à fin août. : lun.-vend. 9h-19h, 17h w.-end ; reste de l'année : se rens. - 145 NOK).*

Son voisin, le **musée du District de Lom (Presthaugen Lom Bygdamuseum)** rassemble dans un espace verdoyant diverses maisons qui racontent l'évolution de l'habitat montagnard. La verticalité de certaines maisons étonne, comme les lieux de stockage du 17e s. avec leur étage plus large que la base *(gudbrandsdalsmusea.no (en anglais) - de fin juin à mi-sept. : mar.-dim. 11h-18h - gratuit).* Les inconditionnels de minéralogie et les curieux pourront faire un tour au **Fossheim Steinsenter** *(Bergomsvegen 30 - été 10h-18h - gratuit)* où s'aligne une imposante collection de minéraux et fossiles de Norvège et du monde entier.

La présence de ces intéressants musées à Lom est justifiée par son statut de porte d'entrée du Parc national du **Jotunheimen** *(jotunheimen.com/en),* où se dressent quelques-uns des plus hauts sommets norvégiens. Parmi les pics qui s'alignent tel une crête de dragon, plusieurs pointent au-dessus de 2000 m, dont le **Galdhøpiggen** (2469 m), la plus haute montagne de Scandinavie.

Les randonneurs qui affectionnent les chemins d'altitude et la confrontation avec un climat aussi changeant qu'éprouvant sont ici au paradis *(dnt.no/francais* et *visitjotunheimen.no).*
Suivez la route 15 direction Grotli et Geiranger.

En route vers Geiranger BC2

En quittant Lom, la route 15 suit les courbes de la rivière Otta à travers des paysages de rochers et de forêts (prisées des élans) d'où pointent quelques sommets. Après 60 km, la route atteint **Grotli**, une petite station de ski. De là, la belle route d'altitude 258 rejoint la région du Nordfjord *(p. 194).*
La route 15 longe à présent les beaux lacs **Breidalsvatn** et **Lægervatna**.
Avant le tunnel (où la route 15 continue jusqu'au Nordfjord), tournez à droite par la route 63 direction Geiranger (p. 189).
La route file à travers les beaux paysages d'altitude des abords du Dalsnibba avant de plonger vers Geiranger pour un retour vertigineux et formidable au pays des fjords.

Carnet pratique

S'informer

Office du tourisme – gare ferroviaire de Flåm - *fjordnorway.com/no/destinasjoner/sognefjord et en.sognefjord.no (en anglais).* Location de vélos, vente de billets pour les circuits en bateau...

Arriver/partir

En avion

De l'aéroport de Sogndal *(avinor.no)*, près de Kaupanger, vols réguliers de/vers Oslo, Bergen et Sandane avec Widerøe *(wideroe.no).*

En bateau

Des trajets inoubliables !
Des catamarans rapides de Norled *(1 à 2/j. - norled.no)* relient Bergen à Vik, Balestrand, Sogndal (et Flåm en été). De Flåm, des bateaux effectuent la liaison *(4/j. en été)* vers Gudvangen *via* Aurland, Undredal et le formidable Nærøyfjord *(fjordnorway.com et lustrabaatane.no).* Traversées également vers Balestrand.

En bus et en train

De/vers Flåm – Liaisons en bus vers Bergen, Voss, Sogndal ou Gudvanger. Le Flåmsbana relie par le rail Flåm à Myrdal, gare située sur la ligne Oslo-Bergen.
De/vers Sogndal – Liaisons en bus vers Balestrand, Solvorn, Flåm, Leikanger, Kaupanger, Voss, Stryn, Florø, Måløy, Otta, Lom, Oslo et Bergen.
De/vers Lom – Liaisons en bus vers Geiranger, Sogndal, Otta et Oslo.

Se déplacer

En voiture électrique

eMobility – *Nedre Fretheim 15, Flåm - ✆ 46 41 17 77 - emobflam.no/en.* Reportez-vous à Geiranger, p. 185, pour les détails.

Agenda

Ekstremsportveko – *Fin juin,* semaine des sports extrêmes à Voss. *ekstremsportveko.com.*

Nos adresses

Hébergement/restauration

Le long du très touristique Sognefjord, presque chaque village compte un **camping** et autres hébergements. **Auberges de jeunesse** à Flåm, Voss et Borgund *(hihostels.no)*.

À Balestrand

Budget moyen

Hotel Midtnes – *Kong Belesveg 33 - ✆ 57 69 42 40 - midtnes.no - 30 ch. 1500/1800 NOK* ☕ - ✗. Un hôtel agréable à 200 m du port, près de la petite église. Certaines chambres (les plus chères) donnent sur le fjord.

Une folie

Hotel Kviknes – *Kviknevegen 8 - ✆ 57 69 42 00 - kviknes.no - ♿ - 190 ch. à partir de 3190 NOK* ☕ - ✗. Un hôtel historique. Charme à l'ancienne dans un paysage somptueux de montagnes s'évasant autour du fjord.

À Leikanger

Budget moyen

Leikanger Fjord Hotel – *Strandvegen 1 - ✆ 57 65 60 20 - leikanger-fjordhotel.no - ouv. de mi-avr. à déc. - 50 ch. 1595/2095 NOK* ☕ - ✗. Face au fjord, doté d'une partie moderne et confortable, meublé et décoré avec goût, une des bonnes adresses de la région. Restaurant remarquable.

À Sogndal

Premier prix

Camping Kjørnes – *À 2 km sur la rte 5 dir. Kaupanger - Kjørnes - ✆ 97 54 41 56 - kjornes.no - 100 places tente 490/540 NOK, 12 hytter à partir de 750 NOK (3 nuits min. en sais.)*. Un beau camping les pieds dans l'eau, face à Sogndal.

Pour se faire plaisir

Quality Hotel – *Gravensteinsgata 5 - ✆ 57 62 77 00 - strawberry.no - ♿ - 226 ch.- 1940/2390 NOK* ☕ - ✗ *(3 restaurants)*. Confort certain mais standard pour un hôtel moderne qui peut constituer une étape commode.

À Flåm et ses environs

Une folie

Aurland Fjordhotel – *Bjørgavegen 1 - Aurland (à 8 km de Flåm) - ✆ 94 86 21 00 - fjordnorway.com - de fin avr. à mi-oct. : 30 ch. 3590/5190 NOK* - ✗. Dans un village calme et authentique, une adresse familiale et confortable.

Fretheim Hotel – *Nedre Fretheim - Flåm - ✆ 57 63 63 00 - norwaysbest.com - ♿ - 122 ch. 2990/3690 NOK* ☕ - ✗. Entre montagnes et fjord, ce vaste hôtel blanc fondé en 1892 vaut pour ses parties communes au charme d'antan et ses belles chambres.

À Solvorn

Premier prix

Eplet Hostel (& Apple) – *✆ 41 64 94 69 - eplet.net - fermé en hiver - 10 ch. 990 NOK, lit 380 NOK - juin-août, 2 nuits min. (3 nuits au camping)*. Dortoir, chambres, cuisine et sanitaires en commun. Dans un environnement bucolique et abondant (fraises, framboises, pommes, prunes...), une adresse accueillante et conviviale

Une folie

Walaker Hotell – *Solvornvegen 324 - ✆ 57 68 20 80 - walaker.com - ouv. de mi-avr. à fin sept. - 26 ch. 6 300 NOK* ☕ - ✗. Le « plus vieil hôtel de Norvège » fondé en 1690 au bord du fjord, entourée d'un beau jardin fleuri, est un havre de paix. Décor chaleureux dans les chambres. L'aile moderne est moins convaincante. Expositions.

Le long de la Sognefjellet

Premier prix

Sognefjellshytta – *rte 55 (à 60 km de Gaipne et 50 km de Lom) - ✆ 61212934 - sognefjellet.no - entre 940 et 1390 NOK/pers.* ☕ - ✕ *- de déb mai à déb. sept.* Bel édifice moderne de bois et de verre au milieu d'un formidable paysage. Divers niveaux de confort : ch. 1 à 4 lits, avec ou sans salle de bain. Bon restaurant. Nombreuses activités.

Pour se faire plaisir

Fossheim Turisthotell – *Bergomsvegen 32, Lom - ✆ 61219500 - fossheimhotel.no - 40 ch. 1965/2465 NOK* ☕ - ✕. Cet hôtel familial offre toute une gamme d'hébergements (chambres, chalets...) pour une étape très agréable à Lom.

Activités et visites

La région du Sognefjord se prête à toutes sortes d'activités de plein air : randonnées, kayak, ski alpin, marche sur glace, cyclotourisme, voile, etc. Se rens. dans les offices de tourisme et sur **fjordtours.com**.

The Fjords - *thefjords.no - ✆ 57631400.* Plusieurs croisières en bateau pour découvrir le Nærøyfjord et le Geirangerfjord.

À Lom

Premier prix

Bakeriet i Lom – *Sognefjellsvegen 7 - ✆ 90785999 - 9h-17h (vend.-sam. 20h) - 59/219 NOK.* Voici le lieu idéal pour une petite pause en altitude ! N'hésitez pas à vous attarder dans ce que beaucoup considèrent comme la meilleure boulangerie du pays. Le pain y est inoubliable, tout comme les viennoiseries et les pizzas au feu de bois. On trouve également des sandwichs. À accompagner, par exemple, d'une bière locale Lomb.

Une folie

Brimi Bue – *Sognefjellsvegen 13 - ✆ 46854262 - brimibuehotel.no - 14 ch. 2800 NOK en été -* ✕ *jeu.-sam.* Brimi comme Arne Brimi, un célèbre chef originaire de la région, qu'il dote de plusieurs belles adresses. Le Bue est un (petit) hôtel chic et moderne, imaginé avec l'aide d'artisans locaux. Le bois y a la vedette et les larges baies vitrées permettent de profiter du bel environnement. Excellent petit déjeuner.

Autres options d'hébergement aux environs : **Brimi Sæter** *(brimi-seter.no)*, une déclinaison réussie du rustique-chic, et **Brimi Fjellstugu** *(brimi-fjellstugu.brimiland.no)*, un luxueux lodge de montagne. Chaque adresse est doublée d'un restaurant hautement recommandable, où le chef fait honneur aux produits locaux.

LE CENTRE DE LA NORVÈGE
0
100 km
RTE DU LITTORAL FV. 17
Trondheim
Kjerringøy
Mo i Rana
★★★ Vaut le voyage
★★ Vaut le détour
★ Vaut la visite
Intéressant
Bac
Ville de départ du circuit
De Namsos à Brønnøysund
De Brønnøysund à Sandnessjøen
De Sandnessjøen à Ørnes
D'Ørnes à Bodø
Cercle polaire arctique
NORSKEHAVET
Vestfjorden
EXPRESS CÔTIER
Kjerringøy
Sjunkhatten NP
Rago NP
Bodø
Padjelanta NP
Gildeskål
Ørnes
Lahku NP
Junkerdal NP
Saltfjellet-
Svartisen
Svartisen NP
RTE DU LITTORAL FV. 17
Mo i Rana
Sandnessjøen
Alstahaug
NORDLAND
Vega
Brønnøysund
Torghatten
Lomsdal-Visten NP
Vindelfjällens N.R.
Vindelälven
Børgefjell NP
Høylandet
NORD-TRØNDELAG
Namsos
EXPRESS CÔTIER
Blåfjella Skærfjella NP
Lierne NP
Ströms vattudal
Inderøy
Steinkjer
Stiklestad
Torröjen
SVERIGE
Trondheim
Skarvan og Roltdalen NP
Stjørdalselva
MØRE OG ROMSDAL
SØR-TRØNDELAG
Ålen
Forollhogna NP
Aursunden
Storsjön
Røros
Glomma
Femundsmarka nasjonalpark
Femunden
Rogen naturreservat
Sonfjället NP
Ljusnan
Ljungan
Dovrefjell-Sunndalsfjella NP
OPPLAND
Rondane NP
Gutulia NP
Jotunheimen NP
Nipfjället naturreservat
Driva
Otta
6
1
N
NARVIK
ARVIDSJAUR
LYCKESELE
SOLLEFTEA
SUNDSVALL
MOLDE
HERMANSVERK
HAMAR
KARLSTAD
MORA
BOLLNÄS

5

Le centre de la Norvège

CARTE MICHELIN 752 D7-F5 – SØR-TRØNDELAG, NORD-TRØNDELAG ET NORDLAND

Trondheim ★★

Blottie au creux de la courbe que décrit le profond Trondheimsfjord, à l'embouchure de la Nidelva, la troisième ville de Norvège est l'une des plus anciennes cités du pays. Elle s'est développée à l'ombre de sa célèbre cathédrale et a toujours joué un rôle essentiel dans la vie culturelle et spirituelle de la Norvège. Avec ses ruelles pavées et ses zones portuaires réhabilitées en quartiers branchés, la « porte d'accès du Nord » est une halte très agréable. Des musées riches et variés, une qualité de vie évidente et une animation estudiantine lui permettent de rayonner au-delà des frontières nationales.

Se repérer

CARTE P. 214 (A3) – PLAN P. 219.
214 565 habitants – Sør-Trøndelag. Trondheim se trouve à 500 km au nord d'Oslo.

« Arriver/partir » p. 227.

À ne pas manquer

La cathédrale et le quartier de Bakklandet. Le musée des Instruments de musique.

Organiser son temps

Comptez une journée pour une visite approfondie de la ville.

Avec les enfants

Le parc aquatique Pirbadet.

Carnet pratique p. 227

Nos adresses p. 228

Se promener

PLAN P. 219

Circuit tracé en vert sur le plan. Ceux qui souhaitent privilégier le cœur de la ville pourront l'emprunter en sens inverse.

★★★ Cathédrale de Nidaros (NIDAROSDOMEN) A3

73 89 08 00 - nidarosdomen.no (en français) - juin-août : lun.-vend. 9h-18h, sam. 9h-15h, dim. 13h-17h ; reste de l'année : lun.-vend. 9h-14h, sam. 9h-15h, dim. 13h-16h - 120 NOK ; montée au clocher (en haute saison seult) 70 NOK ; billet combiné avec les musées du Palais de l'archevêque 240 NOK.

Construite en stéatite grise, la cathédrale se dresse dans un site harmonieux, au creux d'un méandre de la Nidelva. Côté ouest, la **façade★★** imposante est décorée de rangées de saints et de rois sculptés. Le portail principal est surmonté d'un tympan ouvragé et d'une magnifique **rosace.** De style roman, les parties les plus anciennes de la cathédrale furent construites avant la fin du 12e s. par le second évêque, Eystein Erlendsson : l'édifice de pierre fut agrandi par l'adjonction du transept et de la salle du chapitre. Vint ensuite la construction de l'octogone et du chœur, cette fois-ci dans le style gothique, et la nef qui remplaça la nef romane fut achevée vers 1300. Bien que la cathédrale ait subi plusieurs incendies, elle fut chaque fois restaurée et conserva son statut de lieu de pèlerinage célèbre dans toute l'Europe du Nord, ainsi que le lieu de sépulture des monarques norvégiens. Cependant, lors de la Réforme, elle fut dépouillée de tous ses trésors et l'Église évangélique luthérienne (aujourd'hui l'Église officielle de Norvège) interdit le culte de saint Olav.

Cathédrale de Nidaros.
laraslk/Getty Images Plus

L'intérieur est vaste et la prédominance des lignes verticales accentue l'impression de hauteur. Les piliers massifs de la nef sont entourés de colonnes engagées, tandis que de fines colonnettes, reliées par des arches sculptées avec raffinement, séparent la nef du chœur. Les chapiteaux sont richement sculptés, notamment celui qui est situé à l'entrée de l'octogone, sur lequel on peut voir sept têtes très expressives. Les vitraux ont des couleurs magnifiques.
Avant de poursuivre, parcourez le cimetière tout en faisant le tour de la cathédrale.

★ Les musées du Palais de l'archevêque (ERKEBISPEGÅRDEN) A3

Bispegt 5 - ✆ 73 89 08 00 - nidarosdomen.no (en français) - juin-août : lun.-vend. 10h-17h, sam. 11h-15h, dim. 12h-16h ; mai : lun.-sam. 10h-15h, dim. 12h-16h ; reste de l'année : mar.-vend. 11h-14h, sam. 11h-15h, dim. 12h-16h - 120 NOK - billet combiné musées du palais et cathédrale 240 NOK.

Sur la droite de la façade de la cathédrale, dans un espace de verdure occupant un méandre du fleuve, le **palais** fut construit en 1160. Après la Réforme, il devint la résidence officielle des gouverneurs danois avant d'être réquisitionné par l'armée, qui reconvertit la grande salle en grenier à grain. La plus ancienne partie du palais est l'aile est, Østhuset, datant de 1160-1170 et comprenant les salles de réception. L'aile ouest, Vesthuset, construite vers 1230, comprenait les appartements privés et le bureau de travail de l'archevêque. Les deux édifices furent reliés par une tour, plus tard démolie, tandis que le palais subit plusieurs agrandissements, notamment au 15e s., où il fut fortifié. Il sert désormais de résidence aux hôtes officiels.

Cet ensemble, dont une importante partie (en bois) brûla en 1983, et l'ancien arsenal (aile ouest), abritent **trois intéressants musées**.

Un sanctuaire national

Après la bataille de **Stiklestad** *(encadré p. 224)*, le roi Olav Haraldsson fut enterré sous le maître-autel de la première église de bois construite par l'un de ses prédécesseurs, Olav Tryggvason. Comme des rumeurs faisant état de miracles qui se seraient produits sur sa tombe s'étaient rapidement répandues, la sainteté du roi défunt ne fit plus aucun doute et ses restes furent placés dans un précieux reliquaire. Plus tard, le roi Olav Kyrre décida de remplacer l'église de bois par une église en pierre dédiée au Christ; les travaux commencèrent en 1070. Les pèlerins affluèrent dans l'église et celle-ci s'avéra trop petite, surtout lorsqu'en 1153 Nidaros, qui n'était jusqu'alors que simple évêché, devint archevêché à la suite d'un décret papal. La ville était le siège ecclésiastique de Norvège, mais aussi d'Islande, du Groenland, des îles Féroé, des Orcades et de l'île de Man.

Musée du Palais de l'archevêché (Museet Erkebuspegården) - Fermant la cour, dans un bâtiment de brique, il présente une belle collection de sculptures médiévales provenant de la cathédrale. Au sous-sol est exposé le résultat des fouilles archéologiques entreprises après le sinistre de 1983 : fondations, objets...

Joyaux de la Couronne (**Riksregaliene**) – On retrace ici l'histoire de la dynastie royale norvégienne et de la mise en place des cérémonies de couronnement à Nidaros. La coutume avait été instituée le 20 novembre 1448 pour l'avènement du roi Charles Ier. Longtemps tombée en désuétude, elle fut remise à l'ordre du jour lorsque le général Jean-Baptiste Bernadotte, alors roi de Suède, devint Charles III Jean de Norvège en 1818. Depuis longtemps sous le joug de pays tiers, la Norvège doit dès lors se doter d'attributs royaux. C'est pourquoi la couronne royale de Norvège, les sabres et sceptres présentés ici datent pour la plupart du 19e s. Le 22 juin 1906, le premier roi de la Norvège indépendante, Haakon VII, fut également le dernier à être couronné, une bénédiction, jugée plus simple, fut mise en place par la constitution norvégienne pour ses deux successeurs (Olav V en 1958 et Harald V en 1991).

Musée de l'Armée et de la Résistance (**Forsvarsmuseet - Rustkammeret**) – *kultur.forsvaret.no/museer/forsvarsmuseet-rustkammeret - 10h-16h - 100 NOK.* Des Vikings à nos jours, des costumes, des armes et des maquettes racontent la guerre version norvégienne. À l'étage, l'exposition consacrée à la Seconde Guerre mondiale s'avère bien plus intéressante. Les événements, la Résistance et la collaboration y sont abordés.

Revenez à Bispegata.

Musée des Beaux-Arts (KUNSTMUSEUM - TKM) A3

Face à la cathédrale. Bispegata 7B - ☎ 73 53 81 80 - trondheimkunstmuseum.no (en anglais) - merc. 12h-20h, jeu.-dim. 12h-16h - 140 NOK, billet couplé avec TKM Gråmølna. x

Il présente par roulement son importante collection d'art norvégien, de 1820 à nos jours. Des œuvres d'Adolph Tidemand (1814-1876), de Johan Fredrik Eckersberg (1822-1870), d'Oscar Wergeland et d'Harald Sohlberg (1869-1935) constituent quelques-uns des fleurons de ce musée. L'art moderne est représenté entre autres par Gunnar S. Gundersen (1921-1983), Frans Widerberg (1934-2017) et Lars Tiller (1924-1994), l'un des chefs de file du « gruppe 5 », fondé dans les années 1960. Le musée est associé au Lorck Schive Prize, l'un des plus prestigieux prix

SE RESTAURER
Habitat 1
Bakklandet Skydsstasjon 2
FAGN-Bistro 3
Grano 4
Bare Blåbær 5
Sellanraa Bok & Bar 6
Café Løkka 7
Emilie's Eld 9
SE LOGER
Nidaros Pilegrimsgård 1
Best Western Plus Hotel Bakeriet 2
Britannia 3
Clarion Hotel&Congres 4
P-Hotels Brattøra 9
Scandic Nidelven 16
Scandic Solsiden 19
A
B
KRISTIANSUND
RØRVIK
ORKANGER
STØREN
MUNKHOLMEN
SVERRESBORG, SKANSEN
FLAKK
JARDIN BOTANIQUE DE RINGVE
RINGVE MUSEUM
STIKLESTAD, SVARTLAMON
TRONDHEIMSFJORDEN
EXPRESS CÔTIER
Pir 1
Pir 2
Pirbadet
BRATTØRA
Hôtel Clarion
DORA
Havnegata
Pirbrua
Rockheim
Nordre avlastningsveg
Hurtigbåtterminal
Brattørkaia
Nidelv brua
Dyre Halses gate
TKM Gråmølna
Beddingen
Gryta
Verftsbrua
NEDRE ELVEHAVN
Jernbanebrua
Brattørbrua
Søndre gate
Sjøfartmuseum
OLAVSHALLEN
SOLSIDEN
Innherredsveien
Kirkegata
Verftsgata
Bakke bru
Nordre avlastningsveg
Vestre Kanalkai
Ravnkloa
Kanalen
Fjordgata
Olav Tryggvasons gate
Thomas Angells gate
Krambugata
K-U-K
Munkegata
Nordre gate
Dronningens gate
St Olavs gate
Sandgata
Dronningens gate
Kongens gate
Stiftsgården
MIDTBYEN
Kjøpmannsgata
Torget
Vår Frue Kirke
Nonnegata
Kirkegata
Nedre Møllenberg gate
Øvre Møllenberg gate
MØLLENBERG
Repslagerveita
Hornemansgården
Vår Frue Str.
Nedre Bakklandet
Erling Skakkes gate
Kunstindustri-museum
Elvegata
Sverres gate
Prinsens gate
Gamle Bybro
Brubakken
Kristiansten Festning
Bispegata
Kunstmuseum
NIDAROSDOMEN
Øvre Bakklandet
Kristianstensbakken
BAKKLANDET
Gangbrua
Erkebispegården
Prinsens gate
Teglbrennerveien
Lillegårdsbakken
Klostergata
ØYA
NIDELVA
Elgeseter bru
Vollabakken
Parkveien
Margretes gate
Klostergata
Klostergata
Ragnhilds gate
M. Hansens gate
Elgeseter gate
Singsakerbakken
ELGESETER
TRONDHEIM
0
200 m
N
1
2
3

artistiques européens, remis tous les deux ans, du nom de Christian Lorck Schive né à Trondheim, en 1805.

L'annexe (expositions temporaires) se situe dans le quartier de Solsiden (**TKM Gråmølna** - *ci-dessous*).

Suivez Bispegata en longeant la cathédrale en direction de la rivière.

★ Le Vieux Pont (GAMLE BYBRO) et Bakklandet B3

Du pont rouge qui remplaça en 1861 un ouvrage de la fin du 17e s., on découvre une belle **vue**★ sur les entrepôts à pignons alignés le long de la rivière, bâtiments en bois peints en rouge, jaune ou brun, construits sur pilotis au 18e s. En été, les touristes défilent sur des kayaks colorés et les promeneurs profitent des sentiers aménagés le long de la Nidelva.

Au débouché du pont, **Øvre Bakklandet** *(à droite)* et **Nedre Bakklandet**★ *(à gauche)* dessinent une longue ruelle pavée aux maisons basses en bois : l'endroit est d'autant plus agréable qu'aux abords du carrefour, nombre d'entre elles ont été investies par des cafés branchés, des restaurants et des galeries d'art ou d'artisanat. Voici Trondheim version bobo.

Ceux qui souhaitent s'offrir un détour par le fort emprunteront Brubakken, qui part à l'assaut de la colline dans le prolongement du pont.

Notez l'ascenseur à vélos – **Trampe** – qui fut, lors de son inauguration en 1993, une première mondiale. Une fois son mode de fonctionnement intégré, il facilite grandement la montée de ce dénivelé (de 12 à 18 %).

Fort de Kristiansten (KRISTIANSTEN FESTNING) B3

8h-21h (hiver : de 9h au coucher du soleil).

Construit par les Suédois en 1681, le fort n'a conservé qu'une tour blanche à la silhouette trapue et des remparts. Une exposition (modeste) y est accessible en été *(10h-16h)*. Mais on grimpe là-haut avant tout pour profiter des pelouses du parc et de la vaste **vue** sur la ville et son fjord.

Revenez sur vos pas et poursuivez dans la très agréable Nedre Bakklandet. Au rond-point, continuez sur la même rive en zigzaguant entre le canal et Innherredsveien.

Nedre Elvehavn et Solsiden B2

La réhabilitation des quais de cet **ancien quartier industriel** a permis d'élargir le centre-ville et de créer un nouveau pôle d'animation. Les entrepôts de brique rénovés accueillent cafés, restaurants et terrasses, mais aussi un vaste centre commercial et des immeubles aux larges baies vitrées. Au bord de l'eau et au pied d'une **ancienne grue** très photogénique, l'animation est permanente. Vous y trouverez l'annexe du musée des Beaux-Arts où sont présentées de belles expositions temporaires : **TKM Gråmølna** (*Trenerys gate 9 - merc.-dim. 12h-16h - ticket combiné avec celui du musée principal*).

Plus à l'est, **Svartlamon** (HORS PLAN), le district dit alternatif et contestataire de Trondheim, est un autre quartier industriel en pleine réhabilitation, devenu le premier écoquartier du pays grâce à la fibre associative de ses habitants (*svartlamon.org, en norvégien seult)*. Les amateurs de *street art* y recenseront de belles réalisations. Le quartier est dominé, côté port, par l'énorme silhouette de **Dora** (153 m x 105 m, B1), une ancienne base sous-marine allemande de la Seconde Guerre mondiale transformée en bureaux.

De Solsiden, empruntez la passerelle piétonne qui accède au vaste hôtel Scandic Nidelven, puis traversez le pont sur la gauche.

Sur les pas de saint Olav

La fondation de Nidaros

Dans son effort pour unifier le royaume de Norvège sous son autorité, le roi viking **Olav Tryggvason** fonda en 997 la ville de Nidaros, dont le nom signifie « à l'embouchure de la Nid », et construisit une résidence royale, instituant ainsi la première capitale de Norvège. Il édifia en même temps la première église de Nidaros, afin de convertir la population à la nouvelle religion chrétienne.

Olav Tryggvason n'avait que partiellement réalisé sa double tâche d'unification et de conversion de son peuple lorsque, 30 ans plus tard, des chefs vikings rebelles, particulièrement puissants dans le Trøndelag, obligèrent un autre roi chrétien, **Olav Haraldsson**, à abandonner son royaume. Il y revint cependant en 1030, mais fut tué à la bataille de Stiklestad, à 100 km au nord-est de Nidaros (*p. 224*). Ce qu'il ne put accomplir de son vivant le fut après qu'il eut été enterré à Nidaros. Bien que le roi n'ait jamais été officiellement canonisé, son culte se répandit non seulement dans toute la Scandinavie, mais aussi au-delà de la mer du Nord, jusqu'en Angleterre, où subsistaient encore quelques royaumes vikings et où des églises dédiées à saint Olav furent construites en maints lieux.

Un lieu de pèlerinage

Les pèlerins venaient de loin pour se recueillir sur la tombe du saint dans la cathédrale de Nidaros ainsi que sur le lieu où il mourut à Stiklestad, ce qui permit à la ville de se développer rapidement. Les « miracles » qu'il accomplit durant sa vie furent consignés par écrit, renforçant ainsi la légende. Depuis lors, saint Olav continue à jouer un rôle unificateur en soutenant le moral de la nation dans les périodes difficiles.

La capitale spirituelle de la Norvège

L'importance attachée au sanctuaire de saint Olav conféra à l'église de Nidaros une grande influence spirituelle qui ne cessa de croître pendant le Moyen Âge ; les rois de Norvège prirent l'habitude de se faire couronner dans la cathédrale. Une fois bien établie, cette tradition se perpétua même après la Réforme. La cérémonie du couronnement n'a plus lieu de nos jours, mais le roi Harald V se fit officiellement consacrer à Trondheim en 1991 au cours d'un service dans la cathédrale de Nidaros.

De Nidaros à Trondheim

Durant tout le Moyen Âge, les activités portuaires de la ville se développèrent, mais la Réforme mit un frein à cet essor économique et, en 1681, Nidaros, qui avait pris le nom de Trondheim, fut dévastée par un incendie : une partie de la vieille ville fut détruite. Le général **Johann Caspar von Cicignon**, descendant d'un huguenot français qui avait émigré en Norvège *via* le Luxembourg, remodela le centre de la ville tel qu'on le découvre aujourd'hui en le dotant de larges avenues rectilignes rayonnant autour d'une immense place centrale, un carré de 90 m de côté. Il fit également construire le fort de Kristiansten sur une éminence dominant la cité, afin de la protéger d'une éventuelle incursion suédoise.

Musée de la Marine (SJØFARTMUSEUM) B2

Kjøpmannsgata 75 - ☏ 73 52 89 75 - trondheimsjofart.no (en norvégien seult) - de juin à déb. sept : lun.-vend. 10h-15h, w.-end 12h-14h ; reste de l'année : mar.-vend. 10h-15h, sam. 12h-16h - 100 NOK.

Aménagé dans un bâtiment du 18e s., ce musée présente de superbes maquettes de voiliers, des figures de proue et autres instruments de navigation d'où émanent la poésie du grand large et la nostalgie de l'époque héroïque de la marine à voile. En suivant la bruyante rue Kjøpmannsgata, vous longez l'**Olavshallen** *(olavshallen.no)*, un complexe culturel comprenant plusieurs salles de spectacle, quelques boutiques (dont Crispin Glover Record Shop et ses vinyls) et un *food court*. Vous atteignez alors le **K-U-K** *(Kjøpmannsgata 38 - k-u-k.no - lun. 15h-21h, mar.-dim. 11h-18h - gratuit)*, un nouveau pôle dédié à l'art contemporain. Ce complexe labyrinthique, fait la part belle aux jeunes artistes, lors d'expositions temporaires souvent surprenantes et engagées. Notez le décor du restaurant des lieux.

De retour au musée de la Marine, reprenez le pont en sens inverse et suivez la promenade le long du canal en direction de la gare. On peut également longer Fjordgata, sur l'autre rive.

Quelle que soit l'option choisie, vous pourrez contempler diverses embarcations (barques traditionnelles, vieux gréements, anciens ferries). Surveillez la rénovation espérée du **Ravnkloa**, le marché aux poissons sur la rive sud.

Empruntez la passerelle piétonne qui enjambe les rails au niveau de la gare.

Brattøra B1

Cette île artificielle, isolée du centre-ville par le canal, jadis zone portuaire et ferroviaire, a vécu au début du 21e s. une mue radicale. Aux bureaux ont été ajoutés la superbe **piscine Pirbadet** *(p. 231)* et son immense baie vitrée sur le port, des immeubles d'habitation ou encore le curieux **hôtel Clarion**, avec sa façade laiteuse et son origami géant et doré qui le coiffe. Notez également la **Powerhouse Brattørkaia** (2019), imposant et élégant édifice « troué », dessiné par le cabinet Snøhetta. Il a été conçu pour générer plus d'énergie qu'il n'en consomme.

★ **Rockheim** – *Brattørkaia 14 - ☏ 73 60 50 70 - rockheim.no (en anglais) - de fin juin à mi-août : tlj 10h-17h ; reste de l'année : mar.-vend. 10h-16h, w.-end 11h-17h - fermé lun. - 170 NOK, 230 NOK billet couplé avec le musée des Instruments de musique.*

Un entrepôt des années 1920 coiffé d'une énorme boîte habillée de 13 000 LED illuminées le soir venu, tel est le cadre du très original musée national de la Musique pop norvégienne. Il y a fort à parier que, pour la plupart des étrangers, le sujet est méconnu ! Sa muséologie ultramoderne et inventive rend la visite passionnante : à noter, un « son et lumière » dont vous devenez parfois le principal acteur. Le visiteur se retrouve tour à tour installé dans un salon des années 1950, un bar, un garage, un bus de tournée... Des expositions temporaires complètent la visite qui intéressera aussi bien les mélomanes curieux que les amateurs d'architecture. Belle vue depuis le dernier étage.

Il est possible de longer le fjord à pied ou à vélo entre Brattøra et la marina du quartier de Skansen (p. 225) par une promenade aménagée.

Revenez vers la gare, empruntez la passerelle qui franchit les voies et longez le canal sur la droite par Fjordgata. Puis, prenez à gauche la Nordre gate.

★ Le centre-ville (MIDTBYEN) AB2

Organisé autour de Torget, le centre-ville obéit à un plan rigoureux formé de rues orthogonales. S'y côtoient des immeubles des années 1970 et d'adorables

Maisons de Trondheim.
TPopova/Getty Images Plus

maisons de bois qui s'alignent le long de ruelles pavées. Même si les voies ferrées de Brattøra le privent d'accès au fjord, l'eau y est très présente. La Nidelva et des canaux sensibles aux marées l'encadrent, le dessinent.

Résidence royale (**Stiftsgården**) – *Sur la gauche, par Dronningens gate. Munkegt. 23 - ✆ 73 80 89 50 - nkim.no (en anglais) - de déb. juin à mi-août : visite guidée ttes les h 10h-15h, dim. 12h-15h, sauf en cas de présence de la famille royale - 120 NOK.* Résidence royale depuis 1800, ce vaste palais de bois de style baroque aux murs peints en ocre fut élevé en 1778 au coin de cette rue et de Munkengata. Plus grand palais de bois scandinave, il ne renferme pas moins de 140 pièces.

Nordre gate – La rue, piétonne, est animée en toute saison par ses cafés et commerces. Elle croise **Dronningens gate**, où l'on pourra admirer le palace **Britannia** (autrefois fréquenté par les aristocrates britanniques venus pêcher le saumon), l'architecture audacieuse du Nye Hjorten Teater et l'ancienne poste et ses lampadaires à pattes griffues. Notez l'immeuble abritant à la fois un centre commercial et le café Grafen, au coin de Kongens gate. En face, sur votre gauche, c'est une maison de bois datant de 1869 qu'a investie le Dromedar Kaffebar (*p. 227*).

Église Notre-Dame (Vår Frue Kirke) – *Kongens gate.* Cette église massive, bien que remaniée au 17e s., a conservé des éléments datant de la construction d'origine, en 1209. Derrière l'église, un lacis de ruelles pavées bordées de maisons basses et colorées constitue un paisible petit quartier ancien.

Faites un détour à l'extrémité sud de Søndre gate pour découvrir, au sous-sol de l'immeuble de la SpareBank 1 (*Søndre Gate 4- lun.-vend. 9h-16h - gratuit),* une installation de 72 sculptures nommée **Salamandernatten** (*Nuit de la salamandre* - Kjell Erik Killi Olsen, 1989) et qui se révèle progressivement dans la pénombre.

La bataille de Stiklestad

Elle opposa, le 29 juillet 1030, l'armée d'Olav Haraldsson aux forces nettement supérieures de quelques chefs locaux soutenus par le roi de Danemark et d'Angleterre **Canut I**er qui, après avoir conquis la Suède, tentait de s'emparer de la Norvège. Pour les historiens, la mort d'Olav au cours de la bataille changea le cours de l'histoire : Stiklestad annonça la fin de l'ère viking et le début du Moyen Âge, bien que cette tentative menée par Olav visât une fois de plus à unifier la Norvège sous son autorité, tout en imposant la religion chrétienne à ses sujets. À l'époque, le Trøndelag du Nord était une région importante sur le plan économique et militaire et il était primordial pour Olav de s'imposer dans cette région. Si Canut devint roi de Norvège, la mort d'Olav transforma sa défaite en victoire : considéré comme martyr du christianisme, il devint le symbole de la nation norvégienne.

Kongens gate – *Prenez à gauche vers Torget*. Large rue piétonne au débouché de laquelle deux belles constructions de bois se font face sur la place. Celle de gauche, **Hornemansgården** (dite aussi Eldres Hus), date de 1710.
Place du Marché (Torget) – Au centre de ce vaste quadrilatère trône la statue d'Olav Tryggvason, œuvre du sculpteur Wilhelm Rasmussen. On pourra lui préférer un bronze plus intimiste représentant une brave dame aux bonnes joues rebondies en train de faire son marché, le panier au bras, qui signale l'entrée de l'office de tourisme. Intitulée *Go'Dagen*, elle a été réalisée par Tone Thiis Schjetne en 1983. Sur le côté opposé de la place, des établissements de restauration rapide et un grand centre commercial attirent la foule.
Depuis Torget, **Munkegata**, avec ses nobles demeures, ramène à la cathédrale.

★★ Les collections du Musée des Arts décoratifs

(KUNSTINDUSTRIMUSEUM) A3

Munkegata 3-7 - ✆ 73 80 89 50 - nkim.no (en anglais) - fermé pour rénovation au moment de notre visite.
Vous trouverez sur le site Internet la liste des lieux où sont exposées les œuvres de la collection : au TKM Gråmølna, au Hannah Ryggen center à Brekstad, en attendant l'ouverture du futur musée
Fondé en 1893, ce musée abrite diverses collections illustrant les principaux mouvements artistiques internationaux, ainsi que des expositions temporaires. Les **collections historiques** proposent un parcours chronologique depuis l'époque baroque jusqu'au design des dernières décennies du 20e s., en portant une attention particulière au mouvement Arts and Crafts, avatar anglais de l'Art nouveau et qui eut William Morris comme chef de file. On admirera une ravissante horloge peinte rococo de 1770, un secrétaire en acajou de 1898, ou un étonnant lavabo créé en 1985 par l'Américain Marek Cecula. Superbe collection de 20 **tapisseries★★** réalisées par **Hannah Ryggen** (1894-1970), artiste née à Malmö et qui passa de longues années à Trondheim. Une œuvre de l'artiste, *We live upon a star*, qui trônait au siège du gouvernement et fut partiellement endommagée lors de l'attentat commis par Anders Behring Breivik en 2011 à Oslo, est exposée dans les escaliers. Voyez également des tapisseries abstraites de **Synnøve Anker Aurdal** (1908-2000), ainsi que des objets en verre, œuvres de **Benny Motzfeldt** (1909-1995). Une collection japonaise complète l'ensemble.

Un peu plus au sud

On peut poursuivre l'exploration du centre-ville en flânant le long de rues et ruelles bordées de maisons de bois colorées. Elles se situent entre l'église Notre-Dame et la cathédrale. Ou bien poussez jusqu'à l'extrémité ouest de Dronningens gate qui devient **Hospitalsløkkan**, tranquille axe arboré qui longe le plus ancien hôpital de la ville (13e s.).

La rue aboutit au quartier de **Skansen/ila** qu'annonce la silhouette de l'imposant **Skansenbrua**, un pont ferroviaire basculant de 52 m de long, inauguré en 1918. Le long de la marina, les opportunités d'une pause ne manquent pas. Le quartier est également prisé des amateurs de **street art**. Des fresques datant d'un festival récent (2018) ornent les murs de nombreux édifices. Pour vous repérer, utilisez la carte interactive sur *visittrondheim.no/en/activities-attractions/art/street-art*. Elle recense les (nombreuses) œuvres à travers la ville.

Plus au sud, le long de Elgeseter, s'étend le principal campus de la **NTNU** (université norvégienne de sciences et de technologie) dont les quelque 30 000 étudiants animent et dynamisent la ville. Un peu plus loin se dresse le stade de Lerkendal, antre du Rosenborg BK *(rbk.no)*, club de football de loin le plus titré du pays (26 fois champion), dont les supporteurs décorent de stickers tous les poteaux de la ville.

À proximité

L'île aux Moines (MUNKHOLMEN)

À 15mn de bateau au nord de la ville. Départ de Munkegata 70 : de mi-mai à déb. sept. : départ ttes les h (30mn en haute saison) à partir de 10h, dernier retour 16h15 (18h15 de juin à mi-août) - munkholmen.no (en anglais) - 120 NOK, billetterie à Ravnkloa ou via tikkio.com.

Cet îlot, que coiffait autrefois un couvent (11e s.), transformé par la suite en prison (1658), est aujourd'hui un lieu prisé pour la baignade. La jeunesse et les familles s'y pressent, surtout le week-end (s'y rendre si possible plutôt en semaine), pour prendre le soleil, nager et prendre l'apéro face à la ville.

★★ Musée des Instruments de musique (RINGVE MUSEUM)

À 4 km au nord-est, par Innherredesveinen.

Lade allé 60 - ☏ 73 87 02 80 - ringve.no (en anglais) - de fin juin à fin août : tlj 10h-17h ; reste de l'année : mar.-dim. 11h-16h - 170 NOK, 230 NOK billet couplé avec Rockheim - visite guidée + concert sur réserv.

Accès : bus 2 ou 20. En voiture, suivez l'E 6 dir. Narvik, puis Lade au rond-point de Solsiden, des panneaux indiquent ensuite le musée.

Ce fascinant musée, aménagé dans le splendide manoir de Ringve construit au 19e s. sur la presqu'île de Lade domine la cité et le fjord. La visite comprend un circuit guidé *(30-45mn)* dans une mise en scène évoquant le 18e s., avec des interprètes en costumes d'époque qui jouent avec des instruments anciens, souvent très rares. Parmi les spécimens présentés, citons des cloches éoliennes, un clavecin de 1767, un piano harpe, une cithare du Telemark, un théorbe (sorte de luth), un étrange piano rectangulaire, des instruments miniatures ou exotiques, un juke-box de 1948...

Le **jardin botanique de Ringve**, directement accessible depuis le musée, conclut agréablement la visite. Il jouit d'une belle vue sur le fjord.

Vous pouvez faire le tour de la **péninsule de Lade** où se trouve le musée. Le tracé appelé **Ladestien** *(8 à 10 km)* va de criques en plages (baignade possible), de villas charmantes en jardins fleuris, sans jamais s'éloigner de la mer. Cette rafraîchissante balade est prisée des habitants de Trondheim. Pause conseillée au café Ladekaia (*Nos Adresses p. 229)* ! Le bus 20 dessert les deux extrémités (Strandveikaia et Rotvollfjæra).

★★ **Sverresborg** (SVERRESBORG TRØNDELAG FOLKMUSEUM)

À 3 km l'ouest de la ville.

Sverresborg Allé 13 - 73 89 01 00 - sverresborg.no (en anglais) - de fin juin à déb. sept. : 10h-17h; reste de l'année : mar.-vend. 10h-15h, w.-end 11h-15h, ouv. le lun. en juin - 190 NOK, tarifs hiver 150 NOK. Accès : ligne 11 (Stavset) de Kongens gate K1 jusqu'à l'arrêt Trøndelag Folkemuseum.

Sans nul doute l'un des plus beaux musées en plein air du pays. Là où s'élevait autrefois un fort viking, un parc accueille une soixantaine de maisons et de fermes typiques de la région, datant du 12e s. au 19e s. Vous découvrirez une école, des ateliers, une église en bois et, entre autres, des expositions consacrées au téléphone, au ski, etc.

À l'ouest du parc, la vaste et accidentée zone naturelle de **Bymarka** est sillonnée de sentiers. Forêt, rochers, points de vue, baignade dans les lacs, rivières... aux portes de la ville.

Excursions

CARTE P. 214

Stiklestad A3

Aux abords de Verdal, à 93 km au nord-est, le long du fjord de Trondheim par la route E 6.

Stiklestad est l'un des sites historiques les plus célèbres de Norvège, car l'événement qui s'y produisit marqua un tournant décisif dans l'histoire du pays (*encadré p. 224).*

Stiklestad Nasjonale Kultursenter – *74 04 42 00 - stiklestad.no (en français) - expositions : tlj 9h-18h - 90 NOK.* Ce centre abrite à la fois une exposition intitulée « Stiklestad 1030 », qui, à l'aide de scènes reconstituées d'après les découvertes archéologiques, illustre le contexte de la bataille, et un **musée de plein air** (*tlj 11h-16h)*. Celui-ci évoque la vie d'un village d'autrefois : bâtiments du 17e au 19e s. (moulin à eau, un *stabbur*, une maison de charpentier et même un sauna du début du 18e s) et démonstrations d'artisans. Vous verrez également **Stiklastadir** (*tlj 11h-16h)*, une ferme médiévale de 36 m de long, bel exemple de « palais » des chefs vikings (salle de banquets, cuisines, dortoirs...).

★ **Église** – L'édifice roman de 1150 remplaça une église en bois construite à l'endroit même où le roi Olav serait tombé. Au cours des travaux de restauration exécutés à l'occasion du 900e anniversaire de la bataille, on découvrit sur ses murs des fresques du 16e s. illustrant diverses scènes bibliques, dont la Passion sur le mur nord. Les fonts baptismaux en stéatite datent du 12e s. Les peintures qui ornent le chœur furent commandées spécialement pour le 900e anniversaire de la bataille. Réalisées par Alf Rolfsen, elles illustrent à travers des scènes successives le déroulement des événements tout au long de la journée : le roi et ses hommes avant la bataille, le roi mourant s'appuyant contre une pierre, le Christ apparaissant une épée dans une main et un lys dans l'autre. La dernière scène se passe la nuit, après la bataille : un aveugle retrouve la vue lorsque le sang du roi touche ses yeux et, devant le miracle, Tore Hund, l'un des guerriers qui blessa mortellement le roi, décide de faire un pèlerinage en Terre sainte pour recouvrer la paix intérieure.

Inderøy - La « route d'Or » (DEN GYLDNE OMVEI) A3

À 30 km à l'ouest de Stiklestad, à l'écart de l'E 6.

Cette municipalité à cheval sur plusieurs péninsules au fond du fjord de Trondheim met en valeur son patrimoine (culturel, gastronomique...) à travers la « route d'Or ». Chacun, selon le temps dont il dispose, ses centres d'intérêt et son mode de déplacement, imagine un itinéraire touristique à travers de beaux paysages vallonnés et ruraux baignés par les eaux du fjord. Galeries ou ateliers d'artistes, micro-brasserie (**Inderøy gårdsbryggeri**), ferme productrice de fromages (**Gangstad gårdsysteri**), restaurants servent d'étapes-relais... Le vélo *(location sur place)* se prête particulièrement à la découverte grâce à un parcours balisé d'une trentaine de kilomètres. Plus d'informations sur *dgo.no* et *visitnorway.fr/destinations-norvege/trondelag/route-or.*

Carnet pratique

S'informer

Office de tourisme – *visittrondheim.no.* Points d'informations dans le centre-ville : *Kjøpmannsgata 48* (dans le Olavshallen) et *Kongens gate 11.*
« Visites » p. 229.

Arriver/partir

En train et en bus

Les gares ferroviaire et routière *(Sentralstasjon - 47 77 00 98)* se tiennent côte à côte en bordure nord du centre-ville, au bout de Søndre Gate.

Trains pour Oslo *(en 6h40-8h)*, Mo i Rana *(en 6h30)*, Bodø *(en 10h)*, Røros *(en 2h30)* ou Stockholm *(en 12h)*.

Bus pour Oslo *(en 8h30)*, Bergen *(en 14h)*, Røros *(en 3h)*, Stryn *(en 7h)* ou Ålesund *(en 4h)*.

En avion

L'aéroport de Trondheim-Værness (TRD - *67 03 25 00 - avinor.no/en)* est situé à 32 km au nord-est de Trondheim. Vols quotidiens pour toutes les grandes villes du pays et quelques villes européennes (Amsterdam, Munich, Riga, Copenhague, Stockholm...). Les trains régionaux (direct), ou locaux, de la Vy *(vy.no/en)* relient la gare centrale en 40mn environ (*à partir de 45 NOK*).

Les bus Værnes Ekspressen *(vaerneseskpressen.no)* effectuent le trajet en 35mn *(à partir de 175 NOK en ligne, supplément à bord)*. En taxi, comptez minimum 400 NOK.

En bateau

L'**Hurtigruten** *(hurtigruten.com)* et les navires d'**Havila** *(havilavoyages.com)* partent du Pir 1 au nord de la ville à 10mn à pied de la gare.

Par ailleurs, du *hurtigbåtterminal* C (5mn. à pied de la gare), un catamaran relie la ville à Kristiansund *(atb.no - 2 à 3/j., en 3h30)* au départ du Pir-Terminal, à Brattøra, 300 m derrière la gare.

En voiture

L'accès au centre-ville est soumis à péage automatique *(autopass.no/en/autopass - p. 435)*. En surface, places payantes très onéreuses.

5

Préférez les P-Hus *(40 NOK/h, 320 NOK/24h)*, très bien indiqués *(infos sur trondheimparkering.no/english)*.

Se déplacer

À pied ou à vélo

La ville se parcourt aisément à pied. L'été, vous pouvez également profiter des vélos en libre accès en acquérant un abonnement à l'office de tourisme ou en ligne *(trondheimbysykkel.no)*.

Transports en commun

Les transports en commun, bus et tramways sont assez chers *(43 NOK aux guichets automatiques, moitié prix pour les enfants - carte 129 NOK/24h, 301 NOK/sem. - atb.no)*. Vous pouvez régler vos transports avec l'application pour mobile AtB Mobillett, en vous enregistrant.

Adresses utiles

Urgences – St. Olavs hospital HF - *Mauritz Hansens gate 4 - ✆ 113 ou (47) 116 117.*

Agenda

Isfitfestival – Le plus gros festival international d'étudiants se tient tous les deux ans, en février. Tables rondes et festivités. *isfit.org.* Prochaine édition en 2025.

Kosmorama – En mars, festival international du film. *kosmorama.no.*

Nidaros Blues festival – En avril, un festival où se rencontrent des stars internationales et les artistes norvégiens les plus fameux. Plus de 50 concerts blues, rock et pop. *nidarosblues.no.*

Jazz festival – En mai. *jazzfest.no.*

Le Jeu de St-Olav – Autour du 29 juillet, jour de l'anniversaire de la bataille de Stiklestad, un grand spectacle est donné dans le théâtre en plein air de Stiklestad. L'événement se double d'un festival culturel à la programmation très riche, qui dure une semaine. *olavsfest.no.*

PStereo – En août, festival pop rock. *pstereo.no.*

Trondheim kammermusikkfestival – Fin septembre. Festival de musique de chambre. *kamfest.no.*

UKA – *Oct.-nov.* Immense festival culturel multidisciplinaire organisé par les étudiants de la ville. *uka.no.*

Nos adresses

VOIR LE PLAN P. 219.

Restauration

☺ Cafés, restaurants, fast-foods : les options ne manquent pas. Les terrasses de Solsiden sont très courues aux beaux jours. Pour préparer vos sandwichs, faites vos courses au supermarché **Meny** *(Solsidensenter, Beddingen 12)*, qui dispose d'un bon choix de produits de qualité, ou chez **Alma Mater** *(Olav Tryggvasons gate 28 - almamat.no)*, une épicerie fine tenue par un Français.

☺ Surveillez la réouverture après rénovation, sur le vieux port, du marché aux poissons (dégustation, restauration) : **Ravnloka** - A2 - Munkegata 70.

Premier prix

7 **Café Løkka** – B2 - *Dokkgata 8 - ✆ 40 00 09 74 - cafelokka.no - tlj, service continu.* Cette jolie maison

en bois, couleur moutarde, jouit d'une agréable terrasse. Les habitués apprécient également l'intérieur chaleureux et les portions copieuses de grands classiques locaux et internationaux (burgers, salades, crevettes...).

5 **Bare Blåbær** – B2 - *Innherredesv 16 - ☎ 73533033 - barebb.no - tlj, service continu - plats 185/224 NOK.* Au rez-de-chaussée d'un bloc sur les quais de Solsiden, ce café au décor coloré (coussins, mosaïques) propose d'excellentes pizzas, des toasts, des salades et quelques plats plus élaborés en soirée. Tout n'est pas parfait, mais l'emplacement... l'est !

4 **Grano** – B2 - *Søndre Gate 25 - ☎ 91544804 - grano.no - 11h-22h (dim. 13h) - pizza à partir de 200 NOK.* Cette *osteria* moderne permet de se régaler d'excellentes pizzas et de copieuses salades.

1 **Habitat** – A2 - *Olav Tryggvasons gate 30 - ☎ 92371352 - habitatbar.no - lun.-jeu. 11h-23h30, vend.-sam. 11h-1h30 - pizzas à partir de 180 NOK, mezze 70.* Le plaisir est ici collectif : partager des pizzas (parfois originales) et des mezze colorés, arrosés d'une belle sélection de bières artisanales (au fût), dont celles, locales, de Monkey Brew. Le tout dans un décor « jungle » un peu inattendu.

Ladekaia – HORS PLAN - *Leiv Eirikssons vei 42 - ☎ 46973944 - ladekaia.no - 11h-22h (vend.-sam. 23h) - plats à partir de 200 NOK.* Si vous avez la bonne idée de vous lancer dans la balade côtière autour de la péninsule de Lade (☛ *Activités*), une halte s'impose dans cet établissement posé au bord du fjord. En terrasse, ou au sein d'un entrepôt magnifiquement rénové, vous reprendrez des forces avec de savoureux classiques locaux.

Budget moyen

6 **Sellanraa Bok & Bar** – B2 - *Kongens gate 2 - sellanraabar.no - lun.-vend. 10h-18h, sam. 11h-18h - plats 169/230 NOK, menus 269/319/379 NOK.* Une belle adresse, au sein de la Litteraturhuset ! L'atmosphère réconfortante du mobilier scandinave et des rayonnages qui débordent de livres mettent en appétit. Café de qualité et petits plats d'une carte très créative où les produits locaux ont la vedette. Bar en soirée.

2 **Bakklandet Skydsstasjon** – B3 - *Øvre Bakklandet 33 - ☎ 73921044 - skydsstation.no - tlj, service continu - plats 189/326 NOK, menus 579/950 NOK.* Inutile de résister, vous tomberez forcément amoureux de ce relais de 1791 où les tables occupent les multiples petites salles au décor rétro. La cuisine norvégienne, servie « comme à la maison », est copieuse et de qualité.

9 **Emilie's Eld** – A2 - *Kongens gate 30 - ☎ 47931000 - emilieseld.no - fermé à midi et dim. - plats 410/449 NOK, menus de 3 à 5 plats 640/870 NOK.* Un agréable restaurant avec cuisine ouverte et salle à l'étage, où l'on sert une cuisine scandinave de qualité qui change régulièrement. Également bar à cocktails.

Pour se faire plaisir

3 **FAGN-Bistro** – A2 - *Ørjaveita 4 - ☎ 45844996 - fagn.no - fermé midi et dim.-lun. - menus 580/850 NOK.* Ce bistrot sans chichis installé juste au-dessus du restaurant FAGN fait usage des mêmes produits locaux de première qualité que son grand frère étoilé. La cuisine norvégienne est rustique et offre des saveurs percutantes ; choisissez à la carte ou optez pour un menu dégustation de 3 ou 5 plats. Le service et les chefs contribuent à l'atmosphère décontractée.

☺ Pensez aussi au **Speilsalen**, le restaurant étoilé de l'hôtel Britannia (☛ *Hébergement*).

Petite pause

Jacobsen & Svart – B2 - *Brattørgata 4 - ✆ 45 41 59 08 - jacobsensvart.no - lun.-sam. 9h-17h.* Les amoureux des cafés de grande qualité se ruent chez ce micro-torréfacteur pour siroter les spécialités proposées, à accompagner, pourquoi pas, d'une brioche à la cannelle.

Mormors Stue – 1 - *Nedre Enkeltskillingsveita 2 - ✆ 73 52 20 22 - mormor.no - lun.-sam. 10h-23h30, dim. 11h-17h.* Cette charmante et vieille demeure abrite sur deux étages un café-restaurant très fréquenté et populaire.

Dromedar Kaffebar Moxness – *Olav Tryggvassonsgate 14 - ✆ 90 19 92 86 - dromedar.no - 7h-18h, sam. 9h-18h, dim. 11h-18h.* Trois autres adresses pour les amateurs de vrai café : deux sur Nedre Bakklandet *(n°s 3 et 60)* et dans la rue piétonne Nordre gate *(n° 2)* au centre-ville.

Rosenborg Bakeri – 1 - *Rosenborg gate 8-10 - ✆ 73 87 84 00 - rosenborgbakeri.no - lun.-vend. 7h-16h.* Sympathique boulangerie-pâtisserie et salon de thé de quartier.

Shopping

Bondens Marked – *Kongens gate 7.* Ce marché se tient certains samedis *(renseignez-vous à l'office de tourisme ou sur bondensmarked.no).* L'endroit idéal pour déguster la production locale (saumon, miel, confiture, fromage, charcuterie...).

Husfliden – *Olav Tryggvasons gate 18 - Postboks 19 Sentrum - ✆ 73 83 32 30 - norskflid.no/trondheim - ouv. tlj.* Cette marque norvégienne est gérée par une association de défense de l'artisanat populaire. À côté des costumes traditionnels, on y trouve de splendides lainages (pulls, plaids, chaussons en laine bouillie...) avec le célèbre motif Marius, ou plus contemporains.

Skandinavisk – *Søndre Gate 16 - ✆ 73 53 31 00 - shutrondheim.no - fermé dim.* Les amateurs de sports d'hiver et d'été trouveront ici leur bonheur. La qualité est au rendez-vous, mais les prix aussi.

Boire un verre

Les nuits peuvent être animées dans cette ville étudiante. **Solsiden** concentre une poignée de bars, mais il existe d'autres options, notamment près de Bakklandet et à Svartlamon.

☺ Voir aussi **Habitat** pour un combo réussi bière locale-pizza *(☞ Restauration).*

Durant la première quinzaine de mai, avant les examens *(☞ encadré p. 351)*, les étudiants célèbrent bruyamment chaque soir la fin de l'année, vêtus de rouge, de noir ou de bleu, selon leur filière d'études.

Antikvariatet – *Nedre Bakklandet 4 - ✆ 73 18 50 14 - ✆ 47 91 73 39 - lun.-vend. 15h-1h30, w.-end 12h-1h30.* Ce charmant bar littéraire de Bakklandet possède une agréable terrasse sur rue et un petit balcon sur la rivière. Atmosphère bohème et musique live certains soirs. On peut aussi y grignoter.

EC Dahls Bryggeri – *Strandveien 71 - ✆ 40 69 74 00 - ecdahls.no - mar.-sam. 17h-0h30.* Ce joli bar est adossé à la grande brasserie de Trondheim, fondée en 1856. Des visites guidées avec dégustation (1h) sont d'ailleurs organisées et l'on peut manger sur place (burgers, saucisses...).

Ramp Pub & Spiseri – *Strandveien 25a - ✆ 73 51 80 20 - lun.-merc. 16h-23h, jeu.-vend. 16h-1h, sam. 13h-1h, dim. 13h-23h.* Ce bar emblématique de Svartlamon conserve l'esprit chaleureux et décontracté qui fait son charme. On y va pour boire un verre ou goûter une cuisine bio (salades, soupes, burgers...). Petite terrasse.

Øx Taproom – *Munkegata 26 - ✆ 45 84 84 80 - oxtap.no - lun.-sam. à partir de 15h - fermé dim.* Les bières de cette micro-brasserie réputée se découvrent et se dégustent dans des caves plusieurs fois centenaires.

Mikrobryggeri – *Prinsens gate 39 - ✆ 92 48 22 00 - tmb.no - lun. 16h-22h30, mar. 16h-23h30, merc. 15h-23h30, jeu. 15h-0h30, vend. 14h-2h30, sam. 12h-2h30 - fermé dim.* Pour déguster l'une des bières brassées sur place, accompagnée d'un burger ou d'une salade. Terrasse chauffée dans une ruelle calme.

Kieglekroa Pub – *Kongens gate 30 - ✆ 73 80 70 80 - kieglekroa.no - lun.-merc. 15h-0h, jeu. 15h-1h, vend. 15h-2h, sam. 13h-2h.* Une adresse un peu rétro, très animée le w.-end. Cour avec espaces chauffés.

Den Gode Nabo – *Øvre Bakklandet 66 - ✆ 95 06 83 22 - dengodenabo.com - dim.-jeu. 16h-1h30, vend.-sam. 14h-1h30.* Avec sa jolie salle en boiserie patinée, occupant les locaux d'anciens entrepôts, et sa barge-terrasse arrimée sur la rivière, ce pub jouit d'un emplacement prisé.

En soirée

Byscenen – *Kongens gate 19 - ✆ 73 52 52 00 - byscenen.no.* Derrière une belle façade de verre ondulée, la principale scène culturelle de la ville.

Dokkhuset – *Dokkparken 4 - ✆ 91 19 05 22 - dokkhuset.no.* La petite salle de concert de Solsiden accueille des pointures du jazz, de l'électro, de la pop...

Café 3B – B2 - *Brattørgata 3b - cafe3b.no - 17h-2h.* Bières + foot + fléchettes + musique live occasionnelle = un pub à l'anglaise au cœur de Trondheim.

Lokal Bar-Scene-Klubb – B2 - *Dronningens gate 12 - lokal.bar - à partir de 19h.* Tout est dans le nom : un bar animé proposant de beaux cocktails, une scène pour divers spectacles et un club qui *(vendredi et samedi)* vibre aux rythmes de soirées électros.

Visites

Visites guidées – Au départ de l'office de tourisme, *(90mn, de fin juin à mi-août ; reste de l'année : se rens.)*. Possible à vélo en été, avec audioguide.

Sur l'eau – Au port, des bateaux organisent des visites autour de Trondheim et sur la Nidelva *(trondheimbyboat.com - prix différents selon le tour, se rens.)*. On peut aussi parcourir la rivière en kayak *(trondheimkajakk.no - 2h - à partir de 490 NOK)*.

Activités

Pirbadet – *Havnegata 12 - ✆ 73 83 18 00 - pirbadet.no - 6h30-21h, mar. et jeu. 12h-21h, w.-end 9h-19h.* Superbe parc aquatique couvert qui, avec sa large baie vitrée, donne l'impression de nager dans le fjord.

Randonnées – Trondheim est située en bordure d'un fjord, ce qui en fait un site de randonnées exceptionnel. Le parcours du Ladestien *(8 à 10 km - p. 226)* vous permettra de longer la côte de **Ladehammerkaia** à **Grilstadfjæra** et d'observer une vue unique sur Trondheim depuis Fosen et Frosta. La zone naturelle de **Bymarka**, aux portes ouest de la ville, est un espace propice à la randonnée, la baignade (lac), l'escalade, le golf ou le ski de fond.

Pour se rendre à la **cascade de Nævra**, à Malvik *(30 km à l'est de*

Trondheim, via la route 706 puis l'E 6), il faut disposer d'une voiture.

Hébergement

Premier prix

Camping Storsand Gård – HORS PLAN - *Storsandveien 1 - Malvik - par la E 6 à 17 km au nord - ✆ 73 97 63 60 - storsandcamping.no - de mi-mai à déb. sept. - 90 empl. 410/540 NOK, 72 chalets 790/1780 NOK et 4 apparts. à partir de 2 600 NOK.* Emplacements et hytter au bord du fjord.

Trondheim Vandrerhjem – HORS PLAN - *Weidemannsvei 41 - ✆ 40 10 55 56 - trondheimvandrerhjem.no - ♿ - lit 490 NOK, 70 ch. 997/1090 NOK.* Cette auberge de jeunesse aux abords du centre-ville offre un niveau de confort moderne et nombre de services.

(1) **Nidaros Pilegrimsgård** – B3 - *Kjøpmannsgata 1 - ✆ 73 52 50 00 - nidarospilegrimsgard.no - ♿ - dortoir 680 NOK, ch. double à partir de 1700 ☕ - ✕.* Posée entre la cathédrale et la rivière, cette auberge pour pèlerins propose des chambres simples mais d'un calme absolu.

Budget moyen

(9) **P-Hotels Brattøra** – A2 - *Fosenkaia 7- ✆ 73 60 40 05 - p-hotels.no - ♿ - 128 ch. 949/1329 NOK ☕.* Dans un édifice longiligne prolongeant la gare, l'établissement propose des chambres basiques d'un bon rapport qualité-prix.

Pour se faire plaisir

(19) **Scandic Solsiden** – B2 - *Beddingen 1 - ✆ 21 61 46 00 - scandichotels.com - ♿ - 155 ch. 1715/2 515 NOK ☕ - ✕.* Un hôtel actuel, et coloré, dans un quartier animé (quais, commerces, cafés). Une bonne adresse.

(2) **Best Western Plus Hotel Bakeriet** – B2 - *Brattørgata 2 - ✆ 73 99 10 00 - bestwestern.com - ♿ - 109 ch. 1895/2 440 NOK ☕ - ✕.* Derrière la jolie façade de cet établissement très central se dévoile un vaste hall au décor moins élégant, mais lumineux. Il s'agit d'une ancienne boulangerie industrielle (1897) transformée en hôtel dans les années 1970. Chambres confortables. Salle de sport, sauna et solarium sur le toit.

(4) **Clarion Hotel** – B1 - *Brattørkaia 1 - ✆ 73 92 55 00 - www.strawberry.no - ♿ - 400 ch. 1790/1910 NOK ☕ - ✕.* Cet établissement emblématique de la mutation du quartier du port surprend par son architecture audacieuse et la hauteur sous plafond spectaculaire du hall. Il dispose d'installations dernier cri et accueille congrès et séminaires. On y trouve également un restaurant panoramique (9e étage) et plusieurs bars. Accès gratuit au parc aquatique Pirbadet tout proche (☛ p. 231).

Une folie

(16) **Scandic Nidelven** – B2 - *Havnegata 1-3 - ✆ 73 56 80 00 - scandichotels.com - ♿ - 343 ch. 2 490/3 290 NOK ☕ (3 nuits mini selon la sais.) - ✕.* Un des meilleurs hôtels de la ville ! Situé au bord d'un fjord, cet établissement moderne dispose de chambres lumineuses (avec vue sur le port) et sert un buffet de petit-déjeuner exceptionnel.

(3) **Britannia** – A-B2 - *Dronningensgate 5 - ✆ 73 80 08 00 - britannia.no - ♿ - Spa - 224 ch. et suites à partir de 3 000 NOK ☕ - ✕.* Totalement rénové, le palace de la ville combine avec élégance le luxe moderne et l'atmosphère 1890. Parmi les quatre restaurants, citons l'historique et désormais étoilé **Speilsalen**.

Røros ★★

Røros se love au cœur de l'Østerdalen, une région montagneuse aux paysages vastes et variés, où dominent les forêts de conifères et de bouleaux, les marais, les torrents, les rivières et d'innombrables lacs. Cette ancienne cité minière (cuivre), aujourd'hui réputée pour son beurre, a si bien su mettre en valeur l'authenticité de son patrimoine naturel et culturel qu'elle fut inscrite en 1980 sur la liste du Patrimoine mondial de l'Unesco. Elle constitue l'une des plus surprenantes étapes urbaines entre Oslo et Trondheim.

Se repérer

CARTE P. 214 (A3).
5 685 habitants – Sør-Trøndelag.
Røros est située à l'écart des grands axes, dans les montagnes de l'est de la Norvège, à 150 km au sud-est de Trondheim par la route 30 qui traverse la **vallée de la Gaula** (GAULDALEN) et à proximité de la frontière suédoise.
« Arriver/partir » p. 239.

À ne pas manquer

La vieille ville dominée par l'église et la fonderie de cuivre ; le lac Aursund avec ses réserves naturelles.

Organiser son temps

Consacrez-y une demi-journée.

Carnet pratique p. 239

Nos adresses p. 239

★★ La vieille ville (BERGSTADEN)

Fondée en 1646, la vieille ville, qui s'étend sur le versant d'une colline dominée d'un côté par l'église et, de l'autre, par la fonderie, constitue un ensemble important de maisons de bois d'un style très particulier. Les murs construits avec des poutres épaisses sont parfois recouverts de planches en guise de protection contre les intempéries, tandis que sur nombre de toits, recouverts de tourbe, l'herbe (et parfois même des arbustes) ajoute une touche végétale. Les couleurs traditionnelles, le rouge et l'ocre, donnent à l'ensemble une unité remarquable, d'autant que Røros, contrairement à bon nombre de villes de Norvège édifiées en bois, a été épargnée par les incendies et nous est parvenue quasiment intacte. Le centre de la cité s'organise autour de deux rues parallèles, **Kjerkgata** et **Bergmannsgata**, qui escaladent la colline, l'une vers l'église, l'autre vers la fonderie. Kjerkgata est bordée de quelques boutiques d'artisanat et de cafés, tandis que Bergmannsgata, plus résidentielle, abrite les plus belles demeures. L'**Hyttelva**, un torrent de montagne, dévale quant à lui la pente et, après avoir longé la fonderie, traverse la ville en bouillonnant, avant de se jeter dans la Glåma.

★ Église

En haut de Kjerkgata - ✆ 72 41 95 31 - rorosmuseet.no (en anglais) - de mi-juin à mi-août : lun.-sam. 11h-16h ; reste de l'année : se rens. - 60 NOK.

S'élevant fièrement (presque) au sommet de la colline, l'église domine Røros. Elle témoigne de la richesse économique que la cité tira de plus de trois siècles d'exploitation des mines de cuivre. La première église de bois construite en 1650 devint vite trop petite, du fait de l'afflux de nouveaux habitants. L'édifice en pierre

Chacun sa place…

La conception de la ville reflète une organisation sociale très stricte : les grandes maisons situées au pied de la colline, les plus éloignées de la fonderie, étaient habitées par les directeurs de la mine et par les dignitaires de la cité, tandis que les mineurs et les ouvriers (parfois venus d'autres régions minières européennes) vivaient dans les modestes maisons aux toits de tourbe construites à proximité de la fonderie.

actuel, construit en cinq ans, fut achevé en 1784. Le contraste est frappant entre sa silhouette peinte en blanc et les maisons marron foncé et rouge brique qui l'entourent. Comme à Kongsberg (*p. 86*), ville célèbre pour ses mines d'argent, dont la destinée est comparable à celle de Røros, l'horloge située au sommet de la haute tour carrée est surmontée de l'emblème de la société minière.

Intérieur – D'un style baroque tardif, il évoque aussi celui de l'église de Kongsberg (*p. 86*). L'édifice peut contenir 1600 personnes assises, en bas et dans les galeries ; illustration de la hiérarchie de la société locale, des loges séparées étaient prévues pour les notables et la famille royale. Les drapeaux exposés dans l'église appartenaient à l'armée privée de la société minière : la couleur bleue correspondait aux mineurs de fond et le beige aux travailleurs de surface.

Vous pourrez voir dans le sanctuaire de nombreux portraits représentant des directeurs de la mine, des prédicateurs et quelques généreux donateurs.

★ Musée de la Fonderie (RØROSMUSEET - SMELTHYTTA)

En sortant de l'église, reprendre Kjerkgata, puis tourner à droite et encore à droite dans Bergmannsgata. 72 40 61 70 - rorosmuseet.no - de mi-juin à mi-août : 10h-17h ; déb. juin et de mi-août à mi-sept. : 10h-16h ; reste de l'année : 10h-15h - visite guidée en anglais tlj à 11h de mi-juin à mi-août, tlj 13h le reste de l'année (jeu. et sam. en basse saison) - 140 NOK - audioguide en français gratuit.

En été, vous pourrez assister chaque jour à une démonstration de fusion du minerai *(voir le site Internet pour l'horaire)*.

Il se situe sur **Malmplassen**, vaste cour ouverte où se dresse encore la cloche de **Hyttklokka** qui sonnait le début et la fin de chaque période de travail et où arrivaient les chargements de minerai de cuivre qui étaient pesés sur un pont-bascule avant le traitement. La fonderie actuelle est une réplique de l'édifice précédent, datant de 1888, qui fut détruit par un incendie. Lorsqu'elle fut définitivement fermée, en 1977, le gouvernement norvégien acheta le terrain et les bâtiments pour en faire un musée très bien conçu, illustrant les techniques d'extraction et de fusion du minerai à l'aide de magnifiques maquettes réalisées à la main.

Les **crassiers** *(slegghaugar)*, ces amas de résidus de métaux, occupent un vaste espace sur l'autre rive de l'Hyttelva, et leur masse sombre fait maintenant partie du paysage. N'hésitez pas à les gravir pour profiter de belles vues sur la ville. À leur pied, **Sleggveien** est une ruelle bordée de petites maisons en bois où vivaient les ouvriers pauvres et quelques artisans qui ne bénéficiaient que d'un petit coin d'herbe ou de cour. Cinq de ces maisonnettes, datant du début du 19e s., appartiennent aujourd'hui au musée de Røros.

En bordure ouest de la ville, l'étang de **Doktortjønna** *(Johan Falkbergets vei 16 - de fin juin à déb. août : 11h-16h - 100 NOK)* et son parc d'activités comprennent une ferme, un service de location de pédalos et diverses aires de jeux. De là, un sentier rejoint en 15 minutes les dunes de Kvitsanden.

De l'âge de la pierre à l'industrie du cuivre

Un très ancien peuplement

Bien qu'éloignée des grands courants de communication, la région de Røros est habitée depuis l'âge de la pierre : ses lacs, ses rivières et ses forêts formaient un terrain de chasse idéal pour les hommes préhistoriques. Au Moyen Âge, les pèlerins se rendant de Suède à la célèbre cathédrale de Nidaros (Trondheim) passaient par Røros, qui se trouvait alors au cœur d'une région agricole occupée par des éleveurs de bovins et de moutons et par des Sames nomades.

Le cuivre et le bois

En 1644, **Hans Olsen Åsen**, dont la ferme était située à l'ouest de l'église, découvrit un filon de minerai de cuivre. Deux ans plus tard, le roi **Christian IV** accorda une charte royale à la fonderie de cuivre établie sur les rives de la Hyttelva, lui donnant le monopole de toutes les activités minières dans un rayon de 40 km autour de la première mine située au nord-est de Røros. Les mines comme la fonderie et les ateliers de poterie, qui ne tardèrent pas à se développer eux aussi, étaient de grands consommateurs de bois de combustion : c'est ainsi que commença le défrichement à grande échelle des forêts environnantes. D'énormes troncs d'arbres étaient transportés par **flottage** sur les rivières et les lacs et un système de canaux reliant les lacs **Femund** et **Feragen** fut aménagé au 18e s. La charte royale stipulait également que les fermiers de la région devaient travailler pour la société minière en plus de leurs activités agricoles. Au même moment, les habitants des communes proches, attirés par la possibilité de trouver du travail, s'installèrent à Røros et la société fit appel à des experts allemands. La ville se développa rapidement et l'imposante église construite à la fin du 18e s. témoigne d'une prospérité… qui fut loin d'être éphémère, puisque la fonderie fonctionna pendant trois cent trente-trois ans avant de fermer définitivement ses portes en 1977.

Des pâturages d'été

De nombreux fermiers, dont les terres se trouvaient dans la vallée ou à Røros même, se consacraient à l'élevage d'été sur les hauteurs dominant la ville. Ils utilisaient ces terres comme pâturages et y cultivaient le foin qu'ils emmagasinaient pour l'hiver. Ils prirent peu à peu l'habitude de passer quelques mois dans leurs propriétés d'été et ils y construisirent des cabanes pour eux-mêmes et leur famille, ainsi que des granges pour abriter le foin, et des étables pour le bétail. Aujourd'hui, cette coutume a presque entièrement disparu, mais certains lieux comme **Småsetran**, à la périphérie de la ville, ont conservé leur aspect d'autrefois.
Des sentiers balisés permettent de parcourir ces pâturages d'été, à pied ou à VTT.

Pollution industrielle

Vous remarquerez que les alentours immédiats de la fonderie sont plutôt dénudés : la fumée qui s'échappait des hauts fourneaux a détruit la végétation.

À proximité

CARTE CI-CONTRE

Kvitsanden

À 3 km à l'ouest.

Ce paysage protégé est un ensemble de dunes de sable formées à la fin de la dernière glaciation, lorsque les glaciers fondirent et que les rivières charrièrent de grandes quantités de sable et de petits cailloux. Sur ce sol en partie dénudé poussent quelques pins, de la bruyère et des buissons.

Après Kvitsanden, tournez à gauche vers Os.

La route qui longe la rive de la Glåma conduit au **canyon de la Skårhammardal**, de 1,2 km de longueur et de 30 m de profondeur, aux versants abrupts. Le chemin qui serpente au fond du canyon permet d'apprécier l'atmosphère paisible qui règne dans ce lieu retiré.

Småsetran

Quitter Røros à partir du « périphérique » (Falunveien), vers l'est.

La route longe les crassiers, à gauche, et se rapproche de cet endroit charmant où l'on pratiquait jadis l'élevage d'été. Les prairies sont aujourd'hui en friche, les chemins sont bordés d'arbres, de murets en pierre sèche et de petites maisons en bois.

Prendre à droite la route 31 (Brekkveien) en direction de la frontière suédoise sur 10 km (nord-est de Røros).

Olavsgruva et ses alentours

Mine du prince Olav (Rørosmuseet - Olavsgruva) – *72 40 61 70 - rorosmuseet.no - de mi-juin à mi-août : visites guidées (1h) à 10h, 12h, 14h et 16h ; de déb. juin à mi-juin et de mi-août à mi-sept : 15h ; reste de l'année : jeu. et sam. 15h - 200 NOK. Attention : température constante de 5 °C dans les galeries.* **Olavsgruva** comprend deux mines attenantes, Nyberget, l'une des plus vieilles de la région, et celle du prince Olav, qui fut l'une des dernières à fonctionner (1972). Une partie de la mine, restaurée, est ouverte au public. Des effets spéciaux y recréent la vie dans les mines. Vous suivrez une démonstration des différentes méthodes d'extraction du minerai par le feu, le forage à air comprimé et l'explosion. Parmi les objets exposés, vous verrez un crampon, un Buggy utilisé pour transporter le minerai, des lampes et des sièges en bois conçus pour le repos des mineurs. La visite s'achève à 50 m sous terre, dans une vaste salle, **Bergmannshallen**, où ont lieu des concerts et des représentations théâtrales.

Les alentours – une zone nommée **Storwartz** – sont propices aux promenades en VTT (à ski en hiver) à travers des paysages austères mais très particuliers, façonnés par l'exploitation minière. Des sentiers balisés sillonnent la nature (re)conquérante et frôlent d'anciens hameaux ou entrées de mines, nommés et décrits par des QR codes. *Activités p. 240.*

Lac Aursund (AURSUNDEN)

Circuit de 80 km. Quitter Røros au nord par la route 30, puis prendre à droite vers Glåmos, puis longer la rive nord du lac.

Pâturages, prairies et forêts alternent avec des marais dont la flore très riche compte des espèces rares, et dont la faune variée comprend des chevreuils et des élans que l'on peut surprendre en train de brouter, surtout le soir. La rive nord du lac est bordée par trois réserves naturelles.

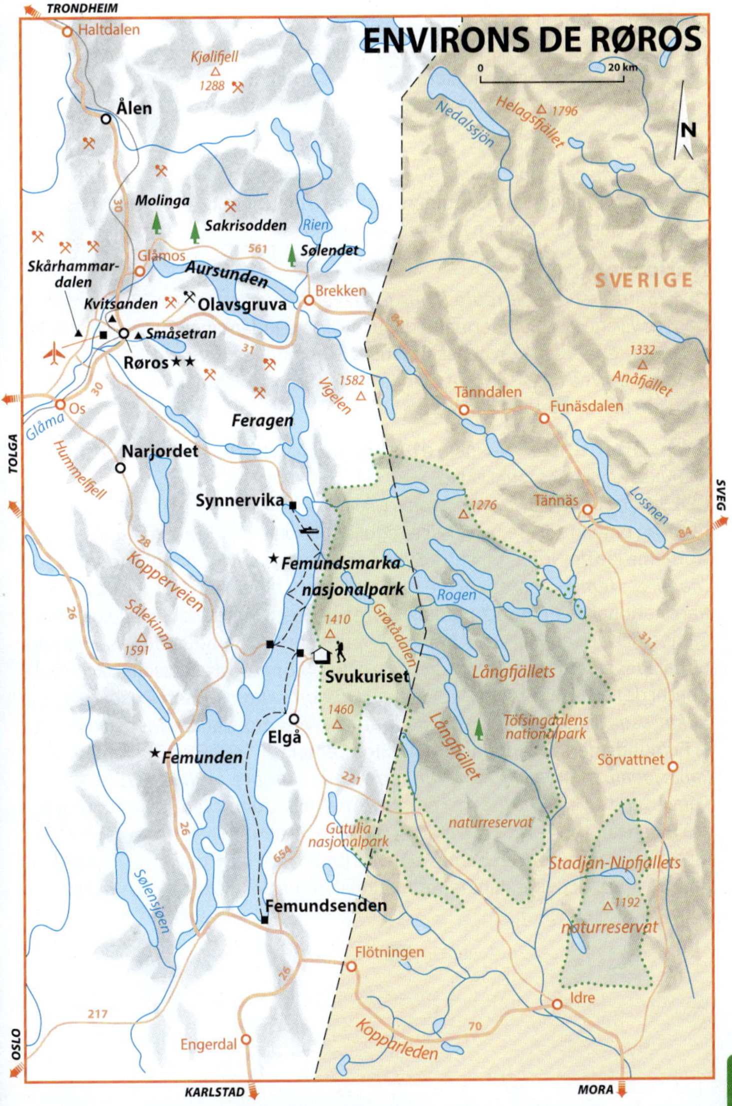

Depuis 1983, la **réserve naturelle de Molinga (Molinga Naturreservat)** protège un site de marais, riche en faune et flore sauvages, situé à l'extrémité occidentale du lac. Ici nichent plusieurs espèces de canards, ainsi que divers échassiers : des grues, des bruants des roseaux, ou encore des sternes arctiques. Les oiseaux migrateurs s'y réfugient en attendant la fonte des neiges.

Un peu plus à l'est, sur la zone de protection végétale de **Sakrisodden (Sakrisodden Plantefredningsområde)** pousse une plante très rare, l'aster de Sibérie, qui fleurit de la mi-juillet à la mi-août. À l'extrémité orientale du lac, la **réserve naturelle de**

Sølendet (Sølendet Naturreservat) est fameuse pour sa forêt de bouleaux et ses marais, riches en flore variée, dont plusieurs espèces d'orchidées.
Vous pouvez ensuite rejoindre Brekken, d'où la route 31 vous ramène à Røros (en passant non loin de la mine du prince Olav).

Ålen

À 36 km au nord par la route 30 (direction Trondheim).
À la sortie du village, sur les hauteurs, un **musée de plein air** (Ålen bygdamuseum) regroupe quelques maisons rurales anciennes.

Narjordet

À 25 km au sud par la route 30 jusqu'à Os et, à gauche, la route 28 dir. « Mora ».
Dans ce village, une belle ferme du début du 19e s., **Oddentunet** *(museainordosterdalen.no - en été seult)* avec ses curieuses décorations extérieures et intérieures, a été conservée dans son état d'origine. Non loin, un chemin mène à un ancien moulin à eau en état de marche.

★ Lac Femund (FEMUNDEN) et parc national de Femundsmarka (FEMUNDSMARKA NASJONALPARK)

À 34 km au sud-est jusqu'à Synnervika.
L'été, un bateau assure un service régulier ponctué de plusieurs escales sur le troisième lac de Norvège, entre **Synnervika** au nord et **Femundsenden** au sud *(horaires : femund.no/en)*. Situé entre la rive du lac et la frontière suédoise, le **Parc national du Femundsmarka** couvre une vaste région habitée de quelques Sames, riche en conifères, lacs et rivières, un véritable paradis pour les amateurs de balades en canoë et les amoureux de nature. Le **parc** est accessible par la route à partir de l'extrémité sud du lac Femund *(109 km de Røros à Femundsenden, puis 37 km jusqu'à Elgå sur la rive orientale du lac)*. Vous trouverez dans cette localité le **Femundsmarka National Park Visitor Center** *(✆ 90 14 59 07 - femundsmarkanasjonalpark.no - juil. : 10h-18h ; de fin mai à mi-oct. : 10h-17h (16h), vac. de Pâques et d'hiver : 10h-16h)* qui présente une exposition intéressante consacrée à la faune (les rennes notamment) et à la flore du parc, à l'histoire de la région et de ses habitants (dont les Sames). C'est le point de départ idéal pour les randonnées et autres activités dans le parc national : toutes les informations nécessaires sont ici fournies.

Carnet pratique

S'informer

Office de tourisme – *Peder Hiorts gate 2 - Røros -* ✆ *72 41 00 00 - roros.no (en anglais).*

Arriver/partir

En avion

L'aéroport *(✆ 67 03 24 60 - avinor.no)* n'est qu'à 2 km du centre-ville - compter 125 NOK en taxi. Vols de/vers Oslo avec la compagnie DAT *(dat.dk).*

En train et en bus

Røros est située sur la ligne Oslo S-Trondheim. Les gares ferroviaire et routière se trouvent dans le bas de la ville. Trains pour Hamar *(en 3h-3h30)*, Oslo *(5h)* et Trondheim *(2h30)*. Bus pour Trondheim *(2h50)* et Oslo *(5h)*.

Agenda

Course de chiens de traîneau Femundløpet – *Fin janv.-déb. fév.* 150 à 200 attelages participent à des courses de 200 à 600 km *femundlopet.no.*

Rørosmartnan – *Fin février.* Fête populaire (marché, défilé, concerts) commémorant le décret de 1853 légalisant le commerce à Røros. *rorosmartnan.no.*

Festival de musique de chambre – En mars. *vinterfestspill.no.*

Elden – *Fin juil.-déb. août.* Spectaculaire reconstitution nocturne, façon opéra-rock, de l'invasion et de l'occupation suédoise au 18e s. *elden-roros.no.*

Nos adresses

Hébergement/restauration

Pour se faire plaisir

Erzscheidegården – *Spell Olaveien 6 -* ✆ *72 41 11 94 - erzscheidergaarden.no -* ♿ *- 24 ch. 1850/2 050 NOK* ☕. Charmant petit hôtel familial (au service très professionnel) où les chambres chaleureuses et le petit-déjeuner laissent d'excellents souvenirs.

Bergstadens Hotel – *Osloveien 2 -* ✆ *72 40 60 80 - bergstadenshotel.no - 90 ch. 1790/2 390 NOK* ☕ *-* ✕. L'hôtel le plus proche de la gare offre un bon confort et des parties communes chaleureuses. Le restaurant présente le soir un somptueux buffet. On y trouve également un spa.

Vertshuset Røros – *Kjerkgata 34 -* ✆ *72 41 93 50 -. vertshusetroros.no -* ♿ *- 38 ch. 1800/2050 NOK* ☕ *-* ✕. Beaucoup de charme se dégage de cet établissement logé dans une maison de bois caractéristique de l'architecture locale. Restaurant réputé *(plats 350/450 NOK, menus 620/760/860 NOK).*

Røros Hotell – *An-magritt-veien 48 -* ✆ *72 40 80 80 - roroshotell.no - 157 ch. à partir de 1 900 NOK* ☕ *-* ✕. Ce vaste et chaleureux établissement sur les hauteurs vaut pour la variété des chambres proposées, les vues offertes sur la ville et sa jolie piscine (aussi un spa).

Petite pause

Kaffestuggu – *Bergmannsgata 18 -* ✆ *72 41 10 33 - www.kaffestuggu.no - dim.-jeu. 11h-20h, vend.-sam. 11h-23h.* Voici un café-épicerie boisé et chaleureux où déguster des sandwichs ou des plats traditionnels copieux. Parquet, feu de cheminée... et, tout au long de la journée, de quoi combler les grandes comme les petites faims. Bière de la Røros Bryggeri en pression.

Trygstad – *Kjergata 12 - 72 41 10 29 - trygstadbakeri.no - lun.-vend. 7h30-17h, sam. 9h-17h.* Roulés à la cannelle, gâteaux colorés, parts de pizzas et jolis sandwichs se dégustent dans une salle chaleureuse ou en terrasse.

Bakeriet på Røros – *Hans Aasengata 5 - lun.-vend. 7h-17h, sam. 8h-16h.* Belle boulangerie-épicerie moderne avec un espace pour se restaurer.

Shopping

Centre commercial Domus (supermarché etc.), près de la gare. Dans les boutiques d'artisanat de Kjergata, vous trouverez de l'argenterie, de la verrerie, de la céramique et des pulls norvégiens.

Potteriet Røros – *Fargarveien 4 - 72 41 17 10 - www.potteriet-roros.no - fermé dim.* Cet atelier reproduit de manière artisanale les céramiques norvégiennes des 17e et 18e s. au décor tantôt très sobre, tantôt exubérant, notamment à l'époque baroque.

Røros Tweed – *Tollef Bredalsvei 8 - 72 40 67 20 - rorostweed.no - 10h-16h, sam. 10h-14h - fermé dim.* Envie ou besoin d'un plaid de grande qualité ? Poussez la porte du magasin d'usine de cette marque dotée (à juste titre) d'une excellente réputation.

Activités

Multiples activités de plein air, en été comme en hiver : pêche, canoë, randonnées à cheval, VTT, ski, promenades en traîneau...

Visites guidées – En été, l'office du tourisme organise quotidiennement des visites guidées de la ville (en anglais). *1h20 - 130 NOK - réserv. en ligne conseillée.*

Rørosrein – *Hagaveien 17 - 97 97 49 66 - rorosrein.no.* En hiver, une famille same organise diverses activités autour des rennes et de ses liens avec l'homme.

Røros Husky - *Johan Falkbergets vei 800, Glåmos - 91 51 52 28 - de 1900 à 2 700 NOK (1h30 ou 2h30, selon le jour de la semain).* De novembre à avril, selon les conditions, cette petite agence basée au nord de la ville propose des promenades en traîneau tiré par des huskies. Voyez aussi :

Husky Point - *Kopparleden 9001, Os i Østerdalen - 97 73 89 03 - huskypoint.no.*

VTT et rando – Plus de 1000 km de voies balisées pour les VTT parcourent les environs de la ville, et notamment les anciens paysages miniers. Des cartes/guides bien faits sont fournis par l'office du tourisme.

Røros Guide – *An-Magritt veien 87 (à l'hôtel Røros Hotell) - 97 76 15 21 - rorosguide.no.* Cette agence propose des tours guidés à VTT, mais aussi la location simple de vélo *(à partir de 500 NOK/j.)* et de canoë.

Route du Littoral Fv. 17 ★★★

(Kystriksveien)

Cet itinéraire, qui longe la côte du Helgeland par voie terrestre et maritime, relie Steinkjer au sud et Bodø au nord. Le voyage est passionnant à travers des paysages littoraux et montagneux extraordinaires et variés. Sur les 650 km du trajet, il suffit de rouler et de s'arrêter au gré de vos envies. Aucune déception possible - si ce n'est la frustration de ne pas pouvoir prolonger votre séjour... Ici la nature est reine et ses éléments (la mer, les rochers et le ciel) se renouvellent constamment selon les marées et les variations météorologiques, composant un nombre infini de spectacles inoubliables. La route sinueuse, divisée en tronçons reliés par six ferrys et de nombreux ouvrages d'art audacieux, progresse entre ciel et mer en épousant les contours du terrain. Pendant la majeure partie du trajet, le regard embrasse de vastes étendues dénudées limitées à l'horizon par des pics escarpés. On s'attarde dans des petits villages colorés. On vogue vers des archipels constitués de centaines d'îles. On surprend un élan, un eider, des macareux. Et l'on passe le cercle polaire - cette ligne aussi imaginaire que mythique - sans vraiment s'en rendre compte.

Se repérer

CARTE P. 214 (B1-2) ET CARTE P. 243.
Nord-Trøndelag et Nordland.
Pour atteindre la route 17 à partir de Trondheim, suivre l'E 6 vers le nord sur 124 km jusqu'à Steinkjer. De Steinkjer à Foldereid, le trajet s'effectue essentiellement à l'intérieur des terres, via le port de Namsos. La section de 433 km allant de Holm (au sud, près de Vik) à Godøystraumen (au nord) fait partie des 18 routes nationales touristiques - *nasjonaleturistveger.no* - sous le nom de **Helgelandskysten** (*p. 430*).

À ne pas manquer

Tout est à voir ! Se perdre dans les archipels. Le glacier Svartisen. La ligne mythique et symbolique du cercle polaire...

Organiser son temps

Longue de 650 km environ, bordée de nombreuses aires de pique-nique, la route est, par endroits, très fréquentée en été. Le calme est enchanteur en avril-mai (sommets encore enneigés) et septembre-octobre, mais certains hébergements sont alors fermés.
Les ferrys sont à l'heure et synchronisés ; il faut donc planifier son voyage en tenant compte des horaires afin d'éviter les longues attentes aux points de passage. Il y a, en tout, six traversées en ferry. Il est possible de faire le trajet en 2 jours. Si l'on dispose de 4 jours (ou plus !), on pourra faire les excursions et s'attarder dans une ou plusieurs de ces îles.

Carnet pratique p. 255

Nos adresses p. 256

De Namsos à Brønnøysund

CARTE CI-CONTRE

Circuit de 197 km tracé en vert foncé sur la carte. Traversée en ferry de Holm à Vennesund (torghatten-midt.no) : dép. env. ttes les h, durée 20mn.

Notre premier itinéraire part de Namsos à 74 km de Steinkjer en suivant la Fv. 17. Si vous préférez débuter plus au nord (à Høylandet par exemple), le trajet est plus court *via* l'E 6.

Namsos

Lovée au fond du Namsenfjorden, Namsos est un pôle régional majeur. L'urbanisme fonctionnel n'incite pas les voyageurs à s'y attarder, mais son site, ses nombreux services, sa piscine creusée dans la montagne (**Oasen** - *namsos.kommune.no/oasen-namsos*) et quelques autres curiosités en font une halte pratique. Un petit musée en plein air (**Namsdalmuseet** – *Kjærlighetsstien 1 - namdalsmuseet.no - de fin juin à mi-août, tlj sf lun. 12h-16h - 80 NOK*) rassemble quelques édifices de la région depuis le 17e s., dont une école. Plus intéressant, le **Norsk Sagbruksmuseum** *(Musée norvégien de la scierie - Linbergvegen 16, Spillum - sagbruksmuseet.no)*, à 4 km au sud de la ville et posé au bord du fjord, détaille l'histoire de l'industrie du bois et celle des scieries qui ont fait la richesse de la ville. Namsos demeure aujourd'hui un important port d'exportation de bois.

Vous noterez les nombreuses références au rock (hôtel, salle de spectacle, toponymie, fresques). La ville est en effet réputée en Norvège comme étant le berceau de nombre de groupes à succès des années 1960 à nos jours.

De Namsos à Foldereid

Suivez la Fv. 17 vers le nord, dir. Brønnøysund.

Paysage rural, collines qui ondulent, sommets qui pointent, forêts : après avoir traversé **Høylandet,** des dizaines de lacs prolongés de zones humides font le bonheur des promeneurs et des amateurs d'avifaune. Diverses **réserves naturelles** – Flakkan, Øie –, sillonnées par des sentiers, préservent la diversité.

10 km avant Foldereid, l'eau, omniprésente, change subitement de couleur. C'est la mer, qui s'enfonce loin dans les terres. La route devient alors très pittoresque tandis qu'elle longe l'étroit **Foldfjorden**, encadré par des murailles rocheuses à pic. **Foldereid**, village en pente douce, bénéficie d'un courant marin, le **Kollstraumen**, qui fournit beaucoup de poissons aux pêcheurs.

La route serpente ensuite dans un paysage sublime qui associe forêts verdoyantes, mer, lacs et montagnes rocheuses (dont le **Hailhornet** – *1058 m - ascension AR en 6h, pour randonneurs entraînés, parking le long de la Fv. 17*).

★ Détour par Rørvik

À 60 km à l'ouest de la Fv. 17. Parmi les détours possibles le long de cette section, celui-ci requiert une journée pour en profiter pleinement (possibilité de loger sur place). Suivez la dir. Rørvik (rte 770 après Foldereid).

Un *express boat* relie Namsos à Rørvik en 1h30. Rens. sur atb.no.

Étape de l'Express côtier, ce petit port dresse ses maisons colorées au sein d'un archipel composé de plusieurs centaines d'îles que l'on explore en kayak ou en voilier. Enrichie par la pêche à la morue, la petite cité expose ses liens avec l'océan au sein du **Kystmuseet Norveg** *(musée du Littoral - kystmuseetnorveg.no - juin-août : lun.-sam. 10h-16h, horaires réduits le reste de l'année - 200 NOK)* réparti sur plusieurs sites. Les expositions, abritées dans un superbe édifice moderne

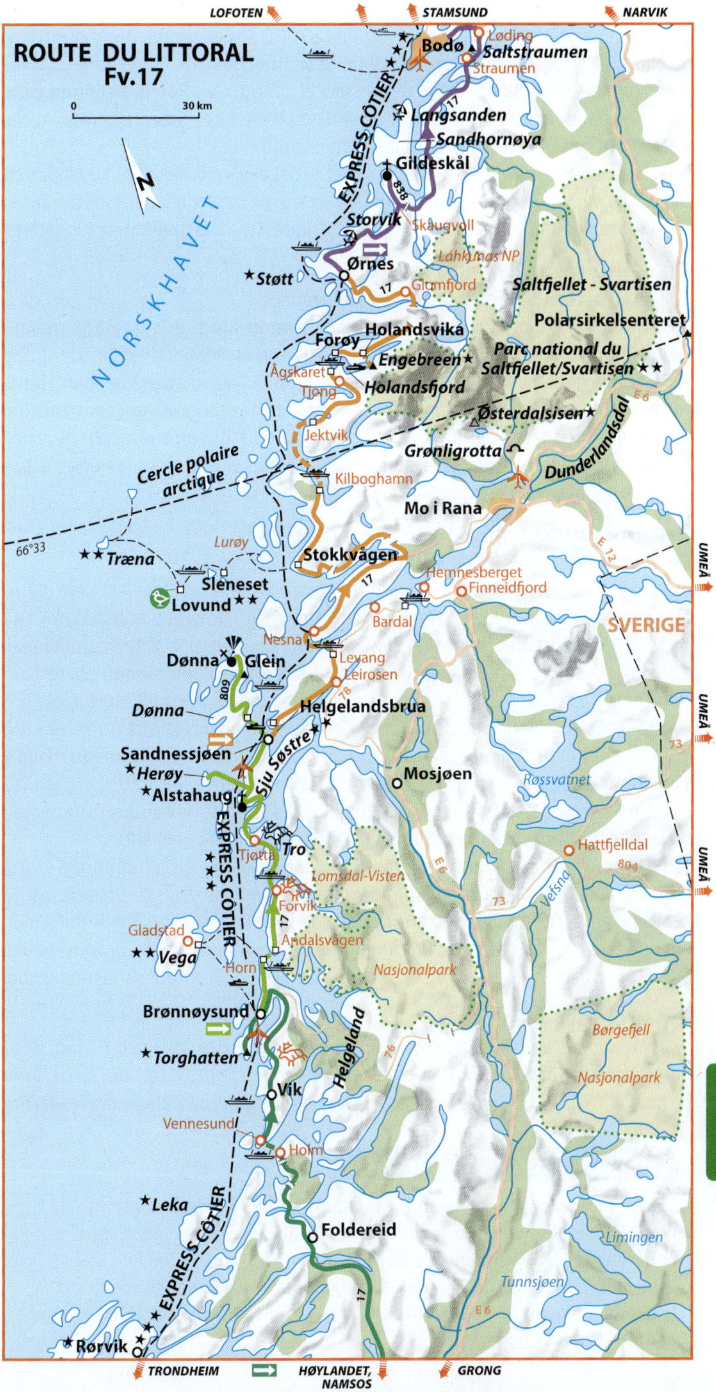
ROUTE DU LITTORAL
Fv.17
0
30 km
N
NORSKHAVET
LOFOTEN
STAMSUND
NARVIK
Bodø
Løding
Saltstraumen
Straumen
EXPRESS CÔTIER
Langsanden
Sandhornøya
Gildeskål
838
17
Storvik
Skaugvoll
Ørnes
Støtt
Glomfjord
Láhkkuma NP
Saltfjellet - Svartisen
Polarsirkelsenteret
Holandsvika
Forøy
Engebreen
Parc national du
Saltfjellet/Svartisen
Ågskaret
Tjong
Holandsfjord
Østerdalsisen
E 6
Jektvik
Grønligrotta
Dunderlandsdal
Cercle polaire
arctique
Kilboghamn
Mo i Rana
66°33
Lurøy
E 12
Træna
Stokkvågen
UMEÅ
Sleneset
Lovund
Hemnesberget
Finneidfjord
Bardal
SVERIGE
Nesna
Levang
Leirosen
Dønna
Glein
809
Dønna
78
Helgelandsbrua
Sandnessjøen
Sju Søstre
Herøy
Alstahaug
Mosjøen
Røssvatnet
73
Tro
Tjøtta
Hattfjelldal
804
Lomsdal-Visten
Forvik
E 6
73
Vefsna
Gladstad
Andalsvågen
Vega
Horn
Nasjonalpark
Brønnøysund
Helgeland
Børgefjell
Torghatten
76
Nasjonalpark
Vik
Vennesund
Holm
Leka
Foldereid
Limingen
Tunnsjøen
E 6
Rørvik
TRONDHEIM
HØYLANDET,
NAMSOS
GRONG

5

évoquant les voiles d'un bateau, évoquent 10 000 ans de peuplement du littoral du Namdalen. Le **Berggården**, lui, est un relais marchand du 19e s. remarquablement conservé. Quant au village de pêcheurs historique de **Sør-Gjæslingan**, isolé dans un archipel à 50 km à l'ouest, il offre d'inoubliables excursions en été. Accès également possible en *express boat* (rens. sur atb.no).

Parmi les autres détours possibles, citons l'île de **Leka**★ *(visitleka.no)*, accessible en ferry *(15 minutes)*, et qui se parcourt idéalement à vélo pour découvrir ses curieuses formations géologiques et ses vestiges historiques (tumulus, peintures rupestres).

En route pour Brønnøysund

Suivez la route Fv. 17. Ferry de Holm à Vennesund.

La route côtière caractéristique commence à **Vennesund**, où le paysage change radicalement. Le regard embrasse à perte de vue un ensemble d'îles dont certaines émergent à peine au-dessus des flots, tandis que d'autres profilent leurs formes étranges sur le ciel changeant. D'autres encore apparaissent sous la forme d'une masse rocheuse dénudée, mystérieusement lisse et arrondie comme le dos de quelque monstre aquatique, alors que sur les îles voisines pousse une maigre végétation, petits arbres, buissons, mousse et herbe rase.

Brønnøysund

Sømnaveien 92 - 75 01 80 00 - visithelgeland.com/en.

La ville, qui s'étire sur une péninsule déchirée en centaines d'îlots, est fière d'être au « centre de la Norvège », à mi-chemin entre le Cap Nord et Lindesnes, tout au sud. Son petit port, que longe une promenade aménagée, et le centre commercial, s'anime lorsque l'Express côtier (*p. 158*) arrive en fin d'après-midi. Les restaurants et le Cash Bar, dont la terrasse surplombe les bateaux, font alors le plein.

Une route franchit le détroit de Brønnøy par un pont élégant (qui offre une superbe vue) et conduit, 15 km plus loin, au pied du très photogénique **Chapeau troué**★ **(Torghatten)**, éminence rocheuse haute de 256 m, affectant la forme d'un chapeau percé (*encadré ci-dessous*). Ce trou est dû à l'érosion à une époque où le niveau de la mer était beaucoup plus élevé, à la fin de la dernière glaciation.

Plusieurs sentiers balisés permettent de faire le tour de la montagne (aussi possible à vélo), d'atteindre son sommet *(1h - vue fabuleuse)* ou de rejoindre le trou *(20mn - facile)* qui fait 35 m de profondeur, 20 m de largeur et 160 m de longueur. Les agences locales, mais aussi le camping et la guesthouse du site, proposent des activités (voilier, bateau à moteur, rafting, kayak, VTT...) autour de la montagne.

★★ Archipel de Vega

Liaison rapide par bateau express au départ de Brønnøysund (35mn) et Sandnessjøen (1h15) ; ou ferry régulier et fréquent (50mn) à partir de Horn (13 km au nord de Brønnøysund) - liaisons (3 ou 4/sem.) également de/vers Tjøtta (1h).

La légende du chapeau troué

Une légende raconte qu'une nuit, Hestmannen, fils d'un roi puissant, pourchassait Lekamøyen, jeune fille de l'île de Leka, qu'il avait regardé se baigner nue. Sentant qu'elle lui échappait, il envoya une flèche dans sa direction, mais le roi de Sømna, qui passait par là, lança son chapeau sur sa trajectoire et sauva la jeune fille. La flèche perça le chapeau, le soleil se leva, et tout fut soudain pétrifié...

Vue depuis la route côtière Fv.17.
R. Harding/hemis.fr

En jonglant avec les jours/horaires des ferries (de Horn à Vega puis de Vega à Tjøtta), vous pouvez relier Brønnøysund à Sandnessjøen *via* Vega, quittant ainsi temporairement la Fv. 17. Pensez à réserver votre hébergement à l'avance.
Au Vega World Heritage Center – *47 90 71 32 - visitvega.no.*
Cet archipel, constitué de **6 500 îles,** est habité depuis dix mille ans ! On y a retrouvé des traces de peuplement remontant à l'âge de pierre. L'île principale (108 km^2) concentre tous les charmes du littoral de l'Helgeland. Côte découpée, plages (dont Eidem au sud), rochers, sommets, landes, zones humides... Les touristes, essentiellement norvégiens, s'y isolent avec bonheur en été.
Les randonneurs et les cyclistes profitent de beaux chemins balisés le long de la côte et à travers les collines. Les plus endurcis peuvent gravir les parois des deux montagnes – dont le point culminant le Trollvasstinden (803 m) – qui bouchent l'horizon. Et même y emprunter un escalier de 2 000 marches *(Vegatrappa)* ou une via ferrata (*basecampvega.no*). On pourra aussi pratiquer le kayak de mer entre les îlots et les plages. Les panoramas sont à couper le souffle.
La présence de **230 espèces d'oiseaux** – eiders, courlis, pygargues... – attire les ornithologues du monde entier.
Une piste facile *(7 km AR)*, jalonnée de panneaux d'information, permet de découvrir les oiseaux de la **réserve naturelle Holandsosen**. La randonnée littorale entre Sundsvoll à Eidem *(12 km, 3h)* allie plaisir de la marche et observation. Les vedettes sont les **eiders**, ces gros volatiles dont les habitants recueillent le duvet pour en faire des oreillers et des édredons (le mot viendrait d'ailleurs du nom de l'animal). Les eiders, eux, trouvent près des humains une protection contre les pygargues. Cette activité, ainsi que le maintien par la population d'un mode de

5

vie traditionnel depuis plus de 1500 ans, vaut à Vega d'être inscrite sur la liste du Patrimoine mondial de l'Unesco. Vous apprendrez tout sur le sujet en visitant le **Vega World Heritage Centre** *(Ærfuglveien 1 - ☏ 45 87 28 72 - verdensarvvega.no - de déb. juin à mi-août : 11h-17h, de fin avr. à déb. juin et de mi-août à déb. oct. : jeu.-dim. 11h-17h - exposition 165 NOK)*, abrité dans un bel édifice moderne en bois face à la mer. L'exposition, qui fait appel à tous vos sens, présente l'histoire de l'île et de ses habitants, qui se sont parfaitement adaptés à ce milieu si particulier. Et, bien sûr, le « roi » eider est mis à l'honneur.

De Brønnøysund à Sandnessjøen

CARTE P. 243

Circuit de 64 km tracé en vert clair sur la carte. Traversée Horn-Andalsvågen (torghatten-midt.no/horn-anddalsvaag) : dép. env. ttes les 90mn, durée 20mn. Traversée Forvik-Tjøtta (boreal.no) : dép. env. ttes les 2h30, durée 50mn/1h. Vous pouvez également relier les deux villes via *l'île de Vega -* *p. 244.*

Un écran ininterrompu d'îles barre la vue vers le large. Entre les îles et la côte s'étendent de paisibles baies fermées et des criques pittoresques, pratiquement à sec à marée basse. De temps en temps, quelques carrés de terre cultivée, des fermes isolées et des villages charmants aux églises de bois peintes en blanc viennent interrompre l'aridité dominante.

À **Forvik**, pour occuper l'éventuelle attente du ferry pour Tjøtta, vous trouverez un joli café abrité dans un ancien comptoir commerçant (18e s.). Vous avez également la possibilité d'aller admirer des **peintures rupestres,** à Vistnesdalen, à seulement quelques minutes de route du port. Enfin, rien n'interdit de prolonger le séjour pour apprécier la richesse de l'extrémité ouest du superbe **Parc national Lomsdal-Visten** *(lomsdalvisten.no)*, dont Forvik est l'un des points d'accès.

Île de Tro (Rødøya)

Certains ferries entre Forvik et Tjøtta font escale à Tro - camping sur place.

Parmi les gravures rupestres de l'île, la plus connue est celle du skieur qui inspira l'auteur de l'emblème des JO d'hiver de Lillehammer en 1994. Vieille de 5000 ans, elle serait la plus ancienne représentation d'un skieur au monde ; elle a été endommagée en 2016 par des adolescents qui voulaient la « rendre plus visible »

★ Alstahaug

À 19 km au nord de Tjøtta. Construite au 12e s., l'église de pierre isolée fut considérablement agrandie au 19e s. **Petter Dass** (1647-1707) qui en fut le curé à la fin du 17e s., est l'auteur de *Nordlands Trompet*, poème vibrant décrivant la région et la rude vie des habitants. Le **presbytère**, où il vécut, se visite.

Un curieux édifice moderne encastré dans le roc abrite un **musée** (**Petter Dass Museet)** consacré à la mémoire du curé-poète *☏ 75 11 01 50 - petterdass-museet.no (en anglais) - de mi-juin à mi-août : 10h-17h ; reste de l'année : mar.-vend. 10h-15h30, w.-end 11h-15h30 - fermé en janv. - 150 NOK.* On y fera halte pour le **site enchanteur**, pour la formidable architecture de l'édifice (signée Snøhetta), son agréable café et les sentiers bucoliques *(2 km, facile)* qui relient les péninsules et caps voisins.

De là, rejoignez directement Sandnessjøen par la Fv. 17 *(20 km)* en longeant les Sept-Sœurs (*ci-contre*). Ou faites un long mais beau détour par Herøy et Dønna.

La côte du Helgeland

La côte du Helgeland est basse et très découpée, bordée de montagnes d'un côté et, de l'autre, d'innombrables îles de dimensions et de formes très variées. Cette large ceinture d'îles et de récifs est probablement le résultat de l'assaut répété des vagues combiné à la rigueur du gel qui firent éclater les roches au cours des glaciations successives. Quelques ponts franchissent les fjords et détroits, souvent très resserrés et orientés en tous sens, mais ce sont surtout les **ferrys** que vous emprunterez pour franchir un fjord ou pour rejoindre les quelques dizaines d'îles habitées.
La région est peuplée depuis la préhistoire. La beauté étrange et austère des paysages ne pouvait que frapper l'imagination des habitants puisque des points de repère aussi singuliers que l'île rocheuse de **Torghatten** ou la chaîne montagneuse des **Sept-Sœurs** occupent une place importante dans le monde fantastique des sagas nordiques.
Aujourd'hui, la population côtière du Helgeland est divisée en petites communautés dont le rythme de vie est réglé sur les horaires des ferrys. Il n'y a pas de véritable ville le long de la côte, la commune la plus importante étant **Sandnessjøen** qui compte un peu moins de 6 000 habitants.

★ Détour par Herøy et Dønna

De l'embarcadère de Søvik (à 5 km au nord d'Alstahaug), un ferry permet d'atteindre en 20mn l'archipel de Herøy, relié ensuite par la route à Dønna. De là, un autre ferry (30mn) atteint Sandnessjøen.
L'archipel de **Herøy** se compose de quelques îles plates habitées et de centaines d'îlots rocheux. Une géographie aussi compliquée que fascinante, tout en criques, plages de sable fin et rochers lisses. La mer y montre 50 nuances de bleus. Où que l'on soit, la chaîne des Sept-Sœurs orne l'horizon. Cette myriade de confettis rocheux est un paradis pour les amateurs de **kayak de mer** (*heroy-kajakk.no*).
La route 828 serpente vers le nord, d'île en île, de pont en pont pour bientôt atteindre l'île de **Dønna** où, après un panorama époustouflant sur la côte ouest, le paysage change radicalement. Les montagnes plongent dans la mer ou descendent en pente douce vers des landes cultivées par endroits.
Au niveau du port des ferries de Sandnessjøen, une route mène au nord de l'île. À **Glein**, sur un tertre funéraire, est érigé un phallus en marbre, symbole de fertilité, élevé entre 400 et 600 av. J.-C. À l'extrémité de l'île, près d'un manoir, sur un site occupé à l'époque viking, se dresse l'**église de Dønnes**, dont la partie la plus ancienne remonte au 11e s. Du haut du **Dønnesfjell**, que l'on peut atteindre en voiture, s'offre une **vue** superbe sur la côte du Helgeland, les îles et les montagnes.

★★ Chaîne des Sept-Sœurs (SJU SØSTRE/SYV SØSTRE)

Entre Alstahaug et Sandnessjøen, la ligne de crête de la chaîne des Sept-Sœurs barre l'horizon de façon impressionnante. Qu'il marche à Sandnessjøen, vogue vers Dønna ou roule le long de la Fv. 17, le voyageur est hypnotisé par ces « sœurs », plus belles encore quand elles se parent de neige. L'ensemble culmine à une altitude de 1072 m, et il est possible d'accéder aux sept pics sans équipement spécial, en empruntant les sentiers balisés. Les moins expérimentés préféreront les sommets de Skjæringen et Tvillingan, plus accessibles – comptez 2h30 pour les « vaincre ». Pour Botnkrona, le point culminant, comptez environ 3h30 jusqu'au sommet.

L'office de tourisme de Sandnessjøen (*p. 248*) fournit des cartes et met en place en été des navettes qui acheminent les randonneurs au départ des sentiers. Ils peuvent également vous mettre en contact avec des guides.

Sandnessjøen

Torolv Kveldulvssons gate 10 - 75 01 80 00 - visithelgeland.com - location de vélos.

Sandnessjøen est un port d'escale de l'Express côtier. Pôle régional, il offre tous les services nécessaires et constitue un bon point de départ pour des excursions à vélo, kayak... Son récent pôle multifonction Kulturbadet (*kulturbadet.no - bibliothèque, piscine, centre culturel*) à l'architecture innovante, domine les quais par ailleurs décorés de jolies fresques colorées.

De Sandnessjøen, on peut emprunter la route 78 sur 67 km pour rejoindre **Mosjøen**, une petite ville au fond d'un fjord. S'y trouve la jolie rue de Sjøgata, constituée de maisons du 19e s. bien conservées. La E 6, qui file vers le nord par l'intérieur des terres, passe aussi à Mosjøen.

De Sandnessjøen à Ørnes

CARTE P. 243

Circuit de 210 km tracé en orange sur la carte. Traversée Levang-Nesna : dép. env. ttes les h, durée 30mn ; traversée Kilboghamn-Jektvik : 5 dép./j., durée env. 1h ; traversée Ågskardet-Forøy- : durée 10mn - torghatten-nord.no.

Battu par les vents, un élégant pont de 1065 m de long, **Helgelandsbrua**, relie Sandnessjøen et la côte. La route longe le Leirfjord puis bifurque plein nord pour traverser une belle région montagneuse qui, entre Leira et Bardal, au nord-est, est propice à la randonnée.

Après la traversée vers **Nesna**, où les amateurs de bières du bout du monde feront une escale à la micro-brasserie Raus (*rausbryggeri.no*), la route serpente dans un paysage grandiose, brut. Au fond d'un fjord, la Fv. 17 croise la route 810 qui relie la région à la grande ville de Mo i Rana (*p. 252*). Au-delà de Flostrand, on peut faire une halte à l'aire de pique-nique de Hellåga. Son aménagement – un escalier qui descend droit vers le fjord et quelques tables en béton sur les rochers – est typique des Routes nationales touristiques : minimaliste et réussi (*p. 430*).

Détour par les Îles de Sleneset, Lovund ★★ et Træna ★★

De **Stokkvågen**, des ferrys vont à **Sleneset**, où il est possible de louer un *rorbu* (cabane de pêcheur) et de naviguer à bord d'un *fembøring* (grand bateau traditionnel).

Le ferry continue jusqu'à **Lovund ★★**, une île paradisiaque qui coche toutes les cases du meilleur de l'Helgeland. Y nichent 200 000 macareux qui passent les mois d'été à élever leurs petits. On y voit aussi un élevage d'huîtres ainsi que les vestiges d'une colonie de l'âge de pierre. *lovundinfo. no*

De Stokkvågen, on peut également se diriger vers le large et bel archipel de **Træna ★★**, situé à la hauteur du cercle polaire : habité depuis la préhistoire, il compte 1 300 îles et récifs et à peine plus de 450 habitants. Il est dominé par de très photogéniques petites montagnes. *visithelgeland.com/en/places/traena-en*

La Fv. 17 atteint ensuite le petit port de **Stokkvågen** d'où, surveillés par un ancien fort nazi, les ferries rejoignent les archipels de **Lovund** et **Træna** *(ci-contre)*.
Les reliefs s'élèvent sur les îles comme sur le continent, accentuant la majesté des paysages traversés, tel le beau détroit d'Aldersund.
On franchit le **cercle polaire** à bord du ferry, lors de la **superbe traversée entre Kilboghamn et Jektvik**.
Le spectacle se poursuit : baies, reliefs pointus, cols, panoramas, lacs, plages, forêts, fermes isolées...
Le dernier ferry de la Fv. 17 rejoint **Forøy**. La route longe la côte nord du **Holandsfjord**. Le fond de l'air se rafraîchit à l'approche du **Svartisen** *(p. 254)*, le deuxième plus grand glacier du pays, qui ruisselle de reliefs en langues bleues dans les eaux du fjord. À **Holandsvika,** entre Glomfjord et Halsa, des petits bateaux font la navette en 15mn *(til Svartisen AS - tilsvartisen.no, en anglais - de fin mai à déb. sept. : 11h-15h, de mi-juin à mi-août : 10h-18h - 210 NOK)* jusqu'au pied du glacier de l'**Engebreen★**, l'un des bras du **Svartisen**, qui s'arrête à quelques dizaines de mètres du niveau de l'eau. De là, on pourra louer un vélo, marcher 3 km jusqu'au glacier, ou encore prendre part à une excursion guidée sur le Svartisen *(9h à 10h de marche - tilsvartisen.no ; svartisen.no ; en.nordlandturselskap.no)*.
Au fond du Holandsfjord, un interminable **tunnel** de 7,6 km conduit au triste site industriel de Glomfjord avant de rejoindre le village d'**Ørnes**.

D'Ørnes à Bodø

CARTE P. 243

Circuit de 125 km tracé en violet sur la carte.
À 38 km au nord d'Ørnes, à Skaugvoll, prendre la route 838 à gauche pendant 9 km.
Dans la petite localité d'**Ørnes** (1600 hab.), tout s'organise autour du port. Les ferries partent régulièrement vers les (nombreuses) îles voisines qui constituent autant d'invitations aux détours : Meløya, Bolga et **Støtt★**. Coup de cœur pour ce dernier archipel, ses plages, ses eaux propices au kayak, ses oiseaux, son hôtel historique... *(stott.no)*
La route passe par Reipået son camping bien pratique *(reipacamping.com)*.
L'horizon s'ouvre ensuite largement sur l'océan qui effleure de belles formations rocheuses. La courbe parfaite de la plage de sable blanc de **Storvik** apparaît ensuite, baignée par des eaux émeraude. Camping sur place et... baignade conseillée ! Au-delà, les points de vue, tous plus beaux les uns que les autres, se multiplient.
Tourner à gauche dir. Inndyr, 12 km après Storvik, pour un détour vers Gildeskål.

Détour vers l'église de Gildeskål (GILDESKÅL GAMLE KIRKE)

De mi-juin à mi-août, visite guidée tlj de 11h à 16h - 90 NOK.
Ce sanctuaire – l'une des églises de pierre les mieux conservées du pays – fut construit vers 1130, probablement sur un lieu de culte païen, et agrandi au 18e s.
La petite église est blanche, très simple, sans clocher. L'intérieur, aménagé suite à un incendie en 1710, est baroque (et coloré !).
Retour sur la Fv. 17 qui épouse le tracé compliqué de la côte.
Des petites routes invitent à s'en écarter. Ainsi à Kjøpstad, d'où un pont rejoint la vaste île de **Sandhornøya**, connue pour sa longue plage (généralement déserte) de **Langsanden**. Un assez long détour *(36 km AR)* pour marcher les pieds dans l'eau et regarder le soleil se coucher.

Au-delà de Kjøpstad, la Fv. 17 s'élève et fait une belle incursion dans les montagnes. Ici, on passe en quelques minutes de l'océan aux paysages d'altitude : forêt, rochers, sommets pointus *(Per Karlsatind - 1036 m)*, lacs (dont le vaste Valnesvatnet), cascades (Valnesfossen). De quelques discrets parkings partent des sentiers de randonnée *(visitbodo.com/en/guide/hikes-in-bodo-salten)*, qu'il suffit d'emprunter sur quelques mètres pour changer d'univers.

Saltstraumen

Parking au-delà du pont. Ce **maelström** (puissant tourbillon) qui change de direction toutes les six heures est le courant marin le plus puissant de Norvège : 400 millions de mètres cubes d'eau s'engouffrent dans un détroit de moins de 150 m de large à une vitesse qui peut atteindre 28 nœuds ! À courant exceptionnel, poissons exceptionnels ? Peut-être. On y a, en tout cas, pêché un des plus gros lieus noirs du monde : 22,7 kg !

Sur place, ou au départ de Bodø, plusieurs compagnies proposent d'approcher le tourbillon en bateau (dont des raftings légers et rapides). *exploresalten.no* et *stella-polaris.no*.

La Fv. 17 file ensuite vers Bodø. Après une halte à Godøy et ses belles formations rocheuses avec lesquelles jouent les marées et les forts courants, vous atteignez la route 80 où la route touristique du Kystrikveien prend officiellement fin. Un tunnel payant vous mène sans douceur vers la grande ville de Bodø.

Bodø et ses environs

Dronningens gate 15 – 75 54 80 00 - visitbodo.com (en anglais).

La ville a été désignée comme **capitale culturelle européenne** en 2024. Découvrez l'héritage de cet événement sur *bodo2024.no*.

Bodø

Principale ville de la province du Nordland avec plus de 53 712 habitants, Bodø fut fondée au début du 19e s. puis détruite par des bombardements allemands en 1940 – la reconstruction en béton de sa cathédrale, en 1956, en témoigne.

C'est aujourd'hui un centre commercial dynamique et moderne (nombreux hôtels), un pôle universitaire et culturel et un port actif avec un service de ferrys régulier vers les îles Lofoten. Pour quelques années encore, la ville abrite une importante base militaire de l'Otan et le quartier général interarmées norvégien, installés dans une base souterraine bâtie par les Allemands durant la Seconde Guerre mondiale.

S'attarder à Bodø permet de profiter de son animation. La **superbe bibliothèque (Stormen Bibliotek)**, face à la marina, sert de refuge en cas d'averse... avant une balade jusqu'au bout de la digue. Vous partagerez peut-être le plaisir des locaux quand le soleil rayonne : bronzer sur les bancs ou les rochers, plonger dans les eaux du port, prendre une bière locale (Bådin) en terrasse, manger une glace...

On visitera l'intéressant **Nordlandsmuseet/Bymuseet i Bodø** *(Prinsens gate 116 - nordlandsmuseet.no - été 11h-15h, reste de l'année voir le site - 80 NOK)* pour tout savoir sur l'histoire de la ville et de la région. Et, pourquoi pas, assister à un match de l'équipe de foot locale de **FK Bodø/Glimt** *(glimt.no)*, qui collectionne les titres nationaux et qui a signé quelques éclats (*glimt* signifie « lueur, éclat ») dans les compétitions européennes ?

Les aigles de mer planent fréquemment au-dessus de la ville... et vous donneront peut-être envie de visiter l'intéressant **musée de l'Aviation (Norsk Luftfartsmuseum)**.

On vous emmène observer des pygargues à Landegode

Dans le hall de la petite gare maritime de Bodø, rejoignez les écoliers, les travailleurs et les personnes âgées qui attendent leur bateau comme nous attendons le bus. En 25mn, vous voici à Landegode, une île qui, bien que vaste, n'héberge que 40 habitants. Bien moins nombreux que les pygargues à queue blanche qui en ont fait leur territoire (n'oubliez pas vos jumelles !). Dès le ponton du minuscule port, la magie opère. Une poignée de maisons rouges entourées de pelouses immenses, une mini-boutique de ravitaillement aux horaires réduits (n'oubliez pas votre pique-nique !), des rochers, des reliefs, des plages, des fleurs... Si quelques vélos sont prévus pour les visiteurs – en libre-service –, vous pouvez aussi apporter le vôtre. Il n'y a qu'un axe à suivre *(6 km AS)* mais les paysages sont multiples et le cadre enchanteur. Il est évidemment essentiel de ne pas laisser de trace de votre passage dans ce si fragile environnement, notamment si vous décidez de planter votre tente dans ce concentré de Norvège littorale.
☺ Il est possible de passer une nuit dans un phare à la pointe nord de l'île ! *skagen-hotel.no/Landego-Lighthouse.*

Dans un bel édifice aérodynamique, des expositions originales et vivantes racontent l'histoire de l'aviation civile et militaire norvégienne. On y admirera bien sûr des avions *(Mosquito, Spitfire, U2)* et l'on pourra monter à bord de simulateurs de vol *(à 3 km du centre-ville, près de l'aéroport - ✆ 75 50 78 50 - norwegianaviationmuseum.com - juin-août : 10h-18h ; reste de l'année : mar.-vend. 10h-16h, w.-end 11h-17h ; fermé janv. - 175 NOK).*

Non loin, au bord du Saltfjord, le **Jektefartsmuseet** *(Kvernhusveien 26 - jektefart.no - juin-août : 10h-18h ; reste de l'année : mar.-vend 11h-16h, w.-end 11h-17h - 150 NOK)* permet de comprendre l'importance des *jekts* (voiliers-cargos) dans l'économie locale à travers les siècles. L'exposition s'articule autour de l'*Anna Karoline*, le dernier *jekt* du Nordland (1876). Non loin, la petite église de **Bodin Kirke** (13e s.) est entourée d'un charmant cimetière.

Aux abords immédiats de la ville, on pourra aussi profiter des beaux sentiers de randonnée (qui deviennent des pistes de ski de fond en hiver) autour du lac **Vågøyvatnet** ou encore au sommet du **Rønvikfjellet** (180 m), d'où l'on jouit de panoramas sur la ville et la région.

Bodø est aussi le point de départ de navettes régulières vers les îles alentour. Vous pouvez aussi opter pour des sorties en mer organisées vers la superbe île de **Landegode** *(encadré ci-dessus)*.

★ Presqu'île de Kjerringøy

CARTE P. 214 B1

De Bodø : jolie route 834 puis traversée en ferry (10mn) entre Festvåg et Misten (fjord1.no). Bus depuis Bodø.

ⓘ *kjerringoy.info (en norvégien seult).*

Plages, îles, paysages sauvages, patrimoine... Les beaux paysages côtiers (plages de sable blanc, eau transparente) invitent à la flânerie ou à la réflexion. Près du charmant petit port aux maisons sur pilotis se trouve l'un des comptoirs commerciaux les mieux préservés du pays. La vaste maison blanche de la famille Zahl est la pièce maîtresse d'un beau **Comptoir commercial de Kjerringøy** *(✆ 75 50 35 05 - kjerringoyhandelssted.no (en anglais) - de mi-mai à fin août : 11h-17h ; sam. tte l'année 11h30-15h - 150 NOK).*

Le long du cercle polaire

CARTE P. 214 AB2

Le **cercle polaire arctique (Polarsirkelen)**, parallèle situé à 66° 33'de latitude nord, correspond à la latitude la plus méridionale où il est possible d'observer le **soleil de minuit**. Il traverse le territoire norvégien juste au nord de **Mo i Rana** dans une région de glaciers et de plateaux désertiques. Plus au nord se trouvent les fascinantes régions polaires ou arctiques.

Faune et flore – Le climat arctique et la chaîne montagneuse du **Saltfjellet** (« montagne du sel ») jouent un rôle déterminant dans la région, empêchant la survie de certaines espèces animales et végétales au nord de cette ligne. Ainsi les ormes et les frênes sont-ils remplacés par des conifères et des bouleaux. Si on ne rencontre pas de serpents au nord du Saltfjellet, d'autres espèces animales présentes dans les climats tempérés le sont aussi au nord du cercle polaire, en particulier les renards, les castors, les aigles royaux et les dauphins.

Franchir le cercle polaire

Un acte avant tout... symbolique ! En Norvège, il existe plusieurs façons de passer la ligne virtuelle du cercle polaire.

Par la mer

En suivant la route 17 qui longe la côte entre Steinkjer et Bodø ; on franchit la ligne à bord du ferry qui relie Kilboghamn et Jektvik *(p. 249)* : les paysages sont magnifiques, mais le moment passerait totalement inaperçu si le capitaine ne l'annonçait pas dans les haut-parleurs. À bord de l'Express côtier, on passe au large de l'îlot de **Vikigen**, sur lequel trône un hémisphère en métal marquant la limite.

Par la terre

Il faut emprunter la E 6 qui relie Oslo au cap Nord. Cette route peut être rejointe à partir de la route 17 à Sandnessjøen jusqu'à Mo i Rana située sur l'E 6.

Mo i Rana - *Dans le centre commercial sur Olsens gate 1 - 75 01 80 00 - visithelgeland.com.* Cette ville de 20 000 habitants, sans grand charme, se love au fond du Ranfjorden, et concentre industries et services. Elle représente donc une base pratique (hôtels, transports...) pour explorer les environs, à commencer par le Parc national du Saltfjellet/Svartisen *(p. 254)*.

L'E 6 file vers le nord et traverse, sur 80 km, une très belle région :

La Dunderlandsdal (« vallée du pays qui gronde ») est extrêmement pittoresque, car le décor change de façon radicale : de la roche nue et des neiges éternelles, on passe à des paysages alpins verdoyants, où coule un torrent de montagne qui s'élargit peu à peu, tandis que des bovins paissent tranquillement sur les versants dominés par la masse sombre des sapins.

Centre du cercle polaire (Polarsirkelsenteret) - *Rognan - 91 85 38 33 - tlj de mai à mi-oct.* Cette attraction touristique – et surtout commerciale – est située sur le bord de la route E 6, sur le plateau désertique du **Saltfjellet**, à 650 m d'altitude, d'où le regard embrasse de vastes étendues de neige et de roche. De part et d'autre de l'édifice en forme d'igloo, des monuments marquent l'emplacement de la ligne virtuelle. À l'intérieur du centre, vous trouverez une boutique de souvenirs, une cafétéria, des expositions sur l'art et l'industrie de la Norvège du Nord, ainsi

Le train du cercle polaire arctique de Bodø à Trondheim.
VWpics/hemis.fr

10
18

que sur la faune des régions arctiques (animaux naturalisés, dont le grand ours polaire). Dans le bureau de poste, on applique sur les cartes postales le tampon spécifique du cercle polaire. À l'extérieur de l'édifice se dresse un monument élevé à la mémoire des prisonniers (111 Russes et 1657 Yougoslaves) exécutés dans les environs durant la Seconde Guerre mondiale.
Plus au nord, une étape s'impose au **Visitor Centre National Park - Nordland** *(nordlandsnaturen.no)*, situé à Storjord, sur l'E 6, à 30 km au-delà du cercle polaire, après l'embranchement avec la route 77. Le bel édifice englobe des expositions liées à la nature du Nordland, au Parc national et à la culture same. Une galerie est consacrée à l'œuvre des artistes locaux Per Adde et Kajsa Zetterquist.

★★Parc national du Saltfjellet/Svartisen B2

norgesnasjonalparker.no/en/nationalparks/saltfjellet-svartisen
La région traversée par le cercle polaire s'inscrit presque entièrement dans ce Parc national fondé en 1989 et qui englobe une grande partie de la chaîne de montagnes du Saltfjallet qui culmine à 1731 m (Ørfjellet). On peut admirer la nature dans toute sa beauté sauvage : sommets, lacs, immense glacier du Svartisen, vallées luxuriantes, plateaux, landes peuplées de rennes... On peut même croiser des renards arctiques et de discrets lynx. Les traces anciennes des peuplements sames – tombes, clôtures... – sont nombreuses. L'élevage de rennes est pratiqué dans la vallée du Lønsdalen depuis le 16e s.
Le parc est sillonné par de nombreux sentiers de randonnées ponctués çà et là de cabines gérées par la DNT. Faites-vous une idée sur *alltrails.com/fr/parcs/norway/nordland/saltfjellet-svartisen-national-park.*

Glacier du Svartisen B2

Des agences organisent une excursion au départ de Mo i Rana (se rens. à l'office de tourisme) ou de Bodø (Nordland Turselskap : en.nordlandturselskap.no). À 32 km au nord de Mo i Rana (45mn de voiture) ; compter une demi-journée. Prendre la E 6 en direction du nord jusqu'à Røssvoll puis tourner à gauche vers l'aéroport et suivre les panneaux indiquant Svartisen jusqu'à un parking proche de l'embarcadère ; un bateau assure la traversée du lac Svartisvatnet en 20mn (selon les conditions, de mi-juin à mi-août : ttes les h de 10h à 18h - tilsvartisen.no) ; un chemin de 3 km conduit ensuite au pied de l'Østerdalsisen, glacier qui est un bras du Svartisen.
Par sa surface, le Svartisen est le deuxième glacier de Norvège (370 km^2) et le plus bas d'Europe continentale. Il compte 60 bras, dont le plus célèbre est l'**Østerdalsisen**★. En dépit de chutes de neige importantes et régulières sur le plateau, le glacier recule et dévoile un paysage fascinant. La vue de cette masse de glace énorme, qui se désintègre lentement en formant de minuscules icebergs dérivant sur le lac, est très impressionnante.
Le glacier est également accessible de la route 17, jusqu'à l'**Engebreen**★ *(p. 249)*.

Grønligrotta

À 20 km au nord de Mo i Rana ; compter 2h.
Suivre les mêmes indications que ci-dessus ; 10 km après avoir tourné à gauche, on atteint la grotte. 47 23 38 58 - gronligrotta.no (en anglais) - visite guidée de 45mn du 25 au 30 juin : à 10h, 12h et 14h et de juil. à mi-août : 10h-17h (ttes les h), se rens. à l'office du tourisme de Mo i Rana (où l'on peut réserver) - 195 NOK.
Café et hébergement sur place.

Grønligrotta est une grotte calcaire naturelle dotée d'une salle immense, de passages étroits et d'une rivière souterraine qui la traverse à vive allure. On peut y admirer des stalactites et des stalagmites. Tout près, une grotte semblable, **Setergrotta**, conviendra mieux aux plus audacieux.

Les alentours de la grotte offrent de superbes possibilités de randonnées.

Carnet pratique

S'informer

visithelgeland.com/en ou nordnorge.com et kystriksveien.no – Informations pratiques et culturelles sur le trajet, suggestions d'itinéraires.

Kystriksveien Info-Center – *Sørsileiret - Steinkjer - 74 40 17 17 - kystriksveien.no.* Au point de départ de la route 17, on trouvera toutes les informations pratiques, dont l'indispensable livret *Kystriksveien Travel Guide* (en anglais) également téléchargeable gratuitement.

Arriver/partir

En avion

Pour rallier directement la Route 17 à partir d'Oslo, vous disposez de plusieurs possibilités :

De/vers Trondheim – *p. 214.*

De/vers Bodø – Liaisons vers Oslo, Bergen, Trondheim, Tromsø et les îles Lofoten.

De/vers Namsos, Brønnøysund, Mo i Rana, Mosjøen et Sandnessjøen – Ces aéroports locaux sont reliés à Trondheim et Bodø par Wideroe. La compagnie dessert également **Rørvik** au départ de Trondheim.

Infos sur les sites des compagnies : *flysas.com, wideroe.no, norwegian.com/fr.*

Pour toutes les informations sur les aéroports : *avinor.no/en.*

En train et en bus

Bodø se situe à l'extrémité nord du réseau ferré norvégien. Deux **trains** par jour pour Trondheim, *via* Fauske, Mo i Rana, Mosjøen et Steinkjer.

Diverses compagnies de **bus** desservent l'intégralité de la route. Mais attention, les fréquences sont réduites et les horaires changeants *(entur.no et reisnordland.no).*

En bateau

Express côtier – *p. 158.*

L'Hurtigruten dessert plusieurs escales de la côte du Helgeland : Rørvik, Brønnøysund, Sandnessjøen, Nesna, Ørnes et Bodø. *hurtigruten.fr.* Mêmes escales avec les navires **Havila** *(havilavoyages.com).*

Route 17 – Six traversées en ferry sont à prévoir sur le trajet – durée de 10 à 60mn –, ce qui représente un coût en temps non négligeable. Les ferries sont gratuits, sauf les liaisons Holm-Vennesund et Levang-Nesna. Pas de réservation possible. *atb.no, torghatten-nord.no et reisnordland.no.*

Vers les archipels le long de la route 17 – Un important et impressionnant réseau de ferries dessert les archipels et îles au départ des ports situés le long de la Fv. 17. Cela va des catamarans rapides tel le **Nordland Express**, qui relie Bodø à Sandnessjøen en 5h en zigzaguant le long de la côte, aux petits ferries occasionnels dont dépend le quotidien des îles isolées. Les options de voyage sont multiples et les trajets immanquablement superbes ! *reisnordland.no.*

Vers les Lofoten – p. 264. Bodø est le principal port d'embarquement vers les Lofoten des bateaux de l'Hurtigruten/Havila ou des car-ferrys locaux (Røst, Værøy, Moskenes, Stamsund, Svolvær). *torghatten-nord.no et reisnordland.no*

En voiture

Le long de la route, les localités sont assez éloignées les unes des autres. On veillera donc à faire le plein dès que possible. Pas de panique néanmoins, les stations ne manquent pas.

Agenda

Roots Festivalen – En juillet à Brønnøysund, groupes locaux et internationaux.*rootsfestivalen.no*.

Traena Festivalen – En juillet à Traena, groupes locaux et internationaux pour un festival de bout du monde. *trena.net*

Havna Festivalen – 2e w.-end d'août à Sandnessjøen. Festival musical (rock, pop, folk) sur le port. *havnafestivalen.no*

Parken Festival – En août à Bodø, groupes locaux et internationaux font bouger des milliers de spectateurs dans le Renssåsparken. *parkenfestivalen.no*.

Nordland Musikkfestuke – En août à Bodø, jazz, musique classique et opéra à travers toute la ville. *musikkfestuka.no*.

Nos adresses

Restauration

En traversant les villages, vous trouverez des cafés – notamment dans les lieux culturels – ainsi que de modestes restaurants de type pizzerias. Dans les grandes villes comme Bodø, le choix est évidemment plus éclectique.

Namsos

Toutes les adresses se concentrent dans et autour du centre commercial Namsos Storsenter, au centre-ville. Multiples cafés. Pour une bonne pizza, voyez **Tinos** *(Verftsgata 5 - 14h-22h - 200/330 NOK)*. Pour une ambiance de pub (très) rétro, direction **Uncle Oskar** *(Verftsgata 10 - 19h-0h, w.-end 13h-22h - sandwichs, salades, frites)*. Menu éclectique et plats plus élaborés à **Reitans** *(Verftsgata 11- jeu.-dim. 16h-21h- 220/330 NOK)*.

Rørvik

Premier prix

64°Nord – *Havnegata 3 - 74 39 39 64 - 9h-22h (dim. 12h-19h) - plats 250/325 NOK*. Avec vue sur le port, on s'y restaure, en toute simplicité, de *fish & chips*, carbonnade, jambon braisé...

Brønnøysund et Vega

Si on y met le prix, quelques options permettent de changer des « snacks ».

Premier prix

Smak – *Toftveien 80, Tofte (à 6 km de Brønnøysund) - 75 57 75 00 - havbrukssenter.no - 12h30-16h - plats 200/350 NOK*. Posé au bord de l'eau, le restaurant de ce centre de formation à la pisciculture, vaut pour sa carte courte (agneau, saumon, burger), mais plus que correcte.

Budget moyen

Svang – *Storgata 68 - 96 04 41 93 - svangrestaurant.no -*

mar.-sam. 15h30-23h - plats 250/450 NOK, menus 665/945 NOK. Cuisine moderne à base de produits locaux et influences du monde.

Pour se faire plaisir

Hildurs Urterarium – *Tilrem 31 (à 6 km au nord de Brønnøysundpar la Fv. 17) - ✆ 41515213 - hildurs.no - en été tlj à partir de 19h (réserv. impérative 24h à l'avance) - menus 550/750/890 NOK.* Une vénérable ferme (doublée d'un beau jardin de plantes aromatiques), gérée par la même famille depuis des générations, abrite un restaurant hautement recommandable. Le menu est à base de produits bio et locaux. Le midi, menu lunch avantageux au café.

Sur l'île de Vega, l'option la plus intéressante est le restaurant de l'hôtel **Vega Havhotell** (*Hébergement*).

Sandnessjøen

Budget moyen

Helgeland Kolonial – *Torolv Kveldulvsons gate 41 - ✆ 92310227 - mar.-sam. 11h-16h, vend.-sam. 20h-0h).* À la fois café, bar et restaurant, cet établissement permet de se sustenter à toute heure. D'une brioche à la cannelle pour les petites faims à un filet de flétan baigné d'une bisque parfumée... tout est bon !

Pour une étape frites-bières, misez sur **Cash Bar**, la maison rouge sur le port. Et pour se faire plaisir, **Alo**, au sein de l'hôtel Scandic.

Bodø

Le choix est vaste dans cette métropole du Nordland. Excellentes boulangeries, bières de la micro-brasserie Bådin, produits de la mer...

Pour un plaisir sucré de haute qualité (et parfois surprenant), testez la pâtisserie **Craig Alibone** (*Torvgata 1 - craigalibone.com - fermé lun.).*

Premier prix

Løvold – *Tollbugata 9 - ✆ 75520261- lovoldskafeteria.no - 9h-18h, w.-end 12h-16h- plats 80/250 NOK.* Dans cette attachante cafétéria populaire, perchée à l'étage d'un immeuble banal, vous pourrez aussi bien opter pour une omelette garnie que pour *un fish & chips* ou un burger. Sans prétention, mais efficace !

Berbusmel – *Storgata 7C - ✆ 41373000 - berbusmel.no - tlj sf dim. 9h-17h.* Les sandwichs comme les viennoiseries font la réputation de cette boulangerie où l'on pourra également se réchauffer avec une délicieuse soupe du jour.

Budget moyen

Hundholmen Brygghus – *Tollbugata 13 - ✆ 48502727 - hundholmenbrygghus.no - tlj sf dim. 11h-0h (vend.-sam. 3h) - plats 200/400 NOK.* On se presse dans ce gastropub pour le décor foisonnant et chaleureux, les bières maison (assez fortes) et les bons petits plats qui les accompagnent.

Bryggerikaia – *Sjøgata 1 - ✆ 75525808 - bryggerikaia.no - 12h-23h - plats 260/400 NOK.* Plats locaux et internationaux bien faits, large choix de boissons et, surtout, une situation privilégiée sur le port qui attire autant les touristes que les supporteurs de Glimt après un match.

Activités

Les occasions de découvrir l'environnement naturel unique de la région sont nombreuses, par le biais de la randonnée, de la marche sur des glaciers, de l'escalade, du cyclotourisme dans les îles, de la plongée, etc. Les sites *visithelgeland.com/en* et *nordnorge.com* et celui de l'agence Nordland Turselskap *(nordlandturselskap.no)* vous donneront une idée de ce qui peut être réalisé.

Randonnées

Chaque hameau, chaque île ou presque est le point de départ de balades sur des chemins balisés le long des côtes ou dans la lande (cartes dans les offices de tourisme). Simple balade aux alentours, ascensions de sommet ou randonnées de plusieurs jours, tout est possible et remarquablement bien valorisé (balisage, parkings au début des sentiers...).

En kayak

Slalom en kayak entre les milliers d'îlots, à Herøy ou au départ de Sandnessjøen et Vega par exemple, où des excursions sont proposées.

À vélo

De plus en plus de cyclistes parcourent la route dans sa totalité. Il convient de s'équiper contre le vent mais aussi de prendre en compte les nombreux tunnels (de 31 à 7 600 m), pas toujours agréables à traverser. Le site *kystriksveien.no* suggère des itinéraires et indique des points de location.

Ornithologie

Colonies de macareux de Lovund, pygargues de Landegode, et plus de 200 espèces qui se croisent à Støtt et à Vega... N'oubliez surtout pas vos jumelles !

Hébergement

Les possibilités d'hébergement ne manquent pas le long du trajet, que l'on soit en quête d'isolement ou de rencontre : des **hôtels de chaîne** dans les villes, des **pensions**, des **basecamp** (hébergement et activités à Vega ou Glomfjord par exemple), un **phare** (dans l'île de Landego - *skagen-hotel.no/ om-landego-fyr*), des ensembles de **rorbuer** bien placés et, dans chaque localité ou presque, des terrains de **camping** au cœur de paysages enchanteurs. Le choix est éclectique

à Bodø, Brønnøysund et à Sandnessjøen, mais aussi à Lovund, Sleneset et Saltstraumen. Privilégiez les petites structures mais, en haute saison, pensez à réserver.

Vous trouverez des **rorbuer** (☎ *p. 364 et 422*) à Laukholmen, sur l'île de Vega, Aldersund, Tonnes, Træna (*tenktraena.no*) ou Lovund. Liste non exhaustive...

☺ Voir les sites généralistes concernant les hébergements (*p. 421*). Liste très complète dans le *Kystriksveien Travel Guide*

Namsos

Budget moyen

Scandic Rock City – *Sverresgt 35 - ☎ 74 22 40 00 - scandichotels. com* - ♿ ✗ - *96 ch. à partir de 1400 NOK* ▱. En bord de mer, cet hôtel à l'architecture marquante et aux chambres décorées sur le thème du rock and roll, offre une confortable halte avec vue. Cinéma et salle de concert.

Brønnøysund

Budget moyen

Thon Hotel – *Sømnaveien 98 - ☎ 75 00 89 00 - thonhotels.no -* ♿ - *81 ch. à partir de 1500 NOK* ▱. Fonctionnel et bien placé, pour les adeptes des hôtels de chaîne.

Vega

Premier prix

Situées sur la côte nord, les cabines du **Basecamp Vega** (*basecampvega.no*) sont idéales pour organiser ses activités (ascension, via ferrata, kayak).

Budget moyen

Vega Havhotell – *Viksåsveien 34, Vega- ☎ 94 85 73 90 -vegahavhotell. no* - ♿ ✗ (*midi 350 NOK, soir 890 NOK*) - *128 ch. à partir de 1600 NOK* ▱. Il fait bon s'isoler sur la côte nord de Vega, dans ce charmant hôtel doublé d'un restaurant de qualité. Location de vélos.

Sandnessjøen

Budget moyen

Scandic Syv Søstre – *Torolv Kveldulvsons gate 16 - 75065000 - scandichotels.com - - 165 ch. à partir de 1500 NOK .* Si les chambres sont confortables mais sans charme, la vue (mer ou montagne) des étages élevés et l'immense piscine sont un plus.

Lovund

Budget moyen

Lovund Hotell – *Lundvollveien 21 - 75092030 - lovund.no - - à partir de 1600 NOK .* Chambres et *rorbuer* de grand confort, au plus près de la mer. Café, bar, restaurant. Activités diverses.

Bodø

Premier prix

À Bodø, une **auberge de jeunesse** basique mais bien placée est aménagée au sein de la gare *(Bodø Hostel & Motel - hihostels.no).*

Smarthotel – *Sjøgata 30- 41536500 - smarthotel.no - - 161 ch. à partir de 950 NOK (inclus si réserv. en ligne).* Bon rapport qualité/prix pour les petites chambres modernes de cet hôtel qui s'élève près de la gare. Préférez celles côté port.

Budget moyen

Scandic, Thon, Radisson, Strawberry (Quality)... toutes les chaînes scandinaves sont présentes à Bodø.

Pour se faire plaisir

Wood Hotel – *Fjellveien 187 (à 15mn de la ville) - 22334200 - woodbodo.com - Spa - 177 ch. à partir de 1600 NOK .* Doit-on se réjouir de voir ce relief proche de la ville désormais coiffé d'un vaste hôtel ? Quoi qu'il en soit, l'architecture essentiellement en bois est impressionnante, la vue à 360° formidable et les prestations de qualité.

Les îles Lofoten au coucher de soleil.
primeimages/Getty Images Plus

6

Tromsø et les Lofoten

CARTE MICHELIN 752 E4-H3 – NORDLAND ET TROMS

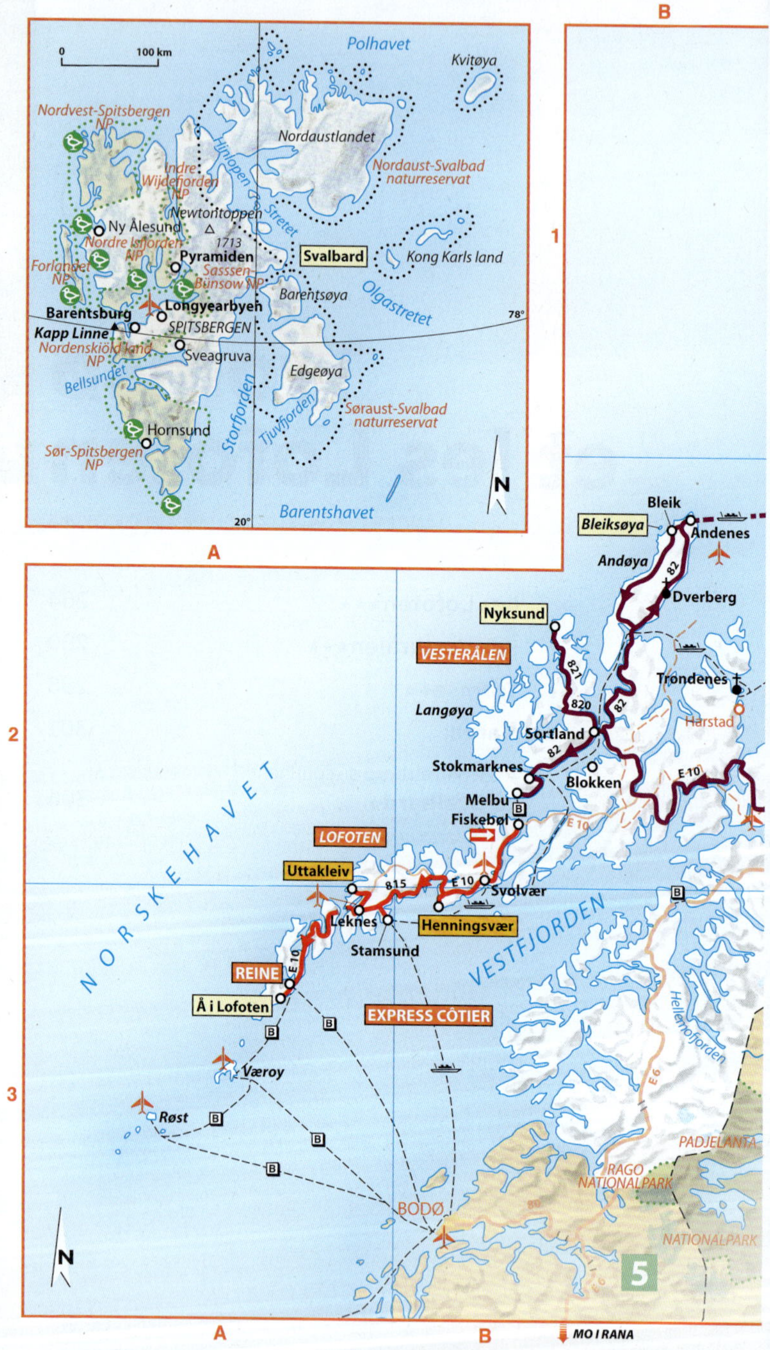

B
0
100 km
Polhavet
Kvitøya
Nordvest-Spitsbergen NP
Nordaustlandet
Hinlopen Stretet
Indre Wijdefjorden NP
Nordaust-Svalbad naturreservat
Newtontoppen
1713
Ny Ålesund
Nordre Isfjorden NP
Pyramiden
Svalbard
Kong Karls land
Forlandet NP
Sasssen-Bünsow NP
Barentsøya
Olgastretet
Longyearbyen
Barentsburg
SPITSBERGEN
78°
Kapp Linne
Nordenskiöld land NP
Sveagruva
Bellsundet
Edgeøya
Storfjorden
Tjuvfjorden
Søraust-Svalbad naturreservat
Hornsund
Sør-Spitsbergen NP
N
Barentshavet
20°
A
1
Bleik
Bleiksøya
Andenes
Andøya
82
Dverberg
Nyksund
VESTERÅLEN
821
Trondenes
820
Langøya
Harstad
Sortland
2
Stokmarknes
Blokken
E 10
Melbu
Fiskebøl
LOFOTEN
NORSKEHAVET
Uttakleiv
815
Svolvær
Leknes
Henningsvær
Stamsund
VESTFJORDEN
REINE
Å i Lofoten
EXPRESS CÔTIER
Hellemofjorden
Værøy
3
E 6
Røst
PADJELANTA
RAGO NATIONALPARK
BODØ
80
NATIONALPARK
5
N
A
B
MO I RANA

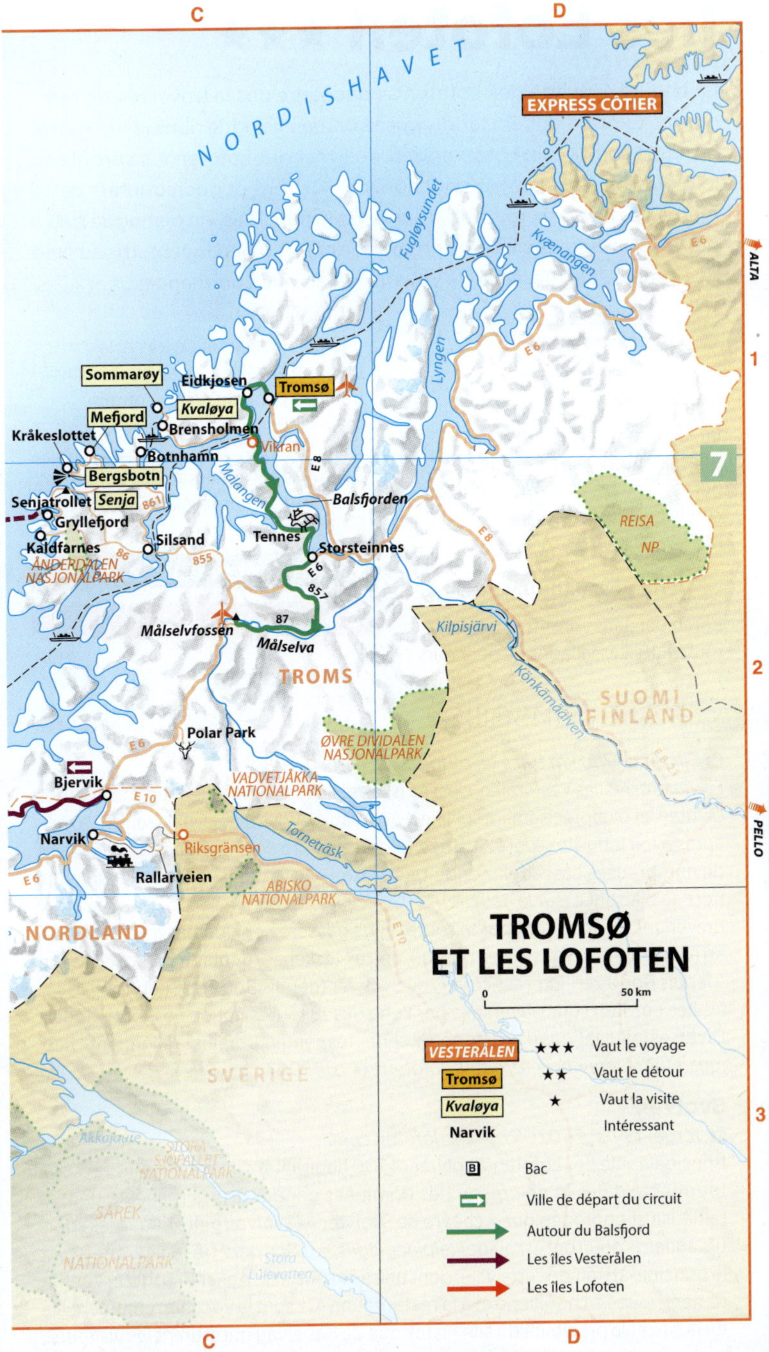
C
D
NORDISHAVET
EXPRESS CÔTIER
Fugløysundet
Kvænangen
Lyngen
E6
ALTA
1
Sommarøy
Eidkjosen
Tromsø
Kvaløya
Mefjord
Brensholmen
Kråkeslottet
Vikran
Botnhamn
E8
7
Bergsbotn
Senja
Senjatrollet
861
Malangen
Balsfjorden
Gryllefjord
REISA
NP
Tennes
Kaldfarnes
Silsand
Storsteinnes
ÅNDERDALEN
NASJONALPARK
86
855
857
87
Målselvfossen
Målselva
Kilpisjärvi
TROMS
2
Könkämäälven
SUOMI
FINLAND
Polar Park
ØVRE DIVIDALEN
NASJONALPARK
E8 21
Bjervik
VADVETJÅKKA
NATIONALPARK
E 10
PELLO
Narvik
Riksgränsen
Torneträsk
Rallarveien
ABISKO
NATIONALPARK
E 10
NORDLAND
TROMSØ
ET LES LOFOTEN
0
50 km
SVERIGE
VESTERÅLEN ★★★ Vaut le voyage
Tromsø ★★ Vaut le détour
Kvaløya ★ Vaut la visite
Narvik Intéressant
3
Akkajaure
STORA
SJÖFALLET
NATIONALPARK
SAREK
NATIONALPARK
Stora
Lulevatten
Bac
Ville de départ du circuit
Autour du Balsfjord
Les îles Vesterålen
Les îles Lofoten
C
D

Îles Lofoten ★★★

La beauté sauvage des Lofoten se découvre dès la traversée en ferry ou via l'Express côtier : tandis que le bateau navigue dans le Vestfjord, la masse sombre du Lofotveggen, ou « mur des Lofoten », se profile au loin puis barre littéralement l'horizon. Austère et déchiquetée, cette merveille de la nature semble surgir de la mer. Puis, on distingue peu à peu les minuscules villages entourés de carrés d'herbe et blottis au pied des cimes. Et le merveilleux voyage ne fait que commencer...

Se repérer

CARTE P. 262-263 (AB2-3).

Nordland. Les îles Lofoten forment un archipel qui s'étire du sud-ouest au nord-est le long de la côte norvégienne, à 200 km au nord du cercle polaire.

« Arriver/partir » p. 272.

À ne pas manquer

L'archipel dans son ensemble ! La route E 10. Les villages de pêcheurs de Henningsvær et de Reine, les plages d'Uttakleiv et le Musée viking. L'arrivée par bateau aux Lofoten.

Avec les enfants

Le musée et l'aquarium des Lofoten à Kabelvåg, le Musée viking de Borg et le village d'Å i Lofoten.

Carnet pratique p. 272

Nos adresses p. 273

Circuit conseillé

CARTE P. 268

Circuit de 250 km tracé en rouge sur la carte p. 268.

En venant des îles Vesterålen, c'est à **Fiskebøl** que l'on prend pied sur l'archipel des Lofoten, et plus précisément sur l'île d'Austvågøy. Vous retrouvez la route E 10 qui, après avoir longé le sévère Austnesfjorden encadré de montagnes que dévalent de nombreuses cascades, conduit à Svolvær. On l'atteint après avoir longé un port de plaisance *(sur la gauche)*.

En venant du continent par la route, vous passerez également à **Fiskebøl**. En arrivant en ferry, vous aurez le choix entre Moskenes (depuis Bodø), Stamsund (depuis Bodø *via* l'Express côtier) ou Svolvær (depuis Bodø ou Skutvik).

Les Lofoten sont traversées par l'une des 18 routes nationales touristiques. Diverses installations d'artistes ou architectes contemporains la jalonnent - *nasjonaleturistveger.no/en/routes/lofoten* - *p. 430.*

Svolvær

Torget 18 - 76 07 05 75 - visitlofoten.com.

Principale ville des Lofoten, Svolvær (4 700 habitants) s'inscrit dans un paysage tourmenté d'îles et de presqu'îles dominées par des à-pics rocheux, dont la fameuse et photogénique « chèvre de Svolvær » **(Svolværgeita)**... que les sportifs aguerris pourront escalader *(alpineguides.no)*. Son port, très animé en été, est le principal attrait de cette ville, dont une île artificielle, Anker Brygge, est entièrement vouée à l'hôtellerie et à la restauration. Ce sont la vocation commerciale de la cité et la proximité du site historique de Kabelvåg qui attirent les visiteurs.

Séchage de la morue dans les îles Lofoten.
Uwe Moser/Getty Images Plus

Un **musée de la Guerre** est installé dans l'ancienne poste (**Lofoten Krigsminne museum** - *Fiskergata 3 - lofotenkrigmus.no - lun.-vend. 10h-16h, sam. 11h-15h, dim. 12h-15h, tlj 18h30-22h - 120 NOK*) consacré au second conflit mondial. Quelques **galeries d'art** méritent également une halte. Ainsi le **Nordnorsk Kunstnersenter** (*Torget 20 - ✆ 40 08 95 95 - nnks.no - 10h-16h, fermé lun.*) qui expose des artistes de la région.

★★ **Excursion au Trollfjord** – *Environ 3h.* Ce fjord étroit et spectaculaire, encadré de parois rocheuses presque verticales, n'est accessible que par bateau à partir du Raftsundet, long détroit qui sépare Austvågøy et Hinnøya. En été, des excursions en bateau ou *speedboat* sont organisées au départ de Svolvær (ou de Stokmarknes) et l'Express côtier emprunte régulièrement ce fjord, si étroit que les navires arrivent à peine à y manœuvrer (*fjordtours.com, trollfjordcruise.com, oykongen.no - 1090 NOK - durée 3h; en zodiac lofoten-explorer.no ou rib-lofoten.com - 1195 NOK - durée 2h*).
Quittez Svolvær vers le sud (dir. Leknes) par la route E 10.

Kabelvåg

Sur la route E 10, une grande église de bois de 1898, surnommée ici la « **cathédrale des Lofoten** » (*16h-20h en été, dès 12h le w.-end*), annonce ce joli village en bois coloré. Premier port de pêche des Lofoten au 19e s., il coule aujourd'hui des jours tranquilles, animé par les allées et venues des pêcheurs, et l'afflux, toujours croissant, des estivants visitant Storvågan.

Storvågan

À la sortie de Kabelvåg, sur la gauche de la route E 10, ce hameau ouvre une page d'histoire des Lofoten. Centre de négoce important dès l'époque viking, l'ancienne

Vågar contrôlait alors l'exportation du poisson séché et connut son âge d'or aux 13e-14e s. Des fouilles ont été entreprises pour mettre au jour des traces du plus ancien village de la Norvège du Nord.

Suivez les panneaux indiquant **Skrei**. Le SKREI Ticket *(290 NOK)* donne accès au musée, à la galerie et à l'aquarium. Le complexe comprend également un hôtel et un restaurant au bord de l'eau. En 2026 sera inauguré l'édifice **Otholit**, à l'architecture audacieuse, qui servira de pôle central et d'introduction (avec des expositions permanentes et temporaires) à l'ensemble des sites décrits ci-dessous, qui resteront rassemblés sous l'appelation **SKREI**. Plus d'infos sur *museumnord.no.*

Musée des Lofoten (Lofotmuseet) – *90 17 20 77 - museumnord.no/lofotmuseet (en anglais) - juin-août : 10h-18h ; reste de l'année : se rens. - fermé de mi-déc. à déb. janv., Pâques, 17 mai - 120 NOK.* Ce hameau illustre le passé de la région. Son cadre bucolique contribue grandement au charme de la visite. Dans la maison du marchand, riche demeure du début du 19e s., vous verrez notamment un studio de photographe, ainsi que des jouets anciens. Sur la droite, l'ancienne pêcherie évoque la vie quotidienne des pêcheurs à travers leurs instruments (hameçons montés sur lignes, séchoirs à morue), maquettes et photos anciennes. Un autre bâtiment présente des moteurs de bateaux. Sur l'arrière, donnant sur la grève, quelques *rorbuer* anciens (1797) conservés en l'état (comparez avec celui dans lequel vous dormez !) et un hangar à bateaux.

★ **Aquarium des Lofoten (Lofotakvariet)** – *76 07 86 65 - museumnord.no/lofotakvariet - juin-août : 10h-18h ; reste de l'année : se rens. - fermé déc.-janv. - 150 NOK.* Consacré aux mers nordiques, cet aquarium présente de façon didactique à la fois la faune (morues, saumons, etc.) sous tous ses aspects (notamment anatomique) et les activités humaines liées à la mer : pêche, pisciculture (la présentation du cycle de vie du saumon d'élevage vous révélera des aspects inattendus de cette activité) et extraction du pétrole. L'accent est mis sur la préservation nécessaire du milieu naturel, d'autant plus important pour les Norvégiens que la longueur totale de leurs côtes équivaut à deux fois celle de l'équateur.

Quittez Storvågen et reprenez à gauche la E 10.

★★ Henningsvær

La route étroite *(R 816 sur la gauche)* menant à Henningsvær (450 hab.), congestionnée en été, semble glisser au fil de l'eau, prenant appui sur des récifs ou sautant d'îlot en îlot grâce à d'audacieux ponts.

Ce village de pêcheurs, l'une des bourgades les plus vivantes des Lofoten, s'étend sur plusieurs îles, traversé par un large et lumineux chenal qui lui a valu le surnom de « **Venise des Lofoten** ». Île village, île port, île terrain de football... Des maisons colorées, des *rorbuer* et des entrepôts de bois sur pilotis, une mer omniprésente avec les montagnes en toile de fond participent au pouvoir de séduction du lieu. On s'y promène entre les séchoirs à poissons avant de flâner dans les galeries d'art ou dans l'un des excellents restaurants.

Kaviar Factory – *Hennningsværveien 13 – 90 80 33 63 - kaviarafactory.com - ouv. en été, se rens. pour les horaires.* Ce bloc de béton blanc posté à l'entrée du village abrite une galerie avant-gardiste, où sont exposées des œuvres d'artistes jeunes ou reconnus internationalement (Cindy Sherman, Ai Weiwei, Marina Abramović, Gilbert et George, Marie Bovo, Marguerite Humeau...).

Revenez à la route E 10 et suivez-la jusqu'au Gimsøystraum Bua, pont long de 840 m qui relie les îles d'Austvågøy et Gimsøya. Quittez la E 10 immédiatement après le pont de Sundklakk qui conduit sur l'île de Vestvågøy et suivez la route côtière 815 en direction de Stamsund.

Le long de cette route, nombreuses anses naturelles dont celles de **Molland**, de **Stokkelvikka**, où quelques bateaux sont amarrés, et de **Valberg**, où l'église se dresse pratiquement sur la plage. Dans celle de **Rolvsfjord** et son Brustranda Sjøcamping, un ensemble de *rorbuer*, niché dans une petite baie solitaire, est agrémenté par un café-restaurant.

Stamsund

Situé après la route de Steine, le port de ce long village bâti en amphithéâtre au-dessus de la mer s'anime chaque soir lorsque l'Express côtier vient y aborder. À proximité, le port de pêche est bordé de *rorbuer.*

Au-delà de Stamsund, une petite **route★** très pittoresque longe la côte jusqu'à Steine, avant de s'élever et de ménager de belles vues en arrière sur un lac.

Leknes

ℹ *Vestvagøy, Storgata 8 - ✆ 48 17 50 99. Le bâtiment comprend aussi une galerie, une boutique de laine (lofoten-wool.no) et un café.*

C'est dans ce petit centre urbain (entouré de prés et de champs), sans autre attrait que ses centres commerciaux et ses quelques restaurants utiles si vous logez en *rorbu*, que vous rejoignez la route E 10. Une jolie église en bois rouge à clocher bâtie en 1905, **Buksnes Kirke**, trône sur une petite colline à 5 km du centre, sur la route de Ballstad.

Au rond-point, prenez la E 10 en direction de Svolvær et suivez-la sur 3 km avant de tourner à gauche, dir. Uttakleiv.

★★ Uttakleiv

Cette petite route permet d'atteindre deux splendides **plages** de sable blanc bordées d'eaux turquoise et de prairies où paissent parfois des moutons, aux alentours du petit village d'Uttakleiv. Au sud du tunnel, Hauklandstranda possède un petit café, mais le camping sauvage y est interdit. Il est autorisé sur celle d'Uttakleiv, au nord du tunnel (*P 50 NOK/3h - emplacement pour 2 pers. 200 NOK, camping-car 250 NOK).* Les deux plages sont reliées par un sentier côtier.

Pour dominer ce superbe paysage côtier, partez à l'assaut du Mannen, un relief de 400 m de haut. Du parking d'Hauklandstranda, une ancienne route mène au départ du sentier ensuite indiqué. En haut, vue époustouflante à 360° *(comptez 2h à 2h30 AR).*

Revenez sur la E 10 et continuez vers le nord (dir. Svolvær) jusqu'à Borg à 10 km.

Borg

★★ **Lofotr-Musée viking de Borg** – *Sur la droite de la route, avant le village. Parking - ✆ 76 08 49 00 - lofotr.no (en anglais) - de mi-juin à mi-août. : 10h-19h ; reste de l'année : se rens. - 180/225 NOK selon la saison.* C'est en 1983 qu'ont été mis au jour au sommet d'une butte les vestiges d'une grande demeure d'époque viking aujourd'hui reconstituée à quelques mètres de son emplacement initial. Long de 83 m, le bâtiment était habité par un groupe de 30 à 80 personnes. Fidèle à l'original, l'aménagement intérieur permet de s'initier (en suivant les gestes d'artisans revêtus de costumes d'époque) aux différentes techniques utilisées par les Vikings, tant dans le domaine de la conservation des aliments que dans celui du tissage ou du travail sur bois, et de découvrir des objets et du mobilier réalisés avec ces mêmes méthodes. La partie musée expose de façon didactique (explications en

GRYLLEFJORD
FINNSNES
TROMSØ
ÎLES LOFOTEN
ET VESTERÅLEN
0 15 km
EXPRESS CÔTIER ★★★
Andenes
Bleik
★Bleiksøya
Dverberg
Stave
Skogvoll
Andøya
Nordmela
Nøss
Risøyhamn
Buksnesfjord
Bjervik
KIRUNA
Trondenes
Harstad
Narvik
Harstad/
Narvik
Stø
★Nyksund
Myre
Hinnøya
Jennestad
Sortland
Langøya
Lødingen
★★★VESTERÅLEN
Nykvåg
Nykan
Skagen
Møysalen NP
1262
Hennes
Stokmarknes
Hadsel
Hadseløya
Melbu
Hadselfjorden
Raftsundet
Fiskebøl
Trollfjord ★★
BODØ
Austvågøy
Svolvær
Skutvik
Gimsøya
★★★LOFOTEN
Kabelvåg
Storvågan
Engeløya
Henningsvær ★★
Vestvågøy
Valberg
Molland
Rolvsfjord
Borg
★★Uttakleiv
Stamsund
Leknes
VESTFJORDEN
Napp
Ballstad
Vitken
Nusfjord ★
Ramberg
Flaktsadøya
EXPRESS CÔTIER ★★★
Sund
Moskenesøya
Hamnøy
★★★REINE
Sakrisøy
Moskenes
NARVIK
★Å i Lofoten
N
BODØ
Moskenstraumen
VÆRØY, RØST
E10
E6
82
85
820
821
822
83
850
815
81

français) des objets trouvés sur le site. En été, le lieu propose diverses activités, de la promenade en charrette à la navigation en bateau viking sur un lac tout proche, où l'on parvient après une promenade bucolique, sans oublier l'organisation de festins traditionnels, et la ferme viking avec ses animaux.

Revenez à Leknes et continuez sur la E 10 en direction de Å i Lofoten. Un pont puis un tunnel, long de 1780 m, permettent d'accéder, sur l'île de Flakstadoy (Flakstadøya), au port de pêche de Napp.

Après **Napp**, les paysages où les prairies alternent avec la lande deviennent plus austères.

À Vareid, prenez à droite une petite route côtière entre mer et montagne pelée. Au bout de 4 km apparaît Vikten.

Vikten

« Bout du bout », avec sa plage de sable et de rochers, et sa poignée de maisons, le bourg coule des jours tranquilles aux pieds d'une impressionnante montagne se jetant dans la mer. Avant le village, deux bâtisses de part et d'autre de la route : celle de gauche, maison de bois au toit pentu couvert d'herbe, où même les énormes pierres posées devant l'entrée semblent avoir été sculptées, abrite la soufflerie de verre, **Glasshytta** (*p. 275*) et le **Lofoten Design**. À droite, un atelier de céramique lui fait face.

Revenez vers Vareid et, après Kilan, prenez à gauche pour Nusfjord (6 km).

La route passe au pied du **Stjerntinden** (934 m), une impressionnante paroi rocheuse noire se jetant dans un lac.

★ Nusfjord

nusfjordarcticresort.com - accès au village 100 NOK. Ce minuscule bourg de pêcheurs reconstitué, et en grande partie transformé en complexe hôtelier, surgit soudain au fond d'un petit fjord, dans un paysage presque entièrement minéral, où le rouge des *rorbuer* tranche avec le camaïeu de gris des rochers sur lesquels ils sont posés. En vous promenant dans ce village restauré, vous apercevrez dans un hangar des ballots de poissons séchés dont vous aurez senti la présence dès votre descente de voiture ! C'est dans la boutique générale, avec son matériel de pêche et ses rayonnages en bois, que l'impression d'un voyage dans le temps est la plus forte. Le village était totalement isolé jusqu'à l'ouverture de la route, dans les années 1960. Possibilité d'hébergement sur place dans un *rorbuer*, restaurant et snack le midi.

Remontez vers Ramberg, puis, toujours sur l'E 10, longez la côte vers Sund.

En chemin vers Sund, de **belles plages** méritent le détour, à Flakstad (**plage de Skagsanden**, *camping*), à **Ramberg**, et à Fredvang (**plage d'Ytresand**, *camping à Nordvalle*), postées sur la côte ouest. La première est fréquentée par les surfeurs et constitue un bon point d'observation du soleil de minuit.

Sund

Ce village de pêcheurs aux maisons blanches est parsemé de séchoirs à morue.

Musée des Pêcheries de Sund (Smeden i Sund Fiskerimuseum) – *91 37 17 18 - juin-août : 10h-17h - 100 NOK.* Cette collection d'anciens moteurs de bateaux (en fonctionnement) plaira aux amateurs de mécanique. Mais c'est sans doute l'atelier du forgeron (que l'on voit à l'ouvrage) qui éveillera le plus de curiosité ; ses créations (sculptures d'oiseaux notamment) sont proposées dans la boutique.

Après Sund, un pont permet d'accéder à l'île de Moskenes.

Le Lofoten Polar Light Center

Dans un village situé à 40mn de route au nord-ouest de Svolvær, un couple de Hollandais passionné a ouvert un centre dédié aux **aurores boréales**. Outre une collection d'instruments astronomiques et des expositions de photographies, on y recueille des informations sur le processus des aurores boréales et les moyens de prévoir leur manifestation. Si vous vous attardez dans la région, on vous préviendra par SMS de l'imminence du phénomène *(compter 400 NOK/pers.)* ! Possibilité de loger sur place *(435 NOK/pers. - 3 nuits min.)*.
Laukvik - *91 12 46 68 - polarlightcenter.com.*

La route, tracée en corniche, dévoile des vues impressionnantes sur l'océan parsemé d'innombrables îlots rocheux.

★★★ Reine

Moskenes tourist information - Kirkveien 38 - 90 52 07 74.
À la sortie d'un tunnel, le regard découvre un splendide cirque de montagnes dessinant une ligne d'horizon très découpée : le **Kjerkfjorden**. Son embouchure est fermée par un chapelet d'îles habitées, reliées par une série de digues et de ponts à circulation alternée. Dans ce cadre magique, les hameaux de Hamnøy et Sakrisøy, totalement consacrés au tourisme, précèdent le village de Reine, réputé l'un des plus beaux de Norvège.
Hamnøy conserve les installations de son coquet petit port de pêche, mais si des bateaux y mouillent encore, l'activité s'est déplacée dans le village de Reine. Un *rorbu* reçoit les visiteurs dans ce cadre idyllique.
Même modèle, mais plus familial, au *rorbu* de **Sakrisøy**, où l'accueil est plus personnel. Voisinant avec de grands séchoirs à morue, les balcons sur pilotis des *rorbuer* peints en jaune donnent directement sur le port. Ici aussi de multiples activités de plein air (randonnée, kayak, sorties en mer...) sont proposées au visiteur, été comme hiver *(p. 275)*.
Fermant l'embouchure du fjord, **Reine** jouit d'une certaine animation villageoise, autour de la place centrale et de ses quelques commerces. À l'entrée du bourg, dans une ancienne école, la **Galleri Eva Harr** *(www.reinekultursenter.no ou evaharr.no, en anglais - juin-sept. 10h-18h)*, jette un éclairage sur des artistes locaux (photo, peinture). Également un café, un bureau d'informations touristiques et une boutique.

L'ascension de la montagne **Reinebringen** est l'un des incontournables de tout séjour à Reine. Depuis 2019, un escalier composé d'environ 2 000 marches de pierre, aménagé par des *sherpas* népalais, facilite la montée des 500 m de dénivelé pour 1,5 km. Elle reste néanmoins une rando intense d'1h30. Du sommet, vue spectaculaire sur le fjord.
Pour découvrir le **Kjerkfjorden,** vous pouvez opter pour une excursion *(Activités p. 275)*, ou prendre le ferry près de la place principale, à Reine *(reisnordland.com - arrivée 30mn av. - 2 à 3/j. - durée 25mn)*. Il dessert notamment le

Le maelström

Les fortes marées et des courants puissants entre les îles forment le célèbre **Moskenesstraumen** (ou maelström) entre Moskenes et Værøy. Connu des Anciens, il fut décrit dans une nouvelle par Edgar Allan Poe, *Une descente dans le maelström* (1841).

hameau de Vindstad *(80/100 NOK AS)*, d'où une marche facile *(45mn)* mène à la splendide **plage de Bunes**★, un petit havre isolé entre deux éperons rocheux, sur la côte ouest. Les plus sportifs partiront à l'assaut du **Helvetestinden**.
Juste après Reine, en direction d'Å i Lofoten, la route traverse **Moskenes**, desservi par les ferrys en provenance de Bodø.

★ Å i Lofoten

Ce village de pêcheurs situé à l'extrémité de Moskenesøya, terminus de la route E 10, est l'un des plus pittoresques des Lofoten. Transformé en musée de plein air, il a conservé son cadre typique, à défaut d'animation villageoise. On se rend à pied d'un musée à l'autre.
★ **Village-musée des Pêcheurs norvégiens (Norsk Fiskeværsmuseum)** – *☏ 76 09 14 88 - museumnord.no/en - juin-sept. : 10h-18h ; reste de l'année : lun.-vend. : 11h-15h - fermé de déb. déc. à déb. janv. - 110/120 NOK, selon la sais.* Les vieux bâtiments rénovés (un hangar à bateaux, une fabrique d'huile de foie de morue, une cabane de pêcheurs et une boulangerie en activité) rappellent que Å i Lofoten était naguère un centre de commerce important. Des *rorbuer* peints en rouge et construits sur pilotis enserrent le minuscule port, ajoutant ainsi une note de couleur au paysage sombre dominé par les cimes bleu foncé des montagnes. Le cri perçant des mouettes, tourbillonnant au-dessus des morues qui sèchent sur leurs cadres de bois, devient vite obsédant. Quelques maisons sont habitées.

Excursions

CARTE P. 262-263

Pour les météorologues, les deux îles du sud des Lofoten présentent une particularité, car la température moyenne y est supérieure à zéro toute l'année. Une anomalie climatique sous ces latitudes !

Île de Værøy A3

ⓘ Au terminal des ferries - ☏ 75 42 06 14 ou 75 42 06 00 - varoy.kommune.no (en norvégien seult).
▶ Accès par ferry (torghatten.no) : départ de Bodø (tlj en été, 6/sem. en hiver) : la ligne dessert également Moskenes (Lofoten) et Røst. En hélicoptère : départ de l'aéroport de Bodø (lufttransport.no).
L'archipel des Lofoten se poursuit au large de la spectaculaire île de Moskenes, avec cette île montagneuse de 18 km² réputée pour ses populations de macareux (qui figurent sur le blason de la commune) et d'aigles de mer. Divers sentiers permettent d'approcher les colonies d'oiseaux et de découvrir l'île, dont les quelque 750 habitants sont, pour l'essentiel, regroupés à **Sørland**.

Île de Røst A3

ⓘ Au terminal des ferries - ☏ 76 05 05 00 ou 45 49 21 86 - visitrost.no (en norvégien seult).
▶ Accès par ferry au départ de Bodø (torghatten.no - 4h) et Moskenes (Lofoten), via Værøy. Avion à partir de Bodø (20mn de vol) et Svolvær avec Widerøe.
Ce minuscule archipel se compose de 365 îlots, dont le principal, **Røstandlet**, abrite les 600 habitants du lieu. Cette île vouée à la pêche et à la production du *stockfish* est renommée pour ses colonies d'oiseaux de mer : on en a recensé près de 2,5 millions ! Ici, ce sont trois cormorans qui se sont posés sur le blason de la commune.

Carnet pratique

S'informer

Îles Lofoten : *visitlofoten.com.* Les bureaux de Moskenes, Svolvær, Reine, Flakstad, Røst et Værøy ouvrent toute l'année mais les horaires varient régulièrement. Procurez-vous le guide distribué par les offices de tourisme, qui répertorie tous les services, restaurants, hébergements et agences de tourisme (avec domaine d'activité) par village.

Arriver/partir

En avion

Des vols quotidiens, assurés par la compagnie Widerøe *(wideroe.no),* relient Bodø à Svolvær, Leknes et Røst : ambiance aéropostale assurée ! D'Oslo, vous pouvez également gagner l'aéroport Harstad-Narvik *(➜ p. 304)* et y louer une voiture. Si vous arrivez en avion, vous pourrez louer une voiture à l'aéroport. Informations sur les aéroports : *avinor.no.*

En voiture

Si vous n'embarquez pas votre véhicule dans un car-ferry, l'unique liaison routière avec le continent se fait par la E 10 (près de Narvik), qui relie le nord de l'archipel, grâce à une série de ponts et tunnels. D'autres ouvrages permettent ensuite de sillonner les îles sans prendre de ferry.

En bus

Liaison régulière Lofotekspressen (rte 300) : Narvik-Evenes-Svolvær-Leknes-Å i Lofoten *(2/j. en 4h).*

En ferry

Pour rejoindre les Lofoten, un service de ferries fait la navette entre Bodø et Moskenes en 3h30 (moyen le plus commode pour se rendre dans le sud des Lofoten). Arrêts à Værøy et Røst pour une partie des ferries. Ferry entre Skutvik et Svolvær en 2h (en été). De mi-juin à mi-août, l'augmentation de la fréquence des trajets marque la haute saison touristique dans l'archipel.
Un ferry relie les Lofoten (Fiskebøl) aux Vesterålen (Melbu) *(torghatten-nord.no - durée 40mn - passager 54 NOK, voiture 145 NOK).*
Bateau express (Hurtigbåt) – Pour passagers seulement, rte NEX entre Bodø et Svolvær *(1/j. en 3h30 - torghatten-nord.no et reisnordland.no).*
Express côtier (Hurtigruten et Havila) – Ils font escale quotidiennement, et dans les deux sens, aux Lofoten (Stamsund, Svolvær) et aux Vesterålen (Stokmarknes, Sortland et Risøyhamn) ; les passagers à pied n'ont pas à réserver, contrairement aux passagers motorisés. Bodø/Stamsund (3h45) ; Bodø/Svolvær (6h) ; Stokmarknes/Svolvær (3h).

Se déplacer

En voiture

Les îles sont reliées par des ponts ou des tunnels, tous gratuits. En cas de tempête, certains ponts peuvent être fermés à la circulation. Si le réseau s'avère de qualité, les routes sont souvent étroites et, en été, saturées par la circulation en certains endroits. En outre, la densité impressionnante de camping-car invite à la vigilance.
Location – Les agences de location internationales (Budget, Hertz, Avis...) sont présentes dans l'archipel, notamment à l'aéroport de Svolvær.

En bus

Les principales localités des archipels sont reliées 1 à 5 fois par jour en bus. Le *Lofoten Ekspressen* (ligne 300) relie Narvik et Sortland (Vesterålen) à Svolvær, Leknes et Å i Lofoten. Compter 8h pour la totalité du trajet. Autres trajets pratiques : entre Sortland et Harstad *(2h30)*, Sortland et Andenes *(2h)*, Svolvær et Leknes, et Leknes et Å i Lofoten.

Informations sur tous les transports, itinéraires et horaires sur *reisnordland.no*.

Si vous voyagez plusieurs jours aux Lofoten dans le Nordland et n'utilisez que les transports en commun (bus et ferries), pensez au **Travel Pass Nordland** *(1290 NOK pour 7 j. - achat via l'app reisnordland.no)*.

Agenda

Championnat du monde de pêche au skrei – À Svolvær. Dernier week-end de mars. *vmiskreifiske.no.*

Codstock Festivalen – Festival musical (pop-rock) à Henningsvær en juin. *codstock.no.*

Lofoten Festival – En juillet, festival de musique de chambre en divers lieux des Lofoten. *lofotenfestival.com.*

Lofotr Viking Festival – En août, durant 5 jours, au musée Lofotr à Borg (*p. 267*) - *lofotr.no.*

Nos adresses

Restauration

Comme ailleurs en Norvège, difficile de trouver un « petit resto du coin », même dans les « villes ». Et ceux qui existent sont souvent fermés hors saison. Vous devrez parfois vous rabattre sur les restaurants d'hôtels et, si vous logez en *rorbu*, surtout dans les endroits isolés, ravitaillez-vous au supermarché Coop le plus proche.

À Svolvær

Budget moyen

La principale ville des Lofoten compte deux des restaurants les plus réputés du nord du pays :

Du Verden – *Torget 15 - 41292000 - nordisrestaurant.no - tlj, service continu - plats 285/445 NOK.* Des préparations classiques ou très surprenantes, qui, toutes, mettent en valeur les produits de la mer. Bonnes pâtisseries. Au déjeuner, formule sushis (à partir de 15h).

Børsen Spiseri – *Gunnar Bergs vei 2 - suivre les indications Svinøya rorbuer - 76069930 - svinoya.no - fermé à midi - plats 355/445 NOK.* Dans le cadre chic d'un ancien entrepôt de 1828 magnifiquement rénové, des spécialités de poissons (*stockfish*, notamment) inoubliables.

À Henningsvær

Premier prix

Klatrekafeen – *Misværveien 8 - 41498312 - klatrekafeen.com - fermé lun.-merc., à midi de jeu. à sam. et dim. soir ; en haute sais. tlj, service continu - plats 130/250 NOK.* Un bar-restaurant on ne peut plus décontracté, à la déco et à l'esprit néo-hippie. La carte change régulièrement mais on y trouve toujours le classique burger/frites (patate douce) et l'incontournable *bacalao*. Petite terrasse sur le ponton du chenal.

Budget moyen

Lofotmat – *Dreyers gate 56 - 97717059 - fermé lun.-mar. et à midi, en oct. et fin déc. - plats env. 395 NOK.* Réserv. conseillée. Une table d'un honnête rapport qualité/prix. Soupe de poissons, œufs de mouettes au saumon, burger, *bacalao*, entrecôtes... Terrasse sur rue et sur le toit.

Fiskekrogen – *Dreyers gate 29 - ✆ 76 07 46 52 - www.fiskekrogen.no - ♿ haute sais. tlj, service continu ; reste de l'année : fermé à midi sf w.-end - plats 150/395 NOK. Réserv. conseillée.* L'adresse la plus courue de Henningsvær, face au chenal, a ouvert en 1989. Les classiques y sont préparés dans les règles de l'art.

À Ramberg

Budget moyen

Ramberg Gjestegård – *Ramberg - ✆ 76 09 35 00 - ramberg-gjestegard.no - en sais. fermé à midi sf w.-end ; reste de l'année, voir le site - plats 285/435 NOK.* À deux pas de la plage de Ramberg, le restaurant de ce complexe attrayant (appartements, cabines, camping) mise sur la pêche locale.

À Reine

Budget moyen

Anita's Sjømat – *Sakrisøy - ✆ 90 06 15 66 - sakrisoy.no - fermé le soir sf haute sais.* En face du *rorbu* Sakrisøy, ce petit marché de poisson frais a plus des allures d'épicerie fine. Des tables disposées à l'intérieur et en terrasse permettent de déguster très agréablement sur place vos achats si vous n'avez pas prévu de les emporter. Produits frais, fumés ou sous-vide.

Petite pause

À Henningsvær

Henningsvær Lysstøperi & Café – *Gammelveien 2 - ✆ 76 07 70 40 - haute sais. : 9h-20h, reste de l'année : 10h-16h.* Un café attachant et très apprécié des touristes comme des locaux. Pour se restaurer du matin au soir de bons sandwichs, pizzas ou excellents gâteaux.

À Reine

BringenKaffebar – *Centrum - ✆ 76 09 13 00 - été : 10h-18h ; reste de l'année : se rens.* Ce salon de thé-glacier-pâtissier possède une petite salle avec des tables en bois et une terrasse ombragée d'où l'on observe l'animation de la place principale. Idéal pour un expresso ou un petit-déjeuner. Vente de biscuits et de confiture.

Boire un verre

À Svolvær

La petite ville abrite la seule micro-brasserie de l'archipel : **Lofotpils** *(lofotpils.no).*

Magic Ice – *Fiskergata 36 - ✆ 76 07 40 11 - magicice.no - juin-août 12h-22h ; reste de l'année 18h-22h (2-17 sept. 14h-22h).* L'une des adresses de cette chaîne de bar totalement givré, où l'on trinque dans des verres... en glace, au milieu de sculptures... en glace.

À Henningsvær

Trevarefabrikken – *Dreyers gate 72 - ✆ 96 00 80 00 - trevarefabrikken.no - à partir de 17h (café 11h-17h).* Ce bar-restaurant, installé dans une ancienne entreprise de bois et de crevettes, est prisé pour ses soirées avec DJ organisées dans ce grand volume en béton brut posé face à la mer. Concerts et festival de musique *(fin juil.)* et d'art *(sept.)*. Petite restauration de qualité (fishburgers, pizzas) à déguster au bord de l'eau. Propose également des chambres modernes tout confort.

Nord – *Dreyers gate 29 - ✆ 76 07 46 52 - de mi-juin à fin août 12h-1h, vend.-sam. 12h-2h30 ; reste de l'année : vend.-sam. 21h-3h.* Le bar chic du restaurant Fiskekrogen (☛ *p. 274*), pour déguster un cocktail au bord du chenal en contemplant les montagnes.

Shopping

Artisanat « viking », poisson séché ou en conserves, objets en verre et céramiques sont en bonne place dans les boutiques des musées et dans les villages touristiques.

À Henningsvær

Cod and Haddock – *Misværveien 10 - angle Henningsværveien et Dreyers gate - ✆ 95 89 07 15 - haddock.no - 11h30-18h ; sept.-juin. : merc.-dim. 12h-16h.* Une jolie boutique de déco et d'artisanat local, notamment des lainages (bonnets, pulls...).

À Vikten

Glasshytta – *✆ 97 71 60 23 - glasshyttavikten.no/english - mai-sept. : 10h-18h ; reste de l'année : se rens.* Dans ce vaste atelier en bois donnant sur la mer, on peut observer le maître verrier à l'ouvrage *(tlj en été)*. Toujours impressionnant ! Un grand choix de pièces (verre et poterie) à vendre.

À Leknes/Stamsund

Lofoten Wool – *Steineveien 294 - Stamsund - ✆ 90 76 50 80 - lofoten-wool.no - de mi-mai à mi-août ouv. tlj 10h-17h, reste de l'année : se rens.* Pulls, bonnets, écharpes, couvertures... Vous pouvez en trouver en dépôt au café de l'office de tourisme de Leknes.

Activités

Toutes les activités recensées ci-dessous sont tributaires des **conditions météorologiques**, très changeantes. Même si à terre la température est clémente, n'oubliez jamais d'emporter des **vêtements chauds** pour toute sortie en mer. Les Lofoten offrent des possibilités d'activités toute l'année comme les **excursions en bateau** (depuis Kabelvåg, Stamsund, Henningsvær, Reine, Å i Lofoten...), les sorties en **kayak de mer** (Trollfjord, Bø, Eidsfjord, Henningsvær, Reine...), les **safaris** aux orques et aux baleines, l'**ornithologie** pour observer des macareux ou des aigles de mer *(lofoten-explorer.no ou en.xxlofoten.no)*, l'observation des **aurores boréales** *(Kabelvåg - lofoten-aktiv.no)* ou les randonnées **équestres** été comme hiver *(à Hov - hovgard.no - ✆ 97 55 95 01)*...

Détails sur visitlofoten.com.

Safari photo

Stage de prise de vue et d'édition photo, avec une équipe qui connaît les meilleurs spots. En hiver, observation des aurores boréales *(lofotentours.com)*.

Randonnées pédestres

Ces archipels sont un paradis pour les randonneurs. Munissez-vous d'une bonne carte et d'un équipement permettant de parer aux changements de météo.

Nombreuses opportunités de randos – de quelques heures à plusieurs jours – sur : *rando-lofoten.net (en français)*.

Ascension du Møysalen – *Env. 9h, trajet en bateau compris.* L'ascension du plus haut sommet des îles Lofoten (1262 m) est une expérience enivrante qui permet de découvrir de superbes panoramas. L'excursion commence à Hennes, sur les rives du Hadselfjord.

Randonnées cyclistes

Location de vélos : les offices du tourisme de Leknes, Moskenes et Svolvær fournissent des cartes d'itinéraires et renseignent sur les loueurs. Renseignez-vous également auprès de votre hôtel.

Baignade et plongée

Les superbes plages invitent à la baignade, l'eau n'étant en été, pas aussi froide que l'on pourrait l'imaginer. Des agences proposent par ailleurs des sorties de plongée *(Skarjyveien 67, Ballstad - ✆ 40 05 18 52 - lofoten-diving.com)*.

Kayak, paddle, surf...

La plupart des agences locales proposent ces activités.

Reine Adventures – *Reine, place principale et Sakrisøy Rorbuer - ✆ 90 77 98 14 - reineadventure.com*. Sortie en kayak dans Kjerkfjorden *(3/4h)*, parfois pour le soleil de minuit ; location *(250 NOK/j.)* ou randonnée à vélo *(2 j. à 2 sem.)* ; ski ; randonnée.

Schibevaag Adventure – *Plage de Skagsanden et Sakrisøy Rorbuer - ✆ 92 07 17 22 - schibevaagadventure.com*. Snorkeling, paddle...

XX Lofoten – *JE Paulsens gate 9, Svolvær- ✆ 91 65 55 00 - en.xxlofoten.no*. Sorties en kayak thématiques en toutes saisons et pour tous niveaux. Nombreuses autres activités.

Lofoten Beach Camp Surf – *Kjerkveien 45, plage de Ramberg - ✆ 95 03 52 83 - lofotenbeachcamp.no*. Surfer aux Lofoten est un must. Tentez l'aventure au large de l'une des plus belles plages de l'archipel. Leçons et location. Camping, bar.

Sorties en mer

Aqua Lofoten Coast Adventure – *Reine - place principale et Sakrisøy Rorbuer - ✆ 48 22 83 34 - aqualofoten.no*. Pêche en mer, sortie en zodiac jusqu'au maelström, à la colonie d'oiseaux de Svarven et au village abandonné de Helle à la pointe sud ; combinable avec une randonnée aux grottes rupestres de Refsvikhula.

Hébergement

Vivre dans un « rorbu » – *visitlofoten.com*. C'est la façon la plus agréable de séjourner dans les Lofoten et les Vesterålen. C'est pourquoi elle est privilégiée dans les adresses sélectionnées. Le confort de ces anciennes cabanes de pêcheurs, plus ou moins grandes, satisfera les plus difficiles, et les *rorbuer* permettent de voir la mer de toutes parts. Attention, vous ne trouverez pas toujours de restaurants à proximité. C'est l'occasion de profiter des kitchenettes équipées.

Les **prix** *(à partir de 2 200 NOK, moins chers hors saison)* varient selon l'emplacement, le nombre de personnes et la saison.

☺ La haute saison court de mi-mai à mi-août. Réserver votre *rorbu* s'avère alors prudent. Hors saison, quelques adresses ferment.

Campings – On en trouve une douzaine dans chacun des archipels, pour la plupart ouverts toute l'année. Le camping sauvage est autorisé, sauf indication contraire.

Auberges de jeunesse – *hihostels.no*. À Stamsund (réputée comme l'une des meilleures du monde) et Å i Lofoten. Elles comptent même des *rorbuer*.

Chaînes hôtelières – Hôtel Thon à Svolvær *(thonhotels.com)* et Scandic *(scandichotels.com)* à Leknes et Svolvær.

À Svolvær

Budget moyen

Svinøya Rorbuer – *Gunnar Bergs Vei 2 - ✆ 76 06 99 30 - svinoya.no - 35 rorbuer à partir de 1355 NOK (2 nuits mini) - ☕ 250 NOK - ✕*. Ce complexe hôtelier semble se fondre au milieu des habitations de cet autre îlot en face du port. Le confort est irréprochable et certaines chambres jouissent d'une vue exceptionnelle.

Pour se faire plaisir

Anker Brygge Rorbu Suite – *Lamholmen - ✆ 76 06 64 80 - anker-brygge.no - 27 rorbuer 1845/2 600 NOK ☕ - rorbuer pour*

4 pers 3590 NOK - ✕. Sur un îlot au milieu du port, des *rorbuer* chic et très bien équipés. Restaurant Kjøkkenet vivement conseillé (ouv. tte l'année).

À Kabelvåg

Pour se faire plaisir

Nyvågar Rorbuhotell – *Storvåganveien 26 - à 1 km de Kabelvåg - ✆ 76 06 97 00 - classicnorway.no - 30 rorbu 1625/3520 NOK* ☕ - ✕. En bordure d'une crique sauvage, une série de *rorbuer* confortables. Intérieur tout en bois, y compris les salles de bains. Demandez une des cabanes donnant sur l'eau.

À Henningsvær

Une folie

Henningsvær Bryggehotell – *Hjelleskjæret - ✆ 76 07 47 50 - classicnorway.no* - ♿ - *fermé de mi-nov. à déb. fév. - 30 ch. à partir de 2295 NOK* ☕ - ✕. Des chambres des plus confortables, dont une ouverte sur la mer sur trois côtés, un restaurant, des salons douillets dotés d'une cheminée, où le jeu des volumes, des couleurs et des matériaux (pierre, bois, métal) confère aux lieux une ambiance chaleureuse, le tout donnant directement sur l'eau. Location de bateaux et de vélos en été. Réputé, le restaurant **Den Blå Fisk** arbore le label « Arktisk Meny », et propose donc une cuisine de terroir à base de produits et de spécialités locales. ☺ Voir aussi les chambres modernes et bien conçues de **Trevarefabrikken** (*Dreyers gate 72 - trevarefabrikken.no).*

À Stamsund

Premier prix

Justad Rorbuer og Vandrerhjem – *Hartvågen 11 - ✆ 99 40 98 60 - hihostels.no et stamsundhostel.com - ouv. mai-sept. - 78 lits - à partir de 440 NOK/pers., ch. à partir de 1095 NOK, rorbu à partir de 1495 NOK.* Cette auberge de jeunesse qui occupe plusieurs bâtiments en bois sur le port est d'un rapport qualité/prix imbattable. Elle est tenue par Roar, inénarrable propriétaire qui donne toute son âme au lieu. Couchage en chambre individuelle ou dortoir. Barque à disposition et matériel de pêche à louer. L'ambiance est chaleureuse et il n'est pas rare que les clients partagent leur prise avec d'autres convives. Supermarché proche pour le petit-déjeuner. Pour des raisons d'hygiène, les duvets sont proscrits, mais on pourra être dépanné sur place.

À Mortsund

Budget moyen

Statles Rorbusenter – *Mortsundveien 399 - À 10 km de Leknes - ✆ 76 05 50 60 - statles-rorbusenter.no - 70 rorbuer à partir de 1700 NOK* - ✕. Situé dans le village de pêcheurs de Mortsund, un ensemble de *rorbuer* avec 1, 2 ou 3 chambres. Accueil chaleureux dans cet établissement qui est l'un des pionniers du genre puisqu'il fonctionne depuis plus de cinquante ans. Ici, les *rorbuer* sont de plain-pied et certains sont dotés d'immenses salles de séjour avec de larges baies donnant sur l'eau. Restaurant panoramique.

À Reine

Pour se faire plaisir

Sakrisøy Rorbuer AS – *✆ 90 03 54 19 - sakrisoyrorbuer.no - ouv. mi-mai-fin oct. - 24 rorbuer à partir de 1790 NOK (2 nuits mini)* - ✕. Pour les amateurs d'authenticité, des *rorbuer* aux murs jaunes situés sur une île minuscule avant le petit port de Reine. La gestion familiale de l'établissement lui donne un cachet supplémentaire, et il tend à proposer de plus en plus d'activités à ses visiteurs.

Pleins feux sur les îles Lofoten et Vesterålen

Vénérables reliefs

Ici, rien ne peut faire oublier les sommets sombres des montagnes omniprésentes. Les îles sont constituées de roches qui se formèrent à des périodes géologiques différentes. Certaines datent d'il y a 3,5 milliards d'années, d'autres (sur Andøya) remontent à 150 millions d'années et elles sont composées, entre autres, de couches de charbon et de fossiles. Quatre glaciations successives et les variations du niveau de la mer qui en résultèrent ont modelé les paysages, nivelés une bonne couche de sol arable le long de la côte, laissé à d'autres endroits d'énormes rochers peu à peu arrondis par les vagues et provoqué la formation de lacs en amont des moraines déposées par les glaciers.

Un climat sous influence

Les îles jouissent d'un climat océanique humide caractérisé par de fréquents changements de temps et par un écart relativement faible entre les températures d'été et celles d'hiver. D'autre part, l'influence du **Gulf Stream** rend les températures plus douces qu'elles ne le sont normalement à la même latitude : il gèle rarement en janvier, mais, en été, la température moyenne est de 12 °C. Cependant, lorsque le vent souffle de l'est, il fait froid et sec en hiver ou particulièrement chaud en été. Tout comme les autres régions arctiques, les Lofoten et les Vesterålen sont plongées dans le noir une partie de l'hiver, mais, en revanche, le soleil ne se couche pas en juin et en juillet.

Pêcheurs et chasseurs

Les premiers habitants des îles furent des chasseurs et des pêcheurs, attirés par la présence d'animaux et de poissons en grand nombre. Durant la période viking et le Moyen Âge, c'est l'exportation, *via* Bergen, de grandes quantités de morue séchée vers l'Europe continentale, et en particulier vers les villes hanséatiques d'Allemagne du Nord, qui assura le développement des Lofoten et des Vesterålen.
Près de Kabelvåg, des fouilles ont révélé l'existence de la plus ancienne ville connue au nord du cercle polaire, confirmant ainsi l'importance des îles pendant le Moyen Âge. Une fois Bergen privée de son monopole, les périodes de prospérité alternèrent avec les périodes de déclin jusque pendant la seconde moitié du 19e s., lorsque la pêche au hareng ramena la richesse dans la région et que la population s'accrut rapidement.
L'inauguration de l'Express côtier à Stokmarknes, en instaurant une liaison régulière avec la Norvège continentale, a également participé à ce nouvel essor.

Le *skrei*, poisson miracle des Lofoten

La pêche au cabillaud est, depuis des siècles, la principale activité des îles. La place exceptionnelle qu'occupent les eaux des Lofoten pour la morue

Spécialités insulaires

Parmi les spécialités locales, il faut goûter le *fiskemølje*, foie et œufs de morue sur des toasts très fins, la soupe de hareng et d'orge, le *boknafisk*, ragoût de poisson en partie séché, les steaks de phoque et le *finnbiff*, viande de renne accompagnée d'une sauce aux airelles.

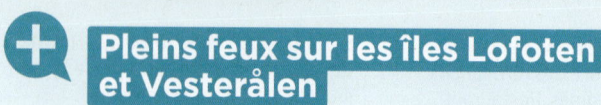

Cartes d'identité

Les Lofoten
Superficie : 1227 km²
Population : 25000
Ville principale : Svolvær
Les Vesterålen
Superficie : 2510 km²
Population : 30500
Ville principale : Sortland

explique la très forte mobilisation des pêcheurs et des écologistes contre la volonté de l'industrie pétrolière et d'une partie du monde politique d'exploiter les hydrocarbures que recèle vraisemblablement la région.
La pêche a lieu de janvier à mars, époque où les poissons adultes de 7 à 10 ans d'âge quittent la mer de Barents et se dirigent vers le sud jusqu'au Vestfjord, afin de se reproduire dans les eaux tièdes de l'Atlantique qui jouent un rôle essentiel dans le développement des œufs. Ce cabillaud en pleine forme, réputé pour la saveur de sa chair ferme et blanche, de sa langue et de ses œufs, prend alors le nom de *skrei*. Signalée par les enfants, son arrivée tant attendue déclenche un grand branle-bas et tous les navires quittent alors l'abri des ports. Mais il faut faire vite car les petits cabillauds naissent au bout de trois semaines et tous repartent alors vers la mer de Barents.
Pendant la saison de la pêche, les pêcheurs vivent dans des cabanes en bois appelées **rorbuer** (☞ *p. 422)*, qui, dorénavant, sont souvent louées à des vacanciers pendant l'été. Traditionnellement, les poissons sont vidés et séchés en plein air sur des cadres de bois... bien que, de nos jours, une bonne partie de la pêche soit congelée.

Au bonheur des ornithologues

Le nombre et la variété des oiseaux sédentaires et migrateurs font des îles Lofoten et Vesterålen un paradis pour les ornithologues.
Les plus intéressants sont ceux qui nichent en colonies importantes sur les falaises de la côte occidentale des îles, face à l'océan. Des milliers d'oiseaux cohabitent, chaque espèce ayant sa place réservée le long de la paroi rocheuse selon sa taille et son aptitude à voler ; les cormorans, qui sont les moins habiles, vivent au pied de la falaise. Lorsque le soir approche, la paroi sombre disparaît sous un véritable nuage d'oiseaux tourbillonnant et poussant des cris perçants : guillemots, mouettes, macareux et, moins nombreux, fous de Bassan et fulmars. Les falaises les plus peuplées se trouvent à Bleiksøya, au large d'Andøya, Nykan près du port de pêche de Nykvåg, à l'ouest de Langøya, et, sur les îles les plus méridionales de l'archipel des Lofoten, Værøy et Røst.

Îles Vesterålen ★★★

Postées juste au nord des Lofoten, les îles Vesterålen ne jouissent pas de la notoriété de leurs voisines, mais ce relatif anonymat est pour le plus grand bonheur des voyageurs car l'archipel recèle son lot de paysages spectaculaires, tout en restant à l'écart des flux touristiques. Formées de trois îles principales, Langøya, Andøya et Hadseløya, ainsi que de la partie occidentale de Hinnøya, les Vesterålen sont accessibles en voiture depuis le continent, ainsi que par bateau depuis les Lofoten ou l'île de Senja. Fjords et villages isolés sont ici les ingrédients d'une terre profondément imprégnée par la culture de la pêche, où les passionnés de sports de plein air trouveront leur bonheur, été comme hiver. Lorsque les nuits polaires enveloppent les Vesterålen, la région devient un lieu privilégié pour l'observation des aurores boréales. L'autre joyau des Vesterålen reste sans conteste les fameuses sorties en mer pour observer les baleines...

Se repérer

CARTE P. 262-263 (BC2).
Nordland. Les îles Vesterålen s'étirent du sud-ouest au nord-est le long de la côte norvégienne, à 200 km au nord du cercle polaire.
« Arriver/partir » p. 284.

À ne pas manquer

Nyksund, les plages et l'observation des baleines.

Avec les enfants

Le musée de l'Express côtier à Stokmarknes et Andøya Space.

Carnet pratique p. 284

Nos adresses p. 285

Circuit conseillé

CARTE P. 268

Circuit tracé en violet sur la carte. Compter 350 km si l'on arrive des Lofoten ou de Senja, ou 570 km si l'on inclut la route Ase - Bjervik.
Au départ de Bjerkvik, à 16 km au nord de Narvik par le pont, sur la route E 6. On prendra ensuite la direction de Sortland, la « capitale » des Vesterålen. Peu avant le pont de Sortland, à hauteur de Strand, prenez à droite la route 82 vers Andenes.
L'archipel compte deux îles principales : **Langøya** (à l'ouest) et **Andøya** (au nord), auxquelles s'ajoute l'île plus petite de **Hadseløya** (au sud), la partie orientale de **Hinnøya** ainsi qu'une myriade d'îlots. Jusqu'à Risøyhamn, la route longe le détroit de Risøy avant de le franchir sur un pont permettant de gagner l'île, en partie marécageuse, d'Andøya.

Dverberg

Aux abords de ce village, vous apercevrez une église octogonale de bois, construite en 1843 sur un promontoire.

Andenes

visitandoy.info/en et visitvesteralen.com.
Ce centre de pêche important se situe à l'extrémité nord d'**Andøya**. C'est également une base aérienne de l'Otan (ouverte en 1952) et le principal centre touristique

Ensemble de rorbuer, îles Vesterålen.
rusm/Getty Images Plus

norvégien consacré à l'**observation des baleines** *(Activités p. 286)*, héritage des 16e et 17e s., quand Andenes était le point de départ de la chasse aux cétacés. Les principaux centres d'intérêt sont regroupés autour du port, à proximité du grand **phare** construit en 1850 *(visite en été 11h-18h, 22h de mi-juin à mi-août ; reste de l'année : 12h-16h - 100 NOK, 150 NOK billet couplé avec Andøy Museum).*

Centre baleinier (Hvalsenter) – *76 11 56 00 - whalesafari.no - de fin mai à fin août. : 9h-16h (18h de mi-juin à mi-août) ; 1re quinz. de sept. 10h30-15h ; reste de l'année : lun.-vend. 9h-15h30 - 140 NOK.* Le centre propose une étude sur les baleines et leur inscription dans l'écosystème local grâce à des bornes multimédias. Il organise des safaris pour observer les baleines *(p. 286).*

Un nouveau centre consacré à l'étude et à la préservation des baleines doit ouvrir à l'horizon 2026 : **The Whale** *(thewhale.no)*. Ce bâtiment sera pourvu d'un toit évoquant le dos d'un cétacé sortant de l'eau. Il servira de point de vue pour l'observation des cétacés. Les baies vitrées seront, elles, striées comme des fanons.

Andøy Museum (Andøymuseet) – *Richard Withs gate 9 - museumnord.no/en/andenes-museum - 90 07 63 32 - 11h-18h, 22h de mi-juin à mi-août - 75 NOK, 150 NOK billet couplé avec le phare.* Évocation des activités locales (chasse, pêche) et des expéditions au Spitzberg du chasseur Hilmar Nøis.

Andøya Space (Spaceship Aurora) – *Bleiksveien 46 (sur la route de Bleik) - spaceship-aurora.andoyaspace.no - 76 14 46 50 - de mi-mai à mi-juin et de mi-août à mi-sept. : lun.-vend. 10h-15h30, w.-end 11h-16h ; de mi-juin à mi-août : 11h-18h ; reste de l'année : lun.-vend. 10h-15h30 - 245/400 NOK selon activités.* Exploration(s) et missions spatiales interactives, découverte des aurores boréales... Tel est le programme à la carte de ce centre d'étude consacré à l'espace.

Bleik et ★île de Bleik (BLEIKSØYA)

À 9 km au sud par la route de Nordmela.

Ce village de pêcheurs est blotti entre l'océan et des montagnes déchiquetées. Sa particularité ? Les maisons qui, ici, sont alignées le long de la rue au lieu d'être disséminées, comme ailleurs en Norvège : cela est dû au manque de terres arables. C'est le point de départ d'excursions en bateau pour l'île de Bleik (Bleiksøya), qui dresse sa silhouette au large de la côte, ainsi que pour l'observation des phoques, qui ne sont pas rares le long de la côte.

Entre mai et juin, des **excursions** *(1h30 - réserv. au port d'Andenes - ✆ 90 28 17 72 - puffinsafari.no - de mai à mi-août : départs tlj 11h et 13h - 15h et 16h30 également en sais., se rens. - 700 NOK)* sont organisées vers cette île, célèbre pour sa **falaise aux oiseaux** qui ressemble à un cône sombre surgissant de la mer ; 80 000 couples de macareux y nichent, et on peut observer, entre autres, des cormorans huppés, des petits pingouins et des aigles de mer qui s'y invitent fréquemment, notamment lorsque les éclosions leur assurent des festins. Les habitants de Bleik cultivent avec ferveur la tradition du ramassage des œufs qui a lieu tous les ans en mai.

De retour sur l'île d'Andøya, prenez, au sud de Bleik, la **route côtière★** en direction de Nordmela qui longe la mer et traverse des paysages impressionnants : parois verticales plongeant dans l'océan aux multiples îlots rocheux ensevelis sous des gerbes d'écume.

Le long du littoral, nombreuses possibilités de randonnées, à pied ou à vélo (aux beaux jours, bien entendu).

Le petit port de **Stave** est le point de départ pour l'observation des phoques. Plus au sud, la montagne cède la place un temps à un territoire de marais constituant la **réserve naturelle de Skogvoll** connue pour ses cygnes chanteurs et ses mûres arctiques (plaquebière) dont la couleur orange excite les papilles. Quelques petits ports se succèdent, comme **Nordmela** et **Nøss**.

Après Bø, prenez sur la gauche la route qui rejoint Risøyhamn en traversant l'île. Reprenez ensuite sur la droite la direction de Sortland.

Un pont aux lignes audacieuses lancé sur le Sortlandsundet permet de gagner l'**île de Langøya** la plus vaste, la plus belle et la plus variée de l'archipel. On s'y perdra dans des paysages sauvages et fantastiques le long de fjords aux dessins compliqués. Diverses espèces d'oiseaux marins (dont une fameuse espèce d'aigle) agrémentent les simples balades comme les randonnées de plusieurs heures.

Sortland

Rådhusgata 11 - ✆ 76 11 14 80 - visitvesteralen.com.

La petite cité moderne et colorée de Sortland, avec ses quelque 10 500 habitants, est la première agglomération des Vesterålen et son principal carrefour. La ville est très agréable, mais les touristes de passage ne s'y attardent souvent que pour les nombreux services qui y sont proposés.

Si vous reliez Sortland à Narvik (ou l'inverse) par la route 85 (177 km), faites un détour par Blokken (32 km au sud de Sortland) jusqu'à l'intéressant **Akvakultur i Vesterålen** *(- Gårdsøyveien 32 - akvakulturivesteralen.no - lun.-vend. 10h-16h - 150 NOK, réserv. en ligne)*, pour visiter une ferme d'élevage de saumons et de truites, filière essentielle de l'économie norvégienne *(visite guidée, 2h30)*. De l'éclosion des œufs à la commercialisation, tout le processus est expliqué en détail. À compléter par une sortie en bateau ou une dégustation...

Jennestad

En quittant Sortland, juste après le pont, prenez à droite la route 820.
Juste au nord de Sortland, le vieux poste commercial de Jennestad n'a pratiquement pas changé depuis le début du 20e s., époque à laquelle il était le magasin général et le lieu de rendez-vous des habitants des alentours. Des visites sont organisées en été *(museumnord.no/en/our-venues/jennestad-trading-post - de fin juin à mi-août : tlj sf lun. 11h-17h - 80 NOK).*
Aux abords de Froskeland, prenez à droite la route 821 en direction de Myre puis, à l'entrée de cette localité, tournez à droite puis à gauche.

★ Nyksund

On y parvient par une petite route spectaculaire. Autrefois l'un des ports principaux de l'archipel, Nyksund fut abandonné dans les années 1970, ses habitants ayant migré pour la plupart à Myre. Livré aux tempêtes, Nyksund est devenu un village fantôme. Pourtant, dans les années 1990, un Allemand tombe amoureux du site et entreprend de le sauver avec l'aide de l'Union européenne. Aujourd'hui, le village a repris vie et ses bâtiments sont restaurés un à un par des jeunes gens en provenance de différents pays du continent. On peut y passer la nuit, visiter son petit musée et participer à diverses activités *(nyksund.com).*
À la pointe nord de Langøya, le village isolé de **Stø** est un site privilégié (et bien moins fréquenté qu'Andenes) pour l'observation des baleines *(p. 286).*
Un superbe **sentier littoral,** balisé sous le nom de **Dronningruta** *(p. 286)*, relie Nyksund à Stø.
Revenez à Sortland et prenez la direction de Stokmarknes et Melbu.

Stokmarknes

En bordure du détroit, accessible par un autre pont élancé, cette ancienne place commerciale est la ville « natale » de l'Express côtier, mis en service en 1893.
★ **Musée de l'Express côtier (Hurtigrutemuseet)** – *Richard With space (près de l'embarcadère) - 76 15 40 00 - museumnord.no/en/hurtigruten-museum* - *de fin mai à fin août : 10h-17h ; reste de l'année : lun.-vend. 11h-15h30, w.-end 11h-17h - 180/196 NOK, selon la sais.* Aménagé dans la Maison de l'Express côtier (**Hurtigrutens Hus**), qui comprend également un hôtel, le musée retrace l'histoire de ce service maritime. Vous y verrez la reconstitution de différents services à bord (cabine du postier, poste de pilotage, poste radio, cuisine, cabines) agrémentée de bruitages d'ambiance. Photos de tous les bateaux de la ligne au fil des années, maquettes et documents divers précèdent la visite à bord du *M/S Finnmarken*, navire de 1956 aujourd'hui en cale sèche.
Le trajet avec Hurtigruten *(p. 158)* entre Stokmarknes et Svolvær *(en fin d'après-midi dans le sens nord-sud - 3h)* est l'un des plus spectaculaires du trajet de l'Express côtier. Il suit l'étroit Rafsundet entre les îles Austvågøya et Hinnøya, *via* le superbe **Trollfjord** *(p. 265).*

Église d'Hadsel (HADSEL KIRKE)

Sur la droite de la route menant à Melbu (direction Svolvær).
Sur une butte dominant le fjord d'Hadsel, cette église octogonale rouge (1824) est au cœur d'un site peuplé depuis des temps immémoriaux, et a succédé à des sanctuaires médiévaux aujourd'hui disparus. Le retable sculpté polychrome de 1520 et le lustre du 12e s. qu'elle contient ne peuvent être vus que dans les rares cas où vous la trouverez ouverte. Malgré cela, ce site, auquel la présence d'un

cimetière confère une certaine sérénité, mérite d'être exploré ne serait-ce que pour la **vue** sur la barrière rocheuse des Lofotveggen qui, au-delà du fjord, baignée dans un halo de brume, prend une allure fantasmagorique.

Melbu

Plus sensible en été lors du festival, l'animation de cette cité se concentre sur le port. En retrait, Frederiksens Allé, bordée d'agréables maisons de bois entourées de jardins, conduit au musée local aménagé dans plusieurs bâtiments.
Musée des Vesterålen (Vesterålsmuseet) – *Maren Frederiksens allé 1 - ✆ 76 15 40 00 - museumnord.no - de fin juin à mi-août : mar.-dim. 11h-16h ; reste de l'année : sur RV - fermé Pâques et 25 déc. - 80 NOK.* Siège du Nordmuseet, qui fédère une douzaine de musées à Narvik et dans l'archipel, il comprend un musée ethnographique restituant de façon émouvante la vie quotidienne d'autrefois : salle de classe, magasin général, vie des pêcheurs, fabriques, ateliers d'artisans... Vous pourrez aussi visiter *(en face)* le manoir des industriels locaux, la famille Frederiksen. Une pièce y est meublée dans le style Art nouveau et une autre décorée de fresques du peintre local Gunnar Berg (1863-1893), dont on peut également voir des peintures au musée de Svolvær. Vous y découvrirez aussi des motifs décoratifs réalisés par Henning Welford (1852-1921). L'étage est consacré à des expositions temporaires, notamment de photographie.
*Un service de ferrys opérant entre Melbu et Fiskebøl (**« En ferry » ci-dessous**) relie les Vesterålen aux Lofoten.*

Carnet pratique

S'informer

Îles Vesterålen : *visitvesteralen.com (en anglais).* Le bureau de Sortland est ouvert toute l'année. Le guide des Vesterålen se télécharge gratuitement.

Arriver/partir

En avion

Les vols de la compagnie Widerøe *(wideroe.no)* relient les aéroports locaux d'Andenes et de Stokmarnes à Bodø, Tromsø et Harstad/Narvik (Andenes seulement). L'aéroport Harstad-Narvik (*p. 304*), à 120 km de Sortland, est également un point d'accès. Consultez *avinor.no* et *reisnordland.no* pour les navettes d'aéroport.
Si vous arrivez en avion, vous pourrez louer une voiture à l'aéroport.

En bus

Liaison régulière Sortland-Bodø *(en 6h)*, Sortland-Harstad (3h30), ainsi que Tromsø *(7h)* et Svolvær *(2h30)*.

En ferry

Un ferry relie les Vesterålen (Melbu) aux Lofoten (Fiskebøl) *(torghatten-nord.no - durée 40mn - passager 54 NOK, voiture 145 NOK)*. D'Andenes, au nord, on peut également gagner Gryllefjord, sur l'île de Senja *(2/j. en été seult - durée 1h40)* et continuer par la route vers Tromsø.
Express côtier (Hurtigruten et Havila) – Ils font escale dans les deux sens aux Vesterålen (Stokmarknes, Sortland et Risøyhamn).

Se déplacer

Informations sur les transports *reisnordland.no.*

En voiture

Les îles principales de Langøya, Andøya et Hadseløya ainsi que la partie orientale de Hinnøya sont reliées par des ponts, parfois dotés de feux rouges permettant une circulation alternée. Location de voitures avec Avis ou Hertz dans les aéroports.

En bus

reisnordland.no. Le *Lofoten Ekspressen* relie Sortland (Vesterålen), Svolvær et Leknes (Lofoten). Compter 8h pour la totalité du trajet. Autres trajets pratiques : entre Sortland Stokmarknes et Melbu *(1h)*, Sortland et Harstad *(2h30)*, Sortland et Andenes *(2h)*. Bus de Sortland à Myre également.

Agenda

Nordlystfestivalen d'Andenes – Fin janv.-déb. fév. Concerts classiques, jazz et rock, conférences scientifiques, expositions de peinture et concours gastronomiques. *nordlysfestivalen.no.*

ASKR Kayak – Fin juil., dans les Vesterålen. Courses internationales de kayak de mer. *askr.no.*

Les Estivales de Melbu – Concerts, expositions, séminaires et démonstrations gastronomiques. *sommermelbu.no.*

Sortland Jazz – En juil. à Sortland. *sortlandjazzfestival.no*

Nos adresses

Restauration

À Buknesfjord

Budget moyen

Andøy Friluftssenter – *Sur la rte 82 - au sud de Risøyhamn - ☎ 41553756 - andoy-friluftssenter.no - fermé de fin janv. à mi-mars, deb.-mi oct., de fin déc. à mi-janv. et lun. juil.-fin août; reste de l'année : se rens. - plats env. 350 NOK - réserv. recommandée.* « Un repas arctique dans un environnement arctique » : telle est la devise de la maison. Menus traditionnels à base de produits du terroir : saumons du fjord en contrebas, baies polaires cueillies dans la montagne, etc.

À Andenes

Premier prix

Restaurant Lysthuset – *Storgata 51 - ☎ 76141499 - tlj, service continu - plats 200/365 NOK.* Une taverne fréquentée par une clientèle locale qui prépare une cuisine du pays : soupe de poissons, truite arctique *(ishavsrøye)*, ou encore morue séchée *(boknafisk)*.

À Nyksund

Premier prix

Ekspedisjonen Vertsbrygge – *quai nord - ☎ 48118068 - tlj, service continu en haute sais., reste de l'année : ouv. de vend. soir à dim. midi - plats 230/330 NOK.* Une élégante salle tout en boiseries et une agréable terrasse sur les quais. La cuisine, soignée, est sans surprise, orientée vers le large. Poisson du jour, flétan, *bacalao* ou *boknafisk*...

À Stokmarknes

Premier prix

Pub Rødbrygga – *Markedsgata 6A - en face de l'Hurtigrutens Hus - ☎ 76152666 - rødbrygga.no- fermé dim. midi - plats 199/309 NOK.* Intérieur en bois au décor marin.

Terrasse extérieure au bord de l'eau. Une adresse chaleureuse où se restaurer de pâtes, grillades et soupe de poisson.

À Kvitnes

Une folie

Kvitnes Gård – *Møysalveien 2659, Kvitnes (à 45 km de Sortland par la 85 puis la 822) - kvitnes.com - sur réserv.* Le retour aux sources du chef multi-étoilé H. Ellingsen (une superbe ferme au fond d'un fjord isolé)! Inventivité, traditions, techniques modernes et produits locaux... pour une expérience norvégienne unique et totale (gastronomie, paysages, accueil, chambre d'hôte).

Petite pause

À Sortland

Miscela Kaffebar – *Strandgata 26- ☎ 48 07 24 67 - 8h-19h, sam. 10h-16h - fermé dim.* Un déjeuner rapide ou une pause rafraîchissement? Cette adresse proche du port propose salades, pâtisseries, jus de fruits, smoothies et expressos.

Activités

☺ Consultez *visitvesteralen.com* pour découvrir les innombrables possibilités d'activités en plein air.

Randonnées

La « reine des randonnées » aux Vesterålen est la **Dronningruta** (route de la reine), qui va de Stø à Nyksund sans jamais s'éloigner de la côte. Longue de 15 km, elle se divise en une section haute *(10 km avec quelques courtes pentes raides et de beaux panoramas)* et une section basse *(5 km entre plages, criques et marais)*. Elle est bien balisée et sans difficulté *(comptez 5h à 7h selon votre rythme)*. La plupart des agences *outdoor* organisent l'excursion.

☞ *nordnorge.com/en/experiences-and-activities* et *visitvesteralen. com/en/hikers-paradise/ dronningruta*.

👥 Observation des cétacés

Whale2Sea Andenes – *Hamnegata 9, Andenes - ☎ 91 67 49 60 - whale2sea.no - à partir de 1550 NOK.* Propose toute l'année des sorties en mer à la rencontre des cétacés, des sorties ornithologiques, mais aussi des séances de photographie des aurores boréales.

Arctic Whales Tours – *Fiskeværsveien 17 - Stø - ☎ 47 38 46 21 - arcticwhaletours. com - juin-août - dép. à 10h si le temps le permet - compter 6 à 8h - à partir de 1550 NOK.* Sortie en face de Bleik pour voir orques ou cachalots (s'ils ne sont pas au rendez-vous, on vous proposera une autre sortie gratuite) et détour par une île-sanctuaire au retour (phoques, aigles, macareux, petits pingouins...).

Hébergement

À Sortland

Budget moyen

Scandic Sortland – *Havnegata 3 - ☎ 76 11 06 02 - scandichotels. com/sortland - 128 ch. à partir de 1400 NOK 🛏 - ✗.* Inauguré en 2021, cet hôtel de chaîne moderne, posé au bord de l'eau, offre un confort moderne sans mauvaise surprise. Belles vues.

À Buknesfjord

Pour se faire plaisir

Andøy Friluftssenter – *sur la rte 82, au sud de Risøyhamn - ☎ 41 55 37 56 - andoy-friluftssenter. no - 6 chalets 1695 NOK - 🛏 165 NOK - ✗.* Quelques chalets au toit herbu posés sur un petit plateau dominant le fjord : vue imprenable sur le soleil de minuit ! Chaque chalet est équipé et peut accueillir entre 2 et 8 pers. Nombre d'activités proposées raviront les amateurs de nature : randonnées, pêche, safaris aux élans...

À Andenes

Pour se faire plaisir

Andrikken Hotell – *Storgata 53 - ✆ 76 14 90 90 - thonhotels.com -* ♿ *- 44 ch.* à partir de *1744 NOK* ☕ Dans la rue principale de la ville, un hôtel moderne et de bon confort bien que sans personnalité. Propose aussi des cabines à Bleik.

À Nyksund

Premier prix

Holmvik Brygge – *quai sud - ✆ 95 86 38 66 - www.nyksund.com - 10 ch. 3 app. - à partir de 1200 NOK* ☕ *-* ✕. Vu le dédale de couloirs et d'escaliers, l'édifice n'a clairement pas été conçu pour être un hôtel, mais c'est là tout son charme. Cette ancienne maison de pêcheurs, encore remplie d'objets anciens, jouit d'une vue très agréable sur le village et le chenal. Restaurant avec terrasse. Le confort est correct, tout comme les prix. Les chambres ont une salle de bain partagée, certaines ont des toilettes.

Observation des cétacés dans les îles Lofoten.
buchpetzer/Shutterstock

Tromsø ★★

Le cadre dans lequel se loge la capitale du nord de la Norvège est unique et on lui doit l'attrait que la cité arctique exerce sur ses visiteurs, chaque année plus nombreux. L'île de Tromsøya s'inscrit dans un cirque de montagnes bleutées aux cimes enneigées qui reflètent l'étrange lumière arctique inondant d'un scintillement d'argent les eaux calmes du détroit et enveloppant ce paysage sublime d'un voile quasi irréel. L'autre atout de Tromsø réside dans son animation. De l'automne au printemps, la ville appartient aux étudiants qui dynamisent ses rues, ses cafés et ses clubs dont les néons rivaliseraient presque avec les aurores boréales.

Se repérer

CARTE P. 262-263 (C1) – PLAN P. 289.

78 745 habitants – Troms.

Tromsø est située sur Tromsøya, petite île de 10 km de long, au milieu d'un large chenal, entre la côte à l'est et l'île de Kvaløya aux contours dentelés qui reçoit de plein fouet les tempêtes venant de l'ouest. Côté est, le pont Tromsøbrua et un tunnel sous-marin passant sous le fjord relient la ville au continent. Côté ouest, un pont relie la ville à Kvaløysletta.

À ne pas manquer

Le Musée polaire et la cathédrale Arctique ; une virée à Senja.

Avec les enfants

Le Musée polaire, Polaria, le musée des Trolls, le musée de plein air de Folkeparken.

Carnet pratique p. 296

Nos adresses p. 297

La ville polaire

PLAN CI-CONTRE

Circuit tracé en vert sur le plan.

Pour commencer votre découverte de Tromsø, descendez en bordure du détroit : là, l'Express côtier fait escale chaque après-midi, et vous pourrez admirer le **panorama**★ dessiné par le **Tromsøbrua**, pont audacieux qui s'élève très haut au-dessus des eaux bleu pâle, tandis qu'en toile de fond le **Storsteinen** enneigé barre l'horizon. Au débouché du pont, sur la rive de Tromsdalen, la **cathédrale Arctique**★★ dresse sa silhouette triangulaire depuis 1965. Vous parcourrez alors les quais du port que bordent des entrepôts de bois aux murs peints de rouge sombre, caractéristiques de la région.

Prenez Havnegata, puis à droite Søndre Tollbugata.

★★ Musée polaire (POLARMUSEET) A2

Søndre Tollbugata 11 - ✆ 77 62 33 60 - en.uit.no/tmu/polarmuseet (en anglais) - juin à mi-août : 9h-17h ; reste de l'année : 11h-17h - 110 NOK, billet combiné avec le Musée universitaire 165 NOK.

Dans un ancien entrepôt des douanes (1833), ce musée retrace l'histoire des expéditions de trappeurs et d'explorateurs dans les régions arctiques. Vous y verrez notamment la reconstitution d'une hutte de trappeur avec une ambiance sonore (blizzard et chiens de traîneau) très évocatrice. La chasse à la baleine au

TROMSØ
0 200 m
BREIVIKA
FINNSNES
FAGERNES
KVALØYA
SKJERVØY
UTSIKTSPUNKT
A
B
1
2
3
N
Breiviktunnelen
Anton Iversens veg
Dramsvegen
Søren Zakariassens gate
Stakkevollvegen
Conrad Holmboes veg
Langnestunellen
Hansjordnestunnelen
Hansjordnesbukta
Haakon VII's gate
Idrettsvegen
Sommerfeldts gate
Rektor Steens gate
Skippergata
Sentrumstangenten
Fogd Drejers gate
Storgata
Petersborggata
Tromsøbrua
Folkets Hus
Echrollgården
Vår Frues Kirke
Polarmuseet
Stortorget
Havnegata
Tromsø bibliotek
Sjøgata
Fredrik Langes gate
Skolegata
Vestregata
Domkirke
Nordnorsk Kunstmuseum
Troll Museum
Kirkegata
Parkgata
Grønnegata
Strandgata
Kaigata
Prostnese
Peder Hansens gate
Brasserie Mack
Tromsø Kunstforening
MS Polstjerna
Polaria
TROMSESUNDET
Tromsøysundvegen
Ishavskatedralen
TROMSDALEN
Bruvegen
Carl Bertheussens veg
Nordlysvegen
Anton Jakobsens veg
Sollivegen
0 1 km
Kvaløya
HAMNA
KVALØYSLETTA
Sandnessundbrua
SKATTØRA
Botanisk hage
TROMSØYA
BREIVIKA
Tromsøysund-tunnelen
TROMSØ
TROMSDALEN
Folkeparken
Tromsø Museum
Storsteinen
SE RESTAURER
Bardus Bistro 1
Casa Inferno 2
Emmas Drømmekjøkken 3
Dragøy 4
Arctandria SjømatRestaurant 6
SE LOGER
Camping Tromsø 4
Scandic Ishavshotel 7
Comfort Xpress 8
Smarthotel 10
Viking Hotell 14

17e s., aux animaux à fourrure au 18e s., aux phoques de 1700 à nos jours... Pièges, skis, objets nécessaires à la survie et modèles de navires font revivre cette épopée. Une salle entière est consacrée à **Roald Amundsen** et à ses expéditions polaires.
Revenez sur vos pas et, par Skippergata sur la gauche, gagnez la rue principale.

Storgata A2-3

En 1969, un incendie détruisit un certain nombre de maisons traditionnelles en bois du centre-ville. Il en est resté assez, cependant, pour que soit préservé en partie le cachet que la ville revêtait au 19e s.
Storgata est la principale artère commerçante de la ville (partiellement piétonne), et la première partie de la rue a conservé de belles maisons de bois comme **Folkets Hus★** (1838), au n° 95, qui, derrière ses portes encadrées de colonnes cannelées, abrite le Perspektivet Museum (musée de la Ville, *voir ci-dessous*), ou, en face, au n° 110, **Echrollgården** (1829).
Musée de la Ville (Perspektivet Museum) – *Au n° 95, dans Folkets Hus - ☏ 77 60 19 10 - perspektivet.no/en - tlj sf lun. 10h-16h (w.-end 11h-17h) - 80 NOK.* Le musée évoque la vie quotidienne de jadis et le souvenir de figures locales comme **Cora Sandel** (1880-1974) qui, partie à Paris pour y devenir peintre, en revint écrivain. Elle connut le succès avec son roman *Alberte et Jacob*, paru en 1926. D'intéressantes expositions photos y sont également organisées.
Place du Marché (Stortorget) – Ouverte sur le port, cette place, où trône un marin prêt à harponner quelque cétacé, présente des bâtiments intéressants du côté de Storgata. L'évêché (**Bispegård**, *au coin*) occupe une demeure de bois construite en 1832 et où Jean-Paul II passa la nuit lors de sa visite, en juin 1989. Dans le prolongement, **l'église Notre-Dame (Vår Frues Kirke)**, en bois, est la paroisse des catholiques du lieu. L'ancienne mairie (**Rådstua**), de 1869, trône au fond de la place, tandis qu'en face de l'église se dresse l'actuelle mairie dans un immeuble de verre et de métal fort réussi. Deux théâtres et un ancien kiosque à musique complètent l'ensemble. Sans oublier un beau sauna moderne dont l'architecture évoque un séchoir à poissons *(Sauna Pust : pust.io)*. Le port (dans lequel vous plongerez ?) a connu dernièrement d'importants réaménagements avec la construction du **Prostneset**, qui abrite le terminal des bus, un débarcadère et divers restaurants.
Reprenez Sorgata, toujours piétonne jusqu'à Frerik Lanes Gate.
Faites un petit détour (sur la droite) vers Grønnegata où, au n° 94, se dresse la superbe **bibliothèque municipale** (2006). Elle est l'œuvre, comme la mairie, du cabinet d'architectes HRTB d'Oslo. Le bâtiment originel est l'ancien cinéma Fokus, dont le toit ondulant en quatre arches (à la façon du CNIT de la Défense à Paris), conservé lors de la création du nouvel édifice, coiffe désormais de vastes baies vitrées. De la bibliothèque, on jouit de la plus belle vue sur la ville.
Revenez à Sorgata, sur la gauche, au centre d'une vaste place, après l'immeuble massif de la Spare Bank, se dresse la cathédrale.
Cathédrale (Domkirke) – *Storgata 85 - ☏ 77 60 50 90 - mar. et vend. 12h-16h - obole bienvenu - dim. messe à 11h (horaires sujets à des modifications).* Construit en 1861 par Christian Heinrich Grosch, architecte entre autres de l'université d'Oslo, ce sanctuaire néogothique surmonté d'une flèche élancée, et peint en gris et jaune, est l'une des plus grandes églises (et l'unique cathédrale) de bois de Norvège. Des concerts y sont régulièrement donnés (*rens. sur place*).
Descendez vers le détroit par Kirkegata.

La cathédrale arctique de Jan Inge Hovig.
vichie81/Getty Images Plus

★ Musée des Beaux-Arts de la Norvège du Nord

(NORDNORSK KUNSTMUSEUM) A2

Sjøgata 1 - ✆ 77 64 70 20 - nnkm.no/en - 10h-17h (jeu. 20h) - 80 NOK.
Occupant l'ancien bureau de poste, ce musée présente, de façon thématique, l'art norvégien depuis le 19e s. : paysages, histoires et peuples du Nord, à travers des œuvres d'Adolph Tidemand (1814-1876), Harriet Backer (1845-1932), de Christian Krohg (1852-1925), ainsi que d'Otto Sinding et de Peder Balke. Le 20e s. est représenté par **Edvard Munch**, **Anna-Eva Bergman** (1909-1987), avec qui l'on aborde l'abstraction, et Jan Groth. Des artistes contemporains, comme **Olav Christopher Jenssen,** Britta Marakatt-Labba et Synnøve Persen, sont également représentés. Parallèlement, le musée organise de passionnantes expositions.

Avec ou sans enfant, faites un détour par le **musée des Trolls** (*Troll Museum - Kaigata 3 - trollmuseum.no - 9h-19h - 180 NOK)* : il propose un panorama très complet de ces personnages du folklore local. Qui sont-ils ? Quelle est leur place dans l'imaginaire norvégien ? Quels lieux les abritent ?

Revenez à Sorgata et poursuivez au-delà de Peder Handsensgate.

Brasserie Mack (MACKS ØLBRYGGERI) A3

Muségata 1 - ✆ 77 62 45 00 ou 80 08 04 40 - mack.no/en - visite guidée 1h env. lun.-vend. à 15h30 et sam. 14h30 - 240 NOK/pers., mini 2 pers., dégustation incluse.
Tromsø s'enorgueillit d'abriter depuis 1877 la brasserie la plus septentrionale du monde. Bien que la production soit délocalisée depuis 2012 à Nordkjosbotn, il demeure sur le site une intéressante micro-brasserie. La visite permet de découvrir le savoir-faire maison et l'évolution de sa communication. On peut également se contenter de déguster les diverses bières de la marque au pub attenant, **Ølhallen**, ouvert en 1928 (p. 298).

La capitale du Nord norvégien

Une cité moderne

Centre ecclésiastique dès 1252, la ville dépendit de Bergen sur le plan économique durant tout le Moyen Âge. Ce n'est qu'après avoir obtenu sa charte, en 1794, qu'elle se développa. Au début du 19e s., le commerce avec la Russie et les profits générés par la chasse dans les régions arctiques donnèrent finalement à Tromsø son indépendance économique. Au milieu du 19e s. s'instaura une période de prospérité et, grâce au commerce maritime, la ville s'ouvrit aux influences étrangères et se vit décerner le titre honorifique de « **Paris du Nord** ». Tromsø devint alors un évêché, un centre administratif et pédagogique et le point de départ d'expéditions de chasse dans les régions arctiques qui lui valent le titre de capitale mondiale de la chasse à la baleine.
Le pont de Tromsø reliant la ville à la côte fut mis en service en 1960 et, en 1972, l'**université** la plus septentrionale du monde fut inaugurée par le roi Olav V. Certaines des recherches qui y sont menées concernent l'étude de l'atmosphère des régions arctiques.
L'économie de Tromsø reste basée sur la pêche, mais l'aquaculture et la haute technologie se sont développées et la cité est devenue l'une des trois principales villes de congrès du pays. Le **tourisme** y est par ailleurs en plein essor. Toute l'année, des avions acheminent directement d'Allemagne, des Pays-Bas et de Scandinavie des visiteurs attirés par celle qui se « vend » comme la Cité de l'Arctique. Les arguments ne manquent pas : nature formidable, animation permanente, aurores boréales, cuisine arctique ou encore la brasserie (Mack) et le club de football (le Tromsø Idrettslag ou TIL) les plus septentrionaux du monde ou presque.

Tromsø, nuit et jour

À cause de sa position à 70° de latitude nord, Tromsø jouit du **soleil de minuit** l'été mais, l'hiver, elle est plongée dans une nuit profonde qu'éclairent de temps en temps les aurores boréales. Il n'est donc pas surprenant que le 21 janvier, qui marque le retour du soleil sur l'horizon, soit ici un jour de fête ! L'hiver dure de novembre à mai et l'effet refroidissant de la neige empêche l'atmosphère de se réchauffer vraiment avant juillet. L'été dure deux mois, et le soleil de minuit réchauffe si vite la terre que les « nuits tropicales » (selon l'expression locale) durant lesquelles la température ne tombe jamais au-dessous de 20 °C ne sont pas rares. En juin 2022, des records de chaleur ont été battus avec des températures supérieures ou égales à 30 °C durant plusieurs jours. Ce phénomène inquiétant (et amené à se répéter) traduit ici, plus rapidement et plus radicalement que nulle part ailleurs, le réchauffement climatique en cours.

Collection d'art de Tromsø (TROMSØ KUNSTFORENING) A3

Muségata 2 - ✆ 46 62 35 86 - tromsokunstforening.no (en anglais) - fermé pour rénovation au moment de notre visite. Plus loin sur la droite, un élégant hôtel néoclassique accueille les expositions temporaires d'art contemporain de cette institution fondée en 1877.

Polaria A3

En bordure du détroit. Halmar Johansensgate 12 - ✆ 77 75 01 00 - polaria.no (en anglais) - juin-août : 10h-17h ; reste de l'année : 10h-16h - repas des phoques à 10h30, 12h30 et 15h30 - 295 NOK.

Ce bâtiment, futuriste, est composé de blocs qui semblent chuter tels des dominos. Vous découvrirez dans les aquariums des poissons des régions arctiques ainsi que des phoques communs ou barbus. Un nouvel espace pour les phoques, plus grand et ouvert sur l'extérieur, devrait être inauguré en 2025. Dans une salle de cinéma avec écran panoramique, vous assisterez à des projections dédiées au Svalbard, aux aurores boréales ou encore aux coulisses de l'aquarium.

Ne manquez pas, juste à côté de Polaria, le navire **MS Polstjerna** : *L'Étoile polaire* est un bateau de chasse au phoque qui est désormais définitivement à quai, de façon très symbolique, puisque la chasse aux phoques a quasiment disparu en Norvège, en dépit des subventions du gouvernement, sous la pression internationale. Tromsø en était la capitale. Sous le bateau, une exposition présente les apports de la culture inuite à la civilisation occidentale *(✆ 77 62 33 60 - de juin à mi-août - 60 NOK).*

À l'écart du centre-ville

PLAN P. 289

★ Musée universitaire de Tromsø

(NORGES ARKTISKE UNIVERSITETSMUSEUM/TROMSØ MUSEUM) B1

À l'extrémité sud de Tromsøya (bus n° 28). Lars Thøring Veg 10 - ✆ 77 64 50 01 - en.uit.no/tmu - de mi-juin à mi-août : lun.-vend. 10h-18h, w.-end 11h-17h ; reste de l'année : lun.-vend. 10h-16h30, w.-end 11h-16h - 110 NOK, billet combiné avec le Musée polaire 165 NOK.

Ce musée est divisé en différentes sections : sciences naturelles, archéologie, musique, art religieux, mode de vie au Moyen Âge... Les collections zoologiques sont remarquables et les deux expositions sames, très éclairantes, permettent de replacer cette culture dans le monde contemporain. En été *(tlj 12-16h)*, un guide same accueille les visiteurs dans une hutte à l'extérieur pour partager le thé.

On rejoint aisément à pied le **musée de plein air de Folkeparken** *(expositions et animations pour enf., dim. de fin juin à fin août, 12h-16h, audioguide, café)*, un ensemble de 13 maisons traditionnelles dressées dans une zone de loisirs le long de Kvaløyvegen, la route qui longe le rivage.

Jardin botanique alpin et arctique (BOTANISK HAGE) B1

Au nord de Tromsøya près de l'université à 4 km du centre-ville. Breivika - en.uit.no/tmu - ouvert 24h/24 - entrée libre - café : de déb. juin à fin août tlj 11h30-15h30.

Une promenade dans le jardin botanique le plus septentrional du monde permet d'admirer la flore des milieux alpins et arctiques et d'en comprendre leur utilisation par les populations. La visite est recommandée entre mai et octobre.

Tromsdalen B2

Accès : bus 20, 24, 26, 28.

Il s'agit du quartier « continental », à l'est du centre-ville, auquel on accède par le pont Tromsøbrua.

★★ **Cathédrale Arctique (Ishavskatedralen)** – *Hans Nilsens vei, 41 - ✆ 41008470 - ishavskatedralen.no/en - été : tlj : 9h-18h, dim. 13h-18h, reste de l'année : se rens. - 80 NOK, concerts d'orgue le soir - se rens.* Ce chef-d'œuvre de Jan Inge Hovig unit le verre et le béton pour former un ensemble géométrique qui utilise la lumière arctique afin de créer un effet d'iceberg. Son arête tranchante vers le ciel se détache sur la silhouette du mont Tromsdalstind (1238 m). Sa façade triangulaire est faite de panneaux de verre neutre ; à l'autre extrémité, un immense vitrail projette une lumière chaude. L'appellation « cathédrale » est en réalité usurpée car il s'agit d'une simple église paroissiale.

Le « Gros Rocher » (Storsteinen) – *Solliveien 12 - ✆ 92617837 - fjellheisen.no (en anglais) - juin-juil. : 10h-1h ; août-mai : 10h-22h ; départs ttes les 30mn - AR 415 NOK.* Le trajet en **téléphérique★**, qui ne dure que quelques minutes, vaut le déplacement, surtout les soirs d'été. La cabine grimpe jusqu'au sommet du Storsteinen, à 420 m d'altitude, offrant de superbes **vues★★★** sur Tromsø, le détroit, les ponts et les montagnes enneigées de Kvaløya.

Musée de l'Armée (Forsvarsmuseum) – *4,5 km plus au sud, sur la rive (bus 28). Solstrandiein - ✆ 95843304 - tromsoforsvarsmuseum.no (en anglais) - juin-août : w.-end 12h-16h ; mai et sept. : dim. 12h-16h - 80 NOK.* Évocation de la guerre autour du cuirassé allemand *Tirpitz*, coulé dans le détroit en novembre 1944.

À proximité

CARTE P. 262-263

★ Île de Kvaløya C1

Au-delà de l'aéroport, un pont permet de traverser le détroit reliant Tromsøya à Kvaløya, une île montagneuse, paradis des amateurs de randonnées en pentes raides ! Vous empruntez alors la route 862. Quelques kilomètres après **Eidkjosen**, prenez à droite jusqu'à **Ersfjordbotn★**, un fjord étroit et superbe entre deux massifs montagneux glissant dans la mer. Le lieu est connu pour être un spot d'observation des aurores boréales et un point de départ pour les sorties en mer d'observation de baleines. De retour sur la route 862, en direction de l'ouest, vous longerez de superbes paysages conjuguant mer et montagne et parsemés de cabanes de pêcheurs sur pilotis. Au bout de Kvaløya, un pont conduit à **Sommarøy★** : un hameau du bout du monde entouré d'îlots rocheux, avec un hôtel et des plages de sable fin très courues des habitants de Tromsø.

Excursion

CARTE P. 262-263

★ Île de Senja C1-2

ⓘ ✆ 93022333 - visitsenja.no/en.

Surnommée la « Norvège miniature » en raison de ses paysages spectaculaires, la deuxième île de Norvège par la taille (1569 km²) bénéficie d'un récent engouement. Sur la côte ouest, très découpée, la **route nationale touristique de Senja★** *(102 km - nasjonaleturistveger.no/en/routes/senja)* permet de découvrir quelques-uns des plus beaux paysages de l'île, entre Botnhamn et Gryllefjord.

Les petits villages de pêcheurs qui s'égrènent le long de la côte témoignent d'eaux très poissonneuses.
C'est à **Botnhamn** que débarque le ferry en provenance de Kvaløya. Posté sur un îlot au milieu d'un fjord, l'étonnant petit village d'**Husøy**, la « perle » de Senja, n'était accessible que par bateau jusqu'à la construction récente d'une digue. La route 862 longe ensuite le splendide **Mefjord**★, enserré entre d'impressionnantes parois rocheuses sombres. Puis, à **Ersfjord**, une aire de pique-nique en bois, **Tungeneset**, réserve un point de vue tout aussi spectaculaire sur les montagnes. Passé le tunnel qui débouche sur le fjord suivant, la route Fv. 251, à droite, conduit à un petit hameau dominé par la silhouette de guingois d'une ancienne usine de transformation de morue : **Kråkeslottet,** une imposante bâtisse, posée au bout d'une digue faisant face à une plage de sable fin.
De retour sur la route 862, la chaussée prend de la hauteur en gagnant le fond du fjord, jusqu'au point de vue panoramique en bois très stylisé de **Bergsbotn**★. Une pause s'impose !
Le complexe hôtelier d'**Hamn I Senja** *(Nos adresses p. 300)*, aménagé dans une crique rocheuse, est un excellent camp de base pour partir à la découverte de l'île. C'est à **Gryllefjord** que l'on prend le ferry pour Andenes, sur l'île d'Andøya, dans les îles Vesterålen *(p. 280)*.
Paradis des randonneurs et des amateurs de trek, l'intérieur de Senja abrite le vaste **parc national d'Ånderdalen** *(norgesnasjonalparker.no/en/nationalparks/anderdalen)*. Il est traversé par la route 86 qui court sur un plateau quasi inhabité, ponctué de lacs qui restent gelés une bonne partie de l'année. Plusieurs villages de la côte sud-ouest proposent des hébergements, comme **Flakkstadvåg** ou **Kaldfarnes** *(senjahavfiske.no)*, très prisés des pêcheurs. Les paysages sont splendides et la tranquillité est garantie !
La principale bourgade de Senja, **Silsand**, sur la côte est, est reliée par un pont avec Finnsnes, sur le continent.

Autour du Balsfjord

CARTE P. 262-263

Circuit tracé en vert sur la carte.
Quitter Tromsø vers le sud par la route E 8 et la suivre jusqu'à Nordkjosbotn (70 km) où l'on prend à gauche la route E 6 jusqu'au croisement avec la route 858, que l'on prend à droite. Après Storsteinnes, suivre la route 859 jusqu'à l'église de Balsfjorden qui domine le fjord (10,5 km). Du parking, un chemin indiquant « Helleristninger » conduit au site (150 m). De Tromsø, une autre option consiste à passer par Kvaløysletta, puis à Larseng de poursuivre via la route 858 qui emprunte un tunnel et longe ensuite le Balsfjorden par la rive ouest jusqu'à Malangseidet. Continuez sur la route 858 jusqu'à Tennes.

Les gravures rupestres (HELLERISTNINGER) de Storsteinnes à Tennes C2

Non loin de l'église de Tennes, un sentier aménagé mène au site (gratuit, ouvert 24h/24). Les **gravures rupestres** du néolithique représentent des animaux. Réalisées par des chasseurs-pêcheurs il y a 4000 à 7000 ans, elles sont visibles sur des rochers envahis par la mousse et disséminées sur un terrain vallonné et boisé.
Regagnez la route E 6 après Storsteinnes et suivez-la (à droite) sur 16 km. Prenez à gauche la route 857 vers Skoljd (à 20 km) puis à droite la route 87 pendant 32 km. Tournez à droite et suivez les panneaux « Målselvfossen » (3 km).

Chutes de la Målselva (MÅLSELVFOSSEN) C2

Cette impressionnante chute d'eau est située au cœur de vastes étendues boisées et sauvages. La **Målselva** est réputée pour son saumon. Le site de la chute est grandiose, car la rivière est très large à cet endroit et d'énormes quantités d'eau écumeuse rebondissent sur trois marches gigantesques sur une distance de 600 m. Une échelle à saumons fut construite en 1910 pour permettre aux poissons de remonter le courant ; on peut les voir sauter hors de l'eau, vers la fin juin et le début juillet. Un centre touristique *(maalselvfossen.no)* propose des chalets à louer et un restaurant ; le terrain de camping est doté d'une piscine en plein air chauffée. Les activités proposées par le centre incluent aussi des randonnées à cheval ou en traîneau, ainsi que la descente des rapides en canot.

*De Målselvfossen, vous pouvez rentrer à Tromsø par l'un des deux itinéraires décrits ci-dessus longeant le Balsfjorden. Si vous poursuivez vers Narvik, par la E 6, faites une halte à la réserve animalière du Polar Park (**p. 304**).*

Carnet pratique

S'informer

Office de tourisme – *Storagata 83 et Prostneset port terminal - 77 61 00 00 - visittromso.no (en anglais).* Téléchargez gratuitement leurs excellentes brochures (*Tromsø Guide, City map, Tromsø Region, Northern lights*). L'application **Tromsø App** est aussi très utile.

Arriver/partir

En avion

Aéroport (TOS) – *À 5 km du centre-ville - avinor.no/en.* Vols quotidiens pour Alta, Andenes, Hammerfest, Harstad/Narvik, Kirkenes, Sørkjosen, Longyearbyen (Svalbard), Trondheim, Bodø et Bergen effectués par Widerøe *(wideroe.no)*. Bodø, Trondheim, Oslo et Longyearbyen sont desservis par SAS *(flysas.com)* ou Norwegian *(norwegian.com),* faisant de Tromsø la plaque tournante du Nord. Également quelques vols internationaux.

Rejoindre le centre-ville – Les bus n°s 40 et 42 *(50 NOK - 25mn - fylkestrafikk.no)* ou le Flybussen *(125 NOK - 15mn - bussring.no/bussring-airport-express)* vous conduisent au centre-ville.

En bus

De la gare routière Trafikk Triangelen *(Kirkegata 2)*, liaisons locales et longue distance notamment vers Alta *(6h)* et Narvik *(4h)*. Consigne à bagages sur place. *reisnordland.no*

En bateau

Express côtier (Hurtigruten et Havila) – *p. 158.* Escale quotidienne.

Catamaran express (Hurtigbåt) – *tromskortet.no.* Pour passagers seult, 2 à 4 liaisons quotidiennes vers Harstad *(en 2h30/3h)* d'où l'on peut embarquer pour les Lofoten.

En voiture

Fjellet, l'immense parking souterrain, avec multiples accès en centre-ville, est la meilleure solution pour se garer *(infos sur tromso-parkering.no).* Pour entrer en voiture dans le centre de Tromsø, il faut acquitter un **péage urbain**, dont le paiement s'effectue via le sytème AutoPASS (*p. 435*).

Se rendre à Senja

reisnordland.no et *tromskortet.no.*

En ferry – Avec la compagnie **Torghatten Nord** *(torghattennord.no).* Au sud de Senja, liaisons entre Gryllefjord et Andenes (Vesterålen) *(passager et cycliste gratuit - 2 ou 3/j - durée 1h40 - été seulement).* Au nord, liaisons entre Botnhamn et Brensholmen (Kvaløya) *(avr.-août - passager et cycliste gratuit - 5 à 7/j - durée 35mn).*

En catamaran express (Hurtigbåt) – Deux lignes *(tromskortet.no),* entre Tromsø et Harstad, via Finnsnes *(303/379 NOK pour Finnsnes, 647/808 NOK, pour Harstad - 3h),* et entre Tromsø et Lysnes *(216/270 NOK - 1h).*

En voiture – L'île est reliée au continent par un pont entre Silsand et Finnsnes (157 km de Tromsø et 162 km de Narvik).

Agenda

TIFF – En janvier. *tiff.no.* Le Festival international du film connaît un succès grandissant et s'accompagne de concerts et de projections en plein air.

Nordlysfestivalen – Fin janv.-déb. fév., le « festival des Aurores boréales » : danse, concerts... *nordlysfestivalen.no.*

Sami Week – En fév., une semaine d'événements autour de la culture same, d'artisanat, de courses de traîneaux à rennes. *msm.no/en.*

Nordisk Ungdom Filmfestival – Fin juin, festival du jeune cinéma nordique. *nuff.no.*

Marathon du soleil de minuit – Autour des 21 et 22 juin, de « nuit ». Un événement important, les hôtels affichent complet pendant une semaine. *msm.no.*

Kunstfestival – En juillet, à Kråkeslottet, sur Senja, un festival d'art et de musique dans un lieu remarquable. *artijuli.no*

Bukta Festival – En juillet, festival rock sur une scène installée en front de mer. *bukta.no.*

Cultural night – En général le 1er sam. d'oct. Galeries et musées ouvrent jusqu'à 22/23h et des concerts ont lieu un peu partout.

Nos adresses

VOIR LE PLAN P. 289.

Restauration

Premier prix

4 Dragøy – A2 - *Stortorget 1 - 94 85 71 34 - kystensmathus.no/dragoy - fermé le soir et dim. - plats env. 200 NOK.* Au rez-de-chaussée d'un nouvel édifice donnant sur le port (le Kystens Hus), cet étal de fruits de mer dispose de quelques tables avec une vue imprenable sur les bateaux au mouillage. Idéal pour déguster sur le pouce un *fish & chips*, une soupe de poissons ou un burger de poisson. Vous pouvez aussi opter pour le restaurant Skirri adjacent.

2 Casa Inferno – A2 - *Vestregata 2 - 77 68 09 95 - casainferno.no - fermé le midi - pizzas 244/298 NOK.* La meilleure adresse pour déguster des pizzas, pâte blanche ou standard. On apprécie aussi l'atmosphère chaleureuse et animée de l'endroit. Bière maison. Attention, ici on paye le couvert... à l'italienne !

Budget moyen

6 Arctandria Sjømat Restaurant – A2 - *Strandtorget 1 - 77 60 07 20 - skarven.no - fermé le midi - plats 250/475 NOK.* Un excellent restaurant (et aussi un café moins onéreux) fréquenté par les amateurs de cuisine arctique.

Budget moyen

1 Bardus Bistro – A2 - *Cora Sandels gate 4 - ✆ 92674888 - bardus.no - fermé dim.-lun. midi - plats 325/475 NOK.* Réserv. conseillée. Une adresse tendance pour une cuisine classique, mais exécutée dans les règles de l'art (flétan vapeur, agneau braisé...). Savoureux sorbets maison. Petite salle avec toiles accrochées au mur, façon bistro. Bar adjacent avec concerts occasionnels.

Une folie

3 Emmas Drømmekjøkken – A2 - *Kirkegata 8 - ✆ 77637730 - emmasdrommekjokken.no - fermé le midi et dim.-lun. - menus découverte 995/1395 NOK.* La cuisine traditionnelle norvégienne modernisée est ici au top. Au bar, menu plus abordable.

Petite pause

Risø mat and Kaffebar – *Strandgata 32 - ✆ 41664516 - risoe-mk.no - lun.-jeu. 8h-16h, vend. 8h-17h, sam. 9h-17h.* Un endroit décontracté, pour une pause-café ou un déjeuner léger.

Kaffebøna – *Stortorget 3 - ✆ 77639400 - lun.-vend. 7h30-18h, sam. 9h-18h, dim. 10h-18h.* Excellents cafés et viennoiseries à déguster dans un cadre moderne ou en terrasse.

Boire un verre

Ølhallen – *Storgata 4 - ✆ 90408847 - mack.no/en/olhallen - lun.-jeu. 12h-0h30, vend.-sam. 12h-1h30, dim. 14h-19h30.* Le pub le plus ancien de la ville (1927) est une institution reliée à la brasserie Mack dont on dégustera la production. Après quelques caresses aux deux ours polaires empaillés, possibilité de visiter la brasserie.

Bardus Bistro – *« Restauration ».*

Shopping

Husfliden – *Sjøgata 4 - ✆ 77758860 - norskflid.no - lun.-vend. 10-18h, sam. 10h-16h.* Le spécialiste norvégien du costume traditionnel et des lainages (pulls, plaids, chaussons en laine bouillie...) avec le célèbre motif Marius, ou plus contemporains.

Torshov Sport Tromsø – *Heilovegen 6 - ✆ 93077555 - tromsosport.no - lun.-vend. 10h-18h, sam. 10h-15h.* Les amateurs de sports d'hiver et d'été trouveront ici leur bonheur. La qualité est au rendez-vous, mais les prix aussi.

Tromsø Outdoor – *Fredrik Langes gate 14 - ✆ 97575875 - tromsooutdoor.no - juin à mi-sept. : 10h-17h (se rens. pour le reste de l'année).* Vente et location de vélos et d'équipement pour les sports extérieurs (également cartes et guides).

En soirée

Population étudiante oblige, la ville compte pléthore de cafés et de discothèques.

Spectacles et concerts

Kulturhuset – *Erling Bangsunds plass 1 - ✆ 40428100 - kulturhuset.tr.no.* La principale scène de la ville.

Studenthuset Driv – *Storgata 6 - ✆ 77600776 -driv.no.* Complexe de trois scènes prisées des étudiants. Il y a aussi un café *(lun. et merc.-jeu. 19h-23h30, mar. 18h-23h30, vend. 22h-3h, sam. 23h-3h - fermé dim.).*

Activités

Les activités peuvent être organisées à partir de l'office de tourisme : documentation, contact avec des agences, excursions organisées, etc. *(p. 296).* L'hiver est la principale saison pour les activités extérieures. L'été draine un afflux de croisiéristes plus concentrés sur les activités à Tromsø même.

Hiver

Aurores boréales – La période court de décembre à mars. Deux types de prestations sont proposées.

Northern Lights Chase *(chasinglights.com)* est une « chasse » à l'aurore boréale, en bateau ou en minibus, qui dure jusqu'à 10h et parcourt de grandes distances (parfois jusqu'en Finlande !) pour trouver le meilleur spot et multiplier les observations. Avec **Northern Lights Experience**, il s'agit de choisir le meilleur site et d'associer l'observation à une activité.

Ski de fond et raquettes – Les environs de la ville comptent plus de 70 km de pistes balisées.

Tromsø Outdoor (*« Shopping ».*). Spécialistes de ces sorties hivernales, mais aussi des randonnées à vélo en été.

Wandering Owl Tour – *wanderingowl.com*. Toute l'année, grand nombre d'activités de plein air autour de Tromsø et à Senja.

Randonnées à motoneige – Elles peuvent être agrémentées d'une partie de pêche sur le fjord gelé. Voir **Lyngsfjord Adventure** *(lyngsfjord.com)* et **Green Gold of Norway** *(greengoldofnorway.com)*.

Bains d'extérieur – La plage de **Telegrafbukta** (au sud du centre-ville) est fréquentée toute l'année… et très prisée pour les bains hivernaux particulièrement revigorants. Grand choix de bains, sauna, *steam bath* au sein de la piscine locale du **Tromsøbadet** *(Dramsveien 190 - tromsobadet.no)*. Pour un **sauna sur le port** en pleine ville : *pust.io*.

Croisière sauna avec Vulkana – *☏ 91 10 06 26 - vulkana.no - Consultez les différentes formules sur le site.* Vivez cette expérience originale : une croisière avec (ou sans) un bain glacé dans le fjord, puis un bain chaud dans le storvatt ou le sauna. Diverses formules avec dîner, déjeuner et/ou randonnée.

Randonnées en traîneau à chiens/ Villmarkssenter – *Straumsvegen 601 - Kvaløysletta - ☏ 77 69 60 02 - villmarkssenter.no.* La plus grosse agence pour les chiens de traîneau. En été, ils proposent des sessions d'entraînement avec les jeunes huskies, ainsi que des randonnées et sorties en kayak.
Autre prestataire : Active Tromsø *(activetromso.no)*.

Observations des baleines – Tromsø Whale Watching - *whalewatchingtromso.com*. Divers tours de novembre à janvier.

Orca Norway – *orcanorway.info*. D'octobre à janvier, cette compagnie spécialisée propose des expéditions en mer de 3 à 6 jours pour approcher les orques.

Été

Soleil de minuit – Le spectacle « star » de l'été ! Vous pouvez vous débrouiller par vous-même, choisir l'une des multiples excursions proposées en mer ou en pleine nature… ou assister à un concert dans la cathédrale Arctique (chaque soir à 23h). Du sommet du Storsteinen, accessible en téléphérique, le panorama est spectaculaire, tandis qu'à Hillesoy et Sommarøy (Kvaløya), l'horizon dégagé offre aussi d'excellentes perspectives. Plus difficile d'accès, Lyngstuva est un spot réputé.

Sorties ornithologiques (aigles marins, macareux… avec *sommaroyadventure.no*), parties de **pêche**, **escalade**, sorties à **vélo**, en **kayak de mer** et balades sur les **glaciers** sont également proposées.

Hébergement

La popularité de Tromsø étant grandissante, pensez à

réserver vos nuitées en été, saison durant laquelle il faut guetter les promotions des hôtels de chaîne (Thon, Scandic, Clarion...). L'office de tourisme peut vous aider une fois sur place.

À Tromsø

Premier prix

4 Camping Tromsø – B1 - *Arthur Arntzens veg 10 - Tromsdalen - à 3 km à l'est de la ville, juste après le pont - 77 63 80 37 - tromsolodgeandcamping.no - - 54 empl. 390/525 NOK et 53 chalets 1 880/2 375 NOK* Un vaste et agréable camping, bien aménagé, qui fait rapidement le plein en été.

10 Smarthotel – A2 - *Vestregata 6 - 41 53 65 00 - smarthotel.no - - 160 ch. 930/1 355 NOK* . Cette adresse est moderne, fonctionnelle et bon marché.

8 Comfort Xpress – A2 - *Grønnegata 35 - 77 60 05 50 - strawberry.no - - 192 ch. à partir de 950 NOK.* Même concept que le Smart, des chambres compactes, fonctionnelles et centrales. Pour le petit-déjeuner, pas de buffet mais une « boutique » où l'on compose son repas.

Budget moyen

14 Viking Hotell – A2 - *Grønnegata 18-20 - 77 64 77 30 - entertromso. no - 26 ch. 1 690/2 890 NOK.* Les chambres ont été aménagées dans un style moderne et épuré, qui compense leur manque d'originalité et leur taille réduite. Propose aussi des appartements fonctionnels.

Pour se faire plaisir

7 Scandic Ishavshotel – A2 - *Fredrik Langesgate 2 - 77 66 64 00 - www. scandichotels.com - - 214 ch. 2 099/3 199 NOK - .* Posé sur le détroit avec sa tour telle une vigie, cet établissement abrite des chambres vastes, confortables et modernes offrant des vues incomparables sur le trafic maritime.

À Sommarøy

Pour se faire plaisir

Sommarøy Arctic Hotel – *Skipsholmveien 22 - 77 66 40 00 - sommaroy.no - - 80 ch. 1 990 NOK et 7 rorbuer - .* À 36 km de la ville, près de la plage, accueil chaleureux pour un séjour inoubliable face à l'Océan. Nombreuses activités (balades en mer, pêche), jacuzzis extérieurs et restaurant servant des spécialités arctiques.

À Senja

Pour se faire plaisir

Hamn I Senja – *Hamnveien 1145 - 40 02 00 05 - hamnisenja. no - 70 ch. 1 547/4 347 NOK -* . À 11 km du débarcadère de Gryllefjord, ce petit resort très agréable au bord de l'eau propose un hébergement confortable, en mini chambre, studio ou appartement (avec cuisine). Les bâtiments, en bois, sont distribués autour de la marina ; toutes les chambres n'ont pas vue sur la mer. À défaut de charme, le restaurant sert une cuisine de qualité. De multiples activités sont proposées : kayak, randonnée, sauna, location de bateau, et en hiver, ski ou contemplation d'aurores boréales...

Narvik

Née de l'exploitation du minerai de fer, cette ville moderne et industrielle est l'une des plus septentrionales de la planète, mais doit au Gulf Stream un climat relativement doux à ces latitudes. Dépourvue de charme particulier, elle bénéficie cependant d'un site sublime, à l'embouchure d'un fjord encadré de montagnes. Porte d'entrée des îles Lofoten et Vesterålen, la cité se tourne aujourd'hui vers le tourisme, hiver comme été, en mettant en avant les superbes paysages qui l'entourent.

Se repérer

CARTE P. 262-263 (C2).

21580 habitants – Nordland.

Située à 345 km au nord du cercle polaire et à 45 km de la frontière suédoise, Narvik domine l'Ofotfjord et le Rombaksfjord. Un pont au nord de la ville la relie avec l'aéroport de Harstad et Tromsø.

« Arriver/partir » p. 304.

Avec les enfants

Polar Park à Bardu.

Carnet pratique p. 304

Nos adresses p. 305

Se promener

La cité s'organise de part et d'autre du rail, tandis que le port minéralier l'isole du fjord. Le petit centre-ville s'étend au sud des voies, entre deux centres commerciaux (Amfi et Narvik Storsenter) qui concentrent l'activité, et autour de Torg, la place principale, qui a bénéficié d'un coup de jeune avec l'ouverture récente du Narvik City Center, qui abrite le musée de la Guerre, la bibliothèque municipale et l'office de tourisme. À proximité, notez le très photographié panneau qui indique les distances séparant Narvik des grandes villes du monde (Paris est à 3104 km, le cap Nord à 740 km).

Musée de la Guerre de Narvik (NARVIK KRIGSMUSEUM)

Kongens gate 39 - ✆ 76944426 - warmuseum.no - de mi-juin à mi-août : 10h-18h ; reste de l'année : 10h-16h, 130 NOK. Téléchargez l'appli EurekApp pour les explications en français.

Ce musée est consacré à la bataille de Narvik d'avril-juin 1940, et à l'occupation allemande de juin 1940 à mai 1945 (le pays a compté jusqu'à 450 000 soldats allemands sur son sol). Un plan-relief avec animation visuelle et sonore permet de comprendre le déroulement de la bataille navale dans le fjord, qui précéda les combats terrestres. Tout aussi évocateurs sont les armes, uniformes, médailles, photos, dessins, cartes et maquettes appartenant aux différentes parties du conflit (Norvégiens, Anglais, Français, Polonais et Allemands). La section « Zona », invite à une réflexion plus générale sur le sens de la guerre.

Musée Nord-Narvik

Administrasjonsveien 3 - ✆ 76969650 - museumnord.no/en/narvik - de juin à mi-août : lun.-sam. 10h-15h ; reste de l'année : lun., merc. et vend. 10h-17h - 100 NOK.

Ce petit musée présente le développement spectaculaire de Narvik qui, de simple ferme, devint une ville en quelques années, sous l'égide de la compagnie minière suédoise LKAB, après la construction de la ligne de l'Ofotbanen.

Narvik hier et aujourd'hui

L'Ofotbanen, un train pour le fer

Narvik fut fondée à la fin du 19e s., lorsque les royaumes unifiés de Norvège et de Suède décidèrent d'aménager un port qui ne soit jamais bloqué par les glaces et d'où ils pourraient exporter le minerai de fer extrait en Laponie suédoise. La construction d'une ligne de chemin de fer entre Kiruna et Narvik commença en 1898 et dura quatre ans. Longue de 168 km, la ligne d'**Ofotbanen** est l'œuvre de travailleurs itinérants, les *rallare*, qui vivaient à Rombaksbotn, au fond de l'étroit Rombaksfjord. Lorsque leur village fut détruit par un incendie en 1903, de nombreux ouvriers s'installèrent à Narvik qui prospérait rapidement.

Le train grimpe le long des versants montagneux sur une distance de 42 km jusqu'à la frontière suédoise, frôlant des précipices et empruntant 22 tunnels et 9 ponts ; 13 trains transportent quotidiennement le minerai de fer jusqu'au port de Narvik. Chaque train est composé de 52 wagons et chaque wagon a une charge de 80 tonnes. Il faudrait 300 camions pour transporter la charge totale d'un train !

La bataille de Narvik : première défaite des nazis

Le 9 avril 1940, le port fut attaqué par 10 destroyers allemands et la ville fut occupée. La marine britannique riposta immédiatement en coulant les navires des agresseurs. En mai, des troupes britanniques, françaises et polonaises débarquèrent et se joignirent aux forces norvégiennes, contraignant les Allemands à se retirer dans les montagnes. Le 28 mai, la ville fut libérée, mais les bombardiers ennemis avaient réussi à en détruire le centre. Malheureusement, les Alliés durent se retirer le 8 juin, car la bataille de France faisait rage et on avait besoin d'eux sur le front. Outre l'anéantissement de Narvik, son terrible bilan se solda par la mort de 8 500 combattants, ainsi que la destruction de 64 vaisseaux et 86 avions.

Même si elle fut éphémère, la victoire de Narvik conserve une grande importance symbolique, car elle représente la première défaite allemande de la Seconde Guerre mondiale : un espoir pour les pays occupés !

De nos jours

Reconstruite après la guerre, cette ville moderne et industrielle agrémentée d'un centre-ville spacieux est à présent le deuxième port du pays. Le déclin de l'exportation du minerai de fer, sur laquelle l'économie de la ville était fondée, a poussé Narvik à trouver d'autres créneaux d'activité comme la construction mécanique, l'électronique, l'imprimerie, le traitement des déchets, le conseil en entreprise, la recherche et le tourisme. Si le trafic commercial sur le passage du Nord-Est, qui relie l'Europe à l'Asie via les côtes de Sibérie, devait se développer en raison du réchauffement climatique, le port de Narvik pourrait bénéficier d'un regain inattendu.

Pour tenir son pari (devenir une station touristique d'été et d'hiver), Narvik compte sur deux atouts essentiels : un excellent réseau de communications et la proximité des montagnes, comme des îles Lofoten et Vesterålen.

Port minéralier LKAB

Géré par la société suédoise LKAB qui, depuis 1890, explore le minerai de fer extrait dans la région de Kiruna en Suède, c'est l'un des plus grands ports minéraliers au monde (20 millions/t par an) et l'un des plus efficaces, avec des installations modernisées en 2016. Les trains sont déchargés grâce à un système de trappes sous les wagons. Des navires de plus de 250 000 t peuvent être amarrés au quai d'embarquement et le record de chargement d'un navire est de 242 000 t de minerai.

Téléphérique vers le Narvikfjell (NARVIKFJELLET)

Skistua 7 - ✆ 90 54 00 88 - narvikfjellet.no (en anglais) - juin-août. : 11h-20h (11h-0h en juil.) ; reste de l'année : se rens. - AR 350 NOK.

La ville s'est équipée d'un téléphérique permettant d'atteindre 656 m au-dessus du niveau de la mer. De cette altitude, la **vue panoramique★★** est magnifique sur la ville inscrite dans un cadre exceptionnel, entre fjord et montagne escarpée. Le site est idéal pour les randonnées... mais vous pourrez vous contenter de vous installer au restaurant qui, au terminus du téléphérique, accueille ceux qui désirent prolonger la soirée afin d'admirer à loisir le **soleil de minuit**.

De nombreux sentiers balisés partent du sommet du relief. Tous types de randonnées ou d'ascensions y sont possibles. Vous pouvez également retourner en ville en dévalant une piste de VTT. Narvikfjellet est aussi un domaine skiable majeur (*visitnarvik.com*).

Ofotbanen C2

La gare est à moins d'1 km du centre, par Stasjonsveien - sj.se (en anglais) - 2 à 4 trajets par j. - durée 40/50mn aller - ticket à acheter à la gare ou en ligne - possibilité de descendre dans l'une des quatre gares du trajet - plus d'infos sur norwaysbest.com.

Cette incroyable voie ferrée (*encadré ci-contre*) relie Narvik à la station de sports d'hiver de Riksgränsen (43 km), juste après la frontière suédoise, et continue ensuite jusqu'à Kiruna, Luleå et Stockholm. Elle est gérée par les chemins de fer suédois et n'est pas connectée au reste du réseau norvégien. Conçue pour acheminer le fer suédois jusqu'au port de Narvik, cette ligne sert également au transport de passagers. On peut se contenter d'effectuer simplement le voyage aller et retour dans la journée, pour apprécier la beauté des paysages, ou combiner le périple avec une excursion.

À proximité

CARTE P. 262-263

Route des Rallare (RALLARVEIEN) C2

Construite à l'origine pour relier Rombaksbotn à la Suède à travers les montagnes, cette route remise en état offre de bonnes possibilités de randonnées et d'excursions à VTT (*mai-sept.*). La journée commence par un trajet en train (*ci-dessus*) de 30mn jusqu'à Katterat, où l'on emprunte la Rallarveien pour redescendre jusqu'à Rombaksbotn, au fond du fjord de Narvik (retour en bus ou en bateau).

Demandez un plan et un descriptif à l'office de tourisme de Narvik.

Trondenes B2

À 120 km de Narvik. Gagner Bjerkvik, à 16 km au nord de Narvik par le pont, sur la route E 6. Au carrefour après Evenskjær, prendre sur la droite la route vers Harstad.

Trondenes se situe à 3 km au nord d'Harstad. L'**église** date de 1250 apr. J.-C. environ ; à l'origine, elle était surmontée de fortifications dont on aperçoit les vestiges.

Polar Park C2

Bardu, à 70 km de Narvik par la E 6 - ☎ 48 24 00 00 - polarpark.no (en anglais) - juin-août : 10h-18h ; sept.-mai : 10h-15h30, visite guidée gratuite en w.-end à 13h - 325 NOK - restaurant.

Situé en rase campagne, à la lisière d'une forêt, ce parc animalier permet d'observer quelques spécimens des plus beaux mammifères des contrées arctiques : loups, lynx, ours bruns, élans, rennes, cerfs. Les animaux évoluent dans de vastes enclos reproduisant leur environnement naturel. Des visites accompagnées dans l'enclos des loups sont même organisées *(adultes seult, obligation de parler norvégien ou anglais)*, histoire de rompre la glace ! Le parc possède aussi l'une des plus longues **tyroliennes** d'Europe.

Carnet pratique

S'informer

Office de tourisme – *Kongens gate 39 - Narvik - ☎ 76 96 56 00 - visitnarvik.com.*

Arriver/partir

En avion

Aéroport Harstad-Narvik (EVE) – *À Evenes - ☎ 67 03 41 00 - avinor.no/en.* 57 km à l'ouest par la E 6 puis la E 10 au-delà du pont. Oslo est desservi par SAS *(flysas.com)*, et Norwegian *(norwegian.com)*. Wideroe *(wideroe.no)* dessert Bodø, Bergen, Andenes, Tromsø et Trondheim. Le bus *Flybussen* assure la liaison vers la ville en 1h10 *(329 NOK - en ligne sur flybussen.no)*. Il existe également des liaisons par bus vers Harstad et Sortland.

En bus

De la **gare routière** près du centre commercial Amfi, **bus** vers Tromsø *(en 4h)*, Fauske et Bodø *(en 6h20)*, Alta *(en 9h10)*, les Lofoten et Vesterålen *(ainsi Svolvær en 4h ou Å i Lofoten en 7h20)*, ainsi que Kiruna en Suède *(en 3h)*.
reisnordland.no

En train

Ofotbanen, p. 303.

Agenda

Vinterfestuka – En mars. Il célèbre le souvenir des *rallare*, ces hommes et ces femmes qui contribuèrent au développement de la ville en construisant la ligne d'Ofotbanen. *vinterfestuka.no.*

Nos adresses

Restauration

Premier prix

Fiskekroken – *Kongensgate 42 - ✆ 40 40 19 83 - fermé dim.-lun. - plats 175/370 NOK.* Ce restaurant du marché aux poissons propose un large choix de plats : soupe de poissons, *fish & chips*, divers poissons, crevettes, moules... Fishburger au déjeuner.

Budget moyen

Kafferiet – *Dronningens gate 47 - kafferiet.com - ✆ 76 96 00 55 - fermé dim. - plats 199/399 NOK.* Ce restaurant (et bar) propose midi et soir un menu tellement éclectique (local et international) que chacun y trouvera son bonheur.

Activités

Le très dynamique office de tourisme peut organiser toutes les réservations auprès des agences qui proposent pléthore d'activités, comme l'escalade, la randonnée (pour quelques heures ou plusieurs jours), la spéléologie, des safaris aux orques *(de mi-oct. à fin janv.)*, des randonnées en traîneau à chiens et même de la plongée à la découverte d'épaves *(divenarvik.se)*.

Sports d'hiver – Les reliefs alentour offrent les meilleures possibilités de ski alpin de la Norvège du Nord. Possibilité de louer du matériel au **Skisenter** de Narvik *(narvikfjellet.no)*.

Prendre un verre

Narvikguten – *Dronningens gate 60 - ✆ 76 94 79 20- narvikguten.no - 12h-2h (3h vend.-sam.).* Un petit pub très... « pub » avec boiseries, nombreuses bières, quelques concerts et une atmosphère revigorante en hiver.

Hébergement

Premier prix

Quality Hotel Grand Royal – *Kongensgate 64 - ✆ 76 97 70 00 - strawberry.no - ♿ - 156 ch. 1251/1341 NOK* ☕ *-* ✕. Sans charme, mais central.

Budget moyen

Scandic Narvik – *Kongensgate 33 - ✆ 76 96 14 00 -. scandichotels.com - ♿ - 148 ch. à partir de 1690 NOK* ☕ *-* ✕. Dans une tour en verre devenue symbole de la ville. Vues superbes depuis les étages supérieurs.

Breidablikk Gjestehus – *Tore Hundsgate 41 - ✆ 76 94 14 18 - breidablikk.no - 22 ch. à partir de 1375 NOK* ☕. Parmi les maisons d'hôtes que compte la ville, celle-ci est assez centrale.

6

Le Svalbard ★

Si le cap Nord n'a pas assouvi tous vos fantasmes arctiques, la Norvège vous réserve une dernière surprise. L'archipel du Svalbard est une terre rude où la végétation, aussi rare que fragile, disparaît en hiver sous un manteau blanc que seules les aurores boréales éclairent. On se confronte ici à une nature sauvage, austère mais fascinante, voire émouvante tant la vie y est une lutte. Hiver comme été, la gamme d'activités est très variée. Mais l'attraction principale reste la lumière… ou l'absence de lumière, selon la saison, qui permet de vivre un jour ou une nuit sans fin.

Se repérer

CARTE P. 262.

2600 habitants – Nordland.
L'archipel du Svalbard se situe à 830 km au nord de la Norvège continentale et à 1300 km du pôle Nord. Les principales localités se concentrent sur l'île de Spitsbergen.

Organiser son temps

La saison hivernale court de décembre à mai tandis que de juin à novembre, les activités dites d'été prennent le relais. En été, le soleil brille de midi à minuit… et fait grimper les tarifs. En hiver, durant la nuit polaire *(déc.-fév.)*, l'immensité glacée ne brille que sous les aurores boréales.

Carnet pratique p. 310

Nos adresses p. 310

Découvrir le Svalbard

CARTE P. 262

Cité dans un texte islandais du 12e s., et (re) découvert par l'explorateur hollandais **Willem Barents** en 1596, le Svalbard devient rapidement un avant-poste des expéditions polaires. La chasse à la baleine, aux phoques et aux morses puis, au début du 20e s., l'exploitation d'un charbon de grande qualité rapprochent l'archipel du reste du monde. En 1920, le **traité du Spitzberg**, signé à Paris, attribue l'archipel à la Norvège, indépendante depuis 15 ans, à deux conditions : l'interdiction d'y installer des bases militaires et la possibilité pour des nations tiers d'en exploiter les richesses du sous-sol. En 1943, Longyearbyen est bombardée et détruite par les nazis. C'est ici qu'en 1945 se rendront les tout derniers soldats allemands du conflit mondial. Les décennies qui suivent verront l'accroissement de l'**activité minière**, principalement sous la houlette de l'Union soviétique, qui maintiendra dans l'archipel une colonie dont la population dépassera celle des Norvégiens dans les années 1990. Cette longue histoire a laissé derrière elle une poignée de villes fantômes. La recherche et le tourisme sont les deux autres principales activités.
L'archipel totalise une **superficie** d'environ 63000 km², soit à peu près celle de la Lettonie. Il se compose d'une trentaine d'îles dont trois principales : Spitzberg (Spitsbergen en norvégien, 39000 km²), Nordaustlandet (14600 km²) et Edgeøya (5000 km²). Ces terres désertiques quasiment inviolées connaissent un climat arctique qualifié de doux, avec en hiver une température moyenne de -14 °C et en été de 8 °C. Des moyennes qui augmentent fortement avec des records de températures battus chaque année. Des glaciers peu épais nappent 59 % des îles.

Glacier près du fjord Hornsund.
sodar99/Getty Images Plus

Seule 10 % de la surface dégèle et se couvre d'une maigre végétation (165 espèces) : mousses, lichens, champignons. Cette fonte du permafrost, désormais accélérée, entraîne nombre de bouleversements qui modifient l'écosystème et affectent la population (recul de la banquise, glissements de terrains, avalanches).
Si les ours ont la vedette, des rennes, campagnols et renards polaires peuvent être aperçus dans la toundra et des phoques sont visibles sur le littoral. Des centaines de milliers d'oiseaux, tous migrateurs à l'exception de la perdrix du Svalbard, colonisent les côtes rocheuses. Environ 85 % des eaux territoriales qui entourent l'archipel sont protégées. Sept **parcs nationaux** et plusieurs réserves naturelles protègent 65 % des terres, ce fragile milieu qui évolue rapidement avec le réchauffement climatique, dont le Svalbard est devenu bien malgré lui une vitrine.

Longyearbyen, la « capitale » du Svalbard

Vei 221 - Longyearbyen - 79 02 55 50 - visitsvalbard.com.
Sur ce terrain plat et dans quelques **constructions colorées**, avant tout fonctionnelles, se concentre la majeure partie des services de l'archipel. Les boutiques de luxe, les cafés et les restaurants animent les quelques rues où des visiteurs privilégiés, fraîchement débarqués d'un avion ou d'un bateau de croisière, et habillés comme des explorateurs, viennent se confronter au « bout du monde ». Les mentions « le plus au nord du monde » ne manquent d'ailleurs pas... Ainsi l'université, qui accueille des scientifiques et étudiants du monde entier *(unis.no, en anglais)*, l'église du Svalbard, la galerie du Svalbard, etc., trouvent leur nom affublé de cette fierté locale.
Musée du Svalbard (Svalbard Museum) – *79 02 64 90 - svalbardmuseum.no (en anglais) - 10h-17h - 150 NOK.* Ce musée, très bien conçu, présente (et célèbre)

Sociologie d'une drôle de capitale

La « capitale » du Svalbard rassemble 1 800 des 2 600 habitants que compte l'archipel (on recense 52 nationalités). C'est dire si le reste du territoire est dépeuplé ! La ville s'étend autour d'une baie au fond de l'Isfjord et porte le nom d'un Américain, John Munro Longyear (1850-1922), qui, en y fondant une société minière en 1906, écrit la première page de son histoire. La présence d'**anciennes galeries minières** aux alentours explique donc l'installation des hommes sur cette terre dite « hostile ». Aujourd'hui, le **tourisme** représente la principale activité.

l'histoire, la chasse, l'exploitation minière, la faune et la flore de l'archipel. Il constitue une excellente introduction au Svalbard.

Musée des Expéditions polaires (**North Pole Expedition Museum**) – *✆ 94722531 - northpolemuseum.com - 9h-17h - 150 NOK.* Situé derrière l'université, ce petit musée raconte l'histoire de trois dirigeables qui, au départ du Svalbard, partirent survoler le pôle Nord entre 1906 et 1928.

Le centre d'arts **Nordover** (*Vei 225-2 - nordoversvalbard.no - tlj sf mar. 10h-18h*) présente une exposition permanente dédiée notamment à l'œuvre de l'artiste Kåre Tveter (1922-2012), inspirée par la lumière et les paysages du Svalbard. Des expositions temporaires et une petite salle de cinéma complètent l'offre du site. Voyez également la galerie Storø *(storoe.no)*.

Aux environs

À 1 km de l'**aéroport**, fut inauguré en 2006 par les Premiers ministres scandinaves le **Global Seed Vault** (Svalbard globale frøhvelv - *seedvault.no*), une immense chambre forte creusée à une profondeur de 120 m à l'intérieur d'une montagne et à 130 m au-dessus du niveau de la mer, pour y stocker… des centaines de millions de graines de plus d'un million de variétés différentes, acheminées de toutes les régions du globe. Sur une terre stable (pas de séismes) et protégée (mais plus totalement) par le permafrost, cette « banque mondiale du vivant » a pour but de préserver le patrimoine végétal de notre planète en cas de catastrophe. En mai 2017, elle a été victime d'une inondation, sans conséquence, due justement à la fonte du permafrost. *Le site ne se visite pas.*

Mine 3 (Gruve 3) – *Horaires et réserv. en.visitsvalbard.com/things-to-do/coal-mine-3-visit-gruve-3 - durée 3h - 900 NOK - âge min. 12 ans.* La visite de cette mine – proche de l'aéroport et exploitée de 1971 à 1996 – offre une occasion de se plonger dans l'histoire de l'archipel étroitement liée à celle du charbon. Particularités du site, conditions de travail, accidents, machinerie… se découvrent lors d'une marche passionnante.

L'île de Spitsbergen (Spitzberg)

Il n'existe pas de réseau routier reliant les différentes localités.

L'île principale (dont le nom signifie « montagnes pointues ») est la seule à être en permanence habitée et à pouvoir être arpentée par le touriste lambda. Elle est pénétrée par des fjords profonds et plusieurs sommets y dépassent les 1000 m d'altitude, dont le **Newtontoppen** (1713 m) qui est le point culminant. La fonte des glaciers génère des rivières qui s'élargissent en juillet et août. Comme dans tout l'archipel, la végétation y est plus que discrète. La visite de l'île se fait essentiellement dans le cadre d'excursions (*Activités p. 311*).

Autour de l'Isfjord

Il s'agit du fjord le plus profond de l'île au bord duquel se situe Longyearbyen. En partie devenu une réserve naturelle, il constitue la zone la plus accessible. Des excursions en Zodiac vous mèneront à la falaise d'**Alkhornet**, où nichent des milliers d'oiseaux, ou encore au glacier **Esmark** dans la baie d'Ymir.

Barentsburg – *À 45 km à l'ouest de Longyearbyen.* Le site de cette localité de 400 habitants (des Russes et des Ukrainiens majoritairement) est cédé par la Norvège à l'URSS en 1932 pour y exploiter du charbon. La localité, d'**architecture typiquement soviétique**, s'organise le long de la rue *(ulitsa)* Ivana Starostina ; elle est devenue une étape touristique.

Cap Linné (Kapp Linne) – Il marque l'extrémité sud du fjord. On y a élevé en 1933 une importante **station radio** *(Isfjord Radio)*. L'installation, obsolète, est désormais transformée en un très agréable hôtel, remarquablement décoré (*p. 311*).

Pyramiden – Située au nord de Longyearbyen, au pied d'une montagne dont la forme lui a donné son nom, et non loin du glacier Nordensjöld, cette ancienne localité minière russe fut abandonnée en 1998. Les autorités norvégiennes ont transformé la ville fantôme en site touristique. Suite aux nombreux vols de reliques soviétiques, la visite de cette étrange ville inhabitée est désormais encadrée. Pour comprendre le quotidien de cette cité où la mine et l'usine étaient tout, lire *Pyramiden* de Kjartan Fløgstad (2009, Actes Sud). Attention, depuis le début de la guerre en Ukraine, il n'y a plus d'excursions organisées vers Barentsburg et Pyramiden. Contactez l'office du tourisme pour les dernières informations.

Les autres villes minières

Les trois autres sites d'implantation humaine sont nés de l'activité minière.

Sveagruva – La « mine suédoise », située au sud de Longyearbyen et tout au fond du Van Mijenfjord, fut fondée dans les années 1910 par des Suédois. Le centre minier fut actif jusqu'en 2020.

Ny Ålesund – *Au nord-ouest de l'île au bord du Kongsfjorden.* Elle fut fondée en 1916 par une société minière basée à Ålesund. L'activité prit fin en 1962 suite à une explosion qui causa la mort de 21 mineurs. Elle est depuis une base scientifique. Un petit **musée** *(svalbardmuseum.no)* raconte l'histoire des lieux qui virent passer bien des explorateurs polaires. Le Nordpolhotellet, qui héberge les scientifiques de passage, prétend au titre d'hôtel le plus septentrional du monde !

Hornsund – Située tout au sud de l'île, près du fjord homonyme, il s'agit d'un établissement scientifique polonais fondé en 1957.

L'ours polaire, un voisin de moins en moins discret

S'il pose en première page de tous les prospectus et sites touristiques et se transforme en douce peluche sur les étals des boutiques locales, l'ours polaire est bien plus qu'un produit d'appel. L'omniprésence de l'*Ursus maritimus*, le plus grand prédateur terrestre (de 400 à 800 kg, 20 à 25 ans d'espérance de vie) est une réalité : ils seraient 3 000 sur l'archipel. Se nourrissant avant tout de phoques qu'il chasse sur la banquise, l'ours est l'une des premières victimes du réchauffement climatique. Le recul des glaces entraîne celui de son aire de chasse et l'oblige à diversifier sa nourriture, à s'enfoncer dans les terres à la recherche de petits mammifères, d'œufs et... de poubelles. Les rencontres entre l'ours et l'homme risquent donc de se multiplier. Les locaux sont habitués à côtoyer cet imposant voisin et sont tenus de s'armer pour sortir des zones habitées... au cas où.

Carnet pratique

S'informer

Svalbard Tourism – *Vei 221 - Longyearbyen - ✆ 79025550 - visitsvalbard.com.*

Arriver/partir

Le Svalbard, contrairement à la Norvège continentale, ne fait pas partie de l'espace Schengen. Un passeport est donc requis.

En avion

L'aéroport de Longyearbyen (LYR - *✆ 67035400 - avinor.no/en*) se situe à 5 km à l'ouest de la ville et est desservi par un bus *(75 NOK)* et des taxis *(150/200 NOK)*. Vols de/vers Tromsø (1h45) et Oslo (3h) avec SAS *(flysas.com)* et Norwegian *(norwegian.com)*.

En bateau

L'Atlantique Nord est sillonné par des bateaux de croisière qui font étape au Svalbard (mais aussi en Islande et au Groenland).
hurtigruten.fr et *Organiser son voyage p. 433.*

Se déplacer

Les 45 km de routes se situent aux abords des localités sans les relier entre elles. Les déplacements se font en bateau ou à motoneige lors d'excursions.

Informations utiles

Pratique – On trouve à Longyearbyen une banque et un supermarché (Svalbard Butikken). Les prix sont encore plus élevés ici que sur le continent.

Recommandations – C'est le Grand Nord, partez équipé ! Il est fortement déconseillé de s'éloigner des zones habitées (risque d'une confrontation avec les ours). Il est bien sûr interdit de cueillir quoi que ce soit et de jeter ses déchets dans la nature.

Agenda

Polarjazz – Fin janv.-déb. fév. *www.polarjazz.no.*

Sun Fest/Solfestuka – En mars. Célébration du retour du soleil avec événements en plein air. *solfest.no*

Marathon de ski – En avril, compétition de ski de fond. *svalbardskimaraton.no.*

Marathon de Svalbard – En juin. *spitsbergenmarathon.no.*

Dark Season Blues – En oct. Festival de blues. *svalbardblues.com.*

Nos adresses

Restauration

Une poignée de bars et de cafés permettent de se restaurer à moindres frais de soupes, sandwichs et pizzas. Les restaurants d'hôtel sont souvent corrects pour un budget moyen. Ainsi le bar & grill de **Coal Miners** *(Vei 100 - ✆ 94005833)*, où l'on sert de bons burgers, ou le **Mary-Ann's Polarrigg** *(polarriggen.com - fermé à midi - plats 295/455 NOK)* pour sa cuisine locale.

Kroa – *✆ 79021300 - kroa-svalbard.no - tlj, service continu - plats 179/365 NOK.* Pub-restaurant chaleureux au menu très varié.

Stationen – *Lompensenteret - ✆ 79022020 - stationen.no - 11h-0h (dim. 16h-0h) - plats 150/350 NOK.* Classiques locaux et plats de pub.

Une folie

Gruvelageret – ✆ *79 02 20 00 - gruvelageret.no - fermé le midi - menu 1249 NOK (4 plats).* Installé dans une maison de mineur, l'option gastronomique de l'archipel.

Visites et activités

Les **agences** qui se partagent le très vaste marché des activités et excursions dans l'archipel peuvent organiser la totalité de votre séjour (hébergement, activités). Au programme, pour quelques heures ou plusieurs jours : excursions en traîneaux à chiens, dégustations (bière, gastronomie), randonnées à ski ou raquettes, sorties en kayak de mer et en Zodiac, observation des aurores boréales, visite des mines, chasse aux fossiles, sorties à motoneige, écotours sur les traces de la faune locale, ornithologie, safari photos... Le plus simple est de passer par l'office de tourisme qui concentre toutes les informations. Quelques agences :

Hurtigruten Svalbard AS – *Longyearbyen - ✆ 79 02 61 00 - hurtigrutensvalbard.com.* Le principal généraliste de l'île.

Basecamp Spitsbergen – *Longyearbyen - ✆ 79 02 46 00 - basecampexplorer.com.* Activités et excursions qui, pour certaines, sortent des sentiers battus.

Svalbard Wildlife Expeditions – *Longyearbyen - ✆ 79 02 22 22 - wildlife.no.* Randonnées, expéditions en kayak... pour quelques heures ou plusieurs jours. Nombreuses options hivernales également.

Voir aussi *Organiser son voyage (p. 414),* pour les **voyagistes** français proposant le Svalbard.

Peu de touristes voyagent en « indépendant ». Si vous choisissez cette option, une autorisation doit être obtenue auprès du Governorat pour explorer l'archipel *(✆ 79 02 43 00 - sysselmannen.no/en).*

Hébergement

La réservation est impérative !

À Longyearbyen

Premier prix

Longyearbyen Camping – *✆ 79 02 14 44 - longyearbyen-camping.com - de fin mai à déb. sept. - empl. tente à partir de 180 NOK/pers.* Dans un vaste espace de toundra proche de l'aéroport.

Budget moyen

Coal Miners' Cabins – *✆ 70 02 62 00 - hurtigrutensvalbard.com - 76 ch. 1375/1575 NOK* ☕ . Une option tout confort d'un bon rapport qualité-prix.

Une folie

Basecamp Hotel – *✆ 79 02 46 00 - basecampexplorer.com - 16 ch. à partir de 3190 NOK* ☕ . Un établissement moderne, chaleureux et confortable, où le bois domine. Gère aussi l'Isfjord Radio *(voir ci-dessous).*

Funken Lodge – *✆ 79 02 62 00 - funkenlodge.com - ♿ - 88 ch. 2225/3325 NOK* ☕ *-* ✕. Un boutique-hôtel haut de gamme abrité dans un ancien foyer d'une compagnie minière. Bar, gym.

Radisson Blu Polar Hotel – *Vei 229-3 - ✆ 79 02 34 50 - radissonblu.com - 95 ch. 2225/3150 NOK* ☕ *-* ✕. Dans une sorte d'immense chalet, des chambres modernes et impeccables. Brasserie.

Ailleurs dans l'archipel

Pour se faire plaisir

Au **cap Linné** (*p. 309*), on trouvera le bel hôtel **Isfjord Radio Adventure Hotel** géré par l'agence Basecamp Spitsbergen *(basecampexplorer.com).* Vous y logerez (confortablement) avant tout dans le cadre d'excursions et d'activités tout au long de l'année : randonnées, observation de la faune, marche sur glacier, motoneige, traîneau...

Cerf sauvage dans la neige.
Angyalosi Beata/Shutterstock

7

La Laponie et le cap Nord

CARTE MICHELIN 372 HN-14 – NORDKAPP FINNMARK

A
B
LA LAPONIE (SÁPMI) ET LE CAP NORD
0
50 km
N
NORDIS
1
2
3
Gjesværstappan
NORDKAPP
Gjesvær
Magerøya
Honningsvåg
Havøysund
EXPRESS CÔTIER
E 69
Hammerfest
Kokelv
E 6
94
Porsangerfjorden
98
SEILAND NP
Altafjord
E 6
FINNMARK
STABBURSDALEN NASJONALPARK
Kvænangen
E 6
Alta
Stuorahaldi
904
Sorrisniva Igloo Hotell
Levajok
Dalen av Tana
Altaelva
Sautso
E6
TROMSØ
E 6
93
Karasjok
TROMS
6
92
SÁPMI
Reisaelva
REISA NP
Ánarjohka
Finnmarksvidda
93
Kautokeinoelva
Kautokeino
Inarijoki
TROMSØ
ØVRE ANARJOKKA NASJONALPARK
LEMMENJOEN KANSALLISPUISTO
E 8-21
93
MUONIO
A
B

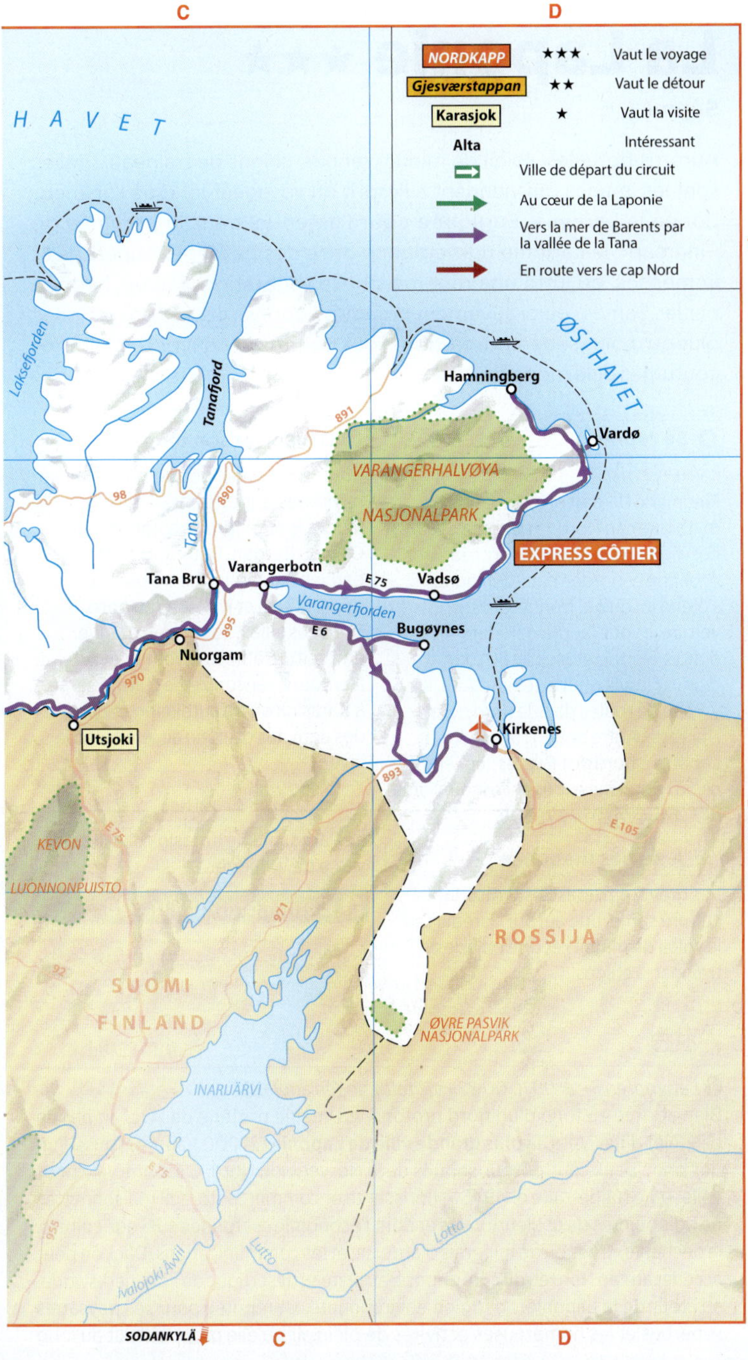
C
D
NORDKAPP
★★★
Vaut le voyage
Gjesværstappan
★★
Vaut le détour
Karasjok
★
Vaut la visite
Alta
Intéressant
Ville de départ du circuit
Au cœur de la Laponie
Vers la mer de Barents par la vallée de la Tana
En route vers le cap Nord
HAVET
ØSTHAVET
Laksefjorden
Tanafjord
Hamningberg
Vardø
891
VARANGERHALVØYA
NASJONALPARK
EXPRESS CÔTIER
98
890
Tana
Tana Bru
Varangerbotn
E 75
Vadsø
Varangerfjorden
E 6
Bugøynes
895
Nuorgam
970
Utsjoki
Kirkenes
893
E 75
KEVON
LUONNONPUISTO
E 105
MURMANSK
971
ROSSIJA
92
SUOMI
FINLAND
ØVRE PASVIK
NASJONALPARK
INARIJÄRVI
E 75
955
Lutto
Lutto
Ivalojoki Avvil
SODANKYLÄ
1
2
3

La Laponie ★★★

Sápmi

Aurores boréales, soleil de minuit, rennes, chiens de traîneau... Telles sont les images qui viennent à l'esprit du voyageur lorsque l'on mentionne la Laponie. Englobée pour l'essentiel dans la province du Finnmark, la Laponie norvégienne offre des paysages superbes et immenses, où lutte une rare mais belle végétation. Elle est habitée par les Sames (péjorativement nommés Lapons), peuple de nomades plus ou moins sédentarisés, dont vous pourrez découvrir l'histoire, les coutumes et le mode de vie.

Se repérer

CARTE P. 314-315.

Finnmark. De part et d'autre du mythique cap Nord, la Laponie norvégienne, baignée par l'océan Arctique et bordée par la Finlande, s'étend jusqu'à la frontière russe. En voiture, il vous faudra parcourir 410 km depuis Tromsø et plus de 500 km depuis Narvik pour atteindre Alta. Il y a peu de routes dans le nord de la Norvège. Autre option : atteindre la Laponie à bord de l'Express côtier (*p. 158)* pour une expérience inoubliable.

« Arriver/partir » p. 328.

À ne pas manquer

Les gravures rupestres d'Alta, la culture same, une aurore boréale (ou le soleil de minuit) et une balade en traîneau à chiens.

Organiser son temps

Pour se faire une idée de cet immense territoire dans un temps limité, il faudra le rejoindre en avion, depuis Oslo ou Bergen. Deux aéroports peuvent constituer votre base de départ : Alta et Kirkenes au nord. Dans ces villes, vous pourrez louer une voiture afin de rayonner aux alentours, rencontrer la culture same à Karasjok ou à Kautokeino et profiter des activités de plein air, été comme hiver.

Avec les enfants

Le Parc same de Karasjok et le Musée same de Varanger.

Carnet pratique p. 328

Nos adresses p. 329

Alta

CARTE P. 314-315 A2

Labyrinten 3- 99 10 00 22 - visitalta.no (en anglais).

Bien abritée au fond d'un fjord profond, lui-même protégé de l'Océan par un chapelet d'îles, Alta, **la plus grande ville de Laponie** (21 000 hab.), est aussi l'un des principaux centres touristiques de la Norvège du Nord. C'est une ville nouvelle – elle fut détruite en 1945 –, florissante et commerçante, aux maisonnettes de bois peintes de couleurs vives et dont l'économie est fondée sur l'agriculture, la pêche, l'extraction de minerais d'ardoise, et les communications. D'ici, on peut accéder au cap Nord et, du côté opposé, au plateau désertique du Finnmarksvidda, au cœur de la Laponie. La région environnante est réputée pour ses paysages superbes et les nombreuses activités de plein air qu'elle propose tout au long

La cathédrale des aurores boréales à Alta.
mcdonaldkar/Getty Images Plus

de l'année, que ce soit la pêche en haute mer, la pêche au saumon, le canoë, le ski, les excursions en traîneau à chiens ou à rennes, ou les safaris à motoneige.
Le centre commerçant d'Alta est dominé depuis 2013 par la **cathédrale des aurores boréales Nordlyskatedralen** *(Markedsgata 27 - nordlyskatedral.no (en anglais) - lun.-vend. 11h-13h, été lun.-sam. 9h-15h, dim. 13h-15h - 50 NOK, exposition Borealis 50 NOK)*, œuvre des architectes danois Morten Schmidt, Bjarne Hammer et John F. Lassen. Symbole de la cité, ce superbe édifice en forme de spirale, et à la façade couverte de titane, reflète les lumières du nord et rappelle les aurores boréales. La renommée de la ville est également fondée sur son ensemble de gravures rupestres préhistoriques, le plus important d'Europe du Nord, que l'Unesco a inscrit au Patrimoine mondial.

★★ Musée d'Alta - Alta Museum/World Heritage Rock Art Centre

Altaveien 19 - ✆ 41 75 63 30 - altamuseum.no (en anglais) - de déb. juin à mi-août : 9h-19h ; de mi-mai à déb juin et de mi-août à mi-sept. : 9h-17h ; reste de l'année : 9h-15h, w.-end 11h-16h - mai-sept. : 150 NOK, reste de l'année : 100 NOK.
Situé le long de la route E 6, à la sortie d'Alta en direction de Tromsø, ce musée moderne et spacieux couvre l'histoire culturelle, économique et religieuse de la région d'Alta depuis les premiers habitants jusqu'à l'époque chrétienne, sans oublier la douloureuse histoire militaire, marquée par les durs combats de la Seconde Guerre mondiale. Une section est également consacrée aux aurores boréales. Mais le principal centre d'intérêt du musée se trouve à l'extérieur. Sur un terrain glissant en pente douce vers les rives du fjord, on admire les fameuses **gravures rupestres** d'Alta, étonnantes de variété. Un réseau de 5 km de chemins

surélevés permet aux visiteurs de voir une partie de ces gravures exécutées entre 4000 et 500 av. J.-C., et inscrites au Patrimoine mondial de l'Unesco en 1985 (*encadré ci-dessous*).

À proximité

CARTE P. 314-315

★ Hôtel des Glaces Sorrisniva (SORRISNIVA IGLOO HOTELL) A2

Quitter Alta vers le sud par la route 93, et après 2 km environ, prendre à gauche vers Alta Frilutspark en traversant le fleuve - sorrisniva.no (en anglais) - de mi-déc. à déb. avr. : 12h-20h - 300 NOK.

Alors que tant d'œuvres humaines ont pour vocation plus ou moins avouée de s'inscrire dans l'éternité, voici un véritable hymne à l'éphémère ! Cet hôtel reconstruit tous les ans est entièrement fait de glace, qu'il s'agisse des murs, des lits (une couche de neige vient alors atténuer le côté spartiate de cette literie), du bar et même des verres (n'oubliez pas vos gants avant de trinquer !). Des sculptures en glace décorent l'ensemble. Les plus frileux peuvent le visiter sans y dormir (*p. 331*).

Altaelva et le canyon de Sautso AB2

Quitter Alta vers le sud par la route 93, puis prendre à gauche la route de Boeskades/Beaskkadás (direction Gargia Fjellstue) et, après 26 km, suivre un chemin balisé. Célèbre pour son saumon, ce fleuve offre des paysages splendides que l'on peut admirer notamment au cours d'une excursion en bus et en bateau *(informations à l'office de tourisme)* jusqu'au **canyon de Sautso**, qui serait le plus grand d'Europe du Nord.

On peut aussi le parcourir à pied *(20 km AR)* sur un sentier balisé à travers une toundra et des marais superbes (prévoir de bonnes chaussures).

Mont Haldde (STUORAHALDI) A2

Aller jusqu'à Kåfjord à 10 km au sud-ouest d'Alta sur la route E 6 et suivre le chemin balisé.

4h (18 km AR). Proche du sommet de cette « montagne sacrée » de 907 m d'altitude, se dresse l'**Observatoire des aurores boréales (Nordlysobservatoriet Halde)**, construit en 1899, en partie détruit pendant la Seconde Guerre mondiale et restauré. Transformé en refuge géré parla DNT (l'association norvégienne

Gravures rupestres

Les gravures, réalisées pendant la période néolithique entre 4000 et 500 av. J.-C., furent découvertes en 1973 et, bien qu'on en ait dénombré 3 000 jusqu'à présent, beaucoup n'ont pas encore été mises au jour ; les plus anciennes se trouvent sur les hauteurs et les plus récentes sur les bords du fjord.

La variété des sujets traités est étonnante : scènes de pêche et de chasse (où l'on reconnaît des élans, des ours et des rennes), bateaux, armes, outils, oiseaux, ainsi qu'hommes, femmes et enfants, représentés dans diverses situations, et notamment, pour certains, chaussés de skis. On pense que ces gravures avaient une signification religieuse et servaient à implorer la protection des dieux, mais aucune autre interprétation n'est à exclure.

Une terre attractive

Esquisse

Sa superficie de 48 000 km² fait de la Laponie la plus grande province norvégienne... Rien d'étonnant si son climat est soumis à de forts contrastes : bien que les régions côtières, verdoyantes, jouissent d'une température relativement douce grâce à l'influence du Gulf Stream, les hauts plateaux de l'intérieur subissent des températures extrêmes (+ 32 °C en été et – 50 °C en hiver) qui ont façonné des paysages arides.
La **lumière arctique** contribue énormément à l'attrait qu'exerce le Finnmark sur les visiteurs, que ce soit en été, lorsque la lumière du jour baignant pendant 24h les vastes étendues de landes accentue l'impression d'infini ou, en hiver, avec les nuits polaires, quand les aurores à peine marquées et la lune dans le ciel créent une atmosphère mystérieuse, ponctuée de temps en temps par de superbes **aurores boréales**.
Le **Finnmark**, ce sont 73 000 humains et 180 000 rennes, chiffre en forte diminution. Autant dire que la population est très clairsemée et que vous pourrez parcourir de longues distances sans apercevoir la moindre habitation... Cependant, les ressources économiques de ce vaste territoire ont attiré des vagues successives d'immigrants tout au long de son histoire. Les premiers, les **Sames**, sont venus de l'Est il y a très longtemps. Plusieurs vagues d'immigration se sont ensuite succédé aux 17e, 18e et 19e s. en provenance du sud de la Norvège, de Finlande et de Suède. Cette diversité ethnique s'affiche aujourd'hui avec fierté, ne serait-ce que dans la toponymie et, dans certains lieux, trois langues sont parlées : le norvégien, le same et le finnois.
« Les Sames » *(p. 373)*.

Victime de la Seconde Guerre mondiale

L'occupation de la Laponie norvégienne par les troupes nazies avait plusieurs buts : faire main basse sur les ressources minières du sous-sol, mais surtout contrôler une région dont l'importance stratégique était capitale dans le cadre de la guerre contre les Soviétiques. Ceux-ci, de même que les Alliés, bombardent à maintes reprises les cités du Finnmark comme Vadsø, Vardø et surtout Kirkenes. Le 7 octobre 1944, l'Armée rouge s'empare de Kirkenes et repousse les Allemands jusqu'à Tana Bru. C'est alors que le Führer donne l'ordre de brûler les habitations et d'évacuer la population : cette entreprise méthodique de destruction dura tout l'hiver 1944-1945. Au moment de l'armistice, il ne restait plus une seule habitation en Laponie et même les poteaux télégraphiques avaient été incendiés ; 75 000 personnes avaient été déplacées. Devant l'ampleur du désastre, le gouvernement norvégien voulut interdire leur retour dans la région meurtrie : mais c'était compter sans l'obstination des habitants qui, dans un mouvement d'insubordination général, réinvestirent leur terre pour entreprendre une longue reconstruction.
Aujourd'hui, de nouvelles activités, comme la pisciculture ou la prospection du pétrole et du gaz au large des côtes, ont attiré de nouvelles populations qui viennent s'installer au Finnmark. L'essor du tourisme contribue également au développement économique rapide que connaît cette région par ailleurs confrontée aux effets (déjà majeurs) du réchauffement climatique.

de la randonnée, *ut.no/hytte/10547/nordlysobservatoriet-halde-alta*), on peut y passer la nuit pour contempler les aurores boréales. Ce phénomène naturel s'observe par temps clair, durant les longues nuits polaires, entre la fin novembre et la fin janvier. De magnifiques voiles de lumière diaphane éclairent alors le ciel.

Au cœur de la Laponie

CARTE P. 314-315

Circuit de 247 km d'Alta à Karasjok, tracé en vert sur la carte. Compter une à deux journées. Quitter Alta par la route 93 au sud.

Kautokeino/Guovdageaidnu A3

À 129 km au sud.

L'activité de la deuxième agglomération de Laponie norvégienne (1459 hab.) est mentionnée à partir du 16e s. dans les registres, mais ce qui n'était alors qu'un campement ne devint permanent qu'au 17e s. lorsque les Sames se mirent à élever les rennes qu'ils se contentaient jusqu'alors de chasser. Si la ville est aussi axée sur l'enseignement et la recherche, cette activité traditionnelle constitue encore l'occupation principale de la population et l'on compte alentour plus de **100 000 rennes** ! En été, Kautokeino, déserté par les Sames pour cause de transhumance (leur départ est l'occasion d'un festival), s'endort quelque peu. Cette période est le moment idéal pour les amoureux de la nature de participer aux nombreuses randonnées organisées dans la région, en particulier la célèbre **Nordkalottruta**, dont l'itinéraire conduit les participants en Suède.

En ville, la jolie **église** *(Goahtedievva 2 - été 11h-19h)* fut édifiée pour la première fois au 17e s. mais reconstruite après les bombardements allemands de 1944. Elle s'anime avant tout lors des fêtes de Pâques. La **Kautokeino Kulturhus** *(Bredbuktnesveien 50 - 92 77 75 80 - beaivvas.no)*, le centre culturel local, comprend le seul théâtre same du pays. L'édifice en bois rappelle les huttes sames.

Dans les années à venir, le théâtre same, la haute école same et l'école enseignant l'élevage des rennes aux jeunes de la région seront regroupés dans un nouvel édifice dessiné par l'agence Snøhetta.

Écomusée de Kautokeino (RDM Kautokeino bygdetun) – *Boaronjárga 23 - 40 61 31 83- rdm.no (en anglais) - mar.-vend. 9h-15h - de déb. juin à fin août : lun.-sam. 9h-18h, dim. 11h-18h - 150 NOK.* Administré par une fondation regroupant quatre musées consacrés à la civilisation same, la RiddaDuottarMuseat (RDM), l'écomusée comprend une exposition illustrant certains aspects de la culture same (outils, costumes...) et une section de plein air où l'on peut voir des bâtiments anciens, essentiellement des cabanes faites d'écorce et de tourbe utilisées autrefois par les agriculteurs.

Parmi les ateliers et boutiques qui vendent des bijoux traditionnels en argent, la **Juhl's Silver Gallery** *(Galaniitoluodda, à 2,5 km - 78 48 43 30 - juhls.no/en - 10h-17h, dim. 12h-17h)* se distingue tant par la qualité de ses produits (dont la notoriété a atteint toute la Norvège) que par le bâtiment à l'architecture futuriste qui l'abrite, conçu par les propriétaires puis agrandi au fur et à mesure des besoins.

Toponymie lapone

Une des manifestations visibles des droits obtenus par le peuple same est l'adoption de la double toponymie, norvégienne et same, sur la plupart des panneaux d'entrée dans les villes et villages. Nous indiquons donc ici les deux noms.

La transhumance des rennes

C'est la grande affaire de l'année : le printemps arrive et les éleveurs conduisent leurs rennes vers la côte. Certains poursuivent jusque sur les îles. La plupart les rejoignent à bord d'un bateau de l'Office de gestion des rennes, mais certains troupeaux font encore la traversée à la nage, ce qui peut parfois entraîner des pertes lorsque les bêtes s'affolent et se mettent à nager en rond, créant un tourbillon qui peut provoquer leur noyade. Dans ce cas, les éleveurs, qui surveillent les animaux en principe à bord de canots, doivent foncer dans le cercle pour briser cette ronde mortelle. À l'automne, la transhumance s'effectue dans l'autre sens, en direction du sud, pour les maigres pâturages situés entre Kautokeino et Karasjok.

À 10 km au sud de la ville, le **sentier de découverte de Souhpatjávri**, long de 4,5 km, permet de parcourir un beau paysage tout en apprenant plus sur la culture same.
Reprenez la route 93 vers Alta, puis, après 31 km, tournez à droite sur la route 92 en direction de Karasjok.

Le Finnmarksvidda B3

Ce plateau d'altitude, immense et sauvage, est parcouru par de nombreux torrents et rivières et parsemé de lacs. Pendant les longs mois d'hiver, il reste enfoui sous un épais manteau de neige sous lequel les rennes sont contraints d'aller chercher leur nourriture. Au cœur de l'été, la maigre végétation est complètement desséchée par le soleil brûlant et les moustiques pullulent. À cette saison les troupeaux sont partis vers la côte dans leur migration annuelle, à la recherche de pâturages plus appropriés.
Bien qu'il n'y ait pas véritablement de routes, il est possible de traverser le plateau de différentes manières et des excursions sont organisées tant en hiver qu'en été, au départ de Karasjok ou de Kautokeino. On peut effectuer des promenades sur les rivières à bord de bateaux sames, s'adonner à des parties de pêche au saumon ou faire des randonnées accompagné de chiens, au cours desquelles on fait étape dans des auberges. En hiver, lorsque les rennes sont de retour, on peut faire des excursions d'un ou deux jours en motoneige jusqu'à un camp same, assister à des courses de rennes et entreprendre des excursions en traîneau sur l'ancienne route de montagne. Les 97 km que vous parcourrez sur la route 92 (en faisant très attention aux rennes) vous permettront de vous faire une idée assez précise des paysages du plateau.

7

★ Karasjok/Kárášjohka B3

Leavnnjageaidnu 1, dans le Sápmi Park - ✆ 78 46 88 00.
Au 18e s., il s'agissait d'un campement autour duquel se développa une bourgade... mais cette dernière fut complètement détruite en 1945, à l'exception de l'**église** de 1807, la plus ancienne du Finnmark. Aujourd'hui, l'économie de Karasjok, peuplée à 90 % de Sames, repose essentiellement sur l'élevage du renne, l'agriculture, l'industrie et les services tandis que le tourisme et l'artisanat prennent une importance grandissante.
Plusieurs institutions culturelles et administratives sames se sont établies à Karasjok (2 565 habitants), devenue la « capitale » du **pays same (Sápmi)** : le Parlement, la radio et la télévision, le musée, la bibliothèque, le centre d'art et l'école same d'études supérieures.

Réserve ou parc national
Gravure rupestre
Ski de descente
Ski de randonnée
Centre d'excursions
Localité minière
Centres de manifestations ou d'artisanat sames
M Musée ou collection sames
P Parlement same
U Université avec chaire de langue same
Cap Nord
Tromsø
Murmansk
SÁPMI
66°33
Luleå
Oulu
Trondheim
0 500 km
NORSKEHAVET
VESTERÅLEN ★★★
LOFOTEN ★★★
Tromsø ★★
MU
E8
Storsteinnes
Målselvfossen
Øvre Dividalen
Björkliden
Abisko
Narvik
Leiknes
Riksgränsen
E10
Kebnekaise
Kiruna
P
E6
Stora Sjöfallet
Bodø
Rago NP
Padjelanta
Sarek
Kvikkjokk
Muddus
66°33
Polarsirkelen
M
Jokkmokk
Mo i Rana
Vuollerim
EXPRESS CÔTIER
★★★
Vindelfjället
M
Ammarnäs
Hemavan
Arjeplog
M
45
BERGEN
TRONDHEIM
Tärnaby
M
363
naturreservat
LAPONIE (SÁPMI)
0 100 km
Arvidsjaur
M
SÁPMI : Zone de peuplement same
E12
95
45
Le drapeau same
M
Lycksele
ÖSTERSUND
UMEÅ

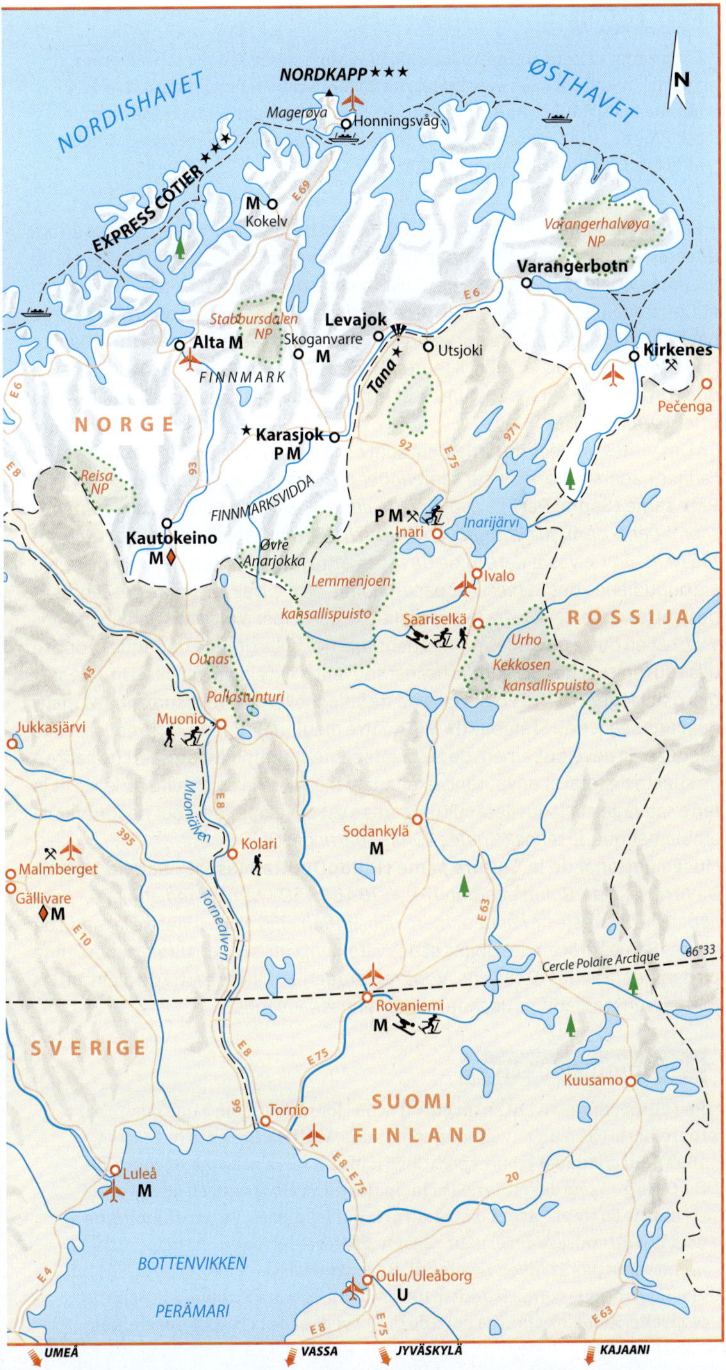
NORDKAPP ★★★
NORDISHAVET
ØSTHAVET
N
Magerøya
Honningsvåg
EXPRESS CÔTIER ★★★
M Kokelv
E 69
Varangerhalvøya NP
Varangerbotn
E 6
Stabbursdalen NP
Levajok
Skoganvarre M
Alta M
Utsjoki
Kirkenes
FINNMARK
Tana
Pečenga
E 6
NORGE
★ Karasjok
P M
92
E75
971
E 8
Reisa NP
93
FINNMARKSVIDDA
P M
Inarijärvi
Inari
Kautokeino
M
Øvre Anarjokka
Ivalo
Lemmenjoen kansallispuisto
Saariselkä
ROSSIJA
Urho Kekkosen kansallispuisto
Ounas
45
Pallastunturi
Muonio
Jukkasjärvi
Muonioälven
E8
Sodankylä
M
395
Kolari
Malmberget
Gällivare
M
E 10
Tornealven
E 63
66°33
Cercle Polaire Arctique
Rovaniemi
M
SVERIGE
E8
E75
Kuusamo
SUOMI
99
Tornio
FINLAND
E8-E75
Luleå
M
20
BOTTENVIKKEN
E4
Oulu/Uleåborg
U
PERÄMARI
E8
E75
E 63
UMEÅ
VASSA
JYVÄSKYLÄ
KAJAANI

Être same

Le premier critère pour être considéré comme same, et donc être électeur au Parlement, est de se sentir et de s'affirmer same. Il faut ensuite être de langue maternelle same ou avoir un arrière-grand-parent reconnu comme tel. Plus de 10 000 personnes sont inscrites sur les listes électorales, soit un quart de la population same de Norvège.

★ **Parlement same (Sámediggi)** – Ce bâtiment de bois et de verre, disposé en arc de cercle et dont une partie évoque la forme d'un *lávvu* (tente traditionnelle), abrite le centre législatif du pays same. Il est l'œuvre des architectes Stein Halvorsen et Christan Sunby et a obtenu le Prix d'architecture norvégienne en 2001. Créé par Astrid Båhl, une artiste norvégienne, le **drapeau same** y flotte. Il fut présenté pour la première fois en 1986. Il reprend les couleurs traditionnelles sames, celles que l'on retrouve sur les costumes, et les symboles de la lune (cercle bleu) et du soleil (cercle rouge).

Des visites guidées du Parlement sont organisées *(tlj en été, 3/sem. le reste de l'année)*. Jours et horaires sur *sametinget.no/visit-the-sami-parliament*.

Parc same (Sápmi Park) – *Leavnnjageaidnu 1 - 78 46 89 00 - visitsapmi.no/sapmi-park - de mi-juin à mi-août : tlj 10h-17h (15h dim.) ; reste de l'année : se rens. - 195 NOK.* Ce vaste parc initie de façon attrayante à la culture, l'histoire et la vie quotidienne des Sames. L'espace-habitat, en plein air, présente des tentes et des huttes de terre et offre la possibilité de participer à diverses activités ; vous y verrez en outre quelques rennes dans un enclos. La grande boutique propose des souvenirs et des objets d'artisanat souvent d'excellente qualité. Un café sert des plats légers dérivés de la cuisine traditionnelle. Il ne faut surtout pas manquer une séance au **Stálubákti★★ (Théâtre magique)** : après une première salle évoquant le développement de la société same, un amphithéâtre sert de cadre à un spectacle total et envoûtant, exaltant le thème de la continuité de la vie et la terre sauvage, sur laquelle la culture same s'est développée autour de son animal emblématique, le renne *(ttes les 20mn à partir de 10h)*.

Musée national de la Culture same (RiddoDuottarMuseat - Samiid Vuorká Dávirrat) – *Mari Boine geaidnu 17 - 78 46 99 50 - rdm.no (en anglais) - juin-août : 9h-18h ; reste de l'année : merc.-jeu. 9h-15h - 150 NOK.* Il illustre le mode de vie des Sames grâce à des objets et des vêtements utilisés dans la vie quotidienne ou dans les grandes occasions. Vous remarquerez, dans la partie de plein air, les fosses creusées jadis pour capturer les rennes sauvages.

Un homme, une mer

Peu de mortels peuvent se targuer d'avoir donné leur nom à une mer : c'est toutefois le cas d'un navigateur hollandais, **Willem Barents** (v. 1550-1597), qui conduisit trois expéditions dans les mers polaires, découvrit le Spitzberg – l'une des trois îles principales du Svalbard qui en compte une trentaine au total – avant d'être surpris par les glaces. Le hardi capitaine décida d'attendre le dégel pour regagner la terre ferme en chaloupe, mais il ne survécut pas à l'hiver. La **mer de Barents** désigne cette partie de l'océan glacial Arctique comprise entre le Spitzberg, la terre François-Joseph, la Nouvelle-Zemble et la côte nord de la Norvège et de la Russie occidentale.

Un homme same nourrit des rennes dans la région de Tromsø.
Dmitry_Chulov/Getty Images Plus

À 13 km de la ville *(dir. Kautokeino)*, le **sentier culturel Åssebákti (Åssebákti kultursti),** long de 4 km environ, traverse de beaux paysages (pins, rivière) et permet de découvrir des vestiges historiques sames.

Vers la mer de Barents par la vallée de la Tana

CARTE P. 314-315

Circuit d'environ 360 km de Karasjok à Kirkenes, tracé en violet sur la carte. Quitter Karasjok par la route E 6 en direction de Tana Bru.

★ Vallée de la Tana (DALEN AV TANA) B2

Ce fleuve, dont le nom signifie « la grande rivière », est long de 330 km, ce qui en fait le troisième cours d'eau de Norvège. Il est célèbre parmi les pêcheurs pour la qualité et l'abondance de ses saumons, et marque la frontière finno-norvégienne de Karasjok à Polmak, avant de s'évaser en un long estuaire aux allures de fjord (le **Tanafjord**) dans la mer de Barents.

Levajok/Leavvajohka B2

Quelques chalets de bois disposés de part et d'autre de la route et reconvertis en chambres d'hôtel, un sauna et un café-restaurant du bout du monde constituent ce modeste hameau que seule la rivière, gelée pendant les longs mois d'hiver, sépare de la Finlande. Les amateurs de pêche s'y pressent, de même que les amoureux des randonnées, pédestres ou équestres, à qui, aux beaux jours, l'on propose des expéditions dans les montagnes afin de pouvoir y admirer le soleil de minuit. Construite en rondins assemblés de manière traditionnelle, la **chapelle** de Levajok date de 1973.

À 32 km au nord de Levajok, le pont Samelandsbroen sur la Tana permet d'entrer en Finlande. Le village d'Utsjoki se trouve au débouché du pont, sur la rive droite.

★ Utsjoki (Finlande) C2

lapland.fi (en anglais).

Au confluent de la rivière portant son nom et de la Tana, ce village dépend de la commune la plus septentrionale de Finlande, la seule du pays à être peuplée en majorité de Sames (plus de la moitié des quelque 1139 habitants). Les minuscules **églises-huttes★ (kirkkotuvat)** sur les bords de la rivière ont été construites aux 19e et 20e s. par des familles sames de régions éloignées qui y passaient la nuit chaque fois qu'elles se rendaient à l'église.

Reprenez la route E 6 vers Tana Bru.

Tana Bru/Deanu Šaldi C2

Rådhusveien 24 - 46 40 02 00 - tana.kommune.no (en anglais).

Un pont autour duquel s'est rassemblée une petite agglomération same (et aussi un peu française, paraît-il, grâce à Louis-Philippe, encadré p. 334) : voici Tana Bru. **Plusieurs routes** s'y rejoignent : du côté **sud**, la route E 6 venant de Karasjok sur la rive gauche de la Sama et, sur la rive droite, la route 895 qui pénètre en territoire finlandais après Polmak. Vers le **nord**, la route 98 longe le fleuve jusqu'à son embouchure puis bifurque vers l'ouest pour atteindre le profond Porsangerfjorden à Lakselv et gagner ensuite la région du cap Nord ; sur l'autre rive, la route 890 se poursuit vers Berlevåg et Båtsfjord, une superbe région littorale, bien connue des ornithologues et des amateurs de randonnées côtières. À l'**est**, enfin, la route E 6/E 75 permet de rejoindre Vadsø et Vardø d'une part, Kirkenes et la frontière russe de l'autre.

C'est dire que Tana Bru est une ville carrefour stratégique ! Elle se trouve aussi à 18 km de la Finlande. Derrière la frontière, à **Nuorgam**, les supermarchés et boutiques d'alcool abondent, offrant des produits nettement meilleur marché qu'en Norvège (et payables en euros). Ils sont autant fréquentés par les locaux que par les touristes.

Reprenez la E 6 vers le nord.

Varangerbotn/Vuonnabahta C2

Ce petit village se situe au fond du Meskfjorden, ultime bras du fjord de Varanger (**Varangerfjorden**). S'y attarder permet de découvrir un autre aspect de la culture same, celle des Sames de la côte.

★ **Musée same de Varanger (Várjjat Sami Musea)** – *Sur la gauche de la route E 6, juste après l'embranchement avec la E 75 - Inggágoahti - 41 07 00 50 - dvmv.no/varanger-samiske-mus/hjem (en anglais) - de mi-juin à mi-août : 9h30-16h30 ; reste de l'année : lun.-vend. 10h-15h - 100 NOK.* Cet excellent petit musée présente de façon ludique, moderne et attrayante, à l'aide de diaporamas, de maquettes et d'écrans la vie traditionnelle des Sames des régions côtières. D'un point de vue à la fois archéologique (traces de la civilisation des premiers habitants de la région : armes en os, foyer et flèches remontant à l'âge de la pierre découverts dans une nécropole des alentours) et ethnologique. La présentation du milieu naturel et de ses hôtes (ours, nombreux dans la région de Kirkenes, loups...) précède celle de la société avec l'organisation du **siida**, mot désignant une communauté locale établie dans un village de tentes et le territoire sur lequel ses membres évoluent. Des objets de la vie quotidienne montrent, à l'aide d'intérieurs reconstitués, l'évolution

des Sames et l'intrusion de la modernité qui, dans la dernière partie du 20e s., a bouleversé un mode de vie séculaire.
Une librairie et une cafétéria complètent cet ensemble et, en été, une exposition de plein air sur les rives du fjord permet de découvrir habitat et bateaux traditionnels.

★ Escapade le long de la E 75 CD1-2

Le détour *(AR de 320 km)* est certes long pour qui a fait de Kirkenes son objectif, mais vos efforts seront récompensés (on trouvera des hôtels à Vardø et Vadsø). Cette route en bord de mer fait partie des 18 routes nationales touristiques *(nasjonaleturistveger.no/en/routes/varanger,* *p. 430)*, ce qui lui vaut d'être balisée çà et là de belles installations et réalisations architecturales – dont de superbes postes d'observation des oiseaux. C'est un itinéraire qui comblera les amateurs de paysages littoraux dits « désolés » et d'**ornithologie**.
De Varangerbotn, la **route E 75** qui longe la côte sur près de 150 km jusqu'à Hamningberg, offre de superbes panoramas sur les paysages côtiers. Elle traverse au passage la dynamique localité de **Vadsø** (4 600 hab.), où une majorité des habitants est d'origine kven, une ethnie finlandaise dont vous apprendrez l'histoire au musée local *(varangermuseum.no/en)*. Le village est un point de rendez-vous réputé parmi les ornithologues qui y convergent au début de l'été pour observer l'avifaune arctique, notamment sur la petite île de Vadsøya (accessible à pied par un pont) *birdingplaces.eu/en/birdingplaces/norway/vadso*.
La E 75 atteint ensuite l'important port de pêche de **Vardø** (1 800 habitants) où vous pourrez visiter les vestiges d'une petite forteresse (Vardøhus Festning) aux remparts en étoile. Plus inattendu, le saisissant mémorial aux 91 victimes des chasses aux sorcières du 17e s. : ce **Steilneset** *(tlj - gratuit)*, inauguré en 2011, fut dessiné par l'architecte suisse Peter Zumthor et l'artiste franco-américaine Louise Bourgeois (1911-2010), dont ce fut la dernière œuvre.
Au-delà de Vardø, l'étroite route Fv. 341 prolonge de 45 km l'itinéraire jusqu'à **Hamningberg**, village de pêcheurs abandonné dont les édifices colorés ont été remarquablement bien conservés (certains sont devenus des *cottages* de vacances) et séduisent les quelques touristes qui s'y rendent. Ces derniers y trouveront une impression de bout du monde, un endroit privilégié pour observer les oiseaux, une petite plage et même, en été, un café.
De retour à Varangerbotn, prenez la route E 6 vers Kirkenes, puis une route à gauche en direction du fjord.

Bugøynes/Bugøya D2

Ce petit port de pêche tire l'essentiel de sa prospérité des activités liées à la pêche et à la commercialisation du crabe royal. Bugøynes doit son cachet ancien au fait d'avoir, contrairement aux autres localités de la région, échappé par miracle aux destructions de 1944.
Revenez à la route E 6.

Kirkenes D2

visitkirkenes.info.
À quelques encablures des frontières finlandaise et russe, Kirkenes est un port du bout du monde, le terminus de l'Express côtier. Tout un symbole !
Posée au fond du Bøkfjorden qui ouvre sur la mer de Barents, cette cité industrielle, née de l'exploitation des mines de fer (jusqu'en 1996), se consacre désormais à la réparation de chalutiers russes dont les carcasses rouillées donnent à son port

l'allure d'un cimetière de bateaux. Mais aussi au tourisme et à la pêche aux crabes royaux, ce qui lui vaut le surnom de « King Crab City ».
Ville stratégique, elle fut très lourdement bombardée durant la Seconde Guerre mondiale. Le monument au Soldat soviétique *(situé Roald Admusends gate)* et celui aux Mères en temps de guerre dressé sur la place du Marché rappellent la dureté de l'époque. La ville moderne et uniforme n'a en conséquence que peu de charme. Pourtant, autour de ses divers petits lacs, son activité touristique est intense, en raison des **multiples activités de plein air** qu'elle propose, allant de la pêche au crabe royal à la balade en traîneau à chiens.
Musée du Sør-Varanger – *Førstevannslia - ✆ 92 24 25 62 - varangermuseum.no - de mi-juin à mi-août : 9h-17h ; reste de l'année : 9h-15h - 100 NOK.* Ce musée comprend plusieurs ensembles. Celui du **Grenselandmuseet** (musée frontalier) raconte l'histoire de la ville frontière, des mines et des temps de guerre. L'exposition donne une bonne idée de la violence et de l'intensité des bombardements subits par Kirkenes. S'y ajoute une galerie d'art présentant des œuvres de l'artiste same John Savio (1902-1938).

Carnet pratique

S'informer

nordnorge.com/en – Ce site rassemble toutes les informations sur la région.

Arriver/partir

En avion

C'est le seul moyen de rallier rapidement la Laponie. Les vols vers les aéroports secondaires sont opérés par Widerøe sur de petits avions à hélices.
Aéroport d'Alta (ALF) – *✆ 67 03 49 00 - avinor.no/en.* Vols SAS *(flysas.com)* et Norwegian *(norwegian.com)* pour Oslo ; vols Widerøe *(wideroe.no)* pour Hammerfest, Kirkenes, Sørkjosen, Vadsø, Tromsø... Bus vers la ville *(10mn. - snelandia.no)*
Aéroport de Kirkenes (KKN) – *✆ 67 03 53 00 - avinor.no/en.* Vols quotidiens pour Oslo (SAS et Norwegian) et Tromsø ; à l'intérieur de la Laponie, liaisons pour Lakselv, Meham, Vadsø, Alta, Vardø et Båtsfjord avec Widerøe. Taxis. Bus vers la ville *(2/j. - 20mn - barentsbuss.no/flybuss - 150 NOK)*

Se déplacer

Informations concernant les déplacements sur *reisnordland.no.*

En bus

Attention, la fréquence des liaisons régionales est limitée. Infos : *snelandia.no.*
Alta – Liaisons 1 à 3/j. vers Honningsvåg *(en été, 4h)*, Hammerfest *(2h30)*, Kautokeino *(2h)*, Karasjok *(5h)* et Kirkenes *(12h)*.
Kautokeino – Liaisons vers Alta et Karasjok.
Karasjok – Liaisons vers Alta et Kautokeino, Lakselv, Kirkenes et, en été seulement, Rovaniemi (en Finlande - *8h - eskelisen.fi/en*).
Kirkenes – Liaisons vers Alta, Hammerfest et Karasjok.

En voiture

Les stations-service sont rares en Laponie et les villes éloignées les unes par rapport aux autres : pensez à faire le plein dès que l'occasion se présente !

En Express côtier

L'Hurtigruten et les navires de la compagnie Havila font escale à Hammerfest, Havøysund, Honningsvåg, Kjøllefjord, Meham, Gamvik, Berlevåg, Båtsfjord, Vardø, Vadsø avant d'atteindre Kirkenes, son terminus (ou son point de départ) - *p. 158.*

Agenda

Barents Spektakel – En février à Kirkenes. Festival culturel (art, théâtre, concerts). *barentsspektakel.no.*

Finnmarksløpet – En mars. Entre Alta et Kirkenes, la plus longue course de traîneaux à chiens d'Europe, avec plus de 1000 km à parcourir. *finnmarkslopet.no.*

Festival same de Pâques à Kautokeino – Fête traditionnelle same célébrant la fin de l'hiver : concerts, concours de *joik* (chants traditionnels), championnat du monde de traîneaux attelés de rennes. Après ce festival démarre la transhumance de printemps, juste après la naissance des faons. *samieasterfestival.com.*

Varanger Festival – En août, à Vadsø. Festival de jazz, théâtre, art de rue. *varangerfestivalen.no.*

Nos adresses

Restauration

Voir aussi les restaurants des hôtels p. 330.

À Alta

Budget moyen

Stakeriet – *Markedsgata 18 - stakeriet.no - mar.-sam. 16h-22h - plats 400/450 NOK.* Bistrot moderne avec une carte éclectique (tapas nordiques, plats en sauce, burgers).

À Kautokeino

Budget moyen

Duottar Restaurant – *Biedjovággeluodda 2 - 78 48 70 00 - thonhotels.com - fermé le midi - plats 295/395 NOK.* Le restaurant gastronomique de l'hôtel Thon. Plats inspirés de la cuisine same (et internationale).

À Kirkenes

Budget moyen

Surf & Turf – *Dr Wessels gate 2 - 97 33 42 24 - tlj, service continu - plats 234/455 NOK.* Un restaurant simple et chaleureux, un peu pub, un peu bistro, où profiter d'une carte éclectique intégrant poissons et viandes locales.

Shopping

Bijoux en argent – Voir la **Juhl's Silver Gallery** près de Kautokeino *(p. 320).*

Activités

La Laponie propose des activités variées : kayak de mer, pêche en mer ou à la mouche, sorties à cheval, en bateau, à motoneige, en traîneau à chiens ou à rennes, survol en hélicoptère, ornithologie...

Si vous voyagez avec l'Express côtier, elles vous sont proposées aux escales.

Les grands espaces lapons sont également propices aux **randonnées**. Les offices du tourisme fournissent des cartes de chemins balisés, à ski en hiver, à pied en été (attention aux moustiques de juin à août). La plus belle relie Karasjok à Alta à travers le Finnmarksvidda, en 5 jours de refuge en refuge.

7

Alta et le Finnmarksvidda

D'Alta, Kautokeino et leurs alentours, nombre d'agences proposent des sorties en **traîneaux à chiens**. D'Alta, on peut aussi prendre part à un circuit en bateau sur l'**Altafjord** et autour de l'archipel ; peut être combiné avec une partie de pêche et se terminer par un festin composé de la prise de la journée *(se rens. à l'office de tourisme)*.

Engholm Husky Lodge - Sled dog Tours and Expeditions – *Karasjok - ✆ 91 58 66 25 - engholm.no.* Du Engholm Husky Lodge, excursions en traîneaux tirés par des huskies.

Cávžo Safari (Maze) – *Maze - ✆ 95 97 39 63.* Il organise des croisières sur la rivière *(durée 4/5h)* depuis le village de Maze.

KB (Kirsten Berit) Siida – *Karasjok - ✆ 41 85 50 18.* Envie de jouer au Père Noël ? Vous pourrez vous balader en traîneau tiré par un renne.

À Kirkenes et ses environs

Ornithologie – La région au nord de Kirkenes est connue des ornithologues pour ses colonies d'eiders, macareux et fous, mais aussi pour ses aigles de mer. Excursions au départ de Båtsfjord et Syltefjord vers Hornøya *(hornoya.com)* au départ de Vardø et de tout le Varanger *(visitvaranger.no)*.

Barents Safari – *Fjellveien 28, Kirkenes - ✆ 90 19 05 94 - barentssafari.no.* Sorties de pêche au cabillaud ou au crabe royal, randonnées à motoneige...

Taiga Kulturopplevelser – *Melkefossveien 112 - Pasvik - au sud de Kirkenes par la route 885 qui longe la frontière russe - ✆ 90 97 82 48 - birkhusky.no.* Promenades en traîneau à chiens ou en canoë sur le lac de Svanvik (Svanevatn), dîner sous lávvu, et possibilités d'hébergement.

Hébergement

Auberges de jeunesse (Norske Vandrerhjem) – *hihostels.no.* On en trouvera une dans le Finnmark, à Meham

À Alta

Premier prix

Alta Strand Camping & Apartments – *Steinfossveien 29 - ✆ 91 23 33 33 - ♿ - 100 empl. 390 NOK, 42 cabines à partir de 600 NOK et 10 apparts. à partir de 1200 NOK.* Ouvert toute l'année.

Budget moyen

Scandic Hotel Alta – *Løkkeveien 61 - au centre-ville - ✆ 78 48 27 00 - scandichotels.com - 🏊 ♿ - 241 ch. 1418/1799 NOK ☕ - 🍴.* Confort et chaleur au cœur de la Laponie. Cet hôtel moderne possède en outre un bon restaurant de cuisine locale.

Une folie

Sorrisniva Igloo Hotell – *Sorrisniva 20 - Alta Friluftspark, à 20 km sur la route de Kautokeino - ✆ 78 43 33 78 - sorrisniva.no - de mi-déc. à déb. avr. - 26 ch. 5 250 NOK ☕ (avec sauna le matin) - 🍴.* Voici le fameux hôtel de glace *(☛ p. 318)*, reconstruit et décoré différemment chaque année. Une attraction locale ! Vous passerez la nuit couché sur un bloc de glace (avec un peu de neige pour adoucir les choses) et protégé du froid par des peaux de rennes. Les salles de bains et autres commodités se trouvent dans un bâtiment annexe, en bois et chauffé. Restaurants Maku et Lavvu attenants.

À Kautokeino

Premier prix

Arctic Motel og Camping – *Suomalota 16 - au sud de la ville - ✆ 48 04 09 97 - arcticmotel.com - empl. 300 NOK et 25 ch. et hytter*

1150 NOK. Compte un camping en été, des hytter et quelques chambres.

Budget moyen

Thon Hotel – *Biedjovággeluodda 2 - ✆ 78 48 70 00 - thonhotels.no - ♿ - 65 ch. à partir de 1 793 NOK ☕ - ✕.* Ce bel hôtel, situé en plein centre-ville, propose des chambres bien aménagées au décor soigné.

À Karasjok

Premier prix

Karasjok Camping – *Avjuvargeaidnu 654 - ✆ 97 07 22 25 - karacamp.no - 3 ch. 1600 NOK et 100 empl. 400 NOK.* Basique mais central.

Engholm Husky Lodge – *✆ 91 58 66 25 - www.engholm.no - hytter et chalets à partir de 2 200 NOK - ☕ 200 NOK - serviettes, sauna en suppl.* Il se trouve à 6 km en allant vers Kautokeino. Au sein d'un élevage de chiens de traîneau (le propriétaire des lieux a remporté sept fois la Finnmarksløpet), des hytter charmants décorés sur le thème arctique. Sauna, restaurant (menu lapon).

Budget moyen

Scandic Hotel – *Leavnnjageaidnu 49 - ✆ 78 46 88 60 - scandichotels.no - ♿ - 88 ch. 1617/1899 NOK ☕ - ✕.* Près du Sápmi Park, cet hôtel de grand confort est doté d'un sauna et même d'un observatoire pour admirer les aurores boréales. Très bon petit-déjeuner. À tester également, le Storgammen *(juin-août)*, un restaurant aménagé dans un lávvu (tente traditionnelle same).

À Kirkenes

Pour se faire plaisir

Scandic Kirkenes – *Kongens gate 1-3 - ✆ 78 99 59 00 - scandichotels.no - 🏊 ♿ - 90 ch. 1799/2 299 NOK ☕ - ✕.* Donnant sur la place centrale, un hôtel moderne et confortable.

Thon Hotel Kirkens – *J. Knudzens gate 11 - ✆ 78 97 10 50 - thonhotels.no - ♿ - 143 ch. 1729/2 713 NOK ☕ - ✕.* Cet hôtel au décor soigné est sans aucun doute la meilleure option à Kirkenes.

À Vadsø, Vardø et Hamningberg

Le long de cet itinéraire au nord du Verangerfjord, on trouvera notamment un hôtel **Scandic** *(scandichotels.no)* à Vadsø.

À Vardø, optez pour un isolement garanti sur l'île d'Hornøya, au pied du **phare** *(hornoya.com/stay)*, où vos seuls voisins seront les macareux et les pygargues... À **Hamningberg**, vous logerez dans d'anciennes maisons de pêcheurs.

Le cap Nord ★★★

Avec sa falaise à pic qui affronte les vagues et le vent, le cap Nord, ultime objectif pour nombre de voyageurs en Norvège, possède toutes les caractéristiques d'un bout du monde. Peu importe s'il n'est topographiquement pas le point le plus septentrional du continent et si le tourisme de masse contrarie un peu la rencontre… Son pouvoir d'attraction est réel. Quelle que soit l'impression que vous laissera ce lieu symbolique, les terres nues soumises aux éléments que l'on traverse pour l'atteindre assurent une fin de parcours en apothéose. À moins que le brouillard n'accapare le premier rôle…

Se repérer

CARTE P. 314-315.
Nordkapp.
Le cap Nord se situe sur l'île de Magerøya, tout au bout de la route E 69. La ville la plus proche, Honningsvåg, est à 35 km.

Organiser son temps

C'est sous le **soleil de minuit** que le cap Nord relève encore un peu plus du mythe. Cependant, la très forte pression touristique gâche un peu la magie du lieu. Désormais, le tourisme d'hiver se développe et nombreux sont ceux qui, en plus d'atteindre le cap, veulent admirer les aurores boréales.

Carnet pratique p. 336

Nos adresses p. 337

En route vers le cap Nord

CARTE P. 314-315

Circuit de 350 km, tracé en bordeaux sur la carte. Compter 3h30 de route pour aller de Alta au cap Nord par la route E 6, puis par la E 69.

Hammerfest A2

Strandgata 29 - 78 41 21 85 - visithammerfest.no.
Détruite en 1944-1945, cette cité côtière de 11 338 habitants, importante escale de l'Express côtier, est devenue depuis 2007 le portail norvégien pour l'exploitation des hydrocarbures en zone arctique avec l'ouverture de l'usine de liquéfaction de Melkøya. Le gaz du gisement de Snøhvit (Blanche-Neige), à 140 km au large, y

Havøysund et la route 889

Aimantés par le cap Nord, beaucoup de visiteurs négligent les autres richesses de la région, dont le superbe itinéraire côtier qui relie Kokelv (par la route 889 depuis Smørfjord) à **Havøysund** (65 km plus au nord). Ce parcours, qui se termine en impasse, suit un magnifique littoral rocheux qu'adoucissent çà et là une plage (Selvika), une lande et ses lacs… et aboutit à un joli port de pêche, escale de l'Express côtier. L'itinéraire, l'une des 18 routes nationales touristiques, est ponctué de belles réalisations contemporaines.
nasjonaleturistveger.no/en/routes/havoysund, voir aussi p. 430.

Le cap Nord.
onairda/Getty Images Plus

est transformé en gaz liquide, ce qui permet son transport. Autre moteur économique, l'industrie de surgélation de poissons qui emploie nombre des habitants de cette cité animée où l'on trouve tous les services souhaités.
Strandgata, parallèle au front de mer, et Hamnegata, près du quai de l'Express côtier, concentrent la majeure partie des commerces et restaurants. Ce front de mer revit grâce à l'**Arctic Culture Center** *(Arktisk kultursenter - aks.no)*, un édifice édifié sur le site de l'ancienne usine de la célèbre marque suédoise Findus.
Le port est fermé au nord par une péninsule, où a été érigée une petite colonne, **l'arc géodésique de Struve** (Meridianstøtten), un réseau de triangulations mis au point entre 1810 et 1855 par l'astronome Georg Wilhelm Struve. De par son importance dans la mesure de la taille et la forme de la Terre, l'arc est classé par l'Unesco *(whc.unesco.org/fr/list/1187)*.
On trouvera non loin la **Société royale de l'ours polaire (Isbjørnklubben)**, une attraction où l'on entretient le souvenir des chasses et pêches arctiques *(Strandgata 29 - ✆ 78 41 21 85 - juil.-août : 9h-18h ; reste de l'année : se rens. - gratuit)*.
Musée de la Reconstruction du Finnmark et du Nord-Troms (Gjenreisningsmuseet for Finnmark og Nord-Troms) – *Kirkegata 19 - ✆ 78 40 29 40 - kystmuseene.no (en anglais) - de déb. juin à mi-août : 10h-16h ; reste de l'année : 10h-15h (11h-14h le w.-end) fermé du 25 déc. au 2 janv. - 95 NOK.* Il expose de façon saisissante la détresse d'une région dévastée par la guerre et la folie meurtrière du IIIe Reich.
Du centre-ville, empruntez le sentier très prisé des joggeurs de Gammelveien : balisé depuis l'office du tourisme ou le musée, il permet d'apprécier la nature environnante *(4,5 km, 1h30 de marche)*.
Revenez à la route E 6, puis prenez sur la gauche la E 69.

Au bord de l'E 69 qui longe le vaste **Porsangerfjord** se dressent des parois rocheuses stratifiées, auxquelles l'érosion a donné des formes impressionnantes. *L'accès à l'île de Magerøya s'effectue par un tunnel de 7 km et à 212 m sous la mer.*

Île de Magerøya B1

Au bout de Magerøya, l'île la plus septentrionale de la Norvège continentale, le cap Nord pointe droit vers le Svalbard et le pôle, à 2000 km de là, en plein océan Arctique. C'est une île austère et dénudée : sa pauvre végétation consiste principalement en lichens et en mousses qui font le délice des rennes venus y prendre leurs quartiers d'été en traversant le détroit de 3 km séparant l'île de la presqu'île de Porsanger ; cependant, le climat (relativement) doux permet à des espèces alpines et à de petites orchidées de fleurir en été et d'apporter une note de couleur contrastant avec la roche sombre.

Les mers autour de Magerøya sont parmi les plus riches au monde en poisson et assurent depuis des siècles leurs moyens d'existence aux insulaires. De nos jours, le poisson se fait plus rare et de nombreux villages de pêcheurs ont été abandonnés. Il ne reste que les trois principaux, abrités au fond d'une anse, Honningsvåg au sud, Gjesvær à l'ouest et Skarsvåg au nord, eux aussi entièrement détruits en 1944-1945. Aujourd'hui, le tourisme est devenu le moteur de l'économie locale.

Honningsvåg – Du village ancien, seule l'église a survécu à la guerre. Escale de l'Express côtier, Honningsvåg est le plus grand port de pêche du Finnmark et l'un des centres de pilotage les plus importants de la côte. Au cœur de cette charmante localité, le **musée du Cap Nord (Nordkappmuseet)** abrite des expositions permanentes sur le tourisme au cap Nord depuis le 17e s., l'histoire de la pêche le long des côtes du Finnmark et le mode de vie à Magerøya *(✆ 78 47 72 00 - kystmuseene.no (en anglais) - juin-août : tlj 11h-16h ; reste de l'année : lun.-vend. 11h-14h30 - 90 NOK).*

Le port est le point de départ d'excursions vers des hameaux de pêcheurs désertés ou des réserves ornithologiques, ainsi que d'expéditions en pleine mer à bord de grands canots pneumatiques qui peuvent atteindre une vitesse de 30 nœuds.

★★ **Safari ornithologique depuis Gjesvær** – *Birdsafari AS - Nygårdsvei 38 - Gjesvær - ✆ 41 61 39 83 - birdsafari.no (en français) - mai-août : tlj (sur réserv. en mai et dernière quinz. d'août) - de 1 à 3 dép./j - 990 NOK (durée 2h).* Gjesvær, port de la côte occidentale de Magerøya, est le point de départ d'une excursion à bord d'un bateau de pêche à destination de la **réserve naturelle de Gjesværstappan**, à 15 km à l'ouest du cap Nord. La réserve s'étend sur trois îles rocheuses, Storstappan, Kirkestappan et Bukkestappan, sur lesquelles nichent mouettes, cormorans,

Les frasques d'un (futur) roi au cap Nord

Alors âgé de 22 ans, le futur **Louis-Philippe**, après avoir abandonné les armées révolutionnaires et refusé d'intégrer l'armée des émigrés, découvrit le cap Nord en 1795. Il ne se serait pas contenté d'admirer le paysage puisqu'aujourd'hui, à Tana Bru, des familles prétendent descendre directement de celui qui allait prendre en 1830 le titre de roi des Français. Est-ce en souvenir de ses ébats que, en 1838, il fit don aux habitants de Måsøy d'un buste en bronze à son effigie ? Victime de la Seconde Guerre mondiale, le buste original a été remplacé par une copie offerte par la France et aujourd'hui placée dans le bâtiment édifié sur le promontoire du cap Nord.

Puristes du bout du monde

Le cap Nord décrit ici n'est pas en réalité le point le plus au nord du continent. Celui-ci se situe un peu plus à l'ouest, à **Knivskjellodden** à 71°11'08, soit 1 500 m plus au nord que le cap Nord. Ce site peut être atteint par un sentier balisé de 9 km (AS) qui part de l'E 69.

pingouins, fous de Bassan, fulmars, pétrels, guillemots de Troil et une grande colonie de macareux, soit quelque 360 000 oiseaux. Vous admirerez les plongeons hardis et les acrobaties de ces oiseaux s'installant sur les îles Stappan avec une régularité étonnante : le 6 avril, ils arrivent par vagues successives et à 18 heures précises, ils se précipitent tous ensemble vers les falaises où ils vont nicher !
Le bateau se faufile entre les nombreux écueils, qui sont parfois à peine visibles. Des phoques se prélassent près des rochers, dans les eaux peu profondes, tandis que des pygargues volant très haut se précipitent sur les nids d'autres espèces. Vous pourrez vous adonner à la pêche tout en visitant la réserve.
De Honningsvåg suivez la E 69 vers le nord, jusqu'au bout.
Entre Honningsvåg et le cap Nord, une route sinueuse qui semble ne mener nulle part traverse le **plateau du cap Nord**, parmi des collines dénudées, parsemées de cratères remplis d'eau gelée. Elle donne indéniablement un avant-goût de l'expérience qui attend le visiteur. Le plateau est souvent enveloppé dans le brouillard, mais celui-ci peut soudain se lever et dévoiler l'immensité de l'Océan, vaste étendue qui s'étire sur 2 000 km entre le cap et le pôle Nord.

★★★ Découvrir le cap Nord

CARTE P. 314-315 B1

Promontoire impressionnant s'avançant dans l'océan Arctique, le **cap Nord**, point le plus septentrional (ou presque, encadré ci-dessus) du continent européen, est situé à 71° 10' 21"de latitude nord.

Un peu d'histoire

Son ancien nom était Knyskanes et les Russes l'appelaient Murmanski Noss, « cap des hommes du Nord ». Mais en 1553, Richard Chancellor, explorateur anglais qui tentait de trouver un passage vers la Chine par le nord-est, lui donna son nom actuel. Le cap Nord était depuis longtemps un point de repère pour les marins, pêcheurs, baleiniers ou pirates lorsque, au 17e s., il devint une véritable attraction touristique. Francesco Negri, prêtre originaire de Ravenne, fut probablement, en 1665, le premier visiteur. Après la visite en 1873 du roi Oscar II de Suède et de Norvège, Thomas Cook inaugura le premier voyage organisé au cap Nord. Jusqu'en 1956, les touristes arrivaient par mer, débarquaient au pied de la falaise et devaient ensuite affronter la montée raide jusqu'au plateau, ce que les plus sportifs ne manqueront pas de faire...

★★★ Le cap (Nordkapp)

Malgré la beauté du site, beaucoup de visiteurs sont déçus. Non pas par le cadre naturel, qui colle à l'idée que l'on se fait d'un cap du bout du monde, mais par l'affluence (jusqu'à 1h du matin en été) et par l'exploitation commerciale du lieu. Vous devrez, pour accéder au site, acheter un coûteux billet d'entrée. On peut aller à pied (gratuitement) jusqu'au bord de la falaise et apercevoir la paroi rocheuse à pic qui plonge dans la mer 307 m plus bas. Le globe, érigé près du bord pour capter les rayons du **soleil de minuit**, fait partie du paysage du cap Nord. En 1988, sept enfants de différents pays réalisèrent des dessins sur le thème de la paix et du soleil : ces derniers ont été reproduits sur sept dalles rondes sous le nom *Enfants de la Terre* pour symboliser l'unité des peuples du monde.

Nordkapphallen

78 47 68 60 - visitnordkapp.net/en - de mi-mai à mi-août : 11h-1h ; reste de l'année : se rens. - 330 NOK valable pour 24h et comprenant le prix du parking.
Il faut s'acquitter du billet d'entrée, même pour aller au bar ou à la boutique.
Ce complexe de quatre étages, construit en 1988, est partiellement dissimulé dans le flanc de la falaise. Vous pourrez y assister à une **projection** illustrant, sur un écran de 225°, les divers aspects du cap Nord et de son environnement. Une terrasse, la **Grotte**, a été creusée dans le roc ; elle pointe vers le nord et offre une vue de l'immensité qui s'étend au-delà du cap. Une Poste permet d'envoyer une inévitable carte postale gratifiée d'un tampon spécial.
En retrait se trouve un amphithéâtre doté de fenêtres panoramiques et d'un bar. Une petite **chapelle** œcuménique vouée à saint Jean a été creusée au cœur de la falaise : meublée de façon design, elle baigne dans une lumière bleue évoquant celle de la nuit polaire et, semble-t-il, propice à la méditation. Nombre de Norvégiens viennent spécialement au cap Nord pour y célébrer leur mariage... avant, pourquoi pas, de le consommer dans la fameuse **suite 71° 10' 21**... À l'étage supérieur, un **restaurant** propose des spécialités du Nord.

Carnet pratique

S'informer

Office du tourisme du cap Nord – *Fiskeriveien 4D - Honningsvåg - 78 47 70 30 - nordnorge.com.*
Voir aussi au **Nordkapphallen**.

Arriver/partir

Informationssur les moyens de transport : *reisnordland.no.*

En avion

Aéroport de Hammerfest (HFT) – *67 03 50 50 - avinor.no/en*. Vols Widerøe *(wideroe.no)* notamment de/vers Tromsø, Alta, Honningsvåg, Kirkenes, Meham, Vardø et Vadsø. Taxi jusqu'au centre-ville 130 NOK.
Aéroport de Valan/Honningsvåg (HVG) – *67 03 51 19 - avinor.no/en*. Vols Widerøe *(wideroe.no)* de/vers Hammerfest, Kirkenes, Vadsø, Mehamn ou Tromsø. Taxi jusqu'au centre-ville 110/120 NOK.

En Express côtier

L'Hurtigruten et les navires d'Havila font escale à Hammerfest, Havøysund et Honningsvåg. Ce sont les trois ports les plus proches du cap Nord (*p. 158*).

En bus

snelandia.no.
De Hammerfest – Liaisons vers Karasjok *(4h)* et Kirkenes *(11h)*, Alta *(2h30)*, Honningsvåg *(3h - correspondance pour le cap Nord en été)*.
De Honningsvåg – Liaisons vers Alta et Hammerfest. Bus pour le cap Nord *(de mi-mai à mi-sept. - 2 à 3/j. en 45mn)* qui permettent de passer 1h30 à 2h sur place. En été, bus pour Karasjok puis Inari et Rovaniemi en Finlande *(1/j. en 12h - eskelisen.fi/en)*.

Agenda

À Honningsvåg – En juin, le **marathon du cap Nord** et le **Festival du cap Nord** attirent une foule considérable.

Nos adresses

Restauration

À Hammerfest

Premier prix

Kaikanten – *Sjøgata 2 - ✆ 78 41 26 34 - 12h-1h - 200 NOK.* Décor et ambiance de pub, où se réchauffer avec une bière et une pizza.

À Honningsvåg

Budget moyen

NOR – *Holmen 6b - mar.-sam. 12h-18h (vend.-sam. 23h) - plats 200/400 NOK.* Un bistrot agréable où goûter (entre autres) au fameux crabe royal.

Hébergement

À Hammerfest

Premier prix

Storvannet Camping – *Storvannsveien 103 - ✆ 78 41 10 10 - nafcamp.com - de fin mai à mi-sept. - camping-car 265 NOK, caravane 275 NOK, voiture + tente 250 NOK, moto + tente 230 NOK, piéton + tente 225 NOK, hytter à partir de 510 NOK.* À 15mn à pied du centre-ville.

Smarthotel – *Strandgata 32 - ✆ 41 53 65 00 - smarthotel.no - ♿ - 164 ch. à partir de 1 000 NOK (☕ 195 NOK, gratuit si réserv. en ligne)* - ✕. Modernes et fonctionnelles, les chambres de cette petite chaîne norvégienne offrent pour beaucoup de très belles vues.

Budget moyen

Thon Hotel – *Strandgata 2-4 - ✆ 78 42 96 00 - thonhotels.no - ♿ - 103 ch. à partir de 1468 NOK ☕* - ✕. Confortable, mais sans surprise. Restaurant.

Scandic Hammerfest – *Sørøygata 15 - ✆ 78 42 57 00 - scandichotels.com - ♿ - 85 ch. 1438/1899 NOK ☕* - ✕. Au grand confort des chambres s'ajoutent de belles vues sur le port. Restaurant (spécialités de poissons).

À Honningsvåg

Premier prix

Nordkapp Camping – *Skipsfjord 20 - ✆ 78 47 33 77 - nordkappcamping.no - de mai à sept. - 12 ch. 830 NOK, 3 bungalows 1460 NOK, caravane 220 NOK, tente + voiture/moto 220 NOK, tente 220 NOK.* À 8 km sur la route du cap. On paie avant tout... pour le lieu.

Pour se faire plaisir

Scandic Bryggen – *Vågen 1 - ✆ 78 47 72 50 - scandichotels.com - ♿ - 42 ch. 1359/2 747 NOK ☕* - ✕. Moderne et confortable. Autre hôtel Scandic, superbement situé sur le port, juste devant l'embarcadère de l'Express côtier.

Activités

L'office du tourisme de **Hammerfest** loue des vélos électriques, organise des visites guidées et vous orientera vers des prestataires de balades en bateau ou de « chasse » aux aurores boréales.

Destination 71° Nord – *Fiskeriveien 8 - Honningsvåg - ✆ 47 28 93 20 - 71-nord.no.* Très nombreuses activités proposées toute l'année, en mer ou sur terre.

7

Aurore boréale à Tromsø.
mantaphoto/Getty Images Plus

COMPRENDRE LA NORVÈGE

La Norvège aujourd'hui

Les Norvégiens, certes discrets mais ô combien fiers de leur pays, sauront vous surprendre… et vous pourriez bien les envier. Si la géographie complexe du pays fut longtemps synonyme d'isolement et de division, ils ont su s'en inspirer et en tirer le meilleur. Depuis que le pétrole coule à flots, ils ont imaginé à force d'innovation et d'audace une société modèle, prospère et égalitaire, et hissé leur belle nation tout en haut des classements mondiaux en matière de qualité de vie et de libertés individuelles. Quelle revanche pour le pays le plus pauvre du continent au début du 20e s. !

Les Norvégiens

Une des caractéristiques communes à tous les Scandinaves est leur **fierté nationale**, qui ne se limite pas à ce drapeau que l'on hisse volontiers devant sa maison.

Fondée sur un amour ancestral de la terre, elle se traduit par un attachement aux valeurs traditionnelles et par la nostalgie de la vie rurale d'autrefois, comme en attestent les multiples musées vivants et de plein air. De même, les Scandinaves préservent leur patrimoine, qu'il soit architectural (églises en bois debout) ou immatériel (danses et chants populaires, fêtes traditionnelles).

Alimentée par un optimisme et par une certaine confiance en un modèle social, cette fierté n'est cependant jamais méprisante envers l'étranger.

Éduqués dans une perspective d'autonomie et d'indépendance comme dans le respect d'autrui, les Norvégiens sont très individualistes, mais leur **sens civique** développé tempère leur désir de liberté totale. Cette attitude positive est évidente en matière de protection de l'environnement, d'implication dans la vie associative mais aussi dans la vie quotidienne : le respect du code de la route ou des biens collectifs illustre ce trait de caractère.

Une autre caractéristique des Norvégiens est leur **efficacité** légendaire. L'ambition qui les pousse à mener leurs entreprises à bien est cependant canalisée par leur passion pour **l'égalité**. Leur attachement viscéral à cette notion d'égalité les a poussés à élaborer une société solidaire où la différence entre hauts et bas salaires est (relativement) minime et la protection sociale une des plus avancées au monde.

Enfin, si on attribue souvent à de la timidité la réserve que manifestent au premier abord les Norvégiens, cette retenue est largement compensée par un sens parfait de l'hospitalité.

La démographie

Resté à l'écart des grandes invasions en raison de sa situation géographique, le pays a pu conserver pratiquement intacte l'homogénéité de sa population, jusqu'à la fin du 20e s. Les Norvégiens descendent donc en grande majorité des **Vikings**.

Rue commercante de Stavanger.
Photo Beto/Getty Images Plus

Concentrée dans le sud du pays, la population est de nos jours à 83 % urbaine (50 % en 1960).
L'**immigration**, quasiment inexistante il y a encore peu de temps, a débuté à partir des années 1960, puis de façon plus marquée au début des années 1990 : aux Turcs, Pakistanais, Vietnamiens, Polonais ont succédé Afghans, Irakiens, Somaliens, Érythréens, Syriens, Lituaniens, Roumains et Ukrainiens.
La Norvège a réaffirmé cette politique d'accueil durant les années 2010-2020, mais en durcissant les conditions d'obtention de la nationalité (loi de janvier 2022) et en prenant des mesures contre le dumping social. Parallèlement, les communes sont incitées à accueillir les demandeurs d'asile, réfugiés et populations déplacées. La part des étrangers, estimée à 20 % de la population, influence désormais le mode de vie locale, dans le domaine de l'emploi, de la culture ou de la restauration, l'un des secteurs les plus abordables pour les étrangers, dans un marché du travail en manque de main-d'œuvre mais difficile pour les non-Européens. Les Polonais représentent la communauté étrangère la plus importante, suivie des Lituaniens.
Statistiques de la population norvégienne sur le site ssb.no

Quelques chiffres

Population : 5 550 200 hab.
Avec une **espérance de vie** de 83 ans, 17 % des Norvégiens ont plus de 67 ans.
Densité : 16 hab./km², c'est l'une des plus faibles du continent.

La langue norvégienne

Lexique p. 442.

Le norvégien est une **langue germanique** proche du suédois et du

Les drugstores norvégiens

Les enseignes de la chaîne de minimarchés (ouverts tard le soir) **Narvesen** sont indissociables des paysages urbains norvégiens. Fondée en 1894 comme maison de presse par B. N. L. Narvesen (1860-1939), la compagnie compte désormais 350 magasins à travers le pays. On y trouve toujours la presse locale et internationale, mais aussi de l'alimentation, des objets d'utilité quotidienne, une billetterie, des confiseries (beaucoup de confiseries...) et des snacks.

danois, ce qui a contribué à préserver des liens étroits entre les trois pays.

Deux langues écrites officielles assez similaires se côtoient. Le **bokmål**, majoritaire, est très proche du danois qui avait supplanté les dialectes locaux durant les siècles de tutelle. Le **nynorsk** combine différents dialectes. Leur coexistence date du 19e s. quand, en pleine période d'éveil national, on n'est pas parvenu à décider quelle langue adopter pour affirmer l'identité du pays.

Le visiteur remarque bien vite les quelques lettres particulières de l'alphabet norvégien : **æ** (prononcer èè), **ø** (eu) et **å** (o).

Les **langues minoritaires** sont légalement respectées. L'État reconnaît depuis 1987 les droits linguistiques des **Sames**. Quant au **finnois**, il jouit du statut de seconde langue dans les comtés où résident les Kvènes (Troms, Finnmark).

La religion et les croyances

Environ 65 % des Norvégiens revendiquent leur appartenance à l'église luthérienne de Norvège, mais seuls 35 % se considèrent « religieux ». Le luthéranisme était religion d'État jusqu'en 2012. La liberté de culte est garantie par la loi.

La **mythologie nordique**, ses dieux et son cortège de trolls, de géants et d'elfes, fut combattue lors de la christianisation. Pourtant, les créatures surnaturelles n'ont jamais vraiment cessé de peupler l'imaginaire et le folklore.

L'unité nationale et les spécificités régionales

Oslo a rattrapé son retard sur les autres capitales scandinaves. Pourtant, malgré cette aura grandissante et la concentration de 20 % de la population nationale, la capitale décentrée « n'écrase » pas le reste du pays. La complexe géographie norvégienne n'a jamais permis, en effet, un contrôle total du territoire. Du fait de la situation isolée de certaines régions, dans les fjords, les îles et les vallées reculées, un fort esprit d'initiative et d'indépendance a perduré.

Les régions s'affirment par le biais de la culture, du sport (performances d'équipes locales), de l'économie, des initiatives en matière de développement durable ou de la politique sociale. Et des villes comme Stavanger, Trondheim ou Bergen rayonnent à l'échelle continentale.

Une qualité de vie exceptionnelle

Une rente pétrolière très bien gérée (*p. 357*) et qui profite à tous, une démocratie modèle, un sens civique très développé, un système éducatif performant et une nature aussi formidable que généreuse... tel est le cocktail quasi parfait qui permet aux Norvégiens de jouir d'une qualité de vie parmi les plus élevées au monde et d'être au sommet du classement de l'ONU en termes d'indice de développement humain.

L'enfance et l'éducation – Au royaume de Norvège, le roi...

c'est l'enfant. Tout est prévu pour eux : espaces de jeux, menus spéciaux, équipements adaptés, musées, etc. L'État assure aux enfants des **droits** importants : respect en tant qu'individu, éducation, priorité de son intérêt en cas de divorce. La scolarité est gratuite (dans le public) et obligatoire de 6 à 16 ans. Outre l'acquisition de connaissances, le petit Norvégien apprend le respect, l'égalité et la responsabilité, qui sont les fondements de la société norvégienne à laquelle il est incité à apporter sa pierre.

Le rapport au travail et aux loisirs – Vivre à la norvégienne, c'est aussi (tenter de) **ne pas devenir esclave de son travail**. La journée de travail commence tôt afin de finir vers 16h ou 17h. Et ces dernières années, grâce à un niveau de vie enviable, beaucoup choisissent de réduire leur temps de travail.

Dès l'arrivée des beaux jours, les travailleurs peuvent même terminer encore plus tôt, notamment le vendredi, pour mieux profiter des journées un peu plus longues et de la lumière, après l'automne noir et l'hiver froid.

Les Norvégiens attachent beaucoup d'importance à leurs **loisirs** et à leur **vie de famille**. Les enfants, jusqu'à ce qu'ils atteignent l'âge scolaire (6 ans), fréquentent des crèches et des garderies. Ce système mis en place à partir des années 1970 permet à la grande majorité des femmes de travailler à plein temps ; le congé parental a parallèlement été considérablement élargi.

Le confort intérieur – Design, ouverture à la modernité, vous trouverez en Norvège de grands amateurs d'objets tendance, qui apporteront un soin particulier à l'aménagement de leur intérieur avec souvent un grand standing, beaucoup d'espace, de lumière, un confort ultramoderne et du mobilier de qualité pour les longues et impitoyables soirées d'automne et d'hiver.

L'amour de la nature

Oui, nous aimons ce pays
Qui se dresse, rude, tempétueux
Au-dessus de l'océan [...].

Les premiers mots de l'hymne national (*p. 346*) traduisent l'admiration et le respect des Norvégiens pour leur territoire sauvage. Cette proximité, cette imbrication même, est une clef essentielle pour aborder et comprendre ses habitants. Sous le modernisme le plus militant se cache toujours un amour tout aussi exclusif pour la nature et la simplicité.

Ici, la nature n'est jamais loin – aux portes même de la capitale – et on en profite quelle que soit la saison. On skie pour se déplacer et pour le plaisir d'entendre crisser la neige. Une fois le printemps venu, on prend d'assaut son **cabanon** *(hytte)* dans l'archipel ou au bord des fjords. Mais l'image des **hytter** dénués d'électricité voire d'eau courante appartient en grande partie au passé : ceux d'aujourd'hui disposent de tout le confort et sont parfois même « contrôlés à distance » par des citadins désireux de trouver un cabanon chauffé à leur arrivée.

Le « kos », ou le bien-être à la norvégienne

Tout le monde a entendu parler du *hygge* danois, cet art de vivre qui consiste à profiter de chaque petit plaisir du quotidien. Les Norvégiens ont leur propre notion du bonheur, et un mot pour en parler : le **kos** (prononcez « cousse »). À chacun sa définition du *kos* : savourer un roulé à la cannelle lové dans le canapé, descendre une piste de ski entre amis, dîner en famille... L'important est de se sentir en sécurité, au chaud et avec ceux que l'on aime.

C'est quand le soleil?

Les Norvégiens qui en ont les moyens migrent dès que possible sous des latitudes où le ciel est plus bleu. Adeptes des séjours en club de vacances, ils profitent des vols bon marché qui, du moindre aéroport régional, les mènent sur les plages turques ou espagnoles, voire plus éloignées encore. L'historique compagnie SAS affrète des vols charters à cet effet. Auxquels il faut ajouter la centaine de destinations proposées par les compagnies *low cost* Norwegian et Norse.

Une terre de sportifs

Associé à l'amour de la nature, l'**engouement pour le sport** est lié à une pratique qui bénéficie de conditions des plus favorables : beaucoup d'espace, souvent à proximité du domicile, de l'eau à volonté pour faire de la voile, du ski nautique, du canoë ou du radeau, du poisson en abondance pour tous les genres de pêche, de la neige et de la glace en quantité pour s'adonner aux sports d'hiver. La plupart des enfants et des adolescents norvégiens sont membres d'un club de sport. Le pays s'est par ailleurs doté d'**équipements de qualité**. Ici, les complexes sportifs sont vastes, nombreux et ultramodernes. De petites villes comme Molde ou Sogndal possèdent des stades de football que bien des clubs européens pourraient leur envier.

Les rois de la neige

La participation massive aux courses de ski de fond, comme la **Birkebeiner**, démontre l'intérêt généralement porté aux sports d'hiver. De nombreux champions de ski de fond, ski alpin, patinage de vitesse et saut à skis sont d'ailleurs Norvégiens, comme le biathlète **Ole Einar Bjørndalen** (né en 1974), qui possède le plus grand palmarès de l'histoire du biathlon avec huit titres olympiques. **Marit Bjørgen** (1980) a, quant à elle, remporté 114 titres sur le circuit mondial de ski de fond, tandis que **Therese Johaug** (1988) fut quatre fois championne olympique. **Sonja Henie** (1912-1969), une patineuse sur glace, remporta dix titres de championne du monde et trois médailles d'or olympiques. Le patineur de vitesse **Oscar Mathisen** (1888-1954) fait figure de héros national avec cinq titres mondiaux.

Le ski : un art de vivre

En Norvège, le ski, bien plus qu'un sport, est un mode de vie vieux de 4 000 ans, comme en témoignent les **gravures rupestres**. L'homme préhistorique utilisait des skis pour aller à la chasse et à la pêche et, récemment encore, c'était le seul moyen de transport en hiver, dans les régions les plus isolées. Les **sagas islandaises** du Moyen Âge décrivent le ski comme un moyen courant de voyager et il suffit de savoir qu'il y avait un dieu et une déesse du ski dans la mythologie nordique pour comprendre l'importance que l'on y attachait. Quant au peuple autochtone, les Sames, ils avaient coutume d'utiliser des skis pour garder leurs troupeaux de rennes sur les hauts plateaux.

Le ski moderne fut inventé en tant que sport vers 1870, dans la province de **Telemark**, par **Sondre Norheim** (*encadré p. 101*) qui mit au point des attaches fixes, modifia la forme des skis et perfectionna sa propre technique connue sous le nom de télémark : il pouvait tourner dans tous les sens en maintenant un ski devant l'autre ; il pouvait aussi sauter et atterrir en pliant les genoux pour amortir le choc, comme on le fait encore aujourd'hui.

Skieurs sur un sommet dans le Jotunheimen.
silkfactory/Getty Images Plus

Quant à **Lasse Kjus** (né en 1971), champion de ski alpin (un titre olympique et trois championnats du monde), il a prouvé que les Norvégiens savent aussi skier… sur les pentes, tout comme Kjetil André Aamodt (1971), Aksel Lund Svindal (1982) ou Andrine Flemmen (1974). Fort de cette tradition, le pays a accueilli les **JO d'hiver** à Oslo en 1952 et à Lillehammer en 1994.

Les sports collectifs

Chez les hommes comme chez les femmes, le **football** et le **handball** sont les sports qui dominent. L'équipe féminine de handball possède de loin le plus beau palmarès national : double championne olympique (2008, 2012), quadruple championne du monde (1999, 2011, 2015, 2021) et neuf fois vainqueur du titre européen (notamment en 2022) ! Quant aux footballeuses, elles ont dominé la discipline dans les années 1990, remportant le championnat d'Europe en 1987 et 1993, la Coupe du Monde en 1995, et le titre olympique en 2000. Les hommes affichent un palmarès moins étoffé. Mais footballeurs, handballeurs et hockeyeurs participent fréquemment aux phases finales des compétitions internationales. Les premiers furent deux fois huitièmes de finaliste du Mondial (1938, 1998). Le **championnat de football national** (Eliteserien - *eliteserien.no*), fondé en 1937, regroupe 16 équipes d'élite. Le club du Rosenborg BK (Trondheim) est de loin le plus titré. Parmi les grands noms du football norvégien, citons **Odd Iversen** qui détient le record national du plus grand nombre de buts inscrits en une saison, **Tore André Flo** qui fit les beaux jours de Chelsea (1997-2000) et **Ole Gunnar Solskjær** qui resta fidèle à Manchester United de 1996 à 2007 avant d'entraîner le Molde FK, (club champion en 2011 et 2012). Aujourd'hui, les phénomènes **Martin Ødegaard** (né en 1998) et **Erling**

Haaland (né en 2000) collectionnent les buts dans leur club respectif.

Les autres disciplines

Le cycliste **Thor Hushovd** s'est distingué à plusieurs reprises, notamment dans les Tours de France 2005 et 2009, en remportant le maillot vert du meilleur sprinteur à Paris, et en gagnant le titre de champion du monde de cyclisme sur route en 2010. En 2013, il s'impose lors de la première édition de l'Arctic Race, une épreuve dont le succès populaire – également criant lors du Tour de Norvège – montre l'engouement local pour la Petite Reine.

Aux beaux jours, les joggeurs envahissent les parcs. Plusieurs marathons sont organisés à travers le pays, et la course Trondheim-Oslo est considérée comme l'une des plus difficiles du monde. L'athlétisme fournit des champions comme la marathonienne Grete Waitz (1953-2011), le lanceur de javelot **Andreas Thorkildsen**, double médaillé d'or olympique (2004 et 2008), **Karsten Warholm**, médaillé d'or du 400 m haies aux championnats du monde (2017, 2019, 2023) et aux JO de Tokyo en 2021, ainsi que la fratrie **Ingebrigtsen** (Jakob, Henrik et Filip) multimédaillée en demi-fond.

Citons également le joueur de tennis **Capser Ruud** (né en 1998) qui a en 2022, atteint le 2e rang mondial.

Enfin, la Norvège se distingue au niveau international dans les **compétitions d'échecs**, avec notamment le prodige **Sven Magnus Øen Carlsen** (né en 1990), Grand maître à tout juste 13 ans et n° 1 mondial de 2013 à 2023.

La vie politique et l'actualité

Les symboles nationaux

Drapeau – Son actuelle version date de 1821, quand on inclut une croix bleue à la croix blanche du *Dannebrog*, le drapeau danois qui flotta sur le territoire du 14e au 19e s. Ce dernier daterait de 1219 (l'un des plus anciens du monde) et traduirait la vision du roi Valdemar II : une croix blanche sur un ciel de feu, lors d'une bataille. Le choix du bleu par les Norvégiens peut être interprété comme une volonté de reprendre les couleurs des grands pays démocratiques de l'époque. Comme dans les autres pays scandinaves, certains organismes utilisent un drapeau à queue-d'aronde à deux ou trois pointes.

Armoiries – Y figure, sur fond rouge, un lion d'or coiffé d'une couronne, brandissant une hache et entouré du cordon de l'ordre de St-Olav, le saint patron norvégien.

Hymne national – Le texte de *Ja, vi elsker dette landet* (« Oui, nous aimons ce pays ») est composé en 1863 par l'écrivain (prix Nobel en 1903) et homme politique **Bjørnstjerne Bjørnson** qui traduit alors l'aspiration à l'indépendance et à la liberté des Norvégiens qui l'adoptent d'emblée. Il est ensuite mis en musique par le jeune compositeur Rikard Nordraak et devient hymne officiel l'année suivante, en 1864, à l'occasion du cinquantième anniversaire de la Constitution.

Devise du roi – *Alt for Norge* (« Tout pour la Norvège »).

La démocratie parlementaire

La Norvège a adopté un système démocratique d'inspiration indubitablement nordique. Il s'agit d'une **monarchie constitutionnelle héréditaire** : le souverain, qui reste à la tête de l'Église norvégienne, n'a aucun pouvoir politique mais incarne l'idée de la Nation, raison pour laquelle il est respecté. **Harald V** (né en 1937) est roi depuis 1991.

Le **pouvoir exécutif** est confié au gouvernement qui comprend le

Premier ministre et son cabinet, choisis au sein de la majorité et responsables envers un Parlement à chambre unique élu tous les 4 ans. Les **médiateurs** jouent un rôle actif dans la protection des droits de l'individu contre tout abus de pouvoir de la part de l'Administration. Parallèlement au gouvernement central, un système complexe de gouvernement local gère entre autres l'enseignement, le logement, la culture et les loisirs. La **décentralisation** est ici une réalité !
Depuis l'indépendance, les partis travailliste (le plus souvent) et conservateur (sporadiquement) alternent au pouvoir.
Depuis quelques années, on observe une montée de la droite populiste (Parti du progrès) qui prend une part grandissante dans les débats. En 2013, les conservateurs remportent les élections législatives en s'associant à ce dernier. La coalition de gauche, qui avait su garder le pays à l'écart de la crise financière, doit donc s'effacer. En septembre 2017, les conservateurs sont reconduits de justesse au pouvoir, avec toujours Erna Solberg à leur tête. Son gouvernement vit au gré des défections et des réintégrations de divers partis formant la coalition.
Lors des dernières élections législatives, qui ont eu lieu en septembre 2021, le Parti travailliste arrive en tête et forme, avec le Parti du centre, un gouvernement minoritaire conduit par le Premier ministre Jonas Gahr Støre (1960), connu sur la scène internationale pour avoir été ministre des Affaires étrangères de 2005 à 2012.
Les élections municipales et régionales de 2023 ont été marquées par une montée des conservateurs et de la droite populiste. Les prochaines élections législatives se tiendront en septembre 2025.

Une société modèle ?

Même si les choses ne sont pas si simples, la société norvégienne paraît stable, très bien organisée et, dans l'ensemble, confiante dans l'avenir. C'est pourquoi le pays est souvent cité comme un modèle de société, caractérisé par un taux de **prélèvements sociaux** élevé, mais aussi, en contrepartie, par la multiplication d'équipements collectifs et d'aides aux plus démunis. Par exemple, les détenus sont amenés à préparer concrètement leur réinsertion. Les chômeurs et les retraités bénéficient d'un soutien conséquent et d'un revenu minimal important, qui permettent notamment de subvenir aux dépenses de santé très coûteuses. Pour les premiers, on propose des formations et une aide à la recherche de travail. Le **taux de chômage,** qui était de 3,4 % en mai 2019, a grimpé jusqu'à 5,2 % en 2022 (dans le sillage de la crise provoquée par la pandémie mondiale) avant de redescendre à 3,8 % en 2024. Le pays, en manque de main-d'œuvre dans certains secteurs, fait appel à des travailleurs immigrés.
La Norvège n'a pas échappé au développement des idées libérales, avec de nombreuses déréglementations dans les années 1990, notamment dans les domaines des télécommunications ou de l'énergie. Mais on considère que **le pays a réussi à concilier capitalisme et progrès social**, assurant aux citoyens un niveau de vie élevé, grâce notamment à la gestion intelligente et maîtrisée de sa rente pétrolière (☞ *p. 357*). La force de ce modèle : le fameux pragmatisme nordique.

Le pragmatisme nordique

C'est le fondement des grands principes sociaux en Norvège, toujours basés sur des applications concrètes et des bénéfices directs pour l'ensemble de la communauté.

Ce pragmatisme touche tous les domaines de l'action sociale.
Les Norvégiennes ont acquis le droit de vote en 1913, parmi les premières au monde. Le pays, précurseur de la **parité** en Europe, favorise l'aménagement du temps de travail pour les mères de jeunes enfants et a mis en place un système de quotas dès les années 1970. Si le Parlement compte 45 % de femmes (2021), elles restent encore minoritaires parmi les dirigeants des administrations locales et des entreprises privées.
En 1981, le pays fut l'un des premiers à voter une loi condamnant les discriminations envers les lesbiennes et les homosexuels. Le mariage entre personnes du même sexe devient légal dès 2009.

Les enjeux et les débats

Valeurs démocratiques à l'épreuve – Le pays a été terriblement éprouvé le 22 juillet 2011 par le double attentat signé d'un terroriste d'extrême droite norvégien : voiture piégée dans le centre de la capitale puis assassinat à l'arme automatique de 69 jeunes participant à un camp d'été des jeunesses travaillistes, sur l'île d'Utøya non loin d'Oslo. Anders Behring Breivik, 32 ans, n'a jamais exprimé de remords et a revendiqué ce massacre au nom « de la résistance au multiculturalisme et au marxisme culturel ».
Si, au lendemain de l'attentat, les Norvégiens ont réaffirmé leur ferme attachement aux valeurs démocratiques et à la tolérance, la politique menée depuis quelques années, tout en confirmant les acquis du passé sur l'accueil des réfugiés et les demandeurs d'asile, durcit les règles d'acquisition de la nationalité. La question migratoire reste à la une dans les médias. Et, profitant des peurs suscitées par les crises internationales, l'extrême droite investit le champ politique.

Signe d'un choc profond, les habitants d'Utøya ont refusé le projet de mémorial de l'artiste suédois Jonas Dahlberg, arguant du fait qu'ils ne voulaient pas revivre en permanence ce traumatisme. Un autre monument, listant le nom et l'âge des victimes, a été inauguré à Oslo en 2018.

Le pétrole, le gaz et l'environnement – Bien que la gestion raisonnable des revenus de l'or noir vise à préparer l'après-pétrole (industries dites vertes, tourisme...), les Norvégiens craignent le tarissement de leur source de prospérité. En conséquence, la prospection s'intensifie pour trouver de nouveaux gisements, le long du littoral nord du pays et en Arctique, dans la mer de Barents. La ville d'Hammerfest pourrait ainsi devenir le « Stavanger du Nord ». Mais cabillaud ou pétrole... il faut choisir ! Les possibles implantations de plates-formes pétrolières, parfois proches des côtes, rencontrent l'opposition des pêcheurs et des écologistes (*Économie p. 356 et Environnement p. 370*). Ceux-ci ont vécu une victoire historique en 2019, lorsque le parlement a renoncé à forer dans l'archipel des îles Lofoten, aux réserves pétrolières sous-marines estimées entre 1 et 3 milliards de barils.
En janvier 2024, la Norvège a voté une loi autorisant la prospection minière des fonds marins (ici, autour de l'archipel du Svalbard), avec pour objectif la recherche de métaux et de terres rares. Et ce, afin de garantir sa transition énergétique tout en atténuant la dépendance européenne envers la Chine. Un pactole potentiellement gigantesque pour le pays ! Mais cette initiative – possiblement dévastatrice pour les écosystèmes – inquiète les scientifiques. Et souligne, un peu plus encore, ce que de plus en plus

de Norvégiens considèrent comme une hypocrisie : le financement d'une politique « verte » par les exportations d'énergies fossiles et de produits miniers.

Pour suivre l'actualité norvégienne : *www.newsinenglish.no* et *www.norwaynews.com* (en anglais).

À l'international

La Norvège est membre fondateur de l'ONU, dont le premier secrétaire général, **Trygve Lie** (1946-1952) était norvégien. Le pays adhéra à l'Otan dès sa naissance, en 1949.

Le Danemark, la Norvège et la Suède tentent souvent d'adopter des positions communes en matière de relations internationales. Leur coopération est fondée sur une entière liberté d'opinion, une confiance et un respect mutuels ainsi qu'un sens aigu de la justice. Avec l'Islande et la Finlande, ils forment aussi depuis 1954 une **Union nordique** qui leur permet de circuler, travailler, s'établir librement sans passeport et de bénéficier des mêmes droits sociaux d'un pays à l'autre. Les cinq pays se partagent même un seul bâtiment pour abriter leurs ambassades à Berlin.

Leur **engagement pour la paix** dans le monde est une tradition déjà ancienne, symbolisée par le prix annuel de la Paix institué par **Alfred Nobel** (mais aussi par l'action de certains Scandinaves engagés dans les instances internationales comme Fridtjof Nansen ou Dag Hammarskjöld) et soutenue par l'organisation d'événements internationaux comme la conférence d'Helsinki sur la sécurité et la coopération en Europe (1975), et la conférence de Stockholm sur le désarmement en Europe (1986).

La **Norvège** joue un rôle de premier plan sur la scène diplomatique depuis le début des années 1990, du Proche-Orient au Sri Lanka. Le pays accorde en outre une **aide importante aux pays en voie de développement** et montre un souci constant de la protection de l'**environnement**.

Dès 1959, la Norvège est devenue membre de l'AELE (Association européenne de libre-échange), organisation créée à l'initiative de la Grande-Bretagne pour contrebalancer la Communauté économique européenne. En 1973, la Suède et la Norvège signaient un accord de libre-échange. Pourtant, en 1994, les Norvégiens refusaient par référendum l'adhésion à l'Union européenne, comme ils l'avaient déjà fait en 1972.

La question reste sensible et la classe politique ne veut pas précipiter un nouveau référendum. Les sondages d'opinion montrent en effet que 75 % des Norvégiens s'y opposent. Pourquoi ce rejet ? Le prospère pays craint pour sa stabilité, son modèle et sa liberté de gestion des ressources naturelles. Les Norvégiens font valoir leur droit à refuser la croissance à tout prix et estiment qu'être membre de l'espace Schengen et qu'apporter une aide réelle aux pays en difficulté intègre suffisamment la Norvège au concert des nations et fait taire ceux qui l'accusent d'« isolationnisme égoïste ».

L'**actualité récente** – entre pandémie, guerre en Ukraine et nouveaux enjeux internationaux – relance le débat d'une adhésion à l'UE et conforte l'importance stratégique de la Norvège pour l'Otan (port de Trondheim, frontières avec la Russie). Ses voisins finlandais et suédois ont sauté le pas et rejoint l'Organisation du traité de l'Atlantique nord respectivement en 2023 et 2024.

Traditions populaires

Peu peuplée et de mentalité encore très rurale, la Norvège, comme les autres pays scandinaves, cultive avec ferveur ses traditions populaires, symboles de l'identité nationale, et évoque son passé avec une nostalgie qui n'empêche pas un goût affirmé pour la modernité.

Les fêtes

Leurs origines remontent souvent aux traditions païennes, comme la **Saint-Jean**, jour du solstice d'été, même si cette fête est moins célébrée que chez les voisins suédois : ce jour-là, on allume de grands feux et l'on mange (et boit) dehors, du moins lorsque le temps veut bien être de la partie.

Les **fêtes de Noël**, connues sous le nom de **Jul**, sont restées plus proches de la tradition dans les campagnes qu'à la ville : dans les fermes, une bière *(juleøl)* est brassée tout spécialement et les convives lèvent leur verre le soir de Noël en prononçant le célèbre *skål* (« À votre santé ! »), comme le faisaient il y a mille ans leurs ancêtres vikings. Une profusion de décorations colorées, où dominent les rouges et les verts, éclaire la période de Noël ; le 24 décembre est le jour le plus important, celui des cadeaux.

La **fête nationale** a aussi une signification spéciale en Norvège où le 17 mai, jour de l'Indépendance et de la Constitution, est célébré avec ferveur. C'est aussi une sorte de festival de printemps où les enfants jouent le rôle principal en défilant avec un petit drapeau.

Le folklore

La culture rurale se traduit par un art varié et haut en couleur, qui fleurit encore aujourd'hui. Des **contes**, trouvant leur inspiration dans le surnaturel et transmis de génération en génération, ont de tout temps excité l'imagination des Norvégiens qui parlent encore avec affection de personnages légendaires tels que les **trolls**, ces habitants des montagnes, vieux et laids, affublés de nez énormes, que l'on ne peut voir que la nuit et qui ont le pouvoir de changer d'apparence afin de tromper les humains ; il est, dit-on, sage de ne pas provoquer leur colère ! Les **vettar** (esprits) sont de petits êtres malicieux qui habitent sous terre ou à l'intérieur des montagnes. Les **lutins**, quant à eux, sont des êtres aimables qui veillent sur les fermes et ne cessent de se disputer.

Voir aussi p. 373 pour le folklore same.

L'artisanat

L'art et l'artisanat s'épanouissent sous différentes formes, dont la sculpture sur **bois** et la peinture. Aux 18ᵉ et 19ᵉ s., les paysans décoraient l'intérieur de leurs maisons et de leurs remises en peignant sur les murs, sur le mobilier et sur les ustensiles d'usage courant

La coutume du « Russefeiring »

Le *Russ* était le nom donné au jeune diplômé qui, libéré de ses obligations scolaires, fêtait l'événement… spectaculairement. Cette tradition précède désormais l'examen mais le principe demeure le même : se lâcher, oublier ses inhibitions, transgresser règles et tabous pour créer un joyeux chaos. Bref, boire énormément, se battre à coups de pistolet à eau ou se battre tout court, relever des défis volontairement idiots, revêtir d'énormes salopettes personnalisées (rouge pour la filière générale, blanche pour la médecine, verte pour la filière agricole, etc.) et sillonner la ville à bord de curieux camions… et ce pendant 17 jours et nuits, du 1er au 17 mai, jour de la fête nationale. Et ensuite, les étudiants s'attaquent à leurs révisions !

des motifs polychromes à fleurs et à feuilles de vigne ou en tentant parfois de représenter des paysages ou des scènes religieuses. Ce style de décoration fut très populaire dans le Telemark. On trouve aussi de splendides exemples de sculpture sur bois réalisés par des paysans pendant leurs loisirs.
On travaille également l'**argent** pour confectionner des bijoux d'inspiration viking. En visitant le Finnmark, vous découvrirez l'artisanat same avec ses costumes colorés et ses fameux couteaux.

Les costumes

De nouveau à la mode, vendus dans des boutiques spécialisées et portés lors de la fête nationale, d'événements locaux ou familiaux, ces costumes *(bunader)* sont apparus avec le « romantisme national » qui a accompagné l'éveil du pays à l'indépendance. Les citadins ressentent alors le besoin de glorifier ce qui compose l'identité norvégienne. Si les matériaux (lin, coton, laine, soie) sont identiques d'une région à l'autre, la coupe, le style, les couleurs et les éléments décoratifs de ces costumes inspirés des tenues paysannes varient selon la région, voire le fjord ou la vallée. Des bijoux en argent et des broderies de fleurs et de feuilles, que l'on trouve aussi représentés sur le mobilier traditionnel, les personnalisent.

Les nombreux musées de plein air (Lillehammer, Molde, Ålesund…), où des villages traditionnels entiers sont reconstitués, illustrent cet attachement des Norvégiens à leur passé comme à la vie rurale. Le musée du Folklore norvégien dans la péninsule de Bygdøy à Oslo (*p. 49*) en est l'exemple le plus accessible. Outre les bâtiments qui y ont été transférés, il conserve d'extraordinaires collections qui permettent une approche presque exhaustive de la richesse et de la diversité de l'art populaire des régions norvégiennes.

Hyttetur

Mais cette vie rurale traditionnelle, les Norvégiens la vivent aussi, sinon au quotidien, du moins pendant le week-end et durant les vacances. Été comme hiver, les Norvégiens des villes se dispersent dans la nature et rejoignent leur *hytte* (*p. 343*). Durant cet « exode » appelé *hyttetur*, un seul mot d'ordre : se rapprocher de la nature en pratiquant diverses activités (pêche, sports de glisse, randonnée, navigation) volontiers agrémentées d'une bonne séance de sauna.

Saveurs locales

Morue, boulettes de viande, chou et pommes de terre… les Norvégiens ont longtemps accommodé sans grande imagination les denrées locales disponibles. Mais aujourd'hui, si on ne voue pas encore un culte au repas comme c'est le cas en France ou en Italie, on exploite au mieux les poissons d'une fraîcheur incomparable, les gibiers, les baies et d'excellents produits laitiers.

Voir aussi Restauration p. 430.

Le(s) pain(s) quotidien(s)

Les Norvégiens consomment une **grande variété de pains**, très différents de ceux vendus dans les boulangeries françaises. Les *bagels, ciabatta* et *focaccia* sont servis le midi sous forme de *smørbrød* (« sandwichs ouverts »), et le pain de mie congelé a la faveur de nombre de locaux, mais les meilleurs sont les excellents pains complets (seigle, épeautre) ou les pains noirs légèrement sucrés qui accompagnent les poissons fumés, ainsi que les divers types de pains plats *(flatbrød)*, sortes de pains azymes parfois légèrement fumés, ou les craquantes variétés de *knekkebrød*, popularisées par la marque suédoise Wasa. Sachez que les « vraies » boulangeries villageoises sont fort rares.

En direct de la mer

Le **poisson** et les **fruits de mer** sont l'une des bases de la cuisine norvégienne. Le **saumon** local *(laks)* et la truite sont souvent servis pochés avec une noisette de beurre et du persil ou simplement grillés. Le **cabillaud**, et sa version salée et séchée la **morue**, se prépare de diverses manières : épicée et en sauce tomate à Kristiansund, en *boknafisk* (avec lard, pommes de terre et beurre fondu) dans le Grand Nord, plus souvent en *lutefisk* dont les Norvégiens sont friands. L'espèce appelée « skrei » vient frayer dans les Lofoten entre janvier et avril et fait l'objet d'une pêche artisanale séculaire à bord de petites embarcations : les *sjarks*.

Le poisson se consomme aussi en boulettes *(fiskeboller)*, en soupe (*fiskesuppe*, spécialité des Lofoten et de Bergen), mariné, fermenté et fumé (saumon et cabillaud, mais aussi anguille, maquereau et hareng). Goûtez au *gravlax (*saumon mariné à l'aneth) et au hareng salé (accompagné d'un verre d'aquavit). Les crustacés et les fruits de mer les plus fréquemment consommés sont le homard, le crabe et les crevettes. Steacks de baleine *(hval)* et de phoques *(sel)* sont parfois encore au menu, mais la consommation locale baisse et le sujet reste sensible *(p. 372)*.

Pour les carnivores

Le porc et le bœuf sont appréciés en ragoûts, boulettes et lors des sacro-saints barbecues estivaux. L'**agneau** *(lam)*, dont les troupeaux paissent en quasi-liberté, est sans doute ce que la Norvège a de mieux à offrir. Ne manquez pas le *fenalår*, du gigot salé et séché, le *fårikål,* un ragoût au chou assez épicé, et le *morr*, une saucisse fumée. Le terme *spekemat* désigne l'ensemble des viandes séchées et fumées.

Chasseurs-cueilleurs

La forêt et la toundra offrent toutes sortes de produits qui, pour le visiteur qui en a les moyens, seront de belles découvertes. On goûtera l'**élan** *(elg)* en rôti ou en pâté, et le **renne** *(reinsdyr)*, servi fumé, en burger ou en escalope, alors accompagné d'airelles. Dans la région de Tromsø, les œufs de mouettes accompagnés de bière Mack *(måsegg og-mackøl)* représentent un mets de choix. Les sous-bois et les zones humides regorgent de champignons mais surtout de **baies** *(bær)* qui constituent d'excellents desserts : les airelles *(tyttebær)*, les myrtilles *(blåbær)* et les douces *multer*, des mûres arctiques jaune orangé qui poussent dans le Finnmark. Les baies sont servies mélangées à de la crème fraîche battue *(multekrem)*.

Les fruits et légumes

Grâce à de coûteuses subventions qui permettent de préserver l'agriculture locale, le pays produit des fruits *(frukt)* et des légumes *(grønnsaker)* vendus à des tarifs bien supérieurs à ceux importés du sud de l'Europe. La région des fjords – favorisée par son microclimat et déjà exploitée au temps des Vikings – est le **verger norvégien** : rhubarbe, pommes de Leikanger, fraises de Valldal, cerises de Lofthus. Quant aux **légumes**, mis à part la pomme de terre, ils font très souvent office de décoration. Le chou et le panais, rapportés d'Angleterre par les Vikings, et les mélanges surgelés (carottes, brocolis) sont les plus consommés.

Les produits laitiers

Si l'offre est peu variée, ils sont excellents et assez bon marché. On trouvera des yaourts et du *skyr* (fromage blanc maigre et épais). Le **fromage** le plus commun est le *jarlsberg*, inspiré de l'emmental suisse, et produit depuis le 19e s. aux alentours d'Oslo. Il se caractérise par un léger goût de noisette et a un grand succès à l'exportation (vers les États-Unis). Plus intéressants, voire étonnants, les fromages de chèvre du village d'Undredal, le *gammelost,* fromage à pâte molle mais que l'on sert très mature ce qui lui donne un goût puissant, le *pultost* parfumé au carvi et le fameux *brunost*, un vrai-faux fromage au goût qui évoque le... Carambar (*encadré ci-dessous*) !

Les plaisirs sucrés

Les Norvégiens aiment le sucre sous toutes ses formes et à toute heure. Les gaufres *(vafle)* et les crêpes épaisses *(pannekake)*,

Un fameux fromage brun (qui n'en est pas un)

Vous aurez forcément remarqué au petit-déjeuner ou au rayon des produits laitiers des commerces locaux le **brunost** (ou *geitost*) (« fromage brun »), fromage à la couleur étrange et qui ressemble à un savon de Marseille... Derrière ce nom générique se cachent plusieurs spécialités, de la recette traditionnelle de la vallée de Gudbrand (12 % de lait de chèvre) au *Ekte Geitost* (100 % chèvre). Il garnit les sandwichs et surtout les crêpes, celles du matin ou celles que l'on avale en nombre lors des voyages en ferry. Sucré et assez pâteux... une tranche fine suffit. D'où l'utilité de l'**ostehøvel**, un couteau à fromage en forme de spatule, inventé en 1925 par un menuisier de Lillehammer, un souvenir norvégien à rapporter de votre voyage.

accompagnées de baies et de crème, fourrées de *brunost* ou de sucre à la cannelle, sont des en-cas populaires, tout comme les *boller*, de petites brioches rondes, nature ou aux raisins (et souvent insipides). L'été, on se promène une glace *(iskrem)* à la main, nappée et décorée de bonbons variés. Parmi les autres desserts : *riskrem* (crème de riz accompagnée de sauce aux baies), *tilslørte bondepiker* (pommes cuites, crème fouettée et miettes de pain grillé) et divers gâteaux *(kake)* aux amandes ou aux fruits. Quant au chocolat, on le consomme en barres et en bonbons très sucrés, produits par la marque nationale Freia, fondée en 1889.

Les boissons

Eau, jus et sodas

L'**eau minérale** est hors de prix ; celle du robinet est fraîche et excellente. Les **sodas** sont bus en grande quantité. Ne manquez pas les **jus à base de baies**.

Alcools

On consomme beaucoup d'alcool, notamment le week-end, malgré un coût prohibitif. La **bière** *(øl)*, essentiellement blonde, légère et d'inspiration allemande, est la boisson nationale avec ses classiques Ringnes, Hansa, Mack ou Aass. Aux côtés de ces géants, les **micro-brasseries** se multiplient, pour le plus grand plaisir des Norvégiens et des touristes qui les dégustent dans les bars ou lors d'un des nombreux festivals spécialisés *(Ølfestivalen)*. Citons Kinn *(à Florø)*, Lervig *(Stavanger)*, 7 Fjell *(Bergen)*, Molo *(Ålesund)*, l'omniprésente Nøgne ø *(Grimstad)*, Amundsen *(Oslo)* ou Eik & Tid *(Oslo)*, l'une des rares à n'utiliser que des ingrédients 100 % locaux. Liste non exhaustive... Goûtez aussi les **cidres** (de pomme ou de poire), spécialités des villages des fjords. Quant au vin, très cher, il gagne en popularité... au point que, réchauffement climatique oblige, on produit depuis peu du vin blanc (cépages allemands résistants) dans le Telemark ou au bord du Sognefjord. Une activité amenée à se développer...

L'**aquavit** *(akevitt)* est une eau-de-vie à base de céréales ou de pommes de terre, fortement alcoolisée. L'aquavit Linie, typiquement norvégienne, a la réputation d'être l'une des meilleures. Pour obtenir sa saveur de fût de bois si caractéristique, le breuvage voyage jusqu'en Australie aller-retour, en bateau : le tangage, les variations de température et la durée du voyage font maturer l'alcool.

La bière (celle à moins de 4,7 %) s'achète en supermarché, mais les

Les tubes, toujours un succès !

Vous serez surpris, au supermarché, par la variété des tubes de pâtes à tartiner. Plus que pour leurs qualités nutritives ou gustatives, les tubes sont plébiscités pour leur facilité d'utilisation, de stockage et, surtout, de conservation. Un vrai plus dans un pays où beaucoup d'activités se font en extérieur. C'est en 1917 que le Norvégien Olav Kavli, à la tête d'une fabrique de fromage et de conserve, décide de vendre son **kaviar** (sorte de tarama local) non plus en conserve, mais en tube. Étaler ses œufs de cabillaud sur du pain croustillant devient alors un jeu d'enfants ! Fort de son succès, il lance le tube de **primula** (fromage à pâte molle) associé à d'autres aliments (bacon, crevettes, viande de renne...). Aujourd'hui, les déclinaisons sont infinies et tous les Norvégiens ont un tube dans leur sac à dos.

Surgelée mais grandiose

Les Norvégiens seraient les premiers consommateurs européens de **pizzas surgelées** avec 5 kg/personne par an (0,7 kg en France). Elles sont vendues partout et consommées à toute heure. L'historique Grandiosa (ou Grandis), créée par une firme de Stranda en 1980, semble remporter tous les suffrages au point de postuler au titre de plat national !

alcools forts ne se trouvent que dans les magasins d'État Vinmonopolet. Pour acheter ou consommer, il faut avoir 18 ans pour la bière et le vin, 20 ans pour les alcools forts.

Café en quantité

Les Norvégiens sont les seconds consommateurs de café au monde (derrière les Finlandais) avec 160 litres/personne par an. Expresso, au lait, long ou à l'américaine, on le trouve partout. Chaque ville compte des établissements chaleureux et une nouvelle génération de micro-torréfacteurs passionnés.

Les repas

Les Norvégiens mangent beaucoup et tout le temps ! Le **petit-déjeuner** est un repas consistant et varié qui comprend différentes sortes de pains, du beurre, du fromage, du concombre et des tomates, du jambon ou de la charcuterie, des crevettes ou du poisson fumé. On mange aussi beaucoup de céréales et de fruits. La bouillie d'avoine *(havregrøt)*, servie avec du lait et des airelles ou du sucre et du beurre fondu, a ses inconditionnels.

Le **déjeuner** *(lunsj)* se réduit le plus souvent à un simple mais copieux *smørbrød* (tartine), ou une salade. Le **dîner** *(middag)*, repas principal, est pris du milieu de l'après-midi au début de la soirée. Il comprend un plat de viande ou de poisson, des légumes et un dessert. Il peut être complété par un en-cas *(kveldsmat)* vers 21h.

Les hors-d'œuvre variés à la scandinave, trop copieux de nos jours, sont devenus un repas en eux-mêmes, sous forme de **buffet** offrant un large choix de viandes froides, de fruits de mer, de salades, d'un ou deux plats chauds, de fromages et de desserts. Cette formule, appelée *koldtbord* en Norvège, est souvent proposée le soir dans les hôtels, les restaurants ou lors de fêtes.

La malbouffe

Pizzas, hamburgers, hot-dogs, glaces, viennoiseries industrielles, sucreries, fromage aromatisé ou poisson en tube... Les Norvégiens mangent toute la journée. Pourtant, les cas d'obésité sont relativement rares tant le climat et le mode de vie permettent de brûler les calories.

Les goûts changent

Du fait d'un niveau de vie élevé, de voyages à l'étranger et d'une population immigrée, une partie des Norvégiens s'ouvre de plus en plus aux cuisines du monde. Les restaurants qui proposent des saveurs étrangères se multiplient. Des **festivals** consacrés à la cuisine, aux spécialités régionales ou aux vins apparaissent. Stavanger s'affiche ainsi désormais comme une destination qui se « déguste » et organise en juillet le Gladmat (*p. 170*). Oslo n'est pas en reste avec sa Mathallen (*p. 47 et 65*), un marché pour gastronomes très réussi. La Norvège compte également 20 restaurants **étoilés** dans le Guide Michelin en 2024, dont deux 3-étoiles.

Économie

Dopée par la rente pétrolière et gazière, l'économie norvégienne affiche une croissance positive, des revenus des ménages en constante augmentation et un taux de chômage bas. Si le pétrole et le gaz assurent une grande partie des revenus nationaux, les secteurs traditionnels que sont la pêche, la construction navale et l'agriculture (certes très subventionnée) occupent encore une partie des actifs. Le tourisme et l'industrie de pointe placent le pays sur le devant de la scène internationale.

Du capitalisme social

L'exploitation de l'hydroélectricité et la découverte du pétrole en mer du Nord en 1969 ont bouleversé l'économie norvégienne, aujourd'hui considérée comme un exemple réussi de **capitalisme social**. L'État, volontairement interventionniste, et les marchés, qui jouissent d'une certaine liberté, semblent combiner leurs intérêts avec réussite. Le pays peut se permettre de soutenir par des subventions et une fiscalité allégée des secteurs traditionnels moins rentables que sont la pêche, certaines industries et surtout l'agriculture. C'est une politique qui évite la disparition d'activités locales et contribue à **maintenir la vitalité de toutes les régions**.
La recherche et l'innovation en matière de développement durable, induites par les techniques de pointe nécessaires à l'exploitation des ressources, bénéficient aussi d'aides gouvernementales qui permettent d'anticiper et d'investir à long terme pour « l'après-pétrole ».

Les secteurs traditionnels

La pêche norvégienne

Depuis des siècles, la Norvège profite de ses 21000 km de côtes et d'eaux parmi les plus poissonneuses du monde. Près de 4 millions de tonnes de poissons sont pêchées chaque année – provenant de l'**élevage** (plus de 77 %) et de la **pêche** (moins de 23 %). 95 % de la pêche des grands ports spécialisés sont exportées vers l'Europe, l'Amérique du Nord et le Japon. L'**industrie de transformation** (conditionnement, fumage, surgélation) occupe encore des dizaines de milliers d'actifs.
La **pêche traditionnelle** et son mode de vie séculaire tendent à disparaître. Sur les 10 000 navires immatriculés, seuls 1000 fonctionnent toute l'année, pour la plupart d'énormes bateaux-usines qui écument les mers du globe. La crainte de ne plus maîtriser ses quotas et ses zones de pêche explique le rejet d'une adhésion à l'Union européenne.
La **pisciculture** s'est largement répandue le long des côtes. Près de 1350 zones d'aquaculture sont recensées. On y élève principalement des saumons et des truites, mais aussi du cabillaud, du flétan, du loup et des crustacés.
C'est au nom de sa connaissance et de sa gestion – qu'elle estime raisonnable – des ressources marines que la Norvège continue à pratiquer la **chasse à la baleine et au phoque**.

La saga de l'or noir

L'un des pays les plus pauvres d'Europe au début du 20e s., s'est mué grâce à la manne pétrolière et gazière en un richissime État.

Tout commence à Ekofisk

Depuis des siècles, les poissons pêchés au large de ses côtes font vivre la Norvège. Mais un fabuleux trésor se cachait un peu plus profondément encore. La découverte du gisement d'**Ekofisk**, à la pointe sud des eaux territoriales norvégiennes, a lieu en 1969. En 1972, la **Statoil**, société d'État, est créée pour gérer l'exploitation.

Les premières années d'exploitation ne se font pas sans drames : accidents de plates-formes, ouvriers contaminés par des produits toxiques, plongeurs tués ou souffrant des effets à long terme de la plongée profonde... Pourtant, les forages effectués en haute mer portent rapidement leurs fruits. La Norvège apprend, se spécialise et devient experte dans l'extraction, les activités en amont (construction de plates-formes *off-shore*) et en aval (pétrochimie).

Le pétrole et le gaz représentent 80 % des exportations. Mais les réserves ne sont pas éternelles et on estime qu'en 2050 les dernières « gouttes » seront extraites d'Ekofisk, le premier forage norvégien.

La prospection se poursuit. Le pays regarde au nord, en **zone arctique** où la Russie et bien d'autres nations se livrent une guerre sans merci pour s'adjuger les richesses potentielles (pétrole, gaz et métaux rares) que le recul de la banquise rend accessibles. Aux Lofoten, les pétroliers se sont longtemps heurtés à l'opposition des écologistes mais aussi à celle des pêcheurs, qui craignaient pour les réserves halieutiques et leur mode de vie. En 2019, dans une décision historique, le Parlement a renoncé à forer dans l'archipel, faisant ainsi une croix sur des réserves sous-marines conséquentes. Statoil (rebaptisée Equinor en 2018) est aujourd'hui privatisée pour un tiers, basée à Stavanger et emploie près de 22 000 personnes. Elle est présente sur tous les continents et, pour se diversifier, investit dans l'éolien, le solaire et dans les gisements de gaz de schiste nord-américains.

Une gestion exemplaire

Cette ressource, gérée avec une remarquable sagesse et un sens éthique prononcé, a fait passer la Norvège au rang des plus riches nations du monde. La Banque de Norvège, sous la responsabilité du ministère des Finances, oriente 4 % (maximum) des recettes à l'usage de l'État ; le plus gros est placé dans un **fonds pour les générations futures**, de façon à anticiper l'extinction de cette ressource. Ce fonds s'élevait, en 2023, à 1 200 milliards d'euros. Des investissements sont effectués à l'étranger – le fonds a des intérêts dans 9 000 entreprises – dans des secteurs porteurs, sûrs et si possible éthiques.

Mais cette manne reste sujette à débat et explique en partie le succès d'un parti populiste, le Parti du progrès, qui prône une utilisation accrue des recettes pour lutter contre les carences de l'État providence. De plus, la fluctuation du cours du baril et l'épuisement progressif des réserves induisent une certaine incertitude, d'où la nécessité absolue de préparer au mieux (et si possible de manière durable) « l'après-pétrole ».

Musée norvégien du pétrole (p. 164).

La tradition navale

L'activité maritime norvégienne se caractérise par son fort ancrage historique et une diversité unique au monde. Le pays figure dans le top 10 des flottes marchandes de la planète, avec 2 000 navires, dont la moitié sous pavillons étrangers. Si les chantiers navals ne peuvent concurrencer quantitativement les Coréens et les Chinois, ils misent sur **la qualité et la spécificité** en produisant des navires frigorifiques, des bateaux de pêche ultramodernes, des câbliers ou des barges destinées à l'approvisionnement des installations *off-shore*. Des équipements sophistiqués tels les dispositifs de levage, les systèmes de navigation ou du matériel de pointe pour l'aquaculture sortent également de ces quelques dizaines de chantiers norvégiens. Le pays entend par ailleurs profiter des futures **routes commerciales arctiques** en utilisant ses ports (Kirkenes, notamment) comme escales majeures pour les navires chinois, coréens ou japonais.

Une tache considérable sur le si beau tableau norvégien !

Une agriculture subventionnée

Grâce aux revenus du pétrole et du gaz, la Norvège fait vivre sous « perfusion » son agriculture non rentable qui ne représente que 1,6 % du PIB et n'occupe que 2 % des actifs. Près de 10 % du budget de l'État sont ainsi dédiés aux subventions qui permettent de cultiver la moindre parcelle de terre arable. C'est le prix à payer pour assurer une très relative autosuffisance alimentaire (50 % de l'alimentation est importée), préserver les traditions, le savoir-faire et les paysages ruraux.

Parmi les cultures phares : la pomme de terre, les céréales (orge, avoine, blé) et les fruits que l'on importe néanmoins massivement.

Les prairies représentent près de 50 % des surfaces agricoles. Les **élevages** (moutons, porcs, vaches ou encore rennes par les Sames) permettent de faire fonctionner une solide **industrie laitière et agroalimentaire**. La coopérative Tine, créée en 1928, regroupe 11 400 membres et 9 000 coopératives fermières, et jouit d'un quasi-monopole sur la production de lait, de fromages et de glaces. L'importation de moutons néo-zélandais ou de charcuteries danoises augmente chaque année. Ces pays critiquent les taxes imposées et une politique jugée protectionniste.

Un secteur industriel lié aux ressources naturelles

L'exploitation du gaz et du pétrole

Depuis la fin des années 1970, la Norvège est **l'un des plus gros producteurs de pétrole et de gaz** du monde (*p. 357*). Et ce n'est pas fini ! La mer de Barents pourrait abriter le plus vaste gisement de pétrole à exploiter dans le pays. En 2022, le déclenchement de la guerre en Ukraine a amené la Norvège à considérablement augmenter ses exportations de gaz vers l'Europe pour assurer la sécurité énergétique du continent. D'où une hausse exponentielle de revenus pour le pays.

De fer et d'eau

Le sol norvégien est riche en **minéraux** de toutes sortes que l'on extrait depuis le Moyen Âge : les **cités minières** de Kongsberg et Røros préservent les témoignages de leur glorieux passé industriel, aujourd'hui reconverti en atout touristique. Si la production de minerai a presque disparu dans le Finnmark et survit tout juste au Svalbard – où la fermeture de la dernière mine est prévue en 2025 –, le fer de la ville suédoise de Kiruna transite par le port de Narvik. La Norvège se lance à présent – malgré des risques majeurs pour l'environnement – dans la **prospection minière sous-marine** en vue d'extraire des métaux rares.

L'énergie **hydroélectrique** est un acteur essentiel de l'économie norvégienne. Le premier grand complexe fut construit en 1907 par Norsk Hydro et le pays produit, depuis, pratiquement assez d'hydroélectricité pour satisfaire ses propres besoins qui, pour des raisons de climat et de niveau de vie, sont parmi les plus élevés du monde. Un tiers de cette hydroélectricité est utilisé pour alimenter à moindre coût les industries métallurgiques, chimiques, pétrochimiques et de pâte à papier. Le pays, qui importe des minerais qu'il transforme, est ainsi l'un des premiers fournisseurs d'**aluminium**, de ferro-alliages, de magnésium, de zinc ou de cuivre.

La centrale hydroélectrique de Tyssedal *(p. 145)*, les villes minières de Røros *(p. 233)*, Kongsberg *(p. 86)*, Kirkenes *(p. 327)* et Rjukan, inscrit au patrimoine de l'Unesco *(p. 102)*.

L'industrie forestière

La Norvège possède des quantités importantes de cette précieuse matière première qu'est le bois. Le pays produit du bois de construction et de mobilier mais également de la pâte à papier, ainsi que de la cellulose et divers produits chimiques; des quantités de plus en plus grandes de papier recyclé sont utilisées dans le processus de production. En 2022, **The Plus**, la fabrique de meubles la plus moderne et écologique du monde, a ouvert près de la frontière suédoise.

Le commerce international

Grâce à ses **exportations** de pétrole et à des besoins que sa faible population limite, la Norvège exporte deux fois plus qu'elle n'importe. Le gaz et les hydrocarbures constituent 80 % des exportations. Le pays est ainsi le **premier fournisseur de gaz naturel de la France**. Viennent ensuite les navires, le poisson et l'aluminium vendus aux grandes puissances économiques européennes, ses principaux clients. Le pays importe, principalement de Suède, d'Allemagne et de Chine, des biens d'équipement et de l'alimentation.

L'expansion du tourisme

Le secteur tertiaire représente 70 % du PIB et le tourisme en pleine croissance emploie 171 000 actifs. Environ 7 millions de touristes visitent le pays chaque année.

Le potentiel est gigantesque : des villes séduisantes, une qualité de vie enviée et, surtout, des paysages fabuleux propices à toutes sortes d'activités. Malgré des tarifs prohibitifs, la Norvège attire depuis des décennies les amoureux de la nature. Si les campeurs constituaient autrefois la majorité des visiteurs, le pays mise désormais sur des touristes plus « rentables ». D'énormes navires de croisière déversent ainsi des flots de touristes fortunés. Il faut dire que les autorités font tout pour promouvoir le pays : campagnes publicitaires, sites d'informations remarquables, infrastructures, festivals...

Revers de la médaille, le tourisme commence à mettre en danger l'authenticité et la tranquillité de quartiers historiques, de villages des fjords, de sites littoraux et forestiers.

Nature et paysages

La principale caractéristique des paysages norvégiens est leur infinie diversité faite de contrastes frappants et de nuances subtiles. Si les éléments qui les composent varient d'une région à l'autre, la roche prédomine. Fjords profonds, plateaux d'altitude, chapelets d'îles, montagnes : le minéral est roi. Pourtant, la végétation, là discrète et fragile, ici dense et odorante, teinte de vert les reliefs.

Les montagnes, les lacs et les tourbières occupent 60 % de la surface du pays. La forêt en recouvre par ailleurs plus de 35 %. Et si l'emprise humaine a considérablement augmenté depuis le début du 20e s., la Norvège demeure l'un des pays les plus « sauvages » de la planète.

La topographie

Les reliefs

Plusieurs chaînes s'étirent tout le long de la frontière suédo-norvégienne pour former l'épine dorsale de la péninsule scandinave : une succession presque continue de hauts plateaux dominés par quelques sommets pouvant atteindre 2500 m (le **Galdhøpiggen**, au cœur du **Jotunheimen**, massif montagneux de la Norvège méridionale, culmine à 2469 m). Ces régions sont couronnées d'**imposants glaciers** en raison de leur latitude nordique, et ce malgré leur altitude relativement basse, comparée à celle des Alpes, par exemple.

Le versant oriental des montagnes s'abaisse graduellement et forme une région de collines boisées entrecoupées, du nord-ouest au sud-est, de larges vallées parallèles.

À l'ouest, le littoral est profondément entaillé par des **fjords** qui pénètrent jusqu'à 200 km à l'intérieur des terres. Des chapelets d'îles et de récifs s'échelonnent le long des côtes exposées à la violence des vents d'ouest.

Les régions les plus septentrionales offrent des paysages arides de roches dénudées près des côtes et de maigre végétation à l'intérieur : un ensemble de hauts plateaux stériles forme l'essentiel de la province du **Finnmark**. Ces vastes étendues, que l'on connaît sous le nom de Laponie, sont en partie habitées par les **Sames** (*p. 373*).

La géologie

Les paysages norvégiens (et scandinaves) ont été fortement modelés par la dernière glaciation. Pendant plusieurs milliers d'années, l'Europe du Nord fut recouverte d'un manteau de glace qui exerça une pression énorme sur la masse terrestre. Lorsque le climat de la terre se réchauffa, la couche de glace recula vers le nord, le niveau de la mer Baltique monta et celle-ci fut reliée à l'Atlantique nord par la dépression du centre de la Suède de même qu'à la mer Blanche au nord ; la Scandinavie septentrionale forma ainsi une île. Simultanément, les sols, libérés du poids de la glace,

Îles Lofoten.
ASMR/Getty Images Plus

se soulevèrent et la Baltique se retira graduellement, laissant derrière elle les grands lacs suédois de Vänern et Vättern. Ce n'est que bien plus tard, il y a environ 7000 ans, que la Baltique fut reliée à la mer du Nord par le détroit de l'**Øresund**. Lacs et fjords envahirent les vallées creusées par les puissants glaciers qui recouvraient autrefois la Scandinavie. Les moraines, déposées par les glaces, formèrent des crêtes. Les glaces érodèrent et polirent les roches sur lesquelles elles reposaient, provoquant ainsi la formation de dépressions peu profondes.

Des paysages à couper le souffle

Les fjords

Éléments les plus spectaculaires de la nature norvégienne, les fjords sont devenus les rois des cartes postales et le symbole de la saisissante beauté des paysages locaux.

La formation géologique

Fjord est un mot norvégien désignant un bras de mer long et étroit qui pénètre à l'intérieur des terres. Il existe des éléments topographiques semblables dans d'autres régions du globe, mais ce qui fait la particularité des fjords scandinaves, c'est leur taille imposante : ils peuvent en effet atteindre 200 km de longueur, 1350 m de profondeur et avoir de nombreuses ramifications formant un réseau de bras d'une complexité inouïe.

Ces caractéristiques résultent de leur formation durant la dernière glaciation. Des glaciers occupaient alors les anciennes vallées fluviales, que leur poids creusa encore plus profondément en leur donnant la forme d'une **auge** caractéristique des vallées glaciaires. L'action des

Un tunnel à bateaux

Les automobilistes norvégiens et les touristes ont désormais l'habitude de « couper » la montagne et les fjords en empruntant d'innombrables tunnels. Mais quid des bateaux ? Ressuscitant un projet du 19e s., la Norvège pourrait creuser un **tunnel maritime à Stad**, près de Selje. Long de 1700 m, il permettrait de relier deux fjords en évitant des eaux difficiles à naviguer. La mer souvent démontée oblige en effet les embarcations à attendre une accalmie avant de passer au large. Ce tunnel pourrait accueillir des navires de fret ou de croisière, Express côtier y compris. Le coût estimé du projet avoisine 5,5 milliards de NOK et les travaux sont prévus pour durer jusqu'en 2026/2030. L'agence d'architecture norvégienne Snøhetta, à qui l'on doit notamment l'Opéra d'Oslo, a été nommée pour réaliser le projet.

glaciers fut toutefois moins forte près de la côte du fait de la proximité de la mer, ce qui explique que les fjords soient moins profonds à leur jonction avec les mers qu'à l'intérieur des terres. Avec la fonte des glaciers et la remontée du niveau des eaux, la mer envahit ces vallées, tandis que les glaciers reculaient vers les sommets montagneux, rejoignant encore la mer par endroits. C'est ainsi qu'un bras du Svartisen, second glacier de Norvège par sa superficie, vient se désagréger dans le Holandsfjord, au sud de Bodø. En maints endroits, l'eau de fonte des glaciers tombe en cascade le long des à-pics montagneux, formant de pittoresques chutes et donnant à l'eau des fjords sa couleur caractéristique.

Les paysages de fjords

Cette lente formation eut des effets différents selon les formes du relief ; Si les fjords de la côte méridionale, et au-delà de la frontière suédo-norvégienne, ne sont ni très longs ni très encaissés, dans l'Ouest où les régions côtières sont encadrées de montagnes abruptes, le processus atteignit une ampleur exceptionnelle et donna des résultats grandioses. Le **« Royaume des fjords »**, région située le long de la côte occidentale de la Norvège, entre Stavanger et Kristiansund, offre des paysages d'une infinie variété d'un fjord à l'autre, variété qu'accentue encore la rapide variation de la lumière. L'étroit Lysefjord, près de Stavanger, est encadré de murailles rocheuses qui atteignent 600 m de hauteur. Le Hardangerfjord donne à voir, au contraire, par-delà ses rives en pente douce, des échappées grandioses vers les sommets couronnés de neige et dévoile au printemps des paysages idylliques qui inspirèrent le grand compositeur Edvard Grieg. Le **Geirangerfjord**, probablement le plus célèbre de tous, est un bras du Nordfjord cerné de sommets culminant à 1500 m, qui sinue jusqu'au cœur des montagnes.

Les ponts et les tunnels : l'homme et le paysage

Les côtes norvégiennes, avec leur cordon d'innombrables îles et leurs fjords imposants, ont toujours constitué un obstacle à la communication et mis au défi l'imagination des ingénieurs. Faisant preuve d'audace, ils ont construit des milliers de ponts (17 300 en Norvège) et creusé des tunnels sous la mer et même sous les glaciers, certains, comme celui de Lærdal, approchant les 25 km de long ! La route de l'intérieur, entre Stavanger et Bergen, suit les rives du sauvage Åkrafjord : creusée dans la paroi rocheuse verticale surplombant le fjord, elle franchit 24 ponts et passe dans 12 tunnels sur une distance de

Le pont Tromsdalstinden à Tromsø.
Jon Arnold Images/hemis.fr

24 km seulement ! Dans la même région, la route côtière emprunte un tunnel de 6 km de long, creusé à une profondeur de 45 m au-dessous du fond marin. Toujours en Norvège, la **route de l'Atlantique**, de Molde à Kristiansund, est un extraordinaire ouvrage d'art qui, sur une distance de 8 274 m, est jalonné de 8 ponts serpentant d'un îlot rocheux à un autre, avec l'océan de part et d'autre.

Les côtes : récifs et dunes

Tout le long des côtes de la mer du Nord et de l'Atlantique, jusqu'à la mer de Barents, un réseau complexe de chenaux sinueux se faufilant entre les îles et la côte rocheuse dessine des paysages aussi complexes que photogéniques. C'est particulièrement le cas entre Molde et Kristiansund et entre Namsos et Bodø : les routes longent la côte de très près et enjambent même parfois des bras de mer !

En revanche, la **côte méridionale de la Norvège** est découpée de façon moins spectaculaire ; son contour plus régulier présente de petites criques abritant des ports de pêche pittoresques bordés de maisons de bois peintes en blanc : Risør, Lyngør, Grimstad, Lillesand, Mandal et Flekkefjord sont les plus typiques. L'un d'entre eux, Kragerø, inspira le célèbre peintre norvégien Edvard Munch. Cette côte ensoleillée est longée des plages superbes, comme celle de Mandal. Protégées par des dunes couvertes de buissons verdoyants, elles sont très appréciées des vacanciers norvégiens.

Les îles

Le littoral fait face à des milliers d'îles ; la plupart, petites et dénudées, sont proches de la côte à laquelle elles sont reliées par des ponts et des tunnels. Lorsque la configuration des lieux s'y prêtait, des villes ont été construites à cheval sur plusieurs îles, ce qui a conféré à certains sites un incontestable cachet, comme **Kristiansund** et **Ålesund**, au centre de la Norvège. De nombreux îlots rocheux sont aujourd'hui des réserves

Découverte active des fjords

Le moyen idéal est de prendre le bateau (l'Hurtigruten, notamment) afin d'admirer à loisir le défilé des superbes paysages. L'hélicoptère ou l'hydravion offrent d'époustouflantes vues aériennes sur la rude beauté de la région. Sur la route, les conducteurs sont souvent récompensés de larges vues ou d'ensorcelants panoramas. Le poney de fjord ou **fjording** est un moyen commode d'accéder à quelques sites magnifiques ou d'atteindre le nez d'un glacier et son lac turquoise. L'escalade permet aux plus vaillants de monter jusqu'à quelque point élevé où le monde semble s'étendre à leurs pieds. À défaut, vous pourrez monter à bord de télécabines pour de spectaculaires trajets (à Loen ou Åndalsnes, par exemple). Les intrépides, recherchant une vision nouvelle des fjords, peuvent pratiquer la marche sur glaciers et surplomber les larges vallées. D'autres s'envoleront des hautes falaises en deltaplane ou en parapente.

ornithologiques protégées par une stricte réglementation concernant l'environnement. **Runde**, située à l'ouest d'Ålesund, dont les sombres falaises fourmillent d'oiseaux de différentes espèces, est l'une des réserves les plus célèbres.

Des montagnes dans la mer

La beauté austère des **îles Vesterålen et Lofoten** est légendaire et loin d'être exagérée. Elles se caractérisent par des montagnes abruptes plongeant dans la mer et par des criques peu profondes pouvant à peine abriter quelques minuscules **rorbuer** (cabanes de pêcheurs traditionnelles, construites en bois et peintes dans un rouge caractéristique). On y voit souvent des cadres de bois sur lesquels la morue sèche au soleil et le mode de vie, qui n'a pas changé depuis des siècles, y a conservé toute son authenticité. Impressions fortes et images inoubliables se pressent pêle-mêle : des roches sombres, parmi les plus anciennes au monde, formant l'épine dorsale des îles, des phoques se dorant au soleil, des falaises couvertes d'oiseaux, des fjords et des détroits, des fleurs des champs multicolores, des touffes d'herbacées ondulant dans le vent à la surface des marais, des tapis de varech estompant le contour accidenté des anses et, bien sûr, une abondance de poissons. Les pêcheurs des îles Lofoten se mobilisent depuis des années pour empêcher l'industrie pétrolière de commencer à explorer la zone.

De neige et de glace

Malgré l'altitude relativement basse de ces montagnes, inférieures de 1000 m aux sommets alpins, leur latitude les dote de paysages ressemblant à ceux des Alpes, surtout du côté norvégien, où les sommets sont plus hauts et les versants plus raides. Les imposants glaciers – aujourd'hui menacés par le réchauffement climatique – caractérise ces montagnes. Le plus grand, le **Jostedalsbreen**, situé au cœur des plus hauts massifs de Norvège, est une masse de glace aux reflets bleutés s'étalant en tous sens et glissant le long du flanc des montagnes. Au-dessus de 1000 m, l'épaisse couche de neige qui tombe durant l'hiver ne fond que partiellement en été : plusieurs stations de **ski** sont ainsi très fréquentées l'été.

En hiver, le centre du pays est recouvert de neige et les hauts plateaux du **Jotunheimen** et du **Dovrefjell** se prêtent au ski de fond, à la randonnée en traîneau et à la pêche à travers la glace des lacs. Les montagnes de la Norvège méridionale ne sont pas si élevées, le plus haut sommet, le Gaustatoppen, culminant à 1883 m ; pourtant, le ski moderne est originaire du petit village de **Morgedal** (*p. 100*) dans la province de Telemark.

Les grands espaces sauvages

Contrairement à ce que l'on pourrait penser, les quelques grands espaces sauvages d'Europe situés en Norvège ne se trouvent pas seulement au nord du cercle polaire. En effet, avec une superficie totale de 323 880 km² (384 902 km² avec le Svalbard) et un peu plus de 5,5 millions d'habitants inégalement répartis, le pays comprend des régions pratiquement inhabitées, restées dans leur état naturel.

Les plateaux

Le Hardangervidda

Couvrant une superficie de plus de 7 500 km², ce vaste plateau montagneux du sud de la Norvège

est bordé à l'est par la Numedal, vallée verdoyante et pittoresque, et au sud par la région montagneuse du Telemark. La partie occidentale du Hardangervidda, agrémentée de vallées étroites où coulent des torrents et de nombreuses chutes d'eau, est la plus sauvage. La faune et la flore, malgré la différence de latitude, s'apparentent à celles des régions arctiques. La traversée du plateau à pied, le long de pistes balisées, prend plusieurs jours ; il est possible de passer la nuit dans des cabanes de rondins et de rencontrer les derniers troupeaux de rennes sauvages du monde.

Le Femundsmarka

Situé plus au nord, près de l'ancienne ville minière de Røros, le parc national Femundsmarka s'étend vers l'est, du lac Femund à la frontière suédoise. Le sol y est pauvre et couvert de mousse, de bruyère, de lichen et de quelques pins chétifs. Le bœuf musqué, le glouton et le lynx habitent les lieux en compagnie de nombreuses espèces d'oiseaux dont le pygargue et la mésange lapone. Lacs et cours d'eau quant à eux abondent en truites.

Au nord du cercle polaire

Le véritable Nord commence à 66° 33'de latitude nord, ligne imaginaire connue sous le nom de **cercle polaire**, qui marque un changement significatif dans les paysages, le climat et le mode de vie. On voyage pour ainsi dire à une autre échelle lorsque l'on parcourt les vastes territoires à peine peuplés du Finnmark, en **Laponie** norvégienne : les distances paraissent augmenter tandis que les paysages deviennent plus monotones et que les buissons brunâtres, les lichens et les bouleaux argentés nains, caractéristiques des hauts plateaux, disparaissent presque sous la neige. Cela n'empêche pas la plupart des visiteurs d'être fascinés par cette région qui leur offre l'occasion de redécouvrir la nature dans un environnement et des conditions totalement insolites.

Les contrastes arctiques

Au-delà des caractéristiques communes des régions situées au nord du cercle polaire s'offrent des contrastes marqués entre les zones côtières et l'intérieur du pays.
Des montagnes bordent la côte sans interruption de Bodø à Hammerfest, leurs sommets atteignant presque 2000 m dans les **Lyngsalpene** (Alpes de Lyngen) près de Tromsø.
Les **Express côtiers (Hurtigruten et Havila)** se faufilent entre les innombrables îles et passe au pied de pics dénudés qui surplombent la mer. En hiver, les motoneiges, qui parcourent le plateau austère situé entre le cap Nord et Kirkenes, semblent glisser dans un paysage lunaire.
L'intérieur de la Laponie septentrionale comprend les espaces arides du **Finnmark** et la région sauvage entourant le lac Inari (en Finlande), tous deux bastions de la culture same. Les centaines de milliers de rennes, dont les Sames font l'élevage, paissent surtout sur le haut plateau du **Finnmarksvidda**, sur la toundra et le long des plaines côtières suédoises. Des rivières se jettent dans le lac Inari, parsemé de milliers d'îles et situé à la limite septentrionale de la forêt de conifères.

Le soleil de minuit et les aurores boréales

Les deux principaux attraits de la Laponie sont le **soleil de minuit** et sa contrepartie hivernale, la **nuit polaire**, tous deux caractéristiques des régions arctiques. Dus aux variations considérables de la durée du jour et de la nuit entre l'hiver et l'été, ils peuvent être observés

Expéditions polaires

Roald Amundsen fut le premier homme à atteindre le pôle Sud en 1911, quelques jours seulement avant Robert Falcon Scott. Quelques années auparavant, Amundsen avait découvert le légendaire « passage du Nord-Ouest » reliant l'Europe et l'Asie (*Musée polaire de Tromsø, p. 288*). Son contemporain, **Fridtjof Nansen**, eut également beaucoup de succès dans ses expéditions : après avoir traversé la calotte glacée du Groenland, il mena à bien plusieurs expéditions dans la région du pôle Nord, recueillant de très utiles renseignements scientifiques à bord de son navire polaire, le *Fram*, exposé au musée du Fram à Oslo (*p. 51*).

pendant des périodes de plus en plus longues au fur et à mesure que l'on se dirige vers le nord. De fin mai à fin juillet, le soleil ne se couche jamais et, à proximité du cap Nord, il semble s'immobiliser à minuit au-dessus de l'horizon, puis reprendre son ascension à l'aube d'une nouvelle journée. En revanche, en décembre et janvier, l'astre ne paraît jamais au-dessus de l'horizon et la longue nuit polaire cède brièvement la place à une sorte de **crépuscule bleuté** qu'accentue la blancheur de la neige. De temps à autre, des arcs lumineux déchirent la nuit et soulignent les contours du paysage : ce phénomène atmosphérique chargé d'électricité est connu sous le nom d'**aurore boréale**. Les habitants des régions polaires ont adapté leur mode de vie aux longues journées d'été et au tout aussi longues nuits d'hiver. Les animaux vivent dans l'urgence en été, se préparant à une hibernation forcée. Les humains font de même, dormant très peu l'été et festoyant souvent toute la nuit.

Le Svalbard

Situé bien au-delà du cercle polaire Arctique, à 1000 km du pôle Nord, cet **archipel** de 63000 km² offre des paysages bien différents. Spitsbergen (Spitzberg), la plus vaste des îles de l'archipel, possède des fjords profonds qui dessinent ses contours compliqués. Moins de 3000 personnes y vivent, concentrées dans la ville de Longyearbyen. Environ 60 % de ces terres désertiques sont couvertes de **glaciers**. Ils occupent les plaines comme les quelques sommets qui pointent jusqu'à 1700 m d'altitude. Ils génèrent de larges rivières qui, lors de la fonte printanière, se répandent dans les vallées en perçant la toundra. La **rareté de la végétation** (moins de 10 % des îles) est due au climat et à la courte saison de croissance. Outre les lichens et les mousses qui profitent de la fine couche de terre qui parvient à dégeler en été, quelque 165 essences de plantes vasculaires survivent, mais aucune n'excède 10 cm de hauteur. Parmi elles, on trouve des fleurs comme la cassiope tétragone ou le pavot des glaciers.

Une trentaine d'espèces d'oiseaux – tous migrateurs à l'exception de la perdrix du Svalbard – peut être observée. Les fulmars, les pingouins torda et les oies nichent en grand nombre. Lors de la découverte de l'île au 16e s., les rennes et renards polaires étaient déjà présents.

L'importante faune marine profite de la richesse des eaux « dopées » par le Gulf Stream. Les phoques de diverses espèces et les morses abondent le long des côtes. Quant au fameux **ours polaire**, symbole de l'île, on estime à 3000 le nombre d'individus.

Le Svalbard subit de plein fouet les effets du réchauffement climatique.

Le permafrost fond et les glaciers se retirent. La flore, la faune et l'activité humaine en sont (et en seront) profondément impactées.
Le Svalbard p. 306.

La faune et la flore des grands espaces

Une faune « spectaculaire »

Malgré une chasse autrefois intensive, la sauvegarde du milieu naturel assure le maintien d'une faune sauvage. La Norvège a conservé, à l'abri de ses vastes forêts protégées, un nombre réduit mais d'une grande variété d'espèces qui ont aujourd'hui presque ou totalement disparu d'autres régions du monde. Les ours et les loups (très rares) réfugiés dans les épaisses forêts ; les lynx et les gloutons cohabitent avec les renards, les cerfs, les castors et les lièvres.
Certaines espèces ne se rencontrent qu'à une latitude nordique : parmi elles, la plus courante est le **renne**, dont le représentant domestique, que l'on peut voir paître sur les vastes plateaux de la Laponie, s'est multiplié. Les **élans**, qui étaient devenus une espèce menacée, ont été sauvés par une réglementation stricte et leur nombre s'est considérablement accru au cours des 40 dernières années.
Parmi les autres habitants des régions arctiques, citons le **bœuf musqué**, le renard polaire et le lemming, petit rongeur que chasse l'imposant harfang des neiges. Quant aux habitants des mers, les **phoques** et les **morses**, comme les **baleines**, ne sont pas rares.
Les amateurs d'ornithologie seront aux anges. La rudesse du

La police des rennes

La plupart des Norvégiens l'ignorent eux-mêmes, mais une brigade spéciale de la police du pays parcourt à longueur d'année la Laponie, en scooter des neiges, en quad, en voiture ou en hélicoptère, pour prévenir les risques et les conflits liés à l'élevage de rennes (*p. 376*). Cette « police des rennes » (*Reinpoliti*), créée en 1949 à cause des vols, intervient aussi pour protéger les espèces menacées, notamment l'été auprès des touristes qui s'approchent, parfois sans le savoir, de zones préservées.

Rennes à Karasjok, au cœur de la Laponie norvégienne.
E. Berthier/hemis.fr

climat n'invitant pas à la flânerie, la plupart des espèces d'**oiseaux** que l'on rencontre en Norvège sont migratrices. Au printemps, le littoral se peuple de macareux, fous de bassan et mouettes. Diverses espèces d'eiders et le guillemot de Brünnich affectionnent les côtes du Finnmark. Les rapaces, comme le pygargue, fascinent par leur vol majestueux. Les forêts bruissent quant à elles du curieux « grincement » du grand tétra. Les marais attirent des oies, des vanneaux huppés ou des grues cendrées. En prenant de l'altitude, peut-être apercevrez-vous divers bruants, des harfangs et des perdrix des neiges. L'adorable mésange lapone, l'émerillon, le redoutable chasseur qu'est la chouette épervière et le très appliqué pic tridactyle peuplent la toundra du Finnmark.

La forêt norvégienne

Si, à l'extrême sud du pays, s'étendent des zones de forêt mixte (résineux et feuillus), la majeure partie de la forêt norvégienne, qui couvre 35 % du territoire, est de type **taïga**. Là, si les conifères dominent largement – principalement le pin (30 %) et l'épicéa (50 %) – s'y mêlent trois espèces de **bouleau** (nain, pleureur, pubescent). Depuis longtemps utilisé comme bois de construction, il représente 75 % des feuillus, loin devant les chênes, les aulnes ou les trembles. Mais ce sont bien les résineux qui font la richesse de la dynamique industrie d'exploitation forestière, même si les volumes coupés sont ici bien moindres que chez les voisins finlandais et suédois. Le **pin**, assez également réparti dans le Sud, est le roi des scieries. Le très « filandreux » **épicéa**, que l'on trouve principalement dans la partie orientale du pays, se prête à la fabrique de pâte à papier.

Le joyau arctique

La **mûre arctique** aussi appelée « ronce des tourbières » est l'un des produits phares de la cuisine locale. Petite et jaune-orangé, elle a longtemps été la dernière baie consommée exclusivement sauvage. Des recherches communes aux pays scandinaves ont permis sa culture à échelle réduite à partir des années 1990. La Norvège continue néanmoins à en importer de Finlande et son prix demeure élevé. Ce dernier pays l'a choisi pour orner ses pièces de 2 euros.

Environnement

Avec une population traditionnellement proche de la nature et une manne financière qui permet de faire des questions environnementales une priorité, la Norvège affiche de bons résultats en matière de protection du milieu naturel et de développement durable. Pourtant, les besoins d'un pays riche impliquent aussi des compromis qui font débat au sein de la société.

Une responsabilité individuelle

Les Norvégiens, comme tous les Scandinaves, s'identifient totalement à leur environnement naturel et l'intérêt qu'ils portent à son équilibre fait partie de leurs convictions profondes.

Ils ont été les premiers à faire face avec réalisme aux dangers croissants de la pollution, et se sont attaqués au problème de manière typiquement nordique : leur politique de protection de l'environnement se fonde à la fois sur une **réglementation stricte** et sur la **responsabilité individuelle**. Cette dernière passe par une sensibilisation des enfants dès leur plus jeune âge : apprendre à respecter, à recycler, à profiter de la nature sans la mettre en danger.

La **faune** et la **flore** sont très **protégées**. Bien que la cueillette de nombreuses variétés de baies et de champignons sauvages soit répandue, les plantes et arbres rares sont protégés depuis longtemps et les botanistes amateurs doivent se contenter d'admirer la flore dans son cadre naturel.

La politique environnementale

Le pays se situe à la pointe en matière d'innovation et de concrétisation des

Rouler électrique

La Norvège a fait de la **mobilité électrique** une priorité et affiche aujourd'hui le plus haut taux de voiture électrique par habitant au monde. Exemption de la (très lourde) TVA à l'achat d'une voiture électrique, libre circulation dans les couloirs prioritaires des bus, parkings réservés et gratuits, nombreuses bornes de rechargement, tarif prohibitif de l'essence (bien qu'étant un pays producteur) : tout est fait pour inciter le plus grand nombre à rouler propre. En 2024, 26 % des véhicules norvégiens étaient électriques, arborant des plaques d'immatriculation **EL** qui permettent d'emprunter les tunnels, les ferrys et les péages urbains gratuitement. Mais ce financement a un coût et le succès est tel – 83 % des voitures neuves vendues dans le pays en 2023 sont électriques ! – que les autorités ont décidé de réduire progressivement ces subventions, tout en gardant comme objectif la disparition des moteurs thermiques à très court terme.

initiatives liées au **développement durable**. Nulle part ailleurs on ne trie aussi bien les ordures qui sont recyclées ou exploitées pour produire de l'énergie. Oslo importa même des ordures ménagères de la ville anglaise de Leeds pour alimenter des incinérateurs produisant de l'électricité et du chauffage. La capitale, suivie par le reste du pays, est aussi pionnière en matière de mobilité électrique (*encadré ci-contre*).

L'hydroélectricité permet de réduire l'impact sur l'environnement d'une consommation en électricité très élevée. Et si l'émission de substances nocives diminue mais reste d'actualité, des « taxes vertes » permettent de faire financer le coût de production propre par le pollueur et non par la population.

Les politiques durables concernent aussi le **tourisme**. La ville de **Røros** est ainsi devenue dès les années 1990 une destination pilote en la matière. On met en avant les produits locaux et on valorise toutes les initiatives en faveur d'un tourisme durable. Des actions qui ont valu à l'ancienne cité minière plusieurs prix internationaux.

Parmi les enjeux liés au tourisme de masse, les bateaux de croisière, en croissance exponentielle ces dernières années, constituent un sérieux danger environnemental que le parlement norvégien a décidé de circonscrire. En 2019, une loi est votée afin d'interdire, d'ici à 2026, les paquebots polluants dans les fjords protégés par l'Unesco. Pour l'instant, ceci concerne uniquement les fjords de Geiranger et Nærøy, mais cela pourrait être une loi pilote élargie à d'autres fjords à l'avenir, ainsi qu'au Svalbard.

Le pays est ambitieux. Malgré le contexte international complexe, la Norvège entend devenir pionnière de la lutte contre le réchauffement avec, en ligne de mire, les années 2030 (pays neutre en émission) et 2050 (décarbonisation totale). Un combat financé... par la manne pétrolière : tout le paradoxe norvégien.

Les parcs nationaux

Parmi les mesures adoptées, il faut citer la création de **parcs nationaux** et de **réserves naturelles**. Dans ces régions aux écosystèmes vulnérables, aucune intervention humaine n'est tolérée. Le pays compte ainsi 48 parcs nationaux, dont 7 au Svalbard (où ils couvrent 60 % de l'archipel).

S'y ajoutent des centaines de réserves naturelles et de zones protégées qui permettent une protection plus ciblée d'espèces terrestres ou marines ou de paysages remarquables. Les exceptionnels Nærøyfjord et Geirangerfjord ont été classés au Patrimoine mondial de l'Unesco.

Des défis présents et à venir

La Norvège est confrontée aux mêmes problèmes d'environnement que les autres pays industrialisés, mais sa situation géographique l'expose parfois plus. Ainsi, le trou dans la **couche d'ozone** est bien plus important au-dessus de la Scandinavie. Le **réchauffement climatique** entraîne déjà une modification des fragiles milieux nordiques : allongement de l'été dans le Finnmark, records de chaleur au nord du cercle polaire, réduction inquiétante de la surface des glaciers, recul de la banquise, fonte du permafrost, incendies...

Les effets dévastateurs des **pluies acides** ont fait naguère la une des médias : la fumée des usines mélangée à la pluie provoque la formation d'acide sulfurique qui s'attaque aux forêts et détruit la biodiversité des lacs et des rivières.

Krill me...

La Norvège soulève la fureur des écologistes en raison de la pratique de la pêche au **krill**. Nom générique donné à diverses espèces de petites crevettes de 1 à 2 cm de long qui affectionnent les eaux froides du Grand Nord et du pôle Sud, le krill se situe tout en bas de la chaîne alimentaire. Il était déjà pêché pour être transformé en farine alimentaire pour les élevages de poissons, mais il s'avère que, riche en oméga 3 et antioxydants, il est bien moins chargé en polluants que les poissons gras. Il entre désormais dans la composition d'innombrables produits alimentaires. La pêche, aisée et très rentable, atteint des centaines de milliers de tonnes par an. Deux navires-usines norvégiens réaliseraient la moitié des captures à l'aide d'aspirateurs colossaux. L'intensification de cette pêche peu contrôlée en Antarctique (qui échappe à toute souveraineté nationale) du premier maillon essentiel de la chaîne alimentaire, déjà mis en danger par le réchauffement climatique, a de quoi inquiéter. Devra-t-on créer des zones maritimes protégées... et réellement protégées ? Bonne nouvelle néanmoins, en 2023, plusieurs entreprises de pêche (dont une norvégienne) ont décidé de stopper leurs activités dans les zones côtières sensibles d'Antarctique.

Le sud du pays a ainsi été contaminé par les pluies acides en provenance du continent nord-américain, charriées par les vents d'ouest franchissant l'Atlantique.
L'impact négatif des nombreux **élevages aquacoles** sur le milieu (prolifération de poux de mer, taux de mortalité énorme et pêche au krill notamment) traduit la difficile adéquation entre les priorités économiques et les objectifs en matière de développement durable.
Enfin, la place que prend l'industrie pétrolière divise, notamment sur les îles Lofoten, où se reproduisent les cabillauds, dont l'importance est capitale pour le renouvellement des ressources halieutiques. Au-delà de la protection des paysages et de l'environnement se pose celle d'un mode de vie ancestral auquel les Norvégiens sont attachés : celui des petites sociétés de pêche.

Presque parfait...

La Norvège est avec le Japon (auxquels on ajoutera les îles Féroé et le Groenland) l'un des derniers pays à encore pratiquer (et augmenter) la **pêche à la baleine**. Un troisième, l'Islande, s'oriente vers la fin de l'activité en 2024. Pour quelle raison ? Les Norvégiens avancent comme argument le respect d'une tradition séculaire et la demande des consommateurs locaux. Or, il semble bien que cette dernière baisse nettement et les besoins sont bien moindres que le tonnage de petits rorquals capturés.
La chasse aux phoques a lieu, quant à elle, sous prétexte de régulation de la population d'animaux friands en harengs. Quant à la pêche au krill (*encadré ci-dessus*), il met en danger toute la faune marine.
Enfin, si la Norvège se montre exemplaire « à domicile », ses investissements dans des activités polluantes à l'étranger (gaz de schiste, mines) peuvent déranger. Toutefois, le fonds souverain norvégien, le plus important du monde (*p. 357*), a cédé certaines participations en raison de considérations éthiques et environnementales (industrie du tabac, entreprises à risque carbone élevé ou impliquées dans des violations graves des droits de l'homme).

Les Sames (Samis)

Les Sames (ou Samis), plus connus sous le nom qu'ils récusent de Lapons, sont le dernier peuple aborigène d'Europe. Environ 70 000 et répartis sur le territoire de quatre pays – la Norvège (qui en compte à elle seule entre 40 000 et 50 000), la Suède, la Finlande et la Russie –, ils tentent tant bien que mal de préserver des assauts de la modernité leur mode de vie, leurs traditions et leur identité.

On visitera dans le Finnmark le musée d'Alta *(p. 317)*, le musée et la maison de la Culture de Kautokeino *(p. 320)*, le musée d'art, le Parlement et le Sápmi Park à Karasjok *(p. 324)* et, à Oslo, la section arctique du Musée historique *(p. 37)*.

Aux origines

Selon certaines hypothèses, les Sames seraient originaires de la région du lac Onega en Russie, mais on ignore quand ils émigrèrent vers l'ouest et le nord de la Scandinavie, et si les **Komsa**, qui vivaient sur la côte norvégienne il y a environ 10 000 ans, étaient leurs ancêtres directs. Les Sames sont mentionnés pour la première fois, mais sous un nom différent, dans un livre d'histoire romaine ; on les retrouve ensuite dans les sagas d'Islande et dans diverses chroniques médiévales. Il semble qu'ils aient eu des échanges commerciaux avec plusieurs pays et qu'ils aient dû payer de lourdes taxes. Ils furent christianisés plus ou moins de force à partir du 13e s. puis, au 19e s. et au début du 20e s., les États essayèrent de les contraindre à abandonner leur langue et leur mode de vie traditionnel au nom de la modernité et de l'intégration. Sans grand succès. Cette période fut marquée par des révoltes, dont celle de Kautokeino en 1852 qui fit l'objet d'un film *(Kautokeino-opprøret)* en 2008.

Jusqu'au 15e s., les Sames vivaient de la pêche, de la cueillette et de la chasse, notamment au renne. Tiraillés entre les royaumes danois, suédois et russe, ils se mirent à l'élevage du renne au début du 17e s. afin de payer les impôts, prélevés entre autres en peaux de rennes. C'est alors que s'élabora le mode de vie que nous connaissons, marqué par la **transhumance** bisannuelle des troupeaux. Après avoir passé l'hiver sur les hauts plateaux du Finnmark, les troupeaux se déplacent l'été vers les prairies de la côte et des îles que les rennes gagnent parfois encore à la nage, mais plus souvent en bateau. Ce mode de vie ancestral constitue la base de la **culture same**, même si un faible pourcentage en vit. Contrairement à ce qui se passe en Suède où les Sames sont dispersés, on trouve en Norvège (et en Finlande) des villes à majorité same comme Kautokeino et Karasjok.

La vie traditionnelle

Les Sames vivent en communautés locales (*siida* en Norvège) regroupant un certain nombre de familles qui s'entraident et se déplacent ensemble lors de la transhumance. L'**habitat** est constitué de vastes tentes *(lávvu* ou *goahti)*, les maigres récoltes étant entreposées dans des greniers, mobiles ou non, aux toits de tourbe. C'est bien entendu le troupeau de **rennes** qui imprime son rythme à la vie, puisque la famille suit tous ses déplacements... et l'on se doit de les surveiller de près (les rennes paient un lourd tribut à la circulation automobile). Principale ressource, le renne fournissait sa viande, sa peau et ses os, toutes choses indispensables lorsque les Sames vivaient dans une économie primitive de subsistance... Une petite agriculture saisonnière et la pêche constituaient un modeste complément. Quant aux déplacements, ils s'effectuaient à bord de traîneaux tirés par des rennes ou des chiens.

Bien que christianisés depuis des siècles, les Sames demeuraient fidèles à une religion basée sur le **chamanisme**, déjà décrite par Tacite au 1er s. de notre ère et longtemps sujette à des persécutions. Aux 17e et 18e s., l'usage du tambour fut interdit par les pasteurs luthériens qui en firent brûler des centaines. Le chaman (ou *noaidi*) était quant à lui l'intermédiaire entre les Sames et les forces de la nature, ainsi que le médecin des corps à l'aide des pommades, épices et onguents concoctés grâce au savoir ancestral.

La langue et la culture

Après une longue lutte menée contre les pouvoirs centraux, les Sames ont aujourd'hui réussi à se faire reconnaître, et disposent de **parlements élus** (depuis 1989 en Norvège) dotés de compétences en matière culturelle et économique. En Norvège, son siège se situe à Karasjok *(☛ p. 321)*. Ce parlement *(Sámediggi)* est compétent dans les domaines de l'éducation, de la langue et de la culture. Le mouvement de contestation politique s'est accompagné d'un retour à la culture traditionnelle, peu à peu abandonnée par les générations précédentes. C'est ainsi que la culture same trouve une nouvelle jeunesse, à commencer par l'usage de plus en plus fréquent de la langue, désormais enseignée dans les écoles. D'origine finno-ougrienne, la **langue same**, divisée en de multiples dialectes et porteuse de nombreuses légendes, voit naître une production littéraire dynamique. L'**artisanat** ou **duodji** a lui aussi pris un nouvel essor, grâce au tourisme. Objets sculptés en bois, peaux de rennes, costumes traditionnels (que les Sames ne portent que dans les grandes occasions) et bijoux d'argent au dessin parfois inspiré des gravures rupestres d'Alta constituent de superbes souvenirs.

Ce renouveau s'accompagne d'un intérêt récent porté au **joik** *(☛ encadré ci-dessous)*, chant

Le joik, une « carte d'identité »

Dès sa naissance, tout Same se voit attribuer par l'un de ses proches un *joik*, ce chant qui l'accompagnera tout au long de sa vie et même au-delà, évoluant en fonction des caractéristiques physiques, du caractère ou des événements marquants de la biographie de chacun. Et, plus tard, il suffit que quelqu'un entonne le *joik* consacré à tel parent disparu pour que celui-ci, l'espace d'un instant, se fasse présent dans le cercle familial...

☛ **Mari Boine**, chanteuse et musicienne née en 1956, a permis de diffuser le *joik* à travers le monde. Ses albums sont disponibles en France. On lui doit la musique du film de Nils Gaup *Kautokeino-opprøret* (2008).

Yourtes samies en Laponie.
2tamsalu/Getty Images Plus

rythmé parfois par le son d'un tambour, et qui constitue la **musique traditionnelle** same. Ces mélopées, que l'on peut entendre aujourd'hui lors de festivals – à Kautokeino (Norvège) ou à Jokkmokk (Suède) par exemple –, et que certains artistes tentent de revisiter, consistent en chants longuement modulés dans lesquels se glisse parfois un mot. Le *joik* peut être dédié au vent, aux montagnes ou au soleil (le symbole commun de tous les Sames), mais aussi à une personne.

La **fête de Kautokeino**, à la période de Pâques, permet de découvrir la culture et le folklore sames (*Agenda p. 438*).

Aujourd'hui

De nouveaux droits politiques permettent aux Sames d'envisager l'avenir avec plus d'optimisme. Ces droits se sont accompagnés d'une entrée dans la modernité, parfaitement assumée : seuls 6 % des Sames sont aujourd'hui éleveurs de rennes, ils se déplacent en motoneige, utilisent l'hélicoptère (ou le cheval...) et suivent parfois leurs rennes grâce à des drones ou à des GPS accrochés aux colliers que portent leurs bêtes. Les autres sont médecins, instituteurs ou agriculteurs. Tous ont abandonné la tente pour des maisons en dur, et, si le tourisme constitue un plus pour l'économie, les Sames refusent de voir figer leur culture dans un folklore passéiste.

Victimes d'ostracisme au début du 20e s., lorsque les États scandinaves menaient une politique eugéniste et qu'ils les considéraient comme appartenant à une race inférieure destinée à disparaître, les Sames se battent aujourd'hui encore pour exister en tant que peuple. Les questions de **droit à la terre** sont sources de conflits et de procès entre éleveurs sames, promoteurs, industriels et agriculteurs qui leur contestent parfois l'accès à des pâturages utilisés depuis des générations – certains sont transfrontaliers. Ainsi, en 2023, plusieurs manifestations nationales ont eu lieu autour du cas de la **presqu'île de Fosen**, terres historiques de pâturages pour les rennes. Plus de 150 éoliennes y ont été dressées sans réelle concertation, mettant à mal les activités traditionnelles. Si,en 2021, la Cour suprême a conclu que les permis accordés par l'État aux parcs éoliens n'étaient pas valides, le mal est fait. Les Sames se battent désormais pour le démentèlement des turbines. Ils entendent, dans ce combat symbolique, faire valoir leurs droits face à la pression d'autres intérêts (projets miniers, énergie verte, tourisme) et au manque de considération de l'administration.

Parmi les autres luttes menées, le retour en Laponie d'objets sames, voire des crânes, conservés par plusieurs musées, mais aussi l'obtention d'une part des recettes provenant de l'exploitation des hydrocarbures, sont celles qui font le plus débat.

Voir, sur ces sujets, le film historique norvégien *La Rébellion de Kautekino* (2008) et le film suédois *Stöld* (*Stolen* en anglais, 2024, Netflix) d'Elle Márjá Eira, tourné en langue Sámi.

La menace du changement climatique

L'équation est tragiquement simple : les débuts d'hiver sont plus doux, il neige, cela fond, un coup de froid survient, ça gèle... Il se forme ainsi une voire plusieurs couches de glace qui deviennent impossibles à percer pour les rennes ainsi privés du lichen qui constitue 90 % de leur pitance hivernale. Le manque de nourriture pousse les rennes à se disperser davantage encore, à chercher toujours plus loin de nouveaux itinéraires, ce qui augmente les risques d'accidents de la route et de conflits, soit entre éleveurs pour l'accès aux pâturages, soit avec des agriculteurs. La « police des rennes » *(Reinpoliti)* norvégienne, créée en 1949, agit toute l'année pour régler les incidents entre éleveurs et agriculteurs. Enfin, le réchauffement des températures et l'augmentation des niveaux d'humidité ont induit une prolifération des parasites et insectes attaquant les rennes.

Pour les éleveurs sames, il y a d'autant plus urgence qu'outre le climat, plusieurs industries (minière, touristique et éolienne) menacent l'existence du renne, amputant toujours plus ses zones de pâturage ou nécessitant la construction de routes et des transports routiers qui perturbent les transhumances. Les Sames militent désormais auprès des autorités norvégiennes, suédoises et finlandaises pour obtenir un droit de regard – et de veto – sur l'implantation de parcs éoliens (☞ *ci-contre)* ou sur les projets miniers.

Des spécialistes craignent une disparition pure et simple de l'élevage d'ici à quelques décennies. Des experts ont évalué que la température allait augmenter de 7 °C en Laponie norvégienne au cours des cent prochaines années. Ce réchauffement pourrait être fatal pour les quelque 200 000 rennes qui vivent dans ces contrées.

Architecture

Les grands courants architecturaux ont atteint tardivement la lointaine Norvège et le pays ne compte qu'une petite, mais intéressante, collection d'édifices témoins. L'amateur de vieilles pierres n'y verra que du bois ou presque. Il admirera le talent des artisans qui édifièrent les formidables églises en bois debout. Et celui des paysans et pêcheurs qui surent utiliser cet odorant matériau pour se loger. La nature norvégienne sert aussi les architectes contemporains qui jouent avec les matériaux et les éléments pour créer des édifices phares comme de l'habitat collectif.

Les maîtres du bois

Aux origines de l'architecture de bois

Un matériau durable et pérenne

Le bois a été très longtemps le matériau de base de l'architecture nordique. Les forêts garantissaient la production d'énormes quantités de bois de construction. En revanche, la pierre était beaucoup plus difficile à extraire du sol gelé, et donnait en outre des bâtiments difficiles à chauffer.

L'utilisation du bois se généralisa donc bien avant l'ère viking, mais les techniques à la fois complexes et remarquables, qui permirent aux constructions de bois de résister à l'usure du temps, furent mises au point par les Vikings dont l'esprit d'innovation s'appliqua tout autant à la construction des bâtiments qu'à celle des navires.

En outre, les sculptures et peintures aussi belles que complexes qui décorent certains édifices en bois montrent la confiance que les bâtisseurs d'hier avaient dans leur capacité à construire des œuvres durables avec un matériau qu'ils connaissaient parfaitement et auquel leur culture attribuait une signification spirituelle.

Une technique inventée par les Vikings

La diversité des constructions de bois en Scandinavie est due à l'emploi de deux techniques très différentes qui datent du 9e s. À cette époque, les Vikings rapportèrent d'Orient la première de ces techniques, à savoir la construction de cabanes en rondins selon la méthode de l'assemblage à tenons et mortaises : les troncs, grossièrement dépouillés de leur écorce, étaient simplement empilés les uns sur les autres et les interstices remplis de terre et de mousse ; les extrémités des rondins étaient entaillées et assemblées par emboîtage ; il n'y avait pas de fondations et la charpente était recouverte d'écorce de bouleau maintenue en place par une couche de terre garnie d'herbe. Les **cabanes en rondins** étaient carrées ou rectangulaires et ne comportaient qu'une seule pièce à foyer central. Ce plan simple fut adopté dans toute la Scandinavie, et l'on peut encore en voir de très beaux exemples.

La technique utilisée pour la construction des cabanes en rondins s'appelle *laft* en norvégien, par opposition à une autre technique plus complexe appelée *stav*. Qu'ils soient construits selon la technique *laft* ou *stav*, les murs étaient très souvent doublés extérieurement de planches horizontales ou verticales soigneusement assemblées et peintes ; ce doublage servait d'isolation thermique et de protection contre la pluie et la neige, mais il rendait aussi les constructions plus attrayantes et fut à l'origine d'une recherche esthétique qui se traduisit, entre autres, par la décoration des encadrements de portes et de fenêtres. Ces techniques de base furent couramment utilisées dans l'architecture traditionnelle, soit séparément, soit ensemble avec des variantes régionales.

Les stavkirker

Les **églises en bois debout** de Norvège sont les plus complexes des édifices en bois jamais érigés en Scandinavie. L'originalité de la technique *stav* consistait à maintenir des rangées verticales de rondins ou de planches dans un cadre fait de poutres horizontales garnies de rainures ; la présence d'une sablière basse empêchait la détérioration des murs, ce qui explique pourquoi ces édifices résistent vaillamment depuis 800 ans.

Les premières furent construites au temps des Vikings, vers la fin du 10e s., et, au début du 14e s., on en dénombrait environ un millier. Sombres, elles étaient ornées de clochers pointus et de pignons à pente raide surmontés de têtes de dragons, symboles de leur puissance... Au cours du 14e s., une épidémie de peste décima un tiers de la population et, ainsi désertées, beaucoup d'églises en bois debout tombèrent en ruine ou furent détruites par le feu. Plus tard, d'autres, devenues trop exiguës, furent démolies et remplacées par des églises plus grandes, souvent construites en bois mais dans un style différent. Les dernières, mal entretenues, se dégradèrent et, au 19e s., il n'en demeurait qu'une trentaine en Norvège.

C'est le peintre **Johan Christian Dahl** qui attira l'attention du public sur l'irrémédiable perte que constituerait la disparition de cette richesse unique du patrimoine norvégien. Le pays étant alors en quête de son identité nationale, il fut entendu et les Norvégiens entreprirent alors de sauvegarder ce qui pouvait l'être. Il ne reste plus qu'une trentaine d'églises de ce genre, presque toutes situées dans les régions montagneuses du sud et, bien qu'elles aient été soigneusement restaurées, elles sont constamment menacées de destruction, comme l'atteste l'incendie qui ravagea en 1992 l'église de Fantoft.

La technique *stav* fut adaptée à divers styles architecturaux. Dans un premier temps, les églises furent construites selon un plan rectangulaire tout simple comprenant une nef et un chœur. Plus tard, on ajouta une abside en demi-cercle et la partie centrale de la nef fut surélevée et séparée des bas-côtés par des piliers comme dans les églises en pierre de l'époque : ce fut le cas de l'église de Heddal. D'autres églises, comme celles de Nore et d'Uvdal dans la Numedal, furent construites avec un pilier central s'élevant jusqu'au sommet de la toiture. Quel que soit leur style, elles furent entourées d'une galerie extérieure qui servait de porche et protégeait le bas des murs. La toiture s'élevait en trois paliers et était parfois surmontée d'une ou plusieurs tourelles ; la couverture était en galets de bois. L'édifice était entièrement badigeonné au goudron de bois pour éviter la décomposition, pratique toujours en vigueur.

Les églises en bois debout étaient **décorées** avec plus ou moins de raffinement de sculptures représentant des animaux, réels ou mythiques, comme le voulait la tradition viking. Les encadrements de portes étaient souvent décorés de haut en bas avec des motifs complexes et ceux qui restent témoignent de l'originalité de l'art médiéval norvégien. Le faîte des nombreux pignons était dans la plupart des cas surmonté de dragons en guise de protection contre les mauvais esprits. L'intérieur des églises est généralement très sombre, car, à l'origine construites sans fenêtres, la lumière n'y pénétrait que par les petites ouvertures rondes sous la toiture. Toutefois, la richesse de la décoration est étonnante; certains piliers sont coiffés de chapiteaux sculptés tout comme ceux de nos églises romanes, et les murs et les plafonds ont souvent été couverts de fresques à la fin du Moyen Âge.

Toujours sur pied

L'architecture rurale

Au fil des siècles, les techniques de base *laft* et *stav* utilisées pour la construction de bâtiments ruraux, de la simple cabane en rondins au manoir campagnard, ont été habilement adaptées selon les besoins. Les **bâtiments de ferme** ont des murs doublés et une élégante galerie extérieure qui leur donnent un aspect confortable; ils sont peints de couleurs lumineuses comme le blanc ou le rouge. Les fermes d'été des régions montagneuses ont souvent conservé l'aspect de cabanes en rondins, au toit couvert de couches de terre garnies d'herbe. On peut en voir dans la région de Røros. Les dépendances comprennent des greniers qui se présentent sous la forme d'un bâtiment reposant sur des piliers de pierre ou de bois; ces *stabbur* sont fréquents dans le sud de la Norvège.

À proximité des églises, dont les fermes étaient souvent très éloignées, les pratiquants construisaient de petites maisons où ils se reposaient avant de prendre le long chemin du retour.

Construites au bord de l'eau, en partie sur le rocher et en partie sur pilotis, peintes en rouge, les **cabanes de pêcheurs** forment un tableau particulièrement pittoresque sur fond austère de roche et de ciel. Les plus attrayantes se trouvent dans les îles Lofoten, au large de la côte norvégienne.

Les villes de bois

Même si les villes scandinaves sont antérieures au 18e s., la plupart des quartiers de bois qu'elles ont conservés datent de cette époque, car elles ont été souvent dévastées par le feu. Ces quartiers anciens présentent un aspect et une atmosphère totalement différents selon les régions.

Les « **villes blanches** » de la Norvège méridionale, avec leurs petites maisons alignées au bord de l'eau, baignent dans une ambiance animée et détendue : la magnifique rangée d'entrepôts aux lignes austères du vieux port de **Bergen** offre une vue inoubliable. À **Stavanger**, les petites maisons perchées au-dessus du vieux port ont été restaurées avec goût et peintes de couleurs claires. Les villes minières ont un aspect plus sévère : c'est le cas de **Røros**, où les maisons reflétaient les différentes classes sociales, de la cabane en rondins au toit couvert de touffes d'herbe pour les ouvriers aux grandes maisons colorées réservées aux notables.

De nos jours, moult architectes scandinaves entretiennent ce goût du bois, redevenu également populaire en France où le style venu du Nord, adapté au souci de développement durable, est souvent mis en avant.

Au fil des courants

La déclinaison nordique des styles européens

La Norvège, comme les autres pays scandinaves, bénéficia de l'influence des divers courants architecturaux avec quelques décennies de retard. On trouvera çà et là de beaux exemples de ces apports extérieurs parfois remarquablement adaptés ou interprétés par les artisans locaux.

Églises romanes et gothiques

L'église Notre-Dame de Bergen (Mariakirken) est un rare et bel exemple d'architecture **romane**. Ancienne paroisse des marchands de la Hanse, son portail sud est typique de la toute fin de l'époque romane. D'autres églises, telles les cathédrales de Trondheim, Stavanger et Hamar (en ruine), romanes lors de leur fondation, ont été plus ou moins largement remaniées en style gothique. Ce sont finalement bien les *stavkirker* (*p. 378*) qui montrent les plus beaux éléments romans.
Les édifices gothiques locaux rappellent ceux que l'on trouve en Angleterre ou dans le nord de la France. La **cathédrale de Nidaros** (Trondheim), élevée au 11e s. dans un style roman (quelques éléments perdurent), fut reconstruite dans un style **gothique** dont elle est le plus bel exemple norvégien. La nef, comme le formidable chœur de forme octogonale (inspiré par celui de Canterbury), date de 1300. Outre la cathédrale de Stavanger, le monastère d'Ulstein et la belle salle principale du Haakonshallen de Bergen sont d'autres réalisations gothiques remarquables.
Bergen p. 128, Stavanger p. 161, Hamar p. 79 et Trondheim, p. 216.

La Renaissance et le baroque

C'est *via* les Flandres et le Danemark que le style **Renaissance**, né en Italie et inspiré par l'époque antique, parvient en Norvège. Le pays étant alors considérablement appauvri par l'épidémie de peste, les réalisations en sont très rares : par exemple, la baronnie de Rosendal, au bord du Hardangerfjord, bâtie en 1655 pour un noble danois.
Le style **baroque** et sa profusion d'ornements vont s'exprimer au sein de plusieurs églises. La richesse des décors de bois de la cathédrale de Kongsberg et de l'église de Røros – qui contraste avec l'allure extérieure austère des édifices – témoignent de la prospérité de ces villes minières au 18e s.

Le 19e et le début du 20e s.

Séparée du Danemark, la Norvège dote Christiania (Oslo) d'édifices dignes d'une capitale. La majeure partie du travail est confiée au très fécond **Christian Heinrich Grosch** (1801-1865) qui dessine notamment la Bourse et l'université.
L'architecture franchit un pas au début du 20e s., avec l'apparition de l'**Art nouveau** ou *Jugendstil* : c'est ainsi qu'à la suite d'une catastrophe, la ville d'Ålesund fut entièrement reconstruite dans ce style et étonne toujours par la fantaisie et la profusion décoratives faisant appel au verre, à la céramique et au fer forgé.
Ålesund p. 178.
À partir des années 1930, Oslo succombe au **fonctionnalisme** et au style dit international dans le sillage d'Arne Korsmo (1900-1968).

Les réussites contemporaines

Après la Seconde Guerre mondiale, il a fallu reconstruire rapidement les villes et quartiers détruits par les bombardements. La fonctionnalité prévalait. Pourtant, dès les années 1960, une fois l'urgence passée, on attache à nouveau de l'importance à l'esthétique. **Birger Dahl** (1916-1998), l'un des maîtres scandinaves de l'architecture d'intérieur, rayonne alors grâce à son travail sur la lumière. **Sverre Fehn** (1924-2009), débute quant à lui en édifiant le pavillon norvégien lors de l'Exposition universelle de Bruxelles en 1958. Plus récemment, il a dessiné le musée des Glaciers norvégiens au bord du Sognefjord *(p. 201)*. Son but n'est pas de se soumettre entièrement à la nature, mais d'établir un dialogue entre nature et culture, et il est vrai que ses œuvres rehaussent la beauté des paysages rocailleux de son pays natal. L'architecte a obtenu le prix Pritzker en 1997.

C'est selon une approche comparable que **Jan Inge Hovig** (1920-1977) a élevé à Tromsø la superbe cathédrale Arctique en 1965 *(p. 294)*. Le rapprochement peut paraître hasardeux, mais la structure de verre habillant désormais les ruines de la cathédrale de Hamar s'en rapproche par sa conception et sa philosophie. Inaugurée en 1998, on la doit au cabinet **Lund & Slaatto** qui a également dessiné le siège de la Banque de Norvège à Oslo.

C'est bien à partir des **années 1990** que les architectes norvégiens osent, s'affirment et exportent leur talent dans le sillage du cabinet Snøhetta. Les ondulations de bois et de verre du musée des Beaux-Arts de Lillehammer, ou encore le Sámediggi (Parlement same) à Karasjok, élevé par **Stein Halvorsen** et **Christian Sundby** sont de belles réussites.

Parmi les autres architectes qui se sont illustrés, les noms de **Kristin Jarmund**, **Kari Nissen Brodtkorb** (auteur de l'immeuble *Stranden* d'Aker Brygge à Oslo, un quartier où œuvre également **Niels Torp**), **Ivar Lunde** et **Morten Løvseth** témoignent de la prééminence d'une élégante sobriété dans le traitement des volumes, l'effet de monotonie étant évité grâce à la fusion d'éléments stylistiques distincts.

Parmi les réalisations récentes, citons également à Stavanger, le musée du Pétrole et le Konserthus ; à Kristiansand le théâtre Kilden et le Kunstsilo ; à Kistefos, le pont The Twist ; à Vennesla, la bibliothèque ; à Fornebu, le siège de Statoil (par A-Lab) ; à Bodø le nouvel hôtel de ville ; ou encore les dizaines de réalisations bordant les routes nationales touristiques *(nasjonaleturistveger.no)*.

En attendant l'étonnant The Whale (2026-2027) à Andenes...

Il faut enfin citer les membres du cabinet d'architectes **Snøhetta** (littéralement « blanche neige » - *snohetta.com)*, moteurs de l'architecture et du design norvégiens. On leur doit, entre autres, le formidable **Opéra d'Oslo** (2008), immédiatement adopté avec enthousiasme par la population de la capitale. Ils ont pensé le Centre culturel du World Trade Center à New York (2014), et, en Dordogne, le spectaculaire Centre d'art pariétal de Lascaux IV (2016). Mais aussi des refuges pour randonneurs et, bientôt, un tunnel pour bateaux *(encadré p. 362)*.

Le front de mer d'Oslo (où s'est également illustré **Renzo Piano**) devient une vitrine pour architectes de renom, avec la Deichman Bjørvika (bibliothèque 2020), le contesté musée Munch (2021) et le sobre Musée national (2022).

Arts et culture

Les scènes, les galeries ou les écrans norvégiens ne manquent pas d'artistes de talent pourtant souvent peu connus au-delà de leurs frontières. Ils évoluent dans le sillage ou dans l'ombre des grands noms de la peinture (Munch), de la littérature (d'Ibsen à Jo Nesbø) ou de la musique (de Grieg à Jan Garbarek). Les musées et les innombrables festivals locaux permettent de comprendre combien cette nature, que l'on vient ici découvrir en priorité, est source d'inspiration.

Avant le 19e s., on pensait en général que la culture scandinave n'avait engendré aucune forme originale d'expression. Les opinions se modifièrent au début du 19e s., lorsque le mystère qui entourait la préhistoire scandinave fut en partie élucidé ; on se rendit alors compte que cette région avait contribué à alimenter le creuset européen bien avant sa christianisation et l'on commença à évaluer les influences que les Vikings avaient eues sur la civilisation occidentale.

La peinture et la sculpture

La peinture

La naissance d'une peinture nationale

Rattachée bon gré mal gré à la Suède, la Norvège développa au cours du 19e s. une aspiration à la renaissance nationale qui se traduisit en peinture par l'avènement de l'école romantique. Parmi les artistes les plus représentatifs de ce style, essentiellement paysagiste, il convient de citer le pionnier, **Johan Christian Dahl** (1788-1857), mais aussi **Adolph Tidemand** (1814-1876) et **Hans Gude** (1825-1903), auteurs de nombreuses toiles empreintes d'une lumière volontairement dramatique. Si la génération suivante se perdit parfois dans la recherche d'une représentation quasi photographique de la réalité, on en détachera toutefois le nom d'**Erik Werenskiold** (1855-1938), auteur d'un remarquable portrait d'Ibsen. Une école réaliste, voire franchement naturaliste, conduite par **Christian Krohg** (1852-1925) – dont *La Fille malade* ne fut pas sans inspirer Munch, son élève –, cohabita avec une période symboliste où les paysages apparaissent nimbés d'une atmosphère léthargique, comme chez **Lars Hertervig** (1830-1902).

Une écrasante personnalité

Le Norvégien **Edvard Munch** (1863-1944), l'un des chefs de file de l'expressionnisme, fut sans aucun doute le plus grand peintre scandinave de tous les temps (*encadré p. 47*). Outre son fameux *Cri* (dont il existe quatre versions), d'autant plus universellement connu qu'il est entré dans la rubrique des faits divers, Munch a signé une œuvre très variée, passant du symbolisme à l'**expressionnisme** dont il est considéré comme le créateur. Son évolution ne s'arrêta pas là, puisqu'il se rangea alternativement parmi les nabis et dans la Sécession berlinoise, avant de revenir à une forme de réalisme social.

Le musée Munch *(p. 45)*, et le Musée national *(p. 39)* à Oslo, ainsi que le musée Rasmus Meyer (ex-KODE 3) de Bergen *(p. 139)*, regroupent la majeure partie de l'œuvre de Munch.

Des artistes à découvrir

Pour autant, cette œuvre immense et capitale ne doit pas occulter celle d'excellents artistes norvégiens. Ainsi **Nikolai Astrup** (1880-1928) est connu pour ses représentations des paysages et du quotidien de la région des fjords (*encadré p. 205*). D'autres artistes incontournables de la peinture norvégienne sont **Axel Revold** (1887-1962), très présent dans les collections publiques du pays et qui décora la Bourse de Bergen, **Anna-Eva Bergman** (1909-1987), représentante de l'abstraction, **Lars Tiller** (1924-1994), **Gunnar Gundersen** (1921-1983) ou **Jakob Weidemann** (1923-2001).

Dans les années 1970, les artistes norvégiens influencés par le pop art américain prennent part aux débats qui agitent le monde et le pays : par exemple, **Per Kleiva** (1933-2017) et **Arne Malmedal** (1937-2018) qui se fait connaître avec ses monochromes. **Olav Christopher Jenssen** (1954) est également une figure reconnue internationalement.

La sculpture au 20e s.

Le sculpteur le plus éminent est le Norvégien **Gustav Vigeland** (1869-1943), qui fut le meilleur représentant d'un style de sculpture monumentale très personnelle et typiquement scandinave ; ses œuvres ornent le Vigelandsparken à Oslo (*p. 53*), conçu comme un tout par l'artiste lui-même, qui y consacra une partie de sa vie.

Fritz Røed (1928-2002) s'est quant à lui distingué en dressant en 1983 *Sverd i fjell*, trois épées monumentales sur le site de la bataille navale de Hafrsfjord près de Stavanger.

La diversification

À partir des années 1980-1990, les musées et galeries se multiplient et s'ouvrent à l'art contemporain. Les supports et les formes d'expression se multiplient avec Kjell Torriset (1950), Haakon Gullvåg (1959) ou Ulf Nilsen (1950). Plus récemment encore, les installations de **Børre Sæthre** (1967) nous transportent dans des univers fantastiques. **Pia Myrvold** (1960) s'affirme dans l'art numérique et **Rune Guneriussen** (1977) met en scène divers objets dans des paysages choisis.

Le design

Un esprit scandinave

En dépit d'un attachement reconnu à leurs traditions, les Scandinaves ont toujours abordé la modernité sans complexe et sans reculer devant l'expérimentation. Peut-être est-ce pour cette raison que tant d'architectes et de designers venus du nord se sont imposés et y ont connu une telle fortune.

Le design est apparu, au début du 20e s., en réaction aux courants artistiques immédiatement antérieurs dans ce qu'il est convenu d'appeler les arts décoratifs : le terme porte une valeur esthétique tout en sous-entendant une nouvelle approche basée sur l'abandon de la pièce unique longuement polie par l'artisan au profit d'une fabrication industrielle. Du mobilier au papier peint, des objets de la vie quotidienne aux vêtements, les designers ont, comme leurs homologues d'autres disciplines, évolué depuis un siècle : le modernisme, l'Art déco, le fonctionnalisme, le « design pop » jusqu'au minimalisme postmoderne des années 1990 auquel s'opposa un maximalisme flamboyant, autant de jalons d'une aventure étonnante.

Le Musée national d'Oslo, les musées des Arts appliqués de Bergen ou de Trondheim permettent de questionner le passé et l'avenir de cet art, des créations des verriers norvégiens tels que **Sverre Pettersen** (1884-1959) ou **Ulla-Mari Brantenberg** (née en 1947) au mobilier d'inspiration japonaise créé par **Gerhard Munthe** (1849-1929).

Un nouvel élan

Si les designs danois et finlandais sont en vogue depuis des décennies, le succès de designers norvégiens est plus récent. Motivés par le rayonnement des collectifs **Snøhetta** (*Architecture p. 381*) et **Norway Says**, puis la création d'un centre du Design en 1993, les talents éclosent. D'autres collectifs tels Angell Wyller & Aarseth et Strek Collective sont unanimement salués.

Les boutiques de design sont nombreuses à Oslo. Voir la rubrique *Shopping* dans le carnet d'adresses d'Oslo, p. 68.

La littérature

Henrik Ibsen, Knut Hamsun, Jo Nesbø : ces noms célèbres suffisent à démontrer la vitalité de la littérature norvégienne.

Les sagas, une littérature orale

Après le bouleversement des guerres napoléoniennes, la Norvège (alors suédoise) éprouva le besoin de réaffirmer son identité nationale. Les regards des écrivains se tournèrent vers leur lointain passé, leur héritage : les **sagas**.

Au temps des Vikings, lors des festins, des *scaldes*, les bardes nordiques, avaient coutume de réciter des poèmes épiques fondés sur des événements historiques. Les narrateurs adaptaient leurs contes afin de plaire aux chefs de clans ; c'est ainsi que les actes héroïques furent

Henrik Ibsen (1828-1906), acteur de l'éveil national

Né à Skien, apprenti dans une pharmacie de Grimstad, Ibsen travailla dans les théâtres de Bergen et de Christiania (Oslo), parallèlement à la création de pièces historiques sans grand succès. Partie prenante dans la quête de l'identité nationale, il fonda en 1859 avec Bjørnsterne Bjørnson la Compagnie norvégienne pour promouvoir l'art et la culture norvégienne. En 1863, lauréat d'une bourse, il s'installa à Copenhague, puis à Rome, tout en continuant à écrire. Son poème dramatique *Peer Gynt*, porté au théâtre en 1876 avec une musique d'Edvard Grieg, rencontra un immense succès et fut considéré comme l'incarnation du génie national norvégien. Dès lors, rompant avec le drame historique, Ibsen s'attacha à fouiller les caractères psychologiques et à analyser la société de son temps, dans des pièces à la mécanique très précise. *Maison de poupée* (1879), *Les Revenants* (1881), *Hedda Gabler* (1890) lui apportèrent la renommée en Europe. Revenu en Norvège en juillet 1891, Ibsen mena une vie si réglée que, dit-on, les habitants de Christiania pouvaient ajuster l'heure de leur montre sur son passage ! Ibsen décède un an après l'indépendance du pays.

À visiter à Oslo, le musée Ibsen (p. 37).

racontés à maintes reprises et sans cesse embellis. Ces contes furent plus tard transcrits, ce qui permit de faire passer à la postérité le glorieux passé de la Scandinavie.

Les thèmes qui nourrissent la littérature des 19e et 20e s. montrent que les écrivains ont beaucoup lu ces sagas qui renferment l'essence même du tempérament et de la culture scandinaves : la communion avec la nature, un sentiment latent d'angoisse et de mélancolie, l'obsession de la solitude, conférant néanmoins une certaine force, et un amour profond pour le folklore en tant que racine de l'identité scandinave.

Au 19e s., la Norvège redécouvre son folklore grâce à **Peter Christen Asbjørnsen** (1812-1885), qui consacra sa vie et son œuvre à transcrire et à adapter les contes et légendes de la tradition orale paysanne. Vous le « rencontrerez » sur les billets de 50 NOK.

Une littérature vivante

Par la suite, en tête des éminents représentants de la littérature norvégienne du 19e s. et du début du 20e s., on placera les dramaturges **Henrik Ibsen** (1828-1906, *encadré ci-contre*) et **Bjørnstjerne Bjørnson** (1832-1910), prix Nobel de littérature en 1903, ainsi que le romancier **Knut Hamsun** (1859-1952), prix Nobel de littérature en 1922. Leurs œuvres sont imprégnées d'angoisse, de doute et même de désespoir. Le quintette majeur de la littérature norvégienne est complété par **Jonas Lie** (1833-1908), très marqué par sa jeunesse à Tromsø *(La Famille de Gilje)*, et **Alexander Kielland** (1819-1906), qui raconte de façon parfois sarcastique la vie de la bourgeoisie de Stavanger. L'auteur et militante féministe **Amalie Skram** (1846-1904) dépeint avec précision la société de Bergen au 19e s. dans *Les Gens de Hellemyr*. **Sigrid Undset** (1882-1949, *encadré p. 76*), qui figure quant à elle sur les billets de 500 NOK, s'imposa grâce à sa trilogie historique *Kristin Lavransdatter* qui fait revivre la Norvège médiévale et obtint le prix Nobel en 1928. **Tarjei Vesaas** (1897-1970) est considéré comme l'un des écrivains norvégiens majeurs du 20e s. On lui doit le *Palais de glace* où l'héroïne se laisse prendre au piège de ses rêves.

La **littérature contemporaine** est brillamment représentée par **Jostein Gaarder** (né en 1952), dont *Le Monde de Sophie*, publié en 1991, a connu un succès mondial et a permis à la scène littéraire norvégienne de sortir de l'ombre. Citons également **Øystein Lønn** (1936-2022), aux dialogues anodins, laissant transparaître une société et des personnages moins lisses qu'il n'y paraît *(D'après Sofia)*. Parmi les plus jeunes, il faut citer **Linn Ullmann**, fille d'Ingmar Bergman et de l'actrice Liv Ullman *(Miséricorde)*, et **Herbjørg Wassmo** *(La Fugitive, La Véranda aveugle* et surtout *Le Livre de Dina)*, **Lars Saabye Christensen**, auteur de la saga noire familiale *Le Demi-Frère*, **Victoria Kielland** *(Mes hommes)*, **Karl Ove Knausgaard** *(La Mort d'un père)* ou encore l'œuvre de **Maren Uthaug** *(Là où sont les oiseaux ; Et voilà tout)* influencée par l'ascendance same de son auteure.

Livres, films, séries p. 440.

La vogue du polar scandinave

Le roman policier est-il une invention scandinave ? C'est en tout cas ce qu'affirme le créateur norvégien du détective de Bergen Varg Veum, **Gunnar Staalesen** (né en 1947). Toujours est-il que la société policée des pays scandinaves se prête admirablement à ce genre.

Oslo possède également son détective, Harry Hole, créé par **Jo Nesbø** (né en 1960), qui y enquête ainsi dans une dizaine de romans très violents. Nesbø, grâce à un style proche des polars anglo-saxons, connaît un succès international. **Jorn Lier Hørst** (né en 1970, auteur de *Le Code de Katarina; La Chambre du fils*) et les « reines du crime », **Karin Fossum** (née en 1964, *L'Œil d'Ève* et *Ne te retourne pas!*) et **Anne Holt** (née en 1958, *Cela n'arrive jamais* ou *Haine*), font aussi partie des succès éditoriaux de la dernière décennie. Et de nouveaux talents apparaissent chaque année!

Les auteurs de polars s'approprient souvent une ville dont ils font le personnage principal : Bergen pour Staalesen, le Telemark pour Hørst, Oslo pour Anne Holt et Jo Nesbø... Tous offrent un regard acéré sur la société norvégienne contemporaine. Mais aussi une mine d'or pour les scénaristes du monde entier. *Le Bonhomme de neige,* de Jo Nesbø, a ainsi été brillament porté à l'écran en 2017.

Livres, films, séries p. 440.

Les séries

À l'instar des autres pays scandinaves, la production norvégienne s'est imposée par son ton. Parmi les plus notables **Varg Veum** (2007-2012), adapté des romans de Gunnar Staalesen, **Frikjent** (« Acquitté », 2015), l'histoire d'un homme d'affaires qui revient dans son village où il est accusé d'avoir commis un meurtre 20 ans plus tôt; **Jordskott** (2016), où l'on suit une négociatrice des forces spéciales, **Occupied** (2015), une coproduction franco-suédo-norvégienne qui met en scène l'invasion de la Norvège par la Russie dans un futur proche, et l'engagé et multi-primé **Power Play** (2023) sur le parcours étonnant de Gro Harlem Brundtland, première femme Première ministre de Norvège. Signalons enfin le succès de la série douce-amère **Lilyhammer** (2012-2014).

Encadré p. 75 et Livres, films, séries p. 440.

Le cinéma

Un marché réduit

Longtemps handicapé par l'étroitesse du marché local, et l'ombre du voisin suédois, le cinéma norvégien devient peu à peu une réalité grâce à un système d'aides de l'État. Depuis, entre 15 et 20 films norvégiens sont chaque année à l'affiche et étoffent l'offre, jusqu'à présent limitée aux adaptations littéraires, aux documentaires et films pour enfants. Quelques talentueux auteurs parviennent à attirer un public rôdé aux productions hollywoodiennes. La fréquentation des salles obscures demeure tout de même réduite : 2 ou 3 films/an et par personne, soit la même chose qu'en France.

L'écran large

Le documentaire de Thor Heyerdahl, *Kon-Tiki,* retraçant sa traversée du Pacifique, fut couronné d'un Oscar en 1951 et plaça la Norvège sur la carte du monde du cinéma.

Au palmarès des grands acteurs norvégiens, mentionnons la célèbre Liv Ulmann (*encadré ci-contre).*

Parmi les cinéastes qui se sont fait connaître, citons **Pål Sletaune** (*Junk Mail*, 1997), **Erik Skjoldbjærg** dont *Insomnia* (1997) fit l'objet d'un *remake* de Christopher Nolan en 2002, **Berit Nesheim** (*L'Envers du dimanche*, 1996), **Hans Petter Moland** (*Aberdeen*, 2000), **Bent Hamer** (*Kitchen Stories*, 2003) ou **Annette Sjursen** (*Mon coiffeur préféré*, 2004). *Cold Prey* (2006), de **Roar Uthaug** et *The Innocents* (2021) d'**Eskil Vogt**, montrent que le film fantastique parle aussi norvégien. En 2008, **Nils Gaup** évoque la révolte same de 1852 avec son *Kautokeino-opprøret*. Le film connaît alors un franc succès dans les festivals. Plus récemment, la dramatique errance du film *Oslo, 31 août* de **Joachim Trier** (2011) a remporté le Grand Prix du festival Premiers Plans d'Angers. *Back Home*, notamment interprété par Isabelle Huppert, est présenté à la sélection officielle du festival de Cannes en 2015 avant que le réalisateur ne préside la Semaine de la Critique en 2018. En 2021, Renate Reinsve, l'actrice principale de son film *Julie (en 12 chapitres)*, remporte le prix d'interprétation féminine. En 2018, **Erik Poppe** se confronte au traumatisme national de la tuerie d'Utøya en réalisant *Utøya : July 22*. Tandis qu'en 2022, **Kristoffer Borgli** dénonce les excès d'une génération obsédée par le désir de notoriété dans *Sick of Myself*.

Livres, films, séries p. 440 et le site www.nfi.no.

Plusieurs villes organisent des **festivals** de cinéma, dont Haugesund.

La musique

Grieg ou l'âme scandinave

S'il est un compositeur qui incarne l'âme de son pays, c'est bien le Norvégien **Edvard Grieg** (1843-1907). Né à une époque de grande incertitude politique, il fut le porte-parole d'une terre en quête d'identité. Étudiant en Allemagne, il fut influencé par le mouvement romantique allemand qui lui donna un élan formidable au début de sa carrière, avant de puiser son inspiration dans deux sources typiquement scandinaves : la nature et la musique folklorique. Il peignit avec beaucoup de lyrisme la beauté sereine et parfois déroutante de la nature norvégienne, et les anciens mythes et sagas scandinaves firent vibrer son imagination. Cela ne l'écarta pas pour autant des mouvements artistiques ni des grands courants musicaux européens. Bien au contraire, il parvint à exprimer l'intérêt profondément empreint d'émotion avec lequel il espérait la reconnaissance de l'identité nationale

Liv Ullmann

Née à Tokyo en 1938, élevée au Canada puis à Trondheim, un temps compagne du réalisateur suédois Ingmar Bergman qui en fit sa muse, Liv Ullmann est la plus célèbre des actrices norvégiennes. Après avoir étudié le théâtre à Londres et à Stavanger, elle est repérée lors d'une représentation du *Journal d'Anne Frank*, dans laquelle elle tient le rôle principal. Bergman la filme pour la première fois en 1966 dans *Persona*. Sa notoriété croît avec le diptyque de Jan Troell – *Émigrants* (1971) et *Nouveau Monde* (1972) – dans lequel elle incarne une jeune paysanne fuyant son pays pour construire sa vie en Amérique. Parmi ses succès à l'écran, citons, entre autres, *Cris et Chuchotements* et *La Diagonale du fou*. Liv Ullmann a réalisé, en 1995, un film inspiré de la trilogie *Kristin Lavransdatter*, de la romancière Sigrid Undset, puis deux œuvres sur des scénarios de Bergman. Celle qui a longtemps fasciné les réalisateurs par la complexité de sa personnalité est la présidente d'honneur du Festival de cinéma de Haugesund. Elle a reçu, en 2022, un Oscar d'honneur pour l'ensemble de sa carrière.

de son pays. Grieg porta la musique norvégienne sur le devant de la scène et fut, de son vivant, reconnu par ses pairs et acclamé par le public du monde entier. Ses œuvres les plus célèbres sont le *Concerto pour piano en* la *mineur*, les *Danses norvégiennes* et les *Suites de Peer Gynt*, musique de scène écrite pour le drame d'Ibsen.
La maison de Grieg sur la colline des Trolls à Bergen, p. 143.

Mais aussi...

Le 19e s. a vu naître en Norvège deux interprètes de renom. Le talentueux violoniste **Ole Bull** (1810-1880) a fait connaître la musique folklorique en utilisant le fameux violon Hardanger pour certaines de ses représentations à travers le monde. **Kirsten Flagstad** (1895-1962), qui orne les billets de 100 NOK, fut considérée comme la plus grande soprano wagnérienne de son temps.

Les musiques d'aujourd'hui

Les Norvégiens n'ont pas, à leur grand regret, acquis la renommée mondiale des Suédois. Ils revendiquent néanmoins leur rôle de pionniers du rock scandinave : c'est à Tromsø que, dès 1958, un musicien local, **Little Hendrick**, enregistra des reprises des succès d'Elvis Presley.
Le **jazz** se porte bien en Norvège, en témoignent les nombreux festivals organisés dans toutes les régions, comme celui de Molde, le plus ancien du continent (depuis 1961). Le pays ne se contente pas d'accueillir les artistes étrangers. Le saxophoniste et compositeur **Jan Garbarek** (1947), les groupes Jaga Jazzist et Wibutee ou le trompettiste Nils Petter Molvær connaissent une renommée internationale.
Côté pop, **A-ha** a certes connu (et connaît encore) un franc succès dans les années 1980-1990. Cependant, mis à part le représentant annuel au concours de l'Eurovision (que le pays a remporté en 1985, 1995 et 2009), les artistes norvégiens ont du mal à être écoutés au-delà des frontières. On est néanmoins fier des artistes pop-rock locaux au point de les avoir mis au musée à Trondheim (*musée Rockheim p. 222*). Ainsi Gartnerlosjen a animé les années 1980 avec son rock teinté d'humour. Plus récemment, Turbonegro (punk rock) ou Gluecifer (garage) ont su s'exporter, tout comme le duo originaire de Bergen, Kings of Convenience (pop folk). Mais la nouvelle génération s'affirme ! Ainsi la sensation **Girl in Red** (née en 1999), autrice-compositrice-interprète de talent et icône queer qui, avec ses titres indie-pop sincères, remplit les arenas européennes et américaines. Mêmes succès **pop** internationaux pour **Sigrid** ou encore **Aurora**.
En été, la Norvège est animée par nombre de **festivals**. Ils témoignent du dynamisme de la scène locale, du sens de la fête des Norvégiens mais aussi de leur goût pour la musique country et surtout pour le rock « dur, noir et métallique ». Comme les autres pays scandinaves, la Norvège est en effet une terre de métal – le nombre de groupes par habitant (oui, il y a des statistiques sur le sujet) y bat des records. Style musical inspiré des longues nuits d'hiver ? Résurgences du passé viking ? Qui sait... Quoi qu'il en soit, on compte pléthore de groupes de **métal** internationalement réputés, dont Satyricon, Emperor, Immortal, Beyond Dawn (*www.svartmetall.no*).
Quant à l'**électro**, si les nuits norvégiennes n'ont pas la réputation de celles de Berlin ou de Tokyo, les sets d'Aleksander Vinter, Prins Thomas, Todd Terje, **Cashmere Cat**, **Kygo**, **Alan Walker** ou Annie font danser les clubs de la planète. L'un des plus connus des groupes électro, **Röyksopp**, originaire de Tromsø, l'est à la fois pour son éclectisme et ses performances scéniques.

Les Vikings

Pendant plusieurs siècles, ils ont fait trembler l'Europe. Leurs raids violents et meurtriers remplissaient d'effroi les populations côtières d'Europe de l'Ouest et les Slaves des immenses plaines de la Russie. Et pourtant : au-delà de cet aspect « barbare » qui leur est resté attaché, ces fiers marins firent œuvre de bâtisseurs, que ce soit en Normandie, en Angleterre (et plus tard en Sicile) ou, beaucoup plus à l'est, en fondant à Kiev ce qui allait devenir l'empire des tsars.

L'époque des Vikings, qui s'étend de 800 à 1050, marque l'entrée de la Scandinavie dans l'histoire. En l'espace de deux cent cinquante ans, les Vikings ont changé le cours de l'histoire européenne, bien que l'on se doive de prononcer le mot « histoire » avec précaution, puisque tout ce que nous connaissons d'eux s'appuie sur des fouilles archéologiques, sur des chroniques contemporaines et sur des sagas des 12e et 13e s. Si les découvertes archéologiques fournissent des renseignements précis sur le mode de vie des Vikings, les chroniques et les sagas sont moins fiables. Les moines, qui ont rapporté dans leurs annales les actes des Vikings, avaient eux-mêmes été victimes de ces guerriers et ne peuvent pas être considérés comme objectifs. Quant aux sagas, elles ont été écrites beaucoup plus tard d'après les traditions orales des bardes qui, très souvent, adaptaient leurs contes au goût de leur auditoire. Une chose reste certaine, les Vikings ont fait une forte impression sur leurs contemporains et leur réputation de violence, de rapidité et d'audace s'est répandue comme une traînée de poudre à travers l'Europe et le monde arabe.

Les expéditions

Même si le tempérament aventureux, audacieux et guerrier des Vikings explique en grande partie les sanglantes campagnes systématiques auxquelles ils se

Les Vikings ont-ils découvert l'Amérique ?

Selon la tradition, un certain **Leif Eríksson**, fils d'Erík le Rouge, parti autour de l'an mil du Groenland à bord d'un solide *knörr*, aurait mis le pied à l'Anse aux Meadows (site archéologique à Terre-Neuve), sur une terre où poussait la vigne des rivages, qu'il aurait baptisée **Vinland**. Si la controverse bat toujours son plein à propos de l'authenticité d'une carte bien antérieure au premier voyage de Christophe Colomb, exposée à l'université Yale et faisant état d'une *Insula Vinlandia*, les fouilles archéologiques ont bien démontré l'existence de l'éphémère colonie de Leif Eríksson. Ce à quoi les Espagnols, piqués au vif, ont fait remarquer qu'aborder le continent américain était une chose, s'en emparer en était une autre...

livrèrent, ces pratiques avaient aussi des mobiles économiques et démographiques. En effet, au début du 9e s., la Scandinavie connut un accroissement démographique que ne pouvait compenser l'extension des terres agricoles, rendue impossible par la nature du pays. En outre, la loi viking faisait des fils aînés les seuls héritiers : les cadets devaient donc quitter la maison familiale et aller chercher fortune ailleurs. D'autre part, les Scandinaves savaient extraire le fer des marais et fabriquer des armes redoutables. Cependant, c'est grâce au développement de leurs invincibles navires qu'ils purent mettre en pratique une stratégie extrêmement efficace, fondée sur une attaque soudaine et rapide, et s'assurer ainsi une supériorité militaire décisive.

Les bateaux

Grands navigateurs, les Vikings avaient, dès le 9e s., mis au point des navires faciles à manœuvrer, tenant bien la mer au cours des tempêtes. Ils étaient appelés **langskip** lorsqu'il s'agissait d'une embarcation destinée aux expéditions guerrières, et **knarr** s'il s'agissait d'un bateau de commerce. L'examen minutieux des bateaux vikings tels que ceux d'Oseberg et de Gokstad, exposés au musée des Bateaux vikings d'Oslo, permet de mieux comprendre la suprématie des Vikings en tant que peuple marin sur des sociétés solidement établies comme celles qui occupaient l'Angleterre, la France et l'Irlande de 800 à 1050 apr. J.-C.

Leurs navires étaient rapides, équipés d'un mât central et d'une voile carrée, ce qui permettait à l'équipage de ramer même lorsque la voile était déployée. Pouvant transporter 100 hommes, ils naviguaient à une vitesse maximale de 12 nœuds et étaient conçus de telle façon que, même avec une charge maximale, des navires de la taille de celui de Gokstad (24 m de longueur et 5 m de largeur) n'avaient besoin que d'un mètre de tirant d'eau. Ils pouvaient donc s'approcher de n'importe quelle côte et remonter n'importe quelle rivière, mais aussi, au besoin, être tirés à terre grâce à leur légèreté… contribuant ainsi à l'origine à user de l'effet de surprise. Munis d'une quille solide et d'une proue incurvée devenue le symbole de la puissance des Vikings, ils étaient par ailleurs très flexibles et leur résistance fut prouvée en 1893 quand on fit traverser l'Atlantique à une réplique du bateau de Gokstad. Grâce à leurs expéditions, ils acquirent une grande expérience de la construction navale : un examen minutieux des bateaux d'Oseberg et de Gokstad confirme l'évolution rapide de la forme des coques. Au fur et à mesure que leurs techniques s'amélioraient, les Vikings construisaient différents types de bateaux, des navires de guerre rapides manœuvrés par un grand nombre d'hommes et des navires marchands plus lents, dont l'équipage moins nombreux laissait plus de place pour la cargaison.

Ces navigateurs ne se contentèrent pas de traverser la mer du Nord, mais franchirent aussi l'Atlantique pour aller jusqu'au Groenland et, peut-être, en Amérique.

Les armes

L'arme favorite des Vikings était la hache qu'ils maniaient avec une grande dextérité ; venaient ensuite la longue épée plate à double tranchant, puis la lance, l'arc et les flèches et le couteau en fer à un tranchant. Les objets retrouvés dans les tombes indiquent qu'ils n'utilisaient jamais toutes ces armes à la fois. Pour combattre, les guerriers revêtaient une cotte de mailles en fer, un casque rond en cuir ou en fer et se protégeaient avec un bouclier en bois.

Bateau viking.
9parusnikov/Getty Images Plus

Les sagas racontent que certains Vikings, les **berserk**, étaient des combattants particulièrement féroces, qui se battaient sans armure, « comme des bêtes sauvages ». Ils furent sans doute largement responsables du sentiment de terreur qui se répandit en Europe !

La société

Bien organisés, les Vikings se révélaient des agriculteurs et des artisans habiles doués pour le travail des métaux, ainsi que des chasseurs adroits et de brillants cavaliers. Ils cultivaient diverses céréales et pratiquaient l'élevage dans des enclos contigus à leurs longues maisons de bois groupées en villages, leur permettant de se vêtir avec des tenues en laine, en soie ou en lin. Dans les cités vikings, l'activité reposait sur l'artisanat et le négoce. Les principales villes étaient **Birka**, située sur l'île Björkö du lac Mälaren (près de Stockholm), **Kaupang** sur la côte méridionale de la Norvège, **Ribe** dans le Jutland occidental (Danemark) et, dans le Jutland méridional, **Hedeby**, qui était alors la ville la plus importante de Scandinavie. De ces quatre villes, seule Ribe a survécu, mais, hors de Scandinavie, York et Kiev ont prospéré et se sont développées bien après la fin de l'ère viking.

Une société hiérarchisée

Il y avait trois classes sociales bien distinctes. L'**aristocratie** était composée de seigneurs fonciers. Le roi, également grand prêtre de la religion d'Odin, était élu par les chefs de clans. À l'origine, seuls les membres de la famille du défunt roi étaient éligibles, ce qui conduisit peu à peu à rendre la monarchie plus ou moins héréditaire.

Les **hommes libres**, pour la plupart paysans, jouissaient des droits du citoyen et se réunissaient en assemblées nommées *thing* qui faisaient appliquer la loi et débattaient des problèmes locaux. Les **esclaves**, ou *trell*, provenaient de divers horizons : condamnés de droit commun, débiteurs insolvables ou étrangers capturés lors des raids.

L'écriture runique

L'écriture runique correspond à une représentation phonétique, c'est-à-dire qu'à chaque signe ou **rune** correspond un son. L'ensemble des runes constitue un alphabet, appelé *futhark* d'après les 6 premières lettres qui le composent et comprenant 24 caractères. Au 9e s., le nombre des signes fut réduit à 16. L'écriture runique n'est pas le seul fait des peuples scandinaves ; elle a été utilisée par tous les peuples germaniques. Les plus anciennes inscriptions connues datent du 2e s., mais, dans la plupart des pays, l'utilisation du *futhark* cessa vers le 10e s., sauf en Scandinavie où l'on continua à s'en servir pendant tout le Moyen Âge. Ces gravures sur pierre, bois, métal ou os sont riches d'enseignement sur la société viking.

Du paganisme au christianisme

La société viking était **polythéiste** et nantie d'une mythologie complexe qui tentait d'expliquer la création du monde et d'en prédire la fin.
La religion s'adressait à un vaste panthéon de dieux et de déesses dont une profusion de mythes et de fables, parfois très poétiques, racontaient les aventures. Plus grands que nature mais censés mener une vie semblable à celle des hommes, se battant, mangeant, buvant et même invitant à leur table des guerriers morts au combat, ces dieux occupaient une place bien hiérarchisée.

Odin était le dieu suprême, le dieu de la Guerre et des Guerriers morts au combat, mais il était également à l'origine des aspirations les plus nobles de l'homme. Aussi était-il représenté accompagné de deux corbeaux symbolisant la pensée et la mémoire, et de deux loups représentant l'audace et l'avidité. Toutefois, sa personnalité avait un côté sombre et dangereux, car rien ne pouvait l'arrêter dans sa poursuite de la sagesse.

Avec un grand marteau pour emblème, **Thor**, maître du tonnerre, était aussi un dieu guerrier, protecteur des Vikings ordinaires ; ses intercessions avaient des résultats plus bénéfiques et il était plus populaire qu'Odin.

Venaient ensuite, par ordre d'importance, **Freyr** et sa sœur **Freyja**, seconde épouse d'Odin, qui incarnaient l'amour, la fertilité et les plaisirs ; il semblerait qu'ils aient été très populaires en Suède.

Outre les dieux, la religion viking célébrait aussi le culte de nombreux demi-dieux et accordait un intérêt marqué à une multitude de génies malfaisants ou bénéfiques. Les pratiques religieuses pouvaient être différentes suivant les régions.

Quelques sites et musées vikings en Norvège

À Oslo, la section viking du **Musée historique** *(p. 37)* et le **musée des Bateaux vikings** *(p. 50)*. À Borg, dans les îles Lofoten, le **Musée viking Lofotr** *(p. 267)*. À Avaldsnes (au sud de Haugesund), **Nordvegen Historiesenter** *(p. 167)*.

À voir aussi, des **tombes** à Hundorp, près de Lillehammer, et à Borre, au sud de Drammen, et Haraldshaugen, l'obélisque marquant le site où fut probablement enterré Harald Hårfagre, juste au nord de Haugesund.

Les pierres runiques

Il semble que les pierres les plus imposantes (elles peuvent peser plusieurs tonnes) aient servi de mémorial pour célébrer des exploits ou des personnages ; elles portent à la fois le nom de la personne honorée, et celui de la personne qui les fit ériger. Elles peuvent aussi relater des événements, parfois d'intérêt historique. Vers la fin de l'ère viking, les pierres furent décorées d'emblèmes chrétiens, en particulier de croix, à côté des dragons et serpents mythologiques.

Des sacrifices rituels étaient régulièrement organisés dans les temples, plus tard remplacés par des églises chrétiennes, comme ce fut le cas à Jelling dans le Jutland et à Uppsala en Suède.

La conversion des Vikings au christianisme fut progressive et pratiquement achevée à la fin du 11e s. Souvent, les maraudeurs se convertirent lors de leurs lointaines expéditions et ramenèrent chez eux des missionnaires pour les aider à faire accepter la nouvelle religion. Puis les expéditions cessèrent et, par le jeu des relations commerciales, la Scandinavie devint partie intégrante de l'Europe.

Les funérailles vikings

Les Vikings pensaient que les besoins des hommes après leur mort étaient les mêmes que durant leur vie. Un mort pouvait être enterré ou incinéré, mais, quel que soit le cas, on plaçait à ses côtés des présents à la hauteur de son rang social. Certains défunts étaient enterrés dans des chambres funéraires en bois, d'autres (souvent les personnages importants) dans des bateaux. Ceux-ci étaient placés dans un trou et le corps posé sur un lit dans une chambre funéraire. Le bateau était alors rempli de provisions et, selon le cas, d'armes, d'outils agricoles, de bijoux, d'ustensiles de cuisine, etc. Les tombes étaient enfouies sous un tumulus ou signalées par le contour d'un navire symbolisé par des pierres alignées. On sacrifiait également des chiens et des chevaux. Dans la **tombe d'Oseberg** on retrouva deux femmes, ainsi qu'un chariot et trois traîneaux, des ustensiles de cuisine, du matériel agricole et des instruments à tisser, une selle, des fragments de tapisseries et des provisions.

Le mythe

La civilisation viking telle qu'on la narre aujourd'hui est pour l'essentiel une construction récente qui remonte à la fin du 19e s., lorsque les États scandinaves étaient en pleine période national-romantique et que l'élaboration du mythe viking servait des desseins politiques.

En 1864, les Allemands attaquèrent le Danemark qui perdit le sud du Jutland. L'Europe du Nord était menacée. Les pays scandinaves créèrent le mythe du peuple frère et des Vikings scandinaves qui terrorisaient leurs voisins. Le Viking devint l'idéal qui nourrit le sentiment national. Il représentait le symbole de l'homme libre. Pendant la Seconde Guerre mondiale, il fut grimé en guerrier SS à des fins de propagande et, après la guerre, représenté en paysan se battant plus avec sa pioche qu'avec son épée pour survivre.

Dans les années 1980 et 1990, alors que les discussions battaient leur plein pour une éventuelle adhésion à la Communauté européenne, les Vikings étaient représentés comme marchands, précurseurs de la libre circulation.

Histoire

Fiers de leur indépendance et de leurs traditions nationales (au point de se montrer réticents face à l'idée européenne), les Norvégiens revendiquent avec fierté l'héritage de leurs ancêtres les Vikings. Leur histoire fut marquée, jusqu'à une époque relativement récente, par des querelles de voisinage. La Suède et le Danemark se disputant l'hégémonie dans la région, la Norvège dut attendre 1905 pour recouvrer une indépendance qu'elle avait perdue cinq siècles plus tôt... Aujourd'hui, le pays, prospère et actif sur la scène internationale, constitue un exemple de tolérance et d'ouverture aux autres.

Des origines à la christianisation

Il y a environ 10 000 ans, à la fin de la dernière glaciation, les premiers habitants de la Scandinavie vivaient de la chasse et de la pêche. Ils s'étaient d'abord installés au Danemark puis déplacés le long de la côte occidentale de Norvège libérée des glaces avant les terres de l'intérieur. Ces premiers sédentaires utilisaient des outils taillés dans l'os et, plus tard, dans la pierre ; leur mode de vie est illustré par les gravures rupestres découvertes en Norvège, notamment près d'Alta (*p. 316*).

Pendant la période la plus récente de l'âge de la pierre, connue sous le nom de période **néolithique**, l'agriculture se développe progressivement comme en témoigne la découverte de vestiges de campements permanents ; les premières poteries datent de cette époque. C'est aussi durant cette période que s'installent des populations venues du sud et de l'est. Le peuple dit des « **haches naviformes** » leur succède, apportant des outils et des armes plus élaborés, et probablement sa langue indo-européenne.

Du bronze et du fer

Le commerce se développe pendant l'**âge du bronze**, l'ambre, les fourrures et les esclaves étant échangés contre du cuivre et de l'étain utilisés en alliage dans la composition du bronze. Les gravures rupestres témoignent des méthodes employées alors pour travailler la terre et de la science de la mer que l'on possédait déjà. À partir de 500 av. J.-C., les Scandinaves fabriquent le fer : ils extraient le minerai des marais et se servent de la tourbe comme combustible. C'est d'ailleurs dans les marais que l'on a fait les découvertes archéologiques les plus intéressantes : objets divers déposés en offrande à des divinités, mais, aussi, corps humains victimes probables de sacrifices.

Au quotidien, la fabrication d'outils métalliques permet aux habitants de la côte d'améliorer la construction de bateaux, tandis qu'à l'intérieur, on développe l'agriculture et l'exploitation des forêts. Se forment ici et là des communautés rurales que dominent des chefs locaux.

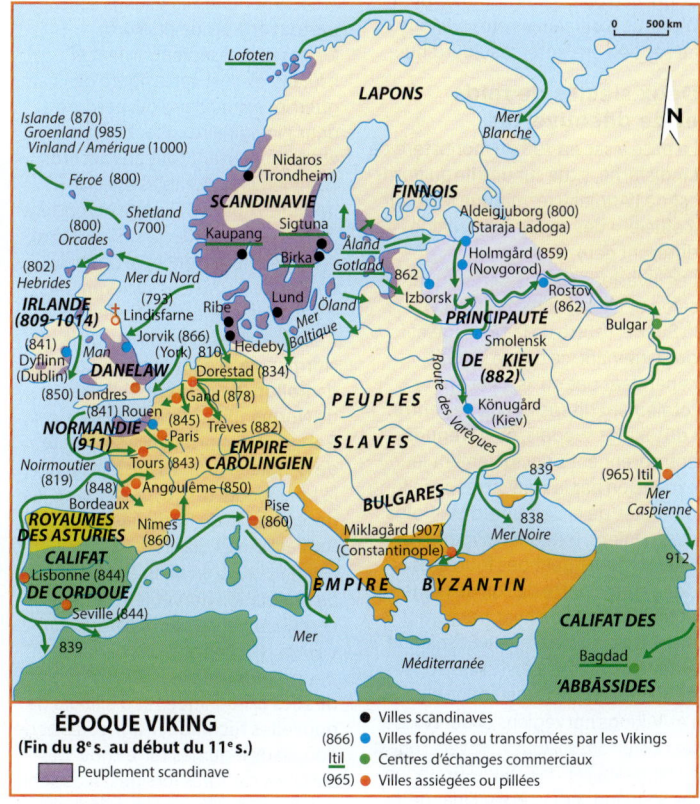

ÉPOQUE VIKING
(Fin du 8e s. au début du 11e s.)

Peuplement scandinave

● Villes scandinaves
(866) ● Villes fondées ou transformées par les Vikings
Itil ● Centres d'échanges commerciaux
(965) ● Villes assiégées ou pillées

À l'écart des invasions

Les 500 premières années de l'ère chrétienne sont le théâtre en Europe continentale d'importantes migrations et voient l'apparition des inscriptions runiques et de forts à but défensif. Les Svear s'imposent sur le territoire de la Suède (à laquelle ils allaient attacher leur nom), les Finnois pénètrent peu à peu à l'intérieur des terres, mais la Scandinavie reste en dehors des grands bouleversements européens jusqu'au début de l'époque viking, même si les Romains nouent des relations commerciales avec la région dès le 1er s. apr. J.-C.

Les Vikings

Voir aussi p. 389.

Le mot « viking » est un nom d'origine norroise (langue scandinave médiévale), mais ceux que l'on appelle aujourd'hui les Vikings se nommaient alors **Hommes du Nord**. Il existe différentes hypothèses sur l'origine de ce nom. Selon certains, il signifierait « homme des criques ou des fjords », et s'appliquerait donc parfaitement à des pirates qui se dissimulaient sur les côtes escarpées pour surprendre leurs proies. Pour d'autres, ce terme est en fait un état : on est « en viking », ce qui signifie que l'on est parti « en expédition ».

Ainsi, les femmes, les enfants et sans doute une partie des hommes de l'époque n'ont jamais été « vikings » au sens où on l'entend aujourd'hui.

Deux siècles de raids et de découvertes

La mise à sac en 793 du monastère de Lindisfarne, situé sur une île au nord-est de l'Angleterre, marque le début « officiel » des expéditions vikings qui dureront deux cents ans.
Les invasions vikings s'effectuent selon deux courants, issus l'un de la Suède, l'autre de la Norvège et du Danemark, ce qui ne signifie cependant pas qu'ils aient été totalement dissociés l'un de l'autre. Les Vikings suédois, ou **Varègues**, entreprennent principalement leur expansion par la voie terrestre le long des côtes de la Baltique, de la Volga et du Dniepr, fondant Novgorod et Kiev. Ils échangent des fourrures et de l'ambre contre de l'or, de l'argent et des produits de luxe, s'assurant le monopole du trafic de la Caspienne, et tentent même à diverses reprises de s'emparer de Constantinople.
Les **Vikings norvégiens et danois**, de leur côté, font surtout voile vers l'ouest, se dirigeant vers la Grande-Bretagne, les Shetland, les Orcades, l'Irlande, la France et l'Espagne. Ils franchissent même le détroit de Gibraltar et traversent la Méditerranée, rejoignant les Vikings suédois à Constantinople. Des Vikings norvégiens colonisent l'**Islande** à partir 870 dans le sillage de Ingólfur Arnarson.
Puis, en 985, Eríк le Rouge colonise **le Groenland**. De là, vers l'an mil, les Vikings emmenés par Leif Eríksson se dirigent vers l'ouest et mettent le pied sur le continent américain (qu'ils appellent **Vinland**) 500 ans avant Christophe Colomb *(encadré p. 389)*. Ces exploits sont rapportés par les sagas islandaises, écrites plus de deux siècles après l'époque qu'elles décrivent, et donc sujettes à interprétation.

Guerriers et commerçants

À cette époque, les Vikings sont partout en Europe du Nord.
Certes ils massacrent, pillent et brûlent, et c'est cette figure de guerrier sanguinaire qui perdure dans l'imaginaire collectif. Mais ils établissent avant tout des accords commerciaux durables avec de nombreux pays d'Europe et fondent de nouveaux royaumes. Si certains, comme celui d'York et le Danelaw d'Angleterre, ne leur survivent pas, d'autres deviennent puissants et très prospères. C'est le cas de la Normandie, d'où les descendants de **Rollon** (devenu en 911 duc de Normandie sous le nom de Robert Ier) repartent à la conquête de l'Angleterre, mais aussi celui de la principauté de Novgorod, d'où les descendants de **Rurik** passent à Kiev, fondant ainsi l'État russe sur lequel ils règnent jusqu'en 1578.
La population norvégienne tire un certain bénéfice des expéditions vikings. On importe des bijoux et des métaux précieux. On introduit des îles britanniques et d'ailleurs de **nouvelles techniques agricoles** et de nouveaux légumes tel le chou. Les esclaves capturés lors des raids sont mis à contribution pour défricher les forêts, construire les bateaux...
À la même époque, des chefs locaux s'enrichissent en soumettant les peuples du nord comme les Sames à de lourdes taxes payées en peaux et fourrures.

Harald Ier, père de la nation

La Norvège viking est une terre de clans enclins aux conflits de voisinage. Les chefs de ces fiefs composent la classe dominante qui jouit de privilèges certains en matière de justice. Pourtant, peu à peu, des institutions sont mises en place tels des parlements *(Thing)* à l'échelle locale et régionale.
À la fin du 9e s., **Harald Ier Hårfarge** soit « le Blond » ou « à la Belle

Chevelure » (env. 880-930), réalise l'unification d'une grande partie de la Norvège suite à une bataille remportée à Hafrsfjord, qui lui assure le contrôle d'une importante partie du littoral. Son ascension provoque le départ de nombre de chefs de clans qui partiront coloniser l'Islande *(voir plus haut)*.

L'un de ses fils, **Haakon le Bon** (920-960), poursuit son œuvre en imposant des lois communes aux régions qu'il contrôle. Mais il est défait par **Harald à la Dent bleue** (qui avait unifié et christianisé le Danemark) qui étend bientôt son influence sur la Norvège.

En 995, le chef viking **Olav Tryggvason** (968-1000) jusqu'alors installé (et baptisé) en Angleterre, revient en Norvège et s'adjuge une partie du territoire. Il fonde Nidaros *(Trondheim p. 216)* et part en croisade contre le paganisme. Il bute sur l'influence danoise et suédoise et ne peut rien faire contre le morcellement du pays.

De Canut Ier à saint Olav

De **1000 à 1013**, le chef danois Sven Ier, fils de Harald à la Dent bleue, conquiert la Norvège et l'Angleterre. Son fils, Knud, ou **Canut Ier le Grand**, règne sur un vaste royaume couvrant non seulement le Danemark, la Norvège et la Suède, mais aussi l'Angleterre et l'Écosse. Canut s'emploie à réaliser la conversion de son puissant empire avec l'aide de l'Église d'Angleterre. Cependant, cette cohésion politique est de courte durée et, après sa mort en 1035, les guerres intestines reprennent de plus belle entre des chefs ambitieux qui doivent en outre composer avec le pouvoir grandissant de l'Église.

C'est finalement le chef viking Olav Haraldsson (995-1030), futur **saint Olav,** qui impose non sans violence la religion chrétienne à son pays entre 1015 et 1030. Devenu roi sous le titre d'Olav II, et soutenu par la plupart des chefs de clans, il instaure un régime féodal régi par un gouvernement qui assure son pouvoir *via* les parlements régionaux. Il fonde l'**Église de Norvège** dont les premiers prêtres sont bientôt consacrés à Brême.

Après un exil de deux ans provoqué par la pression danoise, Olav meurt lors de la **bataille de Stiklestad** *(encadré p. 224)*. La violence de son successeur Svein engendre le culte du roi défunt qui devient un héros national. L'Église fait de lui un saint dont l'image servira à étendre le pouvoir des autorités religieuses.

Quelques années plus tard, **Harald Hårdråde** (« le Dur »), demi-frère de saint Olav, devient roi et fonde Oslo en 1048. En 1066, il échoue dans la prise de contrôle de l'Angleterre et cette défaite à la bataille de Stamford Bridge marque la fin de l'ère des Vikings dont il demeure à jamais le dernier grand chef.

Union, Réforme et rivalités

La christianisation et l'indépendance

Une fois le **christianisme** établi en Scandinavie, son influence ne cesse de s'accroître et l'Église joue peu à peu le même rôle que dans le reste de l'Europe : celui de précieuse alliée ou d'adversaire redoutable selon les circonstances. Dans ce climat de lutte pour le pouvoir, un **système féodal** s'installe progressivement en Norvège, au Danemark et en Suède, qui deviennent des royaumes chrétiens rivaux.

Le déclin des Vikings

À la fin du 11e s., la Norvège est donc parvenue, sous la bannière du christianisme, à une unité fragile. Des évêchés sont fondés mais, sans que la pérennité de la religion chrétienne ne soit remise en question, les croyances païennes demeurent vivaces encore longtemps comme l'attestent les motifs décorant les églises en bois debout.

Cependant, l'adoption par les Vikings de la religion chrétienne coïncide avec le déclin de leur hégémonie dans les mers de l'Europe du Nord-Ouest et marque l'arrivée de la Scandinavie sur l'échiquier européen. Si la christianisation massive des pays nordiques n'est pas la seule cause de l'affaiblissement du pouvoir des Vikings, elle en accélère le processus : leur esprit de conquête et leur indéniable supériorité guerrière s'écroulent en un temps relativement bref. L'Église est par ailleurs le canal par lequel la culture et l'architecture de l'Europe occidentale sont acheminées vers les pays nordiques au cours des 11e et 12e s.

Haakon IV

Le roi **Haakon IV** (1204-1263) entame la création d'un véritable État.

En rapprochant la monarchie de l'Église, il assure l'unité politique du pays dont le pouvoir est centralisé à Oslo. La Norvège vit une période de prospérité grâce à divers traités économiques avec ses voisins.

Après 20 ans de règne, Haakon prend le contrôle des Shetland, des Féroé et du Groenland puis, en 1262, de l'Islande qu'il conquiert à la faveur de luttes entre clans qui mettent à mal le modèle parlementaire local de l'Althing.

Ces **12e et 13e s.** voient par ailleurs la construction de la plupart des églises en bois debout et des cathédrales de Nidaros, Oslo et Bergen.

L'influence de la Hanse et la fin de l'indépendance

Haakon V (1270-1319) poursuit l'œuvre de son prédécesseur en consolidant le pouvoir juridique et en contrôlant le Finnmark où il fait édifier des forteresses, telle celle de Vardø *(p. 327)*. Cependant, à la même période, les marchands allemands de la Ligue hanséatique s'imposent à Bergen et Oslo et contrôlent bientôt, et pour plusieurs siècles, le commerce de la morue et l'ensemble de l'import-export.

Sans héritier, Haakon V est remplacé à sa mort en 1319 par son petit-fils suédois Magnus. La Norvège passe sous contrôle de la Suède et perd son indépendance jusqu'en... 1905.

Musée hanséatique à Bergen p. 130.

Trois pays en un

La grande peste

En 1349, une épidémie de **peste noire** ravage la Scandinavie. L'essor du pays est brutalement stoppé. Près des deux tiers de la population norvégienne est décimée. Le bétail livré à lui-même meurt. Les fermes sont abandonnées.

L'union de Kalmar

Si la dynastie Valdemar a consolidé la monarchie danoise, les deux autres royaumes, en l'absence d'un pouvoir politique fort, sont plus que jamais harcelés par la Ligue hanséatique et menacés par la suprématie économique allemande. Une union entre les pays nordiques paraît alors leur seul espoir de salut. Mais les Suédois, craignant avec raison la domination danoise, s'y opposent.

C'est la volonté acharnée d'une femme ambitieuse, **Margrethe de Danemark** (1353-1412), qui permet la réalisation de cette union. Fille et héritière de Valdemar IV, Margrethe épouse Haakon, roi de Norvège (1340-1380). À la mort de Valdemar, le fils de Margrethe, **Olav** (1370-1387), devient roi du Danemark, puis roi de Norvège cinq ans plus tard lorsque son père meurt à son tour. Comme Olav est trop jeune pour régner, Margrethe obtient la régence du Danemark et de la Norvège (et

Gravures rupestres d'Alta.
Ph. Body/hemis.fr

en conséquence de l'Islande). C'est le début de l'union entre les deux royaumes… qui durera jusqu'en 1814 ! À la mort d'Olav, Margrethe devient « dame-maîtresse » (reine-régente) des deux royaumes. Reste la Suède que gouverne alors l'héritier d'un puissant duché allemand, **Albert de Mecklembourg**. La noblesse suédoise craint de voir abolir ses privilèges car l'influence allemande se fait de plus en plus oppressante. Margrethe propose en 1388 un marché aux nobles suédois : s'ils la reconnaissent comme souveraine légitime de la Suède, elle garantit leurs privilèges. Une fois l'accord conclu, elle entreprend une campagne contre Albert et le détrône en 1389.

Régnant désormais sur chacun des trois royaumes, Margrethe, sans héritier direct, pressent que seule l'unification totale peut préserver son héritage. En 1397, les Grands des trois pays acceptent d'être unis en un même pays et le **traité d'union** est signé au château de **Kalmar**. La reine désigne son neveu, **Éric de Poméranie**, comme héritier légitime.

L'union prospère tant que Margrethe gouverne, mais Éric et ses successeurs connaissent moins de succès et, au cours du 15e s., la noblesse suédoise tente à diverses reprises de retrouver son indépendance, ce à quoi elle parvient en 1523 lorsque Christian II est chassé de Suède par **Gustave Vasa** qui instaure une monarchie héréditaire.

Le Danemark et la Norvège, quant à eux, restent unis. Le pouvoir politique est accaparé par les Danois, tandis que la Hanse tient encore en partie les rênes de l'économie. L'appauvrissement de la population, soumise à nombre de taxes (finançant les guerres d'Éric), est dramatique. Sous le règne de Christian II (1481-1559), le danois est imposé comme langue officielle aux dépens du vieux norois.

La Réforme

La **Réforme** s'implante en Scandinavie, entre 1523 et 1536, presque sans résistance. Des prédicateurs allemands et des marchands de la Hanse avaient fait connaître les enseignements de Luther bien avant que la nouvelle religion ne soit officiellement instaurée. La Suède est la première à se convertir en 1528 sous le règne de **Gustave Vasa** qui y voit un moyen de renforcer son pouvoir.

Au Danemark, lorsque **Christian III** succède à son père à l'issue d'une lutte fratricide acharnée, il a un besoin urgent d'argent pour payer ses mercenaires. Les évêques catholiques refusant de le financer, le roi donne l'ordre de les arrêter et les contraint à accepter le luthéranisme comme religion officielle. Les biens de l'Église sont confisqués et le roi vend une partie de son nouveau patrimoine à la noblesse. Une tentative de **résistance de la part des Norvégiens** est immédiatement réprimée et s'achève par la fuite de l'archevêque de Trondheim et la fin de l'Église catholique de Norvège, dernier vestige de l'indépendance.

Le luthéranisme contribua donc à renforcer le contrôle que les Danois exerçaient sur le pays, car la Bible et tous les écrits ecclésiastiques étaient en danois. La Réforme consolida le pouvoir royal dans l'ensemble des pays scandinaves qui devinrent bientôt des **monarchies absolues**.

La lutte pour l'hégémonie (1534-1720)

L'absolutisme

Le 17e s. est marqué par le règne sans partage de **Frederik III** (1609-1670). La Norvège est alors entièrement intégrée à la structure administrative danoise. Du pouvoir exécutif aux détails de la vie quotidienne, tout est minutieusement planifié à Copenhague. Si une partie de la population (la bourgeoisie commerçante et « danisée ») en tire de grands bénéfices, d'autres tels que les pêcheurs des Lofoten pâtissent de ce joug.

Ce pouvoir fortement centralisé favorise paradoxalement un certain « dynamisme provincial », car la géographie norvégienne ne permet pas un contrôle total du territoire. Çà et là, dans des foyers que la « danisation » ne peut atteindre, au fond des fjords et dans les îles, on conserve un fort esprit d'initiative et d'indépendance. Y survit la langue norvégienne, la musique, les contes et les récits, une **culture parallèle** à celle imposée de l'étranger. C'est d'elle que naîtra le mouvement romantique national au 19e s.

La lutte pour le contrôle de la Baltique

Le Danemark occupe depuis très longtemps les provinces du sud de la Suède, situation intolérable pour la fierté nationale des Suédois et qui les empêche d'accéder aux ports de la côte occidentale. D'autre part, à l'est, la Suède est menacée par la Pologne, où règne un petit-fils de Gustave Vasa – écarté du trône suédois parce que catholique, mais rêvant de reconquérir la Couronne et de restaurer le catholicisme –, ainsi que par la Russie, qui a des visées sur la Finlande. Le conflit est inévitable.

Le déroulement de cette longue succession de guerres est dominé par deux fortes personnalités, le roi du Danemark, **Christian IV** (passé à l'histoire sous le nom de « roi bâtisseur »), et le roi de Suède, **Gustave II Adolphe**.

Le Danemark reconnaît d'abord sa défaite et signe le **traité de Roskilde** (1658), qui donne à la Suède les provinces méridionales de **Halland**, de **Scanie** et de **Blekinge**, ainsi que l'île de Gotland. L'empire suédois est à son apogée. Cependant, le roi de Suède rompt le traité et, une fois de plus, marche sur Copenhague ; le Danemark fait appel à ses alliés, et le traité de Copenhague, maintenant le *statu quo*, est signé en 1660. Le Danemark perd ainsi la suprématie dans les détroits de la Baltique et ne contrôle plus le commerce dans cette région. Pourtant, en 1700, la Russie, la Pologne et le Danemark reprennent la lutte contre la Suède où règne **Charles XII** qui, après moult péripéties, est tué en 1718 au siège de Fredrikshald, en Norvège.

De ces nouvelles guerres, la Suède sort reléguée au rang de nation secondaire, ne gardant que quelques possessions extérieures... tandis que commence une période de neutralité et d'**expansion économique pour le Danemark et la Norvège**. La bourgeoisie locale « danisée » tire plutôt profit de cette période, mais la plupart des Norvégiens ne voient pas leurs conditions de vie s'améliorer. Forcés de contribuer au financement de ces guerres, ils voient leurs richesses accaparées : le fer, les fourrures, le poisson et le bois. Le pays stagne.

En route vers l'indépendance

La Révolution française a des incidences sur le destin des pays scandinaves. Ainsi l'abolition de l'esclavage au Danemark (1792) est-elle adoptée dans le droit fil des idéaux de 1789. En Norvège, le sentiment nationaliste se renforce et s'affirme.

La période suédoise (1814-1905)

Les guerres napoléoniennes et l'éveil national

Durant les guerres napoléoniennes, si le Danemark n'adhère pas au Blocus continental décidé par Napoléon Ier (1769-1821) afin de tenter d'isoler l'Angleterre, il ne rejoint pas pour autant (contrairement à la Suède) la coalition contre la France.

Voyant le Danemark finalement couler avec l'Empereur, les Norvégiens sont prompts à déclarer leur indépendance et à proclamer une Constitution le 17 mai 1814, demandant à un prince danois d'être leur roi. Mais, craignant un conflit avec la Suède, les puissances européennes ne soutiennent pas l'initiative norvégienne et une union avec la Suède est instaurée. Cette dernière, sortie des guerres continentales dans le camp des vainqueurs, est récompensée en 1815. Par le traité de Kiel, **le Danemark est contraint de lui céder la Norvège**. Et, aussi surprenant que cela puisse paraître, le maréchal d'empire, ami et fidèle de l'Empereur, **Jean-Baptiste Bernadotte** (1763-1844), devient roi de Suède en 1818 sous le nom de **Charles XIV Jean de Suède** et fonde la dynastie qui règne encore aujourd'hui depuis les palais de Stockholm.

La montée du nationalisme

Il y avait en Norvège, depuis le 18e s., une forme de nationalisme latent prêt à se réveiller à la première occasion. Le rattachement à la Suède, qui met fin à 400 ans de joug danois, en est une.

Au sein de cette union, la Norvège conserve sa Constitution et son Parlement. Le nationalisme norvégien ne s'éteint pas pour autant. Il profite du nouvel essor économique du pays (de cette époque datent les premières coopératives agricoles) et se cristallise dans l'expression artistique. L'amour de la terre norvégienne s'exprime, à leur manière tout à fait personnelle, par le peintre Johan Christian Dahl, le dramaturge Henrik Ibsen et le compositeur Edvard Grieg. On redécouvre également les folklores régionaux et les citadins adaptent au goût du jour les costumes paysans. Par ailleurs, le leader de la gauche libérale, **Johan Sverdrup**, encourage sans relâche le Parlement à assumer entièrement son rôle sans s'occuper de l'opposition constante du roi… qui doit se résoudre à le nommer à la tête du gouvernement en 1872.

Enfin seule…

1905 : l'indépendance

Symbole du rayonnement de la Norvège, le premier Prix Nobel de la paix est remis à Henri Dunant et Frédéric Passy, en 1901, à Oslo. En ce début de siècle, après quelques années de tension, l'union entre la Norvège et la Suède finit par être dissoute suite à un vote du **Storting** (le Parlement d'Oslo) qui suit un référendum : le 13 août 1905, à la quasi-unanimité, le peuple norvégien se prononce pour l'indépendance et, le 25 novembre de cette même année, un prince danois devient, sous le nom d'**Haakon VII**, le souverain constitutionnel du royaume indépendant de Norvège.

La démocratie, progrès social et économique

Le nouvel État est, en ce début de siècle, l'un des pays les plus pauvres d'Europe. Le commerce du poisson et la construction navale ne soutiennent pas assez son économie. Il se montre néanmoins à la pointe du progrès, puisque, dès 1913, il devient l'une des premières nations au monde à donner le droit de vote aux femmes. Les Danoises en 1915 et les Suédoises en 1921 obtiennent également ce droit, tandis que les trois pays, s'étant proclamés neutres, échappent aux ravages de la **Première Guerre mondiale**. Pour autant, ils ne restent pas inactifs au plan international, adhérant les uns après les autres à la Société des Nations – en 1920 pour la Norvège. En cette même année, un traité signé à Paris confie au royaume la **souveraineté sur le Svalbard** et son précieux charbon. Le pays avait dès 1916 repris l'activité minière à Longyearbyen, initiée dix ans plus tôt par un entrepreneur américain.
L'explorateur norvégien **Fridtjof Nansen** (1861-1930) se distingue dans l'action humanitaire (la création du « passeport Nansen » permet aux réfugiés fuyant la révolution soviétique d'obtenir une identité officielle sous l'égide de la SDN), ce qui lui vaut de recevoir le Prix Nobel de la paix en 1922.
En 1926, **Roald Amundsen** (qui avait atteint le pôle Sud en 1911), l'Italien Umberto Nobile, l'Américain Lincoln Ellsworth et leur équipage survolent en ballon le pôle Nord au départ du Svalbard.
Sur le plan intérieur, la Norvège, comme les deux autres pays scandinaves, se dote de gouvernements sociaux-démocrates en 1935 avec **Johan Nygaardsvold**. La stabilité de ces gouvernements permet de donner naissance peu à peu au fameux **modèle scandinave** de protection sociale, tandis que se développe un goût, toujours vivace aujourd'hui, pour l'innovation et l'expérimentation dans les domaines social et économique, quels que soient les partis au pouvoir.

De la Seconde Guerre mondiale à nos jours

La Scandinavie est déchirée par le conflit mondial, non seulement parce qu'elle endure les souffrances de la guerre, mais aussi parce que les trois pays se retrouvent dans des camps opposés. Bien que tous aient exprimé le souhait de rester neutres, la région représente un enjeu trop important sur le plan international pour être ignorée par les Allemands ou les Alliés.

L'occupation allemande

En avril 1940, les Alliés et les Allemands portent leur attention sur le port de **Narvik** qui exporte le minerai de fer suédois. Les Allemands lancent l'invasion, déclarant vouloir faire respecter la neutralité du pays jusqu'à la fin du conflit...

Les Norvégiens résistent farouchement, avec l'aide d'un contingent franco-britannique de chasseurs alpins à Narvik. Mais à peine la victoire acquise, les Alliés lèvent le camp, appelés en renforts sur le front de la bataille de France qui vient de débuter. Les Allemands réoccupent immédiatement la ville.

En juin 1940, le roi quitte le pays avec son gouvernement pour se réfugier à Londres où il reste jusqu'à la fin de la guerre. Le pays, contrôlé par les Allemands, est alors dirigé par un gouvernement pro-nazi fantoche : le Nasjonal Samling (« union nationale ») mené par **Vidkun Quisling** (1887-1945), ouvertement antisémite.

La résistance civile empêche néanmoins le pays occupé de fonctionner normalement et les Allemands procèdent à des arrestations en masse ainsi qu'à des déportations. Un mouvement de résistance militaire, agissant sur ordre de Londres, recueille de précieux renseignements pour le compte des Alliés et organise des opérations de sabotage dans tout le pays, en particulier à Rjukan dans le Telemark, où une usine de fabrication d'eau lourde est systématiquement détruite. Ces actes s'intensifient après le débarquement, jusqu'à la reddition des Allemands le 7 mai 1945. Le pays libéré, Quisling est exécuté.

La reconstruction et l'essor

La Norvège, en particulier le nord du pays, a payé un lourd tribut à la guerre. Dans cette région stratégique, car riche en minerai et frontalière de l'URSS, tous les ports et de nombreuses habitations et infrastructures sont détruits. La flotte marchande nationale est par ailleurs exsangue.

Un pays qui s'affirme

Pourtant, le pays se relève vite et retrouve son niveau de vie d'avant-guerre. Les mesures prises dans les années 1950 permettent la reprise de l'extraction minière, la relance de la pêche et de l'agriculture, ainsi que l'exploitation du formidable potentiel hydroélectrique qui permettra rapidement de financer l'industrialisation du pays.

On ouvre de nouvelles universités à Tromsø, Bergen et Trondheim et on met en place un système de sécurité sociale efficace. Le processus entamé dès l'indépendance mais interrompu par la Seconde Guerre mondiale reprend donc son cours...

La Norvège participe parallèlement à la **fondation de l'Organisation des Nations unies** à laquelle elle adhère en 1945 tandis que son ministre des Affaires étrangères, Trygve Lie, en devient le premier secrétaire. Quatre ans plus tard, le pays rejoint l'**Organisation du traité de l'Atlantique nord** (Otan).

En 1952, la Norvège se montre conquérante lors des **Jeux olympiques** d'hiver qu'elle organise à Oslo et domine avec un total de 16 médailles dont 7 d'or. Trois sont ainsi remportées par Hjalmar Andersen (1923-2013) en patinage de vitesse qui devient un héros national.

En 1957, alors que les fonctions royales sont désormais purement symboliques, débute le règne d'Olav V qui durera jusqu'en 1991.

Premier de la classe

En 1959, le pays participe à la fondation de l'Association européenne de libre-échange (AELE), destinée à contrebalancer le marché unique de la CEE (ancêtre de l'Union européenne). Soucieux de protéger leur système de subvention de l'agriculture et de la pêche (puis, par la suite, leur protection de l'environnement), les Norvégiens rejettent par référendum une **adhésion à l'UE** en 1972 puis 1994.

La **découverte de pétrole et de gaz** dans les eaux froides de la mer du Nord, en 1969, a changé la donne. Le pays s'assure une précieuse indépendance énergétique. Il s'enrichit rapidement et considérablement grâce à une gestion maîtrisée qui bénéficie à toute la société (*p. 357*). C'est cette politique égalitaire que la population craint de remettre en cause en rejoignant l'UE.

Rapidement, la Norvège se hisse **au sommet des classements mondiaux** : revenu par habitant, qualité de vie, indice de développement humain, liberté de la presse... Forte de cette aura de pays modèle, elle n'hésite plus à s'immiscer sur la scène politique internationale. Ses diplomates jouent en 1993 un rôle majeur dans les négociations de paix entre Israël et l'OLP, et c'est à Oslo qu'un accord est signé. Plus tard, elle enverra des troupes en Afghanistan au sein de contingents de l'Otan.

Le pays se révèle aussi sur la scène sportive et médiatique internationale en organisant de superbes Jeux olympiques d'hiver en 1994 à **Lillehammer**. Et si cette même année l'adhésion à l'UE est à nouveau rejetée, le pays intègre l'espace Schengen en 1999.

Un modèle à préserver

Au gré des différents gouvernements, travaillistes le plus souvent, conservateurs par alternance, cette prospérité et cette stabilité ne sont pas remises en cause. Grâce à sa manne pétrolière, le pays a résisté à la crise financière de 2009 et à la pandémie mondiale de 2020-2021.

On observe néanmoins ces dernières années une montée en puissance des extrêmes, comme en témoigne l'attentat de l'île d'Utøya en 2011 (*p. 348*).

Les années à venir ne sont pas sans enjeux ni débats : gestion de la manne pétrolière, place grandissante de l'argent dans la société, politique d'immigration, questions environnementales, rôle à jouer dans l'Arctique, crise(s) internationale(s), rapprochement (ou non) avec l'Union européenne...

La Norvège aujourd'hui p. 340, Économie p. 356, Environnement p. 370, Les grandes dates p. 407.

Des personnalités norvégiennes

Leurs noms nous sont parfois familiers... et parfois beaucoup moins. Ces personnages ont tous, chacun dans son domaine, contribué à façonner l'histoire et l'image de la Norvège auprès du grand public. Cette liste est, bien sûr, non exhaustive...

Les personnages historiques

Harald à la Dent bleue (v. 910-v. 985) – Roi du Danemark, baptisé en 960 après avoir persécuté les chrétiens. Il s'empara de la Norvège méridionale.

Erik le Rouge (v. 940-v. 1010) – Chef viking qui découvrit en 981 le Groenland et s'opposa à son fils Leif (le véritable découvreur de l'Amérique) sur la question du christianisme que ce dernier tentait d'introduire au Groenland.

Le tremplin de saut à ski de Holmenkollen, à Oslo.
LailaRberg/Getty Images Plus

Olav Haraldsson (995-1030) – Descendant de Harald le Blond, il entreprit d'unifier la Norvège à la fin du 9e s. Son objectif fut atteint après la bataille de Stiklestad en 1030 : le roi perdit la bataille et la vie, mais il fut très vite vénéré à l'égal d'un saint. Saint Olav devint le héros national de la Norvège.

Canut (Knud) le Grand (v. 995-1035) – Roi d'Angleterre en 1017 à la mort de son père, Sven, qui en entreprenait alors la conquête ; il la poursuivit sans tendresse (on raconte qu'il fit couper les mains, le nez et les oreilles de tous les Anglais qui tombaient entre ses mains !), devint roi du Danemark à la mort de son frère Harald et paracheva le tout en s'emparant de la Norvège après la mort de saint Olav.

Margrethe Ire (1353-1412) – Fille du roi du Danemark Valdemar IV, elle parvint à régner sur le Danemark, la Suède et la Norvège à la suite de l'union de Kalmar.

Engelbrekt (1390-1436) – Il conduisit en 1434 la population des districts miniers suédois contre les Danois et convoqua le premier Parlement suédois en janvier 1435... avant d'être assassiné l'année suivante.

Christian IV (1577-1648) – Roi du Danemark et de Norvège de 1588 à 1648, ce personnage volontiers truculent fut à juste titre connu comme le « roi bâtisseur » : outre les nombreux édifices qu'il légua à Copenhague, Christian IV a également laissé son empreinte aux châteaux de Kronborg (près de la ville d'Elseneur), Frederiksborg (à Hillerød) ou Jægerspris. C'est sous son règne que des travaux furent exécutés à Bohus, Halmstad et Varberg, en territoire suédois, et, en Norvège, que fut construite Christiania, la future Oslo, et fondées les villes de Kongsberg et de Kristiansand.

Des explorateurs et des scientifiques

Sondre Norheim (1825-1897) – Vers 1870, ce Norvégien conçut le prototype du ski moderne, connu sous le nom de ski télémark.

Alfred Nobel (1833-1896) – Certes suédois, son nom est pourtant chaque année associé à la ville d'Oslo. L'invention de la dynamite en 1867 assura à ce chimiste la fortune. Il décida d'en faire bénéficier l'humanité en instituant par testament une fondation dont la tâche est d'attribuer chaque année d'importantes récompenses à des hommes et des femmes de mérite exceptionnel dans les domaines de la littérature, de la physique, de la chimie, de la médecine et dans l'action en faveur de la paix. Cinq prix sont remis à Stockholm le 10 décembre, jour anniversaire de la mort d'Alfred Nobel, tandis que le sixième, le Prix Nobel de la paix, est quant à lui remis à Oslo.

Gerhard Armauer Hansen (1841-1912) – Ce médecin né à Bergen isola le bacille de la lèpre en 1874.

Fridtjof Nansen (1861-1930) – Cet explorateur et homme d'État norvégien, qui contribua à l'indépendance de son pays, se dévoua avec une détermination sans faille à la cause de la paix et des droits de l'homme, et obtint le Prix Nobel de la paix en 1922. Son nom a été donné à deux cratères, l'un sur la Lune et l'autre sur Mars. Vous visiterez sans doute à Oslo le *Fram* (*p. 51*), célèbre navire qui lui permit de dériver dans les mers polaires.

Kristian Birkeland (1867-1917) – Figurant sur les billets de 200 NOK, ce physicien a inventé le canon magnétique et un procédé de fixation de l'azote. Mais, en voyageant dans le Grand Nord norvégien en hiver, on se souviendra avant tout qu'il expliqua le mécanisme des aurores boréales en étudiant le vent solaire.

Roald Amundsen (1872-1928) – Légendaire explorateur norvégien tant de l'Arctique que de l'Antarctique. En 1911, il fut le premier homme à atteindre le pôle Sud au cours d'un voyage qui dura deux ans. En 1928, il embarqua à Tromsø à bord d'un avion pour essayer de retrouver l'aéronaute Umberto Nobile, l'Italien qui avait disparu au cours d'une expédition en dirigeable dans le Spitzberg. Admundsen ne revint pas de cette dernière expédition.

Thor Heyerdahl (1914-2002) – Ce navigateur et anthropologue a cherché à retrouver les itinéraires maritimes suivis par les peuples anciens. Si ses théories sont contestées, sa célèbre aventure à bord du *Kon-Tiki* a été portée à l'écran par le cinéma hollywoodien (*le musée du Kon-Tiki à Oslo p. 51*).

Les architectes, artistes et sportifs sont évoqués respectivement dans les chapitres *Architecture (p. 377), Art et culture (p. 382)* et *La Norvège aujourd'hui (p. 340).*

Les grandes dates

10 000 av. J.-C. – Arrivée de peuplades (chasseurs et pêcheurs) sur les terres norvégiennes.
3000 av. J.-C. – Début de l'agriculture et de l'élevage.
3e s. av. J.-C./début de l'ère chrétienne – Âge de bronze puis début du commerce (fourrure, ambre, esclaves), avec les Romains.

De l'ère viking à la fin de l'indépendance

8e s. – Début des vagues de raids vikings à travers l'Europe.
870-1000 – À la fin du 9e s., **Harald Ier** devient le premier roi de Norvège. Des chefs vikings fuyant son pouvoir s'installent en Islande. Erík le Rouge colonise le Groenland (985) et Leif Eríksson aborde l'Amérique du Nord.
11e s. – Olav Ier impose le christianisme. En 1047, mort de Harald Hådråde, roi de Norvège, fondateur d'Oslo et dernier grand chef viking.
13e s. – Sous le règne de **Haakon IV**, la Norvège devient un véritable État et, en 1262, prend le contrôle de l'Islande.

Sous les jougs danois et suédois

1316-1319 – Haakon V, sans héritier mâle, est remplacé à sa mort par son petit-fils suédois Magnus. La Norvège passe ainsi sous contrôle de la Suède.
1349 – La peste noire décime deux tiers de la population.
1397-1523 – Le **traité de Kalmar** unit le Danemark, la Suède et la Norvège. L'Union vole en éclat en 1523 ; la Norvège reste sous contrôle danois.
1536 – Fondation de l'église luthérienne de Norvège.
1596 – Willem Barents (re) découvre le Svalbard.
1660 – Frederik III instaure une monarchie absolue.
19e s. – En 1814, le **traité de Kiel** donne à la Suède le contrôle sur la Norvège qui conserve sa propre Constitution. En 1852, soulèvement same.

De l'indépendance à nos jours

1905 – La Norvège acquiert son **indépendance**.
Années 1910 – En 1911, **Roald Amundsen** atteint le pôle Sud. Le suffrage universel est adopté (1913). Neutralité lors de la Première Guerre mondiale.
1925 – Le Svalbard est sous souveraineté norvégienne.
1940 – Invasion allemande.
1945 et 1949 – La Norvège adhère à l'ONU puis à l'Otan.
1969 – Découverte de réserve de **pétrole** en mer du Nord.
1972 et 1994 – Rejet par référendums de l'adhésion à l'UE.
1989 – Le Parlement same est fondé à Karasjok.
1991 – Le roi Harald V succède à Olav V qui régnait depuis 1957.
1994 – Lillehammer organise de très réussis **Jeux olympiques** d'hiver.
2009 – Légalisation du mariage gay.
2011 – Attentat à la bombe et la tuerie d'Utøya, perpétrés par l'extrémiste A. B. Breivik (77 morts).
2019 – La Norvège renonce à forer dans les îles Lofoten.
2021 – Élections législatives : le Parti travailliste arrive en tête - Jonas Gahr Støre nommé Premier ministre.
2022 – Attentat devant un bar gay d'Oslo (2 morts). Guerre en Ukraine, forte hausse des exportations de gaz et augmentation du budget de la Défense.
2023 – Les Sames manifestent pour leurs droits. Inondations majeures dans le bassin de la rivière Glomma.
2024 – Autorisation de la prospection minière des fonds marins. Bodø capitale européenne de la culture.

Le Svalbard dans le cercle arctique.
DonLand/Getty Images Plus

ORGANISER SON VOYAGE

Types de séjour

Grandeur nature	
Fjords	À pied, en voiture ou, mieux encore, en bateau le long des fjords les plus spectaculaires : le très encaissé Geirangerfjord, le Lysefjord dominé par le relief tabulaire du Preikestolen, l'étroit Nærøyfjord et les profonds et ramifiés Sognefjord et Nordfjord.
Littoral et archipels	À bord de l'Express côtier ou des navettes rapides au départ de Bergen, entre Kristiansund et Trondheim, ou Tromsø et Harstad. Les archipels des Lofoten et Vesterålen concentrent toutes les beautés des paysages littoraux norvégiens. Multiples archipels, plus petits, plus isolés et moins visités, à quelques brasses de la route Fv17. Le cap Nord, pour le symbole. Prolonger le plaisir en logeant dans des *rorbuer* aux Lofoten ou encore dans des phares isolés. Le sable couleur cannelle de Mandal ou celui, blanc, des plages de Jæren, sur la route 44 et de Refvik près de Måløy, de Storvik sur la Fv. 17 ou des plages des Lofoten de Uttakleiv, Flakstad, Ramberg ou Vikten.
Montagnes et plateaux	Le massif du Jotunheim qui concentre les plus hauts sommets norvégiens. Le plateau d'altitude désertique du Hardangervidda. Le Gaustatoppen qui offre une vue sur le sud du pays.
Villes et culture	
Musées 2 et 3 étoiles	À Oslo : le Musée national, le musée Munch, le musée Astrup Fearnley et les musées de Bygdøy. À Lillehammer : le musée des Beaux-Arts et le musée en plein air de Maihaugen. Dans le Telemark : le Blaafarveværket. À Stavanger : le musée norvégien du Pétrole. À Bergen : les 4 musées du KODE (Beaux-Arts). À Trondheim : le musée des Arts décoratifs et le musée des Instruments de musique. Dans les Lofoten : le Lofotr-Musée viking de Borg. À Tromsø : le Musée polaire. Les gravures rupestres d'Alta.
Édifices religieux	Les églises en bois debout d'Urnes, Borgund, Heddal, Eidsborg. La cathédrale de Trondheim, les églises de Kongsberg et de Røros et la Mariakirken de Bergen. Les cathédrales contemporaines de Tromsø et d'Alta.
Architecture contemporaine	À Oslo : le musée Astrup Fearnley, le Musée national et le quartier Aker Brygge, l'Opéra, le musée Munch, Bjørvika et Vulkan. Au musée de Kistefos, le pont The Twist. À Kristiansand : le Kilden Teater, le Kunstsilo et la bibliothèque de Vennesla À Lillehammer : le musée des Beaux-Arts. À Stavanger : le musée norvégien du Pétrole et le Konserthus. À Trondheim : le musée Rockheim, Powerhouse Brattørkaia et l'hôtel Clarion. À Alstahaug : le musée Petter Dass. À Bodø : l'hôtel de ville. À Alta : la cathédrale des aurores boréales. À Tromsø : la cathédrale Arctique, Polaria. À Karasjok : le Parlement same. Dans le Parc national Dovrefjell-Sunndalsfjella : Tverrfjellhytta, Norwegian Wild Reindeer Pavilion. À travers le pays : les éléments architecturaux qui balisent les 18 routes nationales touristiques *(nasjonaleturistveger.no)*.

Plaisirs d'hiver	
Ski et glisse	Ski de fond, ski alpin et raquettes : aux portes d'Oslo, dans la région de Lillehammer, à Voss, à Kongsberg et Geilo, dans le massif du Jotunheim et à Tromsø, aux environs de Narvik. Autour de Tromsø, Karasjok et Kautokeino, et au Svalbard : sorties en traîneaux tirés par des chiens ou des rennes, ou en motoneige.
Aurores boréales	Au-delà du cercle polaire. Observations organisées au départ de Tromsø ou au Polar Light Center, dans le hameau de Laukvik aux Lofoten.
Activités estivales	
Randonnées (à pied, à vélo, etc.)	Randonnées à pied inoubliables sur le plateau désertique de Hardangervidda, dans les montagnes « des géants » du Parc national de Jotunheimen, sur les reliefs et le long des plages des îles Lofoten et Vesterålen, sur la route des Rallare près de Narvik, dans les immenses forêts du Oppland et de l'Hedmark ou le long des sentiers de pèlerinage de St-Olav... et presque partout en Norvège ! Marche sur les glaciers de la région du Jostedalsbreen et du Svartisen. À vélo dans les îles Lofoten et Vesterålen ainsi que le long de la route littorale Fv. 17.
Observer la faune	Ornithologie, observation de colonies d'oiseaux marins et d'aigles de mer dans les environs de Hammerfest, Værøy, sur l'île de Runde près d'Ålesund, à Vega, à Lovund, au Svalbard ou dans la réserve naturelle de Gjesværstappan au cap Nord. Observation des baleines depuis les îles Vesterålen.
Routes touristiques	
Sur l'eau	Croisières ou trajets dans les fjords au départ de Bergen ou de Flåm. Longer les côtes des archipels de Lofoten et Vesterålen en kayak de mer, ou les rives des fjords de la région de Flåm. Canoë ou kayak le long des rivières (la Sjoa et la Trysilelva, par exemple) et sur les lacs de la région d'Oppland et Hedmark. Rafting sur ces mêmes rivières et à Voss.
Sur la route	18 routes nationales touristiques à parcourir, sur lesquelles la beauté des paysages se mélange à l'architecture contemporaine *(nasjonaleturistveger.no)* : Trollstigen, Sognefjellet, la Fv. 17, la route côtière 44, la route de l'Atlantique et celles du Lofoten, la route touristique nationale de Senja, entre autres.
Sur les rails	Les amateurs de trains ne manqueront pas le train de la Rauma, le court et vertical Flåm Railway, le train « minier » Ofotbanen entre Narvik et la Suède, ou le trajet Oslo-Bergen via les hauts plateaux. Par exemple via Norway in a Nutshell ou via le futur (2025 ?) Norient Express, train de luxe prévu pour effectuer des trajets spectaculaires de 6 jours entre Bergen et Trondheim via Oslo. *(voir aussi p. 434)*.
Vikings	
Vikings	Voir le chapitre *« Les Vikings »*. Et, toute l'année, Njardarheimr, le village viking de Gudvangen.

Aller en Norvège

Superficie : 323 880 km² sans l'archipel du Svalbard (61 022 km²) situé dans l'océan Arctique.
Frontières : avec la Suède, la Finlande et la Russie.
Latitude : 58° à 71°10'latitude nord.
Population : 5 550 200 habitants.
Capitale : Oslo.
Villes principales : Bergen, Trondheim, Stavanger, Kristiansand.
Système politique : monarchie constitutionnelle, Parlement à Assemblée unique (Stortinget).
Divisions administratives : le pays compte 15 *fylker* (provinces).
Langues officielles : le Norvégien (*Norsk*, comprenant le *bokmål* et le *nynorsk* → *p. 341*) et le Sámi.
Religion : le luthéranisme (70 %).
Monnaie : la couronne norvégienne (NOK).

En avion

Attention, à Oslo, vérifiez bien dans quel aéroport s'effectue l'arrivée.
→ Voir les Carnets pratiques d'Oslo, de Bergen, Stavanger, Kristiansand, Trondheim, Ålesund et Tromsø pour la desserte des aéroports.
SAS (Scandinavian Airlines System) – ✆ 01 85 14 82 03 (France) ; ✆ 02 643 69 00 (Belgique) ; ✆ 043 547 8 006 (Suisse) - flysas.com. Dessert Oslo au départ de Paris, Nice, Bruxelles et Genève.
Widerøe – wideroe.no. Dessert Bergen au départ de Bruxelles. Liaison de/vers Nice annoncée.
Air France – ✆ 09 69 39 36 54 (France) - airfrance.fr. Oslo et Bergen au départ de Paris.
Brussels Airlines – ✆ 02 723 23 62 (Belgique) ; ✆ 01 73 23 10 71 (France) - brusselsairlines.com. Oslo au départ de Bruxelles.
Swiss International Air Lines – ✆ 01 57 324 652 (France) ; ✆ 078 15 53 19 (Belgique) ; ✆ 0848 700 700 (Suisse) - swiss.com. Oslo et Bergen au départ de Zurich et Oslo au départ de Genève.
Luxair – luxair.lu. Vols entre Luxembourg et Oslo.
KLM – ✆ 09 69 36 86 05 (France) ; ✆ 0262 00 220 (Belgique) ; ✆ 084 887 44 44 (Suisse) - klm.com. Dessert (*via* Amsterdam), Oslo, Bergen, Stavanger, Kristiansand, Trondheim et Ålesund.

Compagnies low cost

Norwegian – norwegian.com. Oslo, Bergen, Stavanger et Tromsø au départ de Paris CDG ; Oslo au départ de Genève, Bâle-Mulhouse, Bordeaux, Lyon, Montpellier, Ajaccio ; Oslo, Stavanger, Trondheim et Bergen au départ de Nice.
Transavia – transavia.com. Oslo et Bergen au départ de Paris Orly.

Correspondances

En Norvège, pour une correspondance sur une ligne intérieure, vous devez généralement, à votre arrivée à l'aéroport d'Oslo, récupérer vos bagages même s'ils ont été enregistrés pour l'aéroport de destination. Une fois la douane passée, apportez-les au tapis de la compagnie de vol domestique (Norwegian, SAS ou Widerøe) qui les acheminera vers votre avion. Au retour, en revanche, les bagages n'ont pas à être récupérés. Renseignez-vous au préalable auprès de la compagnie.

En bateau et voiture

Aucun ferry ne relie directement la France à la Norvège. En revanche, de nombreuses liaisons maritimes régulières partent de Copenhague, Frederikshavn, Hirtshals (Danemark), Kiel (Allemagne) et Stromstad (Suède) à destination de Kristiansand, Larvik, Bergen, Stavanger, Oslo ou Sandefjord.

www.aferry.com et **directferries.fr** – Pour connaître les liaisons, les compagnies et réserver.

Sites des compagnies – www.dfds.com ; www.fjordline.com ; www.colorline.com ; www.stenaline.fr.

On peut aller en Norvège en voiture sans prendre de ferry en passant par le **Danemark** et en empruntant le pont de l'Øresund entre Copenhague et Malmö (en Suède).

www.oresundsbron.com.

Itinéraire

Pour préparer votre itinéraire, procurez-vous les **cartes Michelin National n° 711** (Scandinavie), **n° 752** (Norvège). L'**Atlas Michelin** des routes d'Europe permet de choisir les meilleurs itinéraires vers les ports d'embarquement des car-ferrys à destination de la Norvège.

En ligne : calcul d'itinéraires sur **www.viamichelin.fr**.

Voir aussi *Voiture*, p. 435.

En train

Si vous comptez visiter la Scandinavie en train, optez pour des pass InterRail, vous permettant de voyager librement dans un ou plusieurs pays pendant un nombre de jours déterminé pour un tarif réduit. interrail.eu.

Si vous n'êtes pas résident européen, voyez le **Eurail Scandinavia Pass** qui permet les voyages à travers la Scandinavie. eurail.com.

En autocar

Flixbus (flixbus.com) assure des liaisons entre la France ou la Belgique et Oslo.

Voir aussi *Transports*, p. 433.

Distances	Ålesund	Bergen	Bodø	Hammerfest	Kirkenes	Lillehammer	Oslo	Stavanger	Tromsø	Trondheim
Ålesund		425	1141	1989	2168	383	566	859	1566	422
Bergen	425		1441	2288	2468	474	499	178	1866	722
Bodø	1141	1441		963	1538	1062	1217	1554	561	723
Hammerfest	1989	2288	963		495	1910	1960	2401	546	1570
Kirkenes	2168	2468	1538	495		2090	2140	2581	866	1750
Lillehammer	383	474	1062	1910	2090		185	548	1487	343
Oslo	566	499	1217	1960	2140	185		554	1643	499
Stavanger	859	178	1554	2401	2581	548	554		1978	834
Tromsø	1566	1866	561	546	866	1487	1643	1978		1148
Trondheim	422	722	723	1570	1750	343	499	834	1148	

Avant de partir

Le bon moment pour partir

Consultez la météo nationale sur www.yr.no (en anglais).

Climat

La Norvège, bien que située à la même latitude que l'Alaska, jouit d'un climat plus tempéré : les températures moyennes y sont de 25 °C plus élevées, grâce au Gulf Stream. Ce courant chaud empêche l'Atlantique nord et l'océan Arctique d'être bloqués par les glaces, et réchauffe les vents qui soufflent de la mer.

Le climat des régions du sud est, bien sûr, plus clément que celui des régions nordiques, la différence étant sensible surtout en hiver durant les nuits polaires. Si l'on tient compte des variations existant entre les régions, la température estivale moyenne est d'environ 18-22 °C et la température hivernale moyenne de -4 °C.

Saisons

Quelle que soit la saison, la Norvège mérite une visite ; tout dépend du type d'activité et de voyage que vous recherchez. L'**hiver** est la saison du ski, des promenades en traîneau, en scooter des neiges et des aurores boréales qui illuminent les longues nuits. L'**été** est celle des journées qui s'étirent sans fin. Au programme : randonnées en montagne, descente des rivières sur un radeau ou en canoë, balades en mer, observation des oiseaux et des baleines et innombrables festivals folkloriques ou musicaux. Si tous les musées, les campings et les hôtels (souvent moins chers) sont alors ouverts, il faut composer avec une forte affluence touristique. Celle-ci peut être évitée durant les **saisons intermédiaires**. Le printemps fleuri et l'automne qui « enflamme » les forêts sont forts agréables et vraiment conseillés. Mais attention cependant, toutes les attractions et activités ne sont alors pas forcément assurées.

Longueur des jours

Une donnée à prendre en compte ! Du fait de sa latitude, la Norvège bénéficie d'une lumière diurne pratiquement continue en été – le **soleil de minuit** –, mais se trouve, du cap Nord au cercle polaire, plongée dans la nuit pendant plusieurs semaines en décembre et janvier. Ainsi, à Tromsø, c'est pendant cette période que l'on peut espérer admirer les fameuses **aurores boréales**, du moins lorsque le ciel est complètement dégagé. Cependant, au plus fort du « jour », tout baigne dans une lumière bleue fantasmagorique...

Pour connaître la longueur des jours selon votre destination et l'époque choisie, reportez-vous à la carte « Express côtier » *(p. 159)*.

Qu'emporter ?

À toute période de l'année, le temps comme la température peuvent être extrêmement changeants d'un moment à l'autre de la journée. Équipez-vous en conséquence et, même en été, prévoyez vêtements chauds et imperméables. Pour ce qui est de l'hiver, veste polaire, sous-vêtements chauds et chaussures adaptées à la neige sont bien entendu indispensables. En été, prévoyez les lotions antimoustiques et de la crème solaire. Vous pouvez aussi apporter un masque de sommeil (un foulard peut faire l'affaire) pour vous prémunir contre la luminosité nocturne. Les chambres, quel que soit le type d'hébergement, sont au mieux pourvues de fins rideaux mais jamais de volets. Pensez enfin à emporter des jumelles pour pouvoir observer la faune.

Adresses utiles

Ambassades de Norvège

En France – 28 r. Bayard - 75008 Paris - ✆ 01 53 67 04 00 - norway.no/fr/france.

En Belgique – 17 r. Archimède - 1000 Bruxelles - ✆ 02 238 73 00 - norway.no/en/belgium.

En Suisse – Giacomettistrasse 1 - 3006 Bern - ✆ 031 310 55 55 - www.norway.no/de/switzerland.

En Canada – 150 Metcalfe Str. - suite 1300 - Ottawa (ON) K2P 1P1 - ✆ (613) 238 6571 - www.norway.no/en/canada.

Informations touristiques

Offices du tourisme

Les coordonnées des bureaux locaux se trouvent dans les carnets pratiques ; le symbole ℹ les signale sur les plans des villes.

visitnorway.com ou. **fr** – Guide officiel de voyage en Norvège, en anglais et en français, extrêmement complet (informations pratiques, culture, circuits, activités, etc.).

Le pays possède un bon réseau d'offices de tourisme, qui fournissent brochures, cartes, listes d'hébergements. Les agences locales donnent des informations sur les activités, festivals, événements sportifs et hébergements proposés dans la région. On peut parfois y réserver des excursions ou des tickets de transport.

Hors des grandes villes et des sites très touristiques, les offices de tourisme ne sont ouverts qu'en été.

Autres sites d'information

norway.no – Site(s) de(s) ambassade(s) de Norvège (tourisme, actualités, agenda culturel, etc.). On y trouve la liste des **associations** qui promeuvent les relations culturelles ou économiques.

norvege-fr.com – Site généraliste sur le pays.

dnt.no – Site de la Fédération norvégienne de randonnée et des activités en plein air (en anglais).

newsinenglish.no – L'actualité norvégienne au jour le jour (en anglais). Même chose sur **norwaynews.com**

thebarentsobserver – L'actualité en anglais de l'extrême nord norvégien.

norden.org – Site de la coopération nordique (culture, économie, etc.). En anglais.

visitoslo.com – Site de la ville d'Oslo.

lofoten.info – Site de l'archipel des Lofoten.

www.fjordnorway.com – Site de la région des fjords (en anglais).

nordnorge.com – Site de la région nord (en anglais)

royalcourt.no – Site de la famille royale (en anglais).

ssb.no/en – La Norvège en statistiques

hurtigruten.com – Tout sur le fameux Express côtier et les paysages qu'il permet de découvrir.

Agences de voyages

En France

66° Nord – ✆ 04 81 68 56 00 - 66nord.com. Voyages « aventure » : randonnées avec guide et voyages individuels.

Allibert – ✆ 04 76 45 84 84 - allibert-trekking.com. Randonnées avec guides-accompagnateurs en Laponie, au cap Nord, dans les îles Lofoten et les fjords du sud.

Amarok, l'esprit nature – ✆ 06 95 60 86 29 - amarok-espritnature.com. Séjours naturalistes : observation des baleines, des pygargues ou des bœufs musqués, transhumance des rennes...

Arts et Vie – www.artsetvie.com. Spécialiste du voyage culturel, Arts et Vie propose des itinéraires très complets en Norvège, qui permettent de découvrir son patrimoine historique et architectural, sans oublier ses extraordinaires trésors naturels.

Atalante – ✆ 04 81 68 55 60 - atalante.fr. Randonnées dans les fjords, les îles Lofoten, Vesterålen ou encore dans les fjords.

Clio – ✆ 01 53 68 82 82 - clio.fr. Voyages culturels.

Comptoir des voyages – ✆ 01 53 10 30 15 - comptoirdesvoyages.fr. Séjours, week-ends, croisières, forfaits « neige et découverte Grand Nord » en Laponie.

Evaneos – evaneos.fr. Voyages sur mesure en collaboration avec des agences locales.

Grand Nord Grand Large – ✆ 01 40 46 05 14 - gngl.com. Séjours en Laponie, Lofoten, Spitzberg, avec guide autochtone, en bateau, en trek, en kayak...

Hurtigruten – ✆ 01 82 88 01 41 - hurtigruten.fr. Compagnie de l'Express côtier qui relie Bergen à Kirkenes *(p. 155)*.

Kuoni – ✆ 01 55 87 82 50 - kuoni.fr. Séjours à la carte, croisières nordiques.

Nord Espaces – ✆ 01 45 65 00 00 - nord-espaces.com. Voyagiste spécialiste fondé par le Norvégien Asbjörn Angelsen en 1993. Toute la Norvège du Nord au Sud, à la carte ou sur mesure. Circuits, croisières, voyages individuels, été ou hiver, jusqu'aux Lofoten et Spitzberg.

Nordiska – ✆ 02 40 15 30 00 - nordiska-voyages.com. Séjours à la carte, croisières, location de *rorbuer*.

Nortours – ✆ 01 71 18 30 35 - nortours.fr. Circuits accompagnés en autocar ou autotours.

Quartier Libre – ✆ 09 72 38 52 44 - quartier-libre.fr. Circuits accompagnés dans les fjords, les montagnes, les îles Lofoten, le cap Nord... Croisières cabotage dans les fjords et séjours individuels.

La Route des voyages – ✆ 01 55 31 98 80 - laroutedesvoyages.com. Le spécialiste du voyage sur mesure ! Agences à Lyon, Paris, Bordeaux, Annecy, Angers, Toulouse et Genève.

Scanditours – ✆ 01 55 87 84 80 - scanditours.fr. Séjours individuels ou circuits accompagnés, hébergements de charme, autotours, etc.

Terres d'Aventure – ✆ 01 70 82 90 00 - terdav.com. Un spécialiste du voyage à pied (été et hiver).

TUI – ✆ 0825 000 825 - tui.fr. Croisières, circuits organisés, séjours libres.

Voyageurs du Monde – ✆ 01 42 86 16 00 - voyageursdumonde.fr. Voyages sur mesure.

En Belgique

Continents Insolites – ✆ 02 880 55 41 - continents-insolites.com. Spécialiste du voyage privé sur mesure. Propose un séjour au Spitzberg.

Nature & Terroir – ✆ 071 84 54 80 - nature-terroir.com. Spécialiste de voyages naturalistes (ornithologie essentiellement).

Terres d'Aventure/Voyageurs du monde – ✆ 02 543 95 60 - terdav.be.

En Suisse

Allibert – ✆ 022 519 21 99 - allibert-trekking.com. Spécialiste du trekking.
Reise Büro Glur – ✆ 061 205 94 94 - glur.ch. Un spécialiste de la Scandinavie. Croisières, séjours.
Terres d'Aventure – ✆ 022 519 12 20 - terdav.com.

Tourisme et handicap

La Norvège est bien équipée pour les touristes handicapés. Pour ne citer que quelques exemples d'une politique efficace, vous remarquerez que de nombreux feux de signalisation sont équipés de signaux sonores, les transports en commun, les trains et les ferrys sont dotés d'accès spécifiques, de même que de nombreux hôtels, restaurants et sites touristiques.
En hiver, les conditions climatiques rendent les déplacements difficiles dans les rues.
Les **sites** de ce guide signalés par le symbole ♿ sont accessibles aux personnes à mobilité réduite. Certains mettent des fauteuils roulants à disposition des visiteurs.
Les **hébergements** norvégiens sont presque tous équipés pour accueillir les personnes handicapées ; ils sont signalés par le symbole ♿ dans nos carnets d'adresses. Consultez aussi le site **visitnorway.fr/planifier-voyage-norvege/voyager-avec-un-handicap**. Et sur le site **visitoslo.com/fr/votre-oslo/oslo-accessible**, toutes les informations à Oslo.

Formalités

Documents

Pièces d'identité

La Norvège faisant partie de l'espace Schengen, il n'y a pas de contrôle aux frontières pour les vols en provenance des autres pays membres. Mais les ressortissants des pays de l'**Union européenne** (UE) et les citoyens suisses doivent néanmoins être en possession d'une carte d'identité (non prolongée) ou d'un passeport valide durant leur séjour.
Particularité administrative : le Svalbard ne fait pas partie de l'espace Schengen, vous devez donc présenter votre passeport à l'arrivée.
Pour les **Canadiens**, un passeport en cours de validité est nécessaire.
Pour éviter toute mauvaise surprise, prenez le temps de visiter le site de votre ambassade en Norvège (*p. 424*) ou celui du ministère norvégien des Affaires étrangères : **norway.no**.

Permis de conduire

Les automobilistes doivent être titulaires d'un **permis de conduire national** de type européen en cours de validité, de la **carte grise** du véhicule (justificatif d'immatriculation) ou d'une attestation de location, ainsi que de la **carte verte** d'assurance. Le véhicule doit être muni d'une plaque de nationalité. Les Canadiens se muniront d'un permis de conduire international.
Il est fortement conseillé de se créer un compte sur autopass.no avant de partir avec sa propre voiture, pour payer les péages norvégiens (*p. 436*). Pour les voitures de location, le système est automatisé.
Voir aussi *Voiture*, p. 435.

Douanes

La circulation de certaines marchandises et de sommes d'argent en valeur est soumise à des restrictions. douane.gouv.fr et toll.no (en anglais).

Assurances

Carte européenne d'assurance maladie (CEAM)

Cette carte gratuite, valable 2 ans, garantit aux ressortissants de l'Union européenne la prise en charge des soins, dans le système public, aux mêmes conditions que les assurés du pays visité. Il faut en faire la demande auprès de sa caisse d'assurance maladie ou directement sur **ameli.fr**, 2 à 3 semaines avant le départ. La CEAM existe aussi en version dématérialisée sur l'application ameli.

Assurance voyage

L'assurance voyage comporte plusieurs volets : annulation (avant le départ), prise en charge des frais hospitaliers et de rapatriement (durant le séjour), vol ou perte de bagages. Afin de limiter ces éventuels frais, il est donc conseillé d'en souscrire une auprès de votre tour-opérateur ou de la compagnie d'assurance de votre choix.

Si vous réglez votre voyage par carte bancaire, sachez que la plupart des banques incluent déjà dans leur contrat ce type d'assurance. Pensez donc à vérifier au préalable les garanties dont vous bénéficiez.

Pour étudier la meilleure offre, il existe différents comparateurs d'assurance, notamment **insurly.fr**, très intuitif et complet (comparaison de chaque assurance voyage avec les modalités de la carte bancaire) et **tourdumondiste.com**, adapté aux courts et longs séjours.

Si vous prévoyez de pratiquer des sports extrêmes, vérifiez que votre assurance couvre l'activité.

Vaccins

Aucun vaccin particulier n'est exigé pour séjourner en Norvège.

Astuces voyageurs

Ayez les bons réflexes avant de partir ! Sur le site du **ministère de l'Europe et des Affaires étrangères** :

Conseils aux voyageurs

▶ Consultez les **Conseils aux voyageurs** pour préparer votre voyage (risques liés à la sécurité, formalités de séjour, obligations sanitaires, législation locale...) sur diplomatie.gouv.fr ou via l'application mobile « Conseils aux Voyageurs »

fil d'Ariane
vos alertes voyage

▶ Inscrivez-vous sur **Fil d'Ariane** : en quelques clics, créez votre compte sur diplomatie.gouv.fr pour recevoir par e-mail ou SMS des alertes et des consignes de sécurité, en cas d'événement survenant dans votre destination.

Ces deux services gratuits sont utilisés par des millions de voyageurs chaque année.

Médicaments

Tous les médicaments délivrés sur ordonnance doivent être clairement étiquetés et il est indispensable de conserver une copie de l'ordonnance.

Voir aussi *Santé*, p. 431.

Animaux de compagnie

Pour emmener votre chien ou votre chat, assurez-vous qu'il est identifié par une puce électronique et munissez-vous de son passeport d'animal de compagnie mentionnant sa vaccination contre la rage. Renseignez-vous

Calculez votre budget quotidien

Le prix à la journée a été calculé **pour une personne**, sur la base d'un séjour pour deux en moyenne saison.

Mini budget avec hébergement en camping ou auberge de jeunesse, un déjeuner dans un café, un dîner à préparer, transports en commun et une visite : env. **100 €**.

Petit budget avec hébergement dans une auberge de jeunesse, en pension bon marché (ou, à plusieurs, en *hytte* ou *rorbu*), menu du jour au déjeuner, petite restauration en soirée, déplacements en bus ou en train : env. **150 €**.

Budget moyen avec hébergement dans un hôtel de chaîne, deux repas dans un café et dans un restaurant sans prétention et déplacements en voiture de location : env. **250 €**.

Petite folie avec hébergement dans un hôtel de charme, déjeuner et dîner dans un restaurant de qualité, déplacements en voiture de location et excursions organisées : **plus de 350 €**.

Nos catégories de prix

	Hébergement	Restauration
Premier prix	jusqu'à 1400 NOK (120 €)	jusqu'à 300 NOK (27 €)
Budget moyen	1400/1800 NOK (120/155 €)	300/450 NOK (27/40 €)
Pour se faire plaisir	1800/2400 NOK (155/200 €)	450/650 NOK (40/58 €)
Une folie	plus de 2400 NOK (200 €)	plus de 650 NOK (58 €)

Prix indicatifs de quelques services ou articles	Prix moyen en NOK	Équivalent en €
Un litre d'essence/de gazole	22,50 NOK	2 €
Timbre vers l'Europe	31 NOK	2,70 €
Oslo Pass pour 24h	520 NOK	46 €
Ticket de transport urbain	42 NOK	3,70 €
Entrée de musée	50 à 150 NOK	4,50/14 €
Bière (dans un bar, 50 cl)	100 NOK	9 €
Un café	35 NOK	3,20 €
Une chambre double en hôtel de chaîne	1000/1600 NOK	90/150 €
Un lit en auberge de jeunesse	250/450 NOK	21/40 €
Location d'un vélo pour une journée	60 NOK	5,50 €
Un déjeuner dans un café	150/250 NOK	14/22 €
Un dîner dans un restaurant	450/600 NOK	42/60 €

suffisamment à l'avance auprès d'un vétérinaire pour connaître les réglementations sanitaires supplémentaires (vaccins, tests sanguins...) propres à la Norvège et n'oubliez pas de consulter votre hôtel pour être sûr que votre animal sera accepté moyennant (le plus souvent) un supplément sur le prix de la chambre.

Décalage horaire

Il n'y a aucun décalage horaire avec la France, la Belgique et la Suisse. Le changement d'heure légale s'effectue aux mêmes dates qu'en France. Le décalage par rapport au Québec est de + 6h.

Téléphoner

Pour téléphoner de l'étranger en Norvège : composez le **00** puis le **47**, indicatif de la Norvège, puis supprimez le **0 initial** du numéro de téléphone local.

Budget

☛ Tableaux ci-contre.

Change (juin 2024) – 1 € = 11,4 NOK, 1 CHF = 11,5 NOK, 1 CAD = 7,7 NOK.

10 NOK = 0,87 € = 0,86 CHF = 1,3 CAD.

Hébergement

Bien que la Norvège ait la réputation d'être onéreuse, les hébergements sont nombreux et toutes les catégories de prix sont représentées. Il existe aussi des tarifs promotionnels, parfois très intéressants, presque systématiquement pratiqués les week-ends (nuits du vendredi au dimanche soir) et jours fériés, ainsi qu'en période estivale (assez brève), ou bien lorsque vous réservez sur Internet.

Notre sélection

Vous trouverez dans « Nos adresses » une sélection d'établissements dans et à proximité des villes ou des sites touristiques remarquables. Les établissements sont classés par catégories de prix *(tableau ci-contre)*.

☺ Pour **les familles**, moyennant un léger supplément, deux enfants peuvent occuper des lits d'appoint dans votre chambre d'hôtel. Vous pouvez aussi privilégier un hébergement à la ferme, dans un *hytte* ou, au bord de la mer, dans un *rorbu*. Ces lieux plus ou moins spacieux sont équipés d'une cuisine.

Hôtels

Il existe un bon choix d'hôtels, tant parmi les établissements indépendants que parmi ceux, très nombreux, faisant partie de chaînes hôtelières. Un très copieux petit-déjeuner est inclus dans le prix de la chambre.

☺ Nombre d'hôtels proposent (avec supplément) un système de *doggy bag* durant le petit-déjeuner pour composer votre pique-nique du midi (tout en canalisant ainsi le « pillage » du buffet par les clients).

Certains hôtels n'acceptent que les règlements par carte bancaire.

Réservation en ligne – visitnorway.fr. Pour les meilleurs tarifs dans les hôtels de chaîne, rendez-vous sur leurs sites : Thon (thonhotels.com), Scandic (scandichotels.com), Choice/Quality/Clarion (strawberry.no), Radisson (radissonhotels.com), Best Western (bestwestern.com)....

Voyez également les sites de **nouvelles chaînes d'hôtels bon marché,** proposant des chambres compactes, modernes et bien conçues : Smarthotel (smarthotel.no), Citybox (citybox.no).

Enfin, le site **dehistoriske.com** recense les hôtels « historiques » et permet d'effectuer vos réservations. La plupart se situent dans la région des fjords.

Vacances à la ferme

Cette solution existe (en été) dans de nombreuses localités rurales : renseignez-vous dans les offices de tourisme. Il peut s'agir de quelques chambres au sein de la ferme, de *hytter* ou d'un camping à proximité.
Site du tourisme rural : hanen.no/en.

Bed & breakfast

La formule B & B est très répandue. Liste dans les offices de tourisme ou sur le site : bbnorway.com.

Hébergements insolites

Certains types d'hébergement - phares, cabanes dans les arbres, *rorbu*... - permettent de passer des vacances extraordinaires, au plus près de la nature et avec (souvent) des panoramas incroyables. Renseignez-vous auprès des offices de tourisme et consultez la page **visitnorway.fr/hotels-norvege/hebergements-insolites**.

Cabane de pêcheur (rorbu) – Essentiellement installées sur les îles Lofoten et Vesterålen, ces cabanes, en partie posées sur l'eau, peuvent être isolées ou regroupées dans des villages. Étant donné la forte demande de ces logements à la location, toutes les agences en proposent.

Refuges de montagne – L'Association norvégienne du tourisme en montagne (Den Norske Turistforening ou DNT) en gère plus de 550. Il peut s'agir de refuges basiques sans personnel sur place, ou avec de nombreux équipements et du personnel d'accueil. Il est possible le plus souvent de camper aux abords. Certains, les plus récents, peuvent être ultra-modernes et dignes de figurer dans les magazines d'architecture ! - ainsi le DNT Nye Skåpet, Rabothytta ou Tungestølen cabin.
Pour les tarifs et les réservations (pour certains refuges seulement) : dnt.no/english.

Hôtel de glace – Si vous n'êtes pas frileux, testez une nuit dans un **lávvu** (tente traditionnelle) de Laponie ou un hôtel de glace comme à Tromsø, Kirkenes, Lillehamer et Alta *(p. 304 et visitnorway.com/hotels-more/hotels/snow-and-ice-hotels)*.

Phares – Une soixantaine de phares ont été convertis en lieux d'hébergement. Le confort est, à quelques exceptions près, très sommaire. Et si le coût de la nuitée est modeste, il faut y ajouter celui de l'accès, parfois difficile.
fyr.no ou visitnorway.fr/hotels-norvege/phares.

Auberges de jeunesse et résidences familiales

Les auberges de jeunesse – 19 affiliées et de très nombreuses privées –, ainsi que les résidences familiales, sont ouvertes à tous. Il n'est pas indispensable d'être membre d'une association nationale, bien que l'adhésion permette de bénéficier de certaines conditions – en général un rabais de 10 %. Pour en profiter, achetez la **carte internationale des auberges de jeunesse** en ligne ou dans un établissement de votre pays de résidence où elle sera moins onéreuse que sur place.
hifrance.org (France), lesaubergesdejeunesse.be (Belgique), youthhostel.ch (Suisse) et hihostels.ca (Canada).

Les auberges de jeunesse proposent des chambres familiales ou des dortoirs. Certaines d'entre elles étant des résidences universitaires ou des internats reconvertis le temps des vacances, la période d'ouverture peut être très brève. Si le tarif du lit (entre 250 et 450 NOK) est élevé à l'échelle européenne, le confort est très souvent au rendez-vous : propreté, petit-déjeuner copieux, équipements (cuisine, laverie, salle commune, sauna). Pensez à emporter vos draps pour éviter de payer la location sur place. Attention, rares sont les établissements ouverts en hiver en dehors des grandes villes. Il est utile de réserver dans les régions les plus touristiques situées le long de la côte, surtout dans l'archipel et près de la capitale.

Hostelling International Norway – hihostels.no.

Campings, glamping et chalets

Voici de très loin l'hébergement le moins onéreux. Le pays offre une grande sélection de terrains en général bien équipés (cuisines, laveries). Attention, les blocs sanitaires et les douches sont le plus souvent payants. Certains campings louent aussi des chalets (**hytter**) et proposent la location de bateaux, canoës ou vélos ou encore des options **glamping** (confort, originalité, toute l'année : visitnorway.com/hotels-more/caravan-camping/glamping).

La plupart des sites ne sont ouverts que de juin à août. Vous pouvez commander un guide en anglais ou télécharger son PDF sur le site très bien fait, **camping.no/en**. Vous y trouverez aussi la liste des campings et des liens pour réserver. Voyez également le site de NAF Camping qui gère 150 terrains à travers le pays : **nafcamp.no/fr** (en français). Voyez enfin le site de Camping Key Europe (campingkeyeurope.com), pour la liste des campings qui accepte cette carte offrant des réductions, une assurance et facilite l'enregistrement à l'arrivée dans les campings.

Le **camping sauvage** est autorisé pour une courte durée (une ou deux nuits) en forêt et en montagne (pas sur les aires de repos), à plus de 150 m de toute habitation et en dehors de tout champ cultivé. Les feux de camp sont interdits en été. Il convient évidemment de respecter le site sur lequel vous passer la nuit en ne laissant aucun déchet.

Chez l'habitant

Dans les régions touristiques, les mots « rom » ou « husrom » indiquent que les habitants louent une ou plusieurs chambres à des touristes de passage. Les plus prévoyants peuvent retenir à l'avance auprès des offices de tourisme qui répertorient d'ordinaire toutes les formes d'hébergement disponibles.

Sur place de A à Z

Alcool

Les alcools forts s'achètent (à partir de 20 ans) dans les magasins d'État, **Vinmonopolet**. La bière (celle à moins de 4,7 %) est vendue (à partir de 18 ans) dans les supermarchés - avant 20h en semaine et avant 18h le samedi. Toutes ces options sont… très (vraiment très) onéreuses.

Voir aussi *Saveurs locales* p. 352.

Ambassades

France – Drammensveien 69 - N-0244 Oslo - 23 28 46 00 (permanence : 91 54 77 43) - no.ambafrance.org.

Belgique – Munkedamsveien 53b - 0244 Oslo - 23 23 92 20 - norway.diplomatie.belgium.be.

Suisse – Oscars gate 29 - N-0244 Oslo - 22 54 23 90 - eda.admin.ch/oslo.

Luxembourg – (consulat honoraire) Olav Selvaags plass 4 - N-0252 Oslo - 24 12 44 00 - mae.gouvernement.lu.

Canada – Wergelandsveien 7 - N-0244 Oslo - 22 99 53 00 - www.canadainternational.gc.ca/norway-norvege.

Aurores boréales

Vedettes des hivers norvégiens (octobre à mars), ces phénomènes lumineux (*p. 366*) attirent les touristes du monde entier. Si vous ne faites pas appel à un spécialiste sur place, vous avez la possibilité d'utiliser l'application NorwayLights pour accéder au bulletin de prévisions à 3 jours des aurores boréales. Elle vous aidera à trouver le lieu et l'heure les plus propices à leur observation.

Banques, monnaie

Monnaie et change

Monnaie : couronne norvégienne (NOK).

Change (juin 2024)
100 NOK = 8,70 €
100 NOK = 8,6 CHF
100 NOK = 13 CAD

oanda.com et xe.com (convertisseurs de monnaie)

Banques

DNB, SpareBank, Nordea, etc. Ouvertes de 9h à 15h du lundi au vendredi. Certains bureaux de poste, offices de tourisme ou bureaux spécialisés (aux aéroports et aux gares) proposent un service de change. Attention, les commissions peuvent être conséquentes.

Cartes bancaires

Elles sont très largement utilisées par les Norvégiens, même pour les plus petites dépenses. Que ce soit pour un café ou l'accès aux toilettes publiques, vous n'aurez parfois pas le choix ! Les principales cartes de débit et de crédit (Access, American Express, Diners, Eurocard, Visa et MasterCard) sont acceptées pratiquement partout avec code ou sans contact. Elles vous permettront de retirer des devises dans les distributeurs automatiques situés devant les banques mais aussi dans de nombreuses supérettes (dotées d'un panneau **Minibank**).

N'oubliez pas de noter les numéros (fournis par votre banque) qu'il est possible d'appeler 24h/24 en cas de perte ou de vol afin de faire opposition.

Canoë-kayak

Les possibilités de canotage sont infinies, de la location à l'heure au raid organisé de plusieurs jours. La Sjoa, dans la région d'Oppland, et la Trysilelva dans le Hedmark figurent parmi les meilleures rivières d'Europe pour pratiquer le kayak en eau vive. Le kayak de mer est roi aux Lofoten et Vesterålen. Il se pratique aussi dans les fjords, notamment au départ de Flåm. À moins de posséder une attestation prouvant votre pratique sportive, les sorties en mer s'effectuent obligatoirement avec un instructeur.

Voir *Lillehammer* p. 74, *Røros* p. 233, *Vesterålen* p. 280.
Informations sur kayakmoretomorrow.com, padling.no et seakayaknorway.com.

Cyclotourisme

Des pistes cyclables sont aménagées dans de nombreuses villes où l'on peut, par ailleurs, louer des bicyclettes selon un système similaire à celui du Vélib' parisien. Nombre d'offices de tourisme et de lieux d'hébergement proposent aussi des vélos à la location. Le casque est obligatoire.

Attention, le pays est loin d'être plat ! Les régions septentrionales et littorales sont aussi très venteuses. Sachez enfin que la traversée des nombreux tunnels peut être contraignante – les plus longs sont d'ailleurs interdits aux cyclistes.

La plupart des trains et des bus acceptent les deux-roues moyennant une surtaxe. Les vélos sont en revanche transportés gratuitement sur les bacs et l'Express côtier.

Les îles Lofoten et Vesterålen, ainsi que les routes littorales 44 et Fv. 17 *(p. 121 et 241)*, et les routes de montagne comme la Sognefjellet (rte 55) sont, malgré les conditions météo parfois difficiles, très prisées des cyclistes.

Vous trouverez des idées d'itinéraires voire des excursions guidées sur visitnorway.fr, discover-norway.no et fr.eurovelo.com

Électricité

Le courant alternatif 220 V prédomine avec des prises circulaires à deux broches.

Équitation

Plusieurs centres équestres dans la région des fjords organisent des randonnées avec les petits « chevaux des fjords ».

Voir *Geiranger* p. 189.

Express côtier

Voir *p. 158.*

Horaires

En règle générale, les **boutiques** ouvrent de 9h à 17h (voire plus tard à Oslo et Bergen) du lundi au vendredi et de 9h à 14h le samedi. Quelques magasins sont ouverts tard en soirée (Narvesen), voire 24h/24.

Les horaires des **musées** varient beaucoup d'une période à l'autre de l'année ; les musées de plein air ne sont parfois ouverts qu'entre juin et septembre, la pleine saison se situant entre le 1er et le 15 août.

Internet

Le réseau norvégien est globalement fiable et dense. Le **Wifi** est gratuit dans les hôtels, restaurants, cafés, mais aussi dans les trains et certains avions ou bus. Vous trouverez des postes avec un accès Internet dans les auberges de jeunesse, les hôtels, les offices de tourisme et les bibliothèques municipales.

Jours fériés

1er janv., week-end de Pâques (du jeu. au lun. inclus), 1er Mai, 17 mai (fête nationale), Ascension, dim. et lun. de Pentecôte, 25 et 26 déc.
Les vacances d'été débutent à la mi-juin jusqu'à la mi-août en Norvège.
Le week-end de Pâques, période festive en famille, est le week-end férié par excellence. Tout est fermé, notamment les commerces.

Langue

Vous trouverez peu de documents en français et vous avez peu de chance de rencontrer un francophone... En revanche tous les Norvégiens ou presque parlent un excellent anglais.

Laveries

Les campings et les auberges de jeunesse sont équipés de laveries payantes. Dans les grandes villes, on trouve une laverie automatique dans chaque quartier.

Nature : en profiter, la respecter

Passionnés par la nature et attachés à leur pays, par endroits encore sauvage et faiblement peuplé, les Norvégiens (comme les autres Scandinaves) se sont obstinés à préserver ce qu'ils chérissent le plus. Afin de continuer à vivre au plus près de la nature, en plein air, en toute saison - ce que l'on appelle ici le **friluftsliv.**
Leur conscience de l'environnement a entraîné un mélange de lois de protection strictes et de responsabilité individuelle.
L'**Allemannsretten** (« droit de chacun ») exprime le traditionnel droit d'accès public à la nature, dont vous pourrez aussi profiter, sous réserve d'observer des règles spécifiques à chaque zone visitée. Renseignez-vous localement. Toutefois quelques principes élémentaires sont applicables de manière générale.
Respect de la vie privée – Vous pouvez traverser les domaines privés à pied, à ski, à vélo ou à cheval tant que vous n'abîmez et ne détruisez rien sur votre passage (culture, plantation, barrière...). Mais il ne vous est pas permis de traverser les jardins privés.
Bivouac – Vous pouvez planter votre tente pour un jour ou deux sur les terres non cultivées et à l'écart des habitations, mais, si vous choisissez un site proche d'une maison, il est de bon ton de demander l'autorisation au propriétaire supposé de l'emplacement.
Engins motorisés – Respectez les panneaux marqués « pas d'engins motorisés » ou « voie privée », réglementant l'accès de certaines routes forestières. Vous pouvez vous garer en bordure de forêt sans toutefois en obstruer l'accès ni gêner la circulation. En hiver, les amateurs de motoneige doivent suivre les itinéraires désignés ; les voies publiques leur sont strictement interdites.
Feux de camp – Les feux de camp sont prohibés, y compris l'utilisation de cartouches de gaz. D'éventuelles dérogations peuvent être accordées (zones dédiées et à certaines périodes) : renseignez-vous auprès des autorités compétentes.
Baignade et navigation – Vous pouvez nager et amarrer votre bateau à l'écart des habitations et plus généralement partout où ne figure pas de panneau mentionnant l'existence d'une réserve naturelle.
Les utilisateurs d'engins nautiques motorisés devront toujours être extrêmement prudents à l'approche d'un rivage et respecter bien

évidemment les limitations de vitesse. Sachez que l'utilisation de jet-skis, scooters de mer et autres engins bruyants peut déranger des personnes et nuire à la faune et à la flore environnantes.

Détritus – Emportez toujours vos déchets lorsqu'aucune poubelle publique n'est à disposition. Les sacs en plastique, canettes, etc., peuvent provoquer la mort d'animaux sauvages.

Cueillette – Certaines fleurs, baies et certains champignons sont des espèces protégées. Avant la cueillette, renseignez-vous.

Pêche et chasse – Vous pourrez pêcher librement dans certaines zones géographiques, d'autres nécessitent un permis. La chasse n'est pas autorisée en dehors des périodes légales, et il est bien sûr interdit de prélever des œufs, de déranger les nids et les jeunes animaux.

Ornithologie

Le printemps et l'été sont propices à l'observation des oiseaux. Le littoral nord (région de Hammerfest, Péninsule de Varanger, Honningsvåg et Værøy – *voir ces noms*) ou encore l'île de Runde *(p. 181)* près d'Ålesund accueille de vastes colonies d'oiseaux marins : macareux, fous, eiders, pingouins, etc. On peut aussi y observer le majestueux aigle de mer. Dans les régions concernées, des agences organisent des sorties ornithologiques en bateau. Des agences francophones spécialisées proposent également des séjours en Norvège (escursia.fr, nature-terroir.com...).

Voir aussi *La faune et la flore des grands espaces* p. 368 et les sites Internet visitnorway.fr, artsobservasjoner.no et birdlife.no.

Patinage

De janvier à mars, les lacs se transforment en patinoires naturelles où se retrouvent familles et amis. Sa pratique impose cependant le respect de quelques règles dont dépendront votre sécurité et votre plaisir. De nombreuses associations organisent chaque week-end des sorties et informent leurs membres des différents endroits où le patinage est rendu possible. Équipez-vous en conséquence :

Patins de longue distance – Des lames d'environ 50 cm de longueur fixées sous un plateau sur lequel repose la chaussure.

Chaussures – Selon le modèle de patins utilisés : chaussures de ski, chaussures spécialement conçues ou traditionnelles chaussures de randonnée.

Grand pic ou **bâton de ski** – Il sert à se maintenir debout sans effort sur la glace. Ce bâton pourra, au besoin, servir de perche pour aider toute personne tombée dans l'eau à en ressortir sans s'approcher de l'endroit de rupture de la glace.

Kit de sécurité – Fixé autour du cou, il est composé de deux petits pics qui serviront en cas d'immersion à sortir plus facilement d'un trou d'eau en piquant avec chaque main dans la glace. Prévoyez aussi un « sac à dos de secours » comportant, outre une ration alimentaire énergétique et une Thermos de boisson chaude, un sac en plastique hermétique contenant des habits de rechange.

Ne patinez jamais seul et informez-vous de l'état de la glace.

Pêche

La Norvège possède près de 200 000 lacs et des rivières à truites et à saumons parmi les plus poissonneuses d'Europe. La saison

de pêche en eau douce s'étale généralement du début avril à la fin septembre. Le **permis de pêche** *(fiskekort)*, obligatoire, s'achète dans les offices de tourisme, bureaux de poste, magasins de sport de chaque région. La pêche en mer se pratique toute l'année, mais une taille minimum des prises est requise (*fiskeridir.no*). Durant l'hiver, essayez la pêche à travers la glace ! Des agences locales proposent des sorties. Vous pouvez aussi faire appel à un spécialiste en France comme pacvoyages.fr.
Tout matériel de pêche apporté de l'étranger doit être préalablement désinfecté.

Poste

Les timbres sont vendus dans les bureaux de poste, dans de nombreux kiosques, ainsi que dans les papeteries et les Narvesen. Dans les petites villes, le guichet se situe souvent au sein d'une supérette.
Heures d'ouverture – De 10h à 18h du lundi au vendredi et de 10h à 13h le samedi. Les enseignes de poste et les boîtes aux lettres (sur pied) sont rouges. posten.no.

Rafting

La Norvège est sans conteste l'un des pays de prédilection du rafting. Certaines rivières sont classées sites naturels : la Sjoa, la Trysilelva et la Driva dans le Sør-Trøndelag comptent parmi les meilleurs cours d'eau pour la pratique de ce sport. La région des fjords (et tout particulièrement les environs de Voss *(p. 144)* offrent également des conditions idéales.
Riche en émotions et faisant appel à la solidarité d'une équipe, le rafting exige d'être pratiqué avec l'encadrement d'accompagnateurs brevetés. S'adressant à toute personne sachant nager et ayant plus de 15 ans, il s'exerce de mai à octobre sur des rivières classées par degrés de difficulté. L'équipement de sécurité est fourni par l'organisateur, mais il est recommandé de prévoir des vêtements chauds supplémentaires.
padling.no et visitnorway.com/things-to-do/outdoor-activities/rafting.

Randonnées

Dans toutes les régions, des sentiers balisés permettent de parcourir des paysages variés pour une heure ou plusieurs jours, sur terrains plats ou fortement pentus. De mi-juin à fin septembre, toutes les régions sont accessibles et, au début de l'été, l'absence de nuit permet d'étirer les journées de marche. Les Alpes norvégiennes, les fjords et les îles Lofoten et Vesterålen sont très prisés en été. Les étendues boisées autour de Lillehammer et Hamar offrent les meilleures conditions en automne. En hiver, le Finnmark et la région de Tromsø attirent les amateurs de marche sur neige. Sachez aussi qu'en toute saison il suffit de se rendre aux portes d'Oslo pour marcher.
english.dnt.no et visitnorway.fr/activites-norvege/plein-air/randonnee.
Nombre de voyagistes francophones spécialisés proposent des treks en Norvège comme au Svalbard. Voir *Agences de voyages p. 415.*

Chemins de St-Olav

Un réseau de 5000 km de **sentiers de pèlerinage** à travers l'Europe du Nord aboutissent à Nidaros (Trondheim), lieu du pèlerinage de saint Olav depuis le Moyen Âge. Près de 2000 km se situent sur le territoire norvégien *(p. 221)*. Si certains suivent les chemins intégralement, on peut se contenter de quelques kilomètres ou de journées de marche à travers des paysages variés. Certains tronçons nécessitent une bonne condition physique.

☛ visitnorway.fr/activites-norvege/plein-air/randonnee/plerinage-de-saint-olav et pilegrimsleden.no (en anglais), qui décrit les étapes, les hébergements et les excursions organisées.

En traîneau à chiens

La Laponie (mais aussi le Svalbard) est bien sûr le terrain de prédilection pour mener à bien cette expérience. De fin décembre à début mai sont proposées des sorties : depuis la simple initiation de 2h jusqu'à l'expédition organisée d'une semaine ou plus. Si une condition physique « normale » suffit, on veillera à s'équiper correctement pour affronter les températures souvent basses combinées parfois à un vent fort : sous-vêtements isolants, tenue et chaussures chaudes, imperméable et coupe-vent (type Gore-Tex), lunettes de soleil (style glacier), casquette ou capuche couvrant les oreilles, moufles et crèmes pour le visage à base d'huile.

☛ Voir *La Laponie et le cap Nord* p. 313.

En traîneau à rennes

Le principe est le même que celui d'une randonnée en traîneau à chiens, à la différence près que le renne s'avère beaucoup moins vif que le husky. En contrepartie, ces animaux aux bois splendides sont d'une résistance peu commune et peuvent ainsi parcourir de très longues distances, même dans une neige profonde où des chiens peineraient alors. Diverses compagnies du Finnmark proposent ces excursions.

Sur glacier

Cette aventure, proposée notamment dans la région du **Jostedalsbreen** *(☛ p. 204)* et du **Svartisen** *(☛ p. 254)*, nécessite de connaître les techniques d'ascension et de sécurité, et d'avoir l'équipement adéquat. Il est indispensable d'être accompagné d'un guide expérimenté qui, de juin à septembre, organise des sorties, par petits groupes pour tous les niveaux. L'équipement nécessaire est en principe fourni, à l'exception de vêtements chauds, imperméables et coupe-vent qu'il convient de prévoir.

En montagne

Les montagnes et plateaux de Norvège offrent de magnifiques possibilités de randonnée. Des refuges jalonnent un immense réseau de pistes et de sentiers clairement balisés et parfois superbement aménagés (des sherpas népalais ont été sollicités pour certains sites d'altitude). Ils sont gérés par le Club alpin norvégien (Den Norske Turistforening, DNT), qui organise en été des randonnées accompagnées, de difficultés variées, mais requérant une bonne condition physique. Certains refuges sont réservés aux membres du DNT auquel vous pouvez adhérer *(english.dnt.no)*.

À motoneige

En Laponie, des pistes spéciales sont réservées à la motoneige sur des milliers de kilomètres. Au Svalbard, ce type de transport est, en hiver, l'unique moyen de se déplacer. Les excursions proposées dans ces régions permettent, tout comme celles en traîneau ou à ski, de découvrir la nature arctique... le bruit de moteur en plus !

☛ *La Laponie et le cap Nord* p. 313, *Tromsø* p. 288 et le *Svalbard* p. 306.

Restauration

Les restaurants sélectionnés dans **« Nos adresses »** sont classés par catégories de prix *(tableau p. 420)*, sur la base des prix pratiqués le soir. Le prix correspond à un menu ou un plat principal.

À noter : se restaurer coûte très cher en Norvège, que ce soit dans les grandes villes aux adresses branchées ou dans les zones plus reculées où on trouve parfois plus difficilement une offre de qualité. Quel que soit l'itinéraire choisi, votre budget restauration sera conséquent, même en optant pour les adresses « premier prix ». Sachez également que l'alcool est très fortement taxé : l'addition n'en sera que plus salée.

Dans les **restaurants**, les cartes du déjeuner (*lunsj*, souvent servi jusqu'à 17h) et du dîner diffèrent souvent et les prix aussi. L'offre est réduite et assez bon marché le midi. Elle est plus élaborée et très onéreuse en soirée. Le système de menu est rarissime et le plat principal *(hoveredett)*, assez copieux, suffit le plus souvent. La pratique des petits plats à partager, ou tapas norvérgiennes, est très courante et vous trouverez nombre restaurants proposant cette alternative... qui peut se révéler au final plus onéreuse qu'un plat principal.

Les **cafés** offrent une alternative aux restaurants. Dans une ambiance plus décontractée, on s'y restaure aussi bien tout en allégeant l'addition.

Si vous campez ou résidez en auberge de jeunesse ou *hytter*, vous pourrez cuisiner. Hormis le poisson fumé, le pain et les produits laitiers, les denrées disponibles en supermarché sont assez chères et le choix en fruits et légumes limité.

Voir *Saveurs locales p. 352* pour les habitudes alimentaires et les spécialités.

Routes nationales touristiques

La Norvège compte 18 *nasjonale turisteveger* ou routes touristiques qui sillonnent, sur 2136 km, certains des plus beaux paysages du pays. De la côte sud-ouest de Jæren, réputées pour ses plages de sable fin jusqu'aux confins polaires du cap Nord, ces routes exceptionnelles traversent des régions au patrimoine culturel et/ou naturel unique. Elles sont équipées çà et là d'incroyables plates-formes panoramiques, d'aires de repos ou d'installations d'art élaborées par des architectes ou des designers de renom.

nasjonaleturistveger.no/en. Le site consacré à ces routes panoramiques est très bien fait et vous aidera à choisir l'itinéraire le plus adapté *(en anglais)*. Chaque route y est décrite en détail, avec carte et brochure téléchargeables gratuitement à l'appui.

Certaines de ces routes sont fermées en hiver ou en cas d'intempéries. Prenez le soin de vous renseigner sur la météo avant le départ sur **vegvesen.no** *(en anglais)* ou sur nasjonaleturistveger.no/en.

Santé

Précautions

Outre les risques qu'induisent le climat parfois extrême, ou encore la pratique d'un sport dangereux, on veillera à se prémunir contre de pénibles petites bêtes. Dans les zones humides de Laponie et du Hedmark, au bord des lacs et dans les forêts, sévissent en été des nuées de **moustiques**, de moucherons « mordeurs » et de petites mouches noires. Dans les zones forestières, on fera attention aux tiques. Au camping et en randonnée, on s'enduira de produits locaux adaptés.

Pharmacies et hôpitaux

Les pharmacies *(apotek)* ont les mêmes heures d'ouverture que les magasins. Les grandes villes ont souvent une pharmacie ouverte 24h/24. Les hôpitaux sont très bien équipés et le personnel parle anglais. Pourtant, étant donné le prix élevé des soins, ne partez pas sans votre carte européenne d'assurance maladie ni votre assurance rapatriement *(p. 419)*.

Sauna

En règle générale, les saunas accessibles aux touristes sont dans des hôtels, les piscines ou les bains publics. On en trouvera aussi dans les campings et les auberges de jeunesse. Ils sont parfois flottants en pleine ville, comme à Oslo et à Tromsø.

Savoir-vivre

On attend des visiteurs étrangers un **sens civique** et un **respect de la nature** *(p. 370)* équivalent à ceux des Norvégiens.

Sachez qu'on ne se fait pas la bise en Norvège. On se serre la main ou, une fois la glace brisée, on s'adonne à de grandes **accolades** nommées *klem*. Si vous êtes invité, pensez à retirer vos chaussures à l'entrée de l'habitation. Lors de fêtes, il est souvent d'usage d'apporter ses propres boissons alcoolisées... pour cause de tarifs élevés voire prohibitifs.

Sites Unesco

Bryggen - quartier hanséatique de Bergen *(p. 128)*

Urnes - église en bois debout *(p. 209)*

Ville minière de **Røros** *(p. 233)*

Geirangerfjord et Nærøyfjord *(p. 189 et 206)*

Art rupestre d'Alta *(p. 318)*

L'**archipel de Vega** *(p. 244)*

Arc géodésique de Struve

Site du patrimoine industriel **Rjukan-Notodden** *(p. 102)*.

Patrimoine immatériel : Musique et danses traditionnelles dans le **Setesdal** et les traditions des **bateaux à clins** (partagées avec les autres pays scandinaves).

Ski

Le ski se vit ici au quotidien *(encadré p. 344)* et sa pratique ne se limite pas aux stations dédiées. On s'y adonne aux portes de la capitale et à celles de nombreuses autres villes ! On le pratique sous de multiples formes : **ski alpin, ski de randonnée, de fond, d'été et télémark**. La région du Jotunheimen *(p. 210)* offre le choix entre des promenades sur les pistes balisées ou du ski de randonnée sur d'immenses étendues de neige vierge.

Le ski d'été, particulièrement prisé, se pratique notamment à Stryn *(p. 195)*. Les régions de Hardangervidda *(p. 102)* et Geilo *(p. 90)* attirent entre autres les amateurs de *snowkite* (avec des skis ou un snowboard et tracté par une aile), venus chercher poudreuse et sensations.

On trouvera dans les stations l'équipement adéquat en location et des propositions de leçons et d'excursions.

Il est recommandé d'utiliser les services d'un guide expérimenté pour pratiquer en dehors des stations et des pistes balisées. Pour plus de tranquillité, préférez le mois de janvier, moins fréquenté.

Souvenirs

Les **pulls en laine** aux coloris vifs et aux motifs délicats attirent toujours le regard : plusieurs marques se partagent le marché. Vous pouvez aussi vous procurer des **équipements de plein air** très coûteux mais vraiment performants, des pulls marins, voire des cirés, utiles, même au plus fort de l'été. Les **fourrures**, le **cuir** (notamment des mocassins inspirés de ceux que portaient traditionnellement les Sames), les **bijoux en argent** (des répliques des bijoux vikings ou des pièces s'inspirant des gravures rupestres d'Alta, comme ceux de la fameuse Juhl's Silver Gallery de Kautokeino - *p. 320)*, les **objets en bois** et en **étain**, les travaux d'aiguille et les textiles sont les principaux souvenirs que vous pourrez rapporter. Le design norvégien se manifeste surtout dans la **verrerie** et la **céramique**. Pour les enfants, pensez aux **trolls** de toutes formes et dimensions. Enfin, les boutiques du **père Noël** fourmillent d'idées.

Produits de bouche

Le fameux **saumon norvégien** est vendu sous plusieurs formes, fumé ou non, notamment en tranches épaisses appelées ici « Rossini ». Vous le trouverez juste avant le départ dans des boutiques installées dans les aéroports. Des anguilles fumées, des conserves de harengs sont aussi proposées tout comme toutes sortes d'œufs de truite arctique, de saumon ou de lump, voire de cabillaud.

Les supermarchés vendent de la viande de **renne** ou d'**élan** fumée ou séchée, parfois sous forme de charcuterie, d'autres fois présentée comme des bonbons. Ne manquez pas le *fenalår*, du gigot séché et fumé. Quelques fromages locaux méritent votre attention, notamment le fameux « **fromage brun** » (☞ *encadré p. 353)*. Enfin, si vous aimez les **baies polaires** (la douce et orange mûre arctique, l'airelle, la myrtille...), le conditionnement en confiture facilite le transport.

Côté boissons, l'**aquavit**, élaborée par distillation à partir de grains de seigle ou de pommes de terre, a ses amateurs. On la vend parfois aromatisée au cumin, aux épices, à la fleur de sureau, au fenouil ou aux baies de genièvre.

☞ Voir *Saveurs locales* p. 352.

Artisanat same

Corne, bois, cuir et textiles sont les matériaux traditionnels travaillés par les Sames, et les objets artisanaux sont généralement sculptés de manière complexe ou décorés de symboles et dessins sames.

Les bandes tissées qui ornent les costumes de ces artisans sont vivement colorées des couleurs traditionnelles associées aux Sames, à savoir le rouge, le bleu, le jaune et le vert. Outre le textile et les mocassins de cuir, on trouvera de très beaux couteaux. L'étiquette **Duodji** atteste que l'article a vraiment été fabriqué par un artisan same.

Achats détaxés

Vous pourrez obtenir le remboursement de la TVA si vos achats dépassent 315 NOK dans un même magasin. On vous fournira un document à présenter dans les boutiques « Tax-Free Shopping », situées dans la plupart des ports, aéroports et sur les ferrys.

☞ globalblue.com.

Tabac

Il est interdit de fumer dans les lieux publics fermés, d'où le succès des terrasses (chauffées et dotées de plaids). L'achat de cigarettes est interdit aux moins de 18 ans.

Le prix des paquets (env. 15 €) est particulièrement dissuasif. De plus en plus de jeunes Norvégiens sont adeptes du *snus,* autrement dit ils chiquent !

Téléphone

Appels nationaux – Numéro à 8 chiffres du correspondant.

Appels internationaux – 00 + indicatif du pays + numéro du correspondant sans le 0 initial pour la France, la Belgique et la Suisse.

Voir aussi *Téléphoner* p. 421.

Téléphones portables

Vous pouvez utiliser votre téléphone sur place sans surtaxe (dans la limite des conditions de votre contrat).

Vous pouvez éventuellement acheter une **carte SIM locale** prépayée. Ce numéro norvégien vous permettra de passer des appels locaux à moindre coût. Attention, vérifiez que la carte choisie est compatible avec votre téléphone (préalablement débloqué).

Transports

Voir *Aller en Norvège* p. 412 et *Voiture* p. 435.

Les distances sont longues en Norvège mais l'offre en matière de transport est étoffée. Le site **entur.no** vous permet de planifier tous vos trajets (bus locaux ou longues distances, ferrys, avions, trains avec horaires, tarifs...) avec des liens pour réserver votre ticket en ligne.

Avion

Le pays compte une cinquantaine d'aéroports (informations : *avinor.no/en*). Les tarifs les plus intéressants se trouvent sur Internet, pour des achats réalisés longtemps à l'avance ou au contraire à la dernière minute.

SAS – flysas.com/fr. La compagnie relie les grandes villes du pays et le Svalbard.

Widerøe – wideroe.no. La compagnie dessert une quarantaine d'aéroports régionaux permettant d'atteindre les localités les plus reculées. Guettez sur le site les tickets bradés et d'éventuelles propositions de pass.

Norwegian – norwegian.no. La compagnie *low cost* relie Oslo aux principales villes du pays et au Svalbard.

DAT – dat.dk. Relie Oslo à la région des fjords, à Røros et Narvik. Ainsi que Tromsø à Lakselv.

Bateaux et ferrys

Pratiques et offrant des points de vue spectaculaires, les ferrys (qui transportent les voitures) font partie du mode de vie norvégien pour des trajets de 5mn à 1h ou plus. Attention, en été, le long des itinéraires touristiques, prévoyez un long temps d'attente. On trouvera les horaires et les tarifs sur *entur.no*. Par contre, bonne nouvelle : certains trajets en ferrys – notamment sur la route Fv17 – sont gratuits.

Les lignes régulières de bateaux réservés aux seuls passagers *(hurtigbåt)*, souvent de rapides catamarans, desservent les fjords et archipels du nord au sud du pays. Ils permettent de profiter des paysages côtiers, par exemple au départ de Bergen, vers Stavanger et les villages des fjords, de Kristiansund à Trondheim ou de Tromsø aux îles Vesterålen.

Quant au fameux **Express côtier** *(p. 158)* il s'agit d'une ligne historique régulière, **Hurtigruten**, qui relie Bergen à Kirkenes en 7 jours avec escale dans 34 ports. Depuis 2021, la compagnie **Havila** propose également ce trajet, même durée mais fréquence moindre, à bord de navires à « basse » émission.

hurtigruten.fr et havilavoyages.com.

Train

Le réseau ferré, long de 4 087 km, est assez clairsemé et ne dépasse pas Bodø au nord. L'ex-compagnie nationale désormais privatisée **Vy** *(vy.no)* est largement prédominante. Mais diverses compagnies privées partagent le marché : SJ Nord *(sj.no)*,

Go Ahead Nordic (*go-aheadnordic.no*) et Flytoget *(flytoget.no)*.
Les trains norvégiens, très confortables, relient lentement mais sûrement les grandes villes en traversant des paysages spectaculaires. Narvik, au nord, est isolée du réseau norvégien mais reliée au réseau suédois.
Tickets et pass – La réservation est obligatoire sur la majeure partie du réseau. Les tarifs sont élevés mais vous pourrez bénéficier de réductions sur les trains longue distance en vous y prenant très tôt et en ligne (*minipris*).
Les étudiants, les seniors et les enfants bénéficient de réductions. Outre les pass de type InterRail (*☞ p. 413*), Vy propose diverses formules selon la durée du séjour et les régions. Attention : la plupart des petites gares ne disposent que d'une billetterie automatique.
Horaires – Consultez vy.no ou entur.no.

Voies ferrées spectaculaires

Deux des itinéraires les plus impressionnants sont le *Raumabanen*, ligne aux virages en épingle à cheveux qui relie Dombås à Åndalsnes, et le *Bergensbanen*, qui traverse le « toit de la Norvège » entre Oslo et Bergen. Le fameux *Ofotbanen* part de Narvik et frôle nombre précipices avant de rallier la Suède. Quant au très pentu *train de Flåm,* il est devenu une attraction touristique mais n'en est pas moins imposant.

Autocar

Bus locaux ou grandes lignes, le réseau est dense et complète largement celui du rail, notamment dans les fjords et au nord de Bodø. Chaque recoin du pays est ainsi accessible.
Les tarifs sont en général légèrement inférieurs à ceux des trains. Les tickets s'achètent à bord ou, pour les longues distances (dont des bus de nuit), dans les gares routières ou sur les sites des compagnies.
Réserver à l'avance et en ligne offre la possibilité de bénéficier de tarifs plus intéressants.
☞ Informations sur entur.no et sur les sites des principales compagnies : vybuss.com, boreal.no, nor-way.no.

Urgences

Numéro d'urgence européen : ✆ 112.
Urgences en mer : ✆ 120.
Renseignements : ✆ 1881.

Voile et navigation de plaisance

Plaisance

Les navires en provenance d'autres pays que les pays nordiques doivent être déclarés dans l'un des bureaux de douane qui parsèment les côtes. Vous devez avoir à bord les certificats d'immatriculation et de nationalité du bateau, ainsi que l'éventuel contrat de location.

Voile sur glace

La pratique de la voile ne se limite pas à la période d'été, puisqu'il est également possible durant l'hiver de s'exercer à la pratique très étonnante du char à voile sur glace dans de nombreuses régions.

Voiture

Le réseau routier est étendu et bien entretenu. Toutes les routes sont numérotées, sauf les petites voies locales. Les numéros précédés d'un E signalent les principaux axes (itinéraires européens). La signalisation routière est, à quelques exceptions près, identique à celle en usage dans le reste de l'Europe.
☞ tableau des distances p. 413.

Informations routières en anglais : ✆ 022 07 30 00 ou vegvesen.no. Pour les urgences : ✆ 022175175. Voir aussi *Routes nationales touristiques*, p. 430.

Règles et conduite

Limitations de vitesse – Routes express : 90 km/110 km/h, Routes nationales : 80 km/h, Zones périurbaines : 50/60 km/h, Agglomérations : 30/50 km/h. Attention, elles sont assez rarement indiquées.

Feux de route – Tous les véhicules doivent avoir leurs feux de croisement allumés jour et nuit. Sur les véhicules locaux (ceux de location compris), les feux s'allument automatiquement au démarrage.

Alcool – Taux maximal d'alcoolémie toléré : 0,02 %. Les lois sur l'alcool au volant sont strictement appliquées et de lourdes sanctions (amendes, suppression du permis, emprisonnement) sont prises.

Enfants – Un siège adapté est obligatoire pour les enfants de moins de 1,50 m.

Animaux – Attention aux élans et aux rennes qui ont tendance à traverser les routes au crépuscule. Une collision avec cet animal de 600 kg peut avoir de graves conséquences. Tout accident doit être alors déclaré à la police locale. Des panneaux spéciaux signalent les zones dangereuses.

Hiver – De novembre à mai, les routes sont souvent bloquées par la neige. Les pneus neige (avec des chaînes dans le coffre) sont obligatoires du 1er novembre (15 octobre dans le Grand Nord : Nordland, Troms et Finnmark) au premier lundi après Pâques. Ceux à clous sont soumis à une taxe.

Il est généralement possible de louer des pneus d'hiver, à condition de les avoir réservés à l'avance.

Pannes et accidents – Des véhicules de dépannage circulent sur les grandes routes et sur celles empruntant les cols de montagne de fin juin à fin août. Des postes téléphoniques sont implantés le long des routes de montagne. Les principales compagnies d'assistance sont NAF (naf.no - ✆ 08505) et Viking (vikingredning.no - ✆ 06000).

Camping-cars et caravanes – Ils peuvent emprunter une grande partie du réseau. Les campings, les stations-service mais aussi des parkings urbains spéciaux sont équipés de bornes de vidange d'eaux usées *(tømmestasjon)*. Il est possible de s'arrêter n'importe où, à condition de ne pas gêner la circulation et de laisser le site intact.

Péages

Certaines portions de routes ainsi que des tunnels sont à péage. Certaines villes font payer un droit de passage aux véhicules qui se rendent dans le centre-ville : Ålesund, Bergen, Bodø, Førde, Haugesund, Kristiansand, Oslo, Tromsø, Trondheim. Les voitures électriques sont exonérées.

Des villes s'ajoutent régulièrement, vous trouverez la liste complète actualisée sur vintrica.com/en/e-vignette/norway.

Le paiement s'effectue automatiquement en passant sous des portiques signalés par un panneau bleu et blanc portant l'indication *Kr* ou *Automatisk bomstasjon/Automatic Toll*.

Le système **AutoPASS**, installé sur les voitures de location, permet de débiter automatiquement la somme sur la carte de crédit associée au véhicule. L'AutoPASS permet aussi de payer les ferries (votre plaque est scannée au moment de monter à bord de l'embarcation).

Si vous voyagez avec votre véhicule, vous devrez souscrire un contrat

de paiement (*Visitor's Payment*, valable 2 mois) sur le site autopass.no/visitors-payment (pour les explications, en anglais) et epass24.com (pour l'enregistrement, en français). Les références de votre véhicule et de votre carte de crédit seront enregistrées et vous serez débité à chaque passage.
Si vous n'avez pas souscrit à l'AutoPASS, vous recevrez, environ 7/8 mois plus tard, une facture majorée à l'adresse indiquée sur la carte grise du véhicule.

Se garer

Prévoyez un budget conséquent ! Dans le centre des villes, le stationnement est limité dans le temps et très onéreux (mais généralement gratuit en fin de semaine). Mieux vaut se garer dans les **P-Hus**, des parkings couverts bien indiqués et, pour les longues durées (24h), plus avantageux. Les parkings de certains sites touristiques, même en pleine campagne, sont aussi payants. Attention, le moindre dépassement est lourdement sanctionné.
Vous trouverez dans les carnets pratiques de chaque chapitre des indications sur les parkings.

Essence/électrique

La Norvège est le pays au monde comptant le plus grand nombre de voitures électriques par habitant - les bornes de recharge y sont donc bien réparties. Opérateurs, liste et emplacements sur les sites ladestasjoner.no et elbil.no.
Bien que producteur de pétrole, le pays a mis en place une politique environnementale forte qui implique un coût du litre d'essence très élevé. Les stations (Circle K, Shell, Best, etc.) sont assez nombreuses et disponibles 24h/24. Attention, le GPL est rare.

Location de véhicule

La location de voiture, de mini-van aménagé (*arcticcampers.no* ou *campervannorway.com*) ou de camping-car est coûteuse. Le plus économique consiste à louer *via* le site Internet d'un loueur international.
La géographie « tout en longueur » du pays incite à envisager une location permettant de **rendre le véhicule à un point différent** de celui de la prise en main. Mais attention, malgré l'intérêt pour les compagnies elles-mêmes d'avoir des véhicules disponibles en divers points du pays, le supplément exigé est extrêmement coûteux, pour ne pas dire indécent. Compter 9000 NOK de frais **one way** en sus.
avis.com ; budget.com ; europcar.com ; hertz.com ; sunnycars.com ; rent-a-wreck-scandinavia.com.

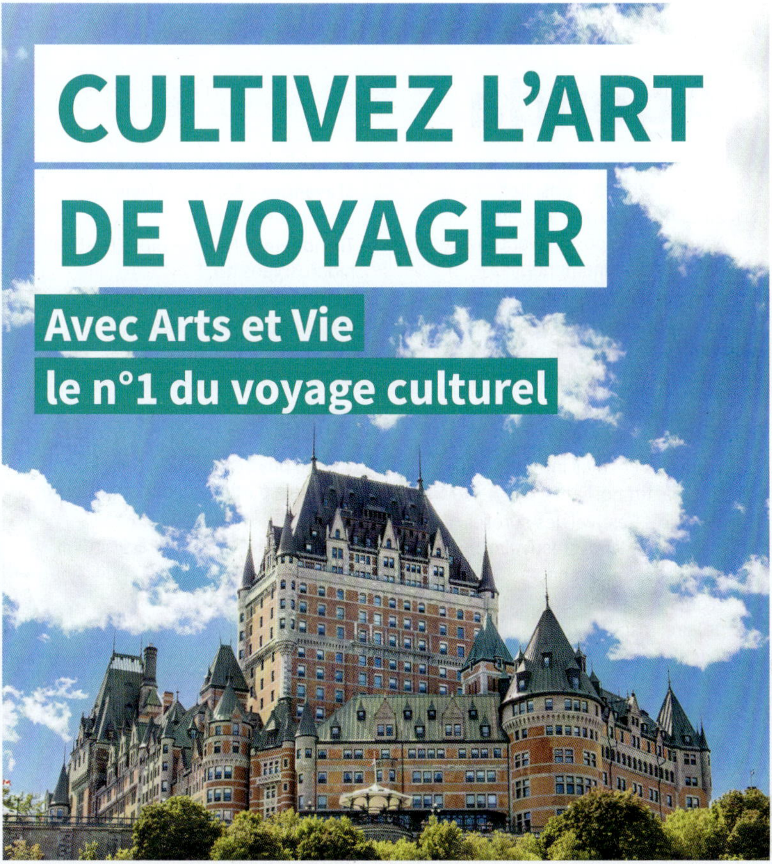
CULTIVEZ L'ART
DE VOYAGER
Avec Arts et Vie
le n°1 du voyage culturel

Agenda

Voici une sélection des principales manifestations. Consultez aussi *Agenda* dans les pages *Nos adresses* pour davantage de dates et d'événements.
visitnorway.fr.
Il est possible de réserver vos billets en ligne sur la plupart des sites Internet des festivals.

Janvier-février

Tromsø – Festival international du cinéma. tiff.no.
Tromsø – Festival des aurores boréales (Nordlysfestivalen). nordlysfestivalen.no.
Tromsø – Semi-marathon de la nuit polaire. msm.no
Kristiansund – Festival d'opéra. oik.no.
Laponie (le 6 février) – Fête nationale des Sames.
Svalbard – Polarjazz Festival. polarjazz.no.
Røros – Rørosmartnan, foire traditionnelle datant de 1854. rorosmartnan.no.

Mars-avril

Lillehammer et Oslo – Compétitions internationales de saut à ski, sur les tremplins d'Oslo Holmenkollen et de Lillehammer. fis-ski.com.
Bergen – Borealis, festival de musique expérimentale norvégienne et d'artistes sames. borealisfestival.no
Alta – Borealis Vinterfetival et Finnmarksløpet (la plus longue course de traîneaux à chiens d'Europe). finnmarkslopet.no.
Svalbard – Festival du « retour du soleil ». solfest.no.
Lillehammer – Birkebeinerrennet, course de ski de fond historique. birkebeiner.no.
Voss – Festival de jazz. vossajazz.no.
Stavanger – Festival du vin. stavangervinfest.no
Trondheim – Nidaros blues Festival. nidarosblues.no.
Kautokeino – Festival de Pâques du peuple same (musique, artisanat, courses de rennes). samieasterfestival.com.

Mai-juin

Tout le pays – Le 17 mai, fête nationale (Grunnlovsdagen - fête de la Constitution).
Bergen – Nattjazz, le plus grand festival de jazz du pays. nattjazz.no.
Région(s) variée(s) – Tour de Norvège cycliste. tourofnorway.no.
Bergen – Festival international de Bergen (danse, théâtre, musique). fib.no.
Veille de la Saint-Jean – « Sankthans », feux de joie, musique, entre amis ou en famille.
Bergen – Bergenfest, festival rock, pop, blues, RnB international. bergenfest.no.
Tromsø – Marathon du soleil de minuit. msm.no.
Oslo – Oslo Pride. oslopride.no
Hamar – Festival médiéval. middelalderfestival.no
Harstad – Festival de la Norvège du nord (Festspillene i Nord-Norge) : danse, théâtre, musique. festspillnn.no.
Voss – Ekstremsportveko, compétition internationale de sports extrêmes. ekstremsportveko.com.
Tout le pays – La fête de la St-Jean est l'occasion de nombreuses festivités, dont de gigantesques feux de joie (comme le **Slinningsbålet**, à Ålesund, où l'on enflamme un « gratte-ciel » de bois de 35 m de hauteur !).

Juillet

Stavanger – Gladmat, festival culinaire. gladmat.no.
Skudeneshavn – Skudefestivalen, grand festival de culture littorale. skudefestivalen.no.
Kongsberg – Jazz festival. kongsbergjazz.no
Førde – Le plus grand festival folk du pays. fordefestival.no.
Molde – Festival international de jazz. moldejazz.no.
Trondheim – Festival de saint Olav (concerts, pèlerinage, expositions). olavsfestdagene.no.

Août

Notodden – Festival international de blues. bluesfest.no.
Bodø – Festival musical du Nordland (tous les genres). musikkfestuka.no.
Måløy – Improbable festival dédié à Elvis. elvisfestivalen.no.
Lofoten – Festival viking Lofotr. lofotr.no
Oslo – Øyafestivalen. Dans le parc Tøyen, le plus grand festival de musique du pays (pop, rock, etc.). oyafestivalen.no.
Stavanger – Festival de musique de chambre. stavangerkmfestival.com
Vadsø – Festival de jazz, le plus important du pays. varangerfestivalen.no
Mandal – Festival des fruits de mer. skalldyrfestivalen.no.
Oslo – Festivals de jazz (oslojazz.com) et Festival de musique de chambre (oslokammermusikkfestival.no)
Haugesund – Festival international du film. filmfestivalen.no.

Septembre-octobre

Stavanger – Nuart Festival, festival international d'art de rue et d'art urbain contemporain.
Hell – Blues in Hell, festival international de blues. bluesinhell.no.
Trondheim – Festival international de musique de chambre. kamfest.no
Oslo – Festival international de danse. codadancefest.no.
Svalbard – Festival de blues. svalbardblues.com.
Bergen – Festival international du film. biff.no.
Lillehammer – Festival de jazz. dolajazz.no.
Tromsø – Insomnia, festival de culture techno. insomniafestival.no.
Trondheim – UKA, grand festival culturel multidisciplinaire (tous les deux ans). uka.no

Décembre

Oslo (le 10) – Cérémonie de remise du Prix Nobel de la paix.

Livres, films et séries

Livres

Littérature

CHRISTENSEN Lars Saabye, **Le Demi-Frère** (2001). L'histoire d'une famille norvégienne attachante et excentrique.

FOSSE Jon, **Quelqu'un va venir** (1999). Et toutes les autres pièces du célèbre dramaturge, prix Nobel de littérature 2023.

HAMSUN Knut, **La Faim** (1890), l'histoire d'une déchéance ; **Pan** (1894), deux années de la vie d'un chasseur du Nordland ; **La Ville de Segelfoss** (1915), le quotidien d'une petite ville côtière ; **Vagabonds** (1927), être ou ne pas être un voyageur... Nobel de littérature 1920.

HENRIKSEN Levy, **Les Curieuses Rencontres du facteur de Skogli** (2012). Le quotidien tout sauf ennuyeux d'un village perdu.

IBSEN Henrik, **Peer Gynt** (1866), sur une quête d'identité ; **Une maison de poupée** (1897), un chef-d'œuvre de la littérature mondiale.

KIELLAND Victoria, **Mes hommes** (2023). Une approche psychologique de la première femme tueuse en série.

KJÆRSTAD Jan, **Le Séducteur** (2017). Les milliers d'histoires qui composent la vie d'un homme.

KNAUSGÅRD Karl Ove, **La Mort d'un père** (2009). Une enfance norvégienne.

LOE Erlend, **Naïf. Super** (2005). Un jeune homme s'interroge sur la vie.

LUNDE Maja, **Une histoire de chevaux et d'hommes** (2021). Roman historique, récit d'anticipation et fable écologique.

MYTTING Lars, **Les Cloches jumelles** (2014). Le destin de deux sœurs au 19e s., dans une vallée reculée.

PETTERSON Per, **Je refuse** (2014). Un roman poignant sur l'amitié.

RENBERG Tore, **Charlotte Isabel Hansen** (2011). Comment s'improviser père.

SKRAM Amalie, **Les Gens de Hellemyr** (1897). Le quotidien de trois générations d'une famille de Bergen.

STAALESEN Gunnar, **Le Roman de Bergen** (1997-2000). Grande fresque sociale et historique en 6 tomes sur Bergen au 20e s.

TRUC Olivier, **Les Chiens de Pasvik** (2021). Sur les rives de l'océan Arctique, à la frontière entre la Norvège et la Russie, des rennes norvégiens passent côté russe. C'est l'incident diplomatique.

UNDSET Sigrid, **La Femme fidèle** (1936). Roman d'une vie conjugale par la Prix Nobel de littérature de 1928.

UTHAUG Maren, **Là où sont les oiseaux** (2021), sur les liens familiaux dans un décor glacé autour d'un phare ; et **Et voilà tout** (2023), sur le déracinement d'une petite fille du cercle polaire.

VESAAS Tarjei, **Palais de glace**, (1963). Le pacte de deux fillettes dans un paysage magique et gelé.

WASSMO Herbjørg, **Un long chemin** (1984), une famille subit puis fuit l'occupation allemande ; **Le Livre de Dina** (1989), portrait d'une femme dans la rudesse du Nordland.

Polar

DAMHAUG Tiorkil, **La Vengeance par le feu** (2014). Un polar autour de la violence raciste en Norvège.

FLUGEHAUG Randi, **La Fille de l'air** (2022). Une enquête autour des sports extrêmes à Voss.

FOSSUM Karin, **Ne te retourne pas !** (1996). Une disparition, un meurtre, un lac.

HØRST Jorn Lier, **Le Code de Katarina** (2019). Comment relancer une enquête, 24 ans plus tard. Et **La Chambre du fils** (2022) qui plonge le lecteur dans les coulisses du pouvoir politique.

KRISTENSEN Monica, **Le Sixième Homme** (2011). Une enquête dans la nuit polaire du Svalbard.

NESBØ Jo, **L'Homme chauve-souris ; Les Cafards ; Rouge-Gorge ; Rue Sans-Souci ; L'Étoile du diable ; Le Sauveur ; Le Bonhomme de neige ; Le Léopard ; Fantôme ; Police ; Éclipse totale**. Les enquêtes de Harry Hole, flic alcoolique et rebelle de la brigade criminelle d'Oslo aux prises avec des tueurs sans scrupule. À lire aussi : **Leur domaine** (2020), sur le parcours de deux frères.

NORE Aslak, **Le Cimetière de la mer** (2023). Une sombre saga familiale, hantée par les secrets et les trahisons.

STAALESEN Gunnar, **L'Enfant qui criait au loup** (2006). Un policier, un enfant, un fjord, sur fond de misère sociale et affective.

Films

VIBE-MÜLLER Titus et DRÉVILLE Jean, **La Bataille de l'eau lourde** (1948). Un célèbre fait historique porté à l'écran.

HEYERDHAL Thor, **Kon-Tiki** (1951). Documentaire sur l'expédition à bord du fameux « radeau ».

NESHEIM Berit, **L'Envers du dimanche** (1996). Quand la fille d'un pasteur se rebelle !

SLETAUNE Pål, **Junk Mail** (1998). Une comédie sur la vie d'un facteur paresseux qui bascule...

SKJOLDBJÆRG Erik, **Insomnia** (1998). Le nord, la nuit permanente, une enquête étouffante... l'original avant le remake de Christopher Nolan. Puis **Narvik** (2022), l'histoire d'une famille durant l'occupation allemande.

LIEN Jens, **Norway of Life** (2006). Une deuxième chance... ou pas ?

GAUP Nils, **La Rébellion de Kautokeino** (2008). Récit du soulèvement des éleveurs de rennes sames en 1852.

POPPE Erik, **Utøya, 22 juillet** (2018). Le drame de 2011 porté à l'écran.

HELGELAND Johanne, **La Traversée** (2020). Deux enfants juifs fuient l'occupant nazi en traversant les forêts enneigées.

TRIER Joachim, **Julie (en 12 chapitres)** (2021). Les tribulations sentimentales d'une trentenaire norvégienne.

VOGT Eskil. **The Innocents** (2021). Un conte glaçant sur un groupe d'enfants se découvrant des pouvoirs mystérieux.

BORGLI Kristoffer. **Sick of Myself** (2022). Un conte cruel sur les dérives du narcissisme.

Séries

BJØRNSTAD Anne et SKODVIN Eilif, **Lilyhammer** (2012-2014). Un mafieux new-yorkais repenti s'exile... à Lillehammer (*encadré p. 75*).

SKJOLDBJÆRG Erik et LUND Karianne, **Occupied** (2015-2020). D'après un roman de Jo Nesbø, la Russie étend son emprise sur la Norvège.

SØRENSEN Per-Olav, **Nobel** (2016). Passionnant thriller politique. Et **Home for Christmas** (2020) une imparable comédie romantique.

HELGAKER Jon Iver et TORGERSEN Jonas, **Norsemen** (2016-2020), qui se joue des clichés sur les Vikings.

FASTING Johan, **Power Play** (2023), sur une jeune médecin en lutte pour le droit à l'avortement, engagée malgré elle en politique. Inspiré de la vie de Gro Harlem Brundtland, première femme Première ministre en Norvège.

Français	Norvégien
MOTS USUELS	
Bonjour/salut	God dag/hei
Au revoir	Ha det (bra)
Bonsoir	God kveld
Parlez-vous français ?	Snakker du fransk ?
Parlez-vous anglais ?	Snakker du engelsk ?
Je ne comprends pas	Jeg forstår ikke
Oui/non	Ja/nei
Pardon/désolé	Unnskyld/beklager
S'il vous plaît/merci	Vær så snill/takk
Excusez-moi	Unnskyld
Attention !	Se opp !
Comment allez-vous ?	Hvordan har du det ?
Comment t'appelles-tu ?	Hva heter du ?
Comment dit-on ?	Hvordan sier man ?
Où sont les toilettes ?	Hvor er toalettet ?
Femmes/hommes	Damer/Menn
Où se trouve ?	Hvor er ?
Ici/là	Her/der
Combien ça coûte ?	Hvor mye er det ?
Cher/bon marché	Dyr/billig
Petit/grand	Liten/stor
Avec/sans	Med/uten
Plus/moins	Mer/mindre
Informations	Informasjon
Qui ?	Hvem ?
Quand ?	Når ?
Connaissez-vous ?	Kjenner du til ?
Je ne sais pas	Jeg vet ikke
LE TEMPS	
Lundi/mardi	Mandag/tirsdag
Mercredi/jeudi	Onsdag/torsdag
Vendredi/samedi	Fredag/lørdag
Dimanche	Søndag
Aujourd'hui/demain	I dag/i morgen
Maintenant/hier	Nå/i går
Soir/nuit	Kveld/natt
Midi/après-midi	Middag/ettermiddag
Matin	Morgen
Jour férié	Helligdag
Quelle heure est-il ?	Hva er klokka ?
Il est (2) heures	Klokka er (to)

Français	Norvégien
EN VILLE	
Rue	Gate
Vieille ville/centre-ville	Gamlebyen/sentrum
Hôtel de ville	Rådhus
Jardin/parc	Hage/park
Marché	Torget
Office de tourisme	Turistkontor
Place	Torget
Ville	By
Parking	Parkeringsplass
Banque/argent	Bank/penger
Distributeur	Minibank
Carte de crédit	Bankkort
Lettre/carte postale	Postkort/kort
Timbre/poste	Frimerke/postkontor
Supermarché	Supermarked
Magasin	Butikk
CHIFFRES, NOMBRES	
1/2	En/to
3/4	Tre/fire
5/6	Fem/seks
7/8	Sju/Syv/åtte
9/10	Ni/ti
11/12	Elleve/tolv
13/14	Tretten/fjorten
15/16	Femten/seksten
17/18	Sytten/atten
19	Nitten
20	Tjue
21	Tjue en
30/40	Tretti/førti
50/60	Femti/seksti
70/80	Sytti/åtti
90/100	Nitti/hundre
200	To hundre
500	Fem hundre
1000/2000	Tusen/to tusen
1000 000	En million
URGENCES	
Médicament/médecin	Medisin/doktor, lege
Police/hôpital	Politiet/sykehus
Téléphone/pharmacie	Telefon/apotek

Français	Norvégien
HÉBERGEMENT	
Chambre double	Dobbeltrom
Hôtel/pension	Hotell/gjestehus
Salle de bains	Badrom
Petit-déjeuner	Frokost
Chauffage/note	Oppvarming/regning
RESTAURATION	
Déjeuner/dîner	Lunsj/middag
Bière/vin rouge, vin blanc	Øl/rødvin, hvitvin
Une table pour 2 personnes, je vous prie	Et bord til to personer, takk
Eau/pain	Vann/brød
Café/thé	Kafé/te
Fruit/légumes	Frukt/grønnsaker
Menu/à la carte	Meny/à la carte
Je voudrais	Jeg ville gjerne ha
Poisson/viande	Fisk/kjøtt
Restaurant/bar	Restaurant/bar
VISITE	
Musée/château	Musee/slott
Église/église en bois debout	Kirke/stavkirke
Île/océan	Øy/hav
Lac/plage	Innsjø/strand
Ouvert/fermé	Åpen/stengt
DIRECTIONS ET TRANSPORTS	
Aéroport/avion	Flyplass/fly
À droite/à gauche	Til høyre/til venstre
Tout droit	Rett fram
Bateau/port	Båt/havn
Entrée/sortie	Inngang/utgang
Essence/station-service	Bensin/bensin-stasjon
Est/ouest	Øst/vest
Gare/taxi !	Stasjon/drosje !
Nord/sud	Nord/sør
Bac (ferry)/péage	Ferje/bompenger
Pont/quai	Bru/brygge
Route/autoroute	Veg (Rv.)/motorvei
Train/voiture	Tog/bil
Bus/arrêt	Buss/busstopp

Prononciation : **å** se prononce **au**, **æ** se prononce **ai**, **ø** se prononce **eu, o** se prononce **ou** ; **u et y** se prononcent comme en français.

Oslo : villes, curiosités et régions touristiques.
Nesbø, Jo : noms historiques ou termes faisant l'objet d'une explication.
Les sites isolés (églises en bois debout, fjords, glaciers...) sont répertoriés à leur propre nom.

P-Q

R

S

Carte générale

Premier rabat de couverture

Cartes des régions

Plans de ville

Cartes des circuits

Cartes thématiques

Transports

Note au lecteur

Michelin a apporté le plus grand soin à la rédaction de ce guide et à sa vérification. Toutefois, les informations pratiques (formalités administratives, prix, adresses, numéros de téléphone, adresses Internet, etc.) doivent être considérées comme des indications du fait de l'évolution constante de ces données.
Il n'est pas totalement exclu que certaines d'entre elles ne soient plus, à la date de parution du guide, tout à fait exactes ou exhaustives. N'hésitez pas à nous signaler toute omission ou inexactitude que vous pourriez constater, ainsi qu'à nous faire part de vos avis et suggestions sur les adresses contenues dans ce guide.
Avant d'entamer toute démarche, formalités administratives ou douanières notamment, vous êtes invité à vous renseigner auprès des organismes officiels. Ces informations ne sauraient, de ce fait, engager notre responsabilité.

LÉGENDE DES CARTES ET PLANS

Curiosités et repères

Itinéraire décrit, départ de la visite
Église
Mosquée
Synagogue
Temple
Temple : bouddhique - hindou
Bâtiment
Monastère - Phare
Fontaine
Point de vue
Château - Ruine ou site archéologique
Citadelle et fort
Barrage - Grotte
Monument mégalithique
Tour génoise - Moulin
Temple - Vestiges gréco-romains
Autre lieu d'intérêt, sommet
Distillerie
Palais, villa, habitation
Cimetière : chrétien - musulman - israélite
Oliveraie - Orangeraie
Mangrove
Gravure rupestre
Pierre runique
Église en bois
Église en bois debout
Parc ou réserve national
Bastide

Axes routiers, voirie

Autoroute
Assimilée
Échangeur : complet - partiel
Route
Rue piétonne
Escalier - Sentier, piste
Tunnel

Informations pratiques

Information touristique
Parking - Parking - relais
Gare : ferroviaire - routière
Voie ferrée
Ligne de tramway
Départ de fiacre
Métro - RER - Tramway
Station de métro (Lima , ...) (Calgary, ...)(Montréal)
Téléphérique, télécabine
Funiculaire, voie à crémaillère
Chemin de fer touristique
Transport de voitures et passagers
Transport de passagers
Bac (Bateau)
Observatoire
Magasin
Poste
Poste Japon
Hôtel de ville
Palais de justice
Palais de justice Japon
Préfecture
Police
Gendarmerie
Musée de plein air
Hôpital - Hôpital musulman
Marché couvert
Aéroport
Parador, Pousada (Établissement hôtelier géré par l'État)
Station thermale
Source thermale
Embarcadère

Topographie, limites

Récif corallien
Marais - Désert
Frontière - Parc naturel

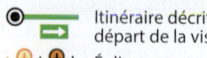

Sports et loisirs

- Piscine : de plein air - couverte
- Plage - Stade
- Port de plaisance - Voile
- Plongée - Surf
- Refuge - Promenade à pied
- Randonnée équestre
- Golf - Base de loisirs
- Parc d'attractions
- Parc animalier, zoo
- Parc floral, arboretum
- Parc ornithologique réserve d'oiseaux
- Planche à voile, kitesurf
- Pêche en mer ou sportive
- Canyoning, rafting
- Aire de camping - Auberge
- Arènes
- Base de loisirs, base nautique ou canoë-kayak
- Canoë-kayak
- Promenade en bateau

Comprendre les symboles utilisés dans le guide

LES ÉTOILES

★★★ **Vaut le voyage** ★★ **Vaut le détour** ★ **Vaut la visite**

HÔTELS ET RESTAURANTS

9 ch.	Nombre de chambres
7,5 €	Prix du petit-déjeuner en sus
50 €	Prix de la chambre double, petit-déjeuner compris
bc	Menu boisson comprise
	Air conditionné dans les chambres
	Restaurant dans l'hôtel
	Établissement servant de l'alcool (à l'étranger)
	Wi-Fi
	Piscine
	Carte de crédit non acceptée
P	Parking réservé à la clientèle
Tram	Station de tramway la plus proche
M	Station de métro la plus proche

SYMBOLES DANS LE TEXTE

- À faire en famille
- Pour approfondir
- Promenade à pied
- Randonnée à vélo
- Facilité d'accès pour les personnes à mobilité réduite
- Organisme de tourisme
- Astuce, conseil
- Adresse coup de cœur
- A2 B Repère sur le plan
- Tourisme écoresponsable

Collection sous la direction de Philippe Orain

Responsable d'édition et rédactrice en chef du guide : Lucie Fontaine

Secrétaire d'édition : Agnès Le Béon

Rédaction : Joanna Dunis, Gilles Guérard, Ilan Klipper, Elisabeth Morris, Pierre Plantier, François Sichet, Olivier Truc

Ont contribué à ce guide : Steluța Anghel, Gabriel Dragu (**Cartographie**), Véronique Aissani, Carole Diascorn (**Couverture**), Marion Capera, Charlotte Heuzé, Marie Simonet (**Iconographie**), Grațiela-Camelia Gheorghiu (**Données objectives**), Bogdan Gheorghiu, Cristian Catona, Gabriel Dragu, Hervé Dubois, Sandrine Tourari (**Prépresse**), Dominique Auclair (**Pilotage**)

Remerciements : Françoise Rebut

Plans et cartes : © MICHELIN 2024

Conception graphique
Christelle Le Déan, Sandro Borel, Justeciel (maquette intérieure)
Véronique Aissani (couverture)

Direction de la Fabrication : Sandrine Combeau
Fabrication : Renaud Leblanc

Contacts
Vous souhaitez nous contacter ?
Rendez-vous dans la rubrique contact de notre site internet :
editions.michelin.com

Parution 2025

MICHELIN Éditions
Société par actions simplifiée au capital de 487 500 EUR
57 rue Gaston Tessier – 75019 Paris (France)
R.C.S. Paris 882 639 354

Dépôt légal : 02-2025 – ISSN 0293-9436
Compograveur : MICHELIN Éditions, Voluntari (Roumanie)
Imprimeur : Chirat, 744 rue de Sainte-Colombe, 42540 Saint-Just-la-Pendue
Imprimé en France : 12-2024
Sur du papier issu de forêts bien gérées